Découvrez l'histoire par les archives de presse

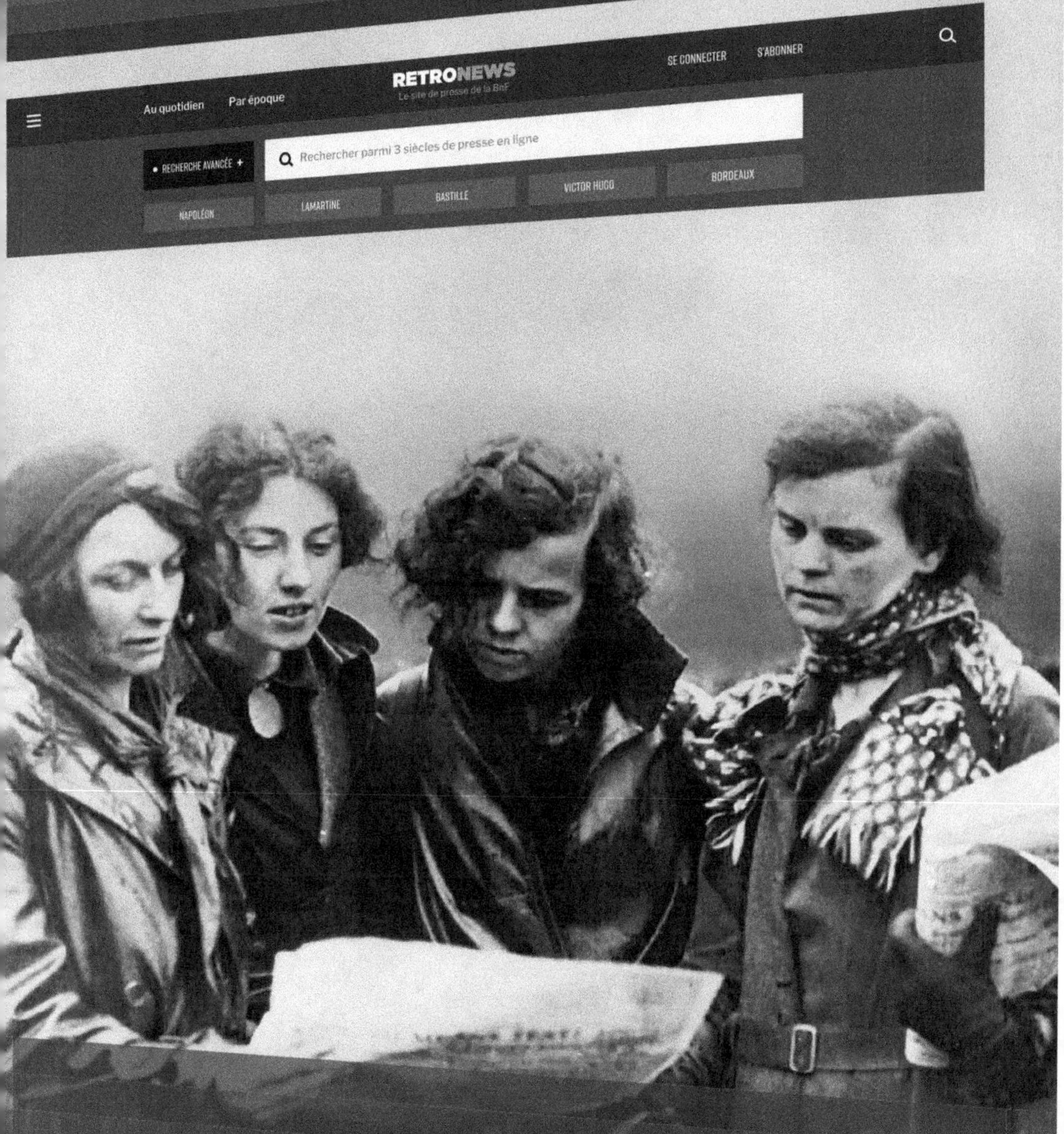

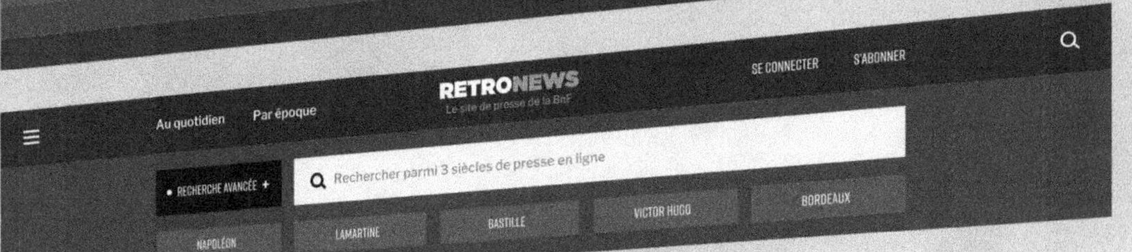

RETRONEWS

Le site de presse de la BnF

www.retronews.fr

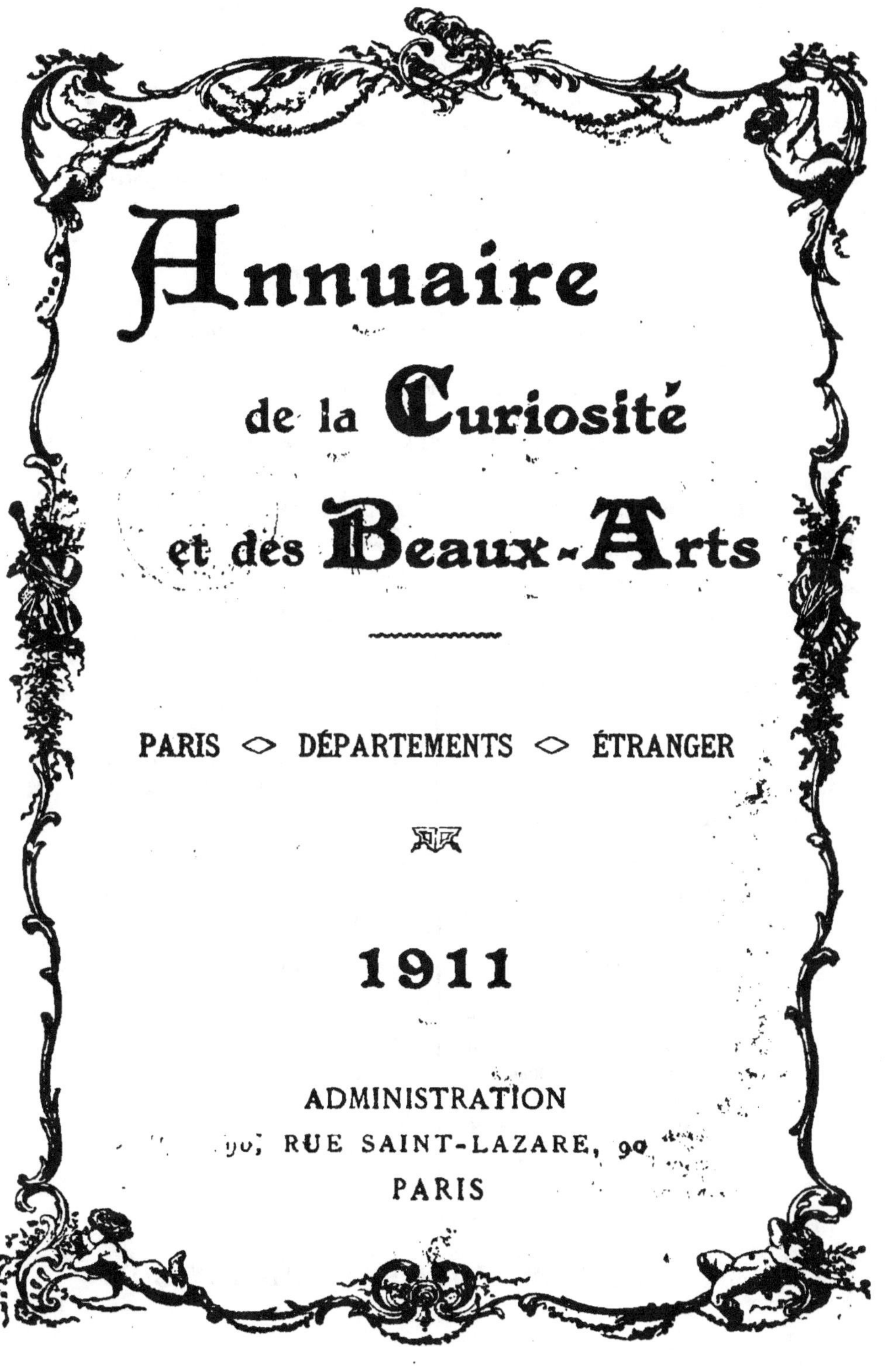

Annuaire

de la Curiosité et des Beaux-Arts

PARIS ◇ DÉPARTEMENTS ◇ ÉTRANGER

1911

ADMINISTRATION
90, RUE SAINT-LAZARE, 90
PARIS

Annuaire

de la Curiosité

et des Beaux-Arts

PARIS ◇ DÉPARTEMENTS ◇ ÉTRANGER

1911

ADMINISTRATION

90, RUE SAINT-LAZARE, 90

PARIS

Téléphone : 286.80

PRÉFACE

En publiant cette première édition de l'*Annuaire de la Curiosité et des Beaux-Arts,* nous demandons à tous ceux qui auront l'occasion de la consulter beaucoup d'indulgence.

Nous n'avons pas eu la prétention de faire dès la première édition un ouvrage parfait; nous le croyons au contraire susceptible de très grandes améliorations. Ceci ne veut pas dire que quelque chose ait été négligé pour que cette édition soit aussi complète et aussi exacte que possible; nos efforts ont été multipliés dans ce but et, s'il existe des lacunes ou des erreurs, il faudra bien se dire que ce sont des choses inséparables de la première édition d'un ouvrage d'une composition aussi délicate que celui-là.

Tous les noms et adresses qui figurent dans cet Annuaire ont été vérifiés aussi soigneusement que possible, directement soumis par nos représentants ou envoyés par la poste aux intéressés; c'est pourquoi nous déclinons toute responsabilité quant aux incorrections qui pourraient se trouver dans les noms et adresses et dont nous n'aurions pas été avisés avant le 15 octobre 1910.

Nous avons dans notre tâche reçu des encouragements très flatteurs, de nombreuses idées ou observations, qui nous ont beaucoup servi, et nous tenons à remercier de nouveau ici tous ceux qui ont bien voulu nous apporter ainsi une aussi précieuse collaboration.

Il n'est en effet rien de plus appréciable pour un éditeur que de recevoir les conseils, critiques et encouragements de ceux qui s'intéressent à ses éditions. Il est même, croyons-nous, presque impossible de faire une très parfaite besogne sans cela, et dans la question qui nous occupe il est de toute évidence que le collectionneur, l'artiste, l'antiquaire sauront toujours beaucoup mieux que nous, quelque pratique que nous ayons de la chose, ce que notre Annuaire doit ou devrait contenir pour être un ouvrage absolument utile et complet.

Nous n'avons pu à notre regret profiter dans la première édition de toutes les idées ou observations qui nous été aimablement prodiguées, faute de place ou de temps, mais toutes les idées intéressantes ont été retenues pour l'amélioration des éditions futures.

Que tous nos souscripteurs soient en tous les cas bien persuadés que nous poursuivons l'édification d'un ouvrage bien fait et complet, seule raison d'être du reste d'un Annuaire et qui soit susceptible d'être consulté utilement par tous ceux qui s'intéressent à l'Art ancien et moderne.

Nous avons dès à présent commencé à réunir les matériaux nécessaires à la composition de notre deuxième édition qui sera augmentée dans des proportions très importantes et comprendra de nombreuses rubriques nouvelles.

Le plan en sera du reste adressé à tous les intéressés dans le courant de l'année.

En conséquence, les personnes dont le nom aurait été omis, ou serait incorrectement indiqué dans l'édition actuelle, sont priées de bien vouloir nous en faire part avant le 1er octobre 1911.

De même tous ceux qui voudraient bien nous transmettre des idées ou conseils susceptibles d'améliorer l'Annuaire sont assurés d'avance de notre vive reconnaissance.

Et pour terminer nous prions les souscripteurs de cet ouvrage qui ne trouveraient pas en le feuilletant un renseignement qu'ils auraient pu espérer y rencontrer, de bien vouloir communiquer avec nous. Si nous possédons ce renseignement, nous le leur ferons parvenir aussitôt. Dans le cas contraire, nous nous occuperons de le leur procurer dans la mesure du possible.

Nous avons en effet réuni une quantité de documents touchant des questions artistiques, que leur genre ou leur étendue ne nous ont pas permis de publier ; nous nous croyons donc à même de pouvoir répondre à beaucoup de questions qui n'ont pu être traitées dans l'Annuaire 1911.

D'autre part, nous possédons dans les principaux centres, en France et à l'Étranger, des correspondants qui nous tiennent au courant des événements artistiques, et avec lesquels nous communiquerons dans ce cas pour l'utilité de nos souscripteurs.

L'Annuaire de la Curiosité et des Beaux-Arts.

Renseignements pratiques

MINISTÈRE — ACADÉMIE

MINISTÈRE DE L'INSTRUCTION PUBLIQUE ET DES BEAUX-ARTS

110, rue de Grenelle.

Tél. 725.05, 725.06, 725.07 et 105 48.

MINISTRE : MAURICE FAURE, sénateur. Mercredi et vendredi : de 8 h. ¼ à 11 h. ½.

Directeur du Cabinet et du Secrétariat particulier : GABRIEL FAURE. Mercredi et vendredi, de 8 h. à 11 h ½.

Chef du Cabinet : FRIEDEL. Mercredi et vendredi, de 8 h. à 11 h. ½.

Chefs adjoints : MONTPROFIT, ATGER.

Sous-Chefs : DUMAS, AUGIS.

Chef du Secrétariat particulier : AUBRY.

Chef adjoint : ROUSSILLON.

SOUS SECRÉTARIAT D'ÉTAT DES BEAUX-ARTS

3, rue de Valois. — Tél. 105.46.

Sous-Secrétaire d'Etat : DUJARDIN-BEAUMETZ, Mercredi de 2 h. à 5 h. et vendredi, de 10 h. à 12 h.

Chef du Cabinet : LÉON GOYET. Mercredi, de 2 h. à 5 h. et vendredi, de 10 h. à 12 h.

Chef du Secrétariat : RAOUL PRADEL.

MONUMENTS HISTORIQUES

Chef de bureau : BERR DE TURIQUE, ✻.

Chef de bureau adjoint au chef de bureau : CHAMP-RIGOT, ✻.

Sous-chefs : PARFU, ✻, BAUTHIAN, O. I. ☍.

DIVISION DE L'ENSEIGNEMENT ET TRAVAUX D'ART

Chef de division : BIGARD-FABRE, O. ✻.

1° Travaux d'art, Musées et Expositions.

Ce bureau est dirigé par le *chef de division*, M. BIGARD-FABRE, O. ✻.

Sous-chef : SÉGUIN.

2° Enseignement et Manufactures nationales.

Chef de bureau : VALENTINO, ✻.

Sous-chef : CAVIOLE.

3° Théâtres, Conservation des Palais et Mobilier national

Chef de bureau : D'ESTOURNELLES DE CONSTANT, ✻.

Sous-chef : LEGRAND (Camille).

Contrôleur : CRÉMONA.

CONSERVATION DES PALAIS NATIONAUX

Palais de l'Élysée, *chef du service intérieur* : PERRIN.

Hôtel de l'Alma, Palais-Royal, Tuileries, Louvre, Panthéon, Arc-de-Triomphe de l'Etoile, colonne de Juillet et colonne Vendôme : DUMONTHIER, ✻, *administrateur du Mobilier national*.

Conservateur : BECQ DE FOUQUIÈRES.

Palais du Trocadéro, Tél. 695.08. *Administrateur* : LANDRIN, ✻.

DÉPOT DES MARBRES

182, rue de l'Université.

Conservateur : MARCEL (B.).

COMMISSARIAT DES EXPOSITIONS DES BEAUX-ARTS EN FRANCE ET A L'ÉTRANGER

av. d'Antin, au Grand-Palais, Porte C. Tél. 541.74.

Commissaire : SAGLIO (André).

Sous-commissaire : HORTELOUP.

Attaché : FRITSCH-ESTRANGIN.

GRAND PALAIS

Av. Alexandre III (Champs-Élysées).

Architecte conservateur . DEGLANE, O. ✻.

INSPECTION DES BEAUX-ARTS

Inspecteurs généraux : HENRY HAVARD, O. ✻, 83, av. de la Grande-Armée. — DAYOT (Armand), O. ✻, 8, boul. Flandrin.

INSPECTION DE L'ENSEIGNEMENT DU DESSIN ET DES MUSÉES

Inspecteur général : LENOIR (Alfred), ✻, 38, rue Boileau.

Inspecteurs : BAYARD, 6, rue Schoelcher; — BERTONE, 15, rue Bonaparte; — BEYLARD, 77, rue Denfert-Rochereau; — BORCHARD, 3, rue Alfred-Stevens; —DUGAS (P), dit *P. Steck*, 11, rue Faustin-Hélie; — LEFORT, ✻, 220, boul. Raspail, — TRONCHET, ✻, 15, rue de Surène; — CHIGOT, ✻, 9, rue de Bagneux; — FATH, 49, rue du Mesnil, à Maisons-Laffitte (Seine-et-Oise).

Inspecteurs-adjoints : CHARVET, 4, rue Bérite; — DOURGNON, ✻, 36, rue Ballu; — LEYDET, 67, rue du Montparnasse.

Inspecteurs honoraires : HIRSCH, ✻, 2, rue de Fleurus; — PILLET, ✻, 143, av. d'Argenteuil, à Asnières (Seine).

Inspecteur général des Musées des Départements : MARX (Roger), C. ✻, 2, rue Béranger.

INSPECTION GÉNÉRALE DES MONUMENTS HISTORIQUES

Inspecteurs généraux : BAUDOT (de), O. ✻, 100, Faub.-Saint-Honoré, — BOESWILVALD (Paul), O. ✻, 6, boul. Saint-Michel; — GRANDJEAN, ✻, 119, boul. Saint-Germain; — MAGNE (Lucien), O. ✻, 6, rue de l'Oratoire; — MARCOU, ✻, 29, rue Bonaparte; — SELMERSHEIM, O ✻, 31, rue de Moscou.

Architectes en chef-adjoints à l'inspection générale : LOUZIER, ✻, NODET, GENUYS, ✻.

INSPECTION DU MOBILIER NATIONAL ET DES PALAIS NATIONAUX

Inspecteur général : OUDINOT, ✻, 38, av. Niel.

SERVICE DES ANTIQUITÉS ET OBJETS D'ART

Inspecteur général, chef de l'Inspection : MARCOU, ✽.

Inspecteurs généraux adjoints : GINISTY (P), O. ✽; PERRAULT-DABOT, ✽, FAURE, GAUNÉ, ✽.

Inspecteurs . DAUDET, BAUER, PALLU DE LA BARRIÈRE, O ✽, JANNEAU, BRULAT, ✽, MANSART DE SAGONNE.

ACADÉMIE DES BEAUX-ARTS

Secrétaire perpétuel : ROUJON (C. ✽), au Palais de l'Institut, 25, quai Conti.

Séance tous les samedis, de 3 à 5 heures. Séance publique annuelle en octobre.

Peinture.

Bonnat, G C. ✽, 48, rue Bassano.
Carolus-Duran, G. O. ✽, 11, pass. Stanislas.
Collin (Raphaël), O ✽, 152, rue de Vaugirard.
Cormon, O ✽, 159 rue de Rome.
Dagnan-Bouveret, O. ✽, 85, av. Niel
Detaille, G. O. ✽, 129, boul. Malesherbes.
Ferrier (Gabriel), O. ✽, 18, rue du Général-Appert.

Flameng (François), O. ✽, 61, rue Ampère.
Humbert (Ferdinand), C. ✽, 1, rue Caumartin.
Laurens (Jean-Paul), C ✽, 5, rue Cassini.
Lefebvre (Jules), C. ✽, 5, rue La Bruyère.
Lhermitte (Léon-Aug), C. ✽, 15, rue Hégésippe-Moreau.
Merson (Luc-Olivier), O. ✽, 18 *bis*, rue Denfert-Rochereau.
Morot (Aimé), C ✽, 11, rue Weber.

Sculpture.

Allar, O. ✽, 77, rue d'Amsterdam
Coutan, O. ✽, 72, rue du Cherche-Midi.
Injalbert, C ✽, 57, boul Arago
Marqueste, C ✽, 19, rue Poncelet.
Mercié (Antonin), G. O. ✽, 15, av. de l'Observatoire.
Puech (Denys), C ✽, 233 *bis*, faub. Saint-Honoré.
Saint-Marceaux (de), O. ✽, 100, boul. Malesherbes.

Gravure.

Flameng (Léopold), O. ✽, 27, boul. Montparnasse.
Roty, C ✽, 30, rue du Luxembourg
Vernon (Frédéric), ✽, 35, rue de l'Université.
Waltner, O. ✽, 11, boul. de Clichy.

GRANDES ÉCOLES SPÉCIALES D'ART DU GOUVERNEMENT

ACADEMIE DE FRANCE A ROME
(Villa Médicis)

Les jeunes artistes, peintres, sculpteurs, architectes et graveurs en taille-douce, qui ont remporté les grands prix de Rome, restent à la Villa Médicis pendant quatre ans aux frais de l'État, les graveurs en médailles et en pierres fines seulement pendant trois ans

Quant à la dernière année de leur pension, il leur est permis de la passer soit à Rome, soit en France Il y a tous les ans, le 8 mai à Rome et en juillet à Paris une exposition publique des ouvrages exécutés par les pensionnaires.

Directeur : CAROLUS-DURAN, G. O ✽.
Secrétaire : LAPORTE.

ÉCOLE DE CÉRAMIQUE DE SÈVRES

Cette école est annexée à la Manufacture nationale de Sèvres. Elle a pour but de former des décorateurs et des techniciens initiés aux travaux de la Céramique

ÉCOLE NATIONALE ET SPÉCIALE DES BEAUX-ARTS

14, rue Bonaparte, et 17, quai Malaquais.

Directeur : BONNAT, G. C. ✽ (Membre de l'Institut).
Inspecteur : George BOMIER, ✽.
Secrétaire : Jacques BASCHET, O I. ✽

ÉCOLE NATIONALE DES ARTS DÉCORATIFS

5, rue de l'École-de-Médecine.

Directeur : MORAND (Eugène), ✽.

ÉCOLE NATIONALE DES CHARTES

45 et 47, rue des Écoles

Cette École est consacrée à l'étude critique des documents qui concernent l'histoire de l'ancienne France.

Directeur : Paul MEYER, C ✽, de l'Académie des Inscriptions et Belles lettres

ÉCOLE FRANÇAISE D'ATHÈNES

L'École française de perfectionnement pour l'étude de la langue, de l'histoire et des antiquités grecques fut instituée à Athènes par une ordonnance du 11 septembre 1846.

Par un décret de 1900, une section étrangère a été créée.

Directeur : HOLLEAUX, ✽
Directeurs honoraires : FOUCART, O. ✽; HOMOLLE, C ✽

ÉCOLE FRANÇAISE DE ROME

Elle fut, en 1873, instituée sous le titre d'École archéologique avec M Albert Dumont, puis sous sa forme actuelle par un décret du 8 novembre 1875 au Palais Farnèse. Elle a pour but l'Etude érudite de l'antiquité classique et du moyen âge

Directeur : DUCHESNE (Mgr L.), C. ✽, de l'Académie des Inscriptions et Belles lettres.

MANUFACTURES NATIONALES ET MUSÉES

(SEINE et SEINE-et-OISE)

MANUFACTURES NATIONALES

Hôtel des Monnaies (*ateliers et musée*), 11, quai Conti. *Directeur :* Martin (Ed.) (O. ✻). Visite le mardi et le jeudi de 1 h. à 3 h. (Avec permission demandée au Directeur.) Magasin de vente ouvert au public de 9 h à 6 h — Les médailles et autres produits des Manufactures de l'Etat sont également vendus, 11, boul. des Italiens.

Imprimerie Nationale, 87, rue Vieille-du-Temple. *Directeur :* Dupré (O. ✻). Visite le jeudi à 2 h ½ précises. (Avec permission demandée au Directeur.)

Manufacture des Gobelins, 43, av des Gobelins. *Administr. :* Geffroy (Gustave), (O ✻) Le mercredi et le samedi de 1 h. à 3 h.

Manufacture de Sèvres, à Sèvres. *Administr :* Emile Bourgeois, ✻. *Visite des ateliers* les lundis, jeudis et samedis, de 1 h. à 4 h. en hiver, et de 1 h. à 5 h. en été. (Avec permission demandée au Directeur de la Manufacture.) Musée céramique, salle d'Exposition et magasins de vente des produits de Sèvres. Tous les jours, dimanches et fêtes compris, sauf le 1er Janvier et le 14 Juillet, de midi à 4 h. en hiver, et de midi à 5 h en été.

———

MUSÉES PUBLICS

Arts Décoratifs (des), palais du Louvre (*Pavillon de Marsan*), 107, rue de Rivoli, ouvert tous les jours, du 5 avril au 1er octobre de 10 h. à 5 h ; du 1er octobre au 15 avril de 10 h. à 4 h

Entrée gratuite chaque dimanche. En semaine 1 fr., les jours fériés autres que les dimanches, 0 fr. 50 c.

Balzac, 47, rue Raynouard. *Conservateur :* de Royaumont Ouvert tous les jours sauf lundi et samedi. Entrée : 1 franc.

Beaux-Arts (de l'Ecole des). Moulages, peinture, dessin. 14, rue Bonaparte. Le dimanche de midi à 4 h. pour le public et en semaine de 10 h. à 4 h. (accompagné d'un gardien).

Bibliothèque Nationale (de la). 58, rue de Richelieu. Livres, manuscrits, estampes et cartes géographiques, médailles, pierres gravées. Exposition de la Galerie Mazarine et du Cabinet des Médailles, ouverte au public le lundi et le jeudi de 10 h. à 4 h.

Caen (de), 1, rue de Seine. Visible tous les mercredis de 1 h. à 4 h.

Carnavalet Musée historique de la Ville de Paris. 23, rue de Sévigné. Tous les jours, excepté le lundi et les jours fériés, de 11 h. à 4 h. (5 h. en été). *Conservateur :* M. Georges Cain, ✻. *Conservateurs-adjoints :* MM. Charles Sellier, Jean Robiquet. *Secrétaire :* J.-B Bernhardt. *Attachés :* MM. Van de Put, P. Dorbec, Perreau.

Cernuschi, 7, av. Velasquez. Ouvert tous les jours excepté les lundis et les fêtes tombant le dimanche, de 10 h. à 5 h. du 1er avril à fin septembre, et de 10 h. à 4 h. du 1er octobre à fin mars. *Conservateur :* M. Henri d'Ardenne de Tizac. *Conservateur-adjoint :* M. Despaty.

Prix d'entrée : 1 fr. *Entrée gratuite* les dimanches et fêtes.

Cluny (de). Objets d'art du moyen âge et de la Renaissance. 24, rue du Sommerard. Ouvert tous les jours (excepté le lundi), de 11 h. à 4 h. en hiver et de 11 h à 5 h. en été, sauf le dimanche, de 11 h. à 4 h. N'ouvre le mardi qu'à 1 h. de l'après-midi. Fermé les jours fériés officiellement désignés. Cartes d'études délivrées au Secrétariat. *Directeur :* M. Edmond Haraucourt, O. ✻

Conservatoire de Musique (du). Musée instrumental. 2, rue du Conservatoire, et 15, rue du Faub.-Poissonnière. Lundi et jeudi de 1 h. à 4 h. Intéressante collection d'instruments anciens, de tous genres. (Sauf les jours fériés, et pendant les vacances scolaires.)

Conservatoire National des Arts et Métiers (du) Science et Industrie. 292, rue Saint-Martin. Salles et galeries de collections sont ouvertes du 15 octobre au 15 avril, le dimanche, de 10 h. à 4 h ; les mardi, mercredi, jeudi et samedi, de midi à 3 h , du 16 avril au 14 octobre, les dimanches et jeudis, de 10 h. à 4 h , les mardi, mercredi et samedi, de midi à 4 h.

Ennery (D.), 59, av. du Bois-de-Boulogne. Collections d'objets de la Chine et du Japon. *Conservateur :* Deshayes. Ouvert tous les jours sauf lundi et samedi en hiver de midi à 4 heures; en été, de midi à 5 heures Entrée gratuite.

Galliera (*Musée Brignolle-Galliéra*). 10, rue Pierre-Charron. Entrée gratuito. *Conservateur :* M. Eugène Delard, ✻ Ouvert tous les jours de 10 h. à 4 h. du 1er octobre au 31 mars, et de 10 h. à 5 h du 1er avril au 30 septembre. (Lundi et les jours de fêtes légales exceptés.) — Musée d'Art industriel. Grès, émaux, étains, serrurerie artistique reliure, verrerie, meubles, bijoux appartenant en partie aux artistes qui les exposent.

Le Musée Galliéra a deux expositions par an : une, s'appliquant à toutes les formules d'art appliqué, et une spéciale visant telle ou telle branche d'art ou telle matière déterminée.

Guimet, place d'Iéna. *Directeur :* M. Guimet, O. ✳. *Conservateur :* de Milloué. Musée et bibliothèque, ouverts du 1ᵉʳ avril au 30 septembre, de midi à 5 h., et du 1ᵉʳ octobre au 31 mars, de midi à 4 h (Excepté le lundi et les jours fériés.) Fermé du 1ᵉʳ au 31 août. Religions de l'Extrême-Orient, Inde, Indo-Chine, Thibet, Chine, Corée, Japon. Objets d'art de la Chine et du Japon.

Gustave Moreau 14, rue La Rochefoucauld. Tous les jours de 10 h. à 4 h., excepté le lundi. (Fermé le 1ᵉʳ Janvier, le jeudi de l'Ascension, le 14 Juillet, les jours de l'Assomption, de la Toussaint et de Noël, à moins que ces fêtes ne tombent un dimanche.) *Conservateur :* M. Rouault.

Louvre (du), pl. du Carrousel, rue de Rivoli, pl. du Louvre, quai du Louvre.
Directeur des Musées et de l'Ecole du Louvre : HOMOLLE, C. ✳.

CONSERVATEURS
MM. Héron de Villefosse, O. ✳ (Antiquités grecques et romaines);
Conservateurs adjoints : Ravaison-Mollien, Michon, de Ridder
G Benedite, ✳ (Antiquités égyptiennes). P. Leprieur (peintures, dessins, chalcographie.)
Conservateurs adjoints : H. de Chennevières, C Benoit, Guiffrey, *attaché.*
Ledrain, ✳ (Antiquités orientales et Céramique antique). — *Conservateurs adjoints :* Pottier, O. ✳; P. Jamot, Thureau-Dangin. A. Michel, ✳ (sculpt. du Moyen Age, de la Renaissance et des temps modernes).
Conservateurs adjoints : Vitry.
Migeon, ✳ (objets d'art)
Marquet de Vasselot, *attaché.*

BIBL.-ARCHIVISTE :
M. Wiriath, ✳

SECRÉTARIAT :
MM. Vérel, I. ◯, chef du Secrétariat. Galbrun, I. ◯, sous-chef du Secrétariat.
Attachés : Dulou, I. ◯.— Cornus, O A ◯.—Morand. — Boucher, O I. ◯, préposé à la vente des Estampes de la Chalcographie — Rappeneau, préposé à la vente des Moulages.
Ouvert tous les jours à l'exception des lundis et fêtes suivantes : Ascension, Assomption, Toussaint, Noël (à moins que ces fêtes ne tombent un dimanche), 1ᵉʳ Janvier et 14 Juillet (invariablement). Dans la semaine, de 9 h. à 5 h. du 1ᵉʳ avril au 30 septembre, et de 10 h. à 4 h. du 1ᵉʳ octobre au 31 mars. Le dimanche toute l'année, de 10 h. à 4 h. Le jeudi le musée n'ouvre qu'à 1 h

Luxembourg (du), 19, rue de Vaugirard. *Conservateur :* M Léonce Bénédite, ✳ *Conservateur adjoint :* M. Ch. Masson. *Attaché :* François Monod. Peintures, sculptures, dessins, médailles et objets d'art de l'Ecole Moderne. Tous les jours (excepté le lundi, de 9 h. à 5 h. du 1ᵉʳ avril au 30 septembre, et de 10 h. à 4 h. du 1ᵉʳ octobre au 31 mars, le dimanche toute l'année de 10 h à 4 h Fermé

les 1ᵉʳ Janvier, jeudi de l'Ascension, 14 Juillet, Assomption, Toussaint, Noël (à moins que ces fêtes ne tombent un dimanche), et pendant quinze jours, au moment du remaniement annuel des collections.

Malmaison (Château de la), à Rueil (S.-et-O). Tous les jours, sauf le lundi, de 11 h. à 4 h. en hiver et de 10 h. à 5 h. en été. *Conservateur :* M. Jean Ajalbert, ✳.

Opéra (de l'), place Charles-Garnier. Tous les jours (excepté les dimanches, lundis et fêtes), de 1 h. à 4 h. Fermé pendant la semaine de Pâques, et du 1ᵉʳ juillet au 1ᵉʳ septembre.

Palais des Beaux Arts de la Ville de Paris. Au Petit Palais, av. Alexandre III. Tous les jours, excepté le lundi, de 10 h à 5 h. du 1ᵉʳ avril au 30 septembre, et de 10 h. à 4 h. du 1ᵉʳ octobre au 31 mars. *Conservateur :* M. Henry Lapauze, O. ✳. *Attachés :* Fauchier-Magnan, Gronkowski, Hénard. Prix d'entrée : 1 fr. les mardis, mercredis, vendredis et samedis. *Gratuit :* les jeudis et dimanches.

Paléographique. Aux Archives Nationales, 60, rue des Francs-Bourgeois. Le dimanche, de midi à 3 h (Le jeudi avec permission du Directeur.) Fermé les jours de fêtes autres que les dimanches.

Révolution (de la), à Versailles. Salle du Jeu de Paume. Tous les jours (excepté le lundi), de 11 h. à 5 h. en été et de 11 h. à 4 h. en hiver.

Saint-Germain (de) Antiquités nationales. *Conservateur :* Salomon Reinach, O. ✳. Ouvert le dimanche, de 10 h. ½ à 4 h. toute l'année; les mardis et jeudis, de 11 h. ½ à 4 h. en hiver et de 11 h. ½ à 5 h. en été. Jours d'études : les mercredis, vendredis et samedis, de 10 h ½ à 4 h. en hiver et de 10 h. ½ à 5 h. en été; un permis délivré par l'administration du musée est nécessaire pour l'admission aux jours d'études. La Chapelle avec le Musée Chrétien sont visibles tous les jours jusqu'à 5 h. en hiver et 6 h. en été.

Trocadéro. Palais National du Trocadéro. Sculpture comparée. *Directeur :* Enlart. Ouvert tous les jours (excepté le lundi), de 11 h. à 4 h. en hiver et de 11 h. à 5 h en été.
Ethnographie. Dimanches, mardis et jeudis, du 1ᵉʳ avril au 30 septembre, de midi à 5 h , et du 1ᵉʳ octobre au 31 mars, de midi à 4 h.
Musée du Cambodge. Ouvert tous les jours (excepté le lundi), de 11 h. à 4 h. en hiver et 5 h en été.

Versailles Musée National. *Conservateur :* P. de Nolhac, O. ✳. Galeries historiques, au Château. Tous les jours (excepté le lundi et les jours fériés), de 11 h à 5 h en été et de 11 h. à 4 h. en hiver.

Musée de Victor Hugo, dit «*Maison de Victor Hugo*», 6, place des Vosges. *Conservateur :* L. Koch *Attaché :* Planés Eug. Ouvert au public tous les jours (excepté le lundi et les jours de fêtes légales), de 10 h. à 5 h. en été, et de 10 h. à 4 h en hiver. Entrée : 1 fr. mardi, mercredi, vendredi et samedi. *Gratuit.* jeudi et dimanche.

ACQUISITIONS DES MUSÉES

En 1910

Louvre.

Département des antiquités égyptiennes.

Divers objets de l'art égyptien.

Département des antiquités grecques et romaines.

Tête antique en marbre, tête de femme en marbre blanc, fragment de figure décorative, autre tête antique en marbre, disque en bronze, statue archaïque du VI⁰ s.

Département des antiquités orientales

Terres cuites antiques, tablette babylonienne.

Département des objets d'art du moyen âge, de la Renaissance, des temps modernes et de l'Extrême-Orient.

Cruche faïence italienne, poteries archaïques de la Chine, paravent japonais, peintures japonaises, plaques d'émail de Monvaerni, bronze de Riccio, carreaux de faïence italienne du château de Mantoue; bronzes italiens (Enfant à la coquille, Baigneuse accroupie, Victoire ailée); bronzes français, époque Louis XIV

Département de la sculpture du moyen âge, de la Renaissance et des temps modernes

Médaillon en bronze XVI⁰ siècle, Vierge d'Annonciation, XV⁰ siècle, sculptures anciennes (un bas-relief XIV⁰ siècle; deux fragments de sculptures et deux hauts-reliefs du XVI⁰ siècle, dits les Lansquenets du Château de Mogneville; vierge de l'Ecole française XIV⁰ siècle; buste de femme, par Chinard; deux culs-de-lampe XV⁰ siècle, buste de Pingré par Caffieri; bustes des Frères Coypel, par Coysevox et Lemoyne.

Département de la peinture et des dessins.

Dessins du XIV⁰ siècle; étude de Gérard David; dessin à la plume de Holbein

Portrait d'officier, par Raeburn; portrait de jeune femme, par David; portrait d'homme, école hollandaise; tableau de Lenain; tableau de Corot (vue de Venise); dessins d'Alfred Dehodencq; portrait par Jean de Bray.

Musée de Cluny.

Acquisitions faites à la vente Gay : coffret hollandais, statuette polychrome de Saint-Christophe du XI⁰ siècle

Musée du Luxembourg.

Plaquettes et médailles de Roty; un tableau de Zorn

Portrait de Verlaine, par Eugène Carrière; Section italienne : Tibo, le Bain; Nono, Première pluie; Bezzi, paysage; Cardi, paysage, Pasini, études; Pellizza Fior reciso, Grubicy, paysage

Musée de Versailles

Portrait de Baudelaire; tableau de Largillière dit le Festin du Sacre (vente Doistan). Portrait de Lenoir, par Danloux.

Musée de Saint Germain.

Objets préhistoriques; objets de l'âge du fer; taureau en bronze; os gravés; moulage de l'arc antique de Carpentras.

DONS

Musée du Louvre.

Département des antiquités égyptiennes.

Objets provenant des fouilles de M. Gayet

Un buste de déesse. Don de Mme la comtesse de Lesseps.

Département des antiquités orientales et de la céramique antique.

Un appui de siège en bronze provenant des fouilles du P. Ronzevalle. Don de M. le ministre de l'instruction publique et des beaux-arts.

Masques béotiens Don anonyme.

Tête de génisse avec le nom d'un roi Kassite. Don P. Gaudin.

Lot d'objets provenant des fouilles du P. Ronzevalle

Une lampe en terre cuite. Don du docteur Capitain.

Département des antiquités grecques et romaines

Un monument funéraire. Don du P. Ronzevalle.

Un lot d'objets portant des inscriptions chrétiennes. Don du commandant Guénin et de M. Cagnat, membre de l'Institut.

Une plaque en bronze avec sujet de chasse. Don de la Société des Amis du Louvre.

Un lot de tessons et un sceau antique. Don du commandant Guénin et de M. Cagnat, membre de l'Institut.

Département des objets d'art du moyen âge, de la Renaissance et des temps modernes, de l'Extrême-Orient.

Peintures, sculptures, bronzes et céramiques recueillis par la mission Pelliot.

Triptyque d'ivoire Don de M Ratzersdorfer.

Estampes japonaises Don de MM. Koechlin, Isaac et Migeon.

Montant d'une niche en bois sculpté rapporté du Caire Don de M. Hayaux du Tilly.

Assiettes en Delft. Don de M. Havard.

Grand vase balustre. Don de MM. Héliot

Pièces céramiques chinoises. Don de M. Grandidier.

Collection Victor Gay. Don de MM André, Fenaille, Maciet, Th. Reinach, Peytel, Ed. de Rothschild, Stein et Bruman

Porcelaines de la Chine. Don de M. Keiller de Gottembourg

Pièces céramiques chinoises. Don de M. Grandidier

Sculpture chinoise. Don de Mme Langweil

Département de la sculpture du moyen âge, de la Renaissance et des temps modernes.

Une réplique en terre cuite de l'Hercule Farnèse par Monot. Don de M. Orville

Une statuette, par Moitte, et un projet de médaille

Statuette de Rachel, par Barre. Don de Mme Dinah Félix.

Département de la peinture et des dessins.

Portrait d'Alexandre Dumas père, par Guichard; portrait de M. Aubertot, par Bonhomme. Don de M Bracquemond

Portrait d'Ambroise Thomas, par Flandrin. Don de Mme Vve A Thomas.

Portrait de Dupuytren, par Horace Vernet. Don de M L. de Beaumont.

Portrait au crayon du peintre Lavergne. Don de M Claudius Lavergne.

Cinq dessins du P. Besson Don du P Vallée.

Un tableau de Ravier. Don Claudius Ravier.

Une aquarelle représentant l'appartement de Lenoir aux Petits-Augustins et un portrait d'enfant, école française XVᵉ siècle. Don de la Société des Amis du Louvre.

Cinq dessins de Latour. Don de la Société des Amis du Louvre.

Six peintures de Ravier Don de MM Claudius Ravier et Thiollier

Planche d'après un Sous-bois de Paul Huet. Don de M. R.-P. Huet.

Une nature morte par Gainsborough. Don de M. Léo Nardus.

Portrait de Mme Barbier Valbonne, par Kucharski Don de Mme la comtesse Hallez Claparède.

Collection de Primitifs Don de M Tessier, peintre.

Œuvres d'Isabey. Don de Mme Vve Rolle.

Le serment d'amour de Fragonard, portraits par Mlle Gérard, la lecture de la Bible, copie par Mlle Gérard, d'après Greuze Dons de Mlle Letailleur.

Musée de marine.

Portrait-miniature de Folin de Banville. Don de M Legrand.

Musée de Cluny.

Partie d'un trésor gallo-romain trouvé à Paris Don de M. Ch Magne.

Boussole en ivoire fin du XVIIᵉ siècle Don de M. Brière.

Un landier, un bronze et un jouet France XVIᵉ siècle. Don de M. Orville

Une pièce de dentelle Don de Mme Desmarais

Une salière en verre XVIIᵉ siècle. Don de M. Orville.

Musée de Versailles.

Un portrait de Godefroy Cavaignac, par Langlois Don de M Munier Jolain

Un portrait de Robespierre. Don de M. Cormenon

La duchesse de Bourgogne en habit de chasse Don de S M la reine Marguerite d'Italie

Portrait du Poète Chabanon, par Duplessis; portrait de Victor Malouet Don du baron Malouet

Portrait de Barbey d'Aurevilly, par Lévy. Don de Mme Hayem

Musée du Luxembourg.

148 dessins de M Pennell ayant servi à l'illustration du « Graphic », donnés par l'auteur.

Un tableau (intérieur de Saint-Marc), par Albert Maignan. Don de Mme Maignan.

Un buste par Paul de Vigne et un buste par Lagaë Don de M Laroche.

Deux peintures de Charney. Don de l'auteur en souvenir d'Émile Michel

Un tableau de François Raynaud. Don de M. Templaere.

Un buste et plusieurs figurines en bronze de M. J Lambeaux Don de M. Laroche.

Tableaux de Gauguin. Don de M. Philipsen et de M. Schuffenecker.

Musée de Saint-Germain.
(ART IBÉRIQUE.)

Un moulage de statue polychrome Don d'un statuaire espagnol

Une collection d'objets recueillis à Alise-Sainte-Reine. Don du commandant Esperandieu.

Objets et moulages d'objets provenant du Caucase, de Perse et d'Egypte. Don de M. J. de Morgan.

LEGS

Legs Piet-Lataudrie.
Legs Albert Maignan
Legs Drouet
Legs Seguin
Legs Duc de Mouchy.
Legs Chauchard.
Legs Chapelet (poteries).

LES ACHATS DE L'ÉTAT

Société Nationale des Beaux-Arts.

Peinture.

Lucien Simon, *le Bain.*
Léon Delachaux, *Intérieur Berrichon*
André Dauchez, *Pins de Lesconil.*
Frédéric Montenard, *Lieu de Pèlerinage dans le Var*
Paul Meslé. *Le Chemin creux.*
Walter Gay, *Intérieur au château de Couvance.*
Joseph de la Nézière, *Les derniers trains à Maisons-Alfort* (pendant la crue 1910).

Sculpture.

Paul Aubé, *Tête de jeune fille* (étude en plâtre).
Louis de Monard, *Fox-terrier retournant un crabe* (bronze à cire perdue).
Niderhausen-Rodo, *Psyché* (statuette en marbre)

Objets d'art.

Michel Cazin, *Les Pins*, vase en bronze
Moreau Nelaton, vase en grès.
Delaherche, vase en porcelaine.
Daumouse, coupe en pâte de verre

LES ACHATS DE LA VILLE DE PARIS

Société des Artistes Français.

Peintures et Dessins.

Dambeza, *L'Orage*
Bellan, *Kermesse hollandaise.*
Cassel. *Sortie de Salut* (Béguinage).
Moteley, *Une barque à la côte*
Gagliardini, *La Salute à Venise.*
Granchi Taylor, *Pêcheur de crabes* (dessin teinté).
Louise Abbéma, *Chasse à tir.*
Cayron, *La Marmotte.*

Sculptures.

Alfred Boucher, *Jeanne d'Arc.*
Bareau, *Le Semeur.*
Bianchi, *Le Petit Chat.*
Marquet, *La Fin d'un Rêve.*
Allouard, *Egaluas.*

Gravures.

Estampes de Bouisset, Jarraud et Dufour.

Société Nationale des Beaux-Arts.

Peintures.

Anquetin, *Bacchante endormie.*
Hawkins, *Ombelles jaunes.*

Gravures.

Estampes originales de Pinard.

ASSOCIATIONS D'ARTISTES

Société des Artistes Français.

Président : V. LALOUX, O. ✽, de l'Institut.

Vice-présidents : A. DAWANT, O. ✽; E. A. BOISSEAU, O. ✽.

Secrétaire rapporteur : Louis BONNIER, O. ✽

Secrétaires : E. RENARD, Georges LEMAIRE, J.-L. PASCAL, de l'Institut, J. JACQUET.

Trésorier : FOCILLON

Commissaire-général: Ed. THOUMY, 5, rue Gœthe.
Agence pour la défense de la propriété artistique, Grand-Palais des Champs-Élysées (porte D), Ch. Gebel, *agent délégué.*

La Société a pour but de représenter et de défendre les intérêts généraux des artistes français par l'organisation des Expositions annuelles des Beaux-Arts.

129ᵉ exposition 1911, au Grand-Palais des Beaux-Arts (Champs-Élysées), du 1ᵉʳ mai au 30 juin, de 8 heures du matin à 6 heures du soir, sauf les lundis où l'ouverture n'a lieu qu'à 10 heures

Prix d'entrée : jour du vernissage, 30 avril, 10 francs; jour de l'ouverture (1ᵉʳ mai), 2 francs; tous les jours de la semaine, 1 franc (sauf les vendredis, 2 fr); les dimanches de 8 heures à midi, 1 fr , de midi à 6 heures, 0 fr.50.

Société Nationale des Beaux-Arts.

Président : ROLL, C. ✽.

Vice-présidents : A. BESNARD, C ✽, RODIN, G. O. ✽, WALTNER, O. ✽, de BAUDOT, O. ✽, LHERMITTE, C. ✽.

Secrétaires : Jean BÉRAUD, O. ✽, BILLOTTE, O. ✽.

Trésorier : AGACHE, O ✽

Secrétaire général : Eug RAQUET, 88, rue Claude-Bernard.

La Société a pour but d'encourager, par des expositions annuelles, toutes les manifestations artistiques, peinture, sculpture, gravure, architecture, objets d'art et musique Exposition de 1911 : au Grand Palais des Beaux-Arts (avenue d'Antin), du 15 avril au 30 juin, de 8 heures du matin à 6 heures

Prix d'entrée, 1 franc. Les après-midi des dimanches de mai et de juin 0 fr. 50. Le jour du vernissage, 10 francs; le jour de l'ouverture, 2 francs. Auditions musicales des œuvres admises par le jury (sans augmentation de prix) tous les mardis et vendredis à 3 h. ½ dans l'enceinte du salon.

Société du Salon d'Automne.

Président : FRANTZ JOURDAIN, O. ✽.

Exposition annuelle : Grand Palais (Champs-Élysées, du 1ᵉʳ au 22 octobre, de 9 heures du matin à 5 heures du soir.

Prix d'entrée · Jour du vernissage, 5 francs; jour de l'ouverture, 2 fr.; dimanches et jours de fêtes, 0 fr. 50; les autres jours, 1 franc

---

SOCIÉTÉS DIVERSES

Paris.

L'Acanthe, 8, rue de Sèze.

Alliance artistique et scientifique, 168, av. Parmentier.

American Womans art Association, 4, rue Chevreuse.

Amicale artistique, 6, rue du Loing.

Association artistique et littéraire des agents de chemins de fer français, 13, rue d'Alsace.

Association des artistes peintres, sculpteurs, graveurs et dessinateurs (Fondation Taylor), 25, rue Bergère.

Les Arts Réunis, 8, rue de Sèze.

Association des dessinateurs, illustrateurs.

Association littéraire et artistique internationale, 117, boul. Saint-Germain.

Association provinciale des architectes français, 15, rue Neuve, Versailles.

Association syndicale professionnelle des peintres et sculpteurs français, 31, av. de Villiers.

Bureau de la Propriété littéraire et artistique du Cercle de la Librairie, 117, boul. Saint-Germain.

Cercle artistique et littéraire, 8, rue Volney.

Cercle des arts et des Gobelins, 42, av. des Gobelins.

Comité d'archéologie américaine, 28, rue Mazarine.

Cercle de l'Union artistique, 5, rue Boissy-d'Anglas.

Esculape, 117, boul, Saint-Germain.

Ligue pour la défense des Intérêts et de la Beauté de Paris.

Le Nouveau Paris, 50, boul. de la Tour-Maubourg

Le Pastel, 13, boul de la Madeleine.

Réunion des peintres et sculpteurs de chevaux (concours hippique).

Société des Amis de l'eau-forte (mairie du 8ᵉ arrondissement).

Société des Amis du Louvre (Palais du Louvre).

Société des Amis du Livre, 36, rue de Seine.

Société des Amis des Monuments Parisiens, 98, rue de Miromesnil.

Société des Amis du Musée de l'Armée.

Société des Amis de Versailles, 6, pl. de l'Opéra.

Société des antiquaires de France, Musée du
Louvre.
Société des aquafortistes.
Société des aquarellistes français, 78, av. des
Champs-Elysées.
Société d'aquarellistes français, 8, rue de Sèze.
Société des aquarellistes internationaux, 8, rue
de Sèze.
Société des architectes français diplômés par le
gouvernement, 59, rue de Grenelle.
Société de l'art décoratif français.
Société « L'Art et l'Enfant ».
Société des artistes décorateurs, 59, av. de Saxe.
Société des artistes français, porte D, Grand-
Palais, Cours-la-Reine
Société des artistes français, graveurs au burin,
117, boul. Saint-Germain.
Syndicat des artistes femmes-peintres et sculp-
teurs, 233, rue Saint-Honoré.
Société des artistes indépendants, 131, av. Par-
mentier.
Société des artistes lithographes français, 13,
rue Grange-Batelière.
Société « La Cimaise », 8, rue de Sèze.
Société centrale des architectes français, 8, rue
Danton.
Société des collectionneurs d'Ex-Libris, 93, rue
de Prony.
Société des dessinateurs.
Société « Le droit d'auteur aux artistes ».
Société « l'Eclectique », 19, rue Caumartin.
Société française des Amis des Arts, 416, rue
Saint-Honoré
Société française de Numismatique.
Société des graveurs de médailles.
Société de la Gravure originale en couleurs, 8,
rue de Sèze.
Société de l'Histoire de l'Art français.
Société de l'Histoire du Costume.
Société internationale de peinture et de sculp-
ture, 8, rue de Sèze.
Société libre des artistes français, 16, rue Grange-
Batelière.
Société libre des Beaux-Arts, 10, rue Ballu.
Société de la Miniature, de l'Aquarelle et des
arts précieux, 8, rue de Sèze.
Société nationale des architectes de France, 15,
rue de la Cerisaie
Société nationale de l'Art à l'Ecole.
Société nationale des Beaux-Arts, Petit-Palais
des Champs-Elysées.
Société nouvelle des artistes français, 8, rue de
Sèze.
Société des pastellistes français, 8, rue de Sèze.
Société des peintres et graveurs, 102, rue de
Longchamp
Société des peintres et sculpteurs de chasse,
38, rue des Mathurins.
Société de peinture et de sculpture, 8, rue de Sèze.
Société populaire des Beaux-Arts, 16, rue
Grange-Batelière
Société de propagation des Livres d'Art, 117,
boul. Saint-Germain.
Société pour la protection des paysages de
France.
Société du Salon d'Automne, Grand-Palais,
Champs-Elysées

Société du Salon de l'Ecole française, 24 *bis*, rue
Bois-le-Vent.
Syndicat de la propriété artistique, 3 *bis*, rue
d'Athènes
Syndicat de la Société littéraire et artistique pour
la protection de la propriété intellectuelle,
117, boul. Saint-Germain.
Société du Vieux-Montmartre, 42, rue d'Orsel.
Société du Vieux-Papier, 12, boul. des Bati-
gnolles.
Société du Vieux Paris.
Union centrale des Arts décoratifs, 8, rue des
Vosges.
Union des femmes peintres et sculpteurs, 175,
boul. Pereire.

EXPOSITIONS (1911)

*Un certain nombre d'expositions dont les dates
ou emplacements n'avaient pas été déterminées au
moment où nous avons clos notre édition n'ont
pu figurer dans cette liste.*

PARIS

Janvier.

Cercle artistique et littéraire, 7, rue Volney
La Cimaise, 8, rue de Sèze.
Les miniaturistes, enlumineurs et arts précieux
Automobile-Club.
Salon de l'Ecole Française, au Grand Palais
Les Femmes artistes, 8, rue de Sèze.
Association syndicale professionnelle des Pein-
tres et Sculpteurs français au Grand Palais.
L'Eclectique, 54, rue Laffitte.
Petites sculptures et dessins de sculpteurs, 97,
boul. Raspail.
Salon du Peuple, 29, rue du Faubourg-Saint-
Jacques.
Salon d'Art religieux, au Grand Palais.

Février.

Cercle de l'Union artistique, 5, rue Boissy-
d'Anglas.
Les Arts réunis, 8, rue de Sèze.
Les Aquarellistes français, 8, rue de Sèze.
Exposition internationale du Livre, au Grand
Palais.
Les Peintres orientalistes français, au Grand
Palais
Les Femmes peintres et sculpteurs, au Grand
Palais.
L'Acanthe, 40, rue des Capucines.
Société internationale de la peinture à l'eau,
54, rue Laffitte.
La Société moderne, 16, rue Laffitte.
American Art Students Club, 4, rue Chevreuse.
Les Peintres du Paris-Moderne, 8, rue de Sèze.
Les Quelques, 54, rue Laffitte.

Mars.

Syndicat des Femmes peintres et sculpteurs,
253, rue Saint-Honoré.

Salon des Chemins de fer français, salle des Fêtes de la gare de Lyon.

Les Peintres de montagne, 117, boul. Saint-Germain.

Exposition de l'Art du potier, au Musée Galliera.

Avril.

Société nationale des Beaux-Arts, au Grand Palais (voir page 13).

Les Pastellistes, 8, rue de Sèze.

Travaux d'art féminins (Union centrale des Arts décoratifs), au Pavillon de Marsan

Les Indépendants, Cours-la-Reine.

Réunion des peintres et sculpteurs de chevaux pendant le Concours hippique.

Société nouvelle de peinture et de sculpture.

Mai.

Salon des Humoristes, au Palais de glace.

Société des Artistes français, au Grand Palais (voir page 13)

Bagatelle (Bois de Boulogne)

Exposition des portraits des souverains régnant actuellement et rétrospective des portraits des souverains et princes depuis le XVIIIᵉ siècle.

Septembre.

Concours Lépine, au Grand Palais (jouets et articles de Paris)

Octobre.

Salon d'automne, au Grand Palais (voir page 13).

Exposition du Cercle des Gobelins et des Beaux-Arts.

Salon de l'Union internationale des Beaux-Arts, à l'Alcazar d'Eté

Société des Arts décoratifs, 8, rue de Sèze.

La gravure originale en noir, 20, rue des Capucines.

Société des Peintres et Graveurs de Paris, 8, rue de Sèze

Novembre.

Les Aquarellistes internationaux, 8, rue de Sèze.

La gravure en couleurs, 8, rue de Sèze

Les artistes décorateurs, au Pavillon de Marsan.

Décembre.

La Société internationale de peinture et de sculpture, 8, rue de Sèze

L'Esculape (les Médecins artistes), 117, boul. Saint-Germain.

DÉPARTEMENTS

Alençon (Orne) Régionale et rétrospective des « Amis des Arts de l'Orne », en mai.

Amiens (Somme) Les « Amis des Arts du département de la Somme » (M. le Dʳ Peugniez, président).

Angers (Maine-et-Loire) Exposition des Beaux-Arts des « Amis des Arts d'Angers », en décembre.

Annecy (Haute-Savoie). Exposition organisée par la Société des Beaux-Arts de la Haute-Savoie (M. Martin, président), en juillet.

Arras (Pas-de-Calais). Exposition organisée par l'Union artistique du Pas-de-Calais (M. Delhaye, secrétaire), en juin; par la Société artésienne des Amis des Arts (M. Advielle, secrétaire), en février.

Aurillac (Cantal). Exposition organisée par la Société artistique du Cantal (M. Champeil, président), en mai.

Avignon (Vaucluse) Exposition organisée par la Société vauclusienne des Amis des Arts (M. Ch. Formentin, président), en avril.

Beauvais (Oise). Exposition organisée par la Société des Amis des Arts de l'Oise (M. Greber, président), en juin.

Bordeaux (Gironde). Exposition organisée par la Société des Amis des Arts de Bordeaux (M. Schrader, président), février à avril;

— par l' « Atelier » en avril;

— par l' « Union féminine », en mai

— par le « Salon des artistes girondins » (président, M. Farel), en octobre,

— par la Société des Femmes artistes (Mlle Jacquelin, présidente), de novembre à décembre.

Cannes (Alpes-Maritimes) Exposition organisée par la Société des Beaux-Arts de Cannes, de février à mars.

Charleville (Ardennes) Exposition organisée par l' « Union artistique des Ardennes », de juin à juillet.

Chartres (Eure-et-Loir). Exposition organisée par la Société des Beaux-Arts d'Eure-et-Loir (M. Oury, président), en mai.

Douai (Nord). Exposition organisée par la Société des Amis des Arts de Douai (M. Aarun-Demont, président), en juillet.

Epinal (Vosges). Exposition des Beaux-Arts et des Arts décoratifs organisée par la Société vosgienne d'art (M. Lucien Dreyfus, secrétaire général), en juillet.

Evreux (Eure). Exposition d'aquarellistes normands organisée par la Société des Amis des Arts d'Evreux en mai.

Langres (Haute-Marne). Exposition des Beaux-Arts organisée par la Société artistique de la Haute-Marne (M. Truchot, président), en août.

Le Mans (Sarthe) Exposition de l'Ouest de la France, section des Beaux-Arts, mai à octobre.

Lille (Nord). Exposition des Artistes lillois, février à mars.

— Exposition de l' « Ensemble », en octobre
  Exposition des Employés de la Compagnie du Nord.

Lyon (Rhône). Salon de la Société Lyonnaise des Beaux-Arts (M. Bauer, président), février à avril.

— Salon d'automne des Artistes Lyonnais (M. le Dʳ Aubertin, président), octobre à novembre.

Montpellier (Hérault) Exposition de la Société artistique de l'Hérault (M. le Dʳ Guibal, président), en mars.

Nancy (Meurthe-et-Moselle) Exposition organisée par la Société Lorraine des Beaux-Arts (M. Aubin, président), date pas arrêtée.

Nantes (Loire-Inférieure). Exposition organisée par la Société des Amis des Arts de Nantes (M. H. Pilon, président), en janvier; et par les Artistes Bretons, en avril.

Nevers (Nièvre). Exposition organisée par le groupe d'émulation artistique du Nivernais (M. Léon Gautheron, président), en mars.

Nice (Alpes-Maritimes). Exposition organisée par la Société des Beaux-Arts de Nice, de décembre 1911 à février 1912.

Pau (Basses-Pyrénées). Exposition de la Société des Amis des Arts de Pau (M P. Belin, président), 15 janvier 15 mars 1911.

Quimper (Finistère). Exposition d'Art breton (M. Bodereau, président), en août. ·

Rennes (Ille-et-Vilaine). Exposition des Beaux-Arts organisée par l'Association artistique et littéraire de Bretagne (M. Loth, président), en mars.

Rodez (Aveyron). Exposition de l'Union artistique aveyronnaise (M. Denys Puech, président), en juillet.

Rouen (Seine-Inférieure) Exposition d'Art normand organisée à l'occasion des Fêtes du Millénaire normand, en juin.

Saint-Brieuc (Côtes-du-Nord). Exposition de la Société d'initiative artistique des Côtes-du-Nord (M. Piquais, secrétaire), 15 juin-15 juillet.

Saint-Etienne (Loire). Exposition organisée par les « Arts du Forez » (M. Sébastien Chaumier, président), en janvier

Tours (Indre-et-Loire). Exposition organisée par la Société d'agriculture, sciences, arts et belles-lettres (M. Auguste Chauvigné, secrétaire perpétuel), mars 1911 (réservée aux artistes tourangeaux).

Toulon (Var). Exposition organisée par la Société des Amis des Arts de Toulon (M. Boyer, secrétaire), en avril.

Vesoul (Haute-Saône). Exposition organisée par la Section des Beaux-Arts de la Haute-Saône (Mme Dallon-Jeanneney, présidente), juin à juillet.

ÉTRANGER

Allemagne.

Berlin. Exposition « Berliner Sezession », d'avril à septembre.

Baden-Baden. Deutsche Kunstbausstellung, de mars à fin octobre.

Cologne. Exposition de la Société « Stil », de mars à avril.

Francfort-s-Mein. Exposition de la Frankfurter Verein, de novembre à décembre.

Munich. Exposition de la « Sezession », mars et avril.

— Salon des Artistes indépendants, mai à août.

Angleterre.

Londres. Expositions organisées par :

— The Royal Academy . 1° les maîtres anciens et les artistes décédés, à partir du premier lundi de janvier (durée dix semaines); 2° les artistes vivants à partir du premier lundi de mai (durée treize semaines).

— The Royal Society of Painters in water colours (secrétaire, E.-W. Hayward Butt) : 1° en été, d'avril à juin ; 2° en hiver, de novembre à décembre.

— The Royal Society of British artists, en octobre.

— The Royal Society of Painters-Etchers and engravers, de février à fin mars.

— The Royal Society of miniature Painters (secrétaire W Quinner), du 1er au 31 juillet.

— The international Society of Sculptors, Painters and gravers en juin.

— The Society of Women Artists (secrétaire, Miss George Patton), de janvier à février.

— Society of Portrait Painters. Exposition annuelle, novembre à décembre.

Birmingham. Exposition organisée par The Royal Birmingham Society of Artists (secrétaire, Jonathan Pratt) : 1° au printemps, d'avril à juin; 2° à l'automne, de septembre à janvier 1912.

Edimbourg. Exposition organisée par The Royal Scottisch Academy (M -D.-M -C. Kay, secrétaire), 1er mars à juin.

Glasgow. Exposition organisée par l'Institut Royal des Beaux-Arts pour le jubilé de l'Institut (secrétaire, Percy Bate), de février à mai.

Liverpool. Exposition des Beaux-Arts, du 18 septembre 1911 au 6 janvier 1912.

Manchester Exposition organisée par la Manchester Academy of Fine Arts ·

— 1° Tableaux, février-mars;

— 2° Aquarelles, dessins, juin-juillet (W. Stanfield, secrétaire).

— 3° Exposition de gravures de l'Ecole Préraphaëlite, d'août à novembre.

Autriche—Hongrie.

Vienne. Exposition des Aquarellistes, de janvier à février.

— Jubilaums Kunstausstellung, de mars à fin mai.

— Sommer Austellung, juin à fin septembre.

— Herbstaustellung, novembre à décembre.

Budapest. Exposition organisée par Kunstverein Keve, en octobre.

— Landesverein für bildende in Ungarn, d'avril à mai.

Prague. Exposition « Kunstverein für Bohmen », d'avril à mai.

— Exposition des Femmes artistes, de novembre à décembre.

— Exposition des Artistes indépendants organisée par la Société Manes (date pas arrêtée).

Belgique.

Bruxelles. Exposition organisée par .

— L'Élan, en mars;

— L'Estampe, en janvier;

— La Société « pour l'Art », de février à mars;

— Le Sillon, en novembre;

— La Société « Stil voort » en avril;

— La Libre Esthétique, de mars à avril.

— La Société des Aquarellistes et Pastellistes, d'avril à mai;

— La Société Royale des Aquarellistes, en juin.

— « Vie et Lumière », septembre à octobre.

Anvers. Salon de l'art contemporain, mars et avril.

Bruges. Exposition organisée par le Cercle artistique Brugeois, de décembre 1910 à février 1911.

Liège. Exposition d'architecture et d'art décoratif organisée par l'Encouragement des Beaux-Arts de Liège (président, M. Van Hacgaerden-Braconnier), mai et juin.

— Exposition des Beaux-Arts, organisée par le Cercle des Beaux-Arts (M. Alfred Micha, président), novembre.

— 34ᵉ exposition, décembre et janvier 1911. Salon de la Gravure en noir, avec la participation de la Société « La Gravure originale en noir », de Paris, sous la présidence d'honneur d'Auguste Rodin.

— 35ᵉ exposition (février). Exposition Ed. Masson, peintre.

— 36ᵉ exposition (mars) Exposition rétrospective de l'Œuvre d'Auguste Donnay.

— 37ᵉ exposition (avril). Salon des Humoristes.

— 38ᵉ exposition (mai). Salon Annuel (peinture à l'huile, pastels, aquarelles, sculptures).

Spa. Exposition des Beaux-Arts (M. Louis Sosset, secrétaire), de juillet à septembre.

États-Unis d'Amérique.

Baltimore. Exposition de peinture et de sculpture organisée par le Charcoal Club, en mars.

Boston Exposition organisée par le Club d'art de Boston, en janvier et février.

Buffalo. Exposition organisée par l'Albright art Gallery, mai et octobre.

Chicago. Exposition Art Institute of Chicago : aquarelle, pastel et miniature, en mai; peinture et sculpture, du 4 au 30 janvier.

New-York. Exposition organisée par : The New-York water color Club d'octobre à novembre.

— The national Society of Craftsmen, décembre.

— The National Academy of Design : en hiver, décembre et janvier; au printemps, avril et mai.

— The American Society of miniature Painters, en avril.

— The American Water Color Society, avril et mai.

Philadelphie. Exposition organisée par : The Pensylvania Society of miniature painters, en novembre.

— The Pensylvania Academy of fine Arts, en novembre.

— The Art Club of Philadelphia : peinture et sculpture, en décembre; aquarelle et pastel, en mars.

— The Plastic Club, en décembre.

— The Philadelphia Water color Club, en avril.

Égypte.

Le Caire. Exposition du Cercle artistique, janvier-février.

Hollande.

Amsterdam. Exposition organisée par :

— La Société « Arti et Amicitiæ » : peinture et sculpture, mars-avril, aquarelle, en novembre.

— La Société « Sint Lucas », en avril.

Italie.

Rome. Exposition internationale des Beaux-Arts, de mars à novembre.

Bologne. Exposition de la Société « Francesco Francia », de mars à juin

Florence. Exposition rétrospective et régionale organisée par la Societa delle Belle-Arti di Firenze, de mars à juin.

Rivoli (près Turin). Exposition humoristique internationale (date pas arrêtée).

Monaco (Principauté de).

Monte-Carlo. Exposition internationale des Beaux-Arts, de janvier à avril.

Norwège.

Christiania. Exposition organisée par la Bildende Kunstnere Styre (octobre-novembre).

Roumanie.

Bucarest. Tinerimea artistica, de mars à avril.

Russie.

Saint-Pétersbourg. Exposition de la Société des Artistes, fin janvier à fin avril.

Suisse.

Genève, au Musée Rath : Exposition d'art domestique (M. de Reynold, président), en janvier.

— Exposition de la Société Mutuelle, en mars.

— Exposition de la Section des Beaux-Arts de l'Institut genevois, septembre et octobre.

LES CONCOURS POUR LE PRIX DE ROME

(1909)

Peinture.

GRAND PRIX. — M Dupas (Jean-Théodore), né le 21 janvier 1882, à Bordeaux; élève de M. Gabriel Ferrier.

MENTION. — M. Bouffanais (Jules-René), né le 4 janvier 1885, à Belain (Dordogne); élève de M. Cormon.

Architecture.

GRAND PRIX. — M. Janin (Fernand), né le 8 janvier 1880, à Nîmes; élève de M. Laloux.

PREMIER SECOND GRAND PRIX. — M. Debat-Ponsan, né à Copenhague, le 21 août 1882; élève de M. Laloux.

DEUXIÈME SECOND GRAND PRIX. — M. Cassel, né à Pertuis (Vaucluse), le 1er août 1886; élève de M. Bernier.

Sculpture.

GRAND PRIX — Non décerné.

PREMIER SECOND GRAND PRIX. — M. Casson (Charles-Georges), né le 24 novembre 1887, à Paris; élève de M. Coutan.

DEUXIÈME SECOND GRAND PRIX. — M. Mathey (Georges), né le 15 mai 1887, à Crèches (Saône-et-Loire); élève de MM. Injalbert et Hamaux.

Gravure en taille-douce.

GRAND PRIX. — M. Piel (Jules), né le 1er octobre 1882, à Paris; élève de MM. Sulpis et Dubouchet.

PREMIER SECOND GRAND PRIX. — M. Godard (René-Jules), né le 15 juillet 1886, à Vaucouleurs (Meuse); élève de M. Waltner.

DEUXIÈME SECOND GRAND PRIX. — M. Favier (Roger), né le 1er août 1885, à Versailles; élève de MM. Aimé Morot et Waltner.

PRIX DÉCERNÉS
AU SALON DES ARTISTES FRANÇAIS

(1910)

PRIX MEURAND (tableau d'histoire, 1000 fr.). — M. Albert Charpentier, *Salambô au festin des Barbares*.

PRIX BROZARD (paysage, 3000 fr.). — M. Pillot, *au Bord de l'abîme*.

PRIX LECLERC-MARIA BOULAUD (à un jeune peintre ayant obtenu une mention honorable, 3000 fr.). — M. Constant Font, *Jahel*.

PRIX EDOUARD LEMAÎTRE (paysage, 300 fr.). — M. Peyre, *Les Garrigues*.

PRIX HENRI LEHMANN (3000 fr.). — M. Lemercier, *Pegase*.

PRIX DE NEUVILLE (tableau militaire, 1200 fr.). — M. Robiquet, *Waterloo*.

PRIX MAX-DAVID (miniature, 400 fr.). — Mlle Jane Lévy.

PRIX EUGÈNE PIOT (reproduction en sculpture d'un enfant nu, 2000 fr.). — M. Mengin, *L'Enfant au chat*.

PRIX DESPREZ (sculpture, 1000 fr.). — M. Michelet, *Emoi*.

PRIX DE LA SOCIÉTÉ FRANÇAISE DE GRAVURE (700 fr.). — M. Louis Journot, *Bonaparte au Caire, Rouget de l'Isle, Femme pensive*.

PRIX ROUVER (architecture, 1000 fr.). — M. Deverin.

AUTRES PRIX

PRIX ANTOINE-NICOLAS BAILLEY (1500 fr.). — M. Defrasse, architecte.

PRIX ARDOIN (1600 fr., pour les jeunes filles se destinant à la carrière des arts) :

1° 700 fr. à Mlle Marchal, élève de M. Marqueste;

2° 700 fr. à Mlle Hoffbauer, élève de M. Humbert;

3° 200 fr. à Mlle Laffitte, élève de M. J.-P. Laurens.

En peinture (sujet : l'*Inondation*) : 1er prix, Mlle Minier (élève de M. Humbert), 5000 fr.; 2°, M. Bernard (élève de Gérôme et Gabriel Ferrier), 2700 fr.; 3°, M. Boulanger (même atelier), 2000 fr.

En sculpture (*Les Nymphes écoutent les champs*) : 1er, M. Raybaud (élève d'Injalbert), 5400 fr.; 2°, M. Cellier (Coutan), 3000 fr.; 3°, M. Chesneau (Coutan), 2000 fr.; 4°, M. Morlon (Antonin Mercié), 1300 fr.

En architecture (*Un château au centre de la France*) : 1er, M. Camuzat (Pascal), 2700 fr.; 2°, M. Haffner (Laloux), 1300 fr.; 3°, M. Janin (Laloux), 1000 fr.

En gravure (*Portrait de François Ier par le Titien*) : 1er, M. Piel (J. Jacquet, Cormon et Sulpis), 2700 fr.; 2°, M. Godard (Waltner et Muson), 1300 fr.; 3°, M. Mazelin (J. Jacquet et Cormon), 1000 fr.

En miniature (*Leçon d'écriture*) : 1er, Mlle Lévy 1000 fr.; 2. Mlle Languereau, 630 fr.

MONUMENTS INAUGURÉS
Octobre 1909 à Octobre 1910

DATE	LIEU	OBJET	ARTISTES
		1909	
Octobre ..	Albinans du Dropt (L.-et-G.).	Mon. Deluns-Montaud.	Sc. Injalbert.
—	Marly-le-Roy.	Buste Victorien Sardou.	Sculp. Franceschi. Arch. Vaudescal.
—	Périgueux.	Mon. aux Morts pour la Patrie.	Sc. Desca.
—	Gannat.	Mon. Gabriel Delarue.	Sc. Jean Coulon.
—	Wissembourg.	Mon. aux Soldats français.	Sc. Albert Schultz.
—	Boulogne-sur-Mer.	Mon. général de San-Martin.	Sc. Allouard.
—	Dijon.	Mon. Piron.	Sc. Eugène Piron.
—	Lunéville.	Mon. poète Charles Guérin.	Sc. H. Daillion. Céramiste Lachenal.
—	Saint-Jean-d'Angely.	Mon. poète André Lemoyne.	Sc. Poisson et Peyronnet.
—	Avignon.	Mon. peintre Paul Saïn.	Sc. Charpentier. Arch. Tourtet.
—	Paris, 3, rue Récamier.	Hôtel Ligue de l'Enseignement.	Arch. Ch. Blondel.
Novembre.	Pont-aux-Dames.	Mon. Coquelin aîné.	Sc Auguste Maillart. Arch. Binet.
—	St-Sauveur-le-Vicomte (Manche).	Buste Barbey d'Aurevilly.	Sc Rodin.
—	Pontoise	Mon. aux Morts pour la Patrie.	Sc. Ant. Carlès.
—	Nantes.	Méd. bronze poetesse Elisa Mercœur	Sc. de Boishéraud.
Décembre.	Paris.	Mon. Docteur Péan.	Sc. Gauquie. Arch. Guillaume.
—	Paris (Père-Lachaise).	Mon. au journaliste Cornély.	Sc. Moreau-Vauthier. Arch André Bérard.
		1910	
Mars......	Paris, sq. des E.-Unis.	Mon Horace Wells.	Sc. Bertrand-Boutée.
Avril......	Paris, Cimet.-Montparnasse.	Buste Hégésippe Moreau.	Sc. Madame Coutan-Montorgueil.
Juin	Paris, École Normale.	Buste Pasteur (réplique de l'œuvre de Paul Dubois)	Arch. Girault.
—	Paris.	Mon. François Coppée.	Stat. de Chastenet.
—	Montargis.	Mon. Adolphe Cochery.	Sc. Lanson.
—	Saïda (Algérie).	Mon. aux Morts de la Légion étrangère.	Stat. Robert Delande.
—	Paris (Jardin Luxembourg).	Mon. à la comtesse de Ségur.	Sc. Jean Boucher.
—	Paris.	Médaillons Ch. et François Hugo, Paul Meurice et Vacquerie sur le mon Victor Hugo.	Sc. Denys Puech.

MONUMENTS INAUGURÉS (*suite*)

1910 (*suite*)

DATE	LIEU	OBJET	ARTISTES
Juin... ...	Sceaux.	Buste Deluns–Montaud.	Sc. Injalbert.
—	Paris (Opéra).	Buste decorateur Jambon.	Sc. Bernstamm.
—	Perpignan.	Mon. dit « Montanyas Rega-ladas ».	Sc. Raymond Sudre.
Juillet.....	Paris (Tuileries).	Mon. Waldeck-Rousseau.	Sc Marqueste. Arch. Gustave Rives.
—	Paris (Cours la Réine).	Mon Alfred de Musset.	Stat. Moncel.
—	Charleville.	Buste Carré	Sc. Alphonse Colle.
—	Toulon.	Buste Vincent Cordouan.	Sc. Lange Guglielmo.
—	Saint-Nazaire.	Mon. aux Morts pour la Patrie.	Sc. Carillon.
—	Vestric-en-Cadiac (Gard).	Mon. à Montcalm.	Sc. Léopold Morice. Arch. Chabert.
Août.......	Vaux-le-Pénil.	Mon. Gaston Mery.	Sc. Antoine Forestier.
—	Théâtre de Dieppe.	Buste Coquelin ainé.	Sc. Maillart
—	Besançon.	Mon. à Theobald Chartran	Sc Victor Legoffin. Arch. Lauzanne.
—	Besançon.	Mon. Proudhon	Sc. G. Laethier.
—	Calais.	Mon. Jacqu—d.	Sc. Roussel.
—	Chalon-sur-Saône.	Mon. Dr Mauchamp.	Sc. Carillon.
—	Bagnères-de-Bigorre.	Mon. Mme Cottin.	Sc. Escoula.
—	Perros-Guirec.	Médaillon Gabriel Vicaire	Sc. Pierre Lenoir.
Septembre	Pluzunet.	Mon. à la dernière Cigale Bretonne.	Statuaire Hernot.
—	Floing, près Sedan.	Mon. aux Braves gens.	Statuaire Émile Guillaume.
—	Chambéry	Statue J.-J. Rousseau.	Sc. Mars Vallet
—	Pont-de-Veyle.	Mon. Goujon.	Sc. Aubé.
—	Thonon-les-Bains.	Mon. Dessaix.	
—	Annecy.	Mon. Curtat.	
—	Crest.	Mon. de la Défense de la République.	Sc. Bouvot.
—	Forcalquier.	Buste de Berluc-Perussis.	
—	Menerbes (Vaucluse).	Mon. Clovis Hugues.	Sc. Mme Clovis Hugues
—	Cusset	Mon. au professeur Cornil	Sc. Raoul Verlet.
—	Ouques.	Mon. à l'adjudant Vincenot	Sc. Halon.
—	Vers-le-Petit.	Mon. Duquesne.	Sc. Derre.
—	Avesnes.	Mon. à Ernest et Léon Guillemin.	Sc. Bertrand-Boutée.
—	Bandol.	Buste Alfred Vivien	Sc. Grandmaison.
Octobre...	La-Ferté-Milon.	Mon. Racine enfant.	Sc. Hiolin.

ARTISTES DÉCÉDÉS
Octobre 1909 à Octobre 1910

1909

DATE DU DÉCÈS	NOM	PROFESSION	LIEU ET DATE DE LA NAISSANCE
		FRANCE	
Octobre. .	Émile Guillemin.	Peintre.	
—	Tony Noël.	Statuaire.	Né à Paris en 1848.
—	Henri Bellery-Desfontaines.	Peintre.	Né en 1866.
—	Henri Dubois.	Peintre, directeur de l'Ecole des Beaux-Arts d'Alger.	Né à Nantes.
	Théodore Ralli.	Peintre.	Né à Constantinople.
Novembre	Léon Lenoir.	Peintre.	Né à Nantes en 1825.
—	Louis Parent.	Architecte.	Né à Paris en 1853.
—	Alfred Darvant.	Sc. ornemaniste.	Né à Paris en 1830.
—	Constantin Le Roux	Peintre.	Né en 1854.
—	Alfred Le Petit.	Peintre.	Né à Aumale en 1861.
—	Pierre Langlade.	Peintre.	Né à Aubusson en 1812.
—	Henri Despierre.	Architecte.	Né à Bourg (Ain).
—	Edmond Lahens.	Paysagiste.	Né à Paris en 1836.
		ÉTRANGER	
Octobre...	Michele Gordignani.	Peintre.	Né en 1830 (Italie).
—	Arthur von Scala.	Directeur du Musee autrichien des arts industriels de Vienne.	(Autriche).
—	Ernest Juch.	Caricaturiste.	Né à Passau en 1838 (Allemagne)
—	Albert Lujardon.	Paysagiste et animalier.	Né en 1827 (Suisse).
—	Louis Lœle.	Peintre.	Né à Cleveland en 1866 (Et.-Unis)
Novembre.	Cyprien Godebski.	Statuaire.	Né en 1835 (Pologne).
—	Henri Maquet.	Architecte.	Né à Avennes (Belgique).
	Peter Krœger.	Peintre.	Né à Stavanger (Danemark).
—	William Power Frith.	Peintre.	Né à Yorkshire en 1819 (Angleterre).
—	Ludwig Schmid.	Peintre.	Né à Lesch¡Aschau en 1863 (Allemagne)
—	Otto Sinding	Peintre.	Né à Kongsberg en 1842 (Norvége).
—	A. Baltazar.	Peintre.	Né à Bucarest en 1879 (Roumanie)
Décembre.	Hermann von Kaulbach	Peintre d'histoire	Né en 1846 (Allemagne).
—	Henri Aschenbroich.	Peintre.	Né en 1839 (Allemagne).
—	Agustin Querol y Subrats.	Sculpteur.	Né à Tortosa en 1863 (Espagne).
—	Joseph Sauer.	Portraitiste.	Né en 1868 (Allemagne).

ARTISTES DÉCÉDÉS (*suite*)

1910

FRANCE

MOIS	NOM	PROFESSION	LIEU ET DATE DE NAISSANCE
Janvier....	Georges Becker.	Peintre d'histoire.	Né en 1845.
—	Lucien Schnegg.	Sculpteur.	Né à Bordeaux en 1854
—	Pauline Bourges.	Peintre	Né à Paris en 1838.
—	Theophile Chauvel.	Graveur.	Né à Paris en 1832.
—	Louis Timmermans.	Peintre de marine	Né en 1847.
—	Charles Famin	Peintre.	Né à Paris en 1809
—	Eugene Thirion	Peintre	Né à Paris en 1839
—	Léon Delagrange.	Statuaire.	Ne à Orléans en 1872.
Février....	Gustave Raulin.	Architecte	Ne en 1836
—	Denis Bergeret	Peintre.	Né à Ville-Parisis en 1843
Mars......	Louis-Marie Lemaire.	Peintre	Né à Paris en 1824
—	Edmond Yon	Peintre.	Né à Paris en 1861
—	François Ehrmann	Peintre.	Né en 1833.
Avril	Julien Dupré.	Peintre animalier.	Ne à Paris en 1851.
Mai........	Henri Cross.	Peintre.	Né à Douai en 1856.
—	Louis Hawkins.	Peintre.	
Juin........	Louis Hiolin.	Peintre.	Né en 1847.
—	Camille Delpy.	Paysagiste	Né en 1841.
—	Eugène Trigoulet.	Peintre.	Né en 1864.
—	Edouard Sain.	Peintre.	Né en 1830 a Cluny.
—	Auguste Holin	Dessinateur graveur.	Ne en 1849.
Juillet.....	P. de Coninck.	Peintre.	Né en 1828
—	Marcel Beltrand.	Graveur.	Né en 1884.
—	Georges Berger.	Membre du C Sup. des Musées	Né à Paris en 1834.
—	Général de Beylié.	Archéologue.	
—	Ralph Brown.	Insp. en chef honoraire des Beaux-Arts.	
—	Emile Mercier	Relieur d'art.	
Août......	Pierre Granet.	Sculpteur.	Né a Villeneuve d'Ornon.
—	Antoine Taillardat.	Décorateur céramiste.	Né en 1838.
—	Granjean	Sculpteur.	
—	Leo Bachellery.	Architecte contrôleur en chef des palais nationaux.	Ne en 1837.
—	Emile Deslignières.	Archéologue.	Né en 1836.
—	Paul-Léon Gogneau.	Paysagiste.	Né à Paris
—	Charles-J. Lameire.	Peintre et architecte.	Ne à Paris en 1832.
—	Just Lisch.	Insp. géneral honoraire des mon. historiques.	
Septembre	Georges Franck.	Professeur d'histoire de l'art	
—	Emmanuel Fremiet.	Sculpteur.	Né le 15 décembre 1824 à Paris.
—	Koruel Hernadi.	Peintre.	
—	Valton.	Paysagiste.	
—	Henri Rousseau.	Peintre.	
—	Henri Bouilhet	Président de l'Union centrale des Arts décoratifs.	Ne en 1830.
Octobre...	M. Benout.	Peintre.	Ne en 1842
—	W Marris.	Paysagiste.	Né en 1844.
—	Gaston Gallicy.	Sculpteur	

ARTISTES DÉCÉDÉS (*suite*)
1910
ÉTRANGER

MOIS	NOM	PROFESSION	LIEU ET DATE DE NAISSANCE
Janvier....	Giuseppe Carnelli.	Peintre.	Né à Bergame en 1838 (Italie).
—	Daniel Ihly.	Peintre.	Né en 1854 (Suisse)
—	André Slom.	Peintre et dessinateur.	Né en 1843 (Pologne).
—	Rudolf Guitlner.	Paysagiste	Né en 1873 a Troppau (Autriche).
—	Paul Hœcker	Peintre.	Ne en 1854 (Allemagne).
—	Johann Vermehren.	Peintre.	Ne en 1823 (Danemark).
—	Fred Remington.	Paysagiste et sculpteur.	(Etats-Unis).
—	John Bœrjson.	Sculpteur.	Né en 1836 (Suède).
Février....	Anton Slavikk.	Peintre.	Ne en 1866 (Bohême).
—	Hamdy Bey.	Directeur du musée de Constantinople.	(Turquie).
—	Frantz Skarbina.	Peintre.	Né à Berlin en 1849 (Allemagne)
—	Joseph-Marie Husson.	Peintre	Né en 1864 (Suisse).
—	Giacomo Martinetti.	Peintre.	Né en 1842 (Italie).
—	WortingtonWhittredge	Paysagiste.	Né en 1819 (Etats-Unis)
Mars......	Johannes Schilling.	Sculpteur	Né en 1828 (Allemagne)
—	Tom Browne.	Lithographe dessinateur	Ne en 1871 (Angleterre).
Avril	William Kircher.	Peintre.	Né en 1835 (Angleterre).
—	Andreas von Achenbach.	Paysagiste.	Né à Cassel en 1815 (Allemagne).
—	Michel Vronbel	Peintre.	Né en 1855 (Russie).
Mai........	Ludwig Gamp.	Sculpteur.	Ne en 1855 (Allemagne).
—	Ludwig Willwider.	Peintre	Né en 1843 (Allemagne).
Juin.......	Francis Seymour Haden.	Graveur.	Né en 1818 (Angleterre).
—	Rudolf von Seitz.	Peintre	Né en 1842 (Allemagne).
Juillet.....	P. Zuloaga.	Damasquineur.	(Espagne).
—	Albert Anker.	Peintre de genre et d'histoire.	Né à Anet en 1831 (Suisse).
—	Ernest Schurth	Peintre de figures et d'histoire.	Né en 1848 (Allemagne).
Septembre	V. Holman-Hunt.	Peintre.	Ne en 1827 (Angleterre).
Octobre...	R.-C. Robertson	Paysagiste, peintre de marines et de portraits.	(Angleterre)
—	Waldemar Friedrich.	Aquarelliste et peintre.	Né en 1846 (Allemagne).

PROTECTION
LITTÉRAIRE ET ARTISTIQUE

EN FRANCE

CODE PÉNAL

ARTICLE 425. — Toute édition d'écrits, de composition musicale, de dessin, peinture ou de toute autre production, imprimée ou gravée, en entier ou en partie, au mépris des lois et règlements relatifs à la propriété des auteurs, est une contrefaçon; et toute contrefaçon est un délit.

ARTICLE 426. — Le délit d'ouvrages contrefaits, l'introduction, sur le territoire français, d'ouvrages qui, après avoir été imprimés en France, ont été contrefaits chez l'étranger, sont un délit de la même espèce.

ARTICLE 427 — La peine contre le contrefacteur ou contre l'introducteur sera une amende de 100 francs au moins et de 2 000 francs au plus; et contre le débitant une amende de 100 francs au moins et de 500 francs au plus. La confiscation de l'édition contrefaite sera prononcée tant contre le contrefacteur que contre l'introducteur et le débitant. Les ébauches, moules et matrices des objets contrefaits seront aussi confisqués.

ARTICLE 428. — Tout directeur, tout entrepreneur de spectacle, toute association d'artistes qui aura fait représenter sur son théâtre des ouvrages dramatiques au mépris des lois et règlements relatifs à la propriété des auteurs, sera puni d'une amende de 50 francs au moins, de 500 francs au plus, et de la confiscation des recettes.

ARTICLE 429. — Dans les cas prévus par les quatre articles précédents, le produit des confiscations ou les recettes confisquées seront remis au propriétaire pour l'indemniser d'autant du préjudice qu'il aura souffert; le surplus de son indemnité ou l'entière indemnité, s'il n'y a eu ni vente d'objets confisqués ni saisie des recettes, sera réglé par des voies ordinaires.

LOIS

Loi de 1793.

Les auteurs d'écrits en tous genres, compositeurs, etc., jouissent leur vie entière du droit exclusif de vendre, faire vendre, distribuer leurs ouvrages ou d'en céder propriété ou partie.

Loi de 1902.

ART. 1er. — Il est ajouté à l'article 1er de la loi du 19-24 juillet 1793 après les mots « auteurs d'écrits en tous genres, compositeurs de musique » les mots : les statuaires, les architectes.

ART. 2 — Il est ajouté à la même loi un paragraphe ainsi conçu « le même droit appartiendra aux sculpteurs et dessinateurs d'ornement, quels que soient le mérite et la destination de l'œuvre. »

Loi Couyba (avril 1910).

L'aliénation d'une œuvre d'art n'entraîne pas, à moins de convention contraire, l'aliénation du droit de reproduction.

RELATIONS INTERNATIONALES
au point de vue
de la protection artistique.

Pays dans lesquels les œuvres des étrangers ne sont pas protégées :

Abyssinie, Afghanistan, Bulgarie, Corée, Maroc, Oman, Perse, Russie, Serbie, Siam, Turquie, Vénézuéla.

Pays dans lesquels les œuvres des étrangers ne sont protégées que grâce à des traités établissant la réciprocité diplomatique :

Allemagne, Argentine, Brésil, Chili, Chine, Cuba, République Dominicaine, Equateur, Guatemala, Haïti, Honduras, Hongrie, Japon, Libéria, Monténégro, Paraguay, Pays-Bas, Pérou, Salvador, Tunisie, Uruguay.

Pays exigeant la réciprocité légale :

Autriche, Bolivie, Colombie, Costa-Rica, Danemark, Espagne, Etats-Unis, Finlande, Grande-Bretagne, Grèce, Islande, Italie, Mexique, Monaco, Nicaragua, Norvège, Portugal, Roumanie, Suède, Suisse.

Pays protégeant toutes les œuvres au même titre que les œuvres des nationaux :

France, Belgique, Luxembourg.

CONVENTION DE BERLIN
(13 novembre 1908)

Révision de la Convention de Berne
pour la protection
des œuvres littéraires et artistiques.

En vigueur à partir du 9 septembre 1910.

Ont adhéré : la France, l'Allemagne, la Belgique, le Danemark, l'Espagne, la Grande-Bretagne, l'Italie, le Japon, la République de Libéria, le Luxembourg, Monaco, la Norvège, la Suède, la Suisse et la Tunisie.

ART 1er — Les pays contractants sont constitués à l'état d'union pour la protection des droits des auteurs sur leurs œuvres littéraires et artistiques.

ART 2. — L'expression « œuvres littéraires et artistiques » comprend toute production du domaine littéraire, scientifique ou artistique, quel qu'en soit le mode ou la forme de reproduction, telle que : les livres, brochures et autres écrits; les œuvres dramatiques ou dramatico-musicales, les œuvres chorégraphiques et les pantomimes, dont la mise en scène est fixée par écrit ou autrement; les compositions musicales avec ou sans paroles; les œuvres de dessin, de peinture, d'architecture, de sculpture, de gravure et de lithographie; les illustrations, les cartes géographiques; les plans, croquis et ouvrages plastiques relatifs à la géographie, à la topographie, à l'architecture ou aux sciences.

Sont protégés comme des ouvrages originaux, sans préjudice des droits de l'auteur de l'œuvre originale, les traductions, adaptations, arrangements de musiques et autres reproductions transformées d'une œuvre littéraire ou artistique, ainsi que les recueils de différentes œuvres.

Les pays contractants sont tenus d'assurer la protection des œuvres mentionnées ci-dessus.

Les œuvres d'art appliqué à l'industrie sont protégées autant que permet de le faire la législation intérieure de chaque pays.

ART. 3. — La présente convention s'applique aux œuvres photographiques et aux œuvres obtenues par un procédé analogue à la photographie. Les pays contractants sont tenus d'en assurer la protection.

ART. 4. — Les auteurs ressortissant à l'un des pays de l'union jouissent, dans les pays autres que le pays d'origine de l'œuvre, pour leurs œuvres, soit non publiées, soit publiées pour la première fois dans un pays de l'union, des droits que les lois respectives accordent actuellement ou accorderont par la suite aux nationaux, ainsi que des droits spécialement accordés par la présente convention.

La jouissance et l'exercice de ces droits ne sont subordonnés à aucune formalité; cette jouissance et cet exercice sont indépendants de l'exercice de la protection dans le pays d'origine de l'œuvre. Par suite, en dehors des stipulations de la présente convention, l'étendue de la protection ainsi que les moyens de recours garantis à l'auteur pour sauvegarder ses droits se règlent exclusivement d'après la législation du pays où la protection est réclamée

Est considéré comme pays d'origine de l'œuvre . pour les œuvres non publiées, celui auquel appartient l'auteur; pour les œuvres publiées, celui de la première publication, et pour les œuvres publiées simultanément dans plusieurs pays de l'union, celui d'entre eux dont la législation accorde la durée de protection la plus courte. Pour les œuvres publiées simultanément dans un pays étranger à l'union et dans un pays de l'union, c'est ce dernier pays qui est exclusivement considéré comme pays d'origine.

Par œuvres publiées, il faut, dans le sens de la présente convention, entendre les œuvres éditées. La représentation d'une œuvre dramatique ou dramatico-musicale, l'exécution d'une œuvre musicale, l'exposition d'une œuvre d'art et la construction d'une œuvre d'architecture ne constituent pas une publication.

ART. 5. — Les ressortissants de l'un des pays de l'union, qui publient pour la première fois leurs œuvres dans un autre pays de l'union, ont, dans ce dernier pays, les mêmes droits que les auteurs nationaux.

ART. 6. — Les auteurs ne ressortissant pas à l'un des pays de l'union, qui publient pour la première fois leurs œuvres dans l'un de ces pays, jouissent, dans ce pays, des mêmes droits que les auteurs nationaux, et, dans les autres pays de l'union, des droits accordés par la présente convention.

ART. 7. — La durée de la protection accordée par la présente convention comprend la vie de l'auteur et cinquante ans après sa mort.

Toutefois, dans le cas où cette durée ne serait pas uniformément adoptée par tous les pays de l'union, la durée sera réglée par la loi du pays où la protection sera réclamée et elle ne pourra excéder la durée fixée dans le pays d'origine de l'œuvre. Les pays contractants ne seront, en conséquence, tenus d'appliquer la disposition de l'alinéa précédent que dans la mesure où elle se concilie avec leur droit interne.

Pour les œuvres photographiques et les œuvres obtenues par un procédé analogue à la photographie, pour les œuvres posthumes, pour les œuvres anonymes ou pseudonymes, la durée de la protection est réglée par la loi du pays où la protection est réclamée, sans que cette durée puisse excéder la durée fixée dans le pays d'origine de l'œuvre.

ART. 8. — Les auteurs d'œuvres non publiées, ressortissant à l'un des pays de l'union, et les auteurs d'œuvres publiées pour la première fois dans un de ces pays jouissent, dans les autres pays de l'union, pendant toute la durée du droit sur l'œuvre originale, du droit exclusif de faire ou d'autoriser la traduction de leurs œuvres.

ART. 9. — Les romans-feuilletons, les nouvelles et toutes autres œuvres, soit littéraires, soit scientifiques, soit artistiques, quel qu'en soit l'objet, publiés dans les journaux ou recueils périodiques d'un des pays de l'union, ne peuvent être reproduits dans les autres pays sans le consentement des auteurs.

A l'exclusion des romans-feuilletons et des nouvelles, tout article de journal peut être reproduit par un autre journal, si la reproduction n'en est pas expressément interdite. Toutefois, la source doit être indiquée, la sanction de cette obligation est déterminée par la législation du pays où la protection est réclamée.

La protection de la présente convention ne s'applique pas aux nouvelles du jour ou aux faits divers qui ont le caractère de simples informations de presse

ART. 10   En ce qui concerne la faculté de faire licitement des emprunts à des œuvres littéraires ou artistiques pour des publications destinées à l'enseignement ou ayant un caractère scientifique, ou pour des chrestomathies, est réservé l'effet de la législation des pays de l'union et des arrangements particuliers existants ou à conclure entre eux

ART. 11 — Les stipulations de la présente convention s'appliquent à la représentation publique des œuvres dramatiques ou dramatico-musicales, et à l'exécution publique des œuvres musicales, que ces œuvres soient publiées ou non.

Les auteurs d'œuvres dramatiques ou dramatico-musicales sont, pendant la durée de leur droit sur l'œuvre originale, protégés contre la représentation publique non autorisée de la traduction de leurs ouvrages.

Pour jouir de la protection du présent article, les auteurs, en publiant leurs œuvres, ne sont pas tenus d'en interdire la représentation ou l'exécution publique.

ART. 12. — Sont spécialement comprises parmi les reproductions illicites auxquelles s'applique la présente convention, les appropriations indirectes non autorisées d'un ouvrage littéraire ou artistique, telles que adaptations, arrangements de musique, transformations d'un roman, d'une nouvelle ou d'une poésie en pièce de théâtre et réciproquement, etc., lorsqu'elles ne sont que la reproduction de cet ouvrage, dans la même forme ou sous une autre forme, avec des changements, additions ou retranchements, non essentiels, et sans présenter le caractère d'une nouvelle œuvre originale.

ART. 13. — Les auteurs d'œuvres musicales ont le droit exclusif d'autoriser : 1° l'adaptation de ces œuvres à des instruments servant à les reproduire mécaniquement; 2° l'exécution publique des mêmes œuvres au moyen de ces instruments.

Des réserves et conditions relatives à l'application de cet article pourront être déterminées par la législation intérieure de chaque pays, en ce qui le concerne; mais toutes réserves et conditions de cette nature n'auront qu'un effet strictement limité au pays qui les aurait strictement établies.

La disposition de l'alinéa 1er n'a pas d'effet rétroactif et, par suite, n'est pas applicable, dans un pays de l'union, aux œuvres qui, dans ce pays, auront été adaptées licitement aux instruments mécaniques avant la mise en vigueur de la présente convention.

Les adaptations faites en vertu des alinéas 2 et 3 du présent article et importées, sans autorisation des parties intéressées, dans un pays où elles ne seraient pas licites, pourront y être saisies.

ART. 14. — Les auteurs d'œuvres littéraires, scientifiques ou artistiques ont le droit exclusif d'autoriser la reproduction et la représentation publique de leurs œuvres par la cinématographie.

Sont protégées comme œuvres littéraires ou artistiques les productions cinématographiques lorsque, par les dispositifs de la mise en scène ou les combinaisons des incidents représentés, l'auteur aura donné à l'œuvre un caractère personnel et original.

Sans préjudice des droits de l'auteur de l'œuvre originale, la reproduction par la cinématographie d'une œuvre littéraire, scientifique ou artistique est protégée comme une œuvre originale.

Les dispositions qui précèdent s'appliquent à la reproduction ou production obtenue par tout autre procédé analogue à la cinématographie.

ART. 15. — Pour que les auteurs des ouvrages protégés par la présente convention soient, jusqu'à preuve contraire, considérés comme tels et admis, en conséquence, devant les tribunaux des divers pays de l'union, à exercer des poursuites contre les contrefacteurs, il suffit que leur nom soit indiqué sur l'ouvrage en la manière usitée.

Pour les œuvres anonymes ou pseudonymes, l'éditeur dont le nom est indiqué sur l'ouvrage est fondé à sauvegarder les droits appartenant à l'auteur. Il est, sans autres preuves, réputé ayant cause de l'auteur anonyme ou pseudonyme.

ART. 16. — Toute œuvre contrefaite peut être saisie par les autorités compétentes des pays de l'union où l'œuvre originale a droit à la protection légale.

Dans ces pays, la saisie peut aussi s'appliquer aux reproductions provenant d'un pays où l'œuvre n'est pas protégée ou a cessé de l'être.

La saisie a lieu conformément à la législation intérieure de chaque pays.

ART. 17. — Les dispositions de la présente convention ne peuvent porter préjudice, en quoi que ce soit, au droit qui appartient au gouvernement de chacun des pays de l'union de permettre, de surveiller, d'interdire, par des mesures de législation ou de police intérieure, la circulation, la représentation, l'exposition de tout ouvrage ou production à l'égard desquels l'autorité compétente aurait à exercer ce droit.

ART. 18. — La présente convention s'applique à toutes les œuvres qui, au moment de son entrée en vigueur, ne sont pas encore tombées dans le domaine public de leur pays d'origine par l'expiration de la durée de la protection.

Cependant, si une œuvre, par l'expiration de la durée de protection qui lui était antérieurement reconnue, est tombée dans le domaine public du pays où la protection est réclamée, cette œuvre n'y sera pas protégée à nouveau.

L'application de ce principe aura lieu suivant les stipulations contenues dans les conventions spéciales existantes ou à conclure, à cet effet, entre pays de l'union. A défaut de semblables stipulations, les pays respectifs régleront, chacun pour ce qui le concerne, les modalités relatives à cette application.

Les dispositions qui précèdent s'appliquent également en cas de nouvelles accessions à l'union et dans le cas où la durée de la protection serait étendue par application de l'article 7.

ART. 19. — Les dispositions de la présente convention n'empêchent pas de revendiquer l'application de dispositions plus larges qui seraient édictées par la législation d'un pays de l'union en faveur des étrangers en général.

ART. 20. — Les gouvernements des pays de l'union se réservent le droit de prendre entre eux des arrangements particuliers, en tant que ces arrangements conféreraient aux auteurs des droits plus étendus que ceux accordés par l'union, ou qu'ils renfermeraient d'autres stipulations non contraires à la présente convention. Les dispositions des arrangements existants qui répondent aux conditions précitées restent applicables.

ART. 21. — Est maintenu l'office international institué sous le nom de « bureau de l'union internationale pour la protection des œuvres littéraires et artistiques »

Ce bureau est placé sous la haute autorité du gouvernement de la Confédération suisse, qui en règle l'organisation et en surveille le fonctionnement.

La langue officielle du bureau est la langue française.

ART. 22. — Le bureau international centralise les renseignements de toute nature relatifs à la protection des droits des auteurs sur leurs œuvres littéraires et artistiques. Il les coordonne et les publie. Il procède aux études d'utilité commune intéressant l'union et rédige, à l'aide des documents qui sont mis à sa disposition par les diverses administrations, une feuille périodique en langue française, sur les questions concernant l'objet de l'union. Les gouvernements des pays de l'union se réservent d'autoriser, d'un commun accord, le bureau à publier une édition dans une ou plusieurs autres langues, pour le cas où l'expérience en aurait démontré le besoin.

Le bureau international doit se tenir en tout temps à la disposition des membres de l'union pour leur fournir, sur les questions relatives à la protection des œuvres littéraires et artistiques, les renseignements spéciaux dont ils pourraient avoir besoin.

Le directeur du bureau international fait sur sa gestion un rapport annuel qui est communiqué à tous les membres de l'union.

ART. 23. — Les dépenses du bureau de l'union internationale sont supportées en commun par les pays contractants. Jusqu'à nouvelle décision, elles ne pourront pas dépasser la somme de 60.000 francs par année. Cette somme pourra être augmentée au besoin par simple décision d'une des conférences prévues à l'article 24

Pour déterminer la part contributive de chacun des pays dans cette somme totale des frais, les pays contractants et ceux qui adhéreront ultérieurement à l'union sont divisés en six classes, contribuant chacune dans la proportion d'un certain nombre d'unités, savoir :

1re classe.	25	unités
2e —	20	—
3e —	15	—
4e —	10	—
5e —	5	—
6e —	3	—

Ces coefficients sont multipliés par le nombre des pays de chaque classe, et la somme des produits ainsi obtenus fournit le nombre d'unités par lequel la dépense totale doit être divisée. Le quotient donne le montant de l'unité de dépense.

Chaque pays déclarera, au moment de son accession, dans laquelle des susdites classes il demande à être rangé

L'administration suisse prépare le budget du bureau et en surveille les dépenses, fait les avances nécessaires et établit le compte annuel qui sera communiqué à toutes les autres administrations.

Art. 24. — La présente convention peut être soumise à des revisions en vue d'y introduire les améliorations de nature à perfectionner le système de l'union.

Les questions de cette nature, ainsi que celles qui intéressent à d'autres points de vue le développement de l'union, sont traitées dans des conférences qui auront lieu successivement dans les pays de l'union entre les délégués desdits pays. L'administration du pays où doit siéger une conférence prépare, avec le concours du bureau international, les travaux de celle-ci Le directeur du bureau assiste aux séances des conférences et prend part aux discussions sans voix délibérative.

Aucun changement à la présente convention n'est valable pour l'union que moyennant l'assentiment unanime des pays qui la composent.

Art. 25. — Les États étrangers à l'union et qui assurent la protection légale des droits faisant l'objet de la présente convention peuvent y accéder sur leur demande.

Cette accession sera notifiée par écrit au gouvernement de la Confédération suisse, et par celui-ci à tous les autres.

Elle emportera, de plein droit, adhésion à toutes les clauses et admission à tous les avantages stipulés dans la présente convention. Toutefois, elle pourra contenir l'indication des dispositions de la convention du 9 septembre 1886 ou de l'acte additionnel du 4 mai 1896 qu'ils jugeraient nécessaire de substituer, provisoire-

ment au moins, aux dispositions correspondantes de la présente convention.

Art. 26 — Les pays contractants ont le droit d'accéder en tout temps à la présente convention pour leurs colonies ou possessions étrangères.

Ils peuvent, à cet effet, soit faire une déclaration générale par laquelle toutes leurs colonies ou possessions sont comprises dans l'accession, soit nommer expressément celles qui y sont comprises, soit se borner à indiquer celles qui en sont exclues

Cette déclaration sera notifiée par écrit au gouvernement de la Confédération suisse et par celui-ci à tous les autres.

Art. 27. — La présente convention remplacera dans les rapports entre les Etats contractants, la convention de Berne du 9 septembre 1886, y compris l'article additionnel et le protocole de clôture du même jour, ainsi que l'acte additionnel et la déclaration interprétative du 4 mai 1896 Les actes conventionnels précités resteront en vigueur dans les rapports avec les Etats qui ne ratifieraient pas la présente convention

Les États signataires de la présente convention pourront, lors de l'échange des ratifications, déclarer qu'ils entendent, sur tel ou tel point, rester encore liés par les dispositions des conventions auxquelles ils ont souscrit antérieurement

Art. 28 — La présente convention sera ratifiée, et les ratifications en seront échangées à Berlin au plus tard le 1er juillet 1910.

Chaque partie contractante remettra, pour l'échange des ratifications, un seul instrument, qui sera déposé, avec ceux des autres pays, aux archives du gouvernement de la Confédération suisse. Chaque partie recevra en retour un exemplaire du procès-verbal d'échange des ratifications, signé par les plénipotentiaires qui y auront pris part.

Art. 29. — La présente convention sera mise à exécution trois mois après l'échange des ratifications et demeurera en vigueur pendant un temps indéterminé, jusqu'à l'expiration d'une année à partir du jour où la dénonciation en aura été faite.

Cette dénonciation sera adressée au gouvernement de la Confédération suisse. Elle ne produira son effet qu'à l'égard du pays qui l'aura faite, la convention restant exécutoire pour les autres pays de l'union

Art. 30. — Les Etats qui introduiront dans leur législation la durée de protection de cinquante ans prévue par l'article 7, alinéa 1er, de la présente convention, le feront connaître au gouvernement de la Confédération suisse par une notification écrite qui sera communiquée aussitôt par ce gouvernement à tous les autres États de l'union.

Il en sera de même pour les Etats qui renonceront aux réserves faites par eux, en vertu des articles 25, 26 et 27

BIBLIOGRAPHIE ARTISTIQUE

Livres publiés en 1910 sur les questions artistiques
et dont les titres
nous ont été communiqués par les éditeurs.

Librairie ARMAND COLIN

ANDRE MICHEL, conservateur aux Musées nationaux, professeur à l'Ecole du Louvre : **Histoire de l'Art depuis les premiers temps chrétiens jusqu'à nos jours.** Tome IV : *La Renaissance.* Première partie : *La Renaissance en Italie.*

ÉMILE MÂLE, chargé de cours à l'Université de Paris : **L'Art religieux du XIII* siècle en France.**

L'Art religieux de la fin du moyen âge en France.

A. LENOIR, statuaire, inspecteur général de l'Enseignement du dessin : **Anthologie d'Art** : sculpture, peinture, Orient, Grèce, Rome, moyen âge, Renaissance, XVII* et XVIII* siècles, Époque contemporaine.

PAUL GOUT, architecte en chef des monuments historiques · **Le Mont Saint-Michel** Histoire de l'Abbaye et de la Ville.

Librairie ERNEST FLAMMARION

Les chefs-d'œuvre de la peinture de 1400 à 1800, par MAX ROOSES, conservateur du Musée Plantin-Moretus, à Anvers.

La peinture au XIX* siècle, *d'après les chefs-d'œuvre des maîtres et les meilleurs tableaux des principaux artistes,* par LEONCE BÉNÉDITE, conservateur du Musée du Luxembourg.

DU MÊME AUTEUR · **L'Histoire de l'Art (1800-1900).**

La céramique française, *faïences, porcelaines, biscuits, grès,* par ROGER PEYRE.

La décoration du cuir, par GEORGES DE RECY.

Décor par la plante. *L'ornement et la végétation. Théorie décorative et applications industrielles,* par ALFRED KELLER.

Dentelle et guipure. *Anciennes et modernes. Imitations ou contrefaçons,* par AUGUSTE LEFEBURE.

L'Art et le Confort dans la vie moderne. *Le bon vieux temps,* par HENRY HAVARD.

Librairie A. GUÉRINET

Architecture française, monuments historiques : 1er volume, *Extérieurs.* 2e volume, *Intérieurs.*

Architecture antique. *Restauration des monuments anciens.*

Grands prix de Rome d'architecture. Année 1909. Année 1910.

Architecture aux expositions des beaux-arts. Année 1909. Année 1910.

Peintures décoratives. GUILLAUME DUBUFE, *Dessins, Exposition de 1910.* — INGRES, 2e série, 73 planches. *L'œuvre de E. Meissonier.*

Librairie BARANGER

Comment discerner les styles enseigné par l'image. — *Le Mobilier,* 1000 reproductions ; — *La Dentelle,* 500 reproductions ; — *Le Luminaire,* 500 reproductions ; — *La Ferronnerie,* 130 reproductions ; — *Le Style Piranesi,* 260 reproductions ; — *Le Style Empire,* 360 reproductions.

Anciens maîtres ornemanistes. LEPAUTRE, *son œuvre* 4e vol. Ornements, panneaux, frises, plafonds, vases ; 5e vol Cheminées, lambris, portes, grilles, jardins, jets d'eau, fontaines.

Style Louis XV ornementation. Cornille, Blondel, Lequeu, Desprez, *Décorations intérieures.*

Cadres sculptés. Tableaux du Louvre et du Musée de l'Union centrale des Arts décoratifs.

Art décoratif aux expositions des beaux-arts. 1909, peinture décorative et sculpture, biscuits de Sèvres ; 1909, bijoux, orfèvreries, bronzes ; 1909, le mobilier ; 1910, bijoux et objets d'art ; 1910, peintures décoratives, 1910, le Mobilier

Meubles, soulptures sur bois. Roubo, *L'Art du menuisier en meubles.*

Le mobilier national. 3ᵉ série. *Meubles.*

Meubles de luxe. Boutillon, *Modèles de meubles, style Louis XVI.*

Reoueil de tapisseries, broderies et soieries de diverses époques de Beauvais, des Gobelins et des Flandres.

Librairie J. PICARD et FILS

Dechelette (Joseph) : **Manuel d'archéologie préhistorique, celtique et gallo-romaine.**

I. *Archéologie préhistorique.* Age de la pierre taillée (paléolithique). Age de la pierre polie (néolithique).

II. *Archéologie celtique ou proto-historique.* Première partie. Age du bronze.

Appendices au tome II (Inventaire des dépôts de l'âge du bronze, etc.).

Diehl (Charles) : **Manuel d'Art byzantin.** 1 vol.

Enlart (Camille) et Roussel (Jules) : **Catalogue général du musée de sculpture comparée au Palais du Trocadéro** (moulages). Nouvelle édition entièrement refondue.

Librairie RENOUARD
H. LAURENS, éditeur

Histoire de la peinture classique illustrée en couleurs, par Jean de Foville.

Les musées de Florence. La Galerie des Offices. Texte et préface de Corrado Ricci, directeur des Beaux-Arts d'Italie.

Le musée d'Amsterdam. Texte et préface de W. Steenhoff, conservateur du Rijks museum.

Chantilly et le musée Condé, par Gustave Macon, conservateur du musée Conde.

Les arts de la terre, par René Jean.

Les villes d'art célèbres :

Bruxelles, par Henri Hymans.

Cracovie, par Marie-Anne de Bovet.

Troyes et Provins, par L. Morel-Payen.

Clermont-Ferrand, Royat et le Puy-de-Dôme, par G. Desdevisses du Dezert et Brehier.

Les richesses d'art de la Ville de Paris :

Les jardins et les squares, par Robert Hénard.

Les édifices religieux, moyen âge, Renaissance, par Amedée Boinet.

Les édifices religieux, XVIIᵉ, XVIIIᵉ, XIXᵉ siècles, par Jean Bayet.

Les Grands Artistes :

Les Primitifs Allemands, par Louis Reau.

Meissonier, par Léonce Bénédite, conservateur du Musée du Luxembourg.

Théodore Rousseau, par P. Dorbec.

Les della Robbia, par Jean de Foville.

Rosetti et les préraphaëlites anglais, par G. Mourey

Les Musioiens célèbres :

La musique chinoise, par L. Laloy.

Meyerbeer, par Henri de Curzon.

La musique des troubadours, par Jean Beck.

Grands édifices de la France .

La cathédrale de Reims, par Louis Demaison.

La cathédrale du Mans, par Gabriel Fleury.

L'abbaye de Moissac, par Auguste Anglès.

L'hôtel des Invalides, par Louis Dimier.

Le château de Vincennes, par le capitaine F. de Fossa.

La cathédrale d'Albi, par Jean Laran.

Écrits d'amateurs et d'artistes .

Caylus. *Vies d'artistes du XVIIIᵉ s.*

La Chine en Franoe au XVIIIᵉ s., par Henri Cordier.

L'art dans l'ancienne France :

Les collections de l'Académie royale de peinture et de sculpture, par André Fontaine.

ROGER et CHERNOVIZ, éditeurs

Les peintres anciens et modernes, par E. Benezit. Splendide volume in-4 jesus (29×36) de 328 pages, orné de 280 portraits et reproductions de tableaux.

PRINCIPALES VENTES ARTISTIQUES*
Octobre 1909 à Octobre 1910

TABLEAUX ANCIENS

DATE ET LIEU DE VENTE	ARTISTE	ŒUVRE	PRIX	ACQUÉREUR	PRIX PRÉCÉDENT	ACQUÉREUR PRÉCÉDENT
FRANCE						
1909						
Paris, Hôtel Drouot, 22 et 25 nov.	Holbein.	*Portrait d'Erasme.*	24.000	»	»	Félix Doisteau.
1910						
Hôtel Drouot, 12 mai.	Boucher.	*Portrait de Mme Baudouin et sa fille.*	52.000	»	»	»
Hôtel Drouot, juin.	Ferdinand Bol.	*Portrait d'une Dame hollandaise*	42.000	»	»	Mme Pauline Viardot.
Id.	Tintoret.	*Personnage vénitien.*	62.000	»	»	do
ÉTRANGER						
1909						
New-York, octobre.	Rembrandt.	*Commissaire-priseur Haaring.*		Benjamin Altmann de New-York.	»	Maurice Kann de Paris.
Id.	do	*L'Homme à la loupe.*	3.000.000			
Id.	Ruysdaël.	*La Femme à l'œillet.*				
Id.	do	*Champ de blé.*				
Zurich, octobre.	Rembrandt.	*L'Adoration des Mages.*	105.000	»	»	Collection Festetisch.
1910						
New-York, avril.	Franz Hals.	*Portrait de femme*	625.000	»	67.500	De la collect. Yerkes.
Id.	Rembrandt.	*Rabbin.*	257.000	»	120.000	
Id.	Van Ostade.	*Dans la grange.*	125.000	»	80.000	
Id.	Reynolds.	*Portrait de Lady O'Brien.*	305.000	»	100.000	
Londres, 25 juin.	Turner.	*Incendie du Palais des Lords.*	375.000	»	»	De la collect. Holbrechpackell.
Bruxelles, septembre.	Rubens.	*Le Bain de Diane.*	1.000.000	»	»	De la collect. Schubert de Munich.
Id.	Rembrandt.	*Portrait d'un cavalier polonais.*	1.500.000	H. C. Trick.	»	De la collect. Tarnowyki.

* Ne figurent dans ces tableaux de vente que les œuvres ou objets ayant atteint des enchères importantes ou d'un intérêt de collection très caractérisé.

TABLEAUX MODERNES

DATE ET LIEU DE VENTE	ARTISTE	ŒUVRE	PRIX	ACQUÉREUR	PRIX PRÉCÉDENT	ACQUÉREUR PRÉCÉDENT
FRANCE						
1909						
Paris, Georges Petit, 4 déc. 1909.	N. Diaz.	*La Mare dans la Forêt.*	55.000	»	»	Pololsoff.
1910						
Hôtel Drouot, février.	Carrière.	*Portrait de Verlaine.*	22.000	Musée du Luxembourg	»	Jean Dolent.
Hôtel Drouot, avril.	Meissonier.	*Le Guide* (Armée du Rhin).	64.000	»	177.000	Grabber
Hôtel Drouot.	Nattier.	Pastel *Portrait de la princesse de Beauveau*	24.000	»	»	Melchior de Vogüé.
ÉTRANGER						
1910						
Bruxelles, janvier.	Cézanne.	*Portrait d'Emporaire.*	45.000	»	800	»
New-York, janvier.	Corot.	*Torrent dans les Romagnes.*	105.000	»	»	Coll Butler.
Id.	Meissonier	*Innocents et Malins.*	73.000	»	135.000	dº
Id.	Millet.	*La Bergere.*	150.000	»	»	dº
Id.	Rousseau (Th.)	*Bouquets d'arbres*	140.000	»	»	dº
New-York, février.	Corot.	*Lac Nemi.*	115.500	»	»	E. S. Henry de Philadelpie.
Id.	Daubigny	*La Saulaie.*	120.000	»	»	dº
Id.	Troyon.	*Charrette de foin.*	150 000	»	»	dº
New-York, avril	Corot.	*Le Pêcheur, Le Matin.*	402 500 260.000	» »	270.000	Collection Ch. Yerkes.
Id.	Daubigny.	*La Mort du Cochon.*	220.000	»	140 000	dº
Id.	Troyon	*Allant au Marché*	302.000	»	175.000	dº
Id.	Diaz.	*Récolte de Fagots*	150.000	»	125.000	dº
Id.	Rousseau.	*Paysage du Berri*	130.000	»	90.000	dº

BIBELOTS ET ŒUVRES D'ART

FRANCE

1909

Tapisseries.

Paris, Hôtel Drouot 27 novembre 1909.	4 tapisseries du xviii° siècle.	*L'Amour et Psyché.* *Henri IV et la Belle Gabrielle.* *La Pêche,* d'après Boucher. *Sujet de chasse,* d'après Vanloo.	81.000	De la collect. de la marquise F... S.,
Georges Petit 4 décembre 1909.	Série de 4 tapisseries de Beauvais, exécutées au xviii° siècle sous la direction de Besnier, Oudry et Charron, d'après Boucher	*Ariane et Bacchus.* *Mars et Vénus.* *Borée et Orythie.* *Vulcain et Vénus.*	425.000 125.000 125.000 225.000	De la collect. Polovtsoff.

Dentelles.

Galerie Georges Petit 4 décembre 1909.	Haut volant de Venise Louis XIV à relief, rinceaux feuillagés et fleuris.		18.000	De la collect. Polovtsoff

Vaisselles.

Galerie Georges Petit 4 décembre 1909.	Deux soupières en argent forme de coquilles, époque Louis XV, exécutées en 1735 pour Milord Kniston.		176.000	De la collect. Polovtsoff.

Pendules.

Hôtel Drouot 4 décembre 1909.	Pendule Louis XVI en bronze doré et marbre blanc signée Lieutaud à Paris. Bronzes ciselés gouttières ayant appartenant à Marie-Antoinette.		21.500	De la collect. Forgeron.

Livres et manuscrits.

Hôtel Drouot décembre 1909.	Manuscrit de *Louison*, par A. de Musset, en vers avec ratures et ajoutés.		3.600	»

BIBELOTS ET ŒUVRES D'ART (*suite*)

FRANCE

1910

Tapisseries.

Georges Petit 10 juin	Deux tapisseries flamandes du xvᵉ siécle, *L'Enfant Prodigue*, bordures fleurs et rubans.	404.000	Vente Lowensard.

Faïences.

Hôtel Drouot avril	Plat creux en ancienne faïence de Gubio, décor bleu, reflets métalliques, *L'Amour enchaîné, Cornes d'abondance, Dauphins et macarons*.	28.600	De la collect. Cottreau.
Hôtel Drouot mai.	Grande ecritoire de Rouen à 2 étages, couvercles figurines, ronde de 8 personnages, dans le goût de Terniers.	40.000	Collection Singher du Mans

Bustes, statuettes, etc.

Hôtel Drouot avril	Figurine patine brune, travail florentin du xvᵉ s., *L'Amour nu à califourchon sur un cheval au galop*.	30.000	De la collect. Cottreau.
Hôtel Drouot mai.	Buste en granit rose, art égyptien, *Le Roi Osokon Iᵉʳ*.	15.050	»

Ivoires.

Hôtel Drouot mars 1910.	Cor en ivoire xvᵉ siècle. Monture émail et argent.	17.800	»
Hôtel Drouot avril.	Diptyque, haut-relief, travail français xivᵉ siècle, *La Flagellation, Le Portement de Croix, La Descente de Croix et la mise au Tombeau*.	37.000	Collection Cottreau.

Émaux.

Hôtel Drouot avril 1910.	Boîtes aux Saintes huiles Limoges xiiiᵉ siècle. en cuivre champleve.	12.100	»
Hôtel Drouot	Plaque Limoges atelier Jean II Penicaud, *Portrait présumé de Rabelais en buste*.	30.000	Collection Cottreau.

Livres.

Hôtel Drouot avril 1910.	Heures in-8ᵉ, manuscrit exécute en Touraine au xviᵉ siècle. 37 miniatures.	32.000	

BIBELOTS ET ŒUVRES D'ART (*suite*)

ÉTRANGER

1909

Faïences.

Berlin 9 novembre.	Assiette emaillée *Avril*, pièce d'après Étienne Delanne, travail de Pierre Raymond.	Acquise par le musée de Prague	5.500	Venant de la collect von Lanna.

Objets d'église.

Berlin 9 novembre	Reliquaire en bois, plaques dorees avec figures et scènes.	Limoges xii° et xiii° s.	21 000	Venant de la collect. von Lanna.

Monnaies anciennes.

Munich novembre	Tetradrachme argent de Macédoine.	400 av J -C.	3.550	De la collect. Philipsen de Copenhague
	Tetradrachme argent *Alexantre le Grand.*	334 av J -C.	4.750	
	Tétradrachme argent *Tete d Apollon de face*	300 av. J.-C.	7.400	

1910

Bibelots.

Berlin mars	Un mouchoir de soie avec une poesie imprimée dediée à Fraulein Minna Planer, à l'occasion de son mariage avec le maitre musicien R. Wagner. Kœnigsberg 1836.	18.600	»

Dessins, Estampes.

Stuttgard mai.	Albert Durer.	Étude à la plume pour la gravure *Adam et Eve.*	81 250	De la collect. von Lanna.
Stuttgard mai.	Rembrandt.	*Vieux Haaring.*	55 000	De la collect Théobald de Londres.
	d°	*La Pièce aux cent florins*,	40.000	

Tapis.

New-York avril.	Tapis de Bagdad xvi° s.	Acquis par le musee de New-York.	98.000	De la collect Yerkes

Bronzes.

New-York avril	Houdon.	*Diane.*	225.000	De la collect. Yerkes.

Faïences.

Londres mai.	Plat en faience de Sienne *Narcisse en costume du XVI° siecle*, près d'une colonne corinthienne.	A figure à l'exposition de 1862 du South Kensington.	95.000	De la collect. D. Coop. esq.

Porcelaines.

»	Vase céladon en ancienne porcelaine de Chine, à feuillages en relief, monture br doré, époque Louis XV.		117 500	De la collect. D Coop esq

DOUANES

Droits de douane
sur les objets anciens exportés
à l'étranger.

Les objets anciens dont l'origine remonte jusqu'à l'an 1700 sont considérés comme objets de collection et exempts de droits de douane à condition de ne pas être réparés.

Le moindre réparation ou pièce ajoutée suffit à les faire tomber dans la classification d'objets modernes et par conséquent à les rendre passibles de droits.

Certificats d'authenticité
d'ancienneté.

C'est le régime de la déclaration sur la responsabilité du déclarant. L'administration ne renseigne pas, elle fait vérifier par un expert quand il y a doute, et en cas de contestation, relative à l'espèce, à la qualité ou à l'origine des marchandises, le litige est déféré aux commissaires-experts institués près du ministère du commerce Ces experts sont seuls compétents pour statuer, leurs décisions sont définitives, et les Tribunaux ne peuvent dans aucun cas substituer leurs propres appréciations à celles des experts.

Articles considérés
comme objets de collection.

Sont considérés comme *objets de collection hors de commerce* ceux qui par leur nature offrent un intérêt de science ou de curiosité.

Pour les objets de curiosité compris dans cette classification, ne sont exemptés des droits de douane que ceux *qui sont antérieurs au XVIII° siècle*, tels que les momies et autres antiquités égyptiennes, grecques, romaines, etc , etc .., les vieilles armures, les armes, les arcs, flèches et autres armes en usage chez les peuples sauvages, les manuscrits de toute sorte, les meubles de Boulle et autres meubles, les meubles en vieux laque chinois ou japonais et les objets d'art en bronze, marbre, pierre, bois, etc., comme émaux cloisonnés, statues, statuettes, bas-reliefs, chapiteaux et autres sculptures, les vieilles porcelaines et faïences, tapisseries, broderies et étoffes, les vases et autres poteries étrusques, les tableaux de toute sorte, y compris les cadres, pourvu que ceux-ci n'en forment que l'accessoire; en ce qui concerne les tableaux à l'huile, la franchise n'est accordée qu'à ceux ayant un caractère artistique Les peintures dites de bazar sont soumises aux droits des cadres, les miniatures et autres peintures artistiques sur toile, bois, métaux communs, marbre, ivoire, verre, etc les verres anciens dits de Venise et les vieux vitraux Tout ce qui appartient à la

numismatique comme médailles, camées, et pierres gravées, antérieures au XVIII° siècle.

Les dessins à la plume ou au crayon, les livres, la musique gravée, les gravures, les lithographies et les cartes géographiques *édités depuis plus de cinquante ans.*

Les médailles et jetons de présence, *même modernes pourvu, dans ce dernier cas, qu'il n'y en ait qu'un petit nombre de chaque espèce*, les vieilles monnaies hors de cours de modèles et types différents, *quand elles ne sont qu'en échantillon.*

Tarifs de douane
applicables aux objets anciens
postérieurs à 1700.

La classification est très variée : Exemple les meubles sont classés soit à la catégorie des ouvrages en métaux, meubles d'appartement, et beaucoup sont compris dans la mercerie. Il y a lieu de se reporter pour chaque article à la classification du tarif général des douanes.

Comment a lieu le recours
à l'expertise légale.

Le service des Douanes fait deux distinctions, soit s'il y a des doutes *seulement* sur l'inexactitude des déclarations, ou bien s'il les considère comme fausses

Pour les affaires de la première catégorie, le service s'abstient habituellement d'une action contentieuse et provoque l'expertise légale, avec l'assentiment du déclarant.

Hors le cas où la prohibition pourrait être applicable, il est alors fait remise de la marchandise après paiement des droits dus en vertu de la déclaration et sous engagement cautionné d'acquitter le supplément de droit que l'expertise rendrait exigible.

Lorsque, au contraire, la déclaration est considérée comme fausse, le fait est constaté soit par un procès-verbal de saisie, si la fraude est flagrante, soit, s'il reste quelque incertitude quant à l'intention de fraude, par un acte conservatoire faisant réserve de tous les droits de l'administration ou par une soumission cautionnée qui oblige les intéressés à s'en rapporter à la décision de l'administration Lorsqu'il y a eu acte conservatoire ou soumission de s'en rapporter à la décision de l'administration, de même lorsqu'il s'agit de simples doutes sur la qualité de la marchandise, la douane doit provoquer sans retard l'expertise légale.

Dans quelques conditions que les marchandises aient été saisies ou retenues, il est enjoint aux receveurs d'en offrir mainlevée sous caution à moins qu'il ne s'agisse d'objets prohibés.

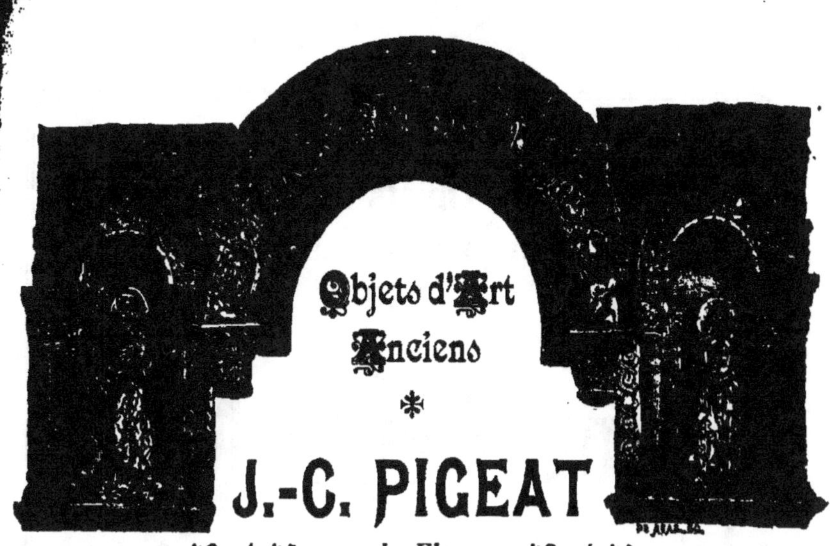
Objets d'Art
Anciens
J.-C. PIGEAT
43 et 45, rue de Fleurus, 43 et 45
PARIS
Objets en fer :: :: :: Meubles :: :: :: Curiosités

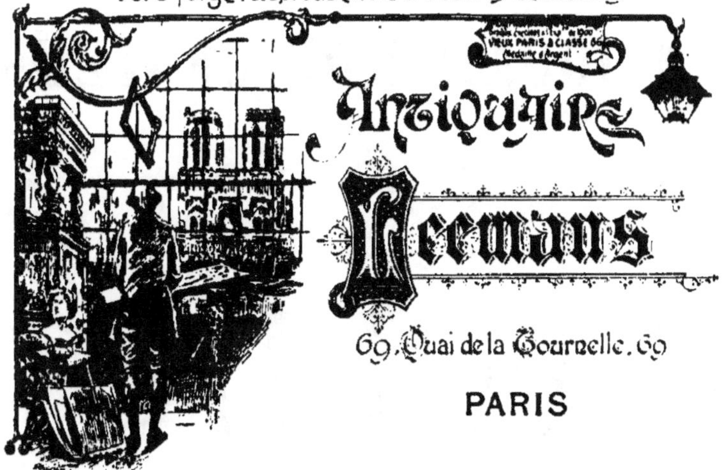
·TABLEAUX · MEUBLES · TAPISSERIES ·
Fers forgé. Reproduction d'Oeuvres de Musées
Antiquaire
Leemans
69. Quai de la Tournelle. 69
PARIS

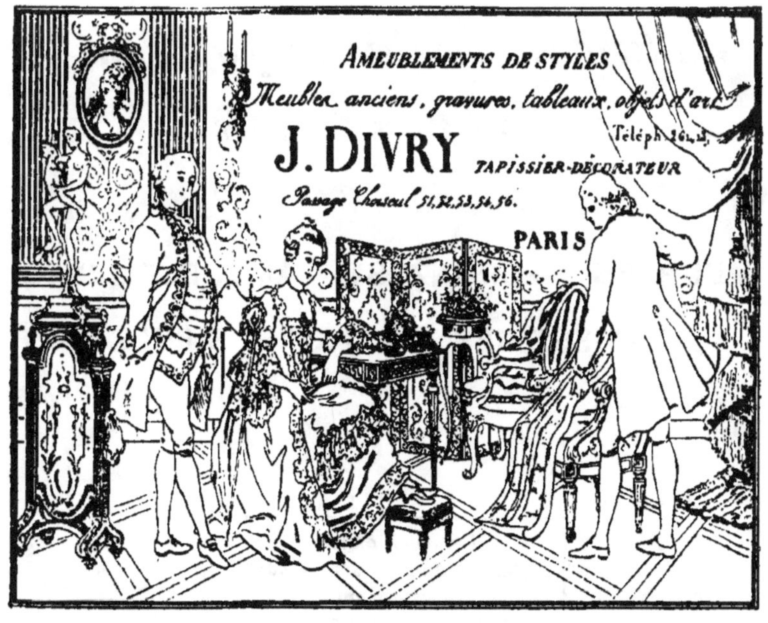
AMEUBLEMENTS DE STYLES
Meubles anciens, gravures, tableaux, objets d'art
J. DIVRY
Téléph. 164.3
TAPISSIER-DÉCORATEUR
Passage Choiseul 51, 52, 53, 54, 56.
PARIS

ADRESSES COMMERCIALES

PAR ORDRE ALPHABÉTIQUE DE PROFESSION

PARIS ET DÉPARTEMENT DE LA SEINE

ANTIQUAIRES

(Voir aussi . *Curiosités, Médailles et Objets d'art.*)

ABRAHAM (E.) et Cⁱᵉ, 177, boul. Haussmann.

ALFONSI (Vve), 15, rue Poussin.

ALLARD, 50, rue Vital.

AMFRAY MIDDEGAELS, ivoires anciens, 109, rue du Bac.

AMY-LEBLANC, 149, rue de la Pompe.

ANGEL (R.), 25, quai Voltaire. Tél. 738.88.

ANDRÉ, 13, pass de l'Elysée-des-Beaux-Arts. Tél. 570.62.

ARNOLD, 39, rue de Miromesnil.

ARNOLD VAN MOPPÈS, 41, rue Laffitte.

ARNOUX, frères), 2, rue Fléchier.

ARTÈCHE (José de), 4, rue des Pyramides.

A SAINT FRANÇOIS, 396, rue Saint-Honoré.

ASTOR, 18, rue de la Boëtie.

AUBERT, 27, rue de Seine.

AU PASSÉ, 54, Faub.-Saint-Honoré.

AUZOLLE, 45, rue du Bac.

AZNAVOUR-KARNIG, 21, rue Le Peletier.

BACHEREAU, 26, rue Le Peletier.

BACHNER (Mlle), 37, rue de Rome.

BACRI frères, 28, rue de la Boëtie. Tél. 580.85.

BAILLY (A.), 47, rue Laffitte. Tél. 257.10.

BARAINS Réparation de sculptures anciennes, 63, rue Taitbout.

BARDOUX (Mlle), 190 *bis*, boul. Pereire.

BARRIOL (Eugène), 10, rue Caroline. Tél. 543.87.

BARTHÉLEMY (Vve) et L. TOUZAIN, 33, quai Voltaire Tél. 700 33.

BATAILLE (Jules), 57, rue des Mathurins.

BAUER, 1, rue Navarin.

BAUML (H.), Antiquités, tapisseries, objets d'art, 5, rue Saint-Georges. Tél. 314.72.

BAUR (Prosper), 71, rue de Chabrol.

BEAUDOUIN (Louis), 25, boul. de la Tour-Maubourg.

BEAUMONT (Jean de), 41, rue Taitbout.

BEAUMONT et BLONDINAT, 4, rue Chauveau-Lagarde.

BEHRINS (Mme), 65, rue des Rigoles.

BELLANGER, 28, rue de Saint-Pétersbourg. Tél. 321.94.

BELLEFONDS, 23, rue de Seine.

BENAZET-BAILLY (COPPIN, succ.) Grand choix de panneaux et portières avec et sans bordures en tapisseries anciennes. Nettoyage et réparation, 12, rue Notre-Dame-des-Champs.

BENGUIAT (B.), 4, rue Drouot.

BENNEROTTE (SAMSON successeur), 27 à 31. rue Saint-Dominique. Tél. 700.05.

BEN-SADOUN (Vve), 12, rue Lafayette.

BERARD fils, 56, rue Saint-Placide.

BERNARD, 50, rue Taitbout

BERNARD (Ch.), 34, rue de Penthièvre.

BERNARD (Georges), 46, Faub.-Saint-Honoré. Tél. 309. 21.

BERNARD-LAZARD, 33, rue de Châteaudun.

BERNIN, 10, rue Guisarde.

BERNIN (A. fils), 2, rue de la Sorbonne.

BERTRAND-GARNIER, 111, rue de Vaugirard.

BESSE et MORET, 16, pl. de la Madeleine.

BIGORIE, 7, rue Chomel.

BIGOT, 187, boul. Saint-Germain.

BING (M), 10, rue Saint-Georges. Tél. 116 90.

BLAISE (J), 102, boul. Raspail.

BLANCHARD, 8, rue d'Alger.

BLANDET, 24, rue de la Ville-l'Evêque, et 2, rue d'Astorg.

BLÉE (Mme), 53, rue de Châteaudun.

BLOCQUEVILLE (Mlle de), 42, rue de Grenelle.

BLOCQUEVILLE (Mlle de), 42, rue des Saints-Pères

BLONDEAU (Ed), 5, rue de Rigny

BOBICHON, 8, boul. du Temple

BOILESVE, 22, rue de la Pépinière.

BOIN-TABURET, 3, rue Pasquier.

BOIRRE (A), Meubles, faïences, porcelaines, dentelles, 88, rue de Rennes.

BOLLÉ, 93, rue de Seine

BONESI, 13 et 15, rue Le Peletier

BONHEUR, 24, rue de Navarin.

BONZANO, 205, Faub. Saint-Honoré

BORGET, 4, rue des Beaux-Arts.

BORNES (Maison), 23, rue Joubert

BOUILLIN, 51, rue Laffitte.

BOULGON (H), 64, boul. Edgar-Quinet.

BOURDIER, 34, rue Laffitte.

BOURDON, 140, rue de la Pompe.

BOURGEOIS, 54, rue Bonaparte.

BOURGEOIS (A.), 3, rue Charlot Tél. 1014 54.

BOURGEY (Etienne), 7, rue Drouot. Tél. 274 64. (Voir *Monnaies et médailles*.)

BOURGOIN (Mme), 9, rue Alfred-Stevens.

BOURGUN, 11 *bis*, rue Chomel. Tél 735 64.

BOUTET (J), armes anciennes, 45 *ter*, rue des Saints-Pères.

BOVERIE, 115, faub. Saint-Antoine. Tél. 902 23

BRAG et Cie, 41, boul. Haussmann. (*Voir annonce face tab'e des matières*)

BRETONNEL, seule maison faisant la reproduction exacte des lustres à cristaux anciens. Appliques et girandoles, 22, rue La Fayette. Tél. 252 86

BRODART (Ch.), Meubles, tapisseries et bronzes, Objets d'art anciens des XVIe, XVIIe et XVIIIe siècles de tout premier ordre, 173, boul. Saint-Germain. Tél. 718 20

BROGLIO, 19, rue Cadet.

BRUNEAU, 16, rue de la Pépinière

BRUSTIER (L), 35 *ter*, rue des Saints-Pères.

BUSSIENNE (L), 82, faub. Saint-Honoré Tél. 218 62.

CAILLOT, 52, rue de la Victoire.

CANESSA (C. et E), 19, rue La Fayette. Tél. 267.24. Maisons à New-York et à Naples.

CANTI (Mme A.), 14, rue de Miromesnil.

CARLIER, 114, faub. Saint-Honoré.

CARLIER (Marcel), 9, rue Victor-Massé.

CAUSSINUS (de la Drôme) Méd or Décoration artistique du plâtre, 35 *quater*, rue des Saints-Pères

CAVAILLON (anc maison **LEVEL**), 106, rue La Fayette

CAVEL, 4, rue Lacépède

CAZE (E.-G.), 8, rue Charles-V

CHALMIN (Paul), 7, av. Rachel. (*Voir annonce en tête de la rubrique*)

CHAMPION 41 *bis*, rue de Châteaudun

CHAPAL (Gustave), 14, rue de l'Abbaye.

CHARASSÉ, 4, rue Bonaparte.

CHASSAING (J), 108, rue de la Fontaine.

CHÉRET (Joseph), 22, rue de la Boëtie

CHERIER, 9, rue Bourdaloue.

CHEVALIER, 36, rue de la Boëtie (*Voir annonce en tete de la rubrique*)

CHEVRIER, 42, boul. des Batignolles.

CLAIRVAL (E.), 44, rue d'Orsel.

COEFFE, 67, boul. Raspail, et 29, rue du Cherche-Midi.

COLLAUDIN, 73 *bis*, av. Niel

COLLIN, 216, boul. Saint-Germain.

COMPAGNIE CHINOISE TONYING. Importation directe d'objets d'art anciens de la Chine, hautes curiosités, 13, rue Laffitte. Tél. 147.43.

COMPAGNIE COMMERCIALE DE LA CHINE ET DU JAPON, WORCH ET Cie, 9 et 11, rue Bleue.

CONSTANT (E et G.), 24, rue de la Boëtie.

COP (E.), 52, rue des Archives.

CORROY (Vve). 3, av de Villiers.

COUDERC (J), Hôtel de la Vieuville, 4, rue Saint-Paul.

COURBARON (Joseph), 42, boul. Raspail.

DALBRET, 1, rue Gozlin.

DAMBLANC, 41 *ter*, rue des Saints-Pères Tél. 723 59.

DARLAN, 40, boul du Temple

DAUPHIN, 46, boul. Raspail, et 2, rue Chomel·

DEBAISE (F), 374, rue Saint-Honoré.

DECAN (Mme), 60, rue Legendre.

DECOUR (A.), expert auprès des douanes françaises, tapissier décorateur, meubles anciens, objets d'art, 41, rue Joubert. Tél. 224.83.

DELHOMME, 55, rue du Montparnasse.

DELMER (A), et **A. CHANSSELLE**, 53, rue Bonaparte.

DELODDÈRE (F.), 28, boul. Raspail.

DELPEY, 51, rue de la Pompe.

DELSA (Georges), 38, rue de Châteaudun.

DEMAGNÉE-TOUZAIN 23, quai Voltaire, et 6, rue de Beaune.

DENNERY, 30, rue Henri-Monnier.

DENNERY, 49, rue Laffitte.

DESORMES, 4, rue Jean-du-Bellay.

DESSONET (Ch.), 8, rue des Saints-Pères.

DESTRES et **CARON**. Bois sculptés anciens et modernes, 10, rue de la Grange-Batelière. Tél. 210 69

DEVARENNES (Mme), 43, rue Delambre.

DIONIS (Mme), 74, rue Taitbout.

DIVRY (J.). Meubles anciens, gravures tableaux, objets d'art, 51, 52, 53, 54, 56, pass. Choiseul. Tél. 261 13. (*Voir annonce en tête de la rubrique.*)

DOGER, 18, rue Miromesnil.

DOSTAL, 28, av. Daumesnil.

DOUVILLÉ (Henry), 10, rue Séguier.

DREIFUSS (Fernand), 12, rue de l'Abbaye. Tél. 811.32.

DREYFUS, 59, faub. Saint-Honoré

DRUEL, 178, boul. Pereire.

DUBOIS (Vve), 14, boul. de la Tour-Maubourg.

DUBRÉ (Emile), 12, rue des Beaux-Arts.

DUBUISSON et **BEAUVAIS**, 108, faub. Saint-Honoré.

DUCHEMIN (L., Frères), 43, rue de Châteaudun.

DUCRABON, 48, boul. du Temple.

DUMANT, 52, rue de Seine.

DUPRÉ (Ferdinand), 78, rue de Rennes.

DUSCHÈNE, 20, rue du Vieux-Colombier.

DUTEMPS, 11, rue de Cluny.

DUTRUC (A.) Bibelots de goût de tous styles, 7, quai Voltaire.

DUVEEN BROTHERS, 20, pl. Vendôme.

EMPHOUX, 12, rue Bayen.

ESPAGNAT, 12, rue de l'Odéon.

ESTENEZI, 17, rue Grange-Batelière.

EYMONAUD (E.), 7, imp. Marie-Blanche, rue Constance, et 17, rue de Maistre Tél. 510 27.

FABIUS (P), 31, rue des Saints-Pères.

FABRE (jeune), 17, rue du Cherche-Midi.

FANO, 20, rue Taitbout.

FARVAC, 127, rue du Cherche-Midi.

FAUCON. Vente et achat de tous les éventails anciens Louis XIV, Louis XV, Louis XVI etc. Réparations, 38 av de l'Opéra. Tél. 235 57

FERRAND (A), 43, rue de Seine.

FERRANDIN, 44, rue de Vaugirard

FEUARDENT (F), 4, rue de Louvois.

FÈVRE. Ameublements, objets d'art, 26, rue Bonaparte.

FILSJEAN, 41, rue Le Peletier.

FLEURY (The Old Curiosity shop). Dentelles, meubles anciens et modernes, 3, rue Boursault

FLORENTIN (Ferdinand), 21 *bis*, rue de Bruxelles

FONTBONNAT, 71, rue de Rennes.

FONTENAUD, 41, rue Mozart.

FRANÇOIS, 6, rue Gérando

FRÉMINET (P.), tapissier, 1, quai Voltaire.

FROMENT, 47, faub. Montmartre, et 33, boul Raspail

FULGENCE. Spécialité d'étoffes anciennes, meubles, curiosités, objets d'art, 75, rue de la Boëtie. Tél. 566.64. (*Voir annonce en tête de la rubrique*)

FULLER (G.) et **MARTIAL EYMONAUD**, 51 et 53, rue d'Amsterdam.

GABREAU (P.), 5, rue Drouot.

GAIGNETTE (Vve), 3, rue Raynouard.

GALERIE SAINT-AUGUSTIN Tapisserie, dessin, 93, boul. Haussmann.

GANDARA (E. de la), 25, quai Voltaire.

GELADAKIS (E), 117 et 113, galerie de Valois-(Palais-Royal)

GÉRARD, 47, rue de Douai.

GERMA (Auguste), 45, quai des Grands-Augustins.

GEVENSAN, 54, rue Taitbout

GIBAUDAN, 10, rue de la Pépinière

GIRARD (André). Porcelaines anciennes, 22 rue Laffitte. Tél. 136 22

GIRARD (Mme), 134, faub. Saint-Honoré.

GOLDBERG (J.), 64, rue de la Boëtie.

GOLDSCHMIDT. Curiosités, objets d'art, et ffes. anciennes, meubles et sièges, 16, rue de Miromesnil.

GOMPERTZ (Armand-Samson). Expert en céramique auprès du tribunal civil de la Seine, 51, rue de Miromesnil Tél. 549 69

GOTTINIAUX, 12, rue Victor-Massé.

GOUILLÉ (A), 55 *bis*, rue des Saints-Pères.

GOUMAIN (Albert), 54, rue de Charonne. Tél. 906.61.

GRAN (Charles) Tapissier antiquaire, 21 rue Henri-Monnier. (*Voir annonce en tête de la rubrique.*)

GRANET (Jean), 28, faub. Saint-Honoré.

GRÉSY, 95, rue du Bac

GROSSE, 2, rue de la Boëtie.

GROULT (André), 29 et 31, rue d'Anjou. Tél. 202.06.

GUÉDU et **HAAS**, 26, rue Cambon. Tél. 287 79.

GUELIN (Mme), 1, rue de Madrid.

QUÉRAULT (F.), 29 *bis*, rue d'Astorg.

GUÉROU (M^{ON})

CURIOSITÉS ET OBJETS D'ART
TAPISSERIES ET ÉTOFFES ANCIENNES
AMEUBLEMENTS ANCIENS
DE TOUS STYLES
TAPIS D'AMEUBLEMENT
INSTALLATIONS D'APPARTEMENTS

38, rue de Varenne

GUIRAUD, 27, Faub. Saint-Honoré.

HAINE, 14, rue Germain-Pilon.

HARTMANN, 79, boul. Haussmann. Tél. 323.01.

HEILBRONNER, 7 et 15, quai Voltaire.

HEILBRONNER (Raoul), 3, rue du Vieux-Colombier.

HERSENT (M.), 33, rue Germain-Pilon.

HERZOG (A.), 41, rue de Châteaudun. Tél. 108.83.

HEYMANN (Emile), 87, rue de Rennes.

HODEBERT (L.-C.), 134, faub. Saint-Honoré.

HODGKINS (E.-M), 18, rue Ville-l'Evêque.

HOLMÈS (Mme), 242, rue de Vaugirard.

HOPILLIART et LEROY, 12, rue des Sts-Pères.

HORNSTEIN, 390, rue Saint-Honoré.

HOURY (Jules), père et fils, 54, rue de Paradis.

HOUZEAU et Cⁱᵉ, experts, 4, rue de la Paix.

HUSSON (DESTRES et CARON, successeurs). Bois sculptés anciens et modernes, 10, rue de la Grange-Batelière. Tél. 210 69.

HUTTEAU, 45, rue Jacob.

INDJOUDIAN (A. et M), 9, rue Le Peletier.

IZARD (Paul), tapissier décorateur, 38, rue de Berri. Tél. 538.16

JACOB, 40, rue des Mathurins.

JACQUINOT (G.), 26, rue du Four.

P. JAMARIN

ANTIQUITÉS
OBJETS D'ART ANCIENS, ÉTOFFES
TAPISSERIES
MEUBLES ET SIÈGES

35, rue de Clichy, 35

(*Téléphone 164 73*)

10, place Vendôme, 10

(*Téléphone 235.35*)

JANSEN, 6, rue Royale. Tél. 244.73.

JANSSENS, 36, rue de Penthièvre.

JOLY (Vve), 32, faub. Saint-Honoré.

JONAS (Edouard), 6, boul. des Capucines. Tél. 313.15.

KAHN (J.), 167, boul. Saint-Germain.

KAHN-SABOURAIN (Mme), 47, faub. Saint-Honoré.

KALEBDJIAN, frères, 32, rue Le Peletier.

KANN (L.), 15, boul. du Montparnasse.

KELLER (E.), 153, faub. St-Honoré. Tél. 521.30.

KEPPEL (Frédérick) and SON (de New-York), 27, quai de l'Horloge.

KERHELO (de). Armes anciennes, 9, quai Saint-Michel.

KETTERLÉ, 26, rue Poussin.

KIRKOR MINASSIAN, 18, rue Choron.

KOEKOEK (Charles), 3, rue Bourdaloue.

KOUCHAKJI frères, 84, rue Richelieu. Tél. 132 02.

KRAEMER (Lucien), 2, rue Tronchet.

KRAEMER (Eugène), 18, rue Taitbout.

KRAEMER (N.-J.), Meubles anciens, terres cuites, marbres du XVIIIᵉ siècle, 96, boul. Haussmann. Tél. 264.38.

KRIEGER, 74, faub. Saint-Antoine.

LA DÉCORATION ANCIENNE, ~~28, boul. Raspail~~ *Tailltt*

LAGRÈZE (Mme), 35, boul. Raspail.

LAMARRE, 17, rue d'Anjou.

LAMBERT, 16, rue Durantin.

LAMBERT, 2, rue Roquépine.

LAMY, 20, rue du Cirque.

LAMY, 19, boul. des Batignolles.

LANGWEIL (Mme F.) Importation directe d'objets d'art anciens de la Chine et du Japon. 26, pl. Saint-Georges.

LARCADE Objets d'art ancien et de haute curiosité, 140, faub. Saint-Honoré.

LAUDIÈRES, 95, av. Malakoff.

LECOMTE, 9, boul. du Petit-Villemomble, Villemomble (Seine).

LECOMTE, 22, rue Geoffroy-l'Asnier.

LEDENTU frères, 64, rue de Saintonge. Tél. 1015.01.

LEEMANS. Tous articles anciens, tableaux, tapisseries et bibelots divers pour marchands et particuliers, expertise et achats à la commission dans les ventes ou autres, grande spécialité de meubles normands anciens, 69, quai de la Tournelle. (*Voir annonce en tête de la rubrique.*)

LEFILLEUL, 28, rue de Constantinople.

LEGUEU (Mme), 38, rue de Babylone.

LEJEUNE (R.), 27, rue de Cambacérès.

LELONG (Frédéric), 1, rue Bernoulli, et 71, rue de Rome.

LELONG DU DRENEUX, 2, rue des Beaux-Arts.

LEMAIRE, BAILLY et Cⁱᵉ, 8, av. Rachel.

LEMAIRE, 7, rue Caumartin. Tél. 114.11.

LEMAN (Henri), 37, rue Laffitte. Tél. 216.52.

LEMESLE, 16, rue Grégoire-de-Tours.

LÉONARDI, 12, rue du Cloître-Notre-Dame.

LÉONARDI. Antiquités moyen âge, et Renaissance, 5 *bis*, rue des Prairies.

LÉONARDON, 10, rue des Beaux-Arts.

LEPESQUEUR, 58, rue de Châteaudun.

LEROY, 9, rue de Bruxelles.

LEROY (Henri), 4, rue du Marché-Saint-Honoré. Tél. 265.84.

LESCAR (H. de), expert, 4, av. Rachel.

LEVEL, 28, rue Duperré.

LEVEL, CAVAILLON, successeur, 106, rue La Fayette.

LÉVY-PIGALLE (L.), 15, rue Pigalle. Tél. 135.11.

LÉVY, 42, boul. du Temple.

LÉVY (A), 37, rue de Clichy.

LÉVY (Léon), 52, rue de la Tour-d'Auvergne.

LÉVY (Mlle), 7, rue des Saints-Pères.

LIATARD, 67, rue de Miromesnil.

LIATART (Alphonse), 34, rue du Rocher.

LION, expert, membre de la Société des Arts décoratifs. Achat d'objets d'art de 1er ordre, 44 et 46, rue Laffitte. Tél. 135.26.

LIPPMANN-HÉBER, 9, rue Chaptal.

LISSE, 208, boul. Saint-Germain.

LOGÉ (Mlle), 61, rue de Provence.

LONDON (A.), 4, rue de la Boëtie.

LOSTELD (Mme), 22, rue Duban, et 84, rue de Passy.

LOYET, 160, faub. Saint-Honoré.

LUCAS-MORÉNO (Edouard), 52, rue Laffitte. Tél. 271.19.

LUQUET-CORNU, 103, rue de Vaugirard.

MADRASSI, 10, rue du Cherche-Midi.

MAGNIEN (Ferd). Cadres sculptés anciens et modernes, Tableaux, 51, rue de la Victoire. Tél. 318.01.

MAGNIN, 9, boul. de Clichy.

MAINFRAY, 20, boul du Montparnasse.

MANIÈRE. Curiosités militaires et objets historiques, 103, rue de Rennes.

MARCHAL (Mme), Au Vieux-Parvis, 19, quai Saint-Michel.

MARCHAND (J.), 90, faub. Saint-Honoré (pl. Beauvau).

MARCY (L.), 26, rue de Penthièvre.

MARIANI (Charles), 70, rue Condorcet.

MARIÉ (Vve), 72 *bis*, rue Bonaparte.

MARTIGNY, 50, rue des Saints-Pères.

MARTIN (Mme B.-Henri), 52, rue de la Boëtie.

MARX FRÈRES, 69, boul. Haussmann. Tél. 257 70.

MASSON (Mme Vve). Meubles, tapisserie, bronzes, objets d'art anciens, miniatures, 7, rue Saint-Georges.

MATHERN, 10, rue des Saints-Pères.

MATHIEU (Mme), 11, boul. des Batignolles.

MATZ, 31, rue de Grenelle.

MAUS et **DE LA FOREST**, 14, boul. Malesherbes. Tél. 151.90.

MAXIME, 59, rue du Faub.-Saint-Honoré.

MAYER, 52, faub. Saint-Honoré. Tél. 119.45.

MEYER, 9, rue de Constantinople.

MEYER, 56, rue du Four.

MEYER (Ernest), 231, rue Saint-Honoré.

MICHON-LEHMANN, 4, rue de Ponthieu.

MIDDEGAELS (Auguste), 48, rue Taitbout.

MIKAEL (Maison), **WITTGENSTEIN** (Alfred), propr., 26, rue de la Boëtie.

MINET (A.) et Cie, 15, boul. du Temple

MIRZA, LAURANCE et Cie (*Au petit Musée*), 75 *bis*, av. Wagram.

MONOT. 39, boul des Batignolles.

MONTAUFRAY, 31, boul. des Batignolles.

MORCILLO (F.), 11, rue Baudin.

MORETTI. Objets du moyen âge et de la Renaissance, 44, rue d'Amsterdam.

MORHANGE (Mme), 2, place de l'Odéon.

MORI, 15, rue La Rochefoucauld.

MOTHES (Anselme), 7, rue Bonaparte.

MOTTHEAU (E.), 50, rue des Tournelles. T. 1002 79.

NICLOUD (Mme), 50, rue de la Chaussée-d'Antin.

NICOLAI. Objets anciens pour collections, meubles, armes et équipements militaires anciens, 8, rue Roy.

NYS, 73, boul. de Clichy.

OPPENHEIM, 71, rue Condorcet.

PAGENEL (J.), jeune, 3, rue des Saussaies.

PAPE (Édouard), 174, faub. Saint-Honoré.

PASSERAT (G), 85, rue Bréguet. Tél. 915 63.

PECORONI (B), 89, rue Lafayette. Tél. 154 99

PERRENOUD, 88 *bis*, rue Saint-Dominique. Tél. 720.05.

PETIT, 89, rue Ménilmontant.

PÉTREQUIN, 8, rue de l'Odéon.

PHILIBÉE (Vve), **PHILIBÉE** (C.) et Cie, 16-18, rue Victor-Massé. Même maison, 265, rue Saint-Honoré. (Voir *Curiosités*.)

PICARD (Cyrus), 10, rue Notre-Dame-de-Lorette. Tél. 327 39.

PIERRON (A.), 33, rue de Trévise.

PIGEAT (C), 43-45, rue de Fleurus. (*Voir annonce en tête de la rubrique*)

PILET (Mme), 63, rue du Bac.

PINTON, 7, rue Saint-Georges.

PIQUÉE, 68, rue Bonaparte.

PLAINCHAMP, 45, rue du Colisée. Tél 580 50.

POHL (N), 4 et 6, rue d'Hauteville. Tél. 133 74.

POIDEVIN, 206, boul Saint-Germain.

PONCELET (Mlle) et FRAENKEL (A), 190 et 194, boul. Saint-Germain.

PONTET, 86, rue du Bac

PORRE, 24, rue Laffitte.

POTIER (Mme), 145, boul Saint-Germain.

POULMEX, 5, rue Duperré.

RAGARU, 13, rue Henri-Mounier (*Voir annonce en tête de la rubrique*)

RANDOUX (Mme), 9, rue Saint-Simon.

RAPP, 11, rue Henri-Monnier.

RAPPEPORT, 170, Faub.-Saint-Honoré.

RASSE (Vve), 9, rue Camille-Desmoulins.

RAULIN antiquaire-décorateur Meubles, bronzes ameublements XVIIᵉ et XVIIIᵉ siècles, 226, boul Saint-Germain. Tél 729.35 (*Voir annonce en tête de la rubrique*)

RÉAL, 15, rue Guénégaud.

REISS (L) AMEUBLEMENT D'ART. Reproduction des Musées. TAPISSERIES ET MEUBLES ANCIENS. Installation d'appartements. Breveté S. G D. G., 13, rue Taitbout.

RÉMON (P -H), 16, rue d'Artois. Tél. 536.84.

RENIER, 39, rue de l'Assomption.

REUTERMANN (George), 10, boul. du Temple.

REY (G), 1, quai Malaquai .

RICK, 19, rue Constance

ROBÉ (Vve), 15, rue d'Orsel.

ROCQUE-BLANCHARD 8, rue d'Alger

ROGER, 49, av. Victor-Hugo.

ROGER-WEIL et Cⁱᵉ, 74, rue du Faub.-Saint-Honoré. T 200.79

ROSENAU (Simon) FILS, 16, rue Grange-Batelière Tél. 153 73.

ROSSIGNOL, 14-22, boul. Raspail.

ROSWAG (G), 3, Cité Véron (pl. Blanche).

ROTGÉ (A) et Cⁱᵉ, 22, rue des Saints-Pères.

ROTGÉ (C), 9, boul. Raspail.

ROUX (Paul), 18, rue de Madrid. T. 531.81.

RUEFF (A), 130, rue de Turenne.

RUGEL, 2, rue d'Hauteville.

SABOURET (Victor), Objets anciens et modernes, 13, quai Saint-Michel.

SALLIEN, 21, rue Saint-Sulpice.

SALVA, O. A ✪, 15, rue des Saints-Pères.

SALVATOR-MILANO, 11, rue Mozart.

SAMARY (G), 15 et 17, rue Lafayette.

SANNOIS (de), 112, rue du Bac.

SARCIRON (P), 16, rue de l'Arcade.

SARRAZIN (Mlle). Objets d'art, tapisseries, 17, av. Friedland.

SCHUTZ (F.). Tapis de collection. Etoffes anciennes, tapisseries, meubles, etc., 25, quai Voltaire Tél. 729.68 (*Voir annonce en tête de la rubrique.*)

SCHWARTZ, 35, boul. des Batignolles.

SCOTTE, 12, av. d'Antin.

SEGUIN, 13, rue Bonaparte, et 17, rue des Beaux-Arts.

SELIGMANN (S), 20, rue de la Chaussée-d'Antin.

SERRURE (Vve Raymond), 19, rue des Petits-Champs.

SCIÉ-TA-MINE. Chinoiseries anciennes, 26, rue Caumartin.

SIAUVE (E.), 8, rue des Beaux-Arts.

SIMMINGER (L.), 31, av. d'Orléans.

SIMON (Mme), 7, rue de Maubeuge.

SIOT, 1, rue Claude-Chahu.

SIVADJIAN (Mihran), 17, rue Le Peletier.

SOMMEREISEN, 13, rue de l'Abbaye.

SOUHAMI (H. de), 61, boul. Haussmann. Tél 204 55.

SPEHT (De), 15, rue de Seine.

STASI, 46, rue Lamartine.

STETTINER (H), 12, rue Godot-de-Mauroy.

STRAUSS (Em.-L.), 66, Faub -Saint-Honoré. Tél 328.01.

SUBERT (J. de Milan). Étoffes anciennes, d'ameublement et collection, dentelles, porcelaines de Chine et françaises, 27, rue de Châteaudun.

SUC (A.), 30, rue des Saints-Pères.

SURIN, 50, rue Fabert.

TABBAGH FRÈRES. Faïences Rakka, faïences persanes, verres arabes, étoffes, tapis d'Orient. Maisons à Alep, Téhéran, New-York, 8, rue Rossini.

TÉDESCHI (A) (succ. de A Lavoipierre), 59, rue des Mathurins.

THÉVENIN (Mme), 15, rue de Birague.

THÉVENOT (L.) Vente, achat, réparation de meubles de tous styles, 35, rue de Ponthieu.

THOMITZ et Cⁱᵉ, 51, rue Cambon.

TOUZAIN AINÉ. Magasin dans les appartements historiques de Voltaire, 27, quai Voltaire. Tél. 720 73.

TRABUCCO, 20, rue de Miromesnil.

TRANCHER, 16, rue de Seine, et 1, rue des Beaux-Arts.

TURCAT, 188, boul. Saint-Germain.

ULMANN (L.). Restauration et reproduction de bronzes anciens, 103, rue de Turenne. Tél. 1001 46.

VAIL (Maison), 12, rue Dupetit-Thouars.

VALLJ, 92, rue de Provence.

VANDER, 72 bis, rue des Martyrs.

VANDERMEERSCH (A.), 31 bis, rue des Saints-Pères.

VASSEUR (Émile), 75, rue du Faub.-Saint-Honoré Tél. 516-13

VASSEUR, 31, boul Raspail

VASSORT (Mme), 22, rue de Berlin.

VELCHE et Cie (Au vieux Gobelins), 48, rue de Châteaudun

VEUILLET, 37 bis, rue des Saints-Pères.

VIEILLE (La Maison), 41, rue du Bac.

VIEUX-LYON (Au), 64, rue du Faub.-Saint-Honoré. Tél. 232.30.

VIEUX MILAN (Au), 47, rue de Châteaudun.

VIEUX PARIS (Au), HOUZEAU et Cie, 4, rue de la Paix.

VIRET, 16, rue du Cherche-Midi.

VITALI-FRANSÈS, FRÈRES. Bijoux anciens, objets d'art, 1, rue du Faub.-Saint-Honoré. Tél. 310.96

VITALL (Mme), 6, av d'Antin.

VOILE (Mme), 104, av. de Versailles.

VOIRIN (A), 24, rue de Douai, 27, rue Fontaine

VRIES (A de), 46, rue Saint-Geroges.

WALÈRE, 27, rue du Cardinal-Lemoine.

WANNIECK (L), 5, rue d'Enghien. T. 121.99.

WANPOUILLE et Cie, 21, Faub.-Saint-Honoré

WASTRADE et PIQUARD, 1, rue Rousselet.

WATEL, 69, boul Beaumarchais.

WEIL (Mme), 94, boul Haussmann.

WELTER (H.), 4, rue Bernard-Palissy.

WILLIAMSON, 99, rue des Petits-Champs.

WOOG (M), 19, rue Jouffroy.

WOOG-MEYER, 342-344, rue Saint-Honoré.

WORMS, 45 bis, rue des Saints-Pères.

WUIOT, O. A () Marbres anciens, objets d'art. Réparations, 3 et 5, rue Paul-Louis-Courrier.

YANACOPULOS (G.), 36, rue de Trévise.

ZAKE (F), 1, rue de l'Abbaye.

ZIEGLER (Ed), 11, rue Gustave-Flaubert.

ZUCCONI, 16, rue Victor-Massé.

ARBITRES

GAIDA (décoration, tableaux, objets d'art), 48, rue Saint-Placide.

HERSCHER (tableaux), 33, av Henri-Martin.

LÉGER (ameublement), 25, rue Singer.

LÉON (J.) (ameublement), 15, rue de Berlin.

MEUSNIER (Georges) (tableaux, objets d'art, curiosités), 22, rue Saint-Augustin.

PINÉDO (Maison E.) O ✹ (rapporteur au tribunal de commerce pour sculptures, bronzes, marbres et métaux), 137, rue Vieille-du-Temple. Tél. 1019.70

ARMES ANCIENNES

AUBÉ (E.), succ. de A. GORGET. Armes pour artistes-peintres, panoplies, collections, théâtres. Exportation, 39, r de Châteaudun T 313 53

BARRÉ (Gustave), Armes de luxe, épées de combat, couteaux de chasse, réparation d'armes antiques, commission, exportation, 11, rue des Lions Saint-Paul

BEAUME (A). Armes armures anciennes et reproductions (Voir annonce Ferronnerie d'Art), 33, rue de Châteaudun.

BLIN (Jeune), J. COUDERT, succ., 14, rue de la Corderie.

BOUTET (J), 45 ter, rue des Saints-Pères.

BRAND (C), 19, rue Meslav. Tél. 1049.39.

BROIT (G.), DUMOUCHEL succ., 11, rue Bouchardon.

CONTOUR (F.), 60, rue du Château-d'Eau.

GUTPERLE, 12, boul. Magenta. Tél 440 32.

ARTICLES D'ORIENT

GABREAU, 5, rue Drouot.

MODEL (E.), 15, rue du Sentier

NASSAN (M), rue d'Hauteville, 35, et rue de l'Échiquier, 35

POUPIN (Victor). Maison d'achat à Damas. Constantinople, Tunis Jérusalem, 79 rue de Rennes

VERSTRAETE et Cie, 42, rue, de Chanzy.

AUTOGRAPHES
(Lettres et Manuscrits)

BERNADAS, 4, rue Hautefeuille.

CHARAVAY, 153, faub. Saint-Honoré.

CLAUDE, 3, rue Soufflot.

DEYSSIÉ. Autographes anciens et modernes. Achat et vente, 53, rue de Seine.

FOLTY, 31, rue Descartes.

LEMASLE, 3, quai Malaquais.

MARTIN, 103, rue d'Aboukir.

OURBANY, 16, rue Censier.

BAFFROY, 73, Grande-rue, aux Prés-Saint-Gervais (Seine).

VOISIN (A.), 34, rue Mazarine.

BIBLIOTHÈQUES
(Marchands de)

BARRÈRE (E), 86, rue de Richelieu. Tél. 109.97.

BELLAMY, 115, rue Réaumur. Tél. 118.38.

BORGEAUD (G.), 41 et 41 *bis*, rue des Saints-Pères Tél. 723.38.

CASA, 183, faub. Poissonnière.

CONRAD (L.) Nouvelles bibliothèques démontables à tablettes mobiles, monture en fer, 35, av de Wagram Tél. 593 29.

DELAUNAY (Ch), 79, av. Ledru-Rollin. Tél. 906 84.

EYRAUD (Vve). Maison fondée en 1886. Cartonnage pour bibliothèques d'amateurs, boîtes, brochures et formes, livres classeurs. Dorures en tous genres. Cartons pour dessins. Médailles aux expositions 1875-1890, 76 et 78, rue du Cherche-Midi.

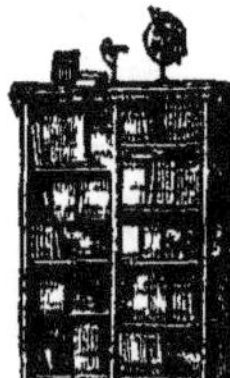

GAUTIER (Th.), 53, rue de la Roquette. Tél. 916 99.

LANGELIN (Georges), 24, pl. des Vosges.

NAESER (F.-A), 46, rue de Paradis.

SCHERF et **BONNAMAUX**, 80, rue Laugier, 35, rue d'Aboukir. Tél. 250.37.

STANDARD, 113, rue Réaumur. Tél. 222.04.

TERQUEM. Bibliothèques Terquem pour dossiers, livres musique. Mobilier de classement. Articles de bureaux grand luxe, 19. rue Scribe. Tél. 303 59.

VALLOT, 45, rue des Saints-Pères.

BIJOUX D'ART

AROUY (P), O. A (), 78, rue du Bac

ARTHUS, BERTRAND et **BÉRANGER**, 46, rue de Rennes. Tél. 727.15.

BEN-SIMON, 4, rue Drouot.

BIÉLI (E.), 40, rue de Richelieu Tél. 200 47.

BOIVIN (René), successeur de **P. SOUFFLOT**, 38, rue Turbigo. Tél 1007 23

BOUTET DE MONVEL, 13, rue Tronchet

BRANDEL et **Cie**, 20, rue Mogador.

CLÉMENT ROUSSEAU
35, rue de Chaillot, 35

COLOT, 6, rue du 29-Juillet

FALIZE (ancienne maison **BAPST** 1725). Joaillerie et bijouterie d'art d'or, de gemmes et d'émaux. Tél. 226 33. 17, rue du Faub. Saint-Honoré.

FONTANA, frères, **FONTANA** et **Cie**, successeur, 7, rue de la Paix. Tél 230 35

FOUQUET (Georges), 6, rue Royale. Tél. 232.98.

GILLES (Paul), 238, rue de Vaugirard

LACHAL-DUBOST (maison), 28, boul. Saint-Michel.

LALIQUE (R.), O ✳, 40, Cours la Reine

LOUCHET (Paul), 3, rue Auber.

MASSON (E.), 25, boul. de Strasbourg. Tél. 426.11.

MEMBRÉ (E.), 38, rue de Turbigo.

RIVAUD (Ch.), artiste bijoutier, 23, rue de Seine.

TÉTERGER (Henri fils), 248, rue de Rivoli.

VAUGOIN (E.), 32, rue du Bac

VINCENT (Georges), 55, rue de Turbigo.

WIÈSE, 90, rue de Richelieu

ZORRA (B.-L), 95, rue Réaumur.

BRODERIES ARTISTIQUES

ARBANT (L), anc. Maison **BASSE**, 9, rue Viledo. Tél. 272 94.

AROUY 78, rue du Bac

BARDY (A.-H) et **Cie**, 22, rue Vivienne. Tél 291 95.

BÉRAUD et **Cie**, 122, rue Réaumur Tél. 113 92.

BIEHLER (Marcel) et **SŒURS**, 37 *bis*, rue du Sentier.

CLAIR (Maxime), 146 à 154, rue du Faubourg-Poissonnière

COUDYSER (Jules), 85, rue du Bac.

EOCHARD (Georges). Broderies et tapisseries artistiques, 70 *bis*, rue Bonaparte.

FABRE-MILLOT, DAISAY (A), succ. Broderies pour robes, 23, rue de Cléry. Tél. 261.29.

FARDEL (Mme), 32, rue de Richelieu.

JEAN-JEANNE-RAYSKI, 19, rue Molitor (Auteuil).

LAMBERT (Albert), 11, rue Payenne. Tél. 1012 79.

LEPAREUR, 23, rue des Filles-du-Calvaire Tél. 1002 53.

MEURILLON et Cie, 7, avenue Victor-Hugo.

SAJOU, ANGLARD, succ., 74, boul. Sébastopol. Tél. 1011 69.

SUZOR (G.) et PINTA (E.), 62 boul Sébastopol.

TÉDESCO (François), *Aux doigts de fée*, 414, rue Saint-Honoré. Tél. 301.73.

VALMATH (Mme J.), 9, rue de Surène. Tél. 136.88.

VIERPONT (Charles), 198, boul Saint-Germain.

WORCH et Cie, Chine et Japon, 9 et 11, rue Bleue.

BRONZES ET OBJETS D'ART

Chambre syndicale des Fabricants de bronzes. (Le Bureau de la réunion des Fabricants est rue Saint-Claude.) Dix-neuf membres composent le bureau des délégués.

Gagneau (G.), Soleau (E), *présidents honoraires*.

Jabœuf, *vice-président honoraire*.

Susse (Albert), *président*.

Poinsat, *vice-président*.

Bouilhet, *trésorier*.

Susse (Jacques), *secrétaire*.

Délégués : MM. Justin, Bouhon, Vignon, Delaunay, Leblanc, Barbedienne fils, Rouard, Jourdan, Gouge, Siot, Damon, Vildieu, Bricard (G), Ledentu.

Préposé de la réunion : Gautherot, au siège, 8, rue Saint-Claude.

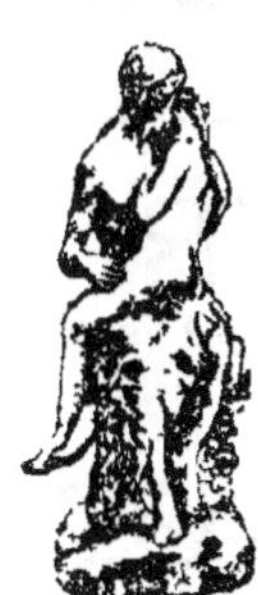

ALLIOT STATUAIRE
& BRICHE

ÉDITEURS
DES
ŒUVRES
DU
SALON

98, boulevard Richard-Lenoir
PARIS (XIe)

MÉTRO : Angoulême ou Richard-Lenoir

ANDRÉ, 13, pass. de l'Élysée-des-Beaux-Arts. (Voir *Antiquaires*)

AUMEUNIER (H), 21, rue Béranger. Tél 1033 34.

BADEL (A) et CHASSAGNADE, 47, rue Meslay.

BAQUÈS FRÈRES, 81, rue des Francs-Bourgeoi s

BARBEDIENNE (F) LEBLANC-BARBEDIENNE, succ., 30, boul. Poissonnière. Tél. 117.51.

BAUBIEN, 81, boul Richard-Lenoir.

BAUDRÉ (A.), 5, rue Saint-Claude.

BAUR (Prosper), 71, rue Charlot.

BELLAIS, 4, rue Thorigny. Tél. 1008.00.

BENDIX (J), 75, rue Charlot.

BERGOVICE (A), 37, rue de l'Échiquier.

BERGEOTTE (L.), 44, av de la Grande-Armée. Tél. 505 05.

BERNARD-LYON, 55, rue des Archives. Tél. 1031.57.

BERNOUD et SCHRODEL, 183, rue Saint-Denis.

BERNOUX, 2, rue des Filles-du-Calvaire.

BERTRAND, 247 *bis*, rue des Pyrénées. Tél. 905 80.

BIÈS PÈRE et FILS, succ de Bullier, 8, cité Joly (123 rue du Chemin-Vert).

BLANCHÉ (A), BOUQUET (E), succ, 7, rue Froissart. Tél 1001 79.

BLANPAIN, CORPET (M.), succ., 84, rue Amelot. Tél. 936 16.

BLIN (H.) FILS, 11, rue de Crussol.

BLOCH (Achille), Porcelaines d'art, 8, rue Pierre-Levée.

SLOT (Eugène), 11, rue Richepance (Madeleine).

BONAL, 42, rue Le Peletier.

BONTEMPS (L), 3 et 5, pl. des Vosges. Tél. 1002.23.

BOUASSE JEUNE et Cie, pl. Saint-Sulpice, 12, et rue Bonaparte, 61. Tél. 704 87.

BOUASSE-LEBEL (Maison), LECÈNE et Cie, 29, rue Saint-Sulpice. Tél. 811.34.

BOUHON FRÈRES, succ. de Clavier, 12, rue Debelleyme. Tél. 251 87 ou 1002 33.

BOULANGER (Ch.), 1, rue du Foin (3, rue de Béarn). Tél. 1029 12.

BOULENGER (A) et Cie, BOULENGER (Ch) et Cie, succ., 4, rue du Vertbois Tél. 1030 77.

BOURGEOIS (A.), 3, rue Charlot. Tél. 1014 54.

BOUSSOD-VALADON et Cie, 24, boul des Capucines

BOUTELIÉ, 23, boul. du Temple.

BOUTET DE MONVEL, 18, rue Tronchet.

BOYER (A.), LEDENTU FRÈRES, succ., 64, rue de Saintonge.

BRAME (Hector), O. A. (), expert, 2, rue Laffitte.

BREDEAUT (C), LUMINEAU, succ., 76, rue de Turenne. Tél. 1019 59.

BRENNUS, 40, rue de Montmorency.

BRETONNEL, antiquaire. Seule maison faisant la reproduction exacte des lustres à cristaux anciens, appliques et girandoles, 22, rue La Fayette. Tél. 252 86.

BULTEAU, 31, rue Haxo.

CABARET (A.), 8, rue du Vieux-Colombier.

CABROL (A.), GOOSSE neveu, et BAZIN, succ., 66, rue d'Angoulême. Tél. 934.40.

CAMELIN (J.), 14, rue des Filles-du-Calvaire.

CAMUS (A.-D.), 9, rue Saint-Ambroise (boul. Voltaire).

CAMUS (F.), 14, rue de Commines. Tél. 1020.33.

CANAL, 3, rue Cochin.

CAPITAIN-GÉNY (E.) et Cie, 223, rue La Fayette.

CARRÉ (Pierre), ciseleur sur tous métaux, 21, rue de Commines.

CARRÉ (A.), 70, rue d'Angoulême.

CASIER (C.), 24, boul. Richard-Lenoir. Tél. 917.04.

CATTIN (L.), 11 et 13, rue des Filles-du-Calvaire.

CAUMERS (Vve P.), 76, rue de Turenne. Tél. 1001.25.

CELLIER et SIMONET (SIMONET FRÈRES, succ.), 60, rue des Archives. Tél. 1014.19.

CHACHOIN (P.) FILS, 12, rue Saint-Gilles. Tél. 1003.70.

CHAMPEAU (P.), 63, rue Saint-Sabin. Tél. 945.32.

CHANTREL FRÈRES (ancienne maison BEAU-JOLIN T.), 26, rue du Roi-de-Sicile. Tél. 1027.70.

CHAPUS (H.) FILS, 86, rue de Rivoli.

CHARLES (Vve Alexis), 10, rue Commines.

CHAUFAILLE (A.), 10, rue des Filles-du-Calvaire.

CHAUMIER (A.), 21, rue Stendhal. Tél. 900.28.

CHEVALIER (G.), 14, rue Chauveau-Lagarde.

CHODOT et LÉQUIPÉ, 32, rue Popincourt.

CHRISTOFLE et Cie. Orfèvrerie argentée, d'or et d'argent, galvanoplastie, 56, rue de Bondy. Tél. 426.18.

CLOPIN, 21, rue de Turenne.

COLIN et Cie, 17, rue des Tournelles. Tél. 1022.32.

COMBE FRÈRES, 20, rue Notre-Dame-de-Nazareth.

COMPTOIR GÉNÉRAL, Maison RIONDET (H.), PRATT (J.), succ., 9, boul. Poissonnière. Tél. 150.06.

CONTENOT, O. A. ﴾﴿, et LELIÈVRE, O. A. ﴾﴿, succ. de VIRLET (Léon). Statuettes, groupes, bustes, pendules, candélabres, girandoles, électricité d'art, statuettes en marbre, vases, encriers, étains d'art, prix de courses, de tir, concours, etc., 12, rue Oberkampf. Tél. 934.91.

COTTAN (Br.) FRÈRES et Cie, succ. de GARNIER (R.), 30, boul. de la Bastille.

COTTIN (R.), 26, rue Amelot. Tél. 931.17.

COUROUX, 1, pass. Saint-Sébastien.

DANTHON, 26, av. de l'Opéra. Tél. 209.48.

DAUBRÉE. Pendules et vases de style, statuettes, bronze d'ameublement, fantaisies bronze, 132, rue Vieille-du-Temple. Tél. 1019.38.

DELARUE, 108, rue Vieille-du-Temple. Tél. 1001.34.

DELISLE (les FRÈRES), 24, rue Pavée. Tél. 1021.34.

DELTOUR (Clément) et Cie, 173, boul. Murat.

DENONVILLIERS (Maurice), 22, rue Saint-Ferdinand. Tél. 575.44.

DERAUX, 16, Faub.-du-Temple.

DEROUILLA, 17, rue Richard-Lenoir. Tél. 923.99.

DESMAREST (Ch.), FRANCHEMONT, succ., 2, imp. Franchemont (JAMAULT, dépositaire, 31, rue Faidherbe).

DEZAVIS et BÉCHARD, 6, rue Béranger. Tél. 1032.23.

DILLY (C.) et GOUPECHOUX, 15, rue Bergère.

DOSTAL, 28, av. Daumesnil. Tél. 929.92.

DUBRUJEAUD et RICHERMOZ (Jean) 41, rue Saint-Sébastien. Tél. 923.26.

DUCHEZ (E.), 6, rue de la Perle.

DUDACH (E.), 10, rue Sainte-Anastase.

DUFOUR, 6, rue des Filles-du-Calvaire.

DUJEU, 34, rue de Turenne.

DUTILLOIS, 88, pass. Brady.

ETLING (Edmond) et Cie, ancienne maison QUANTINET (Léon), (Galerie Béranger), 158 *ter*, rue du Temple. Tél. 1031.47.

ETTLINGER (L.) et FILS, 9, rue Sainte-Anastase. Tél. 1002.16.

FABRE (G.), ancienne maison SEILLIER et FABRE, 4, rue des Filles-du-Calvaire. Tél. 1020.29.

FAVRE et Cⁱᵉ, RICHERMOZ, succ., 4, rue de Saintonge. Tél. 1012 78.

FÉOIDE ROLLAND succ., 248, rue Saint-Jacques Tél 828.50.

FOSSET 6, rue des Filles-du-Calvaire.

FOURNIER, 32, rue Charles-Beaudelaire. Tél 919 11.

FRANCHEMONT-DILLERY, 31, rue Faidherbe

FRANOZ (de), 4, rue du Pont-aux-Choux

GABREAU, 5, rue Drouot, et 40, rue Louis-Blanc

GAGNEAU et Cⁱᵉ, 115, rue Lafayette. Tél. 418 41.

GAGNIARE (E) Fabrique de bronzes, groupes, statuettes, horlogerie régulateurs, commission, exportation, 26, rue de Crussol

GERBE D'OR (A la), 86, rue de Rivoli. Tél. 1027 63

GERVAIS (Fernand), 12, rue des Filles-du-Calvaire Tél 1002 57

GIEGER (H), 56, rue des Tournelles.

GIRARDIN FRÈRES, 29, rue de la Grange-aux-Belles

GLAIVE (H), 4, rue du Parc-Royal. Tél. 1004.22.

GOLDSCHEIDER (Frédéric), 45, rue de Paradis. Tél 150 45, et maison de vente, av. de l'Opéra, 28 Tél. 246 88

GOOSSE (A), 2, pass Saint-Sébastien (86, rue Amelot). Tél 932 33

GOUGE (A. et M) (Maison J. MOIGNIEZ), 124, rue Vieille-du-Temple. Tél. 1002 40.

GROSSET (E) et VINCLER (V.), 8, rue Saint-Claude, Marais

GRUET (Vve R.), 44 bis, av. de Châtillon.

GUILLEMARD (E), 92, rue Amelot Tél. 944 97.

GUILLEMARD (E) FILS. 8, rue Oberkampf

HAZART (Eugène), 16, rue Saint-Gilles. Tél. 1005.56

HÉBRARD (A.-A.), 73, av. de Versailles. Tél. 698.34

HERGOT et Cⁱᵉ, 31, rue des Tournelles. Tél. 1035 78

HERZOG (A.), 41, rue de Châteaudun. T. 108.83.

HOULET, 36, rue Meslay, et 29, boul. Saint-Martin.

HOURY (Jules) PÈRE et FILS, 54, rue de Paradis. T 254 81.

HUBERT (A.), 52, rue des Archives.

HUBERT (L), 87, boul. Beaumarchais. Tél. 1003.59

JABOEUF et ROUARD, 10 et 12, rue de l'Asile-Popincourt. Tél. 900.72.

JAPY FRÈRES et Cⁱᵉ, de Beaucourt (Haut-Rhin Français), 7, rue du Château-d'Eau. Tél. 405 64

JÉHAN (H), 5, rue Oberkampf.

JOFFRIN (Maurice), 48, rue Saint-Sébastien T 927.10.

JOLLET et Cⁱᵉ, 17, rue des Tournelles. Tél. 1022 32.

JOURDAN (A), 13, rue de Crussol. Tél. 948 41.

KLEIN (M), 38, boul. des Italiens.

LAMBERTET (C), 95 rue de la Folie-Méricourt

LAPOINTE (A), ancienne maison E. GODEAU, 100, rue Amelot Tél. 932 21

LATOUR, 31, rue Charlot.

LATOUR (Lucien), 30, rue Sedaine. Tél 916.75.

LAURENT et COLLET, 26 et 28, rue des Marguettes Tél 940 53.

LAZARD FRÈRES, 53, rue de la Chaussée-d'Antin.

LEBRUN-TARDIEU, 63, rue des Archives Tél 1032 63

LECLERC (E), 7 bis rue du Perche.

LECOMTE et FILS 80, rue de Turenne

LEDENTU FRÈRES 64, rue de Saintonge Tél 1015 01

LEFÈVRE et Cⁱᵉ, 130, rue Amelot.

LÉGER (maison). JUNGERS et COLLIGNON, succ. pl des Vosges, 28.

LELOUTRE (Mme), PÉQUIGNOT-LELOUTRE, succ., 55, rue de Châteaudun Tél 211.78

LELOUTRE (V) FILS, 72, rue des Petits-Champs

LENORMAND, 121, rue Vieille-du-Temple.

LÉON, 36 rue Bonaparte.

LÉVESQUE (Émile) 6, rue Debelleyme.

LÉVI (Ernest), A la Renaissance, 49, boul. Saint-Martin. Tél 1029 73

LÉVY (Alix), 10, rue des Filles-du-Calvaire.

LINKE (F), 170 Faub.-Saint-Antoine Tél 943.49. Succursale, pl. Vendôme (rue de la Paix)

LORON (Georges), 10, rue des Filles-du-Calvaire. Tél 1002 08.

LOUBERT (A.), 10, rue Deguerry.

LOUCHET (Paul), 3, rue Auber, et 8, rue Boudreau

MAES AÎNÉ, DAMON FRÈRES, succ. Fabr. de bronzes d'éclairage et d'électricité, suspensions, lustres, appareils, billard, lanternes, candélabres, 17, rue Saint-Gilles. Tél 1003 76.

MARETTE et KAHN 85, rue de Turenne.

MARTIN, 21, rue de Saintonge.

MARTIN (E), 26, rue Charlot.

MARTINET (M-L), 24, rue de Saintonge

MASSIN (E), 36, rue Amelot. Tél. 929 62

MAZAUDIER, 22 et 24, rue de Picardie.

MEISSNER (L), 4 rue de Saintonge

MENDEL (H), 12, rue d'Hauteville.

MERCERY (H.) et Cⁱᵉ, 7, rue des Filles-du-Calvaire.

MICHEL. DUMAZ et Cⁱᵉ, 14, rue Debelleyme.

MILDÉ FILS et Cⁱᵉ, 60, rue Desrenaudes Tél. 517 35 et 517.36

MILLET, 48, rue N.-D.-des-Victoires Tél 113 19.

MOGNETTI. Colonnes. gaines, guéridons, pendules, 4, rue Oberkampf.

MONTIER (E.), succ. de **SCHWEHR**, 28, rue de Saintonge.

MORE (Ch), 7, rue Béranger.

MOSQUET (Le) (Réparation), 15, rue du Bac.

MOURIÉ, 2 imp Guéménée

MOURIER (A.), 15, rue des Filles-du-Calvaire

MULLER (G. et H.) **FILS**, 15, rue Béranger Tél. 1015 32.

NARCY (B), 56, rue Saint-Sabin.

NICE FRÈRES, 98, av. Félix-Faure.

NOIZE (L.), 10, rue Oberkampf.

PANNIER FRÈRES (*Maison de l'Escalier de cristal*), 6, rue Scribe, et 1, rue Auber. Tél 235.46.

PARTHÉNON (Le), 54, rue des Écoles.

PARVILLERS (A **VILDIEU**, succ), 80, rue de Turenne. Tél. 1001.08.

PASSERAT (G), 35, rue Bréguet prolongée. Tél. 915.65.

PÉQUIGNOT (L.), 26, rue Lafayette.

PETIZON, 7, rue du Perche.

PEYROL (H.), 16, rue de Crussol.

PIERSON-BOUDIOS, 33, rue des Francs-Bourgeois.

PIGEAUX (E), 41, rue de Turenne.

PILLIEUX (H.), 130, rue Amelot.

PILLOT, 38, rue de Turenne. Tél. 1021.19.

PINÈDO (Maison E), O. ✳, ✠, 137, rue Vieille-du-Temple. Tél. 1019.70.

POCCARD (C.), 17, rue Saint-Sébastien.

POITEVIN et **KLEIN**, 149, rue de Rennes. Tél. 707.45.

POULALION et **FARGETTE**, 16, rue du Parc-Royal.

RAGUET (L), 5, rue Saint-Anastase.

RAINGO FRÈRES, 102, rue Vieille-du-Temple.

RAISON et **THOMAS**, 15, rue des Fontaines-du-Temple.

RENON (H), 13, rue Payenne. Tél 1004 15.

RICHOND (P.), (**MICHEL**, succ.), 11, boul. Montmartre. Tél. 301.85.

RIONDET (J. **PRATT**, succ), 9, boul Poissonnière. Tél 150.06

RIPOCHE (Th), 113, boul. Beaumarchais.

ROBICHON (Ch.), 10, rue des Filles-du-Calvaire

ROSEAUX (Ch.), 218 *bis*, rue Saint-Denis.

ROUX, 19, rue Saint-Sébastien.

SACHSÉ (E et C), 21, av de l'Opéra. Tél 266 33.

SAMSON, 7, rue Béranger. Tél. 1033 36.

SCHIFFERS BRICE et **Cⁱᵉ**, 191, rue Lafayette. Tél 428 66.

SEILLIER et **FABRE**, 4, rue des Filles-du-Calvaire.

SELMERSHEIM (Tony), 70 boul. Garibaldi. Tél 739 33.

SIGNARD (G), 61, rue de Turenne. Tél 1020 15

SIOT-DECAUVILLE, 24 boul. des Capucines.

SOCIÉTÉ DES BRONZES DE PARIS Bronzes et objets d'art, statuettes, groupes, bustes, animaux, ivoires, marbres, 41, boul du Temple

SOCIÉTÉ FRANÇAISE DE SCULPTURE D'ART (en marbre) Salons de vente, galerie Félix Cavaroc et Cⁱᵉ, 10, rue de la Paix. Tél 281.40

SOLEAU (E), ✳, **SOLEAU** (C), succ Éditions des œuvres de G Chéret, 127, rue de Turenne. Tél. 1015 02.

SORMANI (Paul), **THIÉBAUX** (C.), succ , 10, rue Charlot. Tél. 1032 07.

STÉGHENS (E), *Au Nègre*, 19, boul. Saint-Denis. Tél. 240 08.

SUSSE FRÈRES, 31, rue Vivienne Tél. 126 10, et boul. de la Madeleine, 18 et 15. Tél 251.52.

TABOURET, 39, av de l'Opéra.

TAUPIN-D'AUGE, 15, rue Sedaine.

THIBAULT (M), 64, rue de Turenne. Tél 1021 24

THIÉBAUT FRÈRES (**FUMIÈRE** et **Cⁱᵉ**, succ), 32, av. de l'Opéra Tél 234 74.

TRÉHOU, 12, rue du Cardinal-Lemoine

TRIFOUX (L), 18, rue Oberkampf

TURIN (A) **FILS**, 21-23, rue des Filles-du-Calvaire.

ULMANN (Jacques), 16, boul. Saint-Denis.

ULMANN (L). Bronzes d'art, électricité, très belle collection de pendules de style Flambeaux, girandoles, brûle-parfums, surtouts et reproductions d'objets anciens, 103, rue de Turenne. Tél. 1001 46.

VAL D'OSNE (Société du), 58, boul. Voltaire. Tél. 932 22.

VALSUANI (C), 74, rue des Plantes

VASE DE SÈVRES (Au), 15, boul. Montmartre. Tél. 141 99.

VERNHES (H), 15, rue Drouot.

VÉRON. 63, rue de Turenne (voir à *Réparation d'objets d'art*).

VIAN (H) et **TOURTE** (A), Bronzes et ferronerie d'art, d'ameublement et d'éclairage, gaz, électricité, appareils de billard, lustres, appliques, etc Modèles anciens, 5, rue de Thorigny (Hôtel Thorigny, anc École Centrale). Tél. 1019 74.

VIGNON (Édouard), 16, rue Commines. Tél. 1002 51.

VILLETTE (P), 107, boul Richard-Lenoir.

VILLIEN (A), *L'Étain Français*, 18, rue des Quatre-Fils.

VIRLET (Léon). O I. ◊ Statuettes, groupes, bustes pendules, candélabres, girandoles, électricité d'art Statuettes en marbre, vases, encriers, étains d'art, prix de courses, de tir, concours. etc., 12, rue Oberkampf. T. 934 91.

VOISENET (H), **G SIGNARD**, succ , 61, rue de Turenne Tél 1020 15.

VRIGNAUX, 22, rue Michel-le-Comte.

WALD (meubles d'art), 88, av. Malakoff.

WIDMANN (Edmond), 8, rue Béranger.

WORCH et **Cⁱᵉ**, 9 et 11, rue Bleue.

CÉRAMIQUE D'ART

Chambre syndicale de la Céramique parisienne, 3, rue de Lutèce

Président : Sauvelet.

Secrétaire-trésorier : Vallois (Ch).

Chambre syndicale de la Céramique et de la Verrerie. Siège social, 13 et 15, rue des Petites-Écuries.

Union Céramique et Chaufournière de France, 49 rue de Chabrol

ART CÉRAMIQUE (l'), 14 et 16, rue Gudin.

AUZERAIS, 17, rue Boissonade.

BIGOT et C⁰, 31, rue de Buffon. Tél. 814.68, et à Mer (Loir-et-Cher).

BONNEFONT (E), 17, rue de Paradis.

BOULENGER (H.) et C⁰, 18, rue de Paradis. Tél. 104 87

CHAUMEIL (A.), 97, av. d'Italie

CHRYSO-CÉRAME, 35, quai de Boulogne, à Boulogne-sur-Seine. Tél 296

COMPAGNIE CHINOISE TONYING Importation directe d'objets d'art anciens de la Chine, 13, rue Laffitte.

DEBAECKER (L.), 30, pass. Charles-Dallery.

DENISE (E) 52, rue de Paradis.

DUPONT (E.), 20, rue de la Sorbonne.

EBEL (A) 47, rue de Paradis. Tél. 238 22.

FAIENCERIE DE MORET, 65, Faub.-Poissonnière

Vᵛᵉ G. FARMER
ART DÉCORATIF MODERNE ET RUSTIQUE
Dépôt des **GRES FLAMMES** des principaux céramistes (bustes, statuettes, animaux vases services à bière, à thé, etc.)
CUIVRES, ETAINS, porcelaines, faïences et poteries hollandaises
CRISTAUX DE TABLE, modèles spéciaux à la maison
FAIENCES DÉCORÉES de Quimper, Nevers, Desvres, Lunéville, Saint-Clément, Malicorne, etc. Services de table pour la campagne, modèles inédits
La **POTERIE MODERNIA**, poterie d'art de fabrication française, vases, services de toilette pots à fleurs, vasques et potiches pour jardins
Toutes formes d'après croquis ou dessin.
25, boul. Montparnasse, PARIS

FILMONT, 56, rue de Paradis

FOURMAINTRAUX (Charles), 108, rue du Faub.-Saint-Denis

FOURNIER-BLANQUIN, 34, rue des Petites-Écuries.

GENTIL BOURDET et C⁰, 189, rue du Vieux-Pont-de-Sèvres, à Billancourt (Seine). Tél. 695.16.

GILLET, 9, rue Fénelon.

GOLDSCHEIDER (Frédéric), 45, rue de Paradis, et 28 av. de l'Opéra

GRÉBER (Ch), O A. ☿, à Beauvais. T. 2 32 Représentant Gontier, 14, rue des Petites-Écuries.

HUILLARD (H) (Maisons **G ROY** et **PICQUE-FEU** réunies), 35 rue St-Ambroise. Tél 903 35.

LÉONARDI (de), 65 rue Saint-Jacques.

LÉVEILLÉ, 10 rue de la Paix Tél 318.46.

LOEBNITZ (Jules), ✻, 4, rue Pierre-Levée. Tél 907.56.

LOUCHET (Paul), 3, rue Auber.

MANSARD (G), 34 et 38, rue de Paradis

MASSIER (Delphin) et C⁰, 8 *bis*, rue Martel.

METZ (Arthur), 154, boul. Magenta. Tél. 404 77.

NAUDOT (Camille), Céramiste d'art, 10, rue Auber.

PERRUSSON 174, rue de la Pompe.

PETIT, 89, rue Ménilmontant.

ROLAND (Maison), 36, rue Hallé.

SCHAART (A.) et C⁰, 27, rue de Paradis.

SOCIÉTÉ ANONYME DES PRODUITS CÉRAMIQUES DE RAMBERVILLERS. Dépôt : 14, rue Martel.

SOCIÉTÉ INDUSTRIELLE DES PRODUITS CÉRAMIQUES 57, rue du Rocher Tél 565.36.

SOCIÉTÉ DES PRODUITS CÉRAMIQUES ET RÉFRACTAIRES DE BOULOGNE-SUR-MER, 67, rue de la Victoire Tél. 154 68.

TOY, 10, rue de la Paix.

UTZSCHNEIDER et C⁰. Dépôt, 28, rue de Paradis Tél 258 78.

CHEMINÉES
EN BOIS SCULPTÉ

BALLAGNY (Vve), 2, rue de la Roquette. Tél. 913 23

BERNEL (Charles), 4, pass Saint-Pierre-Amelot (98 *bis* rue Amelot). Tél 933 09.

BOSSAVIT (A), 64 rue Michel-Bizot.

BOUHON FRÈRES, 12, rue Debelleyme. Tél. 1002.33.

BOVERIE, 115, rue du Faub.-Saint-Antoine. Tél. 902 23.

DUMONT-FOIN, 43 et 45, rue de Reuilly. Tél. 907 51.

FLANDRIN (L), 15, quai de Bourbon. Tél. 819 63

GENTIL, BOURDET et C⁰, 189, rue du Vieux Pont-de-Sèvres, à Billancourt. Tél. 695.16.

GOUFFÉ JEUNE, 46, 48 et 50, faub. Saint-Antoine

GOUMAIN (Albert), 54, rue de Charonne. Tél. 906 61

KRIEGER, 74, faub. Saint-Antoine

LEEMANS, 69, quai de la Tournelle. (Voir *Antiquités*)

LEEMANS (E), **THILLIER**, succ., 149, boul. National à Clichy (Seine).

RAISON-RENOUVIN, 7 et 9, rue Bonaparte. Tél. 822.69.

SELMERSHEIM (Tony), 80, boul. Garibaldi. Tél. 739 33

SERT (Paul), 14, pass. de la Main-d'Or.

CHEVALETS
(Pour Peintres)

AIMBA (La Cⁱᵉ) Vente en gros Agence internationale du matériel pour les Beaux-Arts, 61, rue de Richelieu. Adr. Télégr . Aimba. Tél 115.92. (*Voir notre annonce au commencement du volume.*)

BERVILLE, 25, rue de la Chaussée-d'Antin. Tél. 322 48

BOURDILLON (L) Fabr de chevalets et matériel complet pour artistes, 56, rue de Rennes.

BOUSSUGE (H), 21, rue de Seine.

FERMINE (A), 9, rue Laferrière.

GUICHARDAZ, 29, rue du Dragon.

NIOLLE (Vve L), 17, rue d'Austerlitz.

LAMORELLE (A), 106, boul. du Montparnasse.

LÉCLUSE (Ph), 58, rue de Clichy Ateliers, 13, rue Eugène-Carrière.

LEFRANC et Cⁱᵉ. Chevalets de campagne, d'atelier, de salon, de table, de cours, chevalets Meynard (Breveté S G D G) chevalets de style (sur commande), 18, rue de Valois.

MARY 26, rue Chaptal.

PARIS AMERICAN ART Cᵒ (The) 2 magasins 125, boul. du Montparnasse. Tel. 831 33; 2, rue Bonaparte Tél 738 23 (*Voir notre annonce au commencement du volume*)

PITET AINÉ et Cⁱᵉ 51, faub Poissonnière.

ROCHE 4, rue Victor-Massé.

ROWNEY (George et Cᵒ), 27, rue des Bons-Enfants.

CHINOISERIES
ET JAPONERIES

BABANI (V), 65 rue d'Anjou

BARDY (A.-H) et Cᵉ, 22, rue Vivienne. Tél. 291 95

BERRICK BROS (J. Wolf représ), 108, rue Oberkampf Tél 912 39

BING (M), 10 rue Saint-Georges Tél. 116 90.

CHAPUS (P) et Cⁱᵉ, 60, rue du Château-d'Eau.

CHARLOT (Henri), 12, rue Sainte-Anne. Tél. 256 84.

Cⁱᵉ COMMERCIALE DE LA CHINE ET DU JAPON, 9 et 11, rue Bleue. Tél 117 33.

Cⁱᵉ JAPONAISE (DELAFOND et E. WALLACH, direct) Import. directe de tous articles de provenance de la Chine et du Japon, 66 et 68, faub Poissonnière Tél 281 89

COUAT. 43 rue Claude-Bernard

DESMARQUOY (L.), 137, boul Magenta Tél. 435 85

DUBUFFET et Cⁱᵉ, 13 rue Bleue. Tél 125 20.

GABREAU, 5, rue Drouot.

GUGNON 16, rue Cail.

HERDT (G.), 26, rue de l'Échiquier. Tél. 125 16.

LADOUX (Vve), 137, rue de Rennes.

LAMBERT, 21 et 23, rue de Châteaudun.

LE VÉEL (E) 24, rue La Fayette

MARCHE (Henry) 46 rue de l'Échiquier

MIKADO (Au), 35, boul des Capucines, et 41, av de l'Opéra.

MODEL (E.) 15 rue du Sentier Tel 283 83.

MON ANGE (Jean), 17 rue La Fayette.
MON ANGE (Claude), 37, rue de Provence.
OPPENHEIMER FRÈRES (L. Oppenheimer succ), 21 et 23, rue de Cléry. Tél. 149 44, 2ᵉ ligne 148.32.
ORTET (P.), 24, rue Demours.
PAGODE (A la), 46, rue des Petits-Champs. (*Voir annonce ci-dessus.*)
PARIS AMERICAN ART Cᵒ (The), Estampes japonaises, 2 magasins (125, boul. du Montparnasse. T. 831 33; 2, rue Bonaparte Tél. 738 23, Paris (*Voir notre annonce au comm' du volume*)
PERRET et VIBERT, 33, rue du Quatre-Septembre. Tél. 148 11
PIETTRE (Georges). Poncifs japonais, pièces pour collectionneurs, 59, rue de Châteaudun.
POHL (N.), 4 et 6, rue d'Hauteville T. 133 74.
REVEL (Gustave), 15, rue Ambroise-Thomas. Tél. 141 19.
ROTROU (Mme), 27, rue de Rome.
SAINTIN (E), 11, rue des Carbonnets, à Bois-Colombes (Seine).
SCIÉ-TA-MINE. Chinoiseries anciennes, objets d'art antiquaire, 26, rue Caumartin.
SÉVI (J), 74 boul. Haussmann.
VIANDIER, 48, rue de la Victoire.
WANNIECK (L) Chinoiseries, importation, 5, rue d'Enghien. Tél 121 99.
WORMS (E) et Cⁱᵉ, 17, rue des Petites-Écuries. Tél 273 76.

CIRE A MODELER

BERRY (Albert), 10 et 12, rue du Figuier.
BERVILLE, 25, rue de la Chaussée-d'Antin. Tél. 322 48.
GRENIER (J. Louiset, succ.), 4, rue Burnouf. Tél. 416 81.

Expositions Universelles Paris
Médaille de Bronze 1889
Médaille d'Argent 1900

Mᴼᴺ HUTANT

Fondée en 1840

F. GUYOT, Succʳ

FABRICANT

46, quai de l'Hôtel-de-Ville

PARIS (IVᵉ)

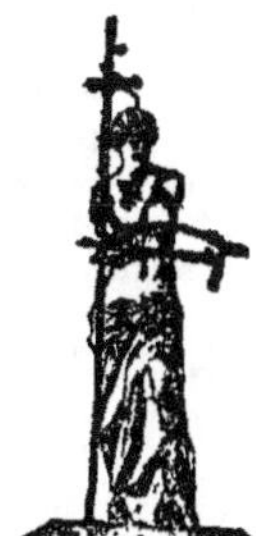

Fabrique de CIRE A MODELER et d'Outillage spécial pour Sculpteurs s. Bois, Marbre, Pierre, Terre glaise, Ornemanistes et Mouleurs.

MACHINE A METTRE AU POINT ET A RÉDUIRE
Compas de réduction en acier, Violon à billes.

OUTILLAGE D'ART POUR AMATEURS
pour le Cuir repoussé, l'Ivoire et la Corne.

ÉBAUCHOIRS & MIRETTES, etc.

GROS EXPÉDITIONS EN FRANCE ET A L'ÉTRANGER **DÉTAIL**

LÉCLUSE (Ph), 58, rue de Clichy. Ateliers : 13, rue Eugène-Carrière.
LEFRANC et Cⁱᵉ, Céroplastine, nouvelle pâte à modeler pour statuaires ne s'attachant pas aux doigts, 18, rue de Valois.
MARY, 26, rue Chaptal.
PARIS AMERICAN ART Cᵒ (The), 2 magasins : 125, boul. du Montparnasse. Tél. 831.33; 2, rue Bonaparte. Tél. 738 23. (*Voir notre annonce au commencement du volume*).
RENOT, 14, rue des Filles-du-Calvaire.

COMMISSAIRES PRISEURS VENDEURS

Chambre de discipline.

Président : Bailly
Syndic : Lemoine.
Rapporteur : André.
Secrétaire : Motel.
Trésorier : Lantiez.
Membres : de Cagny (André), Boudin, Lyon, Huchez, Garnaud, Mallet, Hémard, Mauger, Scote, Appert.
Doyen : Béguin.
Agent supérieur de la Compagnie : Lenoir, 6, rue Rossini. Tél 132.90.
Bureaux des transports. Tél. 271 25.

Nota : La chambre tient ses séances à l'Hôtel des commissaires-priseurs, 6, rue Rossini, le Vendredi à 8 heures du soir, et à 2 heures, par exception, le 3ᵉ Vendredi des mois de janvier, mars, mai, juillet, septembre et novembre.

ALBINET, 24, rue d'Aumale.
ANDRÉ, 3, rue de la Boëtie.
APPERT (Edmond), 16, rue Grange-Batelière.
AUBOIN, 51, rue Sainte-Anne.
AUBOYER, 4, rue Richer.
AULARD (Paul), 6, rue Saint-Marc.
AUREAU, 39, rue des Petites-Écuries.
BAILLY (Eugène), 9, rue Notre-Dame-des-Victoires.
BARTAUMIEUX, 334, rue Saint-Honoré.
BAUDOIN (Henri), 10, rue Grange-Batelière.
BÉGUIN, doyen, 18, rue Duphot.
BIGNON, 41, rue de la Victoire.
BIVORT, 96, rue de la Victoire.
BIZOUARD, 18, rue Duphot.
BONDU (Hippolyte), 32, rue Le Peletier.
BOUDIN, 14, rue Grange-Batelière.
BRICOUT, 10, rue Sainte-Cécile.
BRODU, 15, rue Bleue.
CAGNY (André de), 24, rue Le Peletier.
CAGNY (Léon de), 8, rue Drouot.
CAVEROC, 23, rue Saint-Lazare.
CHARPENTIER, 25, av. Trudaine.
COULON, 12, rue de la Victoire.
COUTANCEAU, 7, rue Sainte-Anne

COUTURIER (André), 56, rue de la Victoire.
COUTURIER (Maurice) 7, rue Scribe
CROSNIER-LECOMTE, 63 rue Taitbout.
DELVIGNE, 91, rue Saint-Lazare.
DESCHAMPS 52, boul Malesherbes.
DESVOUGES, 26, rue Grange-Batelière
DOBIGNARD (Pierre), 42, rue Truffaut.
DOUBLOT, 6 rue Saint-Georges.
DUBOURG 11, rue Sainte-Anne
DUMONT, 29, boul. des Batignolles.
ENGELMANN 1, rue de Stockholm
FLAGEL 20, boul Poissonnière
FOURNIER 29 rue de Maubeuge.
FRANÇOIS (Gaston) 23 rue Le Peletier.
GABRIEL 44 rue de Londres.
GARNAUD, 115, faub Poissonnière.
GROSBOIS 11, boul. de Strasbourg
GUÉROULT, 39, rue de Rome.
GUIDOU, 56 *bis* rue de Châteaudun.
HÉMARD, 51, rue La Fayette.
HONS-OLIVIER, 144 boul. Saint-Germain.
HUBERT. 19 rue de la Reynie.
HUCHEZ, 17, rue de Maubeuge
HUGUET, 4 rue Pasquier
LAIR-DUBREUIL 6, rue Favart.
LANTIEZ 7, rue de Provence.
LARBEPENET, 23, rue de Choiseul.
LECOCQ 41, rue Richer
LEMOINE. 91 rue La Fayette
LE RICQUE, 59, rue du Rocher
LIBAUDE (Louis) 6 rue Baudin.
LIÉGARD (Georges), 53 faub Poissonnière.
LYON 29, rue Le Peletier.
MALLET, 93, rue de la Victoire
MARLIO, 20 rue des Pyramides
MAUGER, 52, rue de Rome.
MOTEL, 22, rue Chauchat.
NAVOIT, 55, faub Montmartre.
ORIGET (E), 3, boul Sébastopol.
OUDARD, 48, rue de Richelieu.
PECQUET, 10, rue Choron.
PELLERIN, 11, rue Saint-Lazare.
PETIT, 25 rue Coquillière.
PICARD 102 boul des Batignolles.
QUONIAM (L.-R) 11, rue Grange-Batelière.
RIDEL, 6, rue de Thann.
SANONER, 4, sq La Bruyère.
SAULPIC, 69, rue Sainte-Anne.
SCOTÉ, 85, rue Saint-Lazare.
TERNISIEN (Victor), 10 rue de Chantilly.
THIBAULT (Charles), 18, rue de Rivoli.
TILORIER, 9, boul. des Italiens.
TIXIER, 45, rue de la Chaussée-d'Antin.
TROUILLET, 63, rue Sainte-Anne.
VARIN, 20 rue Le Peletier
VÉRON 14, quai de la Mégisserie.

VILLARD, 86, rue Vaneau.
VIVAREZ, 8, rue de la Victoire

COULEURS

Chambre syndicale des Couleurs et Vernis, 163, rue Saint-Honoré
Président : Villemot.
Vice-présidents : Routtand, Laflèche.
Secrétaires : Boyer, Tournel.
Trésorier : Detourbe.

Alliance des patrons et employés marchands de couleurs de la Seine Siège social, 8, rue de Thorigny
Président : Gustave Gamard

AIMBA (La Cie) Vente en gros Agence internationale du matériel pour les Beaux-Arts, 61, rue Richelieu Adr. télégr : Aimba. T. 115 92. (*Voir annonce au commencement du volume.*)
BEHRENDT (Fritz) (*Voir annonce au commencement du volume*)
BERNANOS (anc. maison **PIÈLE**) « *Syntonos* », couleurs fines en tubes pour peinture artistique, 74, rue des Archives. Tél. 1034.20
BERVILLE, 25, rue de la Chaussée-d'Antin Tél. 322 48.
BLANCHET (*A la Palette d'Or*), O A. () Fabr de couleurs extra-fines, toiles à tableaux, matériel d'artistes, 38. rue Bonaparte.
BLIN 133, rue de Rennes. T. 703 94
BOBOT (L), 108 *bis*, rue de Rennes.
BOUCLEY (Vve et Gendre), 109, rue d'Aboukir.
BOURDILLON (L). Fabricant de toiles à peindre et de couleurs fines. Matériel pour artistes, 56. rue de Rennes.

BOURGEOIS AINÉ

Couleurs fines pour les arts et le dessin industriel; Couleurs superfines à l'huile et à l'aquarelle, Couleurs en pâte, en tubes et en écailles pour la gouache; Couleurs en écailles pour la miniature, Couleurs pour imitation de tapisserie.

18, rue Croix-des-Petits-Champs.

CHABOD (A. VIGNOL succ), 20 rue Jacob.
CHALMEL (*Au Soleil*), LALLEMENT, succ., 8, boul Saint-Martin.
CASTELUCHO-DIANA, 16, rue de la Grande-Chaumière.
CHARIGNON (Alfred), 2 *bis*, rue de l'Archevêché à Charenton. Tél. 81.
CHATTENET et LANDRY, 24, rue de la Cerisaie, à Charenton (Seine).
CHEVILLET (J. LOUISET, succ), 4, rue Burnouf. Tél. 416 81.
CONTET (P.) 34, rue La Fayette.
COQUELIN-HÉRAULT, 60, boul Malesherbes.
DELEFOSSE (A), 50, rue des Abbesses.
DUPRÉ (F), 141, faub. Saint-Honoré Tél 526 34
FOINET (Paul), FILS O I. (), rue Bréa, 21.
FORTIN et Cie, 59, rue des Petits-Champs. Tél. 236.81 et 290 58.

GUICHARDAZ (C), 29 à 31 rue du Dragon.

HARDY-ALAN (G. VASSEUR succ) Fabrique de couleurs extra-fines pour l'huile l'aquarelle. le pastel, 92, boul Raspail Tél 702 51 Fabrique à Vanves (Voir *toiles pour tableaux*)

HARO et Cie (Ancienne maison **HARO**) (*Au Génie des Arts*), 14 rue Visconti et 20 rue Bonaparte. Tél 820 33

LAMORELLE (A.), 106, boul Montparnasse.

LÉCLUSE (Ph), 58 rue de Clichy. Ateliers, 13 rue Eugène-Carrière.

LEFEBVRE-FOINET (Lucien), 19 rue Vavin, et 2, rue Bréa Tél. 730 68.

LEFRANC et Cie.
Couleurs extra-fines pour le tableau.
Couleurs fines pour la décoration artistique.
Couleurs mates pour la décoration artistique.
Couleurs en tubes, en tablettes, en godets, en pastilles, en écailles pour l'aquarelle, la gouache le pastel, le dessin et la miniature.
Couleurs à l'œuf et à l'huile d'œuf de J.-G. Vibert.
Couleurs liquides pour l'imitation des tapisseries et pour pointifs sur verre.
Couleurs pour la photominiature et la photopeinture.
Couleurs de Muzii (tempera brillante)
Couleurs vitrifiables pour la peinture sur porcelaine.
Couleurs en tablettes dites teintes conventionnelles pour architectes
Couleurs en nature et en poudre impalpable
Couleurs à l'albumine.
Couleurs liquides dites teintes indélébiles.
18 rue de Valois

LINEL (F), 22, quai Jemmapes.

MARY, 26, rue Chaptal

MORINAT 184 rue du Faub -Saint-Honoré.

MULARD (L.) et Cie, 8, rue Pigalle

PAILLARD (J -M), 17, rue de Lancry.

PARIS AMERICAN ART Co (The), 2 magasins : 125, boul du Montparnasse. Tél 831 33; 2, rue Bonaparte. Tél. 738 23 Paris. (*Voir notre annonce au commencement du volume*)

PASQUINI et Cie (F), 43, av. de Wagram. Tél. 581 52.

PETIT (F) 95 rue Ampère.

PINSON (*A la Palette de Rubens*) 7, quai Malaquais.

PRADEL (E PIN, succ). 21, rue du Four et 1 rue Princesse

RIVIÈRE (De), 3 rue des Beaux-Arts

ROCHE, 4 rue Victor-Massé

ROCHÉ Couleurs en poudre 4, rue Grenier-St-Lazare.

ROWNEY (George) et Co 27, rue des Bons-Enfants.

SCHOENFELD and Co (Dr Fr) (*Voir annonce au commencement du volume*)

SENNELIER, 3, quai Voltaire

SEVIN (E) 339, rue Saint-Martin

VIGNOL (A), 20, rue Jacob

WINSOR et **NEWTON** Ld. 92 rue Perronet, à Neuilly-sur-Seine.

Couleurs **WEIMAR** (*Voir annonce au commencement du volume*)

COULEURS FINES (Boîtes de) ET ÉTUDES

ROWNEY (George et Co) 27, rue des Bons-Enfants.

COULEURS POUR L'AQUARELLE

AIMBA (La Cie) Vente en gros Agence internationale du matériel pour les Beaux-Arts, 61, rue de Richelieu Adr télégr Aimba. Tél. 115 92 (*Voir notre annonce au commencement du volume*)

BLIN 133, rue de Rennes.

BOURGEOIS AINÉ (*Voir Couleurs*), 18, rue Croix-des-Petits-Champs

DERIOT, 17, rue de Lancry.

LEFRANC et Cie Couleurs pour l'aquarelle, la gouache, la miniature en tubes et demi-tubes moites, en pastilles, en godets, demi-godets, tablettes et demi-tablettes. en écailles. Couleurs liquides dites teintes indélébiles pour colorier les cartes postales 18 rue de Valois

LENOIR, 62. rue de Vaugirard.

LINEL (F), 22, quai Jemmapes.

MACLE, 4, rue Grenier-Saint-Lazare

PARIS AMERICAN ART (The), 2 magasins :
125, boul du Montparnasse Tél 831 33;
2. rue Bonaparte. Tél 738 23, Paris (*Voir
notre annonce au commencement du volume*)

ROCHÉ-MACLE, Couleurs en pains et en pastels. 4, rue Grenier-Saint-Lazare

ROWNEY (George et C°), 27, rue des Bons-Enfants.

SCHOENFELD and C° (D° Fr). (*Voir notre annonce au commencement du volume*)

CUIRS D'ART

AUTRAN (Eugène), 5, av. de l'Opéra. Tél.
1 237.86.

COMMISSION UNIVERSELLE, 48, rue Cambon.
Tél 241 10

DARRAS (A.), 4, rue Keller. Tél 906 67.

DULUD (Maison), J. **QUENARDEL** succ., 66, rue
de Richelieu.

DURRANT (Vve), 18, rue Saint-Bernard.

GUÉTANT (Gustave), 25, rue Louis-Morard.

HUTANT, F **GUYOT** succ Cuir repoussé, 46,
quai de l'Hôtel-de-Ville

KELLER (E), L **BOVET**, succ , 51, rue de Charonne

LEFRANC et **C°** Outils et matériel pour les
cuirs d'art Matoirs gravés spécialement Choréines fixes à la lumière pour teindre les
cuirs. Boîtes garnies Teinture noire, effaçage
pour les cuirs réactif brun, or en feuilles,
vernis gras colorés cuirs et peaux. Manuel
d'**EMILE LOUIS** pour les amateurs de cuirs
d'art, 18, rue de Valois. .

LE ROY (L) (ancienne maison **SÉNÉ** et **MELIN**)
56, av. Ledru-Rollin.

MIOLAND et **LELOGEAIS**, 21, rue de la Grange-aux-Belles Tél. 416 06.

PEGAT (J) 48, rue Cambon. Tél. 241 10.

PIGEARD (G), 19, rue Voltaire. Tél. 903 62.

PIQUE, 16. rue d'Austerlitz. Tél. 907.11.

SASSÉ, 54, quai Jemmapes.

SÉNÉ et **MELIN** (**LE ROY**, succ.), 56, av. Ledru-Rollin.

SOC ANON DES ANCIENS ÉTABLISSEMENTS,
DESFOSSÉ et **KARTH**, 223, faub. Saint-Antoine.

VERRON, 89, faub Saint-Antoine.

VIOLLET (E), 190, faub Saint-Antoine. Tél
907 87.

CUIVRERIE
POUR AMEUBLEMENTS

BALIGAN (Ch **BALIGAND FILS** et G **MICHENAUD**, succ), 111, rue du Chemin-Vert. Tél.
909 09.

BERLAND, 4, cité Joly.

BOUSSARD (E), anc. maison **GAMBETTE**, 21,
rue Daval.

BRINDEAU (Paul), 34, boul. de Clichy.

BROQUET (E) et **DEGOUILLE**, 12, rue des
Ecluses-Saint-Martin.

CASELLI, 39, rue Popincourt.

DROZ (J **BAECHLI**, succ), 19, rue Bouchardon.
T. 403 63.

FRAISSINET (Marius), 9, rue de Bondy. Tél.
434 13

JARDIN, FILS 93, rue Oberkampf. Tel 932 95.

KOCH (André) et **C°**, 45-47, rue du Chemin-Vert.

LIGER (H), 70, rue d'Angoulême

REBATTET (F.-M) et **C°**, 72-74, boul. Richard-Lenoir.

REHBERGER (B.), 24 *bis* et 28, rue Popincourt.

ROUSSEAU, 13, av Parmentier Tél 920 88

VAUTRIN (H.), 20, rue Trousseau.

CUIVRERIE ARTISTIQUE

ALLIAUME. Cuivres hollandais, 5, rue de Clichy.

AVERSAT 34. rue des Petites-Écuries.

BLITZ, 10, rue de Paradis.

FARMER (Vve G), 25, boul. du Montparnasse.

JOUDRIER, 47, rue de Bretagne.

MOIREAU, 34. rue Pixérécourt

ORLHAC (maison), A. **ORLHAC-PRADIER**,
succ., 57 et 59, rue de Châteaudun.

PALLIX (J.), 9, rue Saint-Sébastien.

RANDOUX (Mme) Cuivres flamands et hollandais, 218, boul. St-Germain

URLET (L. d'). Art flamand, 11, boul de Clichy.

CURIOSITÉS, OBJETS D'ART
MÉDAILLES

Chambre syndicale des négociants en objets
d'art. tableaux et curiosités.

Président : Schultz (F).

Trésorier : Péquignot (L).

Secrétaire : Bernheim (G), 3, rue Bourdaloue.

ADRIAN (A), 63, av de Wagram

ALAIN (Vve), 10, rue de la Victoire

A L'ANCIEN MENUET, 20, av. Victor-Hugo.
Tél. 641.10.

ALAVOINE (L) et **C°** (Maison **ROUDILLON**),
9, 9 *bis* et 11, rue Caumartin Tél. 244 71.

AUBRY. Tableaux, gravures, dessins, 9, boul. de
Clichy.

AUBERTRAND, 32, rue Demours.

AUZARY, 48, rue de Provence.

AVELINE, 43, rue de Provence.

Justin LÉCOULES

43, 60 et 62, rue Taitbout

PARIS (IXe)

Téléphone 140-57

VENTE ✳ ACHAT ✳ ÉCHANGE

Spécialité

de JOLIS MEUBLES MODERNES D'OCCASION
en marqueterie,
bois de rose, bois de violette, etc.,
ornés de bronzes et provenant
DES GRANDES MAISONS PARISIENNES

OCCASIONS

GRAND CHOIX
de
RICHES MOBILIERS COMPLETS
Anciens et Modernes

BACHEREAU, 26, rue Le Peletier.

BAORI (Léon), 178, rue de Rivoli

BAETE 82 et 84, boul des Batignolles.

BARBEREL (Vve), 10, rue Fromentin.

BARDY (A.-H.) et Cie, 22, rue Vivienne. Tél 291 95.

BAROU, 104, rue du Bac.

BARRIOL (E.), 10 rue Caroline.

BAULM (H.), 5, rue Saint-Georges

BEAULIEU 23, rue de la Boëtie. Tél. 557 57

BEHÉ 160 rue de Grenelle

BEKER, 103, rue Legendre.

BERQUIN-VARANGOZ (Vve) et succ de Ch. **VARANGOZ**, 54 rue de Bondy T 444 59.

BERSANI (Mme), 39 rue Laffitte

BERTHAUD, 229, faub. Saint-Honoré.

BERTHIER (Vve), 46, rue Vaneau

BILLIAU et **MARTIN**, 15, rue Rodier

BING (M.), 10 rue Saint-Georges. Tél. 116 90.

BINGER (Ch.), 35, rue Le Peletier

BITOT, 2, rue Laffitte

BLAISE (J.), 102 boul Raspail.

BLANC, 22, rue de la Chaussée-d'Antin

BLANC (F.), 71, boul Beaumarchais.

BLANCHOT, 24, av du Maine

BLÉRY, 13 rue du Cherche-Midi.

BLOCH (Achille), 8, rue Pierre-Levée.

BOIN-TABURET (Henry **FRÈRES** et Cie, succ), 3, rue Pasquier Tél 151 89

BOISSADY (Mme J.) et **LIPPMANN** (Mme A.), 2 rue d'Aguesseau, angle du Faub.-Saint-Honoré.

BONNEFOI, 17, rue Tronchet

BOUDILLET, 82, rue de Rennes.

BOURDEIL (Mme E.), 139, boul. Haussmann.

BOURDIER, 34, rue Laffitte.

BOURNAY (H.) 19 rue de la Boëtie.

BOUTET DE MONVEL, 18, rue Tronchet

BOUTON (P.-P.), 26, place des Vosges.

BRAG et Ce, 41, boul Haussmann

BRETONNEL Serle maison faisant la reproduction exacte des lustres à cristaux anciens, appliques et girandoles 22, rue La Fayette T 252 86. (Voir *Antiquités*)

BRICHON, 39 *bis* rue de Châteaudun.

BRODART (Ch.), 173, boul Saint-Germain. Tél. 718 20

BRUCK (Ch.), 66 rue Taitbout

BRUNET (Louis), 81 av. de Wagram.

BUISSON (J.), 34 rue de Trévise.

CAISSO et Cie, 1, boul de la Madeleine.

CAMUS 13 pass Choiseul

CANESSA (C et E) Haute curiosité 125 Champs-Élysées Maisons à New-York et à Naples.

CARRÉ 5-7, rue des Beaux-Arts.

CARTIER, 13 rue de la Paix.

CASTILLON 62 et 69 rue des Saints-Pères.

CAYZAC, 81, rue des Saints-Pères.

CELLIER (E.), 37, rue La Fayette.

CÉRÉSOLE et **BRIQUET**, 45, rue Laffitte. Tél 200 70

CHALMIN, 7, av. Rachel (Voir *Antiquités*)

CHAUVELOT (Léon), 193, rue Saint-Honoré.

CHAUVIÈRE (Mme), 3, quai Voltaire.

CHÉRET (Joseph), 22, rue de la Boëtie.

CHEVALIER 36, rue de la Boëtie

CHEVASSU 7, rue Houdon.

CHEYROUX, 51, boul. de Clichy

COHEN 14, rue de Richelieu.

COLONNE (Georges), 13, rue de Provence

COMBET, 2 rue du Sabot.

COMPAGNIE CHINOISE TONYING. Importation directe d'objets d'art anciens de la Chine, 13, rue Laffitte. Tél 147 43

CONSTANTIN, 44 rue des Mathurins.

COPPAZ (Léon), 178 rue de Rivoli

COUTELIER, 19 rue de Miromesnil

CRAMM 76 rue de Rennes

CROS-BAERT, 8 rue Villebois-Mareuil.

CRUZ (J.), 64 rue Taitbout

DAVID (S.), O. A (), 49, rue Le Peletier

DANIEL (Vve), 65, rue de Provence

DEVARENNES (Mme) 43 rue Delambre

DOMINICY (Melchior) 23 rue de Bourgogne.

DOUCET (A) et **FILS AINÉ** 94 faub Saint-Honoré. Tél. 218 71

DUBUFFET et Cie, 13 rue Bleue Tél 125 20.

DUCHESNE (G), expert, et R **DUPLAN** 10, rue Rossini.

DUJONCHET (P.), 34, rue de Grenelle

FABIANI, 55, rue Taitbout

FABIUS (Élie), 3, rue de Provence

FABRE, 68, rue de Rennes.

FAUCON. Éventails anciens Vente et achat de tous les éventails anciens Louis XIV, Louis XV, Louis XVI, 38, av. de l'Opéra Tél 235.57

FERAULT, 16, rue Saint-Ferdinand

FILSJEAN 46, rue de Châteaudun

FLATEAU, 35, boul Malesherbes, et 18, rue des Capucines

FLEURY, 3 rue Boursault

FOREST, 17, rue de la Boëtie, et 31, rue Cambacérès. Tél 264 04

FRAENKEL 20 rue Saint-Lazare.

FRANCK (Henry) 52, boul Haussmann

FRIEDEL 39 *bis* rue de Châteaudun.

FULGENCE, 75 rue de la Boëtie Tél. 566 64

GABREAU, 5 rue Drouot

GALERIE SAINT-AUGUSTIN 93, boul Haussmann

GANSEWINKEL 260 boul Saint-Germain.

GARDEL 24 rue La Fayette.

GAUTIER-RIVIÈRE Curiosités de toutes sortes. 71, rue des Saints-Pères

GÉRAUD, 74 av Kléber

GHIDOSI 101, rue de Vaugirard.

GILBERT 113, rue de Vaugirard. Tél. 719 26.

GILLIOT et CHADOUX (*Au Premier Consul*), succ de Adrien **HUSTINX**, Ébénisterie d'art, 56. rue de Miromesnil, et 113, boul. Haussmann.

GINS (A), 8 rue de la Boëtie.

GLEIZES (E.) **FILS**, 240, rue de Rivoli.

GODENAIRE, 39, rue des Saints-Pères.

GOLDSCHMIDT, 43, rue Laffitte.

GOLDSCHMIDT. Étoffes anciennes, meubles anciens, 16, rue de Miromesnil.

GOMPERTZ (Armand-Samson), 51, rue de Miromesnil Tél 549 69

GONTIER, 3 rue de l'Université.

GOUSPY (A.). 3, rue du Vingt-Neuf-Juillet.

GOUSPY (J) 33 bis, rue des Saints-Pères.

GRUOT (Henri), 183 boul Voltaire.

GUÉRAULT (F), 29 bis rue d'Astorg. Tél 305 29.

GUÉROU, 38, rue de Varenne.

GUIGON 22 rue de Vaugirard

GUILLAMAUD (Maurice) 6, rue Bayen.

GUYAUX (O), 29, boul. de Courcelles.

HABERT (C), 25, rue d'Assas.

HAMBURGER JEUNE, 20, rue des Pyramides.

HAMBURGER FRÈRES, 362, rue Saint-Honoré.

HAZART, 16, rue Saint-Gilles. Tél. 1005 56.

HELFT, 16, rue de Provence.

HELFT, 366, rue Saint-Honoré Tél. 290 13.

HELFT (Léon). 34, rue La Fayette. Tél. 107.49

HÉLIOT FILS, 34, rue de Berlin.

HENRY FRÈRES succ. de **BOIN TABURET**, 3, rue Pasquier Tél. 151 89.

HERBET, 5 bis, boul Bonne-Nouvelle.

HERZOG (A), 41 rue de Châteaudun. Tél. 108.83

HEYMANN (L) (*Au vieux Rouet*), 87, rue de Rennes

HIRSCH, 22, rue de Grenelle.

HODGKINS (E.-M), 18 rue de la Ville-l'Évêque.

HOHKA, 122, rue de Vaugirard.

HOURY (Jules) **PÈRE** et **FILS**, 54, rue de Paradis

HUMBERT, 80, av. de la Muette.

HUSTINX (Adrien) (*Au Premier Consul*), **GILLIOT** et **CHADOUX**, succ , 56, rue de Miromesnil, et 113, boul Haussmann.

IZZI 97 et 102 rue de Rennes.

JACOB, 412, rue Saint-Honoré.

JEAN 91, rue de Vaugirard

JONAS (Édouard), 6, boul des Capucines. Tél. 313 15.

JOSEPH, 6, rue du Château-d'Eau.

KAHN SABOURAIN (Mme Vve), 47, faub. Saint Honoré.

KALEBDJIAN FRÈRES, 32, rue Le Peletier.

KALESKY (Mme) 8, rue Castiglione.

KELLER, 12, rue de l'Université.

KELLER (Gustave) **KELLER FILS et GENDRE**, succ. de **KELLER FRÈRES**, 22, rue Joubert. Tél 224 84.

KELLER (L), 35, av de l'Opéra. Tél 281.14

KOUCHAKJI FRÈRES. Objets de collection, 84, rue de Richelieu.

KRAEMER (Eugène), 13, rue Taitbout.

KRAEMER (N -I). Meubles anciens, terres cuites, marbres du XVIII siècle, 96, boul. Haussmann. Tél. 264.38.

LANDRY (Mme Vve), 3, rue Vignon.

LANGEVIN, 9, rue Villebois-Mareuil.

LANGWEIL (Mme F.), 26, pl. Saint-Georges.

LAURADOUX, 204, boul. Saint-Germain.

LAURENT-PERDREAU (Maison), 2, rue Meyerber.

LEBLANC 6, rue Victor-Massé.

LECOMPTE, 33, rue Washington.

LECOULES (Justin), 43-62, rue Taitbout. Tél. 140 57 (*Voir annonce en tête de la rubrique*)

LEDENTU (Vve), 11, rue La Fayette. Tél. 229.04.

LEDUC 3, rue Victor-Massé.

LEFEBVRE (Henri) (*Au Temps passé*), Meubles anciens, bijoux, bronzes, faïences, porcelaines, éventails, 55, rue de Châteaudun.

LEGROS (Maurice), 128, boul Pereire.

LEMAN (Henri), 37, rue Laffitte. Tel. 216.52.

LEMESLE (A), 37, rue des Saints-Pères.

LEMOINE, 79, rue de Dunkerque.

LEQUET, 83, rue de l'Université.

LEROY (Henri), 4, rue du Marché-Saint-Honoré Tél. 265.84.

LÉVY (Armand), 18, rue Laffitte.

LÉVY (Gilbert), 38, rue de Penthièvre.

LÉVY (Alix), 10, rue des Filles-du-Calvaire.

LÉVY (Mme), 34, rue de Provence.

LÉVY (Marcel), 157, faub. Saint-Honoré.

LÉVY (Sylvain), 60, rue de Provence.

LÉVY (Vve Édouard), 39, rue de Châteaudun.

LHEMANN (J), 14, av. de l'Opéra. Tél. 290.55.

LION (S) 44 et 46, rue Laffitte Tél. 135.26.

LIPMANN (Mme A) et **BOISSADY** (Mme J), 2, rue d'Aguesseau angle du faub. Saint-Honoré.

LOCH (Mme E) Achat de tapisseries anciennes à grands personnages, 1. rue des Saints-Pères.

LOGÉ (Mlle), 61, rue de Provence.

LOPPART, 26, rue de Châteaudun.

LOYER, 147, faub Saint-Germain.

MAISON D'ARTS DÉCORATIFS, 41, rue de Paradis.

MANNHEIM (Charles), 7, rue Saint-Georges.

MARDEAU, 100, rue de Rennes.

MARCHAND (J), 90, faub. Saint-Honoré (pl. Beauvau).

MARCHE (Henry), 24, faub. Poissonnière.

MARCOUX (Mme). Dentelles, fourrures, 7, rue Germain-Pilon

MAKINO (A), 49, rue de Châteaudun.

MARTAL, 1, rue Lobineau.

MARTIN-SCHRAMECK (P.), O A. O. Tableaux anciens, 102 boul. Haussmann.

MAULER (J), 2, rue Rotrou.

MAXIME, 59 faub Saint-Honoré.

MEYER (Mme), 10, rue Saint-Sulpice.

MEYER (Mlle E), 10, rue du Vieux-Colombier.

MIAH 45, rue de Douai.

MICHEL FILS, 12, rue de la Victoire, et 38, rue Le Peletier

MILLET, 48, rue N -D -des-Victoires. Tél.113.19.

MOE (Vve), 23, rue de Grenelle.

MON ANGE (Jean), 17, rue La Fayette.

MONGRION, 60, rue Lemercier.

MOTTHEAU (E.), 50, rue des Tournelles.

MOUCHON O. A ☿, 38, rue de Châteaudun.

MOYSE (E) O A ☿ 18 et 21, rue Henri-Monnier, et 28, rue de Navarin.

NÉMERY, 51 bis, rue Condorcet.

NERYANN. 206, boul. Pereire.

NICKLÈS, 17, quai Voltaire.

NOBLET (G.), 23, rue des Martyrs.

OLIVIER (L.), 36, rue La Fayette.

OPPENHEIM (Mme Ancel), 19, rue Le Peletier.

ORANGE (Mme), 8, rue de Tocqueville.

OUDENOT, 28, rue de Châteaudun.

PAGENEL, 3, rue des Saussaies.

PAYRE (Ch.), 63, rue de Provence.

PAZE (A de), 5, rue Mozart.

PECKELS 31, rue de Tournon.

PENNATA (S), 23, rue des Mathurins.

PÉRIGAUD, 4, rue de Seine.

PERRETTE, 7, rue Louis-le-Grand.

PETIT (Maison Marie), 16 rue La Fayette.

PETIT TRIANON (Au), 17, av. Victor-Hugo. Tél. 653 89

PHILIBÉE (Vve) C PHILIBÉE et Cie, tapisseries et étoffes anciennes. Tapissier décorateur. Reproduit ses étoffes et ses meubles anciens. Lustres anciens et reproduction, 16-18, rue Victor-Massé Même maison, 265, rue Saint-Honoré

PICHON, 12. rue de Clichy.

PIEDELEU (Alex), 43 ter, rue des Saints-Pères.

PIESSENS (F), 30, rue Saint-Georges.

PIGOUCHET, 83, rue de Rennes.

PIGOZZI 25, rue Saulnier.

PIKING CITY Objets d'art, Chine, Japon ancien, 14, rue Drouot.

PINÉDO (Maison E), O ❀, 137, rue Vieille-du-Temple Tél. 1019.70.

POHL (N) 4 rue d'Hauteville. Tél. 133 74

PORRE, 24, rue Lafitte.

POTTIER, 23, rue Guénégaud.

POULTIER, 55, rue Condorcet.

POYART-LÉVY (J.). 14 rue Vignon.

PREVEL 80 rue de Rennes.

RAFFIN 13, rue de Londres.

RATZERSDORF (S.), 19, rue de la Baume.

RAULIN FILS AÎNÉ, 1, rue de Gribeauval Tél. 700 20.

REB 15 quai de Montebello

REINHOLD (Ch.), 17, rue Bleue.

RENNEVILLE (F.), 7, rue Lafitte.

REUTERMANN (F.), 32, boul. du Temple.

REYNARD, 67, av. Ledru-Rollin.

ROELANTS, 2, rue Fléchier.

ROMEUF (G), 57, rue de Châteaudun.

ROSENAU (Simon) FILS, 16, rue Grange-Batelière. Tél. 153 73.

ROSENWALD (E), O I ☿ ❀ 64, rue des Archives. Tél. 1013 25. Succursale 5 rue Royale . Tél. 220 04. (Voir Antiquaires)

ROSSIGNOL, 24, pass. du Pont-Neuf.

RUEFF (A.), 130, rue de Turenne.

SABOURET, 13, quai Saint-Michel.

SALOMON 37, rue de Châteaudun.

SALOMON (G.) et FILS, 11, rue Saint-Lazare,

SALVADOR 17, rue de Belzunce.

SAMARY (G), 15 et 17, rue La Fayette.

SAMETT, 24, rue Victor-Massé.

SAMSON (Mme) 84, rue de Rennes

SARCIRON (P.), 16, rue de l'Arcade

SCHEUERMAN, 80, rue de Provence. Tél.265.61.

SCHILLE (J.), 47 bis, rue des Saints-Pères.

SCHUTZ (F.), 25, quai Voltaire Tél 729 68.

SELIGMANN, 23, pl. Vendôme. Tél. 229.63

SERVIÈRE (Jules), 13, faub. Montmartre.

SIMON FILS 16, rue de l'Université.

SIMON (Mme), 4 et 6, rue Saint-Sulpice.

SINQUÉSE (S), 8 rue de Maubeuge.

SOLIMAN, 13, rue Victor-Massé

SOMMET, 39 bis, rue des Saints-Pères.

SOMMET, 11, quai Voltaire.

SOULAS, 29, rue de Seine.

SOULÉS 61, rue de Grenelle

SOURDOIS, 54, rue Richer.

SOURY (Louis), 2 et 10, pl de la Madeleine. Tél. 154.98.

STEIN (Frank), 6, rue Saint-Lazare

STORA (M) et Cie. Antiquités, objets d'art ancien 32 bis, boul Haussmann Tél. 260 75.

SUGG, 25 rue Henri-Monnier.

SUTTER 19, rue de la Tour

TESSON (Lucien), 125, boul Haussmann. Tél. 535 77

TILLET, 31, rue Boissy-d'Anglas.

TOURTOUR, 59 ter, rue Bonaparte.

TULPINCK (Maison), 10, rue La Fayette.

VAIL (Maison), 12, rue Dupetit-Thouars.

VALLOTT, 1, rue Littré.

VANÇON 35, rue du Cardinal-Lemoine.

VANDERMEERSCH (A), 31 bis, rue des Saints-Pères

VARON 5, rue d'Edimbourg

VIEUX LYON (Au), 64, faub. Saint-Honoré. Tél 232.30

VIEUX PARIS (Au), **HOUZEAU** et Cie, 4, rue de la Paix.

VILPELLE, 48, rue d'Assas.

VITALL (Mme), 6, av d'Antin.

VRIÈS (A de), 46, rue Saint-Georges

WEILL, 39. rue de Grenelle.

WEINBERG, 34, rue de Provence.

WIART, 26, rue Le Peletier.

WILHEM, 39, rue Washington

WINTERNITZ, 45, rue de Châteaudun.

WOERNITZ (Jules), 5, rue Castiglione. Tél. 272 85.

WOLLMANN (E) Porcelaines anciennes, 84, faub. Saint-Honoré.

WOOG-MEYER, 344, rue Saint-Honoré.

WORCH et Cie, 9 et 11, rue Bleue.

DÉCORATIONS

Chambre syndicale des fabricants d'ordres français et étrangers, 163, rue Saint-Honoré.
Président : Gaston Lemaître.
Secrétaire : Béranger.

ARAGON (J.), 20, rue Bonaparte. Tél 743.42

ARTHUS-BERTRAND et **BÉRANGER**, 46, rue de Rennes. Tél. 727.15.

BILLARD-MARIE (A MARIE FILS, succ.), 25, rue Croix-des-Petits-Champs

BOULLANGER FRÈRES, 24, rue de la Paix.

CHOBILLON, 23, rue Croix-des-Petits-Champs. Tél. 210.91

DELANDE (M), 26, rue Beaubourg.

DUBUS (T.) (F JOUSSET succ). Insignes et drapeaux pour toutes sociétés, 80 rue Bonaparte.

DURAND, 6, rue de Lancry

FAYOLLE-POUTEAU, 180, gal. de Valois (Palais-Royal) Tél. 210 91.

FORCEVILLE (Mme), 46, gal. de Montpensier (Palais-Royal).

HARANGER (P.) (ancienne maison **GATTY**), 38, rue Rambuteau

KAHN (E.), 10, rue de la Chaussée-d'Antin.

LHARMONIER, 48, rue Rambuteau.

MAHÉ (Vve Daniel), 77, rue Rambuteau. Tél. 1025 18.

DÉCORATION ARTISTIQUE

ARTISAN PRATIQUE, 9 rue de Saint-Pétersbourg.

AROUY Étains, corne, pyrogravure, 78, rue du Bac.

AUSSEUR et **HIPP**, 51 bis, av. de Ségur. Tél 706 98.

BENOIT (Marcel) Aérographie, impressions sur papier, tissus, bois, etc. Menus dessins, etc., 34, rue Amelot.

BILLARD et **SISCO**. 63 Grande-Rue, à Montrouge (Seine) Tél. 132

COLLIGNON 3, rue Norvins

CUNY, 45, quai de la Tournelle. Tél 821 47.

DÉCHELETTE, 8, rue Ravignan.

FRIÈS (R) 91, rue d'Aboukir

LUGRIN (P.), 9. rue de Saint-Pétersbourg.

MORENVILLIER (L.) et **FILS** Projets et exécution de cadres genre ancien ou moderne Méd d'or à Londres et Bruxelles 8, rue Marie-Stuart

PEYRAT (B) et **FILS** Fabrique et bureaux 20. Pont-des-Demoiselles, à Toulouse. Tél 3 97 Maison de vente à Paris 5, pl. de Valois Tél 3086 67. Atelier spécial de modèles, bronzes 30, rue des Bons-Enfants.

POLICARD 86, rue de Vaugirard

ROULIN (Mme A.) Articles pour cuirs Pyrogravure, 62, rue La Fayette.

DENTELLES

(Vente et réparations de)

BENOIST (Mme) 11, rue Saint-Augustin.

BERSANI (Mme), 39 rue Laffitte.

BERTOUT et **FAIVRE** (Mmes). 39, rue Saint-Augustin

BOESEN (Mme). 398, rue Saint-Honoré

BOIRRE (A), 88, rue de Rennes

BORCHIA 4, rue de Madrid, et 51, rue de Rome.

BOUILLANT 21, rue des Saints-Pères

BOULOT (Mme L), 19, rue Cavé

CAMERINI (L) et Cie. 103, boul Haussmann

CAMERINO (G.) (de Venise), 32, av. de l'Opéra. Tél. 234 69.

CHAGET-LAMOLET, 6 rue de la Boétie

CHAMPINOT. 5 pass. de la Cour-des-Fontaines (Palais-Royal).

CHARRE (Mme), 114 rue de Courcelles

COHIN (Vve S), 5. rue Saint-Augustin

DELACOURTIE (Mme). 22 av Carnot.

DEPARDON (Mlle), 22 rue de Lisbonne.

DULIN (Mme), 1, rue Galilée

DUVAL (Mlle), 29, rue du Marché-Saint-Honoré.

ESTRADE (Mme), 56, rue de Douai

GALLERAND (Mme). 3, rue Guichard.

GAUTHEY (Mme), 39, rue de la Tour-d'Auvergne.

GIRAT, 36, rue du Rocher.

GIRAUDET (Mme), 8 rue de Hanovre

GIROUX (Mme), 14 rue de Monceau (Voir à *Réparation d'objets d'art*)

GOUGAULT (Mlle) Réparation et nettoyage de dentelles et filets anciens et de dentelles or et argent, 30, rue Cambacérès

GRANDE MAISON DE DENTELLES 16, rue Halévy Tél 132 53.

GUÉRIN (Georges), 31, rue de Varenne.

HEISSLER (Mme), 5, rue de la Banque.

JACQUET (Mme E), 17, rue Bleue.

JOUFFROY (Mme), 155, faub. Saint-Honoré.

LABLOUSE (Mme), 165, rue de Rennes.

LEDOUX (Mme R), 64, rue J -J.-Rousseau.

LEFÉBURE, 8, rue Castiglione.

LEGUAY (Mme), 29 rue Vineuse.

MARION Dentelles anciennes, 13, rue Tronchet. Tél. 203 46.

MARTIN (Mlle), 6, rue de Calais.

MATHIEU (Mme), 81, rue des Saints-Pères.

MELVILLE et **ZIFFER**, 54, faub Saint-Honoré, Tél. 244 74.

NAEF (Mme), 80, rue de la Tour.

PROUST (Mlle), 5, rue Chabanais.

QUERVELLE (Mme), 48, rue de Berri.

RABIER-NANTIER (Mme), 57, rue Sainte-Anne.

REDON (Mme), 17, rue du Roule.

ROCHER (Mlle), 36, rue du Marché-Saint-Honoré.

ROUGEOT (Mlle), 15, rue Victor-Massé.

ROUVIÈRE (Mme), galerie Vivienne, 13.

SOMMER (Mlle) 5, rue des Filles-Saint-Thomas.

VAQUIER, 7, rue de Clichy.

VIMONT (Mme), 2 rue Lavoisier.

VINCENT 92 rue du Bac.

DESSIN (Albums à)

AIMBA (La C¹ᵉ). Vente en gros. Agence internationale du matériel pour les Beaux-Arts, 61, rue Richelieu. Adr. Télégr. : Aimba. Tél. 115.92. (*Voir notre annonce au commencement du volume.*)

BERVILLE, 25, Chaussée-d'Antin. Tél. 322.48.

DELAGRAVE (Ch.), 15, rue Soufflot. Tél. 708.33.

FAGA, 9, rue Vauvilliers.

GIDDENS (Henri), 12, rue des Deux-Gares.

GREEN and **SON** (J Barcham). (*Voir annonce au commencement du volume*)

JEENER (G), **L BEAUX**, successeur, 29, rue du Château-d'Eau. Tél. 423 57.

LEFRANC et **C¹ᵉ**, 18 rue de Valois Albums et albums blocs en Whatman (garanti 1ᵉʳ choix), grain fin et torchon, et en papier Joynson pour le dessin et l'aquarelle. Albums pour croquis à feuillets perforés.

LEPAGE (A) aîné, **TOCHON-LEPAGE**, successeur, 3, rue des Deux-Boules. Tél. 158 68.

MATTHEY, 7, rue de Provence.

O. W. PAPER and **ARTS C⁰** (*Voir annonce au commencement du volume.*)

PARIS AMERICAN ART C⁰ (The), 2 magasins : 125, boul. du Montparnasse, Tél. 831.33, et 2, rue Bonaparte, Tél. 738 23, Paris. (*Voir notre annonce au commencement du volume.*)

ROWNAY (Georges) et **C¹ᵉ**, 27, rue des Bons-Enfants.

ROUX-MARCHET et **C⁰**, 13, rue du Cherche-Midi.

THUMIN (J). albums pour timbre-poste, 3, boul Bonne-Nouvelle.

DESSIN

(Fournitures pour le)

AIMBA (La C¹ᵉ) Vente en gros. Agence internationale du matériel pour les Beaux-Arts, 61, rue de Richelieu. Adr. télégr : Aimba. Tél. 115 92 (*Voir notre annonce au commencement du volume*).

BELLAMY (E), 115, rue Réaumur. Tél. 118.38.

BERVILLE, 25, Chaussée d'Antin. Tél. 322.48.

GREEN and **SON** (J. **BARCHAM**). (*Voir annonce au commencement du volume*)

GOUILLET (G.), 24, boul. Saint-Michel. Tél. 810 18.

JOURDE, 15, rue des Beaux-Arts.

LÉCLUSE (Ph), 58. rue de Clichy. Ateliers, 13, rue Eugène-Carrière

LEFRANC et **C¹ᵉ**. Crayons et papier pour le dessin. Seuls dépositaires du papier L A.D. Fixatif pour le crayon et le fusain Stirators. Boîtes garnies. Taille-fusain. Porte-fusain. Toile préparée pour fusain Sauce velours Lefranc Estompes, tortillons, punaises, planchette extensible pour aquarellistes et dessinateurs (Breveté S. G. D. G), 18, rue de Valois.

MARY, 26, rue Chaptal.

MORIN (H), 11, rue Dulong.

OLIVEREAU (H), E **TRUBERT**, succ., 29, rue des Gravilliers

O W PAPER and **ARTS C⁰** Ltd. (*Voir annonce au commencement du volume.*)

PAPETERIE DE LA CONSTRUCTION MODERNE, 13, rue Bonaparte. Tél. 817 63.

PARIS AMERICAN ART C⁰ (The), 2 magasins : 125, boul. du Montparnasse. Tél. 831 33; 2, rue Bonaparte. Tél. 738 23, Paris (*Voir notre annonce au commencement du volume*)

ROCHÉ-MACLE(S -M.) Fusains de choix, spécialité de crayons-pierre, 4, rue Grenier-Saint-Lazare.

SÉNÉE et **C¹ᵉ**, route d'Orléans, à Arcueil (Seine. Tél 41

DESSIN (Papiers à)

(Whatman, Cartons et Bristols)

AIMBA (La C¹ᵉ) Vente en gros Agence internationale de matériel pour les Beaux-Arts, 61, rue de Richelieu Adresse télégr : Aimba. Tél. 115 92 (*Voir notre annonce au commencement du volume*)

GREEN et **SON** (J.). **BARCHAM** (*Voir annonce au commencement du volume*)

LEFRANC et **C⁰**, 18, rue de Valois.

O. W. PAPER and ARTS C° Ldt. (*Voir annonce au commencement du volume*)

PARIS AMERICAN ART C° (The), 2 magasins : 125, boul. du Montparnasse. Tél. 831 33; 2, rue Bonaparte. Tél. 738 23, Paris (*Voir notre annonce au commencement du volume*)

ROCHÉ. Papiers et toiles pour le pastel, 4, rue Grenier-Saint-Lazare.

ROWNEY (Georges) et C°, 27, rue des Bons-Enfants.

ÉCOLES ET PROFESSEURS DE DESSIN ET DE SCULPTURE

ACADÉMIE COLAROSSI, 10, rue de la Grande-Chaumière.

ACADÉMIE DELÉCLUSE, 84, rue Notre-Dame-des-Champs.

ACADÉMIE DE LA GRANDE-CHAUMIÈRE, 14, rue de la Grande-Chaumière.

ACADÉMIE INGRES, 33, rue du Champ-de-Mars.

ACADÉMIE LOUIS DAVID, 15, rue Louis-David.

ACADÉMIE MONTPARNASSE, 49, boul. Montparnasse.

ACADÉMIE DE PASSY (Géo Weiss, direct.), 12, rue Louis-David.

ACADÉMIE DE PEINTURE (G. Mercadier, direct.), 31 *bis*, cité Stinger.

ACADÉMIE DE PEINTURE (Humbert), 104, boul. de Clichy

ACADÉMIE STUDIO, 79, boul. du Montparnasse.

ALIZARD (Joseph), 9, rue Falguière.

ALIZARD (Mme Paul), 9, rue Falguière (villa Gabriel).

ARNAUD (Mme), 5, boul. Henri-IV.

ARNOULT (Mlle C.), 58, rue Saint-André-des-Arts.

BARBIER (Mme), 120, boul. Voltaire.

BAUER (Georges), 18, rue Fagon.

BILLOTTET (Mlle M.-L.), 78, rue Claude-Bernard.

BOUVART (Frédéric), 32, rue de Turenne.

BRUDO, 8, rue d'Angoulême.

BRUNEAU, 22 *ter*, av. des Sycomores.

BRUNET, 33, rue Copernic.

BRUNOT (Mlle Jeanne), 9, rue Quatrefages.

BUONACCORSI (Mlle), 43 et 45, av. Bosquet.

CAMBERNON (Mlle de), 50, av. Malakoff.

CANÉLA, 19, rue d'Odessa.

CHALENTON (Mlle), 69, rue Chardon-Lagache.

CHARLES (Mme), 13, rue Lepic.

CHATROUSSE (Mme L.), née Léchelle, 21, rue de l'Odéon.

CHAUVIN (Mme L.), 127, boul. Saint-Germain.

CHÉRON (Mme Fanny), 39, rue de Châteaudun.

CHEVALET (Mme Albert), 11, rue de Chanaleilles

COOL (Mme d'Arnould de), 50, av. Duquesne.

CORNE (Octave), 15, rue Jean-Leclaire.

COURS DE DESSIN D'ART ET DE DESSIN INDUSTRIEL, 15, rue Sorbier.

COURS SAINT-LUC, 16, rue Duphot.

DAMBRUN (Mlle), 49, rue des Batignolles.

DESENNE (Vve H), 39, rue de Turenne.

DETURCK, 10, rue de Hanovre.

DEVIENNE (G.) et FILS, 13, rue Ganneron.

DIALBERTY (Mme A), 73, rue Legendre.

DIETERLEN (Mme), 29, rue de Lisbonne.

<table>
<tr><td>

ÉCOLE D'ART

13, cité du Retiro ; 35, rue Boissy-d'Anglas.

Cours pour Dames et Jeunes Filles : *Dessin, Peinture, Pastel, Aquarelle* Modèle vivant. Professeur . M. ERNEST-LAURENT, ✳, Directrice Mlle LAURENT-DESRIEUX, O I. Q.

ÉCOLE D'ART

13, cité du Retiro ; 35, rue Boissy-d'Anglas.

Cours de *Dessin de Mode*, l'Art dans le Costume, par M. FÉLIX FOURNERY, O I. Q.

ÉCOLE D'ART

13, cité du Retiro ; 35, rue Boissy-d'Anglas.

Cours d'*Art Décoratif* et *Histoire de l'Art*, par M HENRI BARBERIS, O I. Q

</td></tr>
</table>

ÉCOLE DE DESSIN ET DE PEINTURE POUR JEUNES FILLES, 83, boul. du Montparnasse.

EVREURAT (Mlle), 233 *bis*, rue Saint-Honoré.

FANCHON, 49, boul. Rochechouart.

FÉLIX (Mlle), 23, quai de la Tournelle.

FLEURY (V.), 7, av. Victor-Hugo.

FLORIN (Mlle), 4, rue Charles-Nodier.

FOURQUIER (Mlle), 35, rue d'Alsace.

FROMENTI (Marcel), 1, pl. Monge.

GALBRON (Mlle), 7, rue de l'Amiral-Courbet.

GARNIER (Mlle), 95, boul. Beaumarchais.

GAUDRION (Mlle), 85, rue de Dunkerque.

GAUTIER (Mlle), 14, rue de l'Ancienne-Comédie.

GIRARDOT (Mme), 40, rue Gassendi.

GRENIER (Mme), 134, av. d'Orléans.

GRUCHY (Mme de), 87, rue du Bac.

GUÉBIN, 4, rue des Forges.

GUILMANT, 33, av. du Maine.

HUREL (Mlle), 56, rue du Rocher.

JEANNAIRE (Mme) et LECLÈRE, 235, faub. Saint-Honoré.

JEANSON (Mlle L), 11, rue de la Tour.

JOLLY (Mlle), 2, pl. Armand-Carrel.

JULIAN (Académie), 5, rue de Berri ; 55, rue du Cherche-Midi ; 31, rue du Dragon ; 28, rue Fontaine-Saint-Georges ; 5, rue Fromentin, et pass. des Panoramas, galerie Montmartre, 27

JULLIEN (Mlle Cécile), 61, av. Daumesnil.

KASTNER (Mme), 2, rue de Turbigo.

KELLER, 8, rue Pierre-Guérin.

LABBÉ (Mme), 39, rue de Rivoli.

LACAILLE, 131, rue de Rennes.
LACLAU (Mme), 13, rue de Sèvres.
LARIBLE (Mlle), 109, av Victor-Hugo.
LEFÈVRE, 5, rue Adolphe-Focillon.
LESAGE (Mme), 10, rue Antoine-Roucher.
LUGRIN (P), 9, rue de Saint-Pétersbourg.
MAILLEY (Mme B), 27, boul de Port-Royal. Méd. arg , méd. br , méd verm.
MAUPIN-CHAHUNEAU (Mme), 84, av. de Breteuil.
MERLIN (Daniel), 62, rue Legendre.
MODENOT, 83, rue de Clignancourt.
MOURIER (Mme Matyld), 16, rue Juliette-Lambert.
MYSKOWSKA-DUBREUIL (Mme), 27, rue de Bellechasse.
OPPELN (Mme d'), 34, rue de l'Entrepôt.
PALETTE (La), 18, rue du Val-de-Grâce.
PECQUERY (Mlle Madeleine), 18, rue La Condamine.
PELLETIER-DUPONT (Mme), 6, rue du Foin.
PERRÉE (Mme), 11 *bis*, rue Portalis.
PETITOT (Mlle), 58, rue de Rome.
PIOLAT (Mlle), 53, av de Versailles.
PONSOT-SMITH, 8, rue Marbeau.
PRÉVOST, 71, rue Caumartin
PROAL (Mlle O.), 31, rue du Petit-Musc.
ROMAN-JÉROME (Mme), 9, rue de Monceau.
ROUSSEAU, 102, rue de Longchamps.
ROUSSEAU (Gabriel), 11, boul. Lannes.
SELLIÉ (Mlle Julie), 189, faub Saint-Honoré.
SIMONIN, 20, rue Ferdinand-Duval.
SIVARD (Mme), 12, rue Jean-Bologne.
SMITH (Mlle), 77, av. de la Grande-Armée.
TAILLEFÉRIÉ (Mlle), 56, av Malakoff.
TERRAL (V), 16, rue Bachaumont.
TERTEAUX (Mlle), 3, rue Séguier.
THUILLIER, 8, quai Debilly.
TOUDOUZE (Mme), 21, boul. des Batignolles.
TREYVAUD (Mme), 99, av. de Clichy.
TRUFFAUT (Mlle), 18, rue Oberkampf.
UNIVERSITÉ DES ARTS, 39, rue de la Boëtie.
VALET (Paul), 2, pl Voltaire.
VERDIER (M et Mme), 58, rue Tiquetonne.
VERECQUE (Mme), 76, rue de Rennes.
VIGNAL (Pierre), 17, quai Voltaire.

ÉMAUX D'ART

DELRIVE (L), 4 rue du Buisson-Saint-Louis.
FACCHINA et Cⁱᵉ, 47, rue Cardinet.
FALIZE (ancienne maison **BAPST**, 1725). Bijoux d'émaux et objets d'art précieux, champlevés, cloisonnés translucides, 17, Faub.-Saint-Honoré. Tél. 226 33.
GAMET-HUREAU (ancienne maison **CAMUS**), 14, rue Rambuteau.

GILLEN (A), 98, boul. Beaumarchais
MEMBRE (E), 38, rue de Turbigo. Tél. 1005.70.
POUCET (A), (H **PATINÉ**, succ.), 62, faub. Poissonnière
SAMSON, 7, rue Béranger. Tél. 1033 36. Succursale : av. de l'Opéra. Tél. 100.16.

ENCADREMENTS, DORURE

Chambre syndicale, 163, rue Saint-Honoré.
Président : Félix Dupré.
Vice-président : E Adolphi.
Secrétaire : A Morin.
Trésorier : Laloé.

ADAM-DUPRÉ, 19 *bis*, rue Fontaine-Saint-Georges.
ADOLPHI (E), 8, rue Saint-Ferdinand. Tél. 524 75.
AGOSTINI, 32, rue de la Victoire.
AMAURY (G), 62, rue de la Boëtie.
ANNE (Ch.), 48, av. Bosquet.
AUFRÈRE, 33, rue Gay-Lussac.
AUGUSTONI, 7, av Duquesne.
BACKERS, 95, boul. Voltaire
BADINIER, 8, rue du Pré-aux-Clercs.
BADOIS (Ed), (A. **MORIN**, succ), 44 et 46, rue de Miromesnil
BARAINS, 63, rue Taitbout
BARELO, 25, rue Schomer.
BARTH (P.), 152, rue de Grenelle.
BAZIN (G.) Dorure, restauration de cadres et meubles anciens, 80, rue de Turenne
BEAUMONT (V.) Encadrements de style et bois sculpté, copie d'ancien, 62, rue des Mathurins Tél. 114 45
BEAUSSIRE (L), 37, quai des Grands-Augustins.
BENNEROTTE (**SAMSON** succ.), 27, 29, rue Saint-Dominique. Tél. 700.05.
BERNARD, 35, boul. de Strasbourg.
BERNARD (Gaston), 174, rue de Rivoli.
BERNASCANI (Vincent), 43, boul Beaumarchais.
BERVILLE, 25, rue de la Chaussée-d'Antin. Tél. 322.48.
BIEWEN, 24, rue de la Réunion.
BILLARD FILS, 58, rue Ordener. Tél. 427.07.
BINNECHÈRE (E), 54, rue de Seine.
BLOEMIST, 22, rue Guersant.
BOCH, 44, rue Brunel
BONNET, 24, pass. Verdeau.
BORIE, 12, rue Poulet.
BOUASSE-LEBEL (Maison), **LECÈNE** et Cⁱᵉ, 29, rue Saint-Sulpice.
BOUCHARD, 14, rue Monsieur-le-Prince.
BOUCHARD (G.), 19, pl. Saint-Pierre.
BOUCHARD (N), 75, rue Saint-Jacques.
BOUFFLET, 14, rue de Montmorency.
BOUGE (Vve), 9, rue Poissonnière.

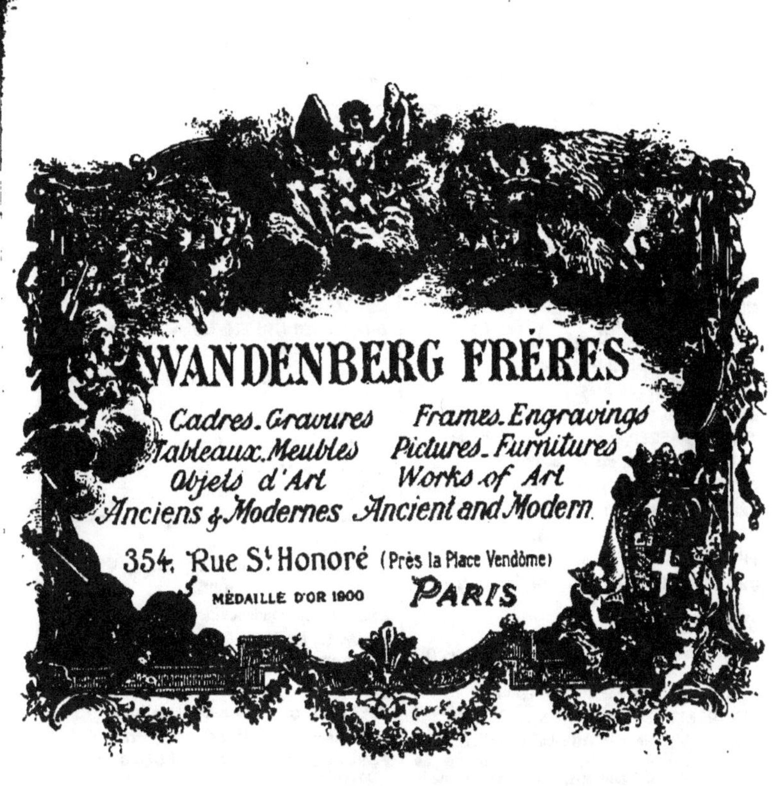
WANDENBERG FRÈRES
Cadres. Gravures
Tableaux. Meubles
Objets d'Art
Anciens & Modernes
Frames. Engravings
Pictures. Furnitures
Works of Art
Ancient and Modern
354, Rue St Honoré (Près la Place Vendôme)
MÉDAILLE D'OR 1900
PARIS

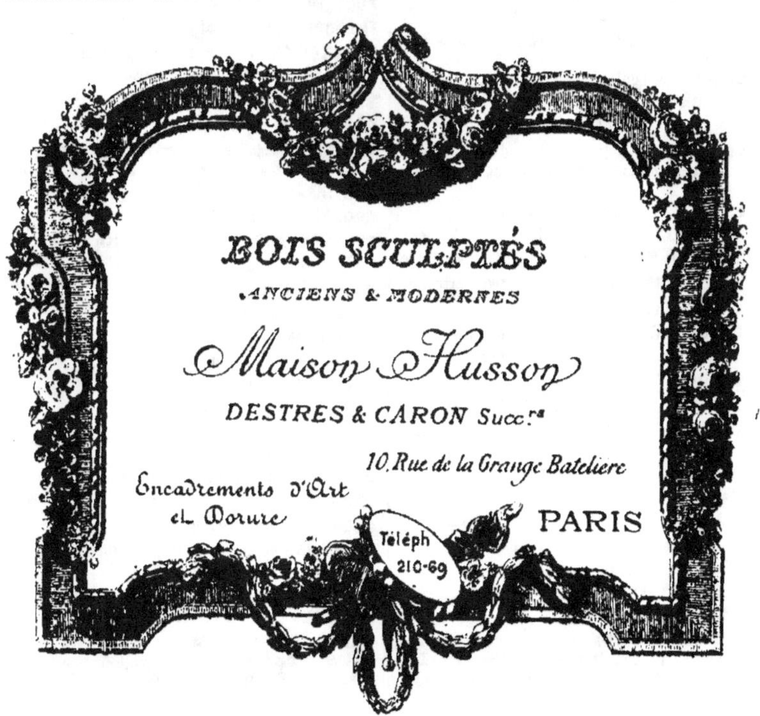
BOIS SCULPTÉS
ANCIENS & MODERNES
Maison Husson
DESTRES & CARON Succrs
10, Rue de la Grange Batelière
Encadrements d'Art
et Dorure
Téléph
210-69
PARIS

BOULMÉ, 106, rue de Montreuil.

BOURCIER (Vve A.), 58, boul. de la Tour-Maubourg.

BRAULT, 47 *bis*, av. de Clichy.

BRAY-FORTUNÉ, 156, rue de Ménilmontant.

BREDONTIOT (L.), 14, rue Henner.

BREY, 34, rue Jouffroy.

BRIGAULT (Camille), (anc. Maison **SCHNEIDER FILS**), 19, av. Victor-Hugo

BRUÈRE, 61, rue de Vaugirard.

BRUNO, 47, rue Saint-Georges.

CAGNARD, 17, rue Bréa.

CALMON, 26, rue de Cotte.

CARLES (**JAEGER**, succ), 4, boul. Voltaire.

CARLOT (L), 125, rue d'Aboukir.

CATTIN (L.), 11 et 13, rue des Filles-du-Calvaire

CÉLIS, 7, av d'Orléans.

CÉZARD-DUTOCQ, 27, rue Laffitte.

CHABERT, 17, rue Washington.

CHARPENTIER (Maison), 104, boul Haussmann. Tél. 267 75.

CHARVAZ, 44, rue de Lévis.

CHAUVIN (J.) (V. **JUSTAMOND**, succ), 33, rue du Dragon. Tél. 732 92.

CHÈVRE (A.), 89, rue du Mont-Cenis.

CLESSIENNE (E), 60, Faub.-Saint-Honoré.

COLLE (D.) succ. de **DUVAL**. Trumeaux, consoles, cadres anciens, peintures, dessus de porte, 32, rue Louis-le-Grand et 23, rue de la Michodière.

COLLIN, 20, rue Hérold.

COLLINET (L.), O. A. ☾, 177, rue de la Roquette.

COLSON, 13, boul. Magenta.

COMMIN (M), 43, boul. Voltaire.

CORNEFER (Ch), 94, av. de Clichy.

CORNET (H) Bois sculpté, cadres de styles anciens et modernes, 37, rue de Constantinople.

COSSOUL, 7, rue du Cherche-Midi

COURCOLLE, 62, rue de Seine.

COURET et **KAISER**, 39, boul. de Clichy.

DAIRE (**GUICHERD**, succ.), 16, rue Portefoin.

DALIGAUT (G.), 101, rue du Bac.

DANGLETERRE-COUHAULT, 5, rue Jacob.

DARRÉ, 38 et 40, pass. du Grand-Cerf.

DAUDON (Paul), 25, boul. Rochechouart.

DAVID (E.), 191, rue du Temple. Tél. 1034 09.

DEBOUT (A.). Dorure, 55, rue N.-D.-des-Champs.

DECAUDIN, 1, rue du Ruisseau.

DEGON, 43, gal. Vivienne.

DELAHOGNE, 143, boul. Saint-Germain.

DELAPLACE, 105, faub. du Temple.

DELAURIER, 69, rue Compans.

DELORY, 3, rue des Amandiers.

DEMOLIN, 15, rue Véron.

DESTRES et **CARON** Spécialité de dorure ancienne, 10, rue de la Grange-Batelière. Tél. 210.69. (*Voir annonce en tête de la rubrique.*)

DONZÉ, 63, rue de Sèvres.

DORMOY, 38, rue Bleue.

DOSBOURG, 97, rue de Courcelles.

DOSBOURG (E.), 220, faub. Saint-Honoré.

DUBOIS, 240, rue de Vaugirard.

DUBRAY, 188, rue Michel-Bizot.

DUBREUCQ, 24, rue de Clichy.

DUGNIAT, 64, rue de Dunkerque.

DUMOUTIER (J.). Bois sculpté, dorure, 66, rue de Ponthieu.

DUPRÉ (F.), 141, Faub.-Saint-Honoré. Tél. 526.34.

DUPRÉ (M.), 56, rue de la Roquette.

ENDÉ (H.), 103, boul. Diderot.

ETESSE, 19, av. Gambetta.

FAYDIT, 34, rue Lhomond.

FÉLIX, 9, pass. de l'Élysée-des-Beaux-Arts.

FELLEMANS, 12, pass. Dubail.

FERNANDEZ, 11, rue d'Auteuil.

FERRARI, 72, av de Villiers

FEZ, 69, rue Doudeauville.

FIELD, 15, rue N.-D.-des-Champs.

FILACHET (G). Dorure, gravure, 28, rue Jacob.

FLAVION, 20, rue Caulaincourt.

FLÉTY, 17, rue de la Représentation.

FONTANA, 3 rue de la Croix-Nivert.

FORET (H), anc Maison **JACQUEMOUD**, 8, rue Mayran.

FOUS, 20, rue Servandoni.

FRANÇOIS, 3, rue Clotaire.

FRANKOVICH, 38, rue du Montparnasse.

GABIAT, 20, rue des Belles-Feuilles.

GALÈS, 108, boul. de Courcelles.

GANSSEN, 26, rue du Bac

GAUTIER. Spécialité pour gravures anciennes, 71, rue des Saints-Pères.

GAUTIER, 19, rue de Sèvres.

GEORGE, 181, rue Tolbiac.

GERFAUX, **ANTONY** et **FILS**, 74, rue des Archives.

GERMAIN, 4, rue Villebois-Mareuil.

GILLET, 258, rue de Belleville.

GIRARD, 16 *bis*, rue Mayet.

GISLOUX, 97, faub. du Temple.

GOURDOT, 58, rue Demours.

GRANDJEAN (E), 12, rue Lahire.

GRÉARD, 10 et 12, gal. Véro-Dodat. Succursale, pass. Choiseul, 68.

GROSSEUVRES, 15, rue Montaigne.

GRUIMAUX, 2, rue de Turenne.

GUÉRIN, 7, rue Ganneron.

GUÉRY (A.). Cadres anciens, restauration de dorures, 14, rue Chauveau-Lagarde.

GUILLEMINE (E.), 41, rue des Vinaigriers.

GUIMBELOT, 227, rue Marcadet.

HARDY-ALAN (G. **VASSEUR**, succ.). Cadres anciens, encadrements artistiques, bois sculpté, 92, boul. Raspail. Tél. 702 51.

HAUGUET (Mme), 4, pass. Gourdon.

HAUTECOEUR (Vve Ed.), 35, av. de l'Opéra. Tél. 249.61.

HAUTECOEUR (Jules), (Ancienne maison MARTINET), 172, rue de Rivoli.

HAVARD, 123, boul. du Montparnasse.

HENRY, 11, rue Jean-Macé.

HÉRIOT (Ch.), 15, rue du Delta.

HOULET, boul. Saint-Martin, et 36, rue Meslay.

HUMBLOT (Ét), 51, rue Bonaparte.

HUSSON (DESTRES et CARON, succ.). Spécialité de dorure ancienne, 10, rue de la Grange-Batelière. Tél. 210.69. (Voir annonce en tête de la rubrique.)

JACOB (Ernest), 90, rue de Vaugirard.

JACOB (Ét.), 3, rue d'Athènes.

JACOB (Th.). Dorure, 154, boul. Raspail.

JACQUEMIN (G.), 1, rue du Parc-Royal.

JACQUET (L) et J. BOUCHOUX, 76, rue Blanche.

JACQUILLAT, 25, rue Secrétan.

JAEGER (A.), succ. de CARLES, 4, boul. Voltaire.

JAHAN, 48, rue La Condamine.

JANVIER, 48, rue Jacob.

JAURNAUX, 65, rue Caulaincourt.

JOLIVET, 47, rue Richard-Lenoir.

JOUBERT, 86, rue de Charonne.

JOUSSEAUME (A.), 93, av. Kléber.

JOYS, 6, rue Crétet.

JUSTAMOND (V.), 33, rue du Dragon.

KAEPPELIN FILS (Ancienne maison BUQUET et P. KAEPPELIN), 15, rue de Buci. Tél. 820.60.

KEEN (Anc. maison PAINTENDRE), 30-32, av. de Wagram Tél. 587.93

LABAT, 242, rue de Vaugirard.

LABAUME, 16, rue du Lunain.

LACOSTE, 15, rue du Mont-Dore.

LAFILLE (G.), 11 et 13, rue de Tournon.

LAFONT, 9, rue des Épinettes.

LAJOUX, 102, rue Lamarck.

LANOY et FALAISE, 32, rue Fontaine.

LAPOUGE et VANDERIELLE, 3, rue Vercingétorix.

LAQUIS (F. de), 25, boul. du Temple.

LEBÈGUE et REIGAGNE, 33, rue Chapon.

LEBOUCQ (J), 112, av de Villiers.

LECHESNE, 37, rue Victor-Massé.

LÉCLUSE (Ph.), 58, rue de Clichy. Ateliers, 13, rue Eugène-Carrière

LECOMTE, 2, rue des Francs-Bourgeois.

LECOQ (A), 54, rue de Clichy.

LEFEBVRE (A.), 3, rue Jean-François-Lépine.

LEGASTELOIS (Charles-MAGNE, succ.), 95, boul Sébastopol.

LEGROS (E), 13, rue de Castellane.

LEMEUNIER, 3, rue Rollin.

LEMEUNIER (L), 90, rue Saint-Lazare.

LEMOINE (E.) FILS, 76, rue Taitbout.

LEPAGE, 142, av. Daumesnil.

LÉPINE, 41, av. Victor-Hugo.

LEPRISÉ, 6, rue Clauzel.

LEROY (L.), 9, rue de Châteaudun.

LETERRIER, 154, rue Legendre.

LE TOUZÉ, 46, rue du Colisée.

LEZIN 18 rue Guénégaud.

LOBEHITZ, 83, Faub.-Saint-Denis.

LOGÉ (Hippolyte). Vve H. LOGÉ, succ., 34 à 40, rue Émile-Lepeu. Tél. 904.80.

LOMMERTZ 119, rue de la Pompe. Tél. 697.22.

LOYNET, 98, av. des Ternes. Tél. 549 72.

LUCHTMEYER, 3, rue Charles-Nodier.

LUTTRINGER (Ch.), 48, faub. Saint-Denis.

MAGNE (Charles), succ. de LEGASTELOIS, 95, boul. Sébastopol.

MAGNIEN (Ferd) Cadres sculptés anciens et modernes, 51, rue de la Victoire. Tél 318.91.

MAHÉAS, 187, rue Michel-Bizot.

MAHO, 10, rue des Écoles.

MAILLEY, 27, boul du Port-Royal.

MAILLOT, 13, rue Hermel.

MAILLOT, 13, rue Pernelle.

MANOURY, 54, rue de Moscou.

MANZOTTI, 113, rue N -D.-des-Champs.

MAREIX 156 bis, rue de Flandre.

MARGERIDON, 41, rue du Fer-à-Moulin.

MAROT, 16, rue Gassendi.

MARTIN, 8, rue Bonaparte.

MASSON, 15, rue d'Armaillé.

MATHIEU (A), 24, faub. du Temple.

MAURICE, 29, rue de Constantinople.

MELLET, 63 bis, rue de Douai

MERCIER, 150, boul. Magenta.

MERCIER 230, boul Saint-Germain.

MERLE, 28, rue Bezout.

MEYER, 164, av. de Versailles

MICHAUX, 17, rue d'Eupatoria.

MONCHECOURT, 1, rue Clapeyron.

MOREAU (anc maison BODIN), 19, rue des Petites-Écuries Tél. 122 13.

MORIN (Eug), 5 rue Lepic. Tél. 527.51.

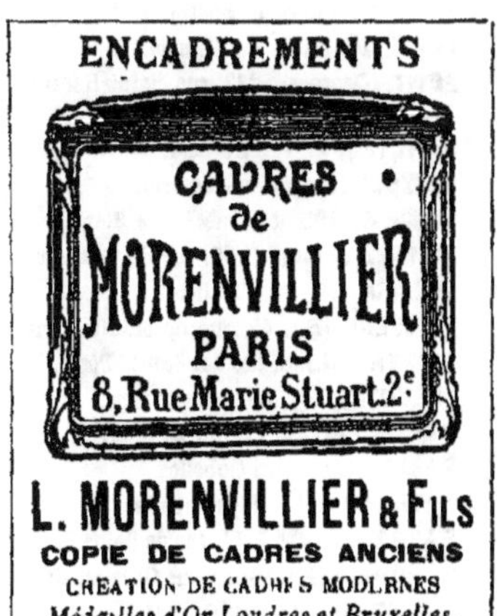

MOUCHON, 38, rue de Châteaudun.

MOYSE (E), 18 et 21, rue Henri-Monnier, et 28, rue de Navarin.

MUSY, 63, rue du Commerce

NUNÈS et FIQUET. Cadres anciens, 90, av. Malakoff

OBLET, 73, rue de Rennes

OLIN (Édouard), 15, rue Godot-de-Mauroi.

OLIVIER, 20, rue Bonaparte

OULIÉ Cadres, encadrements en tous genres. Nettoyage de gravures, restauration de tableaux 142, rue de Rennes

PALMGREN, 11, rue Montcalm.

PARIS AMERICAN ART Co (The), 2 magasins : 125, boul du Montparnasse Tél 831 33; 2, rue Bonaparte. Tél 738 23. (*Voir notre annonce au commencement du volume*)

PARISIENNE (La), ASSOCIATION OUVRIÈRE, , 16 rue Antoinette. Tél 447 64

PASQUINI (Fél.) et Cie, 43, av. de Wagram.

PAUTRAT, 8, rue des Arquebusiers

PAYER, 6, rue de Latran.

PERRIN, 24 *bis*, rue Pierre-Leroux.

PETIT, 13 rue de la Boëtie

PETIT, 16, Faub -du-Temple.

PETIT (Georges), 223, rue Saint-Georges. Tél. 220 91

PETIT (F), 95, rue Ampère.

PETZOLD (H), 63, rue de Seine.

PEUCHMAURD, 58, rue Louis-Blanc.

PIETTRE (Georges), 59, rue de Châteaudun.

PILLARD, 25, av. d'Italie.

POILVERD (E), 45, rue de Montmorency.

POIREAU (G.), 8, rue des Saints-Pères.

PRÉVOTÉS, 167, rue de la Pompe.

RAHON (A), 23, rue du Dragon.

RASSE, 41, av. des Gobelins

RATHEAUX (A.), 11, rue Cadet.

RAYNAL (E.) FILS, 14, rue de Seine.

RÉMONGIN (Émile), 29, rue Germain-Pilon.

RICHER (M), 14, faub. Saint-Honoré.

RICOME, 100, boul. du Montparnasse.

ROBERT, 1, pass Guénot.

ROCHE, 4, rue Victor-Massé.

ROBERIE, 1, boul. de Reuilly.

ROMBAUT, 90, rue de Grenelle.

RONDI (V.), 164, rue Jeanne-d'Arc

ROSCIO, 13, rue des Deux-Gares

ROSENWALD, ✿,O I Ω Cadres en tous genres, 64 rue des Archives. Tél. 1013 25. Succursale, 5, rue Royale Tél. 220 04

ROUDIL (Charles), 19, rue du Pont-aux-Choux.

RULAUD, 185, faub Saint-Denis.

SAMSON (Ernest), 27, rue Saint-Dominique.

SAMUEL 111, boul de Grenelle

SAUVAGE, 56, rue des Tournelles

SCHMAND (A). Moulure pour encadrement, reproduction d'ancien, 100, rue Amelot.

SCHMID, 34, boul. de Belleville.

SCHNEIDER (Robert) Encadrements artistiques, 65, rue Saint-Lazare.

SIEUTAT, 32, rue du Petit-Musc

SIMON (V.), 25, rue des Mathurins. Tél 225 93.

SIRONDELLE, 69, rue de Lévis.

SOURZAT, 6, rue Nicolo.

STAHL (A.), 21, rue Dauphine.

STAL (Ch.), FÉLIX, succ., 25, rue de Trévise.

STASSART, 23, rue Saint-Lazare.

STOUVENEN, 4, rue Linné

STRIBERNI (Vve), 6, rue de la Michodière

TARDIF (A) et Cie, 29, rue Bayen. Tél. 519 70. et 9, rue du Vingt-Neuf-Juillet. Tél. 234 33.

THISSELIN, 113, rue Lafayette.

THOMAS (Paul), 20, rue Clapeyron.

TOULOT. Cadres en bois sculpté. Méd. d'or à l'Exposition de Bruxelles 1910, 45, faub. Saint-Antoine.

TOURET (F.-L), 31-33, rue de Navarin.

TRAIZEGNIES 8, pass. Saint-Pierre-Amelot. Tél. 934 68. (Voir à *Réparations d'objets d'art.*)

TROUET (L), 14, rue Léonce-Reynaud.

TROUVELOT (A), 3, rue du Plâtre.

TURQUÉTIL, 271, rue des Pyrénées.

UHRY, 57, boul. Magenta.

UNION DES OUVRIERS ENCADREURS ET DOREURS, 6, rue Saint-Louis-en-l'Isle.

VACHER (A), 145, boul. Magenta.

VALENCE, 58, rue Gay-Lussac.

VALENTIN, 6, pass. de l'Échiquier.

VALENTIN JEUNE, 32, rue Tiquetonne.

VALLÉE (Maurice), 100, rue de Cléry

VAN HOOF (François), 9, rue Caumartin. Tél. 304 55.

VIETTE (F.), 14, pass du Bourg-l'Abbé.

VIGNERON (Georges), 10, rue Caumartin.

VISSAC, 9, rue Bailly.

VIVIEN (L), 33, rue Fontaine.

VORIOT, 23, rue de Clignancourt.

WALTZ (E.), 52, rue de Prony.

WANDENBERG FRÈRES 354, rue Saint-Honoré. (*Voir annonce en tête de la rubrique*)

WORMS, 75, rue de Turbigo.

ZIMMERLIN (Mlle E), 19, rue du Vieux-Colombier

ZMUGG 61, rue Traversière.

ENLUMINURES

AROUY, O. A. (), 78, rue du Bac

LEFRANC et Cie. Couleurs pour l'enluminure, pâte à dorer, encre à poudrer encres d'or et d'argent, pinceaux, velins, parchemins, boîtes garnies, 18 rue de Valois.

MARY, 28, rue Chaptal

ESTAMPES ET GRAVURES

AFCHAIN (Vve), 19, quai de Montebello.

ALISIE (J), 176, rue de Rivoli.

ARNOT (Robert), 19, rue Richer. Tél 252 70

ARNOULD (A), 7, rue Racine

ART GRAPHIQUE ET DÉCORATIF (RUNNER et Cie). Agent général J. DE CIMA, 29, rue de Trévise.

ARTS GRAPHIQUES (Les), 3, rue Diderot, Vincennes. Tél 260.

BARBOZA (L), 5, rue d'Hauteville

BEAUMONT (V) Estampes et tableaux, reliures anciennes buvards copie de l'ancien, restauration, 62, rue des Mathurins. Tél 114 45

BELLEMÈRE, 106, boul Raspail.

BERNARD (Gaston), 174, rue de Rivoli

BERNARD (M), 14, rue Séguier

BIHN (Louis), 61, rue de la Boëtie Tél. 517 62

BIHN (PAUL)
ESTAMPES ANCIENNES
61, rue Taitbout, 61

BONNARD (F), 37, rue Laffitte

BOUASSE JEUNE et Cie, 12 rue Saint-Sulpice, et 61, rue Bonaparte. Tél 704 37.

BOUASSE-LEBEL (Maison), LECÈNE et Cie, 29, rue Saint-Sulpice

BOUCHAUT, 11, quai Saint-Michel

BOUMARD et FILS (Anc Maison CH LETAILLE) 15, rue Garancière

BRAUN (Ad) et Cie (Maison), BRAUN (CLÉMENT et Cie, succ), 18, rue Louis-le-Grand.

BRY-HOUCHOU, 46, rue de Seine

CAREL FRÈRES, 30, rue du Faub -Poissonnière Tél 141 71

CHASTEL (J), 9, pass Jouffroy.

CHAUVET et FRANCK, 68, rue de Bondy. Tél. 436.71.

CORNET (H). Estampes et gravures, tableaux, restauration, 37, rue de Constantinople.

CZAMANSKI et Cie (AMERICAN ART C^o L^t), 3, rue des Petites-Écuries

DANLOS, 15, quai Voltaire.

DAVID (S.), O. A. (), 49, rue Le Peletier

DAYEZ, 48, rue des Marais.

DE CIMA (Joseph), 29, rue de Trévise

DEPLANCHE. Estampes, gravures, estampes modernes, 18, Chaussée d'Antin. Tél 161 86.

DÉTÉ (E.), 2, rue Séguier.

DEYSSIÉ. Gravures anciennes et modernes en tous genres. Eaux-fortes originales de Buhot, Corot, Legros, Méryon, Millet, C Pissarro, Rodin, Seymour-Haden, Whistler, Zorn, etc. Achats continuels, 53, rue de Seine.

DODIN et Cie (Édouard), 18, rue La Boëtie. (Voir : *Société nouvelle de gravures d'art*)

DUCHEMIN (L) FRÈRES, 43, rue de Châteaudun

ESTAMPE ARTISTIQUE (l'), 32, rue de Provence

FIÉVÉE, 194, rue de Rivoli.

FILACHET (G), 28, rue Jacob.

FIORILLO, 7 et 31, av Mac-Mahon.

FLAMMARION (E) et VAILLANT (A), 1 à 9, Gal de l'Odéon, et 4, rue de Rotrou. Tél. 809 01.

FLOURY, 4, rue Notre-Dame-de-Lorette.

GALERIE D'ART DÉCORATIF (Jacques BRAMSON), Eaux-fortes 7, rue Laffitte. Tél. 239 12.

GANSSEN Coloration d'estampes, 26, rue du Bac.

GEOFFROY (A.), 5, rue Blanche.

GÉRONA et MASYEBRA, 8, rue de la Barouillère.

GODCHAUX, 6, pass Saint-Bernard

GOSSELIN (Ed). Expert. Gravures en couleur anciennes, Debucourt, Janinet, Moreau le Jeune, Taunay, Watteau. Portraits des XVIe et XVIIe siècles, Marie-Antoinette, Dagoty, J.-F. Millet, Meryon Ch Jacque, E. Delacroix, Boucher, noir et sanguine. Huet, Demarteau (toutes les gravures sont garanties anciennes), 57, quai des Grands-Augustins.

GOUPIL et Cie (MANZI, JOYANT et Cie, succ), 24, boul des Capucines. Tél. 242.49. et 15, rue de la Ville-l'Évêque. Tél 313 73 et 313 84.

GRANDHOMME, 40, rue des Saints-Pères.

GRAVES (Henry) and C^o L^d, 18, rue Caumartin. Tél 288 28.

HARO et Cie (*Au Génie des Arts*). Éditeurs de la Ville de Paris, publication d'estampes, gravures et œuvres d'art, 14, rue Visconti et 20, rue Bonaparte Tél. 820 33

HAUTECOEUR (Vve Ed), 35, av. de l'Opéra. Tél. 249 61

HAUTECOEUR (Jules), 172, rue de Rivoli, et 2, rue de Rohan. Tel 107 00.

HÉNAUT (P) (*A Jeanne d'Arc*) Estampes anciennes et modernes, encadrements de tous styles, spécialité de gravures anglaises, lithographie, eau-forte, aquarelle, 3, pl de Rivoli, et 1, rue des Pyramides.

HESSELLE, 54-56, rue Laffitte.

JAMAULT (L.), 27, rue du Château-d'Eau.

JANVIER (D), 48, rue Jacob.

JOLY (L), 17, quai Saint-Michel.

JULLIEN (E), 28, rue Lavoisier.

KLEINMANN (Ed.), ✳, 8, rue de la Victoire.

KOEHL et KARRER, 93, rue de Turenne.

L'ART FRANÇAIS, 36, rue du Chemin-Vert.

LEDOUX, 17, rue de Seine.

LEGASTELOIS (Charles-MAGNE, succ), 95, boul. Sébastopol.

LEGRAS (CHAUVET et FRANCK, succ.), 68, rue de Bondy.

LE VÉEL (E.), 24, rue La Fayette.

LE VÉEL (E.), 19, quai Malaquais.

LÉVY (Léon), 52, rue de la Tour-d'Auvergne.

LÉVY, 15, rue Payenne.

LIBRAIRIE LUTETIA, 86, boul. Raspail.

LOUVET (E.), 12, rue de Clichy.

MADRASSI. Estampes anciennes de toutes époques, catalogue sur demande, 89, rue de Rennes.

MAHEU, 5, quai Saint-Michel.

MAIBAUM (E.), 42, rue de Chanzy. Tél 924.73.

MANGIN, 13, rue de Seine.

MANSUY (R.), 41, quai des Grands-Augustins.

MARC-DARDONVILLE. Intermédiaire pour la vente et l'achat de peintures, sculptures et objets d'art modernes, 17, rue d'Aumale.

MARIGNAN (Maurice), 107, rue de Rennes.

MAS (G.), 48, rue La Fayette.

MAUREL, 5, rue de Tournon.

MAYER, 5, rue Laffitte. Tél. 231.57.

MAYER, 41, rue Blanche.

MEUNIER (Henri) Imprimeur et éditeur de ses eaux-fortes en couleurs, envoi sur demande du catalogue illustré, 79, rue de la République, Meudon (S.-et-O.) (Voir *Artistes, lithographes et aquafortistes*).

MEYER (A) et WEIL (J.), 45, rue Laffitte.

MICHONNEAU (Mme), 51, boul. Malesherbes.

MONTAUT-MABILEAU, 4, rue Nouvelle.

NUNÈS et FIQUET, 90, av. Malakoff, et à Trouville, 2, rue de Paris.

PARIS AMERICAN ART Cº (The). Estampes japonaises 2 magasins : 125, boul. du Montparnasse. Tél. 831.33; 2, rue Bonaparte. Tél. 738 23, Paris. (*Voir notre annonce au commencement du volume*)

PASQUINI (Armand), 123, rue Mozart. Nettoyage de gravures, dessins et peintures, rentoilage et parquetage.

PELLET (Gustave), O. I ◊ Éditeur et marchand, 51, rue Le Peletier. (*Voir annonce fin du volume*.)

PÉRIER, 280, rue de Rivoli.

PÉRUSE, 148, boul. Montparnasse.

PÉTAVY (Félix) et Cⁱᵉ, 1, rue Bonaparte.

PETIT (Georges), (Société des Galeries), 8, rue de Sèze. Tél. 244 58.

PIAZZA et Cⁱᵉ, 19, rue Bonaparte.

PIERREFORT, 12, rue Bonaparte.

PIETTE (Georges), 59, rue de Châteaudun.

PILLET (Léon). Gravures estampes du XVIIIᵉ s., modes, costumes militaires caricatures, sport. Lithographies, 18, rue Bonaparte.

PINCOT, 40, rue Didot.

POZNANSKY (Jean), 18, rue de l'Université.

PROUTÉ (Victor), 12, rue de Seine.

RAPILLY (Georges), 9, quai Malaquais. Tél. 725.16.

ROBLOT (A.), 67, rue Caumartin. Tél 270.37.

ROUSSEAU (Mme). Estampes, gravures anciennes, 5, quai Malaquais, et 1, quai Voltaire.

SAGOT (Clovis), 46, rue Laffitte.

SAGOT (Ed.), 39 *bis*, rue de Châteaudun.

SCHMAND (A). Gravures anglaises, de sports, etc., 100, rue Amelot.

SCHNEIDER (Robert). Estampes, dessins, tableaux, encadrements artistiques, restauration de tableaux, 65, rue Saint-Lazare. Tél. 285.17.

SIMON (L.), J. DAYEZ, succ., 48, rue des Marais.

SOOGARD (Ch), O. A. ◊ Eaux-fortes originales en couleurs et à tirage limité, estampes du XVIIIᵉ siècle, œuvres de Meissonier, gravures de sports, 20, rue Drouot.

SOCIÉTÉ DES GALERIES GEORGES PETIT, 8, rue de Sèze.

SOCIÉTÉ NOUVELLE

DE GRAVURES D'ART

—

ÉDOUARD **DODIN & C**IE

—

18, rue La Boëtie, 18

STAHL (A.), 21, rue Dauphine.

STROLIN (A.) Estampes anciennes et modernes, 27, rue Laffitte.

TOOTH (Arthur) and **SONS**, 41, boul. des Capucines. Tél. 245.19.

TUCK (Raphaël) et **FILS**, 6, rue Martel. Tél. 255.71.

TURGIS FILS, 55, rue Saint-Placide.

UNION ARTISTIQUE (Marius **L'HOSTE**, direct), 41, Faub.-Montmartre.

WANDENBERG FRÈRES

GRAVURES ET ESTAMPES
ANCIENNES

EN NOIR ET EN COULEUR

—

354, rue Saint-Honoré

(Près la place Vendôme)

Téléphone 523.40

WEILL (Mlle), 25, rue Victor-Massé.

ÉTAINS D'ART

ALLIAUME, 5, rue de Clichy.

ANVARIA. Poterie, réparation d'objets en étain, 14, rue Saint-Sulpice.

AU LYS ROUGE. Étains, grès, faïences, 10, rue du Vieux-Colombier.

BEAUME (A.), Étains et cuivres anciens et reproductions, 153, rue de Châteaudun. (*Voir annonce à Ferronnerie d'art*)

BRADLEY (G.), 48, boul. Haussmann.

CHAUMETTE (Vve **CHAUMETTE** et **OUDIN**, succ.), 14, rue Pasteur.

ETTLINGER (L) et **FILS**, 9, rue Saint-Anastase.

FARMER (Vve G), 25, boul. du Montparnasse.

FRÉNAIS (A.), 65, boul. Richard-Lenoir. Tél. 931.87.

ISIS-WERKE (A.-G.), 6, rue Martel.

KAYSERZINN, 32, av. de l'Opéra.

KNEPPERT et **LAVEUR**. Poterie, 26, rue Rambuteau.

LEFRANC et **C**ie. Outils et matoirs. Cuivre et étain en feuilles. Pâte pour relief, patine noir ancien, vernissages colorés, boîtes garnies, 18, rue de Valois.

PAUWELS (Ch.-A.), 6, rue Martel.

PETIZON, 7, rue du Perche.

PIERSON-BOUDIOS, 33, rue des Francs-Bourgeois.

VILLIEN (A) (*L'Étain Français*), 18, rue des Quatre-Fils

ZAY (Jules), 165, rue Pelleport. Tél. 925.65.

EXPERTS
PRÈS LES TRIBUNAUX

*Ameublements, objets d'art
et tapisseries.*

AUDOYNAUD AINÉ. ✳, 47, boul. Henri-IV.

BOVERIE, 115, rue du Faub -Saint-Antoine.

BRAQUENIÉ, ✳, 16, rue Vivienne.

CORNILLE, ✳, 21, boul. Montmartre.

DUCHÉ (Paul), ✳, 7, rue de Beaujolais.

GADENNE (Paul), O. A. ◊, 10, rue Laffitte.

GAIDA, 48, rue Saint-Placide.

HAMOT, 75, rue de Richelieu.

HOUZEAU, 4, rue de la Paix

JONAS (Édouard), 6, boul des Capucines.

LEBARBIER DE TINAN (baron Maurice), 88, rue de l'Université.

LÉGER (E.), 25, rue Singer.

MARCHAND (Félix), 3, rue Saint-Laurent.

MAUX, 34 *bis*, rue de la Tour-d'Auvergne.

MEUSNIER (Georges), 22, rue Saint-Augustin.

SAMARY (Georges), 15 et 17, rue La Fayette.

SANGUINETI (A.), ✳, 15, rue Daumier.

WILLIAMSON, ✳, 1, rue Saint-Pierre, à Neuilly-sur-Seine.

Archivistes paléographes.

COUDERC, 20, rue de Harlay.

LEMOINE (Jean), 11, rue de la Boëtie.

TUETEY, 45, quai Bourbon.

Céramique.

GOMPERTZ (Armand-Samson), 51, rue de Miromesnil. Tél. 549.69.

MÉLY, O. A. ✸, 8 *bis*, rue Martel.
MINNE, ✸, 13, rue de Montholon

Gravure.

BROQUELET, 40, rue d'Hauteville
HUYOT, 93, rue de Rennes
LAMOTTE, ✸ 5, rue de Savoie
LEFORT (Henri), ✸, 220, boul Raspail
MAUROU (Paul), ✸, 13, rue Grange-Batelière.
RIBERON, 28, rue la Trémoille

Joaillerie, Orfèvrerie.

AUCOC, 14 place Vendôme
BLOCHE (A), 21, boul Haussmann.
BLUM, 4, av. de Villiers
BOIN, O ✸, 3, rue Pasquier
DEBAIN, 79, rue du Temple
HÉMIN 77, rue des Archives
JACTA (G) **FILS**, O. I. ✸, 10 rue des Pyramides
PELLETIER, 33, rue Saint-Augustin
PIMIER (Michel), O I. ✸, 26, rue du 4-Septembre.
REINACH (A), O I. ✸, 17, rue Drouot
RHEIMS (Léon), 20, rue de la Chaussée-d'Antin
SCHLESINGER (Jules) O A. ✸, 3, rue Rossini.
SOUFFLOT, 229 Faub -Saint-Honoré
TEMPLIER 3, pl des Victoires
VANDERHEYM, 17 *bis*, Grande-Rue, à Bellevue (Seine-et-Oise).
VEVER (Paul), ✸, 14, rue de la Paix

Librairie, Imprimerie et propriété littéraire.

CHAMPION (H), 5, quai Malaquais.
COUGY, 5, quai Conti
LAHURE (A), O. ✸, 9, rue de Fleurus
LAMBERT (Edouard), ✸, 3, pl. Daumesnil
LEBARBIER DE TINAN (Baron Maurice), 88, rue de l'Université

Monnaies et Médailles.

FOREST, 11, quai Conti.

Objets d'art anciens et modernes.

BERNHEIM JEUNE, 1, rue Scribe.
BERNHEIM (Georges), 9, rue Laffitte.
GOLDSTEIN, 60, rue de Vaugirard
HOENTSCHEL (Georges), O. ✸, 15 et 17, Cité du Retiro.
LEBARBIER DE TINAN (Baron Maurice), 88, rue de l'Université.
MARCHAND (Félix), O. A ✸, 3, rue Saint-Laurent.
NOCQ, O. A. ✸, 29, quai Bourbon.
PENON (H.), 30, rue de la Pompe.
ROGER-MILES, ✸, 6, rue Clauzel.

Peinture.

CLAUDE (Georges), 82, boul des Batignolles
DAMERON (Émile), ✸, 3, rue d'Alger.
DETAILLE (E), C. ✸, de l'Institut, 129, boul. Malesherbes
DUMOULIN 58, rue Notre-Dame-de-Lorette
FERRIER (G), O. ✸ 68, rue du Général-Appert.
GAGLIARDINI, 12, boul de Clichy.
GLAIZE, O ✸, 95, rue de Vaugirard.
LAUMONNERIE, 71, rue La Condamine.
LEFEBVRE (Jules), C. ✸, de l'Institut, 5, rue Labruyère
POILPOT, O. A ✸, 11, rue Dufrénoy.
ROBERT-FLEURY (Tony), C ✸, 69, rue de Douai
ROUSSEL ✸, 3, boul Jules-Sandeau
SAINT-PIERRE, O. ✸, 35, av. de Wagram
SIMONS, 23, rue des Martyrs
SORTAIS, 11, rue Scribe
TOUDOUZE, 21, boul des Batignolles

Photographie.

BERTHAUD, 31, rue de Bellefond.
BRAUN, 18, rue Louis-le-Grand
FÉRY, 42, rue Lhomond.
LADREY, 6, rue d'Orléans, à Neuilly-sur-Seine.
MANUEL, 27, Faub -Montmartre.
NEURDEIN, 52, av. de Breteuil.
REYMOND, 76, rue de Rennes.
VALLOIS, 99, rue de Rennes.

Sculpture.

ALLOUARD, 28 *bis*, rue Vavin.
BAREAU O ✸, 42, boul. de la Saussaye, à Neuilly-sur-Seine
BOISSEAU (Émile), ✸, 16, rue des Volontaires.
CARLIER (Joseph), O. ✸, 54, av du Maine.
FAGEL (Léon), O ✸, 11, rue Caulaincourt.
GIACOMETTI, 150 *bis*, boul Pereire.
LEMAIRE, ✸, 22 rue Tourlaque.
OCTOBRE (Aimé), ✸, 18, boul. de Vaugirard.
VITAL CORNU, Villa des Arts.

Tableaux et Dessins.

CARRIER-BELLEUSE (Louis), ✸, 15, rue de la Tour-d'Auvergne.
DUVAL (Georges), O.I. ✸, 40, rue Denfert-Rochereau.
HORTELOUP, 9, rue d'Artois.
LECOMTE (Léopold), 22, rue Geoffroy-Lasnier.
MERCIER (Ch), 16, rue de Seine
MEUSNIER (Georges), O I ✸, 22, rue Saint-Augustin
RAMBOSSON 6, rue de l'Orient

Tapissiers.

AUDOYNAUD (Aîné), O ✸, 47, boul. Henri-IV.
BUSSIENNE (Charles), 11, rue Miromesnil.

DUCHÉ (Paul), ✳, 7, rue de Beaujolais.
LÉON (J), 15, rue de Berlin.
POIRIER (J), 11, rue Auber
SIMON (J), 87, rue Ampère.
VIVIER, 143, rue de Rome.
WILLIAMSON ✳,1 rue Saint-Pierre, à Neuilly-sur-Seine.

Timbres-poste.

ASTRUC-DORSAN, O. I. Q, 31, rue de la Victoire.
THUMIN, 3, boul. Bonne-Nouvelle.

EXPERTS DIVERS

AGNUS (Eugène) Expert-Héraldiste.
BLOCHE (A). Joaillerie, 21, boul. Haussmann.
BOISTEL (E) Expert en douane, 66, rue de Vaugirard.
BOURDIER Expert en antiquités, 34, rue Laffitte
BOURGEY (Étienne) Expert en monnaies et médailles anciennes, 7, rue Drouot
CANESSA (C. et E). Curiosités, 34, rue de Provence.
CARION (G.) Expert en timbres-poste, 21, rue Nollet
CHARAVAY (Noël). Autographes, 3, rue de Furstenberg
DECOUR (A) Expert en douanes, 41, rue Joubert Tél 224-83
DEMOTTE (G.-J.). Antiquités, 23, rue de Provence.
DU MAY (A.). Expert-libraire, 14 *bis*, rue Saint-Georges
GANDOUIN (R). Curiosités, 40, av. de Wagram.
GUILLAUME (G) Ameublement, objets d'art, 13, rue d'Aumale. Tel 202.89.
HARO et Cᵉ Peintre expert, restaurateur de tableaux, direction de ventes publiques, 14, rue Visconti, et 20, rue Bonaparte. Tél 820 33
HERZOG (A) Curiosités, 41, rue de Chateaudun. Tél 108 83.
JACOB Objets d'art, 65, rue de la Victoire.
LEMAN (Henri). Antiquités, 37, rue Laffitte. Tél 216 52
LINTILHAC (Pierre) Expert en tableaux de maitres, 10, rue Auber.
PAUL (Em) et FILS, et GUILLEMIN Livres, 28, rue des Bons-Enfants.
ROLLIN et FEUARDENT Experts en monnaies et médailles, 4, rue de Louvois.
SAMARY (G.) Expert en objets d'art et expert à la douane, 15, rue La Fayette.
SARCIRON. Tapisserie et ameublement, 16, rue de l'Arcade.
SERRURE (Vve RAYMOND) Numismatique, 19, rue des Petits-Champs
SOURY (Louis). Joaillerie, 10, pl de la Madeleine. Tél. 154 93.

EXPOSITIONS
(Salles d')

CERCLE INTERNATIONAL DES ARTS, 95, boul. Raspail.
GALERIE ALLARD, 20, rue des Capucines
GALERIE DE L'ART MODERNE, 3, rue Tronchet.
GALERIE DES ARTISTES MODERNES, 19, rue Caumartin.
GALERIE ARTHUR TOOTH, 41, boul. des Capucines
GALERIE BARBAZANGES, 107, rue du Faub.-Saint-Honoré
GALERIE BLOT, 11, rue Richepanse.
GALERIE BERNHEIM JEUNE, 15, rue Richepanse
GALERIE BRUNNER, 15, rue Royale.
GALERIE CAMENTRON, 43, rue Laffitte.
GALERIE CHARREYRON, 12, rue Bonaparte.
GALERIE DEVAMBEZ, 43, boul. Malesherbes.
GALERIE DRUET, 20, rue Royale.
GALERIE DURAND RUEL, 16, rue Laffitte, et 11, rue Le Peletier.
GALERIE FÉLIX CAVAROC 10, rue de la Paix.
GALERIE GEORGES PETIT, 8, rue de Sèze.
GALERIE HESSÈLE, 8, rue Royale.
GALERIE MOGLIA, 13 rue Caumartin.
GALERIE MOLEUX, 68, boul Malesherbes.
GALERIE PAUL LE CHEVALIER, 17, boul. de la Madeleine
GALERIE VOLLARD, 6, rue Laffitte.
GALERIE WEILL 25, rue Victor-Massé.
PETIT MUSÉE BEAUDOUIN, 253, rue Saint-Honoré.

EXPOSITIONS
(Installations pour)

Chambre syndicale des Entrepreneurs aux Expositions : 163, rue Saint-Honoré.
Président : Jallot
Vice-Présidents : Chassin, Bocquet.
Secrétaire : Tournant.
Trésorier : Véry.

BACHELET et Cⁱᵉ, 44, boul Saint-Jacques. Tél. 804 64.
BALASSE (Alfred), 12, rue La Condamine
CHASSIN (FILS), 88-90, av. Félix-Faure. Tél. 709.10
CHEMINAIS (G) et Cⁱᵉ, 21, rue Le Peletier.
CHIROUSSE (E), 42, rue Rouelle.
CUNY, 45, quai de la Tournelle. Tél. 821.47.
GIRARD (A), 20, rue Saint-Lazare. Tél. 281.24
HERVIAU (Pierre), 4, rue Vicq-d'Azir.
PILARD (J.), 28, rue Charles-Leroy, au Kremlin-Bicêtre (Seine).
ROYER (H.), 119, rue Cambronne.

TOURNANT et Cie, 29, rue Copernic. Tél. 662.68.

UNION FRANCO-RUSSE pour favoriser le développement du commerce, 66, boul. Sébastopol.

VITORS, 88, rue de la Folie-Méricourt.

FAIENCES, CRISTAUX ET PORCELAINES D'ART

ART CÉRAMIQUE (L'), 14 et 16, rue Gudin.

BARBÈS (A.) et Cie, 22, av. d'Italie.

BAUDIN (Eugène). Maison de vente à Paris, Fournier-Blanquin, 32 et 34, rue des Petites-Écuries. Tél. 252.40.

BLOCH (Achille), 8, rue Pierre-Levée.

BOUGLER, 11, rue d'Arcole.

CENTORE et MARTY, 87, Faub.-Saint-Denis.

CHAUMEIL (A.), 97, av. d'Italie.

DAMON (L) (*Au Vase Étrusque*). Faïences genre ancien services de table, reconstitution de modèles anciens, hautes nouveautés pour étrennes fêtes mariages, 20, boul Malesherbes. Tél 268 44.

DAUDIN et LAUER, 46, rue de Paradis.

DELAPORTE (E.), 14, rue de Clichy.

DELFT (Faïence de), E MINER, 39, boul. Voltaire.

DELPHIN-MASSIER et Cie, à Vallauris (Alpes-Marit.), représentant à Paris, E BAUMERT, 8 bis, rue Martel.

DELVAUX. Verrerie d'art, 18, rue Royale.

DESBOIS (Philippe), 30, rue Vignon. (Voir à *Réparateur d'objets d'art*.)

DISCH. Vases et colonnes, genre vieux Sèvres, spécialités de grandes pièces genre pâte tendre et biscuit, porcelaines montées bronze. Décorateur, 93, rue de Turenne.

DREYFUS (Georges), 65, Faub.-Poissonnière. Tél. 137.98.

DUBARRY, 36, rue de Berri.

FAIENCERIE DE LUNÉVILLE, 32, rue de Paradis. Tél. 257.77. (Voir *Keller* et *Guérin*)

FARMER (Vve G.). Faïences d'art, reproduction d'ancien, poteries, 25, boul. Montparnasse.

FÉLIX Faïence cuivre, 10, rue Notre-Dame-de-Lorette.

FOURMAINTRAUX (Charles), à Desvres. Dépôt, 108, rue du Faub.-Saint-Denis.

FOURMAINTRAUX (Jules), F. MASSE, succ., à Desvres. Cabinet d'échantillons, 3, rue de la Fidélité. Danizet, représentant.

GALLÉ (Émile), ÉMILE GALLÉ DE NANCY, *A la Paix*, 34, av de l'Opéra.

GILLET, 9, rue Fénelon.

GOLDSCHEIDER (Frédéric), 45, rue de Paradis, et 28, av. de l'Opéra.

JAGET et PINON, de Tours Dépôt à Paris, L. Witsenhausen 90, rue La Fayette.

KELLER et GUÉRIN (Faïencerie de Lunéville), 32, rue de Paradis (Agence et cabinet d'échantillons).

LEHMANN, 26, rue de Paradis.

L'HERMINÉ-DECLERCQ, à Orchies (Nord). Paul MÉLY, agent à Paris, 1 bis, rue Martel. Tél. 258.34.

LOEBNITZ (Jules), ✳, 4, rue Pierre-Levée. Tél. 907 56.

MABIRE (A.), 46, rue de Provence.

MAGNIER, 20, rue Perdonnet.

MALFRAY (James), 11, rue Tesson. T. 410 65.

MANUFACTURE ROYALE DE PORCELAINES DE COPENHAGUE, 38, av. de l'Opéra.

MARTEL (G.), à Desvres (P.-de-C.). Dépôt à Paris, 13, rue de Paradis.

MASSIER (Jean) et Cie, à Vallauris (Alpes-Marit.). Représentant et Dépôt KRAMER et Cie, 13, rue de Paradis.

MILLET (Paul), à Sèvres Dépôt 51, rue de Paradis.

MINER (E), Ancienne maison F. COSSA (seul dépôt de la Faïence de Delft), 39, boul. Voltaire.

MINER (Jean). Faïences et porcelaines d'art. Faïences de Delft, lustres et cuivres Hollandais, 63, rue de la Boëtie. Tél. 569 46.

NEMON, 7, pl. Saint-Pierre.

PERTHUIS (Ch). Cristaux, 24, rue de Paradis. Tél. 283.53.

ROLAND (Maison), 36, rue Hallé.

ROUSSEL-BARDELLE et LOUTIL, 74, rue d'Hauteville.

SAMSON, 7, rue Béranger. Tél. 1033 36. Succursale, 30, av. de l'Opéra. Tél. 100 16.

SCHAAP (Alex), BLOCH SAM, succ., 24, rue de Paradis.

SIEGEL et SOHM, 39, rue de Paradis.

SIGMUND MAAS, à Limoges. Cabinet d'échantillons à Paris, 40, rue de Paradis.

SIMELIO, 61, rue du Faubourg-Saint-Denis. Tél. 269.52. (Voir *Réparation d'objets d'art*.)

TOURNERIE. Cristaux, 17, rue Soufflot, et 2, rue Le Goff.

UTZSCHNEIDER et Cie. Dépôt, 28, rue de Paradis. Tél. 258.78.

FERRONNERIE D'ART

AUGER, 6, pass. Saint-Pierre-Amelot.

BAGUÈS FRÈRES, 31, rue des Francs-Bourgeois.

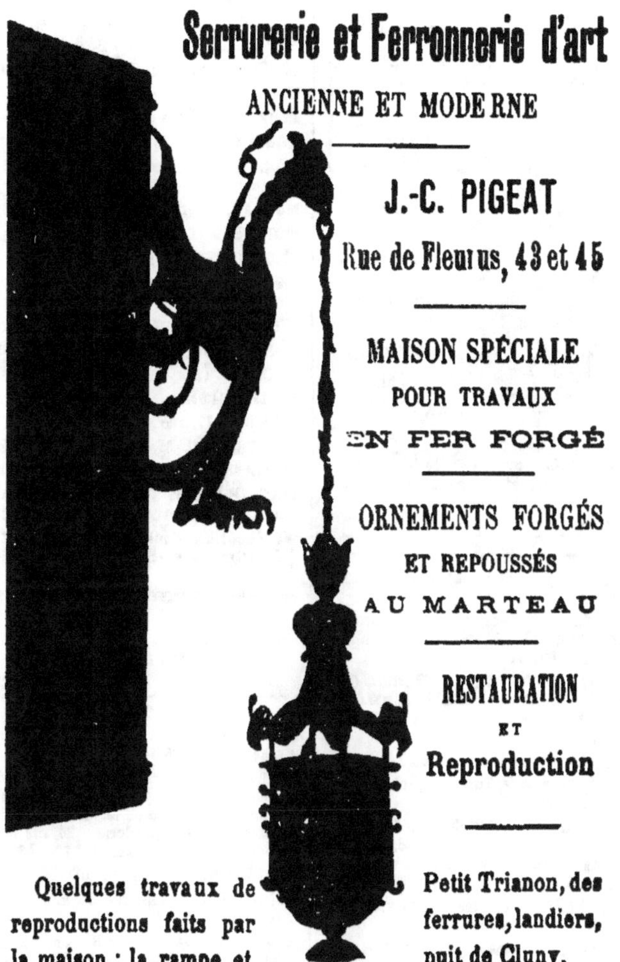
Serrurerie et Ferronnerie d'art
ANCIENNE ET MODERNE

J.-C. PIGEAT
Rue de Fleurus, 43 et 45

MAISON SPÉCIALE
POUR TRAVAUX
EN FER FORGÉ

ORNEMENTS FORGÉS
ET REPOUSSÉS
AU MARTEAU

RESTAURATION
ET
Reproduction

Quelques travaux de
reproductions faits par
la maison : la rampe et
les balcons intérieurs du

Petit Trianon, des
ferrures, landiers,
puit de Cluny,
etc., etc

BEAU (Henri) et Cie, 46, rue de la Boëtie. Tél.
544 74

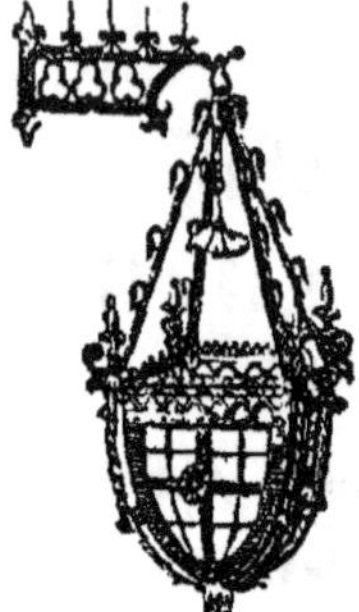

BELLARD (Alf), 89 et 91, boul. Diderot. Tél.
910 28.

BERGEOTTE (L.), (Maison J. ROY, succ. de
BERGEOTTE et FILS), 44, av de la Grande-
Armée. Tél. 505.50.

BERGEROT, SCHWARTZ et MEURER (Soc
anon. des ÉTABLISSEMENTS SCHWARTZ
et MEURER, succ.), 76, boul. de la Villette.
Tél. 417.16.

BERGUE (A), 10, rue Desrenaudes. Tél. 510.98

BERNARD, 74, rue de Turenne. (Voir *Réparation d'objets d'art.*)

BERNARD (A) et MANCHELLE. Bureaux .
35 et 37, rue d'Artois. Tél 521.28, et 8, rue
Saint-Marc. Tél. 224.62. Usine 11, rue Baron.
Tél. 505.58

BOUHON FRÈRES, 12, rue Debelleyme. Tél.
1002.33.

BOULNOIS (E.) et VALLAT, 29, rue Amelot.

BRANDT (Edgar-William), 101, boul. Murat.
Tél. 679.11.

BROSSET (A), 70, rue des Rigoles.

BURGER (J.), 47 *bis*, av. de Clichy.

CHAPUIS (Léon), 4, rue des Fêtes.

COUADE (Lucien), 31, rue Ordener.

DELISLE (LES FRÈRES), 24, rue Pavée. Tél.
1021.34.

DISCLYN et LINN, (J. BOURÉE, succ.), à Lille,
25, rue de la Barre. Tél. 927, et à Levallois,
139, rue Fazilleau. Tél. 568.81.

FERRIÈRE (de) et Cie, 23, boul Gouvion-Saint-
Cyr.

FOURNIER, 32, rue Charles-Baudelaire. Tél.
919 11.

GALERIE D'ART DÉCORATIF (BRAMSON
Jacques), 7, rue Laffitte Tél 239 12

GALLOT, 16, pass. de la Main-d'Or.

GUTPERLE, 12, boul. Magenta. Tél 440 32.

HAUSSON, 25, rue Capron.

KOVACS (A.), 31, rue des Bois. Tél. 401 26.

LEMEUNE, 222, boul. Raspail. Tél. 721.07.

MARTIN (Louis), 3, boul. des Filles-du-Calvaire.

MIHATSEK, 7, rue d'Héliopolis.

MONTMEYLIAN, 23, rue des Tournelles.

MORA (E), (Voir BERNARD), 74, rue de Turenne.

MOREAU, 20, rue de Belfort.

MOTTHEAU (E), 50, rue des Tournelles.

NICS FRÈRES, 98, av Félix-Faure.

PIGEAT (C.), 43 et 45, rue de Fleurus (Voir *Annonce ci-contre*)

PRÉAU (Ch.) et Cie, 46, rue de la Folie-Regnault.

RÉGIUS et RUFFIN, 8, impasse de l'Orillon.

ROESCHER (A), 67, boul. de Courcelles.

ROLLIER (Lucien), 45, rue Mouraud.

SHERWIL, 11, rue du Pot-de-Fer.

SZABO-RENOU, 35, rue de la Tombe-Issoire.

ULLMANN, 16, boul. Saint-Denis.

VIAN (H) et A. TOURTE. Lustres, rampes,
landiers, etc., 5, rue de Thorigny. Tél. 1019 74.

WESSBECHER (Emile), 59, 61, 61 *bis*, et 63, rue
de la Grange-aux-Belles. Tél. 417 64 et 417.67.

FONTES D'ART

DENONVILLIERS (Maurice), 22, rue Saint-Ferdinand. Tél 575.44.

DURENNE (A.). Société anonyme des Établissements métallurgiques. Reproduction en
bronze et en fonte de fer des œuvres des artistes anciens et modernes, 26, rue du Faubourg-Poissonnière. Tél. 117 73 — 117.30.

GABREAU (P.), 5, rue Drouot.

GONOT (Henri), 145, rue de la Croix-Nivert
(villa Gabrielle, 2)

HÉBRARD (A.-A.), 8, rue Royale. Tél. 284.76.
Ateliers 73, av. de Versailles. Tél. 698 34.

JABŒUF et ROUARD, 10 et 12, rue de l'Asile-
Popincourt. Tél. 900.72.

RAFFI (Maison), 64, rue Bonaparte. Tél. 704.03.

RUDIER (Vve Alexis), Eugène RUDIER FILS,
succ , 45, rue de Saintonge. Tél. 1015 09.

SIOT-DECAUVILLE. Salon d'Exposition, 24,
boul. des Capucines.

VAL D'OSNE (Soc. du), (ancienne Maison
J.-P.-V. ANDRÉ, BARBEZAT et Cie, et
J.-J DUCEL et FILS), 58, boul. Voltaire. Tél.
932.22.

GAINERIE D'ART

GOUVERNEUR (L), N. C., 37, quai de l'Horloge, Paris. Tél 819 68. Réparation de cuirs anciens, gaines, coffrets, meubles, galuchat, spécialité de dorure aux petits fers « Collection de fers anciens » Vitrines et meubles pour objets d'art Installations de musées et collections particulières.

GÉNÉALOGISTES

AGNUS (Eug), 59, rue Chardon-Lagache.

ANNUAIRE GÉNÉALOGIQUE, BOURGOINT (César), 27, rue de Richelieu. Tél. 132.89.

ARCHIVES GÉNÉALOGIQUES, PAVY, ANDRIVEAU, SCHAEFFER et PELLETIER, avocats, succ. de **PICQUE, MANIGOT PELLETIER** père, 18, rue du Cherche-Midi. Tél. 702 08.

BARRAN (Ernest), 136, rue de Vaugirard.

BERNAUT (G.), **FLEURIER et JARLOT.** succ., 3, boul. Henri-IV. Tél. 817.28.

BINOUX (Fernand), 5, quai d'Anjou. Tél. 828.34.

BROSSER (A), 92, rue Blomet.

BUREAU HÉRALDIQUE DE FRANCE, 30, quai d'Orléans.

COUTOT (A.), 21, boul. Saint-Germain. Tél. 810.66.

DRUGBERT (J.), 1, rue du Lunain. Tél. 804.89.

FLEURIER et JARLOT, 3, boul Henri-IV. Tél. 817.28.

INSTITUT HÉRALDIQUE F. BENDER, direct. 3, rue Tronchet. Tél. 306.10.

INSTITUT NATIONAL HÉRALDIQUE, 40, rue Coquillère.

INTERMÉDIAIRE DES SUCCESSIONS (L'). Henri **POMPON,** direct., 44, rue de Provence. Tél. 319.22.

LINDEN (Arthur),11, rue de l'Odéon. Tél. 813.74.

OFFICE GÉNÉALOGIQUE, direct. MM. **DRAGUET, MILLET et BELLER,** 37, boul. Magenta. Tél. 425 81.

PLESSIS et BONNIN, 109, rue du Bac. Tél. 701.20.

SERRIER-SAINT-YVES, 3, rue du Lunain. Tél. 804.89.

SOCIÉTÉ DE GÉNÉALOGIE INTERNATIONALE, 14, rue de Tournon.

TOURNY, 5, rue de Montfaucon.

VAUX-BIDON (A. de), 29, boul. de Clichy.

WAGNER, 22, rue Demours.

GRAVEURS

(Voir aussi : *Artistes graveurs*)

Sur camées et pierres fines.

ARRAGON (d'), (anc. maison Ch. **JOUANIN**), 4, rue Thénard.

BAZZACHI (Louis). Lapidaire d'art, 38, rue de Turenne.

BENOIST (Eugène), 20, rue Cadet.

BIGARD, 25, rue Étienne-Marcel.

BLANG (A), 187, rue du Temple

BONNEAU, 54, rue du Château-d'Eau.

BOUVET (R.). Graveur sur médailles et sur pierres fines, 174, rue du Temple

FORCEVILLE, 5 *bis,* rue du Louvre.

FRÉVILLE (L), 114, rue du Temple.

GODET, 3, rue Bailleul.

KILLE Graveur sur bijoux, 45, rue d'Aboukir.

LEFORT (Franck), 9, rue Montesquieu. Tél. 210.74.

MAGDELAINE (F), 56, quai des Orfèvres. Tél. 824.12.

PETIT, 43, rue des Francs-Bourgeois.

STAIGER, 122, 123 et 124, gal. de Valois (Palais-Royal).

STERN, 47, pass. des Panoramas Tél. 141.95

TONNELLIER (Georges), 7, rue Froissart.

VARNIER-FROULLÉ, 67, boul. Saint-Germain.

WILD (Ch) **NEVEU,** 259, rue Saint-Martin.

A l'eau-forte.

FERRÉ et BOTTINI, 51, av Parmentier.

POTHIER et NAUDEZ, 31, rue Charlot.

TRIDON, 56, rue de Paris, à Romainville (Seine).

Graveurs héraldistes.

AGRY, 14, rue Castiglione.

ALVÈS, 59 *bis,* rue Bonaparte.

APPAY (W.-Adolphe), 24, rue de la Paix.

ATELIERS SCHALLER-ESPARON, pass. des Panoramas (gal. de la Bourse), 10.

AUGIER et JULIARE, 15, rue Lobineau.

BAGRIOT (Vve F.), 168 et 170, rue Saint-Denis. Tél. 137.92.

BEAUVAIS (H.), 14, rue du Bac.

BENNETON, 83 et 85, boul. Malesherbes, et 39, av. des Champs-Élysées. Tél. 555 77.

BOURDON (C. **MAUBOUSSIN,** succ.), 7, rue de Louvois.

BRIOTET, 8, rue du Grand-Prieuré. Tél. 934.87.

BROCCHI (F), 34, rue du Faubourg-Saint-Honoré.

CHARTIER (Mme E.). Graveur des cours étrangères peintre et graveur d'armoiries ex-libris, monogrammes, chiffres menus, etc, 5, rue de Castiglione. Tél. 297.78.

CHAUSSENOT (L), 42, rue de Bondy.

CHEVALIER (Ch.), 7, rue Gomboust.

CHRÉTIEN, 226, rue Saint-Martin.

DE BUILIOUD-GOGUEL, 68, rue du Bac.

DESAIDE (F. **MAGDELAINE,** suce.), 56, quai des Orfèvres. Tél. 824.12.

DEVAMBEZ (Maison), 63, pass. des Panoramas. Tél. 287.87, et 43, boul. Malesherbes. Tél. 252.84.

FLEURY, 38, rue de Richelieu. Tél. 169.08.

GARDELLA, 5, rue Pasquier. Tél. 224 42.

GODARD, O. A. ‡, 37, quai de l'Horloge. Tél. 819.58.

GROSZOS, 364, rue Saint-Honoré.

GUILLAUMOT (P), 40, gal. Montpensier (Palais-Royal), 26, rue Montpensier.

GUILLOT (Silvain), 99, rue des Petits-Champs

LACHTIVER (A.), 52, rue Jacob.

LEFORT (Franck). Graveur sur pierres fines et métaux. Ex-libris peintures armoiries, chiffres etc. 9, rue Montesquieu. Tél. 210.74.

LEMOINE (E.), **BARTHÉLEMY** et **BERNARD**, succ., 16, quai Jemmapes. Tél. 937.57.

LEVASSEUR (A.), 25, boul. Malesherbes.

LUDLOW (Mlle H -M), 102, boul. Haussmann. Tél. 308.73.

MAQUET, 10, rue de la Paix. Tél. 153.79.

MAREY (C.) et **BESCHER**, 44, quai des Orfèvres.

MINEUR (L.), 2, rue du Bouloi.

RIBOULET-GOBY, 94, boul. Haussmann.

ROSSIER, 31, rue de Bourgogne.

SARLET, 3, rue de la Perle.

SCHMIDLIN (Ch), 9. rue Vignon.

SCHNEIDER (A.), 109, boul. Haussmann, et 12, rue d'Argenson. Tél. 552.50.

SÈVE (E), succ. de **TISSEUR**, 77, boul. 'Haussmann. Tél. 271.75.

STAIGER, 122, 123 et 124, gal. de Valois (Palais-Royal). Méd. or, méd. br.

STELMANS (Louis), 15, boul. Montmartre. Tél. 109.82.

STERN, 47, pass. des Panoramas. Tél. 141.95.

TREVERT (Ch.), 57, rue Rambuteau. Tél. 1006.23.

WEILL (N.) et **FILS**, 42, boul. Bonne-Nouvelle. Tél. 155.67.

Sur ivoire, nacre et os.

BOURSIN, 121, rue du Faubourg-du-Temple.

BRIOTET, 8, rue du Grand-Prieuré. Tél. 934.87.

HÉNIN (E.). Vente et achat d'ivoire brut et tous objets d'ivoires. Réparation de billes de billards et accessoires, 175, rue du Temple.

En médailles.

ALVÈS, 59 *bis*, rue Bonaparte.

AUGIER et **JULIARE**, 15, rue Lobineau. Tél. 826.24.

BORGEAUD-STRENZ (Mme Jeanne), 71, rue de Vaugirard.

BORREL (Alfred), 14, rue Lagrange.

BOTTÉE (Louis), 16, rue Fontaine-Saint-Georges.

BRENNUS, 40, rue de Montmorency.

CARIAT (Lucien), 20, rue Boissonade.

CAZIN (J.-M.), 1, rue de l'Alboni.

COLLIGNON (Gaston), 11, rue de la Sourdière.

DAUSSIN, 112, rue du Bac.

DAUTEL (Pierre), 10, rue Perceval.

DAVIGE (J.-W.), 39, rue de Grenelle.

DELPECH (J.-M.), 24, av. de Saint-Ouen.

DROPSY (E.), 7, rue Béranger

DUBOIS (Henry), 82, rue N.-D.-des-Champs.

DUPRÉ (G.), 18, rue Boissonade.

DUSEAUX (A.) et **Cie**, 29, rue Pastourelle.

EUSTACHE (Sylla), 18, rue Daunou.

EXBRAYAT (E.), 22, rue Tourlaque.

FUCHS (L), 19, quai Saint-Michel.

GODARD, O. A. ‡, 37, quai de l'Horloge. Tél. 819.58.

JAMPOLSKY (M.), 24, boul. de Port-Royal.

LAFLEUR (A.), 30, rue Saint-Didier.

LAVRILLIER (C.), 7, rue de Crussol.

LECHEVREL (A.), 26, rue du Marché-Saint-Honoré.

LEFORT (Franck), O. A. ‡, 9, rue Montesquieu. Tél. 210.74.

LEMOINE (E), **BARTHÉLEMY** et **BERNARD**, succ., 16, quai Jemmapes. Tél. 937.57.

LINDAUER (Edmond), 15, rue Poissonnière.

MAGDELAINE (F.), 56, quai des Orfèvres. Tél. 824.12.

MASSONNET et **Cie**, A. **MASSONNET**, succ., 64, rue du Faubourg-Saint-Denis. Tél. 442.27,

MATTEI (L.-O.), 2, rue d'Arcueil.

MÉDAILLIER (Le), 18, rue du Conservatoire.

MINEUR (L.), 2, rue du Bouloi.

MORLON (P.-A.), 35, rue de la Tombe-Issoire.

NILSON, 1, rue Christine.

PENIN-PONCET, 21, quai de l'Archevêché, à Lyon. Représ. C. **DANIEL** 29, rue Bonaparte.

PICHARD, à Saumur, **FROUIN**, représ., 11, boul. Voltaire.

PILLET (Ch.), 83, rue N.-D.-des-Champs.

PRUDHOMME, 109, rue de Sèvres.

RASUMNY (F.), 76, av. de la République. Ateliers, 4, rue du Faubourg-du-Temple.

ROBERT (Henri), 67, rue Meslay.

ROBIN, 10, rue Rampal.

ROTY (O.), 58, rue de Vaugirard. Ateliers, 3, rue Mazarine.

STELMANS (Louis), 15, boul. Montmartre. Tél. 109.82.

STERN, 47, pass. des Panoramas. Tél. 141.95.

SZIRMAI (T.), 112, boul. Malesherbes.

TASSET (Paulin), 127, boul. Raspail.

VERNIER (Emile), 5 *bis*, rue Joseph-Bara.

VERT et **OZANA** 3 rue Séguier.

GRÈS ARTISTIQUES ET DÉCORATIFS

ART CÉRAMIQUE (L'), 14 et 16, rue Gudin.

BERTRAND, 30, rue Vavin.

BIGOT et Cⁱᵉ, 31. rue de Buffon Tél. 814 58, et à Mer (Loir-et-Cher). Tél. 4.

BOUTET DE MONVEL Grès des principaux artistes modernes, 18, rue Tronchet.

FAIENCERIE HÉRALDIQUE, représ. MM. de COURCY et MITTEN, 6, cité de Paradis.

FARMER (Mme Vve G), 25, boul. du Montparnasse.

GENTIL, BOURDET et Cⁱᵉ. Usine et bureaux 189, rue du Vieux-Pont-de-Sèvres, à Billancourt. Tél. 695.16.

GRÉBER (Ch.), à Beauvais Représ. **GONTIER**, 14, rue des Petites-Écuries.

SOCIÉTÉ INDUSTRIELLE DE PRODUITS CÉRAMIQUES Siège social, 57, rue du Rocher. Tél. 565 86.

SOCIÉTÉ DES PRODUITS CÉRAMIQUES DE RAMBERVILLERS (Vosges). Grès flammés, A Pical, dépositaire ; magasin d'exposition, 14, rue Martel.

HÉRALDISTES

AGNUS (Eug), 59, rue Chardon-Lagache.

AROUY (P.), O A. ʘ, 78, rue du Bac.

INSTITUT HÉRALDIQUE, F. BENDER, direct., 3, rue Tronchet. Tél 306 10.

LACROIX (A.). Joaillier, héraldiste, documents spéciaux, armoiries, 16, rue Turbigo. Tél 114 30.

LEFORT (Franck), 9, rue Montesquieu. Tél. 210.74.

ROQUES (Léo), 126, rue de Courcelles.

HORLOGES ET PENDULES ANCIENNES ET RESTAURATION

BOURGEOIS (A.). Ébénisterie d'art, 3, rue Charlot. Tél. 1014 54.

BOUTELIÉ. Modèles inédits, 23, boul. du Temple.

DUJONCHET (P.), 34, rue de Grenelle.

HOUR (Ch.), 7, rue Saint-Anastase.

LACOSTE (F.), 43-43 *bis*, rue des Saints-Pères. Tél. 725.58.

A. MONCRUEL, ᑫ, ✳

HORLOGER
des Musées de l'État et de la Ville de Paris, Arsenal, Carnavalet, Arts Décoratifs, Etc , etc.

RESTAURATION D'HORLOGERIE ANCIENNE en montres, pendules, horloges, oiseaux chanteurs, pièces à carillons, à musique, à automates, etc. — **Régulateurs astronomiques**.

Seule maison à Paris ayant la documentation et l'outillage nécessaires pour l'exécution de toutes les pièces anciennes.

CHOIX CONSIDÉRABLE de mouvements anciens pour la restauration de pendules modernisées.

NOMBREUSE DOCUMENTATION POUR COLLECTIONNEURS

PENDULES ANCIENNES

11, rue de Sévigné — PARIS
MÉTRO : SAINT-PAUL

(Voir à *REPARATEURS D'OBJETS D'ART*)

MAXANT (Etienne), 4, rue de Saintonge.

PASSERAT (G.), 35, rue Bréguet. Tél. 915.65.

SAINTILAN (F. de), 17, rue Saint-Sébastien.

TURIN (A). (Copie d'ancien), 20, rue Oberkampf Tél. 916.21.

ULMANN (L), 103, rue de Turenne. Tél 1001.46

INSTRUMENTS POUR LE DESSIN ET L'ARCHITECTURE

BARABAN (THOMAS, succ), 175, rue Saint-Honoré. Tél. 318.65.

BARBOTHEU (A. et M), 17, rue Béranger.

BELLAMY (E), 115, rue Réaumur. Tél. 118.3.8

BERVILLE, 25, rue de la Chaussée-d'Antin. Tél. 322 48.

CONTE (J.), 23, rue des Francs-Bourgeois.

COPPIN (C), 78, rue de la Verrerie.

DE SOYE, 12, rue de l'Ancienne-Comédie.

FOULON (M) et G. **QUANTIN**, 20, rue Malher. Usine à Ligny.

LEBLANC (L.), L. **PAPE**, succ., 23, rue des Archives.

MILLOT (J.), 9, rue du Renard.

MORIN (H.), 11, rue Dulong.

OLIVEREAU (H). E **TRUBERT**, succ., 29, rue des Gravilliers

PAILLARD (J.-M.), 17, rue de Lancry. Usine à Mouy.

ARIS AMERICAN ART Cᵉ (The). 2 magasins : 125, boul. du Montparnasse. Tél. 831 38; 2, rue Bonaparte Tél. 738.23, Paris. (*Voir notre annonce au commencement du volume*)

ROUGIER, 44, rue du Temple

SÉNÉE et Cⁱᵉ, 3, route d'Orléans, à Arcueil (Seine). Tél. 41.

SÉNÉE (Aristide), Jules **BONIN**, succ , 21, rue de Sèvres. Tél. 712 85.

SOCIÉTÉ DES LUNETIERS, 6, rue Pastourelle.

IVOIRES

A L'ÉLÉPHANT BLANC

BROSSERIE ET FABRIQUE DE TOUS OBJETS EN IVOIRE

— *Gros et Détail* —

32 bis, boulevard Haussmann
(entre la rue Taitbout et la chaussée d'Antin)

ACHAT D'IVOIRE BRUT

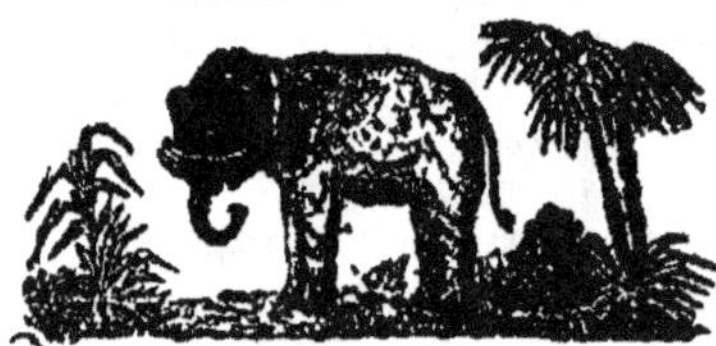

BROSSERIE FINE
ÉCRINS DE TOILETTE
TROUSSES DE VOYAGE ET MANUCURES
REMONTAGE DE BROSSES

Réparation artistique et Objets anciens

ALBERT-MIDDEGAELS

CROIX DE BERCEAUX — CHRISTS ET STATUETTES

Artistic repairs.— Man spricht deutsch.

AMFRAY-MIDDEGAELS. Christs, objets de collections, réparations, 109, rue du Bac.

AUDOUARD (G), 27, Faub -du-Temple Tél. 407 18.

BAILLON (A. **PREVEL FILS**, succ), 40, rue de Turbigo. Tél. 1007 24.

BAZIN (A) (Succ de Max **SYMON**) Christs et statuettes, ivoires, brosserie, jetons et dominos. coupe-papier, 7, rue des Gravilliers Tél. 1008.12.

BERVILLE, 25, rue de la Chaussée-d'Antin. Tél. 322 48

BOUROTTE, 151, rue du Temple, et 114, Faub.-Saint-Honoré.

BRITISH XYLONITE Cᵒ Lᵈ. 30, av. de Saint-Mandé. Tél. 907.46

CASSELLA (Louis) **JEUNE**, 174, rue du Temple.

COURRIAL, 21, rue Morand.

DELOYE, 62, rue Saint-Fargeau Tél. 902 61

DESQUESNES AÎNÉ, 2, rue d'Alexandrie

GRILLET PÈRE et **FILS**, 61, rue de Bretagne Tél. 1033 24

HÉNIN (E) Vente et achat d'ivoire brut et tous objets d'ivoire, réparation de billes de billards et accessoires, 175, rue du Temple

HUTANT (F. **GUYOT**, succ.). Outillage pour le travail de l'ivoire, la corne, 46, quai de l'Hôtel-de-Ville.

KUNZ (E) et Ch **HOFFMEISTER**, 13, rue d'Alexandrie. Tél. 324 46.

LEFRANC et Cⁱᵉ. Ivoires pour la miniature carrés et ovales Imitation des vieux ivoires par le chrysalide (Notice envoyée franco sur demande), 18, rue de Valois.

LEPEINTRE (Anc. maison **POISSON**), 3, rue Étienne-Marcel.

MAUCEAU, 119, rue du Temple.

MOREL (A), 15, rue de l'Échiquier. Tél. 266 47.

MORIZE (G.), 66, rue Notre-Dame-de-Nazareth.

MULLER (E), 66, rue de Bondy Tél. 442 63

PASCAL (L.), 158 *ter*, rue du Temple

REVET. Antiquités, curiosités, 167, rue du Temple. (Voir *Réparateurs d'objets d'art*)

ROSENWALD (E), ✳, O. I Ⓠ, 64, rue des Archives. Tél. 1013.25. Succursale, 25, rue Royale Tél 220.04.

SOSSON Objets d'art en ivoire, 50, rue de Turenne.

SOUILLARD (Félix), 32, rue de la Boëtie. Tél. 524 16

TANNER et Cⁱᵉ, 175, rue du Temple.

E. TRAISSARD

— *Téléphone* 262 —

SCULPTEUR SUR IVOIRE

CHRISTS ANCIENS ET MODERNES
STATUETTES
RÉPARATION D'OBJETS D'ART

77, rue des Petits-Champs

PARIS

TRUCHET (F), 56, rue Beaubourg.

VIAULT, 5, rue des Immeubles-Industriels. Tél 927.45.

VILCOCQ et **ECKENSTEIN** (anc Maison **PIAULT**), 151, rue du Temple.

WEINACHTER (F), 15, rue des Moulins, à Fontenay-s -Bois (Seine).

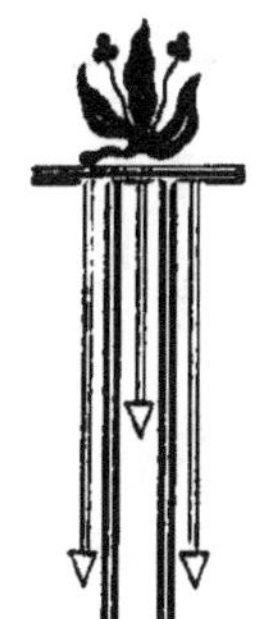
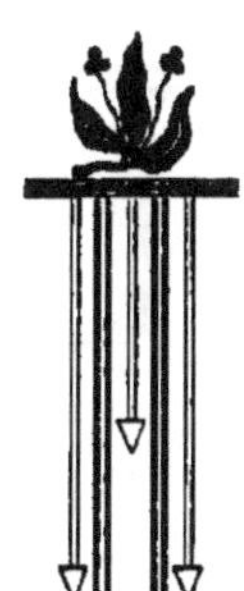

L'ART DÉCORATIF

Revue de l'Art ancien
et de la
Vie artistique moderne

Fondée en 1898

DIRECTEUR :

Fernand Roches

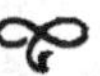

Administration
et Rédaction :

**4, rue Le Goff, 4
PARIS (5ᵉ)**

Téléphone : 805-02

:: **L'ART** ::
DÉCORATIF

est une revue complètement rénovée depuis son changement de direction, le 1ᵉʳ janvier 1911.

* * *

:: **L'ART** ::
DÉCORATIF

s'occupe de toutes les questions d'art à l'ordre du jour, d'art ancien et d'art moderne, d'art pur et d'art appliqué.

:: **L'ART** ::
DÉCORATIF

est la plus complète et la plus vivante des revues d'art.

* * *

:: **L'ART** ::
DÉCORATIF

contient de nombreux hors-texte originaux qui peuvent être encadrés et offre chaque année une superbe estampe inédite à ses Abonnés, comme prime gratuite.

:: ABONNEMENTS ::

FRANCE :: ::	:: ÉTRANGER
Un an... **20** fr.	Un an... **24** fr.
Six mois. **10** fr.	Six mois. **12** fr.

**ENVOI GRATUIT de SPÉCIMENS
:: :: SUR DEMANDE :: ::**

ENVOI GRATUIT
par retour du courrier de l'opuscule du " Connaisseur "

L'ÉDITEUR se fera un plaisir d'envoyer gratuitement à tous nos lecteurs ainsi qu'à tous Libraires et Marchands de Journaux susceptibles d'en faire bon usage pour augmenter la vente du " Connaisseur ", un opuscule venant de paraître, contenant tableau des poinçonnages de porcelaine de Chine et d'Argenterie, points d'intérêt pour Antiquaires et Collectionneurs et quantité d'autres renseignements utiles.

Envoyer carte postale à l'Éditeur pour recevoir l'opuscule de suite.

Abonnement annuel : 15 fr.; par la poste : 20 fr.
Étranger : 21 fr. 25. — Canada : 17 fr. 50.
Paraît le 1ᵉʳ de chaque mois.

Bureaux
de l'Administration : 1, TEMPLE CHAMBERS, LONDRES, E.C.
de la Rédaction : 95, TEMPLE CHAMBERS, LONDRES, E.C.

Trente-troisième Année

✦ ✦ ✦

LE

JOURNAL DES ARTS

Chronique de l'Hôtel Drouot

❧ ❧ ❧

VENTES ARTISTIQUES EN FRANCE
et à l'Étranger

✳

Expositions et Concours de Beaux-Arts

✳

Art industriel

ABONNEMENTS

✳

France. . 20 f.

Étranger. 25 f.

Paraissant
deux fois
par semaine
de novembre
à juillet
et une fois
de juillet
à novembre

RÉCLAMES

La ligne. . 2 f.

ANNONCES

La ligne. . 1 f.

Directeur-Gérant
Auguste DALLIGNY

Secrétaire de la Rédaction
Etienne DALLIGNY

1, rue de Provence, Paris

JOURNAUX
ET PUBLICATIONS
ARTISTIQUES

ARTS (Les) (Mensuel), 24, boul. des Capucines

ART DÉCORATIF (L') (Mensuel), directeur Fernand Roches, 4, rue Le Goff. (Voir *Annonce ci-contre*.)

ART ET LES ARTISTES (L') (Mensuel), 9, rue des Jeuneurs.

ART et LE BEAU (L') (Trimest), 65 rue du Bac Abonn. 20 et 22 fr. U. P. 24 fr. (le numéro 6 fr.).

ART ET DÉCORATION (Mensuel), 13, rue La Fayette.

BULLETIN DES MUSÉES DE FRANCE, (Mens), 106, boul. Saint-Germain.

BULLETIN MONUMENTAL (Bimest.), 82, rue Bonaparte.

BULLETIN DE LA SOCIÉTÉ DES ARTISTES FRANÇAIS (Mensuel), Grand-Palais des Champs-Élysées, Porte D Rédacteurs : MM Louis Bonnier, E Renard. Georges Lemaire, Pascal, J. Jacquet, E Thoumy.

CHEFS D'ŒUVRE DE LA PEINTURE (Les), 18, Chaussée d'Antin.

COMPTE RENDU MENSUEL DE LA SOCIÉTÉ DES ARTISTES FRANÇAIS, Grand-Palais des Beaux-Arts.

CHRONIQUE DES ARTS ET DE LA CURIOSITÉ (Hebdom). 106, boul. Saint-Germain

DÉCORATIONS INTÉRIEURES ET MEUBLES DES EPOQUES LOUIS XV, LOUIS XVI, ET EMPIRE (Mensuel), 89, boul. Beaumarchais.

GALERIES D'EUROPE (Les) (Mensuel), 6, rue de Tournon.

GAZETTE DES BEAUX-ARTS (La) (Mensuel), 106, boul Saint-Germain.

GAZETTE DE L'HOTEL DROUOT (La) (Trihebd), 8, rue Milton Abonn 20 et 22 fr U P 24 fr (le numéro 0 fr 10) (Voir *Annonce ci-contre*)

GRAVURE ET LA LITHOGRAPHIE FRANÇAISE (La) (Mensuel). Rédacteur en chef : Pierre Dautan. 54 rue Boussingault.

GUIDE ARTISTIQUE ILLUSTRÉ (Le) (Mensuel), 7, rue Cassette

JOURNAL DES ARTS (Chronique de l'Hôtel Drouot), paraissant deux fois par semaine, de novembre à juillet, et une fois de juillet à novembre, 1, rue de Provence Direct -Gérant : Aug. Dalligny; Secrétaire de la Rédaction : Étienne Dalligny. Abonn. France, 20 fr. Étranger : 25 fr. (Voir *Annonce ci contre*)

MONITEUR DU DESSIN (Le) (Revue Mensuelle illustrée), 77, rue de Seine.

MONITEUR DES VENTES (Quotidien) Abonn : 24 fr. (le numéro. 0 fr 10), 21, rue Le Peletier.

NEW-YORK HERALD (The) (supp^ts artistiques) (B.mensuels), 49, av. de l'Opéra

NOTES D'ART ET D'ARCHÉOLOGIE (Mensuel), 4, rue Madame.

PASTEL (Le) (Journal des Pastellistes). Notes d'atelier, technique, historique et documentaire, 4, rue Grenier-Saint-Lazare.

REVUE DE L'ART ANCIEN ET MODERNE (Mensuel, illustrée), 28, rue du Mont-Thabor.

REVUE DE L'ART FRANÇAIS (Mensuel), 54, rue Laffitte.

REVUE DES BEAUX-ARTS (La) (Hebdomadaire), 29, rue de Paradis.

STUDIO (The) (Mensuel), 50 rue de la Chaussée-d'Antin Abonn 24 fr U. P. 27 fr. (le numéro : 1 fr 60). (Voir *Annonce en tête de la rubrique*.)

Publications bibliographiques.

ABEILLE BIBLIOGRAPHIQUE (L') (Mensuel). Directeur-Fondateur : R. Chamonal, 20 et 22, rue de Varenne

AMATEUR D'AUTOGRAPHES (Mensuel), 8, rue de Furstenberg.

ARCHIVES DU BIBLIOPHILE, 16, rue Dauphine.

BIBLIOGRAPHIE DE LA FRANCE, 117, boul. Saint-Germain.

BIBLIOGRAPHE MODERNE, 82, rue Bonaparte.

BIBLIOPHILE FRANÇAIS (Le) (Mensuel), 62, rue des Écoles

BULLETIN DU BIBLIOPHILE (Henri Leclerc), 219, rue Saint-Honoré.

BULLETIN DES CHASSEURS BIBLIOPHILES (Trimestriel), 62, rue des Écoles.

BULLETIN DES LIBRAIRES, 13, rue de Buci.

CHRONIQUE DES LIVRES, 7, rue Corneille.

COURRIER DE L'AMATEUR COLLECTIONNEUR (Éditeur : Gautier-Rivière), 71, rue des Saints-Pères.

COURRIER DES BIBLIOTHÈQUES ET DES AMATEURS DE LIVRES, 4, rue Bernard-Palissy.

ÉCHO BIBLIOGRAPHIQUE DU BOULEVARD, Revue critique des Livres nouveaux. Librairie : Eugène Rey. Abonn France : 1 fr Étranger : 1 fr. 50 par an, 8, boul. des Italiens. Tél. 218 56.

LA LIBRAIRIE, 5 et 7, rue des Beaux-Arts.

MÉMORIAL DE LA LIBRAIRIE FRANÇAISE, 174, boul. Saint-Germain.

POLYBIBLION, 5, rue Saint-Simon.

REVUE DES AUTOGRAPHES, 153, Faub.-Saint-Honoré.

REVUE HÉRALDIQUE ET DES QUESTIONS HÉRALDIQUES (Mensuel) Direction et Rédaction : Château du Reclaud, par la Tour-Blanche (Dordogne) Administration (abonnements et collections), Librairie Em. Paul et Guillemin, rue des Bons-Enfants, Paris.

Céramique et Verrerie.

LA CÉRAMIQUE, 64, Chaussée-d'Antin.

CÉRAMIQUE ET LA VERRERIE, 13, rue des Petites-Écuries.

MONITEUR ET LA CÉRAMIQUE ET DE LA VERRERIE, 20, rue Turgot.

(*Voir la suite des journaux, page 92.*)

Philatélie.

COLLECTIONNEUR DE TIMBRES-POSTE (Le) (Mensuel), 6, boul. Montmartre.
JOURNAL DES PHILATÉLISTES (Mensuel), 16, av. de l'Opéra

Héraldique (Art).

NOBILIAIRE UNIVERSEL DE FRANCE, 101, rue de Miromesnil.
REVUE GÉNÉALOGIQUE (La), 18, rue du Cherche-Midi.

Mémoires, Histoire, Traditions et Curiosités.

CORRESPONDANCE HISTORIQUE ET ARCHÉO-LOGIQUE, 4, rue Le Goff.
MONUMENTS ET MÉMOIRES (Mensuel), 28, rue Bonaparte.
REVUE ARCHÉOLOGIQUE (Bimensuel), 28, rue Bonaparte.
REVUE HISTORIQUE, 108, boul. Saint-Germain.
REVUE DES ÉTUDES HISTORIQUES (Bimestriel), 82, rue Bonaparte.
REVUE DES TRADITIONS POPULAIRES (Mensuel), 78, boul. Saint-Marcel.
REVUE DU TRADITIONISME (Mensuel), 60, quai des Orfèvres.
INTERMÉDIAIRE DES CHERCHEURS ET DES CURIEUX, (Trimensuel), 31 *bis*, rue Victor-Massé.

LIVRES ANCIENS ET MODERNES

Livres d'Art. Livres Curieux

Cercle de la Librairie, de l'Imprimerie, de la papeterie, du commerce, de la musique, des estampes, etc., 117, boul. Saint-Germain, et 27, rue Grégoire-de-Tours.
Directeur des Services : Louis Prunières Tél. 811.11.

ABT (Georges), 6, rue de Miromesnil.
AFFOLTER (Olivier), succ. d'Aug **FONTAINE**. Maison spéciale pour les beaux ouvrages illustrés, pour étrennes, cadeaux, etc Belles reliures, 50, rue de Laborde. Tél. 582 63.
BARANGER (Félix), 132, rue La Fayette.
BARANGER (G) **FILS**. L. Roger-Milès : Comment devenir connaisseur, meubles et objets d'art. Comment discerner les styles, architecture et décoration. Comment discerner les styles enseignés par l'image, le mobilier, la dentelle, la ferronnerie, le luminaire, le style Empire, le style Piranesi. Achat au comptant de tous ouvrages relatifs aux Beaux-Arts et à la Curiosité, 5, rue des Saints-Pères, Paris. (*Voir annonce en tête de la rubrique.*)
BARBOU (Victor), 10, rue de l'Odéon
BASTON, 4, rue Férou.
BAUDOT (L.). Livres neufs et d'occasion. Achat de bibliothèques, 10 *bis*, rue de Châteaudun.
BELIN (Théoph), 48, rue Cambon. Tél. 266.81.
BERCHE et TRALIN, 69, rue de Rennes.
BERTOUT (Aug.), 5, rue de l'Échaudé, et 46, rue de Seine.

BESSIRE (André), 39, rue de Seine.
BESOMBES (Albert). Librairie ancienne et moderne, achat de bibliothèques, catalogue mensuel, 40, rue Le Peletier.
BLAIZOT (A), (Anc. Maison **LECAMPION**). Beaux livres anciens et modernes, reliures romantiques, éditions originales et de grand luxe, achat de livres et de bibliothèques, catalogue mensuel, 26, rue Le Peletier.
BOSSE (Charles). Livres anciens et modernes, livres d'art, publie annuellement 22 catalogues de livres curieux et rares en tous genres, 46, rue La Fayette.
BOYVEAU et CHEVILLET, 22, rue de la Banque. Tél. 143 13. (Voir *Livres d'art.*)
BRIÈRE (E), (Maison V **GIARD** et E. **BRIÈRE**), 16 rue Soufflot, et 12, rue Toullier.
BRIFFAUT et C\ie, 4 rue Furstenberg
BRIQUET (A.), 34, boul. Haussmann.

CHADENAT, 17, quai des Grands-Augustins.
CHAMONAL (Mme), 17, rue de Grenelle.
CHAMONAL (R). *Abeille Bibliographique*, 20. et 22, rue de Varenne.
CHAMPION (H.), 5, quai Malaquais.
CHERONNET (P),19,rue des Grands-Augustins.
CHEVREL, 29, rue de Seine.
CHEVRETEAU (A), 5, rue de Tournon.
CHRÉTIEN (Georges), 172, rue du Faub.-Saint-Honoré.
CLAESEN (Ch.). Achat et vente de livres et planches anciens et modernes, pour architectes, industriels du bâtiment, mobilier, etc., 9, rue Dupuytren (Odéon).
CLAVREUIL, 19, rue de Tournon.
CLEVI (Em.), 51, boul de Clichy.
CONARD (Louis), 17, boul. de la Madeleine. Tél. 212 26.
CORNUAU (Paul), 13, boul. Haussmann.
COTTINI, 26, rue Bonaparte.
CRÈS et **Cⁱᵉ**, 3 *bis*, pl. de la Sorbonne.
DARAGON, 96, rue Blanche.
DELAROQUE (Henri), 21, quai Voltaire.
DELTEIL et **LE CORBEILLER**, 38, rue de Châteaudun.
DÉTÉ (E.), 2, rue Séguier.
DESFORGES (H), 29, quai des Grands-Augustins.
DEYSSIÉ. Librairie ancienne et moderne, achat de bibliothèques et lots de livres et gravures dans tous les genres, 53, rue de Seine.

DIGUES (L), 48, rue d'Ulm.
DORBON (Lucien), 6, rue de Seine.
DORBON AÎNÉ, 53 *ter*, quai des Grands-Augustins. Tél. 819.15.
DOUVILLÉ (Henri), 10, rue Séguier.
DUREL (A), 21 rue de l'Ancienne-Comédie. et 9 et 11, cour du Commerce.
DUVAL. Spécialité d'ouvrages sur l'histoire de France, les provinces, la noblesse, les beaux-arts, l'Europe, etc , Exportation, importation, 74, rue de Seine.
ÉMILE-PAUL, 100, Faub -Saint-Honoré. Tél. 519 00.
ESTOUP,(H.). Livres anciens et modernes, 8, rue de la Grande-Chaumière.
FALQUE (H.) Librairie ancienne et moderne, 86, rue Bonaparte.
FLOQUET, 45-47, rue des Martyrs.
FONTAINE (Aug.), 50, rue de Laborde. (Voir *Affolter*.)

Librairie JEAN FONTAINE

Jules MEYNIAL

SUCCESSEUR

30, boulevard Haussmann, 30

GRAND CHOIX DE BEAUX LIVRES
Anciens et Modernes

MANUSCRITS, RELIURES ANCIENNES ESTAMPES

Catalogue franco sur demande

DIRECTION DE VENTES PUBLIQUES EXPERTISES

ACHAT DE LIVRES
rares et précieux des XVe et XVIe siècles

ÉDITIONS ORIGINALES DU XVIIe SIÈCLE

Livres illustrés des XVIIIe et XIXe siècles

Costumes, Ornements, Sports, etc.

FONTAN, 39. boul. Raspail.
FONTEMOING et Cie (E DE BOCCARD. succ.), 4, rue Le Goff. Tél. 805 02.
FOUCAULT (Henri), 4 *bis*, rue du Cherche-Midi.
FOULARD (Charles). Livres d'art anciens, 7, quai Malaquais. Tél. 828 04.
FOURNIER (L), 264, boul. Saint-Germain.
GAILLANDRE Envoi franco du catalogue, 21, quai Malaquais.
GAMBER (J), 7, rue Danton Tél. 813.08.
GARIDEL, 16, *rue Cassette*.
GASTINGER (V.). Gravures anciennes, 6, rue des Beaux-Arts.

GIBERT (Joseph), 27, quai Saint-Michel.
GIRARD (Armand). Livres et musique d'occasion, achat et vente, 17, rue de Châteaudun.

GRUEL (Léon), 418, rue Saint-Honoré Tél. 240.76.

QUÉBLEZ, 22, boul du Montparnasse

GURY FRÈRES, 137, rue de Sèvres

HERMANN (A), 6, rue de la Sorbonne.

ISAAC (Louis), 29, rue de Richelieu

JACQUENET, 25, rue de Tournon.

JOUVE et C¹ᵉ 15, rue Racine (Voir *annonce en tête de la rubrique*.)

KRA (S). Librairie de l'Ancien Temps Estampes, ex-libris, autographes, 6, rue Blanche.

LAISNEY (Louis). Vente, achat, échange de toutes sortes de livres neufs et d'occasion. Envoi franco du catalogue, 5, pl de la Sorbonne.

LARCHON et A. **ERNOUF**, 24, rue Soufflot.

LEBROC (Vve) et C¹ᵉ (Maison **AUDOT**), 34, rue Saint-Jacques.

LECHANTEUX (P.) Librairie ancienne et moderne, achat de livres en tous genres, ouvrages sur la chasse, 9, rue Guénégaud.

LECHEVALIER (Émile), 16, rue de Savoie.

LECHEVALIER (Jacques), 23, rue Racine.

Henri LECLERC ✦ A.

Librairie
Ancienne et Moderne

ACHAT AU COMPTANT

de livres précieux, reliures anciennes,
manuscrits avec miniatures,
estampes françaises et anglaises
du xviiiᵉ siècle.

Direction de Ventes publiques
Commissions dans les Ventes
Catalogues mensuels

La Librairie HENRI LECLERC publie le
BULLETIN DU BIBLIOPHILE
ET DU BIBLIOTHÉCAIRE
Revue mensuelle
fondée en 1834 par J. TECHENER.

219, rue St-Honoré et rue d'Alger, 16

Tél. 238-85 près la place Vendôme

LECUYER (Paul), 7, quai Voltaire.

LEFÈVRE (Théodore), et C¹ᵉ, 2, rue des Poitevins.

LEFORESTIER (H.), (Librairie de l'Amateur). Librairie ancienne et moderne, achat de bibliothèques, commission, 5, rue de Londres.

LEGALLIER, 26, rue Mazarine.

LEHEC, 37, rue Saint-André-des-Arts.

LEMALLIER (G.), 25, rue de Châteaudun. Tél. 231.72.

LEMASLE, 3, quai Malaquais.

LIBRAIRIE
E. LEMERCIER

Galerie Véro-Dodat, 1, 3, 5, 7, 9
et rue J.-J. Rousseau, 19, Paris.

Telephone 154.34

SUCCURSALE · place Victor-Hugo, 5
et rue Boissière, 81, Paris.
Telephone 686.12

ACHAT DE LIVRES
ET DE BIBLIOTHÈQUES

OUVRAGES NEUFS ET D'OCCASION
ET A PRIX RÉDUITS
OUVRAGES SUR LES BEAUX-ARTS
LITTÉRATURE, HISTOIRE, MÉMOIRES, ETC.

COMMISSION SANS FRAIS
pour tous livres anciens et modernes

RECHERCHES BIBLIOGRAPHIQUES

Envoi du Catalogue franco

LÉONARDON, 10, rue des Beaux-Arts.

LEPLANQUAIS. Ouvrages neufs et d'occasion, archéologie, architecture, littérature, sciences, etc., achat de bibliothèques et ventes publiques, 37, quai des Grands-Augustins

LEQUESNE (André), 59, rue de Rennes.

LIBRAIRIE DES LETTRÉS, 92, boul. Saint-Germain.

LIBRAIRIE MARESCQ JEUNE, 23, rue Soufflot.

MARTIN (Ernest), (anc. librairie **FLAMMARION** et A **VAILLANT**), 3, rue du Faubourg-Saint-Honoré. Tél 228 38 (*Voir Livres d'Art*)

MATHIAS (Georges), 8, rue Lamartine.

MAY (Albert du), 14 *bis*, rue Saint-Georges.

MEYRAT (J.), 19, av. de Tourville.

MOHR (H), 1, quai Voltaire

MONROTY et **BRUNET**, 30, rue Jacob.

MORE (Alexandre). *Histoire de France, Révolution française, Napoléon I*er*, Mémoires et souvenirs, Histoire de Paris et des Provinces, Pays étrangers*, etc., 28, rue de Sévigné.

MOREAU et F GAILLOT, Achat de livres et gravures en tous genres. Belles reliures avec armoiries. Manuscrits avec miniatures, expertises, 41, rue de Seine.

MORGAND (Damascène), (Édouard **RAHIR**, succ.), Librairie de la Société des Bibliophiles François. Très beaux livres rares et curieux, manuscrits, 55, pass des Panoramas.

MOTUS (L.), succ. de V. **COLAS**, 72, boul Sébastopol.

NAUROY, 240, rue Saint-Jacques

LIBRAIRIE ÉMILE NOURRY

62, rue des Écoles. — Paris (V^e)

LIVRES ANCIENS EN TOUS GENRES

Catalogue mensuel envoyé sur demande

SPÉCIALITÉS :

I — Religions et philosophies, Critique (Éditions modernistes).

II. — Occultisme, Sciences psychiques (Magie et sorcellerie).

III — Livres sur la chasse et la pêche, les chevaux et les chiens

IV — Ethnographie, Folklore (Traditions populaires)

En demandant le catalogue, indiquer les spécialités auxquelles on s'intéresse

ACHAT DE LIVRES ET DE BIBLIOTHÈQUES
au comptant

PENEAU (Éd), 88, rue de Rennes.

PETIT, 229, rue du Faubourg-Saint-Honoré.

PICARD (Henri). Livres rares et curieux anciens et modernes, 126, rue du Faubourg-Saint-Honoré.

PICARD (Maurice), 27, rue Bonaparte.

POISSON (Just), 37, rue de Lille.

RAHIR (Édouard), succ. de **MORGAND** Librairie de la Société des Bibliophiles François. Très beaux livres rares et curieux Manuscrits, 55, pass. des Panoramas.

RANDON, 16, rue des Martyrs

RAPILLY (Georges), 9, quai Malaquais. Tél. 725 16.

REVET (Ét), 11, quai Voltaire

RIEFFEL (Roger), Achat de livres, 47 *ter*, rue des Saints-Pères.

RIVIÈRE (Marcel), 31, rue Jacob. Tél. 740 37.

ROUQUETTE (Alexis), 18, rue La Fayette. Tél. 260 56

ROUSTAN (Georges), 5, 17 et 17 *bis*, quai Voltaire.

SAFFROY FRÈRES, 73, Grande-Rue, villa n° 23, au Pré-Saint-Gervais.

SAINT-JORRE FRÈRES, 91, rue de Richelieu.

SCHEMIT (Jean). Spécialité de livres sur les Beaux-Arts et de catalogues de ventes publiques annotés, 52, rue Laffitte.

THELU (J.). Livres et gravures, 49, rue de la Victoire.

THOMAS (Vve A.) et **CHARLES THOMAS**, 6, pl. de la Sorbonne.

VIENNEY (Maxime), O I. (). Librairie ancienne et moderne. Achat très cher de livres en tous genres, 3, quai de Conti.

VINCENT (A), 4, rue des Beaux-Arts. Tél. 814 81.

VOISIN (A.), 34, rue Mazarine.

WELTER (H.), 4, rue Bernard-Palissy.

WOLF (H.-C), 30, rue Bonaparte, et 56, cité des Fleurs.

LIVRES D'ART

Livres anciens et modernes

AFFOLTER (Georges), 6, rue de Miromesnil.

BINANT (A), P. **HADROT**, succ. (La Peinture sur toile), 70, rue de Rochechouart.

BLAIZOT (A), (anc. maison **LECAMPION**), 26, rue Le Peletier

BOIVIN et Cie, 5, rue Palatine (ancienne librairie **FURNE**).

BOSSE (Charles), 46, rue Lafayette.

BOUASSE-LEBEL, 29, rue Saint-Sulpice.

BOUMARD et **FILS**, Estampes religieuses, 15, rue Garancière

---

BOYVEAU & CHEVILLET

22, rue de la Banque

(Téléphone 143-13)

PARIS

ACHÈTENT LES

LIVRES ÉTRANGERS

CALAVAS, 68, rue Lafayette

COLIN (Librairie Armand), Max **LECLERC** et H. **BOURRELIER**, 5, rue de Mézières.

CONARD (Louis)

Librairie de la Madeleine

ÉDITIONS DE LUXE. — Classiques Français dans les meilleures éditions. — Reliures de luxe anciennes et modernes. — Editions originales des chefs-d'œuvre de la littérature contemporaine. — Livres illustrés tirés à petit nombre. — Ouvrages ornés d'aquarelles originales.

ÉDITEUR *des œuvres complètes et définitives de Guy de Maupassant, Gustave Flaubert.*

PRÉPARE *l'édition définitive et annotée des œuvres complètes de Balzac illustrées de 1500 dessins de Huard gravés sur bois, par Pierre Gusman.*

ACHAT DE BIBLIOTHÈQUES AU COMPTANT

DEMANDER LE CATALOGUE DE LIVRES RARES

17, boulevard de la Madeleine
TÉLÉPHONE 212.26

DIDOT (Firmin) et Cⁱᵉ, 56, rue Jacob.

EGGIMANN (Ch.), 106, boul. Saint-Germain.

FERROUD (F.), 127, boul. Saint-Germain.

FLOURY (H.), 1, boul. des Capucines. (*Voir annonce en tête de la rubrique.*)

FONTAINE (Jean), (Jules **MEYNIAL**, succ.), 30, boul. Haussmann.

GEUTHNER (Paul), 68, rue Mazarine. (Voir *Livres anciens.*)

GRASSET (Bernard), 61, rue des Saints-Pères. Tél. 745.34.

GUÉRINET (A.), 140, rue du Faubourg-Saint-Martin.

HACHETTE et Cⁱᵉ, 79, boul. Saint-Germain.

HESSLING (E.). Fournit promptement et aux conditions les plus avantageuses tous les ouvrages concernant les Beaux-Arts, 13, rue Jacob. (*Voir annonce en tête de la rubrique.*)

JOUVE et Cⁱᵉ (éditeurs), 15, rue Racine. (*Voir annonce en tête de la rubrique.*)

LAFFITTE (Pierre) et Cⁱᵉ, 90, av. des Champs-Elysées.

LAURENS (H.), 6, rue de Tournon.

LEROY, 55, rue du Faubourg-Poissonnière.

LIBRAIRIE ARTISTIQUE INTERNATIONALE, 65, rue du Bac.

LIBRAIRIE D'ART TECHNIQUE, 12, rue Séguier.

LONGUET (D.-A.), 250, rue du Faubourg-Saint-Martin.

MAME et **FILS** (de Tours), 7, rue de Mézières.

MOREAU et F. GAILLOT, 41, rue de Seine.
MORGAND (Damascène), Édouard RAHIR, succ., 55, pass. des Panoramas.
OLLENDORF Société d'éditions littéraires et artistiques, 50, chaussée d'Antin.
PELLETAN (Édouard), 125, boul Saint-Germain.
PLON, NOURRIT et Cie, 8, rue Garancière.

LIBRAIRIE
EUGÈNE REY
8, boul. des Italiens — PARIS
— Téléphone 218.56 —

TOUTES LES NOUVEAUTÉS
LITTÉRAIRES ET ARTISTIQUES

Livres illustrés par STEINLEN
Livres illustrés par Ch. HUARD

La Librairie EUGÈNE REY publie chaque mois "L'Écho bibliographique du Boulevard", revue critique des Livres nouveaux.

Abonnement : France, **1** fr. par an.
— Etranger, **1 50** —

VIENT DE PARAITRE :
PARIS VIEUX ET NEUF
RIVE DROITE — RIVE GAUCHE
2 beaux volumes illustrés par CH. HUARD de 300 dessins originaux, sur un texte de ANDRÉ BILLY. — PRIX : **10** fr.

ROGER et CHERNOVIZ, 99, boul. Raspail.
(Voir annonce dos de couverture)
SCHMID, 51, rue des Ecoles.

MARBRES ARTISTIQUES

BONNEFONT (E), 17, rue de Paradis.
GOLDSCHEIDER (Frédéric), 45, rue de Paradis, et 28, av. de l'Opéra.
GORINI FRÈRES. Marbre de Carrare, statuettes modernes et classiques, 11, rue Réaumur.
GUILLEMARD (E.), 92, rue Amelot. Tél 944.97
HOURY (Jules), PÈRE et FILS, 54, rue de Paradis. Tél. 254.81.
JOUDRIER, 47, rue de Bretagne
LAPOINTE (A), Anc. maison GODEAU, 100, rue Amelot. Tél. 932.21.

MOGNETTI (colonnes, gaines, guéridons, pendules), 4, rue Oberkampf.
ORSINI FRÈRES, 28, pass. Falguière.
SOCIÉTÉ FRANÇAISE DE SCULPTURE D'ART EN MARBRE, 10 rue de la Paix. Galerie Félix Cavaroc et Cie. Tél 281 40
WUIOT, O A (), marbres anciens, 3 et 5, rue Paul-Louis-Courrier.

MARBRES EN GROS

CHAPRON et GUILBAUD, 32 *bis*, rue des Plantes.
COMPAGNIE FRANÇAISE DES ONYX DU MEXIQUE. Siège social à Paris, 1, rue Borda.
D'ANTERROCHES et Cie, 32, rue Caumartin.
DERVILLÉ et Cie, à Paris, 164, quai de Jemmapes.
FABRE (J) et FRÈRE, 71, rue de Grenelle.
FILIPPO-PELLINI, 100, av. Philippe-Auguste.
GAUTHIER (L.-N.), 16 et 18, rue de Chaligny. Tél. 918.51.
HÉRITIERS & HENRAUX. Dépôt succ. de Paris, 21, rue d'Alleray. Tél. 733.16.
HEURLEY, 25, rue Bréguet prolongée. Tél. 900.53.
LEHÈQUE (O.), 76, boul. Richard-Lenoir. Tél. 901.02.
LEPROVOST (P.), 8, villa des Otages.
MASSON (E.), 10, rue Boulle.
MORIN (Paul), et Cie, 65, rue de la Glacière.
ORSINI FRÈRES, 28, pass. Falguière.
SEUTIN, 10, rue Florian. Tél. 984.83.
SOCIÉTÉ ANON. DES CARRIÈRES DE CARRARE, 58, rue du Rendez-Vous.
SOCIÉTÉ ANON. DE MERBES-LE-CHATEAU, 64, rue Crozatier.
SOCIÉTÉ DES MARBRES BLANCS FRANÇAIS D'ARGUENOS, 8, rue Joubert.
SOCIÉTÉ DES MARBRES ET ONYX DE L'ALGÉRIE ET DU MAROC, 164, rue de Courcelles. Tél. 549 92.
SOCIÉTÉ MARBRIÈRE D'AVESNES, 15, 17 et 19, av. Daumesnil.
WOLFF, 32, rue Érard.

MAROUFLAGE

BINANT (A). P. NADROT, succ., 70, rue Rochechouart. Tél. 212.31.
HARDY-ALAN (G. VASSEUR, succ.). Entreprise de marouflage de tableaux et toiles blanches dans les monuments publics, châteaux, hôtels. France et Etranger, 92, boul. Raspail. Tél. 702 51.
MORIN (E), 5, rue Lepic. Tél. 527.51.
REVEL et COCCOZ, 33 *bis*, boul. de Clichy.

MATÉRIEL DES ARTS

AIMBA (La C¹ᵉ) Vente en gros, agence internationale du matériel pour les Beaux-Arts, 81, rue de Richelieu. Adresse télégr. : Aimba. Tél. 115 92 (*Voir notre annonce au commencement du volume*)

BEHRENDT (Fritz). (*Voir notre annonce au commencement du volume.*)

BERVILLE, 25, Chaussée d'Antin Tél 322 48.

BOUVARD et **DUFOUR**, 68, rue de Clichy.

CASTELUCHO-DIANA, 16, rue de la Grande-Chaumière

CHARBO (R), 96, boul. du Montparnasse.

COULEURS WEIMAR. *Voir notre annonce au commencement du volume.*

GARNIER (Mme Vve), 56, rue de Maubeuge.

GREEN and **SON** (J BARCHAM) (*Voir annonce au commencement du volume*)

GUICHARDAZ, 29-31, rue du Dragon.

HUTANT (F. **GUYOT**, succ). Outillage pour sculpteurs, bois, marbre et pierre, 46, quai de l'Hôtel-de-Ville

LAGRANGE, 92, rue du Bac (fournitures pour travaux d'amateurs)

LÉCLUSE (Ph), 58, rue de Clichy. Ateliers, 13, rue Eugène-Carrière.

LEFRANC et **C¹ᵉ** Boîtes paysage, boîtes au ponce, boîte du peintre animalier. Chevalets, appuismain, couteaux à peindre, selles à modeler Pinceaux, brosses, etc , etc., 18, rue de Valois.

MORIN (Eug.)

Fabrique de Toiles à peindre et Couleurs extra-fines

COULEURS pour la DÉCORATION ARTISTIQUE

MAROUFLAGE — MATÉRIEL D'ARTISTES

SEUL FABRICANT des Couleurs 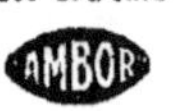 **Procédés J. JANET** Titre et Marque déposés	**5, rue Lepic, 5** (Place Blanche) **VERMILLON DE CADMIUM POURPRE DE CADMIUM** Brevetés S. G. D. G. USINE : 29, rue Caulaincourt ATELIERS. 17, rue de Maistre **DORURE & ENCADREMENTS** TÉLÉPHONE 537.51

O. W PAPER and **ARTS C¹ᵉ L**ᵈ. (*Voir annonce au commencement du volume*)

PAPE (L). Compas, tire-lignes, 72, rue des Archives.

PARIS AMERICAN ART C° (The), deux magasins : 125, boul. du Montparnasse. Tél. 831 33 ; 2, rue Bonaparte. Tél. 738 23, Paris. (*Voir notre annonce au commencement du volume.*)

PASQUINI et **C¹ᵉ** (F.). Couleurs Vélasquez à l'huile, fournitures et matériel pour artistes, rentoilage, vernissage et restauration de tableaux, 43, av. de Wagram.

ROCHE (A), 26, boul. des Batignolles.

ROMEY (Jules). Fournitures générales pour artistes, encadrements, peinture à l'huile, aquarelle, sculpture, dessin, objets Watmann à décorer, pyrogravure-cuir, cuivre et étain repoussés, cloutage. Envoi franco du catalogue n° 4, 42, av. de Wagram.

ROWNEY (Georges) et **C¹ᵉ**, 27, rue des Bons-Enfants.

SCHOENFELDT and **C°** (Dr.-Fr). (*Voir annonce au commencement du volume*)

SÉNÉE (L) et **C¹ᵉ**, 18, rue de l'Ancienne-Comédie.

VIGNOL, 20, rue Jacob.

MÉDAILLES
(Éditeurs de)

ALLARD et **FELLION**, 70, rue des Archives.

ARTHUS, **BERTRAND** et **BÉRANGER**, 46, rue de Rennes. Tél 727.15.

AUGIER et **JULLIARE**, 15, rue Lobineau. Tél. 826 24.

BAER, 8, rue Deguerry.

BALME (J.) et **FILS**, succ. de **MAZOYER** et **BALME**, 117, boul Richard-Lenoir

BENOIST (Marthe), Ch **BOUQUANT**, succ., 15, rue de Turbigo.

BÉRAUDY et **C¹ᵉ**, 15, rue de Babylone.

BERNEL-BOURETTE, O. A. Q, 84, boul. Beaumarchais.

BLENNER (H.), 160, rue Montmartre. Tél. 135.06.

BLONDEAU (A), 150, boul. Raspail.

BONNANGE-DUVAL (Vve L. **POUPART**, succ.), 43, rue de Saintonge

BORY (J.), 21, rue du Temple. Tél. 1009.13.

BOUASSE JEUNE et **C¹ᵉ**, 12, pl. Saint-Sulpice. Tél 704 37.

BOUASSE-LEBEL (maison), **LECÈNE** et **C¹ᵉ**, 29, rue Saint-Sulpice. Tél. 811 34

BOUTROUILLE, 4, pl de Thorigny.

BRÉMOND, 26, rue des Gravilliers.

BRENNUS, 40, rue de Montmorency.

CARTAUX (F.), 6, cité Dupetit-Thouars.

CHALIN (L.), 12, rue de Crussol. Tél. 930.89.

CHÉRON (L.), 90, rue des Archives.

CHEVALIER et **C¹ᵉ** (**THÉVENON** et **C¹ᵉ**, succ.), 39, rue de Montmorency. Tél. 1024 06.

CHOBILLON, 23, rue Croix-des-Petits-Champs Tél. 210.91.

COLLIGNON (Gaston), 11, rue de la Sourdière.

C¹ᵉ PARISIENNE DES MÉDAILLES, S. MESTRALLET, direct., 24, rue de l'Entrepôt.

DANIEL (Ch.), 29, rue Bonaparte.

DELANDE (M), 26, rue Beaubourg.

DESBAZEILLE (G.) et FILS, 6, rue Monsigny.

DUBOIS (Henri), 82, rue N.-D.-des-Champs. Tél 813 84.

DUSEAUX et Cⁱᵉ, 29, rue Pastourelle. Tél. 1013 57.

DUVAL (J.), O A. ✺, 17, rue du Louvre Tél. 251 75

ENAULT (R.), 41, rue de Turbigo.

EXBRAYAT (E.), 22, rue Tourlaque.

FONSÈQUE (G.), 85, rue de Richelieu. Tél. 111.25.

FRANQUET (E.), 16, rue Depetit-Thouars.

GAUDIN et DUBRAY (succ. de V. MICHELIN), 9 bis, quai de Valmy. Tél. 933 21

GODARD, O. A. ✺, 37, quai de l'Horloge. Tél. 819 58.

GODIVIER-CASSABEL (A CHAUVIN, succ.), 119, rue du Temple Tél. 1025.30

GRILLOT, 161, rue des Pyrénées. Tél. 916 33

HARDELLET, 2, rue des Haudriettes. Tél. 1032.45.

KATZ, 41, boul. Voltaire.

LAHURE (A.), 23-25, rue des Balkans Tél. 911.86.

LECLÈRE (Paul), succ. de ROBINEAU FILS. Médailles et plaquettes artistiques pour sociétés. 129, rue de Turenne. Tél. 1034 00

LEFORT (Franck) et GROMIER, 9, rue Montesquieu. Tél. 210.74.

L'HOEST (Eug), 27, rue des Dames.

MAGDELAINE (F), 56, quai des Orfèvres. Tél 824 12.

MASSONNET et Cⁱᵉ (A. MASSONNET, succ.), 64, rue du Faubourg-Saint-Denis. Tél. 442.27.

MATRAT (L), 7, rue Grenier-Saint-Lazare.

MAYAUD FRÈRES, 20, rue de Turbigo. Tél. 152.75.

« MÉDAILLIER » (Le), (Vve LAGARDE, direct), 13, rue du Conservatoire.

MENDEL, 20, rue des Quatre-Fils. (Voir PONCE JULES)

NORMAND (F), succ. de QUERCIA AÎNÉ. 104, rue Réaumur Tél. 274.57

PENIN-PONCET, de Lyon. Représ. C. DANIEL, 29, rue Bonaparte.

PICHARD, à Saumur. Représ. FROUIN, 11, boul. Voltaire.

PISSIS (J.-L), succ. de E. TOUCHARD, 5, rue Charlot.

PONCE (Jules), ancienne maison MENDEL, 20, rue des Quatre-Fils.

POTHIER et NAUDEZ. Plaquettes, 31, rue Charlot

POULAIN, 209, rue Saint-Maur.

QUERCIA (J.), 176, rue Saint-Martin, 4, pass. de la Réunion. Tél 1007.05.

SAUDINOS FILS (maison D SAUDINOS, RITOURET), 2, 4 et 6, place Saint-Sulpice

SOURIS, 12, rue Saint-Gilles.

TALABOT (J.-B), à Rueil (Seine-et-Oise).

VACHETTE-WAAG (maison G. RIFFAUD succ), 54, quai des Orfèvres.

VOISIN (H) et GARNIER, 7, rue Portefoin.

MÉDAILLIERS

BREMOND, 26, rue des Gravilliers.

DEWEZ, 210, rue Saint-Denis. Tél. 122.70.

HODIN (Ch.), (LEFÈVRE, succ), 18, rue du Pont-Neuf.

LAGARDE (Vve), « LE MÉDAILLIER », 13, rue du Conservatoire.

LATHOUD AÎNÉ, 46, rue du Faubourg-du-Temple.

MASSONNET et Cⁱᵉ (A. MASSONNET, succ.), 64, rue du Faubourg-Saint-Denis. Tél. 442 27.

MEUBLES DE STYLE
TAPISSIERS-DÉCORATEURS

ALIF (A.), 197, boul Voltaire. Magasin de vente, 59, rue de la Boétie.

ANDRAL et Cⁱᵉ, 48, rue de Provence

AU PETIT TRIANON, 17, av. Victor-Hugo.

BARABAS (F.), 4, pass. Stinville. Tél. 944 98.

BAÈTE (F.), 82, boul des Batignolles.

BASTIDON et Cⁱᵉ. Restauration et reproduction de meubles anciens et de tous styles, 21, pass. Lathuile (4, av. de Clichy.)

BELLANGER, 61, rue des Saints-Pères, et 177, boul. Saint-Germain. Tél. 702 72.

BICHELBERGER, 60, rue des Orteaux.

BLONDEAU (anc. maison POUJOL), 45, rue Sedaine Tél. 905 04.

BONA (A.), 6, imp Charles-Petit.

BONZANO, 4, rue Barye

BOULITROP, 18, rue du Faubourg-Saint-Antoine.

BOYERIE, 113, rue du Faubourg-Saint-Antoine. Tél. 902.23

BURTIN, 22, rue d'Assas.

GARDON (Éd), 21, rue des Taillandiers.

CERF (L et M), « LE MOBILIER ». 68, rue du Faubourg-Saint-Antoine. Tél. 923.10.

CHARLANES, 104, rue de Longchamp.

CHÉROUX, 5 cité du Midi.

CHEVALIER (L), 2, rue de la Roquette.

CLAIR (Maxime), 146 à 154, rue du Faubourg-Poissonnière

COLLETTE FRÈRES, 3 et 5, imp. Franchemont. Tél 919.02

CONFORTABLE (Au), 4, 6 et 8, rue de Rome. Fabr., 2, rue de la Roquette

COUDYSER (Jules). Broderie, décoration, dentelles, 85, rue du Bac.

DALOIS (A), 31, rue de Reuilly.

DAMON et BERTAUX, 17 rue Montaigne. Tél. 587 58 (Voir annonce à la suite de la rubrique.)

DECOUR (A), (Expert auprès des douanes françaises), 41, rue Joubert. Tél. 224 83.

DIENST (G.) et Cⁱᵉ, 86, rue du Faubourg-Saint-Antoine. Tél. 907.20

DIVRY (Ch), 51, 52, 53-54, 56, pass Choiseul.

DORNEAU (Camille), 9, rue Fontaine-au-Roi.

DOSTAL, 28, av. Daumesnil. Tél. 929.92.

DUBOCQ, 50, rue Crozatier.

DUBOIS, 84, rue Amelot.

DUMAS, 15, rue Saint-Placide.

DUMONT-FOIN, 45 et 47, rue de Reuilly. Tél 907.51.

DURR, 9, rue Saint-Ambroise.

DUVIVIER, 86, rue Didot

ÉVRARD FRÈRES, 205 et 207, boul. Voltaire. Tél 943 27.

EYMONAUD (E), imp. Marie-Blanche (rue Constance), et 17, rue do Maistre. Tél. 510 27.

FOUGÈRES, 66, rue de Rennes

FRANÇOIS, 9, av. de Taillebourg

FULLER (G.) et **MARTIAL EYMONAUD**, 51 et 53, rue d'Amsterdam. Tél 229 29

GASPAR, 99, rue de Charonne

GOUFFÉ JEUNE, 46, 48, 50, rue du Faubourg-Saint-Antoine.

GOUMAIN (Albert), 54, rue de Charonne Tél 906.61

GOUVERNEUR (A.), 14, rue Tronchet. Ateliers, 68, rue Saint-Sabin

QUERBETTE (E.), 81 et 83, rue du Faubourg-Saint-Antoine.

GUERRE (Ch.) et A. **MARTIN**, 6, rue de l'Odéon.

GUIGNAUD (Georges), 23, rue de la Pépinière. Tél. 234 38 Ateliers, 99, rue de Charonne

HAENTGÈS FRÈRES, 6, rue Titon. Tél. 925 45

HAVARD (F), Restauration de meubles anciens. 10, rue Cassette

HERZ (Ernest), 78, rue d'Anjou

HOURY (Jules), **PÈRE** et **FILS**, 54, rue de Paradis.

HUGNET (A), 69, rue du Faubourg-Saint-Antoine. Tél 906 88

IDRAC (maison), 28, boul. Haussmann, et 19, rue du Helder.

JACQUES, 5, cité de la Roquette (60, rue de la Roquette)

JÉMONT, 6, rue Gobert.

JEANSELME (Ch.), O ✳, 7 et 9, rue des Arquebusiers.

JULIEN (Eugène), 95, rue du Faubourg-Saint-Antoine (cour de l'Ours)

KAHLEN (J.), 37 *ter*, rue des Saints-Pères

KAHN (E) et Cⁱᵉ, 20 et 22, rue Saint-Bernard. Tél. 913.71.

KOHL (F), (Fernand **KOHL FILS**, succ), 55, rue Traversière Tél. 928 38.

LAMBERT (Ch), 3, rue Fortuny, et 40, rue de Prony.

LAURENT et **COLLET** 1, rue de Brissac. Tél 1017.27 Ateliers, 26 et 28, rue des Marguettes Tél 940 58

LAZARD FRÈRES, 58, rue de la Chaussée-d'Antin.

LEEMANS, 69, quai de la Tournelle. (*Voir Antiquaires.*)

LESAGE (F.), 70, rue Amelot.

LEVIEIL (E), 18, rue Lafayette. Tél. 257.13.

LIÉGEOIS (J), **AU VIEUX STYLE**, 16, rue de Bruxelles.

LINKE, 170, rue du Faubourg-Saint-Antoine. Tél 903 49. Succ. pl. Vendôme (26, rue de la Paix)

LUCAS et MAUGERY, 41, rue de la Roquette, et 28, rue Sedaine. Tél. 904 88

MADRASSI, 89, rue de Rennes

MATI (Vve) et Cⁱᵉ, 47, av de l'Opéra

MATI et Cⁱᵉ, 104, boul Haussmann. Tél 289 74.

MAYER (A), 1 *bis*, rue du Dahomey, et 12, rue Saint-Bernard.

MEISTER, 56, rue du Faubourg-Saint-Antoine.

MERCIER, pass. du Chantier (66, rue du Faubourg-Saint-Antoine). Tel 921 08

MESSER, 24, rue de Londres

MILLET, 48, rue N-D-des-Victoires (Bourse) Tél. 113.19.

MINER (E). Meubles hollandais, 39, boul. Voltaire

MOGNETTI Colonnes, gaines guéridons, pendules, 4, rue Oberkampf

MONCORGES, 86, rue Didot.

MOREAU, 14 *bis*, rue de l'Orient.

MOTTHEAU (E), 50, rue des Tournelles.

NOWAK, 38, rue du Faubourg-Saint-Antoine.

OLIVIER et DESBORDES, 2, pl. d'Aligre, et 8, rue de Cotte. Tél. 918 84.

OTTO (Georges), 3, pass. Rauch.

PASSERAT (G), 35, rue Bréguet Tél 915.65.

PAZOT, 7, rue de l'Odéon

PÉROL FRÈRES, 4, rue du Faubourg-Saint-Antoine.

PEYRAT (B) et FILS Fabrique et bureaux, 20, Pont des Demoiselles, à Toulouse. Tél. 3.97. Maison de vente à Paris, 5, pl de Valois Tél. 3086 67 Atelier 30, rue des Bons-Enfants

PHILIPPE (Stéphen), 3, rue des Saints-Pères.

PIHOUÉE-GUÉRIN, 16, rue Saint-Antoine Tél. 1022 41.

POUJOL (L), BLONDEAU, succ, 45, rue Sedaine Tél 906 04.

POULY, 38, rue Blomet.

RAISON-RENOUVIN, 7 et 9, rue Bonaparte. Tél. 822 69.

REUTER, 82, rue du Faubourg-Saint-Antoine

RIOU (F), 1, pass. Rauch (11, rue Basfroi).

ROBERT (anc. maison VIVIER-NOLAN) Reproduction de meubles anciens, 67, rue de l'Université.

ROSSI (Giuseppe) et FILS, 398-400, rue Saint-Honoré

ROSWAG (G), 8, cité Véron (pl Blanche).

SCHAAL 30, rue des Francs-Bourgeois

SCHMITT (Louis), 43, rue des Boulets. Tél. 924 05

SCHOMAS, 36, rue du Chemin-Vert

SCHUGT et RAQUET, 6 et 8, rue Saint-Claude.

SEBESTA, 21, rue Daval

SÈME (C), 5, rue Jadin

SERT (Paul), 14, pass. de la Main-d'Or.

SIFFRITT (E), 60, rue Jouffroy

SORMANI (Paul), C. THIÉBAUX, succ., 10, rue Charlot. Tél. 1032 07

STEPHAN, 42, cité Pilleux.

THÉVENOT (G). Tapisserie, ébénisterie, bronzes, 12, rue Blanche. Tél. 235 05.

TEXIER, 27, boul de Charonne.

TISCORNIA (F), 207, rue du Colisée

VALLOT (A.), 45, rue des Saints-Pères.

VASE DE SÈVRES (Au), 15 boul Montmartre.

VERHAIGUE, 7, cité Germain-Pilon

VÉROT, 3, boul Richard-Lenoir Tél 934 78.

WANDENBERG FRÈRES, 354, rue Saint-Honoré.

MEUBLES ANCIENS

(Réparation, reproduction, décoration)

A L'ANCIEN MENUET, 20, av. Victor-Hugo. Tél. 641 10

BEAUFILS, 59, rue Saint-Antoine (tapissier). (Voir à *Réparation d'objets d'art*)

BERSANI (Mme), 89, rue Laffitte

CHALON (H), (tapisserie, bois sculpté), 40, rue du Colisée

CHEVRIÉ (A), 7 rue Debelleyme.

CRUCHET (L), 63, rue Taitbout

DEBIZE (Henri), 6, rue de Tournon Tél. 816 28.

DECOUR (A), Expert auprès les douanes françaises, 41, rue Joubert Tél 224 83

DUPLEIX, 263, boul. Saint-Germain Tél. 722 63

FOURRIER (C), (Reproduction), 112, rue Lauriston

GIRARDEAU (A) Bronzes pour meubles anciens, 35, rue Jacob.

GROULT (André), 29 et 31, rue d'Anjou. Tél. 202 06

QUÉROU (Maison), 38, rue de Varenne

HERSENT (M). (Restauration et reproduction de boiseries meubles et sièges anciens), 33, rue Germain-Pilon

KIBLAIRE (A.), 42, rue du Dragon (menuiserie d'art.

KRAEMER (N-J) 93 boul Haussmann.

LEMARQUE (Vve L), 54, rue de l'Université (tapissier décorateur, meubles anciens et modernes).

MERCIER (tapissier, meubles anciens et reproductions), 236, boul. Saint-Germain. Tél. 724.37.

PEYRAT (B.) et FILS Fabrique et bureaux, 20, Pont des Demoiselles, à Toulouse. Tél. 3 97. Maison de vente à Paris, 5, pl. de Valois. Tél. 3086.67. Atelier spécial de modèles bronze, 30, rue des Bons-Enfants.

RAGARU, 13, rue Henri Monnier.

SCHOMAS (A), 36, rue du Chemin-Vert. (Voir *Réparateur d'objets d'art*.)

VISSAGUET, 8, rue Madame.

MONNAIES ET MÉDAILLES ANCIENNES

BOUDEAU (E.), 11, rue Rameau.

BOURGEY (Etienne). Expert en médailles, achat et vente de monnaies et médailles anciennes, romaines, grecques, françaises et étrangères. Achat de trouvailles et de collections. Antiquités romaines et grecques, médailles pour bijouterie. Direction de vente publique Expertises, 7, rue Drouot. Tél 274.64.

CANESSA (C. et E). Haute curiosité, 125, Champs-Élysées. Maisons à New-York et à Naples.

DOUVILLÉ (Henri), 10, rue Séguier.

FEUARDENT (Félix), 4, rue de Louvois.

FLORANGE (J.), 17, rue de la Banque.

PESCAROLO, 43, quai des Grands-Augustins.

PLATT (Clément), 21, quai Malaquais.

SERRURE (Vve Raymond), 19, rue des Petits-Champs.

VASSEUR, 166, rue Montmartre. Tél. 276 69 — 168.49.

MODELEUR D'ART

MOULEURS FIGURISTES

ANTONINI, 33, rue Mathurin-Régnier.

AUDOUIN (L), 10, rue Casimir-Delavigne.

BARSOTTI, 16, rue du Montparnasse.

BENEDETTI, 10, rue Belloni.

BENEDETTI, 29, boul de Clichy.

BIENVENUTI, 142, rue de la Roquette.

BERNARD, 15, rue Pierre-Picard.

BERTHE, 99, rue de Vaugirard.

BONNET (Ch), 86, rue du Cherche-Midi.

BRETON (Émile), 39, rue Boileau.

CHARREYRON, 12, rue Bonaparte.

CHAUVIN, 4, rue Rosenwald.

DECHOISELLES, 7, pass. des Abbesses.

DEPEPERE, 15, rue Pierre-Picard.

DERMINE, 4, cité Dupont.

DIDIER, 81, rue de Buffon.

DINUCCI, 56, rue Bargue.

DUPRÉ (F), 141, rue du Faubourg-Saint-Honoré. Tél 526.34.

FERNANDEZ, 4, rue Froment.

FERRÉ (J), 8, rue Colas Tél. 742.38.

FROGER, 36, rue Keller

GABRIELLI, 119, boul. du Montparnasse.

GABRIELLI (Charles). Mouleur statuaire. Terre cuite d'art. Reproduction des Musées Réparation d'objets d'art, 43, rue de Constantinople

GALIÉRY, 18, rue de Folie-Méricourt.

GALLESCHI, 15, cité Industrielle.

GIAMMEI (R), 14 *bis*, cité Bauer.

GUILLOU, 9, rue de l'Éperon.

JAPIOT, 147, rue Oberkampf.

LASNON (C-A), 26, av de Villemain.

LEBRETON, 19, rue Saint-Sébastien

LEEMANS (E). THILLIER, succ, 149, boul. National, à Clichy (Seine).

LEVIN, 6, rue Roubo.

LORENZI, 19 et 21, rue Racine.

LUCCHESI (Samuel), 96, rue de la Roquette.

MAYOSSON, 5, petite imp. Gaudelet.

MESLAY (Louis), 12, rue Colas.

PETIT, 89, rue de Ménilmontant.

PHILIPPON, 11, av. des Ternes.

QUEVAL, 146, boul. du Montparnasse.

QUEVAL, 2 *bis*, rue Perrel

QUINET (E), 6 et 8, rue du Four.

ROZIER, 14, pass. Léonidas.

SOLLIER, 11, pass. de la Main-d'Or.

SPICQ, 8 *bis*, pl. Boulnois.

TALRICH (Henri), 97, boul. Saint-Germain.

TOGNERI FRÈRES, 97, rue du Faubourg-Saint-Antoine

VERGNE, 34, rue Bréguet.

NUMISMATIQUE

BOURGEY (Etienne), 7, rue Drouot. Tél. 274 64. (Voir *Monnaies et Médailles*)

DOUVILLÉ (H.), 10, rue Séguier.

FLORANGE (J.), 17, rue de la Banque.

PLATT (Clément), 21, quai Malaquais.

PROVODALIEF (D), 57, rue de Richelieu.

SERRURE (Vve Raymond), 19, rue des Petits-Champs

OBJETS D'ART

ABRAHAM (E) et Cie, 177, boul. Haussmann.

AKCHOTÉ FRÈRES. Maison de Constantinople, objets d'art et curiosité, tapis, broderies d'Orient, bijoux artistiques, perles et pierres fines. Achat, vente et réparation de tous objets, 214, rue de Rivoli (coin de la rue d'Alger). Tél. 142 92.

A L'AMATEUR, 43, rue La Fayette.

ANDRÉ (Henry) et Cie, 134, rue de Courcelles, et 80, av. de Wagram Tél. 564.90.

ANGELI, 2, rue du Louvre.

ARNOULD, 7, rue Racine.

ARTÈCHE (José de), 4, rue des Pyramides.

ARTISTES ET ARTISANS, 28, pl. des Vosges.

BAUMGARTEN (Wm) et C°, 12, pl. Vendôme. Tél. 237 38.

BEAUMONT et BLONDINAT, 4, rue Chauveau Lagarde

BELORGEY, 201, boul. Saint-Germain.

BEN-SIMON 20, rue Royale. Tél. 284 66.

BERKIN (Vve), 26, rue Vignon

BING (M), 10, rue Saint-Georges Tél 116.90.

BLONDEL et MAURICE, 34, rue N.-D -de-Lorette

BOÈS (Mme Karl), 54, rue des Écoles.

BONNET (H. et P.), 83, boul. Richard-Lenoir. Tél. 914 41.

BOUDET FRÈRES, 8, pl. Vendôme.

BOURDIER, 34, rue Laffitte.

BRAUN (Georges), 50, rue de Provence

BRETONNEL. Antiquaire. Seule maison faisant la reproduction exacte des lustres à cristaux anciens, appliques et girandoles, 22, rue Lafayette. Tél. 252 86.

BRIMO (G), 48, rue Laffitte

BUVELOT (A), 9, quai Voltaire.

CAMUS (F.), 14, rue Commines. Tél. 1020 33.

CANESSA (C. et E). Haute curiosité, 125, Champs-Élysées. Maisons à New-York et à Naples.

CANSON JAMARIN (de). 35, rue de Clichy. Tél. 164 73, et 10, pl. Vendôme Tél 235.35.

CAYEZ (R.), 27, rue de la Boëtie.

CHANAS (Régis), 23, boul. Malesherbes.

CHAPEAU (A), et Cie, 130, rue du Faubourg-Saint-Denis.

CHÉRET (Joseph), 22, rue de la Boëtie.

CIVIALLE, 47, rue de Clichy.

COMPAGNIE CHINOISE TONYING. Objets d'art anciens de la Chine, 13, rue Laffitte. Tél 147.48.

CONSTANT VILLIBORD, 73 et 73 *bis*, boul. Richard-Lenoir.

CURIEL, 53, rue de Provence.

DANIELLI (J), 84, quai du Point-du-Jour, à Billancourt (Seine).

DECOUR (A). Expert auprès les douanes françaises, 41, rue Joubert. Tél. 224 83.

DESTRIAC (B), 21, rue de la Boëtie.

EXPOSITION INTERNATIONALE, galerie BEAUJOLAIS, 84 et 85 (Palais-Royal).

FALIZE (anc Maison **BAPST**, 1725). Pièces officielles de l'État Epées Couronnes. Prix de courses. Coupes. Vases, 17, rue du Faubourg-Saint-Honoré. Tél. 226.83.

FAVIER (L), ✠ Reproduction et réparation d'objets anciens, 25, quai de l'Horloge

FONTAINE et **DURIEUX**, 47, rue de Paradis.

FONTAINE (A), 5, rue des Minimes.

FULGENCE, 75, rue de la Boëtie. Tél. 566 61.

GHIZZONI, 71, av. Kléber.

GLAENZER (Eugène) et **C**ⁱᵉ, 5, rue Scribe.

GOMPERTZ (Armand-Samson) Chinoiseries Japoneries 51, rue de Miromesnil Tél 549 69.

GONTIER (R), (vente et réparation), 57, rue Bonaparte

HAMBURGER JEUNE, 20, rue des Pyramides.

HAMBURGER (Maurice), 100, rue du Faubourg-Saint-Honoré.

HÉBRARD (A), 8, rue Royale

HERZOG (A), 41, rue de Châteaudun Tél 108 83.

HOPILLIART et **LEROY**, 12 et 16, rue des Saints-Pères. Tél. 726 05.

HUBERT (A). Orfèvrerie, 52, rue des Archives.

HUVELLIEZ (A). Maison fondée en 1794, 6, rue du Faubourg-Saint-Honoré. Tél. 289 68.

JONAS (Edouard), 6, boul. des Capucines. Tél. 313.15.

KELEKIAN, 2, pl Vendôme

LACHAL-DUBOST (Maison), 26, boul. Saint-Michel.

LANGWEIL (Mme F). Import. directe d'objets d'art anciens de la Chine et du Japon, 26, pl. Saint-Georges.

LEGAY (Gustave), 57, rue Condorcet

LOUCHET (Ch.), 174, boul Saint-Germain

MANUFACTURES et **ATELIERS D'ART DE L'ÉTAT**, 11, boul. des Italiens.

MASSART, 2, rue Francisque-Sarcey.

MEYER, 66, rue de Provence Tél 217 81.

MÉZIÈRES (réparation), 82, rue d'Amsterdam

MICHEL, 38, rue Le Peletier, et 12, rue de la Victoire

MILLET, 48, rue N -D -des-Victoires. Tél 113 19.

MIN, 37, rue Taitbout.

MORI (C.-S -W.), 15, rue La Rochefoucauld

MORLIN (Pierre) 18, rue de Provence.

MOTTHEAU (E), 50 rue des Tournelles

NAULOT, 30, pl. de la Madeleine.

NUNÈS et **FIQUET** Gravures, eaux-fortes, dessins, cadres, 90, av. Malakoff Tél. 660 95.

ORSINI FRÈRES 28, pass. Falguière.

OXÉDA (Edgard), 334, rue Saint-Honoré.

PARIS AMERICAN ART C⁰ (The), (statuettes, reproduction d'anciennes), deux magasins : 125, boul. du Montparnasse. Tél. 831 33; 2 rue Bonaparte. Tél. 738 23. (*Voir notre annonce au commencement du volume*)

PELLUET (Alfred), 59, rue Saint-Lazare.

PELTIER (M -L), 104, boul. du Montparnasse.

PERRENOUD, 88 *bis*, rue Saint-Dominique, Tél 720 05

PHILBERT (H). Orfèvrerie et objets d'art Maison à Étretat. 71, rue du Faubourg-Saint-Honoré Tél 564 70

PINÉDO (maison E), O ✱ 137, rue Vieille-du-Temple.

PORRE, 24, rue Laffitte.

RAHIER (H), (réparateur), 24, rue Joubert

ROUX, 4, rue des Saussaies (*Voir Réparation d'objets d'art*)

RUEFF (A) 130 rue de Turenne.

SAMARY (G), 15 et 17, rue Lafayette.

SERVIÈRE (Jules), 13, rue du Faubourg-Montmartre

SOSSON Objets d'art en ivoire. Mise au point de statuettes, bronze, ivoire, genre ancien, 50, rue de Turenne.

STETTINER (H), 8, rue de Sèze

THOMARON et A. **MULLET**, 15, rue de Moscou. Tél 278 54

TRÉNEL (G). Magasins d'échantillons des maisons Zimmermann, à Hanau, et J -P Kayser Sohna Krefeld (Allemagne), 46, rue de Paradis.

VAN HASSELT et **C**ⁱᵉ, 56, rue de Paradis.

VERROU-BALASSE, 2, rue de l'Échelle.

VIGNIER, 34, rue Laffitte.

VILTAR, 10, rue Saulnier

WANDENBERG FRÈRES, 354, rue Saint-Honoré Tél 523 40

WINKLER, 6, rue de Clichy

ZIEGLER (Ed), 11, rue Gustave-Flaubert.

OBJETS D'ART
(Réparations)

AKCHOTÉ FRÈRES, 214, rue de Rivoli. Tél. 142 92.

BEAUFILS, Tapissier, 59, rue Saint-Antoine. Tél. 262 81 — 1016 82 (*Voir annonce en tête de la rubrique*)

BERNARD (A). Ferronnier d'art, 74, rue de Turenne (*Voir annonce en tête de la rubrique.*)

BUISSON (Ch). Réparation de curiosités, 26, rue de Trévise.

CLICHET (H.). Sculpture, 37 *bis*, rue Rodier.

CORPLET (Eugène), 48, rue Laffitte

CREUSY. Éventailliste, 48, rue Meslay. Tél 1011.60 (*Voir annonce en tête de la rubrique*)

DESBOIS (Philippe) Porcelaines faïences, tableaux, 30, rue Vignon

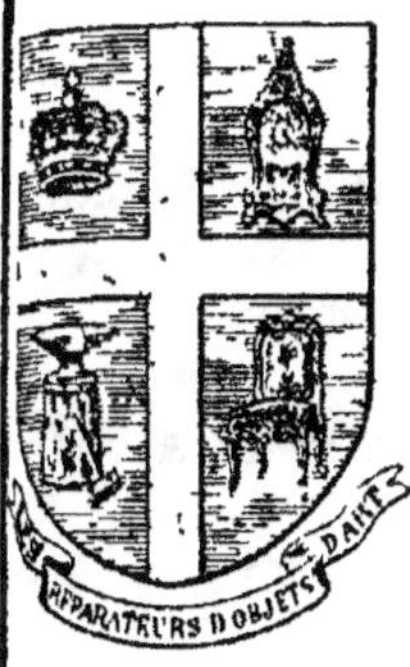

Aux Amateurs et Collectionneurs

La restauration des objets d'art anciens est un travail très complexe, qui exige de l'artiste une science profonde de l'histoire de son art, des styles et des différents moyens de fabrication tour à tour en usage dans son industrie.

Il est indiscutable que, d'une bonne restauration dépend toute la valeur artistique et pécuniaire d'un objet d'art, d'un meuble ou bibelot anciens, à tel point que beaucoup de personnes préfèrent laisser des objets en mauvais état, faute de connaître de véritables specialistes aptes à les restaurer.

Ces artisans existent, mais difficiles à trouver dans Paris. C'est pourquoi nous avons juge utile et intéressant de grouper pour une action commune auprès de la clientèle, des artisans spécialistes dans la restauration d'ancien.

Notre groupe, résultat d'une sélection très severe, fondé depuis plusieurs années, a déjà trouvé auprès de la grande clientèle les succès qu'il espérait, et nombreux sont les antiquaires et collectionneurs qui, en nous confiant exclusivement leurs travaux d'art, nous encouragent en nous faisant connaître dans leurs relations.

Le Groupe des Artisans réparateurs d'objets d'art met en commun et tient à la disposition de la clientèle, une documentation immense, si ce n'est unique, faite de livres d'art, vieux traites, dessins, modèles et fragments de toutes sortes, qui sont autant d'éléments permettant une exécution parfaite des travaux qui nous sont confiés, documentation que l'on ne rencontre nulle part ailleurs et qui nous met à l'abri de toute erreur de style ou fautes d'anachronisme.

LE GROUPE.

NOTA. — *Pour recevoir notre album artistique d'adresses, ou pour toute demande de renseignements, écrire au Président du Groupe, M. A. Mongruel, horlogerie ancienne, 11, rue de Sévigne, Paris.*

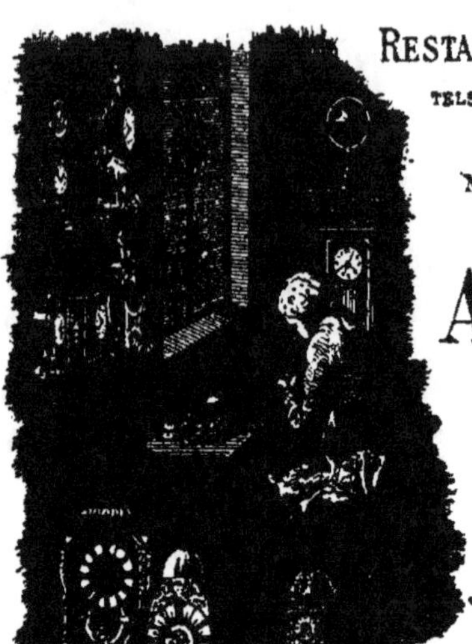

RESTAURATION D'HORLOGERIE ANCIENNE

TELS QUE CLEPSYDRES, CARILLONS, CADRANS TOURNANTS,
RÉGULATEURS A ÉQUATION, ETC.

MONTRES A MUSIQUE,
A SONNERIE, MONTRES BAGUES

A. MONGRUEL

Horloger des Musées de la Ville de Paris
et de l'Etat, Arts Décoratifs, etc.

11, RUE DE SÉVIGNÉ   PARIS

EN FACE LE MÉTRO DE St PAUL

*Choix de Cadrans,
Aiguilles & Mouvements Anciens*

**REMONTAGE & ENTRETIEN
DE PENDULES A L'ANNÉE**

Mme Mongruel. — Réparations de Miniatures anciennes. Portraits.

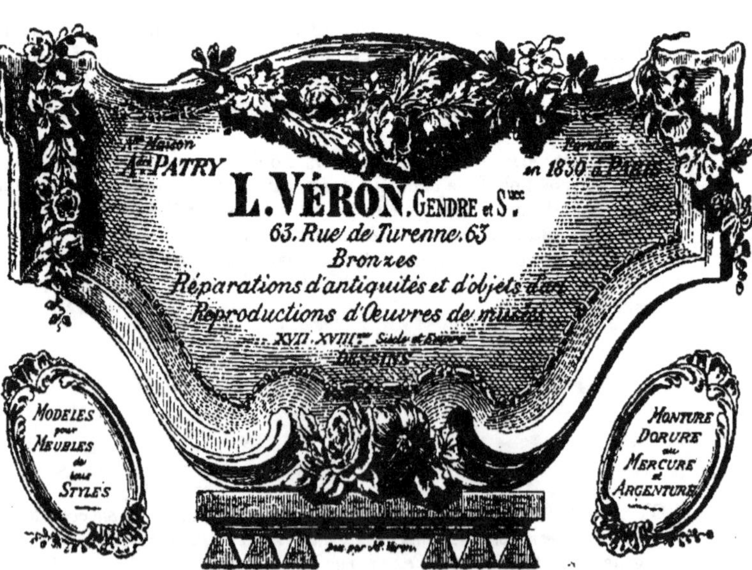

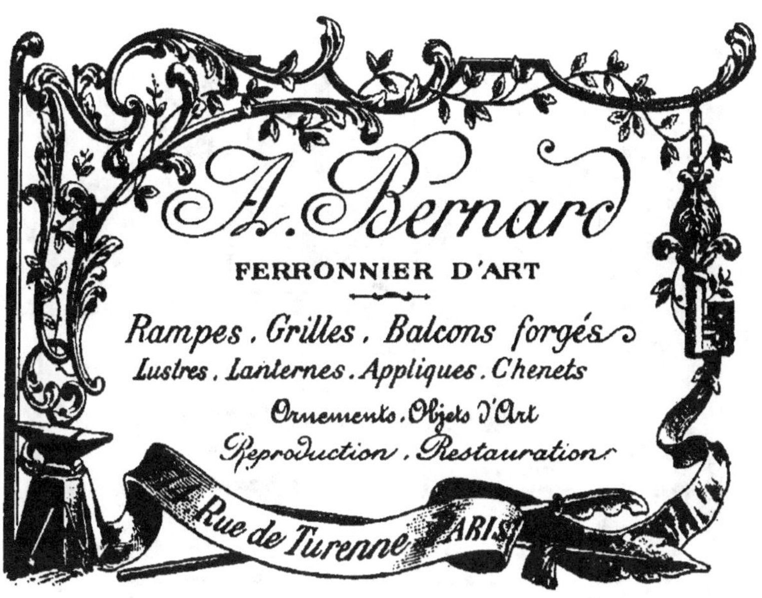
A. Bernard
FERRONNIER D'ART
Rampes . Grilles . Balcons forgés
Lustres . Lanternes . Appliques . Chenets
Ornements . Objets d'Art
Reproduction . Restauration
Rue de Turenne PARIS

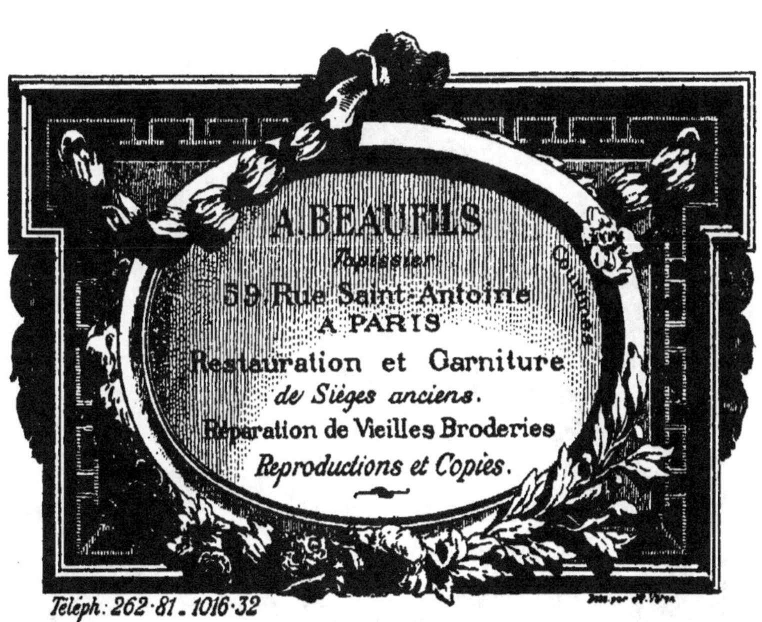
A. BEAUFILS
Tapissier
59 Rue Saint-Antoine
A PARIS
Restauration et Garniture
de Sièges anciens.
Réparation de Vieilles Broderies
Reproductions et Copies.
Téléph: 262-81 . 1016-32

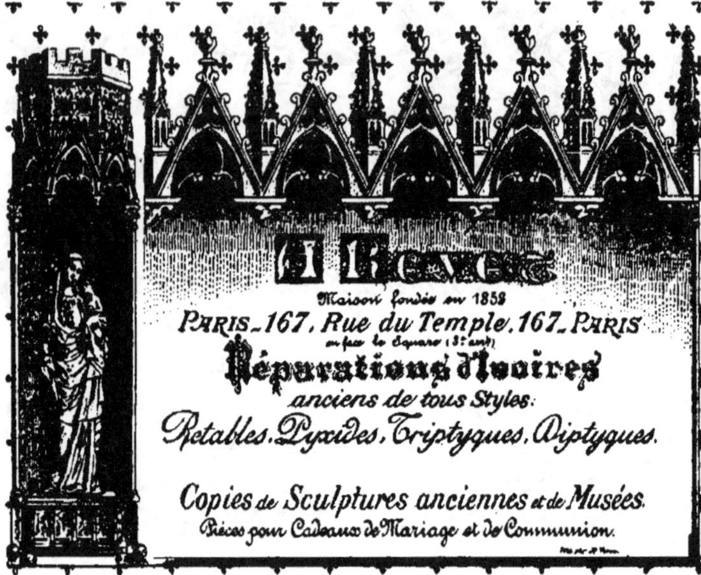
Maison fondée en 1858
PARIS_167, Rue du Temple_167_PARIS
en face le Square (3.e arrt)
Réparations d'Ivoires
anciens de tous Styles
Retables_Pyxides_Triptyques_Diptyques
Copies de Sculptures anciennes et de Musées
Pièces pour Cadeaux de Mariage et de Communion

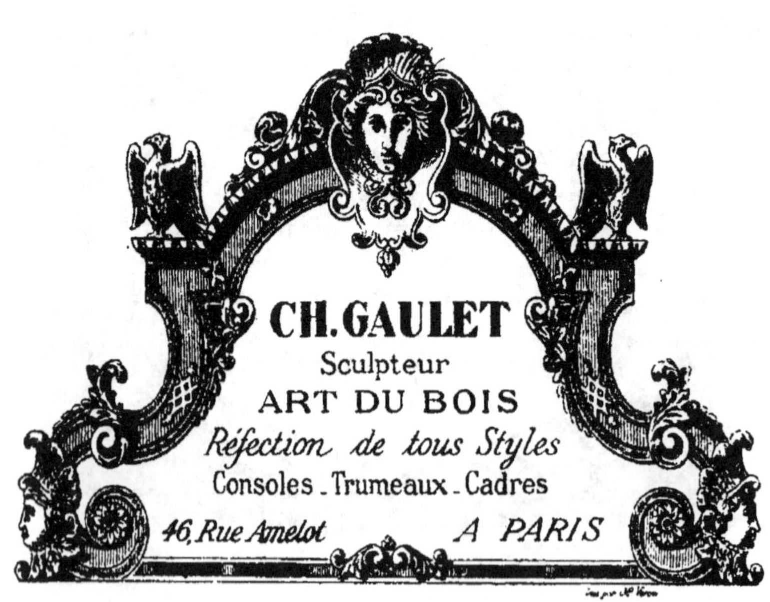
CH. GAULET
Sculpteur
ART DU BOIS
Réfection de tous Styles
Consoles_Trumeaux_Cadres
46, Rue Amelot
A PARIS

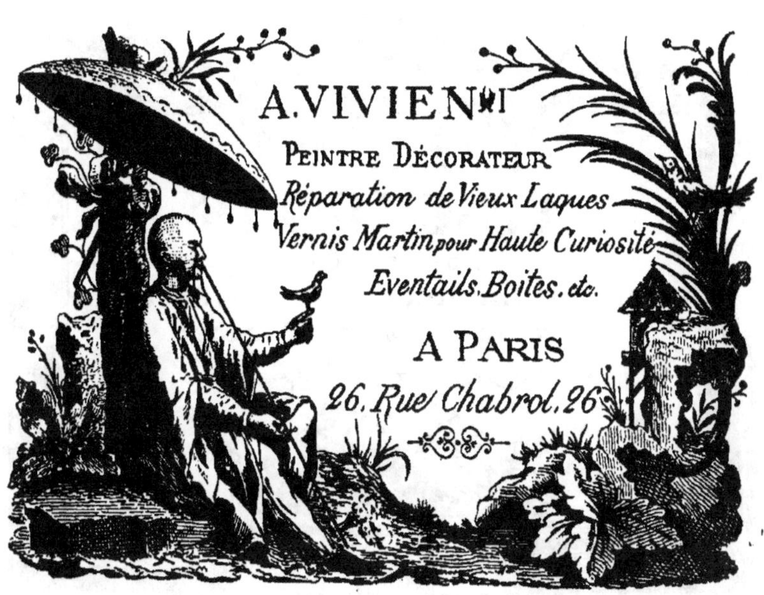
A. VIVIEN
PEINTRE DÉCORATEUR
Réparation de Vieux Laques
Vernis Martin pour Haute Curiosité
Eventails. Boites. etc.
A PARIS
26. Rue Chabrol. 26

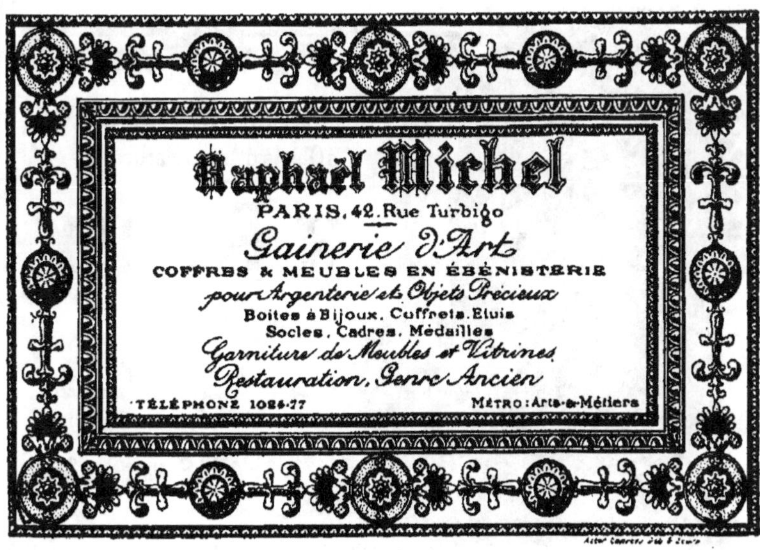
Raphaël Michel
PARIS. 42. Rue Turbigo
Gainerie d'Art
COFFRES & MEUBLES EN ÉBÉNISTERIE
pour Argenterie et Objets Précieux
Boites à Bijoux. Cuffrets. Etuis
Socles. Cadres. Médailles
Garniture de Meubles et Vitrines
Restauration. Genre Ancien
TÉLÉPHONE 1084-77   MÉTRO: Arts-&-Métiers

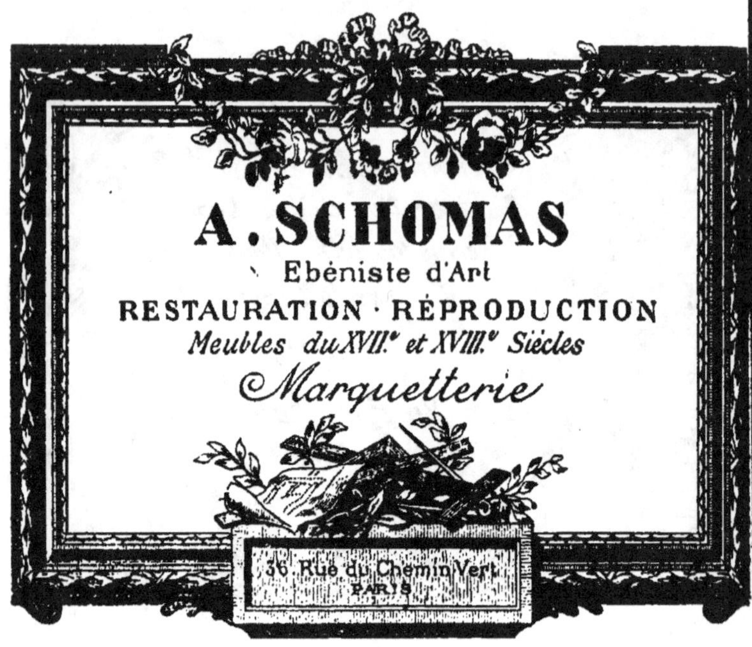

A. SCHOMAS
Ebéniste d'Art
RESTAURATION · RÉPRODUCTION
Meubles du XVII.º et XVIII.º Siècles
Marquetterie
36 Rue du Chemin Vert
PARIS

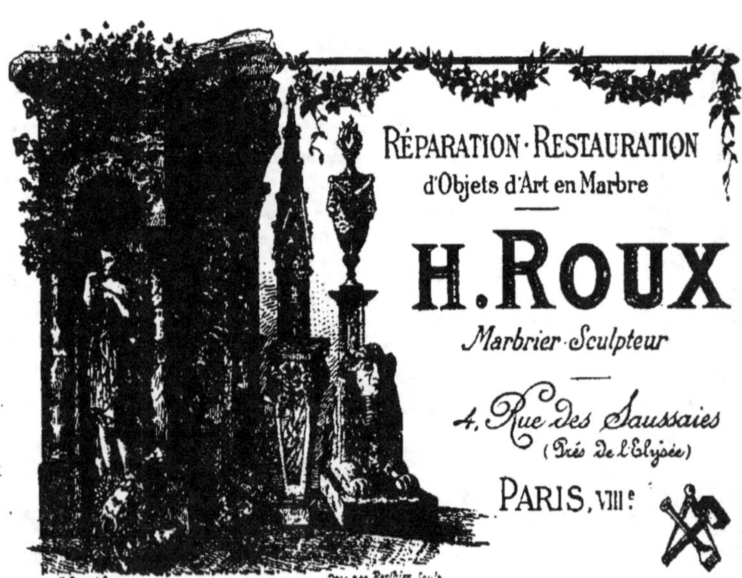

RÉPARATION · RESTAURATION
d'Objets d'Art en Marbre
H. ROUX
Marbrier·Sculpteur
4, Rue des Saussaies
(Près de l'Elysée)
PARIS, VIII.º
H. Durand Grav
Dess par Berthier Sculp

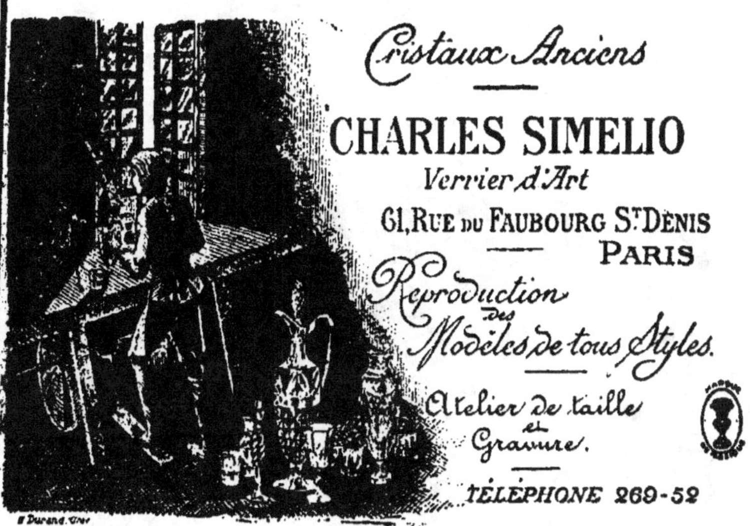

Cristaux Anciens
CHARLES SIMELIO
Verrier d'Art
61, RUE DU FAUBOURG ST DENIS
PARIS
Reproduction des Modèles de tous Styles.
Atelier de Taille et Gravure.
TÉLÉPHONE 269-52

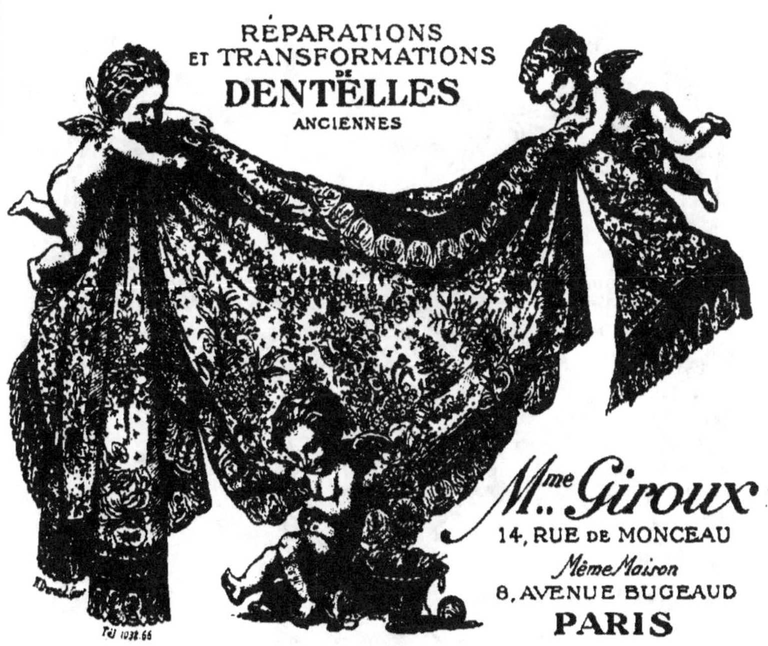

RÉPARATIONS
ET TRANSFORMATIONS
DE
DENTELLES
ANCIENNES
Mme Giroux
14, RUE DE MONCEAU
Même Maison
8, AVENUE BUGEAUD
PARIS

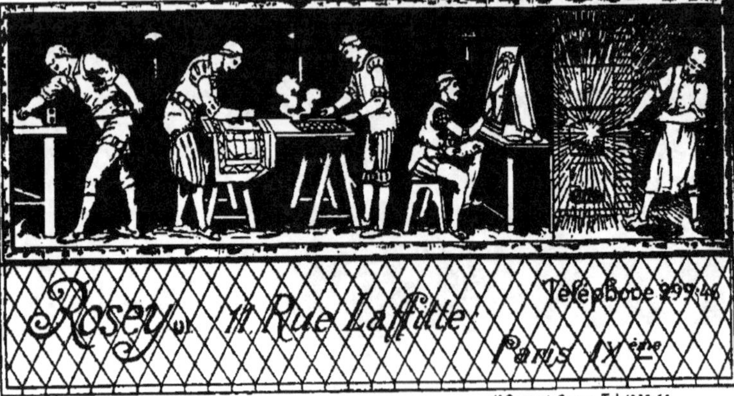
VITRAVX D ART
Restaurations d'Anciens et Modernes
Médaillons légendaires. Grisailles XIIe et XIIIe. Armoiries. Sépultures
Rosey, 11 Rue Laffitte
Téléphone 299.40
Paris IXème
H. Durand. Grav. — Tel. 1032-66

CREUSY
éventailliste

Fait les Réparations, les Restaurations
et tout ce qui concerne son état
PARIS
Rue Meslay
nº 48
tél. 1011.60
Près la Porte
St Martin
(Marais)

DEVAUX (Ch), 4, rue Lhomond.

FAVIER (L), ✠, 25, quai de l'Horloge.

FILSJEAN, 41, rue Le Peletier

GABRIELLI (Charles). Mouleur statuaire, 43, rue de Constantinople.

GAULET. Art du bois, 46, rue Amelot. (*Voir annonce en tête de la rubrique*)

GEORGE (E.). Réparation de miniatures, faïences, émaux, porcelaines, terres cuites, marbres, éventails, ivoires, 41, rue Blanche.

GHIO (Antoine-Marcel). Répare violes, violons, basses et autres, 28, quai de Béthune.

GIRARDEAU. Réparation de meubles anciens, 38, rue Jacob.

GIROUX (Mme). Réparation et transformation de dentelles anciennes, 14, rue de Monceau, Même maison, 8, av Bugeaud. (*Voir annonce en tête de la rubrique.*)

GONTIER (R), 57, rue Bonaparte

MICHEL (Raphaël) Gainerie d'art, 32, rue Réaumur. Tél. 1024.77. (*Voir annonce en tête de la rubrique*)

LA " MINERVE "
10, rue Montpensier — PARIS
Nettoyages, Restaurations
et Réparations de Marbres, Bronzes,
Terres cuites anciens, de Statuettes, Tanagras,
Vases, Bijoux, etc.
de Biscuits, Faïences, Porcelaines, Ivoires, etc
d'Éventails, Tableaux, Tapis d Orient, etc.

MONGRUEL (A). Horloges anciennes, 11, rue de Sévigné. (*Voir annonce en tête de la rubrique.*)

MONGRUEL (Mme). Réparations de miniatures anciennes, portraits, 11, rue de Sévigné

PIERRON. Peintre-réparateur, 33, rue de Trévise.

RAHIER, 24, rue Joubert.

REVET (A) Réparation d'ivoires anciens de tous styles, 167, rue du Temple (*Voir annonce en tête de la rubrique.*)

ROSEY. Vitraux d'art, 11, rue Laffitte Tél. 299-46. (*Voir annonce en tête de la rubrique.*)

ROUX (H.). Réparation d'objets d'art en marbre, 4, rue des Saussaies. (*Voir annonce en tête de la rubrique*)

SCHOMAS (A) Ébénisterie d'art, 36, rue du Chemin-Vert (*Voir annonce en tête de la rubrique*)

SIMELIO (Charles). Cristaux anciens, 61, rue du Faub -Saint-Denis Tél. 269 52. (*Voir annonce en tête de la rubrique*)

TRAIZEGNIES Réparation de dorure ancienne, 8, pass Saint-Pierre-Amelot Tél 934 68 (*Voir annonce en tête de la rubrique*)

VÉRON (L) GENDRE et succ Réparation de toutes antiquités, 63, rue de Turenne (*Voir annonce en tête de la rubrique*)

VIVIEN Peintre décorateur, 26, rue de Chabrol. (*Voir annonce en tête de la rubrique*)

WUIOT, O A. ☯ 3 et 5, rue Paul-Louis-Courrier.

ORFÈVRERIE D'ART ET ANCIENNE

Chambre syndicale, 10, rue de Lancry.
Président : Frenais (Arm).
Vice-Président : Boulanger.
Secrétaire : Benj. Stora.
Syndicat des Fabricants d'orfèvrerie d'argent :
10, rue de Lancry.
Président A Debain
Vice-Présidents Souffiot et Demarquet.
Secrétaires . Tibour et Fourneret.
Trésorier : Granvigné.

ANTONY, 323, rue Saint-Martin

AUCOC (André), 6, rue de la Paix.

BARRIER (Ch), succ. de **PAGE FRÈRES**, 7, rue Réaumur. Tél. 1025.28.

BENVENISTI (R), 63, boul. Haussmann. Tél. 272 60

BOIVIN (V), 5, rue de Montmorency. Tél. 1024 27.

BOUCHERON (Maison **BOUCHERON, RADIUS** et Cie), 26, pl. Vendôme. Tél 229.58

BOURGEOIS (Paul **MORES**, succ), 44 *bis*, boul Richard-Lenoir. Tél. 901 00.

BOUVIER (Alexis) **FILS**, 14, rue de Castiglione

CAHEN (B.), 97, rue du Bac.

CARDEILHAC, 24, pl Vendôme.

CASTEL (Vve E), 239, rue Saint-Martin

CHAILLOUX (A), 75, rue Turbigo Tél.1012.44.

CHRISTOFLE et Cie, 56, rue de Bondy.

CLERC (C), 4, pl. de l'Opéra, et 11, boul. des Capucines

DELPY (André), 17, rue Paul-Lelong Tél. 281 13

DEVAUX (Mme Vve Paul), 15, rue de Crussol. Tél. 947.69.

DORVILLE, 6, square de l'Opéra, et 22, rue Caumartin.

FAVIER (L), 25, quai de l'Horloge

FÉAU (A), 4, rue Portefoin

GORHAM MANUFACTURING Co, 36, av. de l'Opéra.

HAEK (Ch), 13, rue des Fontaines-du-Temple Tél 1023 25.

HÉBRARD (A), 8, rue Royale Tél. 284 76

HENIN et Cie, 77, rue des Archives Tél 1032.43.

HUVELLIEZ (A). Joaillerie objets d'art, 6, rue du Faub -Saint-Honoré Tél 289 68.

KIRBY-BEARD, Co Ld, 5, rue Auber. Tél. 124 65.

LABLANCHE (A), 20, rue Béranger.

LAGRIFFOUL (P) et E. **LAVAL**, 157, rue du Temple. Tél. 1015.17.

LAIGNIEZ (H), 68, quai des Orfèvres

LAMBERT (Léon), 55, rue Turbigo. Tél. 1030 56.

LEFEBVRE (Ch) **FILS AÎNÉ**, 106 et 108, rue de Rivoli Tél. 227 40.

LEVASSEUR-WORMS (Mme), 2, rue Vignon. Tél. 270 22

MAC-HENRY et **PARDONNEAU**, 13, rue Royale. Tél. 219 50.

MAPPIN et WEBB, L⁴, 1, rue de la Paix. Tél. 295.59.

MARTEL (J), 24, rue Chapon. Tél. 1024 18.

MASSIN, 258, rue Saint-Honoré Tél 241.59.

MERLE (Ch.), 7, rue Charlot.

MIELE et C°, 35, boul. des Capucines, et 11, boul. des Italiens. Tél. 261.83.

MONTOT, 16, rue Daunou

ODIOT (Maison), 7, pl de la Madeleine. Tél. 242 64

QUEROIA (J.), 176, rue St-Martin. Tél. 1007.05.

RISLER et CARRÉ, 16, Faub.-Saint-Honoré.

RULANGE (E.), 11, rue Pastourelle.

SANDOZ (Gustave-Roger), 10, rue Royale Tél. 244.97.

SOURY (Louis), 2 et 10, pl. de la Madeleine

SPAULDING et C°, 36, av. de l'Opéra.

TEMPLIER et HALLINGRE, 8, rue Royale.

TESSON (Lucien), 125, boul. Haussmann.

TIFFANY et C°, 3, pl de l'Opéra, et 25, rue de la Paix.

TOURON (G. GALLOIS, succ), 24, rue de la Paix.

TRENEL (G.), Orfèvrerie et cuivrerie d'art, 46, rue de Paradis.

~VAUGOIN E.
FABRIQUE DE BIJOUX ET D'ORFÈVRERIE
COPIE D'ANCIEN
82, rue du Bac, 82.

WEILL (LÉO et FRÈRE), 4, rue de la Paix Tél. 229 74.

WOLFF, Joaillerie, 60, rue de Provence. Tél. 118.43.

WURMSER (M), Orfèvrerie, joaillerie, 62, rue du Faub.-Saint-Honoré.

PASTELS

BERVILLE, 25, rue de la Chaussée-d'Antin. Tél. 322.48.

BOURGEOIS AINÉ
PASTELS SURFINS POUR ARTISTES
TENDRES ET DEMI-DURS
18, rue Croix-des-Petits-Champs.

CONTÉ, 65, rue de Rivoli. Tél. 267 85.

DUPRÉ (F), 141, Faub.-St-Honoré. Tél. 526 34.

DU RIEU, 156, rue Broca. Tél. 825.65.

GIRAULT (André MASSION, succ.), 10, rue de l'Union, à Montreuil-sous-Bois (Seine). Tél. 128.

HARDY-ALAN, (G. VASSEUR, succ), Fabric. de pastels fins, toiles et papier préparés, 92, boul. Raspail. Tél. 702.51.

HÉLIE (Mlle H.), 76, rue Claude-Bernard.

LÉOLUSE (Ph), 58, rue de Clichy. Ateliers, 13, rue Eugène-Carrière.

LEFRANC et C¹ᵉ, Pastels tendres, fixes, pastels tendres, demi-durs et fermes, gros pastels pour fonds, fixatif et papier velouté pour pastels, pastels à l'huile de J.-F. Raffaëlli, fixatif Ferraguti pour le pastel. 18, rue de Valois.

MACLE ROCHÉ (S.-M.), 4, rue Grenier-Saint-Lazare.

MARY, 26, rue Chaptal.

MULARD (L) et C¹ᵉ, 8, rue Pigalle.

PAILLARD (J.-M.), 17, rue de Lancry.

PARIS AMERICAN ART C° (The), 2 magasins 125, boul. du Montparnasse. Tél. 831.33; 2, rue Bonaparte Tél. 738 23, Paris. (*Voir notre annonce au commencement du volume.*)

ROCHÉ Pastels à la Gerbe inaltérables et adhérents, 4, rue Grenier-Saint-Lazare.

PEINTRES DÉCORATEURS
(Voir aussi : *Artistes peintres*)

ALEX (F), 204, boul. Saint-Germain.

ARTÈS, 87, boul. Voltaire Tél. 946.73.

AUFFRAY, 54, av. du Maine.

BATAILLE, 6, rue d'Odessa.

BELHOMME (Alfred), 19, rue du Delta.

BELLAN (E. CHARTROUX, succ.), 33-35, rue Saint-Antoine

BENOIST (L) et FILS, 44, pass. des Thermopyles

BESSON, 22, rue Tourlaque.

BIGAUX (Louis), 14, quai de Béthune, et 1, boul. Henri-IV.

BILL, 32, av. de la Grande-Armée.

BINY, 38, rue Saint-Sulpice.

BOIGNARD, 83, rue de la Tombe-Issoire.

BOUTON (Noël), 11, boul. Delessert.

CAVAILLÉ-COLL et C¹ᵉ, 25, rue du Montparnasse.

CHAMAILLARD, 100, rue du Cherche-Midi.

CHAPERON, 100, rue de Ménilmontant.

CHARAYRON (A.), 7 *bis*, et 9, rue Victor-Chevreul.

CHARTON, 62, boul. de Clichy.

CHAUVAUX (O), 8, pass Noirot. Tél. 785.60.

CHAUVET (L.) et E. BOUTEILLÉ, 17, rue Boileau.

CHAVAROCHE, 3, rue Rondelet.

COMBES, 54, rue Saint-Lambert.

COMPAN (H), 6, rue Burq.

CORTINI, 135, rue Mozart.

COURCHÉ (Félix), 73, rue Louis-Blanc.

CUNY, 45, quai de la Tournelle. Tél. 821.47.

DARPY (L), 61, rue de Saintonge.

DÉCORATION PEINTE (La), 104, boul. de Clichy. Tél. 569.13.

DELILLE, 74, rue des Entrepreneurs.

DESAINT (A), 8 et 10, rue Bochart-de-Saron. Tél. 108.42.

DISSELDORF (Edouard), 5, rue Bridaine.

DORÉ (Prosper), 25, boul. Saint-Michel.

DUCAMP, 3, rue Brown-Séquard.

DUFRESNE (Maurice), 24, rue François-Ier.

ERCKENER, 231, rue Saint-Honoré.

ESTAME (Mme Vve), 71, rue Caumartin.

FELZ (A.), 25, Villa d'Alésia.

FLOURON (Charles), 7, rue Littré.

GARNIER, 100, rue du Cherche-Midi.

GENDRON, 60, rue du Rendez-vous.

GENINI, 84, rue Claude-Decaen.

GILARDOT (Cl), 125 bis, av Parmentier.

GODON (Julien), 70, rue de Rochechouart.

GOUJETTE (M) **FILS**, 41, rue Mazarine.

GUILLAUMERON (G), 5, rue Forest.

HECKER, 20, rue Caulaincourt.

HOCHAR, 21, pass. Daudin.

ISAMBART, 6, imp. de la Cerisaie.

JUERRE, 16, rue de Rouen.

JULIEN, 192, rue Michel-Bizot.

LABERTHE (Victor), 95, Faub.-Saint-Martin. Tél. 421 51.

LABREUX (Ferdinand), 91, rue de l'Amiral-Mouchez.

LAMORRE et **BOURDET**, 59, av des Gobelins.

LANGLOIS, 24, rue de Charenton

LAUGIER (Léon), 15, rue du Parc-Montsouris.

LEFORT, 71, rue de la Mare.

LEIGNEL, 51, cité des Fleurs

LEROY (Ch.), 30, rue du Faub.-Saint-Denis.

LOISIL, 75, rue de Montreuil.

LOYER, 33, av. d'Orléans.

LUCOT (G.), 57, Faub.-du-Temple

MAIGRET et **Cie**, 12, boul. de la Madeleine.

MAILLARD, 42, rue Fontaine-Saint-Georges.

MANGONOT, 95, rue de Vaugirard.

MARC-HENRI et **Cie**, 41, rue Villiers-de-l'Isle-Adam.

MARÉCHAL (Olivier), 243, av. Gambetta.

MARIAU (E), 11, rue Frédéric-Magisson.

MARTIN (Victor) et **Cie**, 6, rue d'Odessa

MAULER et R **MARTEL**, 53, rue Jouffroy.

MERLE et **GROUT**, 26, rue Polonceau

MÉROU (E), 217, boul Voltaire Tél 021.72.

NATTER, 31 bis, rue Orfila.

NOGARO, 10, rue Lecourbe

PACHET, 3, rue Borromée.

PANZANI, 201, rue Lafayette

PARISOT, 119, rue Saint-Maur

PÉCHEUX (E.) et **Cie**, 63, rue Boursault.

POINSOT, 5, rue Rougemont.

POULAIN et **DUMONT**, 26, rue Picpus.

PRINTEMPS, 25, rue Erlanger.

RENER, 26, rue Fontaine-au-Roi.

RIQUET, 13, rue Boissonade.

RUDNICKI (Léon), 17, rue Denfert-Rochereau.

SAINT-GEORGES 54, rue Lepic.

SCHMITT et **FILS**, 8, cité Prost.

SION (Eug), 11, rue Mandar.

THILLIER (A), 149, boul National, à Clichy.

TISSIER, 1, rue Payenne.

TROUVÉ (P), 102, rue de La Chapelle.

TURIN, 182, Faub.-Saint-Denis.

VANDENHOULE, 34, boul de Clichy.

VANNIER-GIOT, 26, rue Saint-Guillaume.

VERGNOLET, 33, Villa d'Alésia.

VILLIERS (J), 58, rue Letort.

VIVIEN (A), 26, rue de Chabrol. (Voir *Réparation d'objets d'art*)

ZANBONI, 10, rue Thouin

ZARISKY, 56, av. Bosquet.

PEINTRES EN DÉCORS

AMABLE (A), 49, rue du Général-Brunet. Tél. 421.50.

ANSELM JEUNE, 7, rue du Roi-Doré.

BAILLY, 35, rue de la Gaîté.

BAILLY (Alexandre), 73, rue Secrétan.

BELVAUX, 49, rue Alexandre-Dumas.

BERTIN (Émile), 51, rue Fessart.

CHAMBOULERON et **MIGNARD**, 50, boul. de la Villette.

CILLARD et **GUÉRARD**, 47, boul. de Belleville.

CORNIL, 2, pl Voltaire

CUNY, 45, quai de la Tournelle

DE CASSINA-ROGER, 53 bis, rue de l'Ermitage.

DIOSSE, 12, chemin des Carrières

DUFOURT-DAUTRECOURT et **NICOLON**, 6, rue Houdon.

FOULOIS, 38, av. de Suffren

FREY (Eug), 6, rue Aumont-Thiéville. Tél 573 29.

GODON (Julien), 70, rue de Rochechouart.

JUSSEAUME (Lucien), 17, rue Vicq-d'Azir.

KARL (Louis), 168, rue Vercingétorix.

LECLERC et **JENSELME**, 73, rue des Cascades

LEROY (Ch), 30, rue du Faub.-Saint-Denis

MARÉCHAL (Olivier), 243, av. Gambetta.

MENESSIER (A), 99, rue Petit

MÉROU (E). 217, boul Voltaire.

ONILLON (Maurice), 6, imp. Ronsin.

PALLÉ, 72, Faub.-Saint-Denis.

PAQUEREAU, 15, pass. de la Folie-Regnault.

SIMAS, 50, boul. de La Villette.

SIMONEL 3, rue de la Duée.

TEXIER, 23, rue Tholozée

PHOTOGRAPHIE D'ART

Chambre Syndicale française de la photographie et de ses applications, 48, rue de Richelieu.

Président : X...
Vice-Présidents : Giraudon, Gerschel et Fernique.
Secrétaire : Lortet
Trésorier : H. Ladrey

BERGER (Paul), 62, rue Caumartin. Tél. 269.17.

BERT, 35, boul. des Capucines. Tél. 249.49.

BOIS (Louis), 37, rue d'Enghien.

BRAUN (Ad.) et **C**ie (Maison), **BRAUN** Clément et **C**ie, succ , 18, rue Louis-le-Grand, et 43, av de l'Opéra.

BULLOZ (J.-E), 21, rue Bonaparte.

CALMETTES (L.). Travaux de photographies pour sculpteurs, peintres et architectes, reproduction des grands maîtres, académie d'après nature, albums pour collections, meubles et bronzes, animaux, paysages. 8, rue Bonaparte

CHAMBERLIN, 63, boul. de Rochechouart.

CHÉRI-ROUSSEAU et **GLAUTH**, 33, rue Boissy-d'Anglas Tél. 252.03.

CHEVOJON (A.), 9, rue Cadet. Tél. 321 93.

DRUET (E), 108, Faub.-Saint-Honoré. Tél. 162 48

GIRAUDON (A), Éditeur de photographies d'art et d'archéologie, 9, rue des Beaux-Arts.

GOSSIN (E), 12, rue Godot-de-Mauroy. Tél. 235 22

HARAND (F.), Photographie des arts décoratifs et industriels, reproduction en ville et à l'atelier, objets d'art, orfèvrerie, bijoux tapisseries, dentelles, ferronnerie, meubles, tableaux, 9, rue Duphot (*Voir annonce à la fin de la table des matières.*)

HAUTECOEUR (Vve Ed), 35, av. de l'Opéra. Tél. 249 61.

HAUTECOEUR (Jules), (Anc. Maison **MARTINET**), 172, rue de Rivoli, et 2, rue de Rohan Tél 107 00

KIVATIZKY (M.), 29, boul. des Italiens. Tél. 322 02.

LADREY (H.), Expert, 6, rue d'Orléans, à Neuilly-sur-Seine

LANGLOIS (Anc. Maison **SAUVANAUS**), 45, rue Jacob

LEGROS (A.), 21, rue Bonaparte.

MANUEL (Henri), 27, rue du Faub.-Montmartre. Tél. 318.39.

MATHIEU-DEROCHE (**BARBET-MASSIN**, succ.), 39, boul. des Capucines. Tél. 250.58.

MELCY, 5, pl. du Théâtre-Français. Tél. 146.54, et 4, av. de l'Opéra.

MOREAU FRÈRES, (L. **MOREAU**, succ.), 159, boul. Saint-Germain. Tél. 730 59.

MORET (E.-F.), 10, imp. de la Gaîté.

NADAR, 51, rue d'Anjou.

NEURDEIN FRÈRES, 52, av de Breteuil. Tél. 707.13.

OGEREAU, 18, boul. Montmartre Tél. 141.25

OLLIVIER, Études artistiques, 6, rue de Seine.

OTTO, 3, pl. de la Madeleine. Exposition, 15, rue Royale Tél 259.44.

PASCAUD, 374, rue Saint-Honoré.

PEDO (Jean), 2, rue Vavin.

PENABERT (G), 36 et 38, pass. du Havre.

PHOTOGRAPHIE D'ART, 18, boul. Voltaire.

PIERRE PETIT, 122, rue Lafayette.

PIROU (Eug), 5, boul. Saint-Germain. Tél. 808 83.

REUTLINGER, ✳, 21, boul. Montmartre. Tél. 142 09.

SARTONY, 16, rue Duphot. Tél. 301 15.

VIZZAVONA (Franç), 65, rue du Bac

PINCEAUX POUR PEINTRES

Chambre Syndicale
Président : G. Leloir, 10, rue de Lancry

ADAM (Lucien), (**SAINGERY, SALMON** et **HUSSON**, succ). Repres. à Paris, M. Groppe, 44, rue Singer.

AUFHOLZ (E), 156, rue Oberkampf

BULLIER FILS, 5, rue Charlot

CUSQUEL (H), **GENDRE** et succ. de **FONTAINE**, 52, Faub.-du-Temple

DOUVILLÉ (Vve), 2, rue Fontaine-au-Roi.

DUMONT (Vve V), succ. d'Alf. **RENAULT**, 12. rue Malher Tél. 1021.88.

EHRENHAUS-HENRY, 12, rue Clément.

FEUILLET, 30, rue Erard.

GUICHARDAZ, 29-31, rue du Dragon.

HERBILLON (C.), à Charleville. Reprér. : L. Lescurre, 54, rue du Château-d'Eau.

LÉCLUSE (Ph.), 68, rue de Clichy. Atelier, 13, rue Eugène-Carrière.

LEFRANC et **C**ᵢₑ, *Pinceaux en martre et en petit-gris pour l'aquarelle, la miniature, le lavis et la peinture sur porcelaine, pinceaux pour la dorure et le pochoir, brosses à tableaux et pour la décoration artistique*, 18, rue de Valois

LELOIR FRÈRES, 14, rue de Commines.

LOISEAUX (E), à La Capelle (Aisne). Reprér. à Paris, Buron, à Montrouge, 45, route d'Orléans.

MACHIN (J.), M. **MACHIN FILS**, succ., 3, rue Chapon

MANUFACTURE NATIONALE (LELOIR FRÈ-RES), 14, rue de Commines. Tél. 1002.53.

PARIS AMERICAN ART C° (The), 2 magasins : 125, boul. du Montparnasse Tél. 831.33; 2, rue Bonaparte. Tél. 738.23, Paris. (*Voir notre annonce au commencement du volume*)

PITET AÎNÉ et **C**ᵢₑ, 51, rue du Faub.-Poissonnière (Usine à Saint-Brieuc) Tél 148 12

RAMSTECK (Georges), à Nuremberg (Bavière). Reprér. E. Humbert, 16, rue de Chanzy.

RENARD (F.), 73, rue de Bagnolet, et 33, rue Saint-Blaise.

RENAULT (Alf.) (Voir Vve V. **DUMONT**), 12, rue Malher.

ROWNEY (George), 27, rue des Bons-Enfants

THION (A), 1, av. de la République.

PEINTRES HÉRALDISTES

AROUY (P.), O. A. ☓, 78, rue du Bac.

CALLOT et **AMAURY**, 112, av. Kléber.

CHEVET, 11, rue Yvon-Villarceau.

DE MEYÈRE, 13, rue J.-J.-Rousseau.

GANDONNIÈRE (E.), 28, rue Demours.

HILBERT et ses **FILS**, 6, rue Roussel.

PIGEONNET (A), 85, boul. Voltaire.

POLLET (Paul), 30, rue La Trémoille.

RELIEURS

Syndicat patronal de la reliure et de la brochure.

Siège : 7, rue Coëtlogon.
Réunion, le 1ᵉʳ lundi du mois.

ADAM, 30, rue Condorcet.

AFFOLTER (Paul), 50, rue de Laborde. Tél. 582 63.

ALBINHAC (Mme), 41, rue Madame.

ANBEIL, 11, rue Jean-de-Beauvais.

ARISTIDE FILS, 15, rue Dareau.

AUBERT, 11, rue Caumartin.

AUGER, 76, rue Daguerre.

AZARIO, 5, rue Gros.

BARANDE (J.), 9, rue Blainville.

BARROUÉ, 28, rue Monsieur-le-Prince.

BAUDOUIN, 10, rue du Fouarre.

BAYER (Ch), rue Célina-Dubois, à Montrouge (Seine). Tél. 36.

BEAUDOIRE, 3, rue Jean-Vaury.

BEAUMONT, 22, rue d'Alésia.

BEAUMONT (V.), Estampes et tableaux, reliures anciennes, buvards, copie de l'ancien, réparation, 62, rue des Mathurins. Tél. 114.45.

BELLEFOND, 12, rue de l'Ancienne-Comédie.

BELLEMIN, 52, rue Marcadet.

BERNICHE, 13, pass. de Clichy.

BIÉRON, 9, rue Milton, et 18, rue Choron.

BIHOURD (Georges), 17, av. Trudaine, et 76, rue Rodier.

BLANCHETIÈRE (H.), Reliure d'art, 8, rue Bonaparte.

BOILOT (C.), 24, rue des Grands-Augustins.

BONLEU (L.), 11, rue de l'Odéon.

BONNAY, 100, rue de Grenelle.

BORDIER (Vve), 17, rue Tournefort.

BOUASSE JEUNE et **C**ᵢₑ, 12, pl. Saint-Sulpice Tél 704.37.

BOUASSE-LEBEL (Maison), **LECÈNE** et **C**ᵢₑ, 29, rue Saint-Sulpice. Tél. 811.34.

BOUCAULT, 73, rue Monge.

BOUDIER (A.), 12, rue Suger.

BOUTARD (L.), 11, rue des Halles.

BOUVET, 7, rue de la Collégiale.

BUSSONAIS, 6, rue Julie.

CANAPE (J.), 18, rue Visconti.

CAPELLE, 72, rue Rodier.

CARAVON (Émile), 10, rue de Nesle.

CHALLINE, 7, rue Valette.

CHAMBOLLE-DURU, 1, rue du Pont-de-Lodi.

CHAPUT (F.), 5, rue Suger.

CHATELAIN (P.), 7, rue des Prouvaires.

CHAZALY, 4, rue Las-Cases.

CHEVALLIER, 18, rue Gay-Lussac.

CHEVILLARD, 18, rue Massillon.

CHICHEREAU (J), 24, rue de Londres.

CHOTTE, 55, rue des Vinaigriers.

CHRISTY, 5, rue Mouton-Duvernet.

CLOSE (H.), 7, pass. de l'Union.

COLLET, 2, rue Lécuyer.

COMBE (J), 47, rue de l'Abbé-Grégoire, et 133, rue de Sèvres.

CONTIER (E), 90, rue Truffaut.

COTTÉ, 21, rue Cujas.

COUDRAY, 4, rue de la Réunion.

DARD FRÈRES (Anc. Maison **DARD PÈRE**), 20, rue Soleillet Tél. 925 36.

DARPHIN et **CARDINE**, 5, rue Charlot.

DARTUS (L), 6 et 12, rue Christiani.

DAVID (S.), O. A. ☓, Estampes et curiosités, 49, rue Le Peletier.

DELAGARDE (J et L), 23, rue de Poitou

DELCORDE, 102, rue Denfert-Rochereau.

DENIS, 130, rue Saint-Denis.

DE PACHTERE, 2, rue des Prêtres-Saint-Séverin.

DEREPAS FRÈRES, 99, rue Saint-Honoré.

DERVOIS FILS, Reliure de luxe et d'amateurs, 17, rue des Canettes.

DERVOIS, 38, rue de Vaugirard.

DESNAUX, 35, rue de l'Annonciation.

DEVARENNE (Eug FLANDRE, succ.), Maison fondée en 1820, 26, Faub.-Saint-Honoré. Tél. 225 37.

DEVIN (Paul), 35, rue Rousselet.

DIGUET (H), 19, rue de la Santé. Tél. 804 16

DOUZIECH (A), 10, rue de l'Éperon.

DUBOIS, 254, Faub.-Saint-Honoré.

DUBOIS (Célestin), 35, rue de Turenne.

DUFFOURG, 4, rue Louis-Thuillier.

DUPONT, 24, rue Saint-Lazare.

DURVAND, 18, rue du Pré-aux-Clercs.

DUVAL (Vve V), 55, rue Didot

DUVAL, 12, rue Princesse.

DUVERNOY, 105 bis, boul. de Grenelle

ENGEL (Michel), 91, rue du Cherche-Midi.

ÉTABLISSEMENTS GALICHER (Société Anon. Française), 5, rue Miollis.

FARGIS (H.), 16, rue Ledion.

FLAMMARION (E) et A. VAILLANT, 7, rue des Canettes. Tél. 828.85

FOIRY, 44, rue d'Artois

FORNI, 93, av d'Italie.

FOURNIER, 17, rue Albouy.

FOURNIER (A.), 22, pass. Dauphine

FRANZ (O), 28, rue Ampère.

FRID, 51, rue du Rocher.

FRITZ, 50, rue de Berri.

GACHE (L), 50, rue Saint-André-des-Arts.

GARAUD, 13, pl. Dauphine.

GARAULT, 24 rue Pigalle

GAUDIN et MANAVET, 73, rue des Saints-Pères.

GEORGIN (L) 6, rue Renault

GEORGIN (L), 11, pass. Vendôme.

GERBE (Vve) et FILS, 5, rue des Haudriettes Tél 1032 49.

GERLACH, 6, rue Louis-Thuillier.

GIBON, 12, rue de Nesle.

GINOUX (P), (Anc Maison P VALLET et Cie), 15, rue du Marché, à Montrouge (Seine). Tél. 713.63.

GIRET, 22, cité Pilleux.

GODEFROY (Th.), 183, Faub.-Poissonnière.

GONON, 18, rue du Mont-Cenis.

GRANCHAUD, 23, rue du Cherche-Midi.

GRENET, 22, rue Suger.

GREUZEVAULT, 23, rue de Villejust

GRIMAULT, 35, Faub.-Saint-Denis. Ateliers, 4, rue de l'Échiquier.

GRIMBERG (Moritz), 1, rue Pierre-le-Grand.

GRIVAUX, 3, rue des Grands-Augustins.

GROSSIORE, 7, cité Hittorf

GRUEL (Léon), 418, rue Saint-Honoré. Tél. 240 76.

GUYOT (A.), 35, rue Truffaut

HAAS (de), 8, rue du Regard.

HAUTECOEUR, 33, rue des Belles-Feuilles.

HENNEBEC, 61, rue Galande.

HÉQUET, 226, rue Saint-Denis

HÉRITIER, 13, rue des Anglais.

HERMANN, 45, rue Lhomond.

HILDENBRAND, 7, rue Sainte-Issure.

HUBÉDA (E), 16, av. d'Orléans.

JARLAN (E.), 3, rue Champollion.

JEAN (H.), 63, rue de Clichy.

JEENER (G), (L BEAUX, succ.), 29, rue du Château-d'Eau. Tél. 423 57.

KAUFFMANN, 11, rue Gît-le-Cœur.

KEITT, 53 bis, rue Rodier.

KIEFFER (René), 47, rue Saint-André-des-Arts.

KOLBING (Richard), 91, boul. Port-Royal.

LABORET, 3, rue Campagne-Première.

LABUSSIÈRE, 146, boul. du Montparnasse.

LAFON (Eug), 4, rue Férou

LAMBERT, 4, rue Monsieur-le-Prince.

LANSCELIN, 8, rue Mabillon.

LEGUS, 43, av de Châtillon.

LELOUP, 80, rue de Rome.

LEMAIRE, 54, rue Richer.

LEMALE (J.), 7, rue Coëtlogon.

LEMARDELEY, 21, rue du Pont-Neuf.

LEROUX (Léon), 11, rue de Sèvres. Tél. 702 25.

LESORT (M1 ALBINHAC, succ), 3, rue de Grenelle.

LETORT, 46, rue de la Goutte-d'Or.

LILIE (H.), 23, rue Taine

LOISELLIER, O A Q, (LE DOUARIN, succ) Reliure artistique et industrielle, 159, boul. Saint-Germain

LORDIER et CAUCHIS (Anc. Maison MAILLET), 36, rue des Petits-Champs. Tél. 122 49.

LORETTE, 7, rue Colas.

LORTIC (M. LORTIC, succ), 11, rue Guénégaud.

LUICHON, 26, rue du Mont-Thabor.

MAGNA, 30, rue Chaptal

MAGNIER FRÈRES, 7, rue de l'Estrapade.

MAGNIN (Vve) et FILS, 7, rue Honoré-Chevalier.

MAILLARD, 12, rue Notre-Dame-des-Champs.

MAILLET (Ch.). (Voir LORDIER-CAUCHIS)

MALRAISON (G), 14, rue Monsieur-le-Prince

MAME (Alfred) et FILS, 6, rue Madame.

MARBAISE (H.), 3 bis, imp. du Maine.

MARCHAND, 11, rue Jacob

MARIUS-MICHEL 12, rue Pierre-Nicole.

MAZÈRE, 10, rue de Constantinople.

MÉDARD, 116, rue Legendre.

MERCIER (Émile), 5, rue Séguier.

MESLANT (Vve), 1, rue Princesse.

MESMIN, 20, cité Canrobert.

MEUNIER, 3, rue de la Bienfaisance.

MEUTHEY, 21, rue du Cirque, et 67, Faub.-Saint-Honoré.

MEYER (L.), 4, rue Visconti

MIGEON (Vve), 10, rue Louis-Morard Tél. 713 89.

MILENT, 26, rue Fontaine-au-Roi.

MILET (Ch), 19, rue de Sèvres.

MOENS, 4, rue Garancière.

MOSES (Vve), 24, pass. des Thermopyles

MOUVEAU et **LEVESQUE** (Voir **ENGEL**).

NAUDET (Victor-Ferdinand), 27, rue Saint-André-des-Arts.

NERSON AÎNÉ (Établiss. **NERSON AÎNÉ**, succ), 40, rue Hémet, à Aubervilliers (Seine) Tél. 413 10.

NOURIGEL, 63, boul. Pasteur.

OLMI et Cⁱᵉ, 36, rue Dehelleyme. Tél 1017 60.

OTT (E), 6, rue Cassette.

OTTMANN, 14, rue des Acacias.

PAGNANT, 30, rue Jacob

PARISOT (Mme), 249, rue Saint-Denis.

PAULET (L), 37, rue Vanean.

PAUTENIS, 7, rue Valette.

PÉPIN, 26, rue Fizeau.

PETITOT, 2, rue des Beaux-Arts.

PHILIPPE (Henri), 23, rue de Bourgogne.

PIERSON (E -T.), (**HENRI-JOSEPH**, succ.), 30, rue Mazarine.

PIGEON (F.), 57, rue Richelieu.

POENSIN (M) et Cⁱᵉ, 37, rue Blomet. Tél 713 69.

POUILLET (Louis), 3, Cour du Commerce, Saint-André-des-Arts

PRENER, 14, rue Flatters.

PRIVITERA (J.), 72, rue du Bac.

PROUTÉ, 12, rue d'Ulm.

PRUNIER, 57, rue de Grenelle.

RANDEYNES, 4, rue d'Assas.

REGEREAU, 13, rue du Val-de-Grâce.

RETTER, 24, rue Mayet.

REYNAUD, 40, rue Gassendi

RICHARD (René), 24, rue de Babylone

RICHARDOT (Vve), 15, rue de Surène

RICHERT, 30, rue Mazarine.

RITTER (M), 1, rue Christine

RITTER (Mme Vve), 4, rue de Savoie

ROBLOT (A.), 67, rue Caumartin Tél 270 37.

ROMAIN (E), 24, rue du Château-Landon.

RONDEAU, 10, rue Édouard-Jacques

ROUSSELLE (E) (A **TAFFIN-LEFORT**, succ), 11, rue de Savoie.

ROUSSELOT (L), 5, rue Thibaud.

RUBAN (Petrus), 9, rue de Savoie.

RUST, 12, rue Michel-le-Comte

RUTER (H.), 18, rue Lanneau.

SAULNIER et **MICHON**, 29, rue de Condé.

SEILLER (André), 22, rue N.-D.-de-Nazareth.

SENZE (Marie), 3, rue de la Fidélité.

SEVIN, 19, rue du Dragon.

SIMON (S.), 19, Faub.-Poissonnière.

SOGUEL (A) et J **KOCH**, 192, rue Saint-Denis.

SOLLEAU (Mme), 67, rue Saint-Jacques.

SOUVÉ (A), 186, boul. Voltaire.

SPALTER (A), 1 *bis*, rue Hautefeuille.

SPICQ (H), 66 à 70, rue des Couronnes. Tél. 902 89

STEMPFER, 3, rue Jean-de-Beauvais.

STERN (E), 11, rue de la Montagne-Sainte-Geneviève.

STROOBANTS (J), 4, rue Gît-le-Cœur.

TAFFIN-LEFORT (A), (Anc. Maison E. **ROUSSELLE**), 11, rue de Savoie.

TAUPIN (J.), 4 et 6, rue Saint-Amand. Tél. 707.61.

THIERRY, 7, quai de Conty

TROUARD, 5, imp. de Béarn.

VALLET (P.) et Cⁱᵉ (Voir **GINOUX**), 15, rue du Marché, à Montrouge (Seine). Tél. 713.63

VASSON (Th), 5, quai aux Fleurs.

VAUTHRIN, 1, rue Thérèse

VIALFONT (J), 22, rue des Fossés-Saint-Jacques

VIAUD, 9, rue des Perchamps

VIEUXMAIRE (Maison), 20, rue Lalande. Tél. 719 78.

VIGNAL 84, rue Bonaparte.

VIGNEAU et **PAUIER**, 120, rue de Vaugirard (Voir **ENGEL**).

VILLAIN, 28, rue de Constantinople.

VINARDI, 35, rue de la Harpe.

VINCENT, 39, rue de Clichy.

VISINAND, 22, rue Bonaparte

WEIBEL 50, rue Vavin.

WEILL (H), 5, rue Christine

WENDLING (Michel), 21, rue des Grands-Augustins

ZELE et Cⁱᵉ, 203, rue d'Alésia.

RESTAURATEURS
d'ESTAMPES et de TABLEAUX

AROUY, O A Ω 78, rue du Bac.

BENNEROTTE (**SAMSON**, succ.), 27, 29, rue Saint-Dominique. Tél 700 05

BERNHEIM (Georges), 9, rue Laffitte. Tél 286 04

BERVILLE, 25, rue de la Chaussée-d'Antin. Tél. 322.48

BLONDEL, Rentoileur, 19 *bis*, cité Bauer.

BOZIER, Rentoileur, 8, rue Jacob.

CAMATTE, 211, boul. Saint-Germain.

CHAPUIS (Anc Maison **MORTEMARD**), (**BRISSON, FRÈRES, NEVEU**, succ), 2 et 4, rue des Bourdonnais, et 20, quai de la Mégisserie.

CHAPUIS (Charles), 4, rue Cretet.

GIVAL (Antonio), 19 *bis*, cité Bauer.

COLBERT, 43, rue Durantin. Tél. 541.64.

DAHLMANN, 14, rue Burq.

DENIZARD (Eug), 55, rue du Cherche-Midi.

DEVEVEY, 9, rue de Verneuil.

DUMARCHÉ, 63, rue de Caulaincourt.

GENTY DE CASTRE, 12, rue Guénégaud.

GUÉDY (Th.), 168, boul. Saint-Germain.

HARDY-ALAN (G **VASSEUR**, succ), Rentoilage et restauration de tableaux, 92, boul. Raspail. Tél 702 51.

HARO et **C** (**AU GÉNIE DES ARTS**), Restaurateurs des tableaux du ministère des travaux publics, de la Ville de Paris, des édifices nationaux, etc., restauration, encadrements, 14, rue Visconti, et 20, rue Bonaparte. Tél. 820 33

JEHN (Albert), 14, rue La Bruyère.

KIEWERT (Paul), (**CHAUFFREY** et **GOVAERT**, succ.), 17, quai des Grands-Augustins.

MARY, 26, rue Chaptal

MERCIER (Mlle Louise), 15, rue Pierre-Charron.

PARIS AMERICAN ART C (The), 2 magasins : 125, boul. du Montparnasse. Tél. 831 33 ; 2, rue Bonaparte. Tél. 738 23, Paris. (*Voir notre annonce au commencement du volume.*)

PASQUINI (F.) et **C**, 43, av. de Wagram. Tél. 581 52.

ROSENTHAL, 11, boul des Filles-du-Calvaire.

ROUGERON (Marcel), 17, rue Drouot.

TROSCHSLER (Ernest), 5, rue Martignac

VAN DE VELDE, O. I. (), 3, rue Cauchois.

VINARDI, 35, rue de la Harpe.

VIGNA, 74, rue de Seine.

SCULPTURE SUR BOIS MEUBLES et OBJETS D'ART

AIMONE, 37, rue de Rome.

AMAURY (G), 62, rue de la Boëtie.

AUGIER, 21, Faub -Saint-Antoine

BAG, 9, rue Saint-Pierre-Amelot.

BADRÉ, 57, rue de la Roquette.

BARDIN (Francis), 21, Faub.-Saint-Antoine.

BARRIOL (E.), 10, rue Caroline. Ateliers, 33, rue des Dames Tél 543 87

BASTIEN, 6, rue des Tournelles.

BEAULIEU, 10, rue Ballu

BEHRENS, 9, rue du Soleil.

BELLANGER, 61, rue des Saints-Pères, et 177, boul. Saint-Germain. Tél. 702.72.

BERNEL (Charles), 4, pass. Saint-Pierre-Amelot (98 *bis*, rue Amelot). Tél. 933 09.

BEURRIER (Maurice), 18, imp. du Maine.

BOCQUET, 3, rue Campagne-Première.

BONNARD, 37, rue Laffitte.

BONNARD, 13, rue de la Sablière

BOUGY (Henri), 79, av. Ledru-Rollin.

BOULAINE (A), 38, av. Daumesnil.

BOULE, 47, rue de Charonne.

BOUSTANY, 10, rue du Ranelagh.

BOVAND, 32, rue de Reuilly.

BRININGER, 34, rue de Citeaux.

BROUHOT, 81 et 83, Faub -Saint-Antoine

BRUNNINGHAUSEN (G), 10, rue Faidherbe.

BUZIN, 4, pass. Josset

CADIEU, 83, boul Richard-Lenoir.

CANERMAN, 109, boul. Beaumarchais.

CARLHIAN et **BEAUMETZ**, 24, rue du Mont-Thabor.

CERF, 32, rue Claude-Tillier.

CHAMP (H), 4, imp. Boursault.

CHANDAVOINE et **BLACHE**, 41, rue de Clignancourt.

CHRISTOPHLE, 27, rue de Charonne.

COLOMBEL, 56, rue de la Roquette.

COLOMBIN, 47, rue de Charonne.

COQUANTIN (V.), 31, rue de Vaugirard, et 2, 4 et 11, rue Jean-Bart

COQUEREL, 9, rue de Charonne.

CORYN (J -E), 115, Faub -Saint-Antoine. Tél. 926 45.

COTTEREAU, 6, pass Dudouy.

D'ALBRET (Alcime), 54, rue Dulong.

DELHOMME, 2, pass. du Génie.

DELISLE (Les **FRÈRES**), 24, rue Pavée. Tél. 1021 34.

DELMAS (J.), 20 et 22, rue Sedaine.

DESJEUX, 23, pass. de la Main-d'Or

DHALL, 9, rue Paul-Bert.

DRIANCOURT, 95, rue de Montreuil.

DROUARD (**GRAVELOTTE** et **C**, succ.), 16 et 18, rue de Lyon. Tél. 909 18.

DUFLOT (L), 5, rue Sainte-Apolline.

DUMINIL, 8, rue des Batignolles.

EVAIN et **DEFFAYET**, 11, rue Castex. Tél. 1017 08.

FAUCHÉ PÈRE et **FILS AÎNÉ**, 107, rue du Cherche-Midi.

FLORIAN KULIKOWSKI, 3, rue de Montyon. Tél 141.80.

FRICK, 9, rue d'Orsel

FULLER (G) et **MARTIAL EYMONAUD**, 51 et 53, rue d'Amsterdam Ateliers : 1, rue Duhesme. Tél 229.29

GADEL, 37, rue de Charonne.

GAULET, 46, rue Amelot.

GENNEVOIS, 14, rue de Birague.

GIRAULT (G.), 108, rue des Dames.

GOETZ, 65, boul. de Picpus.

GRAIN, 10, rue de Charenton.

GRAND, 142, av. Ledru-Rollin.

GUERY (A.), 14, rue Chauveau-Lagarde.

GUILLET, 6, rue Saint-Lazare.

HAENTGÈS FRÈRES, 6, rue Titon. Tél. 925.45.

HANNEQUIN, 11, rue Daval.

HEMMLER, 25, rue Villiers-de-l'Isle-Adam.

HERSANT, 33, rue Germain-Pilon.

HERSENT (Vve), 16, rue de l'Orient.

HUYSMANS, 70, rue Damrémont.

JACOTIN, 5, rue Planchat.

JAQUET, 12, rue Le Bua.

JAQUET, 21, rue Vaucau.

JÉMONT, 6, rue Gobert (boul. Voltaire, 160).

JOUANEST (Alexandre), 2, pl. de Laborde. Tél. 535.97.

JUGIEZ, 4, rue Coustou.

JULLION, 70, rue d'Angoulême.

KELLER (E.), 153, rue du Faubourg-Saint-Honoré, et 41, rue de Berri. Tél. 521.30.

KULIKOWSKI (Florian), 8, rue de Montyon. Tél 141 80.

LAHER (N.), 10, pass. Saint-Bernard.

LAMARRE, 103, rue des Boulets.

LECANONEO, 37 *bis*, rue de Montreuil.

LECLÈRE, 37, rue de Charonne.

LEDRAPIER, 19, rue Basfroi.

LEEMANS (E.), (**THILLIER**, de l'École des Beaux-Arts, succ.), 149, boul. National, à Clichy (Seine).

LEGENDRE, 43, rue des Trois-Frères.

LÉGER (maison), (**JUNGERS** et **COLLIGNON**, succ.), 28, pl. des Vosges. Tél. 1020 42

LIERGI et **SCHAIL**, 54, rue Godefroy-Cavaignac.

LOTH, 23, boul. Gouvion-Saint-Cyr.

LOWISKI, 12, rue de la Fontaine-du-But.

LUCAS, 51, rue du Faubourg-Saint-Antoine.

LYÉ et **SOUQUET**, 8, rue du Pré-Saint-Gervais.

MAIBAUM, 42, rue de Chanzy. Tél. 924 73.

MARE, 88, rue de la Roquette.

MARS (H.), 20, pass. Charles-Dallery.

MAUGER, 16, rue de Charenton.

MAURISSET, 95, rue de Montreuil.

MEISSELBACH (Louis), 16, rue de Charenton.

MICHEL 3, av. du Bel-Air

MOREL, 43, rue de la Roquette.

MORIÈRE, 21, rue des Belles-Feuilles.

MORVAN, 37 *bis*, rue de Montreuil.

MOULINET, 16, rue Moreau.

PANGAUT et **Cie** (succ. de **BARBIER**), à Montmagny (Seine-et-Oise).

PÉROT et **BOUET**, 2, rue de la Roquette.

PETIT (E.), 16, rue de Charenton.

PETITHOMME, 102, rue de Charonne.

PIERNÉ (J.), 144, rue de la Pompe.

PIHOUÉE (**QUÉRIN**, succ.), 16, rue Saint-Antoine. Tél. 1022 41

QUINARD (L.), 187, rue du Temple.

RACINE, 15, pass. de la Main-d'Or.

RAISON-RENOUVIN, 7 et 9, rue Bonaparte. Ateliers, 41, av. du Maine.

RANNOU, 16 et 18, rue Gabrielle.

RECAMCHISKI, 16, rue de Charenton.

RÉMONDOT, 10, rue Perceval.

REY (Georges), 44, rue de Charenton.

ROLLAND (G.), 84, rue de Charenton.

ROMANET et **Cie**, 1, rue des Immeubles-Industriels.

ROUSSEL, 11, pass. de la Main-d'Or.

ROY, 16, rue du Retrait.

ROYER (F), 14, rue de Naples.

RUFFAT (Louis), 19, rue du Faubourg-Saint-Antoine.

SABINO (Marius), 46, rue de Sévigné.

SCHERR (F.), 25, rue Popincourt.

SPAHN, 15, boul Saint-Martin.

STOLZ, 21, rue Dautancourt.

TARDIF (A) et **Cie**, 29, rue Bayen. Tél. 519 70, et 9, rue du Vingt-Neuf-Juillet. Tél 234 38.

THOFFNER, 6, rue d'Orchamps.

THOMAS, 7, rue Commines.

TRÉNEAU, 56, rue de la Folie-Regnault.

VAILLAUT (L), 5, pass. Charles-Dallery. Tél. 948 89

VAUGELEER, 215, rue du Faubourg-Saint-Antoine.

VERLINDEN, 1, rue Keller.

VIDUE, 12, rue Achille-Martinet.

VIEILLOT, 110, boul. Haussmann.

VIGIN, 67, rue Bayen.

VIOTTI, 43, rue de la Roquette.

WAGNER, 155, rue du Faubourg-Saint-Antoine.

WEINBERG, 23, rue Saint-Bernard.

SERRURERIE D'ART

ARANDAU, 34, av. de Saint-Ouen.

BAER, 32 *bis*, rue de la Folie-Regnault.

BARDIN (Louis), 95 et 97, boul. de Port-Royal. Tél 804.13

BAYLE et **PIERRE**, 58, rue Trousseau

BEAUME (A). Serrurerie ancienne et moderne, ameublement, éclairage, 53, rue de Châteaudun. (*Voir annonce à Ferronnerie d'art*)

BELLARD (Aí), O. A Q, 89, boul. Diderot. Tél 910 29.

BERGEOTTE (L), succ. de G ROY et **BERGEOTTE** et **FILS**, 44, av. de la Grande-Armée. Tél. 505.50.

BERGEROT, **SCHWARTZ** et **MEURER** (Soc. anon. des établiss **SCHWARTZ** et **MEURER**, succ), 76, boul de la Villette Tél 417 16.

BERGUE (A), 10 rue Desrenaudes. Tél. 510 98.

BERNARD (A) et **MANCHELLE**, bureaux, 35 et 37, rue d'Artois. Tél. 521 28

BOULNOIS (E) et **VALLAT**, 29, rue Amelot.

BRANDT (Edgar-William), 101, boul. Murat. Tél. 679 11.

BRIANT, 11 *bis* et 13, rue Lauriston.

CARTIER (C. **SALMIN**, succ), 179, boul. Voltaire. Tél. 903 55.

CHAPUIS (Léon), 4, rue des Fêtes.

COGNET et WINKEL (ancienne maison), (L. COGNET, succ), 46 et 48, rue Linois Tél 709 96.

COMBES, 31, av de Friedland

D'HIÈRE (L), 70, rue Amelot. Tél. 903 66.

DONDELINGER, 40, rue de Vouillé.

DUMOUTIER (M). 31 à 35, rue du Repos. Tél. 904 35

DUVAL (P.), 75 et 77, rue Saint-Sauveur Tél 138 24

ESNULT, 15, rue Châtelain

FOURNIER, 32, rue Charles-Baudelaire.

FREBEAU, 13, boul. de Ménilmoutant.

FUMEY (Ch.), 70, rue d'Angoulême

GERCIN, 18, rue des Plantes

GENTOT, 54, rue Cardinet.

GIGOU et FILS, 5, rue de Charonne. Tél. 924 02.

GILON FRÈRES (H. GILON, succ), 179, rue de Lourmel. Tél. 705.24.

GUILLOT-PELLETIER, à Orléans, (GUILLOT-PELLETIER FILS, succ.), bureau à Paris, 62, rue d'Hauteville. Tél 146 50

HALMEL, 11, rue de Vaucouleurs

KLAVATZ, 212, rue Saint-Maur

KOVACS (A), 31, rue des Bois Tél. 401 26.

LAMIELLE (E), 45, rue du Chemin-Vert

LIET (J.), 16 et 18, rue Pierre-Picard Tél. 407.48.

LORINET FRÈRES, 18, rue de Reuilly

LORPHELIN (Ed), 12, rue de la Chaise. Tél. 702.66.

MATHIAN (C), 41, rue de Domrémy

MICHAUX (Alb), 81, av. de Courbevoie, à Asnières (Seine) Tél. 98

MICHELIN (A), 115, rue de Bagnolet. Tél. 904 66

MONTMEYLIAN, 23, rue des Tournelles.

MOREL TEISSIÉ, direct. (succ de MOREL et DESBARRES), 99 et 101, boul de Grenelle Tél. 711 35

MORIN, 98, av. Philippe-Auguste

NIOS FRÈRES, 98, av Félix-Faure.

PERDOUX (J), 31, rue du Bois, à Levallois (Seine). Tél 572 50

PERRET et HAVAS, 17, rue Elex

PICARD (Ernest) (succ. de PICARD FRÈRES), 4, rue Saint-Sauveur. Tél. 145 88 et 250 36

PIHANT, 10, boul Barbès.

PRÉAU (Ch) et Cie, 46, rue de la Folie-Regnault.

PROVEUX (Br COTTAN FRÈRES et Cie, succ), 30 boul de la Bastille.

RANC 7, rue Frémicourt.

REGIUS et RUFFIN. 8, impasse de l'Orillon.

RENAUX (Ch), 8, rue Mont-Louis Tél 912 61.

SOCIÉTÉ ANON DE SAINT-SAUVEUR-ARRAS, 7, rue de Montholon. Tél 300 53

SOHIER (G), 121, rue Lafayette

TALOT (M), usine et bureau, 141, av Gambetta, et 104 et 106, rue Pelleport. Tél. 929 21.

THIEFFINE, 20, rue Moreau.

USINES MÉTALLURGIQUES D'AMIENS et DE PONT-SAINTE-MAXENCE (Oise), 6, cité Condorcet. Tél. 142 55.

VERDON (Victor) 24 rue Saint-Ferdinand Tél. 504.07 et 549.93. Usine, 132, rue de Clignancourt. Tél. 407.99.

WEINLAND (J,), 12, rue du Perche.

STATUES, STATUETTES, MARBRE, MÉTAL

BONNEFONT (E), 17, rue de Paradis.

BUCHER, 80, rue Saint-Dominique.

DENONVILLIERS (Maurice), 22, rue Saint-Ferdinand. Tél 575 44.

DURENNE (A) (Soc anon. des Établissements métallurgiques), 28, rue du Faubourg-Poissonnière. Tél. 117 73-117 30

GODET (Henri), 58, rue du Rendez-Vous.

GOLDSCHEIDER (Frédéric), 45, rue de Paradis, et av. de l'Opéra.

LEEMANS (E.) (THILLIER, succ), 149, boul. National, à Clichy (Seine).

LEFRANC et Cie, La Chrysalide, produit pour transformer les moulages en plâtre, en vieux bois, vieil ivoire, marbre antique, bronzes de diverses patines, terre cuite, céramique, granit, pierre, etc etc. (notice envoyée sur demande), 18, rue de Valois.

VAL D'OSNE (Société du), 58, boul Voltaire. Tél. 932 22.

TABLEAUX
(Experts en)

ANDRÉ (Henry) et Cie, 134, rue de Courcelles, et 80 av de Wagram Tél 564 90.

ARNOLD et TRIPP, 8, rue Saint-Georges.

BERNHEIM (Georges), 9, rue Laffitte Tél. 286 04

BRAME (Hector), O. A Q, 2, rue Laffitte.

BOURDEIL (Mme E). Expert, achète tableaux, meubles et objets d'art, se charge des liquidations de collections particulières, 139, boul. Haussmann.

CAMENTRON, 43, rue Laffitte.

CHAINE et SIMONSON, 19, rue Caumartin.

CHAUVIN (Jules), 3 rue du Dragon. Tél 732 92.

CROMBAC (E), 48 rue Laffitte.

DANTHON (Galerie Haussmann), 26, av. de l'Opéra. Tél 209 48

FÉRAL (Jules), 7, rue Saint-Georges Tél 238 61.

GÉRARD (Félix), 7 bis, rue Laffitte. Tél 221 17.

GÉRARD (Léon), 18 rue Drouot.

HARO et Cie, peintre-expert, expertises, direction de ventes publiques, 14, rue Visconti, et 20, rue Bonaparte. Tél 820 33.

JEHN (Albert), 14, rue La Bruyère.

LINTILHAC (Pierre), 10, rue Auber. Succ. à Vichy l'été, 6, 7 et 8, gal. de l'Hôpital

MALLET, 13, rue du Helder.

MANCINI (J), 7, rue Caumartin.

MEUSNIER (Georges), 22, rue Saint-Augustin

MONTAIGNAC (J), 5, rue de l'Odéon.

PAULME et B. LASQUIN, FILS, 11, rue Grange-Batelière.

PETIT (Georges), 8, rue de Sèze. Tél. 244 58.

TABLEAUX
(Marchands de)

ADAM (Paul), 29, rue de Tournon.

AEBISCHER, 39, rue La Rochefoucauld.

AGNEW (Thos.) et SONS, 22, pl. Vendôme. Tél. 109 24.

A L'AMATEUR, 43, rue La Fayette. Adresse télégr. : Ateur. Paris.

ALEXIS (J), 40, rue Bonaparte.

ALLARD (J), 20, rue des Capucines Tél. 213.36.

ALVIN-BEAUMONT, O. I. ◊, 197, boul. Saint-Germain

ARNOLD et TRIPP, 8, rue Saint-Georges.

ARNOT (Robert), 19, rue Richer. Tél. 252.70.

ARTS GRAPHIQUES (Les), 3, rue Diderot, à Vincennes (Seine). Tél. 260.

ASTRE (A), 65, quai des Orfèvres.

BAUR (Prosper), 71, rue Charlot.

BEAUMONT (V.), 62, rue des Mathurins.

BÉRARD (Mme Vve), 56, rue Saint-Placide.

BERNE-BELLECOUR (Vve), 68, boul. Malesherbes.

BERNHEIM (Georges), 9, rue Laffitte. Tél. 236 04.

BERNHEIM JEUNE et Cie, 36, av de l'Opéra, et 25, boul. de la Madeleine. Tél. 264 51 — 236.26 — 295 10.

BLOT (Eug), 11, rue Richepance.

BODIN, 19, rue des Petites-Écuries.

BONJEAN (Th), 10, rue Laffitte. Tél. 274.27.

BOUCHON (Lucien), 55, rue Saint-Lazare.

BOURDEIL (Mme E), 139, boul. Haussmann.

BOUSSIRON et RACLET, 4, pass. René. Tél. 921.09.

BOUTET DE MONVEL, 18, rue Tronchet.

BRAME (Hector), O. A ◊, expert, 2, rue Laffitte.

BRANDUS (Edward), 2 bis, rue Caumartin.

BREYSSE et Cie, 11, rue Viollet-le-Duc.

BRUNNER (Ch), 11, rue Royale. Tél. 169.78.

BRUNETTE, 58, rue Bonaparte

CAILAC (Henrys), 29, quai Voltaire.

CAMENTRON, 43, rue Laffitte.

CANARD-BEAUMONT, 64, rue de la Boëtie.

CARON et Cie 25, rue de l'Arcade.

CHAINE et SIMONSON, 19, rue Caumartin.

COLIGNON, 4, rue de Tournon.

COOPÉRATION DES ARTISTES, 3, rue Laffitte.

COURCOLLE, 62, rue de Seine.

COUSIN (A.), 132, boul. Haussmann. Tél 570.6

GROMBAC (E.), 48, rue Laffitte.

DANTHON, 28, av. de l'Opéra. Tél. 209 48.

DANTHON (Ch), 70, boul. Malesherbes.

DEL-FRATE (L), 59, rue de la Chaussée-d'Antin.

DEMARIÉ, 18, rue de Maubeuge.

DRUET (E) (Galerie Druet), 20, rue Royale. Tél 182 48.

DUDOUYT, 22, rue Vignon.

DUFOUR (J.), 83, rue Legendre.

DUPONT (Mme), 57, rue de Châteaudun.

DURAND (A.), 17, rue de Tournon.

DURAND-RUEL et FILS, 16, rue Laffitte, et 11, rue Le Peletier. Tél. 139.05.

EBSTEIN (A), 40, rue Laffitte. Tél. 246.62.

FÉRAL (Jules), 7, rue Saint-Georges. Tél. 283.61.

FERMOND, 18, rue de l'Odéon.

FICHET, 16, rue Clément-Marot.

FISCHHOF (Eug), 50, rue Saint-Lazare.

FOUINARD, 4, rue Volney Tél. 103 69.

FONTANILLE, 49, rue de Rome.

GALERIE DES ARTISTES MODERNES, 19, rue Caumartin.

GALERIE FAVRE et Cie, Tableaux et objets d'art. Vente, achat, occasions, expertises, 14, rue La Fayette.

GALERIE SAINT-AUGUSTIN, 93, boul. Haussmann.

GARNIER (A.) FILS, 18, av. de Villiers.

GARNIER, 26, av. Friedland.

GASSOT (A), 30, rue Laffitte.

GATTI (J), (R. CARRÉ, succ.), 26, rue Henri Monnier.

GÉRARD (Léon), 18, rue Drouot

GÉRARD (Félix) FILS, 7 bis, rue Laffitte. Tél. 221.17.

GLAENZER (Eug) et Cie, 5, rue Scribe.

GOUPIL et Cie, 24, boul. des Capucines.

GRAAT et MADOULÉ, 6, rue Godot-de-Mauroy, et 12, rue de Sèze. Tél 229.32.

GRAVES (Henry) and Co Ld, 18, rue Caumartin. Tél 283.28.

GRUBICY, 14, rue de Richelieu.

GUÉRIN, 9, rue de Seine.

GUÉRINEAU (L.), 81, rue de Rome.

GUMCHIAN (M.), 31, rue Caumartin.

HARO et Cie, Peintre-expert. Galerie de tableaux de maîtres anciens et modernes de premier ordre. Direction de ventes publiques, 14, rue Visconti, et 20, rue Bonaparte. Tél 820.33.

HERZOG (A.), 41, rue de Châteaudun. Tél. 108 83.

JACOBI, 13, rue Laffitte.

JAMAULT (L), 27, rue du Château-d'Eau.

JANVIER, O. A. ◊ 48 rue Jacob.

JEHN Albert), 14, rue La Bruyère.

JOLY (A), 55 et 57, rue des Amandiers.

JONAS (Edouard), 6, boul. des Capucines. Tél. 313.15.

KAHNWEILER (Henry), 28, rue Vignon.

KARBOWSKY (J.), 47, rue de Vaugirard.

KIEWERT (Paul), **CHAUFFREY et GOVAERT**, succ., 17, quai des Grands-Augustins.

KLEINBERGER (F), 9, rue de l'Échelle.

KNŒDLER (M) et Cⁱᵉ, 23, pl Vendôme, et 356, rue Saint-Honoré. Tel. 318 10. A New-York, 355, fifth avenue; à Londres, 15 Old Bond Street

KRAEMER (Eug), 18, rue Taitbout.

KRAEMER (N.-J), Tableaux anciens, meubles anciens, terres cuites, marbre du XVIIIᵉ siècle, 96, boul. Haussmann Tél. 264 38.

LACROIX, 21, rue Joubert.

LACROIX (E), 142, rue Oberkampf.

LE CHEVALIER (P), O I. ◊, Monopoles de signatures, salles pour expositions particulières, 17, boul. de la Madeleine.

LECLAIR, 144, boul. du Montparnasse.

LEEMANS, Expert, tableaux anciens et reproduction de toute époque, restauration, 69, quai de la Tournelle.

LEGENDRE (V), 8, rue de Valenciennes.

LELANNE (A), 39, rue du Faubourg-Poissonnière.

LEPOUTRE, 62, rue Laffitte

LEPOUTRE (C), 11, rue de Seine

LE ROY (L) et Cⁱᵉ, 9, rue Scribe

LE ROY (L), 4, rue Vignon.

LÉVY (Léon), 52, rue de la Tour-d'Auvergne.

L'HOSTE, O. A ◊, 41, rue du Faubourg-Montmartre

LIBAUDE (Louis), 17, av. Trudaine.

LINTILHAC (Pierre), 10. rue Auber. Succ. à Vichy, l'été, Gal. de l'Hôpital, 6, 7 et 8.

LUCAS-MORENO (Édouard), Artiste peintre, 52, rue Laffitte. Tél 271.19.

MADRAY, Estampes, encadrements 11, rue de Londres

MAGNIEN (Ferd), 51, rue de la Victoire. Tél. 318 91

MARLIN (Pierre), 18, rue de Provence.

MATHIEU (Armand), 24, rue du Faubourg-du-Temple

MATHIEU (Henri), 2, rue de Paradis.

MEYER (Mme), 195, rue du Faubourg-Saint-Honoré.

MICHEL (J -J), 6, rue Le Peletier.

MICK (H), 65, rue de Rome.

MOREAU (anc. maison **BODIN**), 19, rue des Petites-Écuries. Tél 122 13.

MOTTHEAU (E), 60, rue des Tournelles

MULLER (W.), 7, rue Le Peletier

NEUMANS (Gaston), 20, rue Drouot. Tél 122 88.

PELLET (Gustave), O. I ◊, 51, rue Le Peletier.

PASQUIER (Ernest), 29, rue de Trévise.

PERUSE, 148, boul. du Montparnasse.

PETIT (Georges) (Soc. des Galeries), 8, rue de Sèze. Tél. 244 58.

PIETTRE (Georges), 59, rue de Châteaudun.

PILLOT (André), 46, boul. Haussmann.

POTIN (A), (commissionnaire), 36, rue Taitbout.

REDON (H -A) et Cⁱᵉ, 48, rue Richer.

REINHARDT, 12, pl Vendôme.

REITZ, Cadres, encadrements en tous genres, 18, rue Cadet.

RENARD, 4, rue Papillon. Tél. 222.60.

ROSENBERG (Paul), 38, av. de l'Opéra. Tél. 308 07

ROSENTHAL et CHAPERON, 57, boul. Haussmann.

ROSWAG (G), 8, cité Véron (place Blanche).

ROTGÉ (A), 2, rue de l'Université

ROUECHE et Cⁱᵉ (anc maison E. PRUNIER et A. LOEFFLER), 11, rue des Petites-Écuries.

ROUVIÈRE, 58, rue des Mathurins.

RUEFF (suite de la Galerie Beaujolais, 99), Palais-Royal

SAGOT (Ed.), 39 *bis*, rue de Châteaudun.

SAINT-OUEN, 9, rue Jean-de-Beauvais.

SALOMON, 5, cité des Bains.

SALOMON, 17, rue de Maubeuge

SARCIRON (P.), 16, rue de l'Arcade.

SEDELMEYER (Charles), 6, rue La Rochefoucauld.

SIMONSON (de la maison CHAINE et SIMONSON), 19, rue Caumartin.

STEINMEYER et STÉPHAN BOURGEOIS, 3, pl du Théâtre-Français. Tél. 292 94, et à Cologne, 16, Richartzstrasse.

STRAUSS (Aug), 39, rue de Paradis.

TEDESCO FRÈRES, 33, av. de l'Opéra. Tél. 232.94

TEMPELAERE (F et J), 36, rue Laffitte

TINELLI (F.), 53 *bis*, quai des Grands-Augustins.

TOOTH (Arthur) et SONS, 41, boul. des Capucines. Tél. 245.19.

TROTTI et Cⁱᵉ, 8, pl. Vendôme.

TULPINCK (maison), 10, rue Lafayette.

VALCOUR (René de), 35 rue de la Boétie.

VANDER PERRE (François), 6, rue Saint-Georges

VERROU-BALASSE (tableaux anciens et objets d'art), 2, rue de l'Échelle.

VIDAL, 9, rue d'Assas.

VINCENT, 197, rue du Faubourg-Saint-Honoré.

VOLLARD, 6 rue Laffitte.

VUILLIER, 53, rue de Seine

WAQUIER (Mlle), 11, rue des Pyramides.

WILDENSTEIN, 57, rue de la Boétie

ZIEGLER (Ed.), 11, rue Gustave-Flaubert.

TAPIS ET TAPISSERIES ANCIENS

BATIFAUD (Mme), Restauration et nettoyage, 39, boul. Raspail.
BAUML (H.), 5, rue Saint-Georges. Tél. 314.72.
BEAUDOUIN (Louis), 25, boul. de la Tour-Maubourg.
BENAZET-BAILLY (COPIN, succ.), Grand choix de panneaux et portières avec et sans bordures en tapisseries anciennes, Nettoyage et réparation, 12, rue N.-D.-des-Champs.

Benjamin BENGUIAT

4, rue Drouot, PARIS

Téléphone 131.5o   Adresse télégraphique NOMISNEB — PARIS

ACHAT — VENTE — ÉCHANGE

ANTIQUITÉS ET BIJOUX

SPÉCIALITÉ DE TAPISSERIES

TAPIS ET VELOURS DU XVᵉ AU XVIIIᵉ SIÈCLE

Maison à New-York U.S.A.
580 Fifth Avenue

BEN-SIMON, 4, rue Drouot.
BLANCHARD (Mme), 6, rue Labie.
BRAG et Cⁱᵉ, Grand choix de tapisseries anciennes, ateliers de réparation, objets d'art

et curiosités, 41, boul. Haussmann. (*Voir annonces table des matières.*)
BRAQUENIÉ et Cⁱᵉ, 16, rue Vivienne.
CHATEL (Louis), Tentures, décoration, 61, rue d'Anjou. Tél. 263.52.
COQUANTIN (V.), 31, rue de Vaugirard, et 2, 4 et 11, rue Jean-Bart.
DALBÈME (L.) et **FILS**, 18, rue Saint-Marc. Tél. 118.13.
DANTON (Frédéric), 61, rue de Richelieu. Tél. 221.69.
DEVAU-GOUBERT, Tapisseries anciennes, ameublements, décorations, maison spéciale pour la tapisserie au petit point, ateliers de réparation, 94, boul. Raspail.
FABRE (JEUNE), 17, rue du Cherche-Midi.
FAURIAUX-LEPETIT, 212, boul. Saint-Germain.
FOREST, 17, rue de la Boëtie, et 31, rue Cambacérès. Tél. 264.04.

FUCHS (CH.)

IMPORTATEUR
DE TAPIS D'ORIENT
ANCIENS
ET MODERNES

4, rue Saint-Philippe-du-Roule

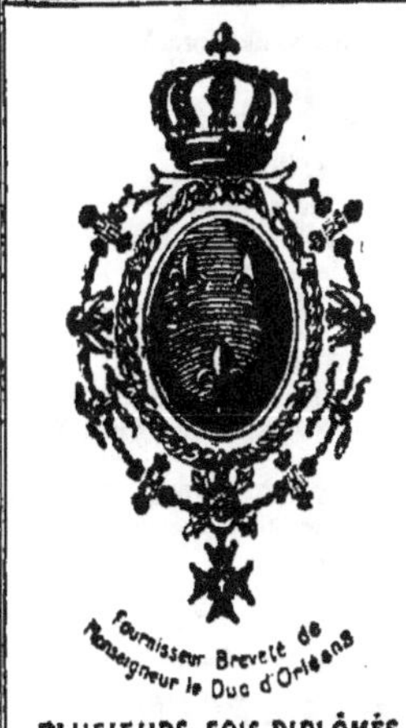

LAVAGE ET RAVIVAGE

Aux Petits Gobelins

ACHAT :: VENTE :: ÉCHANGE

Reproduction et Réparation de
:: Tapisseries Anciennes ::
Gobelins, Beauvais Aubusson
:: :: Savonnerie, etc. :: ::

P. SARCIRON

Expert

Chargé de l'entretien des Tapisseries de S. A. R. Mgr le Duc d'Aumale et de S. A. la Princesse de Cantacuzène, etc.

Maison principale

PARIS = 16, rue de l'Arcade, 16 = PARIS

Téléphone : 147-94

ATELIERS A SAINT-GERMAIN

HUGODOT (A.). Broderies, tapisseries anciennes
126, boul. Haussmann.

ISPAHAM (M. et C\ie), **AU MUSÉE PERSAN.**
Tapis persans et turcs, anciens et modernes,
réparations et nettoyages en tous genres de
tapis, curiosités anciennes, persanes et chinoises. Maisons à Téhéran Ispahan et Recht
(Perse), 17, rue d'Astorg

LEMAIRE, 7, rue Caumartin Tél. 114.11.

LEROY (Henri), 4, rue du Marché-Saint-
Honoré. Tél. 265.84.

MASSON (Mme Vve), 7, rue Saint-Georges.

MAUS et **DE LA FOREST**, 14, boul. Malesherbes.
Tél. 151.90.

MEDER (J.), 27, boul. des Batignolles.

MEYER (A.), 21, rue de la Boëtie

MONOT, 39, boul. des Batignolles.

PERRENOUD, 88 *bis*, rue Saint-Dominique.
Tél. 720 05.

PHILIPPE (Stéphen), 3, rue des Saints-Pères.

PIGNATELLI (ETIENNE D.)
6, 7, 8, Galerie Montpensier, PALAIS ROYAL
PARIS (1er Arrond.)
IMPORTATION DIRECTE
DE TAPIS PERSANS ET D'ORIENT
ANCIENS ET MODERNES
Faïences et Porcelaines orientales
ACHAT DE COLLECTIONS — REPARATIONS & RESTAURATIONS

RAGARU, 13, rue Henri-Monnier.

ROSENWALD (E.), 64 rue des Archives. Tél.
1013 25. Succurs., 5, rue Royale. Tél. 220 04.

ROTGÉ (A.), 2, rue de l'Université.

SARGIRON (P.), 16, rue de l'Arcade. (*Voir annonce page précédente.*)

SCHUTZ (F.), 25, quai Voltaire. Tél. 729 68.

SÉVILIA (M.) (**A L'ART MUSULMAN**), 13, av
Victor-Hugo Tél. 124 04.

THIÉRARD (Henry), 52, rue Taitbout.

VAIL (Maison), 12, rue Dupetit-Thouars.

VASSEUR, 31, boul. Raspail.

VELCHE et **C\ie** (**AUX VIEUX GOBELINS**), 48,
rue de Châteaudun.

TAPISSERIES

(Imitation de)

BERVILLE, 25, rue de la Chaussée-d'Antin. Tél.
322 48.

DIEUTEGARD et **LAMBOLEY**, 12, rue du Gabon.

LEFRANC et **C\ie**, Couleurs liquides pour imiter
les tapisseries, toiles Gobelins, fil et laine,
18, rue de Valois.

LEROY (Ch.), 3, rue du Faub.-Saint-Martin.
Atelier et succ. 30, rue du Faub.-Saint-Denis.

MÉROU (E.), 217, boul. Voltaire Tél. 921 72.

NÉO-DÉCOR, 25, rue Saint-Augustin. Tél
244 32.

PANZANI, 201, rue Lafayette.

SEVIN (E.), 339, rue Saint-Martin.

TERRE CUITE

ATELIERS D'ART, 56, rue de Paradis.

BONNEFONT (E.), (Manufacture, 67, rue Ser-
van), Maison de vente, 17, rue de Paradis.

BOUDEVILLE (Vve), Mouleur-éditeur, 33, rue
Bonaparte

CACCIAPUOTI (Hector), 49, av. de la Motte-
Picquet.

CARONESI, au Lilas (Seine). Représ. à Paris,
BOUTET et **C\ie**, 8, rue de Paradis

CHAMPEAU (P.), O. A ♦, 63, rue Saint-Sabin.

DOR (Louis), 27, rue Louis-David (Bagnolet).

ETTLINGER (L.) et **FILS**, 9, rue Saint-Anastase.
(Grand Prix Bruxelles 1910.)

FAIENCERIE DE SARREGUEMINES, « **L'ART
FRANÇAIS** ». Dépôt, 28, rue de Paradis. Tél.
258 70

FONTAINE (J.) **FILS**, 60, av. de la République,
Grand-Montrouge (Seine).

FONTAINE et **DURIEUX**, 5, rue des Minimes.
Magasin 47, rue de Paradis.

FRALION AINÉ, 11, rue de Paradis.

GABRIELLI (Charles), 43, rue de Constantinople.

GOLDSCHEIDER (Frédéric), 45, rue de Paradis,
et 28, av. de l'Opéra. Tél 246.88.

HANNE (Léon **LABAT**, succ.), 66, rue d'Hauteville. Fabrique à l'Isle-Adam (Seine-et-Oise).

HANNE (S.-B.), Fabrique, 49, av de la Motte-
Picquet. Agent général **ROUSSEL-BAR-
DELLE**, 74, rue d'Hauteville.

KRAEMER (N.-J.), 96, boul. Haussmann.

LACHAL-DUBOST (Maison), 26, boul. Saint-
Michel.

LEFRANC et **C\ie** (La Chrysalide, procédé pour imiter la terre cuite) 18, rue de Valois.

LOEBNITZ (Jules), 4, rue Pierre-Levée. Tél.
907 56

MAZATAUD (A.). 14, cité Bauer.

MEYNIAL, 60, rue des Rondeaux

PARIS AMERICAN ART C\o (The), Statuettes, reproduction d'anciennes. 2 magasins : 125 boul
du Montparnasse. Tél. 831.33 ; 2, rue Bonaparte Tél. 738 23, Paris. (*Voir notre annonce
au commencement du volume.*)

PETIT (Atelier), 89, rue de Ménilmontant.

ROUSSEAU et **DUFEU**, 6, rue du Vingt-Neuf-
Juillet.

**SOCIÉTÉ CENTRALE DES BRIQUETERIES DE
VAUGIRARD** 1, rue Ernest-Renan, à Issy-les-
Moulineaux (Seine).

TOINET, 96, rue de la Roquette.

WIRIOT (E.), 29, boul. Saint-Jacques.

TIMBRES-POSTE

Chambre syndicale des Négociants experts
en timbres-poste et timbres fiscaux.
Siège social, 10, rue de Lancry.
Président Vervelle.
Vice-Président : Bernichon.
Secrétaire : Thumin.

**AGENCE ANGLO-FRANÇAISE DE TIMBRES-
POSTE**, 31, rue de la Victoire.

**AGENCE COMMERCIALE DES TIMBRES-POSTE
COLONIAUX**, 21, rue Nollet.

AGENCE COMPTABLE DES TIMBRES-POSTE COLONIAUX, 36, rue Vaneau.

A L'AMATEUR, 43, rue La Fayette.

AMELIN (M.), 150, boul. Saint-Germain.

ASTRUC (DORSAN-), 31, rue de la Victoire. Tél. 248 44.

BARDON, 89, rue de Richelieu.

BELIN-BUBEL, 37, Galerie Montpensier (Palais-Royal).

BERNICHON (J.), 4, rue Rochambeau. Tél. 250 95

BILLEMONT, pass. de l'Opéra, Galerie de l'Horloge

BION (A.), 10, rue de Bagneux.

BLAZY (C.), 368, rue Saint-Honoré.

BOUZONNIE (Louise), 9, rue Buffault.

CARION (Géo) 21, rue Nollet.

CAVALIER (M), 33, rue Saussure.

CÉLÉRIER, pass. de l'Opéra, 7, Galerie du Baromètre.

CHAMPION (Théodore) et Cie, 13, rue Drouot. Tél. 310 34.

CHEVILLIARD (E.), 158, rue de Courcelles.

CIRY et **LESCURE**, 7, quai Saint-Michel.

COSNELLE (A.), 46, rue de Verneuil.

CRAEMERS, 64, Galerie Montpensier (Palais-Royal).

DASCALAKIS (C), 37, Faub.-Montmartre.

DELACOURCELLE, 5, pl. de Rennes.

FIDÈLE, 77, rue Damrémont.

FIRMIN, 9, rue N.-D.-de-Lorette.

FISSON, 27, pass. des Panoramas.

FORBIN (A), 24, rue de Milan. Tél. 309 50.

GAINSBORG (E.), 40, rue de Paradis.

GAY, 30, pass. du Grand-Cerf.

GILBERT et **KOHLER**, 51, rue Le Peletier.

GUILLARD (L), 7, rue des Dames.

HELLSTERN (G.-E), 121, boul. de Magenta.

HOTZ, 35, rue N.-D.-de-Lorette.

HUILLARD (Mme), 19, rue des Petits-Champs.

HUOT (L), 8, rue Vavin.

JANVIER (E), 52, rue N.-D.-des-Victoires.

LAMOTTE (H), 12, rue Claude-Vellefaux.

LEMAIRE (Th), O A ☒, La plus importante maison française détenant le record du bon marché. Immense assortiment de timbres rares et ordinaires, achat de collections et tous lots de timbres, 16, av. de l'Opéra. Tél. 299 43

LEMIERRE (Ch.), 169, Galerie de Valois (Palais-Royal).

LESCUT (M), Maison de vente, 24, rue du 4-Septembre.

LÉVY (A) **FILS**, 35, rue de Turenne.

MARIE (L), 23, rue de Châteaudun.

MARIMIAN, 155, 156 et 157, Galerie de Valois (Palais-Royal)

MARQUELET (E), 8, rue du Trésor.

MATTHEY (Émile), 73, rue Truffaut. Tél. 562 04.

MAURY (Arthur), 6, boul Montmartre. Tél. 133 51.

MENDELSOHN, 53, pass. Jouffroy.

NICOLAIDÈS (N.-S.), Grand choix de timbres-poste pour collections, 35, rue de Paradis.

NOGENT (Camille), 69, rue de Rennes.

PERRON, 14, rue de Châteaudun.

PHILATÉLIE PARISIENNE (La), 90 bis, rue de Varenne.

PHILATÉLISTE PARISIEN (Le), 25, av. d'Orléans.

PICARD (C.), et Cie, 33, rue Vivienne.

PIGNET, 137, Galerie de Valois (Palais-Royal).

RIANT FRÈRES, 110, boul. de Grenelle.

RICHARD (J), 40, rue Lecourbe.

ROBERT (Victor), 83, rue de Richelieu.

ROUMET, pass. des Princes.

SCHARFF (Émile), 54, rue de la Victoire.

SCHAUPMEIER (Ch.), O A ☒, 84, rue d'Hauteville.

STEINDL (R), 95, Galerie Beaujolais (Palais-Royal).

THUMIN (J.), 3, boul. Bonne-Nouvelle.

VERVELLE, 47, rue Bonaparte.

VILLEMONT, 14, pass. de l'Opéra.

WEBER (Octave), 45, rue des Moines.

TOILES A PEINDRE

AIMBA (La Cie), Vente en gros, agence internationale de matériel pour les beaux-arts, 61, rue de Richelieu. Adr. Télég. : Aimba. Tél. 115 92. (*Voir notre annonce au commencement du volume*)

BERVILLE, 25, rue de la Chaussée-d'Antin. Tél. 322.48.

BINANT (A), (P HADROT, succ), 70, rue Rochechouart Tél 212 31

BLANCHET, O A ☒ (A LA PALETTE D'OR), Fabricant de toiles à tableaux de toutes les largeurs, toiles absorbantes, etc, couleurs fines, 38, rue Bonaparte.

BOURDILLON (L.), 56, rue de Rennes.

BOURGEOIS AINÉ

TOILES pour peinture à l'huile, aquarelle, dessin, pastel, et imitation de tapisserie, en pièces et sur châssis. — Châssis nus, panneaux, cartons et papiers préparés.

18, rue Croix-des-Petits-Champs

GUICHARDAZ (C), 29-31, rue du Dragon.

HARDY-ALAN (G VASSEUR, succ), Fabricant de toiles à peindre; toiles spéciales pour peintures décoratives de plafonds et panneaux d'appartements; toiles pour fusains, pastels, aquarelles, absorbantes et demi-absorbantes pour la détrempe; toiles pour peinture en imitation de tapisseries; toiles pour théâtres; entreprise de marouflage, 92, boul Raspail. Tél. 702 51.

LÉCLUSE (Ph.), Fabricant, 58, rue de Clichy. Atelier, 13, rue Eugène-Carrière.

LEFEBVRE-FOINET (Lucien), 19, rue Vavin, et 2, rue Bréa. Tél. 730.68.

LEFRANC et **Cie**, Toiles à peindre de toutes les largeurs, toiles à pastels, toiles demi-absorbantes, toiles dites à l'Italienne, toiles préparées pour la peinture décorative, toiles écrues à grain, toiles pour la peinture en imitation de tapisseries, 18, rue de Valois.

LEPAGE (A.) AÎNÉ (TOCHON-LEPAGE, succ), 3, rue des Deux-Boules. Tél. 158.68.

MARY, 26, rue Chaptal.

MORIN (Eug.)

Fabrique de Toiles à peindre et Couleurs extra-fines

COULEURS pour la DÉCORATION ARTISTIQUE

MAROUFLAGE — MATÉRIEL D'ARTISTES

SEUL FABRICANT des Couleurs

Procédés J. JANET
Titre et Marque déposés

5, rue Lepic, 5
(Place Blanche)

VERMILLON DE CADMIUM
POURPRE DE CADMIUM
Brevetés S.G.D.G

USINE . 29, rue Caulaincourt
ATELIERS 17, rue de Maistre
DORURE & ENCADREMENTS
TÉLÉPHONE 527.51

PAILLARD (J.-M), 17, rue d ɔ ry.

PARIS AMERICAN ART Co (The), 2 magasins : 125, boul. du Montparnasse. Tél. 831.33; 2, rue Bonaparte. Tél. 738 23, Paris. (*Voir notre annonce au commencement du volume.*)

PETIT (F.), 95, rue Ampère.

REVEL et **COCOOZ**, 33 *bis*, boul. de Clichy.

ROCHÉ, Toiles et papiers pour le pastel, 4, rue Grenier-Saint-Lazare

SCHOENFELD (Dr.-Fr) et **Cie**. (*Voir annonce au commencement du volume.*)

VIGNOL (A), 20, rue Jacob.

VISAGE (E), 7, rue Sauvageot.

TRANSPORTS

(Agence en douane)

AGENCE AGLOT Directeur : F **LAUNAY**, 6, rue de la Douane. Tél. 435.63.

AGENCES EN DOUANE DES PAYS DU NORD, 19, rue Demarquay. Tél. 416.11.

AGENCE SCHENKER, 8, rue de Saint-Quentin.

AGENCE DE TRANSPORTS INTERNATIONAUX (J. SCHRETER), 2, rue de Sèze. Tél. 129.73 et 262 44.

BANCEL FRANÇOIS et **Cie**, 177, Faub.-Poissonnière. Tél. 447.86.

BERTHELOT, DEROCQUIGNY et **PRUVOST**, 25, rue Étienne-Marcel

BLONDEL (G.), Entrepôt, 14, rue Rochambeau. Tél. 245.46.

BOUSSION et **DE BRAUWER** (**LEYGONIE** et **Cie**, succ.), 22, rue du Bouloi. Tél. 112.80

COMPAGNIE FRANÇAISE DE TRANSPORTS INTERNATIONAUX, 132, rue du Faub.-Saint-Denis.

COOK (Th) et **FILS**, 1, pl de l'Opéra; 101, av des Champs-Élysées; 250, rue de Rivoli Hôtel Majestic, av. Kléber. *Bureau spécial pour le transport et les bagages*, 24, boul. des Capucines.

DEHON (L), 142, Faub.-Saint-Denis.

DETAMMAECKER (H.) et **Cie**, 22, rue du Bouloi

FULLER et **KOHLER**, 46, Faub.-Poissonnière.

GÉRARDIN et **LAMBERT**, 7, rue Beaurepaire. Tél 448 29.

HERNU, PERON et **Cie**, 95, rue des Marais; 6, pl. de la Bourse, et 61, boul. Haussmann.

INTERNATIONAL RAPIDE, 14, rue de Lancry. Tél 432 11.

JONEMANN (R) Maison fondée en 1856 à Deutsch-Avricourt (front all), à Igney-Avricourt (Meurthe-et-Moselle), Havre, Dunkerque, Karlsruhe, Stuttgart. Spécialité de transport d'objets d'art, renseignements sur transports en douane, emballages à forfait comprenant tout, 24, rue d'Enghien. Tél 125.70 et 246 65.

KALMES et **THIERRY** (**THIERRY**, succ.), 148, Faub -Saint-Denis.

KIMBEL et **Cie**, 31. pl du Marché-Saint-Honoré. Tél. 230 89 et 307 32

LAHAYE (Paul), 6, rue Demarquay

LANGSTAFF, EHRENBERG et **POLLAK**, 14, rue d'Enghien. Tél. 161.07.

LAUNAY (F.), 5, rue de la Douane. Tél. 435 63

LEBET, CURTI et **Cie**, Transports internationaux, 17, rue du Mail. Tél. 309 89.

LEROY (Ch), 2, rue de Rocroy. Tél 429 93.

L'HERBIER (Hector), 18, rue de la Douane.

LOTH (SOCIÉTÉ E), 22, rue du Bouloi Tél. 229 70.

MARLIN et **LECERF**, 3 et 11, rue de la Douane

MASSONNEAU (F.) et **Cie**, 20 et 22, rue Riche- Tél. 317.46. Adr Télégr. : Coratel

MAUS et **WEIGEL** (A. **WEIGEL**, succ), 45-47-49, rue d'Hauteville. Tél. 123.76

MESSAGERIES INTERNATIONALES, 9, rue du Caire. Tél. 114 78

MESSAGERIES INTERNATIONALES (L. **THIBAULT**), 90, rue des Marais. Tél 436.34

MORY et **Cie**, 3, rue Saint-Vincent-de-Paul, et 9, rue Notre-Dame-des-Victoires

PETIT (Jules) et **FILS**, 126 et 128, rue de la Chapelle.

PITT et **SCOTT**, 47, rue Cambon. Tél 241 40

WINKERT (H) et **Cie**, 40, rue de l'Échiquier.

VERNIS

AIMBA (La Cie), Vente en gros, agence internationale du matériel pour les beaux-arts, 61, rue Richelieu. Adr. Télégr. : Aimba. Tél. 115 92. (*Voir notre annonce au commencement du volume.*)

BEHRENDT (Fritz). (*Voir annonce au commencement du volume.*)

BESEGHER (A) (Succ. de E. **GORNIOT**), 62, rue Beaubourg.

BONNEVILLE-ROUILLY et Cie, 27, rue du Landy, à La Plaine-Saint-Denis. Tél. 431.33.

BOURGEOIS (AÎNÉ), 18, rue Croix-des-Petits-Champs. Usine à Montreuil-s.-Bois.

CHAPELLE FRÈRES, 26, rue des Rosiers.

COULEURS WEIMAR. (*Voir annonces au commencement du volume.*)

DUFOUR (F. **DUFOUR** et **BOUTEMY** réunis), 122, rue de Lagny, à Montreuil-s.-Bois (Seine). Tél. 915 97.

ÉTABLISSEMENTS HOLDEN (Arthur) et **SONS** Ld. Agent général J. **DUFEUTRELLE**, 98, rue La Fayette.

GERMOT et **CRUDENAIRE**. Bureaux et Usine, 5 et 7, rue des Gardinoux, à Aubervilliers. Tél. 415 47.

GUITTET et Cie, 2, cité de Paradis (43, rue de Paradis). Usine à Montigny (S.-et-O.)

LEFRANC et Cie Vernis à tableaux J -G. Vibert, vernis au mastic pur, vernis pour eau-forte, marque Lamour, vernis Damar, vernis gras colorés, vernis pour la reliure, le bâtiment, la carrosserie, etc , 18, rue de Valois.

LÉON (Maison) (**LES FILS** de Gustave **CHALMEL**, succ.), 36, av. Daumesnil.

MILORI, E. HARDY-MILORI, G. REMOND et Cie, à Montreuil-s.-Bois (Seine). Tél. 911 54.

PARIS AMERICAN ART Co (The), 2 magasins. 125, boul du Montparnasse Tél. 831 33; 2, rue Bonaparte. Tél 738.23, Paris. (*Voir notre annonce au commencement du volume.*)

REVEL (D.), 54, route de Flandre, à Pantin (Quatre-Chemins) (Seine). Tél. 427.20.

SCHOENFELDT et Co (Dr Fr). (*Voir annonce au commencement du volume*)

VITRAUX

Chambre syndicale des Peintres-verriers Français, 8, rue Danton
  Président : Gaudin (Félix).
  Vice-Président : Néret.
  Secrétaire . Trézel.
  Secrétaire-Trésorier : Brun

AGÉZAT, 12, rue de l'Étoile.

ADAM, 52, rue de l'Amiral-Roussin.

ANGLADE (J.-B), succ. de **DIDRON**, 38, boul. Raspail

BESSAC (P.), 4, rue Blanche.

BLANCARD et **LAUREAU** (**JEANNIN** et **LAUREAU**, succ) 181 route de Versailles, à Billancourt (Seine). Tél. 693 87

BLONDEL, 13, rue Letellier.

BRICARD (C) et Cie, 135, boul. Saint-Germain. Tél. 819.74.

BRIÈRE (E.), 3, rue de Rome

CHAMPIGNEULLE (Charles), 96, rue N.-D.-des-Champs. Tél. 811 83.

CHANUSSOT (L.), 9, rue Etex.

CLAVIER (L.), 3, pass. de l'Élysée-des-Beaux-Arts.

COLLINET (L.), O A. (), Vitraux pour églises et appartements, spécialité pour chapelles funéraires, portraits vitrifiés, 177, rue de la Roquette.

DELON (Marcel), 199, rue de Vaugirard.

DENIS (J. **DÉNIER**, succ.), 72, quai de l'Hôtel-de-Ville. Tél. 1019.24

DUPLEIX (André), 3, Villa du Parc-de-Montsouris.

DURRIEU (P.), 24 *bis*, rue Popincourt.

FABERT (E.), 22, rue Rossini.

FABERT (François), 21, rue Le Peletier.

FABRICATION GÉNÉRALE DE VITRAUX (**BRAGUY**), 104, av. Kléber.

FARGUE (Léon), 156, rue du Faub -Saint-Martin.

FAUSIER, 37, rue Rennequin.

GALLAND (L.-J.), 15, rue Verniquet. Tél 528 65.

GAUDIN et Cie, 6, rue de la Grande-Chaumière. Tél. 830 55.

GILLEN (A), Vitraux et émaux d'art, 98, boul Beaumarchais.

GIOVANOLA (P), 54, quai de Jemmapes.

GUILLEMIN (J -E.), (Anc. Maison **BRUIN**), 12, rue Chevert.

HAYE, 86, rue de Maubeuge

JOUAN, 6, rue Asseline, et 4, imp Sainte-Léonie.

KAEPPELIN FILS, 15, rue de Buci. Tél. 820 60.

LABOURET, 42, rue du Cherche-Midi

LEFRANC et Cie, Vernis gras colorés fixes à la lumière pour imiter la peinture sur verre sans cuisson, dessins se reportant sur verre pour colorer et imiter les vitraux, Manuel par Vignet, 18, rue de Valois.

LEMAL, RAQUET et **PROST** (**PROST** et Cie, succ), 130, rue du Faub -Saint-Denis Tél. 404.75.

LEVENS, (), Vitraux d'art et imitation de vitraux en feuilles et en plomb, avec cabochons Collection la plus importante et la plus artistique Sujets anciens et modernes, sujets religieux. Vitraux de tous styles, 55, rue de Châteaudun .

LHOMME et **LELIÈVRE**, 62, rue de Chabrol. Usine à Noyon

LORIN (Ch), à Chartres (E -et-L). Tél. 0 42. Succursale à Paris, 89, rue de Vaugirard

MARCHAL (Aug), (**GOUET**, succ), 4, rue Doudeauville

MARTIN (Eug), 12, rue Mouton-Duvernet

MÉROU, 217, boul Voltaire

METTE, 67, rue Vandamme.

MOYSE (E), 89, rue du Ranelagh. Tél 688 89.

NÉRET, 52, rue des Martyrs. Tél. 119 08.

NUSCHELER (Richard), O. A $\bigcirc$, Artiste-peintre en vitraux. 55, boul. du Montparnasse.
PICARD (Ch.-G), 111-113, rue de Reuilly.
PIVAIN (G), 76, rue de la Roquette. Tél. 905.59.
ROSEY, O. I $\bigcirc$, Peinture à la main pour églises, sépultures, mise en plomb pour bâtiments, châteaux, 11, rue Laffitte. Tél 209 46
SCHALLER (P.), 21, rue de la Comète.
SCHMIT-BESCH (A) Atelier, 52, rue de la Gare de Reuilly
SOCARD, 60, rue Boursault.
SOCIÉTÉ ARTISTIQUE DE PEINTURE SUR VERRES (Voir CHAMPIGNEULLE).
SOCIÉTÉ DES PRISMES LUXFER, 44 et 46, rue de l'Aqueduc. Tél 404 58.
THIESSET, 6, rue de la Main-d'Or.
TOURNEL (L.-D.), 14, rue des Volontaires
TRÉZEL (Louis), 3, rue Trézel prolongée, à Levallois (Seine). Tél 524 39.
UNION COMMERCIALE, 1 bis, pl. des Saussaies.
VANTILLARD (J), 6, pass. Stanislas.

VITRINES

pour expositions et collections

ALIF (A), 197, boul Voltaire. Magasin de vente, 59, rue de la Boëtie
AUFFRAY, 81 et 83, Faub.-Saint-Antoine.
BERNEL (Charles), 4, pass. Saint-Pierre-Amelot (Rue Amelot, 98 bis) Tél. 933 09.
BERTHIER et BOUDARD (BERTHIER, succ.), 38, rue Planchat Tél 919 42.
BESNARD (G), (Maison LÉNA et BESNARD, Anc. Maison WOLTZ), 160, rue Oberkampf. Tél 940 30.
BESNIER (F), (VAUTHELIN, SCHURR et Cie, succ.), 2 bis rue Julien-Lacroix.
BESNIER (René) FILS, 44, rue de Sambre-et-Meuse. Tél. 415 28
BONA, 6, imp. Charles-Petit.
BURY (H), (Anc Maison VILLEMIN), 120, rue Vieille-du-Temple.
CHASSIN FILS, 88 et 90, av. Félix-Faure. Tél. 709 10
CHARLET FRÈRES, 24 et 26, rue Gerbier, et 170, rue de la Roquette
CLERMONT (H) 30, rue Rébéval. Tél. 432 09.
DABURON (M), (Anc Maison MAILLARD), 14 à 22, rue Burq Tél 526 55.
DUPREY (A), RANSQUIN, succ. de H. QUINZARD, 78, rue des Archives. Tél. 1014.29.
GAUDERMEN (Henri), Succ. de A. LEVRAUD, 69, rue des Gravilliers. Tél. 1022 59.

GOUMAIN (Albert), 54, rue de Charonne. Tél. 906 61.
GOUVERNEUR (L), N C , 37, quai de l'Horloge. Tél. 819 68. Vitrines et meubles pour objets d'art. Installation de musées et collections particulières.
GRANON et ROGER (Anc. Maison STOECKEL), 120, rue de la Gare, à Saint-Denis (Seine). Tél. 411.14 (Maison à Paris, 10, rue Bleue.).
GUILLOTEAU, 119, rue de Flandre. Tél. 426 28.
JOURDAN (J.-A), 11, rue Tiquetonne. Tél. 130.91.
LANGLOIS (E.), Fournisseur des musées nationaux, vitrines en fer et en cuivre, système avec galets montés sur billes, 81, rue des Archives. Tél. 1014 17.
LAUZUR (P.), 158-160, rue Saint-Denis. Tél. 257.33.
LÉNA (J.), (Maison LÉNA et BESNARD), 160, rue Oberkampf. Tél. 940 30.
MANTELET (V.), succ. de L. CHAMOUILLET, 40, rue de Clichy. Tél. 240 31.
MAYER (A), 1 bis, rue du Dahomey. Tél. 921.90.
RAVENEL (A), 347-349, rue Saint-Martin. Tél. 1011.49.
RICHARDOT (O) JEUNE, 75, rue des Archives.
ROUSSEAU, 13, av. Parmentier Tél. 920 88.
SIEGEL et HOMMEY, 19, rue Réaumur. Tél. 1024 21.
SIMON, 43, rue des Gravilliers.

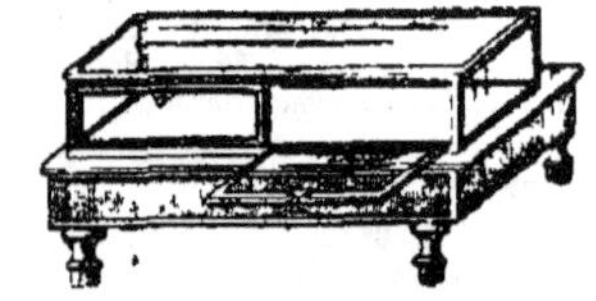

VIENNEY, 5, pass. Delessert (quai Valmy). Tél. 407 82.

DÉPARTEMENTS

AIN

Bourg

Musée.
Commissaire-priseur : Drouot.

Antiquaires.

AUGER, 54, rue de la République.
BERNARD, rue de la République.
MATHIAS, 36, boul. Victor-Hugo.
MOULIN.
TERREAU, 19, rue de la République.

AISNE

Laon

Musée. Conservateur : M. Servant.
Commissaire-priseur : Hausseray.

Antiquaire.

LEMAIRE, 1, rue de la Préfecture.

Saint-Quentin

Musée Lécuyer (pastels de la Tour). Conservateur : Eck
Sociétés artistiques :
Société des Amis des Arts de Saint-Quentin et du département de l'Aisne.
Commissaire-priseur : M. Régnault.

Antiquaires.

BOURLISIER (Mme Vve), 20, rue des Canonniers.
BUTIN, 131, rue de La Fère.
COTARD (Edm), 4, rue Saint-André.
DIEU, 8, pl. du Palais-de-Justice
DUPRÉ (Livres anciens), 34, rue Croix-Belle-Porte. Tél 2 44
LANGLET (Améd(e), Bijoux anciens, 14, rue Longueville.

Peintre décorateur.

HAUTION (Lucien), 30 *bis* et 32, rue du Gouvernement. Tél. 3.93.

Tableaux modernes.

DESPREY-POLLET, 40, rue Croix-Belle-Porte. Tél. 305.

Soissons

Musée. Conservateur : Blanchard
Société artistique : Cercle des Arts-et Métiers.
Société archéologique. Président : Lecer.
Commissaire-priseur : Ferrey.

Antiquaires.

DALLIER (Armand), bouquiniste, antiquaire, 18, rue Saint-Christophe.
EGLY, rue de l'Hôtel-Dieu.
GAUTHIER (Livres anciens), pl. du Cloître.
LEGRAND (Mme), rue des Cordeliers.

ALLIER

Moulins

Musée. Conservateur . Bertrand.
Société artistique :
Société d'Émulation des Sciences, arts et belles lettres.
Commissaire-priseur : Sadde.

Antiquaires.

BEAUFRAND.
BLONDEAU, rue de l'Ancien-Palais.
BUVAT (Mme Vve J), 19, rue Voltaire.
BUVAT et Cie 10, rue Gambetta.
CHENU, rue de Bourgogne.
DEBIZE, rue de Bourgogne.
DURANTIN, rue Bréchimbault.
FASSIN, pl. Victor-Hugo.
FOURNIER AINÉ, rue du Chambon.
FOURNIER JEUNE, 19, cours du Théâtre.
HÉRAUD, 6, rue des Minimes.
MORLAT, 41, rue des Potiers.
PELLETIER-LASSALE, 6, pl. d'Allier.
REDOUTET (Mlle), rue de Villars.
REIGNIER, 48, av. d'Orvilliers.
TAILHARDAT, 13, rue de Pont.
TEMPIER, 14, rue des Couteliers.

Livres.

GRÉGOIRE, rue François-Péron.
LE ROY DES BARRES, rue François-Péron.
MARTIAL-PLACE (Vve), rue d'Allier.
MÉTENIER, 86, rue de Paris.

Gannat

Antiquaire.

MANSARD.

Vichy

Antiquaires.

ADONETY (Mme), 14, rue Cunin-Gridaine.
ARMAN DE MEYER (Mme).
BALDINI, rue Cunin-Gridaine.
BÉCHONNET, route de Charmeil.
BRÉGÈRE (L), pass. Noyer.
CHÉRON, square de la Source-de-l'Hôpital.
JONCHERY (Mlle), rue de Sévigné.
MARTIN (Henri).
MOLINARI.
PERROT-LAMOUROUX, rue Cunin-Gridaine et rue Burnol.
SALOMON, rue de Sévigné.
SALVATOR, boul. de l'Hôtel-de-Ville.
SYLVA (Mme Vve), 6, rue de Sévigné.

Bellerive-sur-Allier

Antiquaire.

BÉCHONNET (E.).

BASSES-ALPES

Digne

Musée Conservateur : M. Martin.

Antiquaires.

MILLON, rue de la Préfecture.
SANTINI, boul. Gassendi.

Sisteron

Antiquaire.

HÉRAUT.

HAUTES-ALPES

Gap

Musée. Conservateur : M Martin.

Antiquaires.

ARTEMARE, 17, rue Carnot
GARCIN, 34, rue Carnot.
LOMBARD, 5, rue du Docteur-Roubaud.

ALPES-MARITIMES

Nice

Musée de Peinture et de Sculpture. Conservateur : M Mossa, 16, av. Notre-Dame.
Société des Lettres, Sciences et Arts des Alpes-Maritimes, 13, rue Saint-François-de-Paule.
Société des Beaux-Arts de Nice, 13, rue Saint-François-de-Paule.
Société Française des Fouilles archéologiques (Section des Alpes-Maritimes), 16, rue Scaliéro.
Association internationale des Artistes, rue Biscarra.
Commissaires-priseurs : Camat, Courchet.

Antiquaires.

ALEXANDRE, 3 *bis*, rue Paradis.
AU PETIT-CLUNY, 58, rue de France.
BALDINI, 21, rue de France.
BANET (J.), 7, rue Maccarani.
BARNI (A), 5, rue Meyerbeer.
BARRAL (J.), 7, av. Beaulieu.
BEN-SIMON, 1, rue Paradis.
BERNARDINI, 2, rue Croix-de-Marbre.
BERTAZZONI, 26, rue Cotta.
BONFILS (Mme), 3, boul. Victor-Hugo.
BONVINI, 6, rue Valperga.
BRUEL, 12, av. de la Gare.
BRUN, 11 *bis*, rue Gubernatis.
COMANDONA, 5, rue Palermo.
CREUTZ Philatéliste, pl. de la Liberté.
CUGGIA et **BONIFASSI**, 12, rue Lamartine
EON (AU CAPHARNAUM), 23, rue Masséna.
FAGÈS, 14, av. Beaulieu.
FOGLIA, 64 *bis*, rue de France.
GAMBERINI, 15, rue du Lycée.
GENTILETI, 19, boul. Rambaldi
HIRSCH, 2, rue Croix-de-Marbre.
IVALDI (I.), 22, rue de France.
LABATIE, 1, rue Vernier.
LANFRÉDI, 5, rue de France.
LEGAY-DUBEY, 16, av. de la Gare.
MARTIN, 6, pl. du Jardin-Public.
MAYER (A de), 1, rue de France
MERIER et **GASPARINI**, 16, rue Cotta.
NICOLAS, 3, rue Croix-de-Marbre.
OTTOMANI, 17, rue de Paris.
PIERROTTI, 36, av de la Gare.
PLUNTZ (Salle Drouot), pl. Saëtone, et rue d'Amérique.
PLUNTZ, 24, rue d'Angleterre.
ROUX (E), 5, rue Paradis.
ROUX (Ch), 14, rue de France.
SALOMON, 4, rue Valperga.
SAUVAIGO, 3, av. de la Gare.
SCHENONE, 17, boul Rambaldi

SCHENONE, 105, rue de France.
SEGNI (DE), 1, rue Alph. Karr.
SEMPÉ, boul. Victor-Hugo (Villa Thérèse).
SILVA, 4, rue Croix-de-Marbre.
SOLIERI et BAUER, 7, rue Hancy.
TORI (Nicolas), 12 *bis*, rue de France.
VIDIS (AU TEMPLE), 4, rue de la Paix.

Livres et gravures.

ESCOFFIER, Livres anciens, tableaux, gravures, estampes, 3, pl. Masséna.
MEYNIER, 5, rue du Palais.
PASTORELLI, 4, rue Hôtel-des-Postes.

Beaulieu

LAURENT (Charles), pêle-mêle, antique, vente, achat, échanges (10e année), 63, boul. Félix-Faure.
OLIVOTTI, 3, boul. Marioni.

Cannes

ADONATTE et Cie, 31, rue d'Antibes.
BLANC, 1, rue Jean-de-Riouffe.
BOUTET, 47, rue d'Antibes.
CAHEN (Armand), 52, rue d'Antibes.
CAMUS, 2, rue d'Antibes.
CERF, 38, rue d'Antibes.
LAMBERT-NEVEU, 19, rue d'Antibes.
LAMORA (Dentelles espagnoles).
OLIVOTTI, 96, rue d'Antibes.
RÉMION, 41, rue d'Antibes.
RICARDI, 12, boul. du Cannet.
TAMAGNO, 70, rue de Châteaudun.

Livres et Encadrements.

JALABERT (H), 50, rue d'Antibes.

Menton

ARDISSON, av. de la Gare.
BADI, 19, av. Félix-Faure.
BALBI, av. Félix-Faure.
BONTA, pl. Saint-Roch.
BORNAND (L.), av. Félix-Faure.
CORSO (Mme), rue Partouneaux.
FORMÉ-BÉCHERAT, av. Félix-Faure.
HAEBLER, 30, rue Partouneaux.
HIRSCH (H.), 1, av. Félix-Faure.
LONGHI, av de la Gare.

ARDENNES

Mézières

Commissaire-priseur : Normand.

Antiquaire.

BENOIT (Mme Vve).

Charleville

Sociétés artistiques :
Union artistique des Ardennes.
Société populaire des Beaux-Arts (section de Charleville).
Commissaire-priseur : Taillardant.

Antiquaires.

HOSLET, 19, rue de Longueville.
LENOIR (livres anciens).
PIELARD.
VAN PRAËTE, 11, cours d'Orléans.

Sedan

Musée. Conservateur : Thiriet.
Commissaire-priseur : Pérignon.

Antiquaires.

DUBOULET (Georges), 1, rampe des Capucins (pl. Turenne).
HENRY (Ernest), (Livres anciens), faubourg du Ménil.
HUSS, 4, rue Sainte-Barbe.
KOHN, rue des Francs-Bourgeois.
MAZELOT, 15, rue Sainte-Barbe.
PIERRARD, 22, rue Saint-Michel.

Vouziers

Antiquaire.

PELÉ.

ARIÈGE

Foix

Musée. Conservateur : M. Lafagette.
Société artistique : Société ariégeoise des Sciences, Lettres, Arts

Pamiers

Antiquaires.

BAURÈS.
BERGOGNE.
DAFFOD.
JAYBERT (Mme Vve)

Saint-Girons

Antiquaire.

SOUCAZE.

Mirepoix

Antiquaire.

COUSSENS, av. du Grand-Pont.

AUBE

Troyes

Musée, 21, rue du Musée.
Conservateurs : MM Royer (peinture), Babeau (sculpture), Le Clert (archéologie).
Sociétés artistiques et savantes :
Société des Amis des Arts.
Société artistique de l'Aube.
Société académique d'Agriculture, Sciences, Arts et Belles-lettres.
Commissaires-priseurs : Boutet, Férat, Grignard.

Antiquaires.

ARNOULD (Alfred), (Réparation de meubles anciens), 7, rue Passerat.
BARBUAT, brocanteur, voie des Buttes.
CASTILLON, 132, rue Emile-Zola.
GRASSET, 37, rue Emile-Zola.
LAURANCE, 4, rue de la Monnaie.
MANOTTE-HAUVY, 55, rue Hôtel-de-Ville.
MAZURIER, 9, rue Urbain-IV.
MICHELOT FILS, 12, rue Paillot-de-Montabert.
PICHON (L), 18 *bis*, rue du Général-Saussier.
PRÉAUX FILS (horlogerie, bijouterie), 74, rue Notre-Dame. Tél 6 36.
ROY (restauration de meubles anciens), 10, rue Gambey.
SIVRY FILS, 12, rue de Turenne.

Livres.

AUGUSTE, 4, rue de la Monnaie.

GRIS (CHARLES)

LIVRES ANCIENS ET MODERNES
sur Troyes et la Champagne
ESTAMPES

EXPERTISES — VENTES PUBLIQUES
70, rue Notre-Dame

MÉRAT, 23, rue de la Cité.

Bar-sur-Aube

Musée.
Commissaire-priseur : Josselin.

Antiquaires.

CHAUTARD, rue Masson
MICHIN, rue Gambetta.

AUDE

Carcassonne

Musée. Conservateur : M. Cabanié, à l'ancien Palais-de-Justice, 1, Grande-Rue.
Société des Arts et Sciences, 71, Grande-Rue.

Antiquaires.

BERTHAUD, 39, Grande-Rue.
BOMBRUN, rue de la Gare.
CAZANAVE FRÈRES, 26, Grande-Rue.
CLUZON (livres anciens), spécialité d'ouvrages sur le Languedoc et le Roussillon, 26, rue Bellevue.
DEAL, 37, rue de la Préfecture.
FARACO, rue de la Mairie.
JULLIEN, 2, 13 et 15, rue Porte-d'Aude.
LAMBRIGOT (Paul) et **FILS**, 13 et 15, Grande-Rue, et 9 *bis*, rue Coste-Reboult. Succursale à la Cité (en face la cathédrale).
NELLY, 20, rue du Palais.
NOUBEL, 57, Grande-Rue.
PONNIÈS, 9, rue Victor-Hugo.
SÉNESCAIL, rue du Vieux-Pont.
SOUROU, 4, rue Cros-Mayrevieille.

Narbonne

Musée. Conservateur Louis Berthomien.
Commissaire-priseur : Suquet.

Antiquaires.

BONNET (Vve), rue du Pont.
BOUSQUET, objets d'art, 19, pl. de la Mairie.

AVEYRON

Rodez

Musée. Conservateur : M. de Rouget.
Union artistique Aveyronnaise.
Président : M. Denys Puech, de l'Institut.

Antiquaires.

BOUSQUET, rue Bétaille.
OLIVIER (doreur), 16, pl. de la Cité.

Villefranche

Antiquaire.

MARTY.

TERRITOIRE DE BELFORT

Belfort

Société de l'Union artistique, à Belfort.

Antiquaires.

DANTEAUX, 8, Grande Rue.
SCHMITT (J.-B), Livres, 25, Faubourg de France.

BOUCHES-DU-RHONE

Marseille

Musée des Beaux-Arts, de Marseille, Palais de Longchamp (aile gauche)).
Musée d'Archéologie, au Château-Borely. Conservateur : M. Clerc.
Cabinet des médailles, pl. de la Bibliothèque. Conservateur : G. Martin.
Sociétés artistiques et savantes :
Académie des Sciences, Lettres et Arts, 40, rue Thiers.
Association des Artistes Marseillais, 32, rue de Paradis.
Société archéologique de Provence, 63, boul. de Longchamp.
Union Philatélique de Marseille.
Commissaires-priseurs : Chassen, Garcin, Guy, Massebiaux, Raynaud, Vincent.

Antiquaires.

ANSALDI, objets de Chine et antiquités, 11, pl. Saint-Ferréol.
AUBIN (Mme J.), copie d'après l'ancien, 50, rue Saint-Ferréol.
AUBIN, 43, cours Pierre-Puget.
AURIAS (Mme), 27 *bis*, rue des Princes.
BARRATTINI (Mme Vve), 9, rue des Bergers.
BESANÇON (J), 9, rue Montaux.
CALVI (Expert), 22, rue Paradis.
CHARRAN, 27, rue Vincent.
COSTE (H), 4, rue Montgrand.
COULOMB (Courtier), 5, rue Parmentier.
DAUPHIN (Mme Vve), 36, rue Puvis-de-Chavannes.
DELAPORTE (Réparations), 5, quai du Canal.
EUSTACHE (Firmin), 20, rue de Paradis.
FOA (G), 11, rue Montgrand.
FOA (F.), 4, boul. du Muy.
FOA (Jules) et **FILS**, 20, rue Montgrand.
FOSSATI (A.) **JEUNE**, 16, rue de Paradis.
MARQUARD, réparation d'objets d'art, 55, rue de Paradis.
MOREAU (Mme Vve), 26, rue Montgrand.
MOURAILLE (J.), 6, rue Sainte.

NEUMANN, timbres-poste, 24, allées de Meilhan.
NITARD (J.) **FILS**, timbres-poste pour collections, 11, rue de Noailles.
OLLIVE (Jules), tableaux, 7, boul. de Longchamp.
PINATEL (Mlle), 88, rue de Rome.
ROGER, 10, rue Sainte.
ROHNFELDER, réparations d'objets d'art, 35, rue Saint-Savournin.
ROLLAND, 7, rue Sainte.
SACCO, 15 *bis*, rue Saint-Jacques.
TEISSEIRE, 44, rue d'Aubagne.
VALLET, ameublement et objets d'art, 127, rue Paradis. Tél. 37.76. Adr. télég. : Vallet. Paradis. Marseille.

Livres.

BLANCARD (Eugène), librairie générale, gravures, estampes, eaux-fortes, encadrements, littérature, sciences, droit, médecine, arts, 21, rue Paradis.
DOMENC (François) (*Librairie des Amateurs*), livres rares et curieux, beaux livres illustrés, gravures, portraits, dessins, manuscrits, expertises, 22, rue Paradis.

Aix

Musée Conservateur : M Pontier.
Musée lapidaire : pl. de la République.
Commissaire-priseur : Excl.

Antiquaires.

ANAZEL, rue Emeric-David.
BESANÇON, 14, rue Fabrot.
EUSTACHE (Paul), 10, av. Victor-Hugo.
EUSTACHE (Numa), 59, cours Mirabeau.
LEYDET (Emile), 3, rue Emeric-David.
LYON (livres), pass. Agard.

Arles

Musée. Conservateur : M. Férigoule.

Antiquaires.

AMAIL (H), 6, rue de l'Hôtel-de-Ville.
CHAUCHAR (Mme Vve), 10, rue Giraud.
CHEVALIER, rue des Arènes.
DERVIEUX (A), 1, pl. du Forum, et rue de la République.
LIMOGI, 73, rue du 4-Septembre.
MIOT (Henri), rue du Palais.
ORSEL, 10, rond-point des Arènes.
PELOUX (Mme), 10, rond-point des Arènes.
VOLPELIÈRE FRÈRES, rue de la République.

Tarascon

Antiquaire.

ROSSELLI (Mlle), 28, rue des Halles.

CALVADOS

Caen

Musée de Caen, à l'Hôtel-de-Ville. Conservateur :
  M. Menegoz.
Collection Manuel, à l'Hôtel-de-Ville.
Musée Langlois, rue Daniel-Huet.
Musée de la Société des Antiquaires et de la Société française d'archéologie, 33, rue Arcisse-Gaumont.
Collection archéologique dans l'Église Saint-Étienne-le-Vieux.
Sociétés artistiques et savantes :
Société des Beaux-Arts de Caen.
Société française d'archéologie
Société des Antiquaires de Normandie.
Commissaires-priseurs : Lunois, Gombeaux.

Antiquaires.

BLANCHARD, 30, rue Écuyère.
BUHOT, 249, rue Saint-Jean.
COSTEX, cour de l'Ancienne-Halle.
DUSSAULT, 29, rue Froide.
HÉRISSY, 33, boul. Bertrand.
HUBERT, 5, rue Froide.
LAJOYE (Vve), 21, rue Demolombe.
LENOIR, 12, rue Écuyère
LEROI, 7, rue du Moulin.
LESOMPTIER, 11, rue de Bernières.
MALHERBE, pass. Bellivet.
OLIVIER, 16, rue du Tour-de-Terre.
PRÉVOST, 127, rue Saint-Pierre.
ROUGET, 109, rue Saint-Pierre
YON (Mme Vve), 37, rue Écuyère.
YVON, 82, boul. Saint-Pierre.

Livres, Documents, Gravures.

JOUAN, 98, rue Saint-Pierre. Tél. 3.18. Adr. télég : Jouan. Éditeur, Caen.

Bayeux

Musée de Peinture et d'Antiquités, à l'Hôtel-de-Ville. Conservateur : M. Verdier.
Société artistique :
Société des Sciences, Arts, Belles-Lettres.
Commissaire-priseur : Legras.

Antiquaires.

ENGUERRAND, rue Saint-Jean.
GRANDIN, rue de Port.
JEAN, rue Saint-Loup.
MALHERBE, rue Saint-Jean.
TOSTAIN (livres), 44, rue Saint-Martin.

Cabourg

Antiquaires.

BARATTE.

BAUDRY.
CHEVALIER.
LEFEBVRE.
SEVESTRE.

Campagnolles

Antiquaire.

HILARION.

Deauville

Antiquaire.

REBUT, rue du Casino.

Douvres-la-Délivrande

Antiquaire.

MARIE.

Falaise

Musée.
Commissaire-priseur : Malé.

Antiquaires.

FESSARD.
JUG (Vve).

Honfleur

Musée d'art normand. Le vieux Honfleur.
Commissaire-priseur : Jan.

Antiquaires.

DELARUE, route de Trouville.
GALIET, pl. Thiers.
HÉPINEUZE, 11, rue Notre-Dame.
LEVAIN, rue Saint-Léonard.
LOUVEAU, rue Eugène-Boudin.
QUILBÉ, chemin de Grâce
RENOULT, côte de Grâce.
TREMBLÉ (Albert), 11, rue du Puits.
VALLETTE, pl. Sainte-Catherine.

Lisieux

Musée. Conservateur Doesnard.
Société savante :
Société historique de Lisieux.
Commissaire-priseur : Hédouin.

Antiquaires.

DARRIBEHAUTE, rue Petite-Couture.
LANGLAIS, 43, rue Petite-Couture.
LECARPENTIER, 15, ru Petite-Couture.
LECOQ, 10, rue Petite-Couture.
MARIE (François), 25, pl. Gambetta.

Littry

Antiquaire.

LEVAVASSEUR.

Pont-l'Évêque

Commissaire-priseur : Legrain.

Trouville

Antiquaires.

DOUCET FILS
FEUTRÉ (ivoire).
LEBAILLIF.
LEBOSSE.
LEPRÉ-ROUSSEL
VINCENT (Mme).

Ver-sur-Mer

Antiquaire.

ROUSSEL.

Villers-sur-Mer

Antiquaires.

DUPREZ.
SIMON-LÉVY.

Villerville

Antiquaire.

AUMONT.

Vire

Musée. Conservateur : Butet-Hamel.
Société artistique et savante :
Société française d'archéologie.
Commissaire-priseur : Marie.

Antiquaires.

HERVIEUX.
MARIE.
PUPIN.

CANTAL

Aurillac

Musée Conservateur . M. Matre.
Commissaire-priseur : Ginouvès.

Antiquaires.

PRAX, rue du Consulat.
ROUCHET-PRAT, rue du Consulat.

CHARENTE

Angoulême

Musée de Peinture et de Sculpture.
Musée d'Archéologie. Conservateur : M. Blais.
Société artistique et savante.
Société Archéologique et Historique de la Charente.
Commissaires-priseurs : Ledoux, Laidain.

Antiquaires.

DEJONGE (Mme Vve) et S. **MARAZEL**, 37, rue Saint-Martial Adresse télég. : Dejonge-Marazel, Angoulême.
MALLAT (Mlle), 18, rue de l'Arsenal.
MATHIEU (Mme Vve), 25, rue de Genève.

Cognac

Musée. Conservateur : A. Pélisson.
Commissaire-priseur : Duclos.

Antiquaire.

MARQUIRET, av. de la Gare.

CHARENTE-INFÉRIEURE

La Rochelle

Musée de Peinture et de Sculpture.
Musée de Peinture et d'Archéologie. Conservateur : Dr Couneau.
Société artistique :
Société des Amis des Arts, à l'Hôtel de la Bibliothèque.
Commissaires-priseurs : Audouin, Lavoisslère.

Antiquaires.

JÉGOU, 34, rue Gargoulleau.
MONTE, av du Séminaire.
PARPANT, rue Saint-Jean.
PISCITELLI, 14 *bis*, rue du Temple
SAMUEL, 24, quai Duperré.
VINCENT, 9, rue Dupaty.

Rochefort-sur-Mer

Musée de Peinture. Conservateur : Ingelrans.
Commissaire-priseur : Fouché.

Antiquaires.

GAUTIER, rue Audry-de-Puyravault.
JANOUEIX, rue de la Ferronnerie

Saint-Jean-d'Angély

Antiquaires.

MARTIN.
ROCHER.

CHER

Bourges

Musée.
Musée de Peinture, d'Antiquités. Conservateur . Mater.
Société artistique et savante :
Société des Antiquaires du Centre.
Commissaire-priseur : Pécrinux.

Antiquaires.

AUFRÈRE, 43, rue Mirebeau.
AUFORT (Mme Vve), 10, rue Porte-Jaune.
ESCURET, 13, rue Porte-Jaune.
GIRAUD (Louis), 25, rue Mirebeau.
LEBEAU, 23, rue d'Auron.
MARODIN.
MARTIN.
MAYET (J.), 81, rue Nationale.
TOIZIER.

CORRÈZE

Brive

Musée communal. Conservateur . Rupin.
Société artistique et savante :
Société Scientifique, Historique et Archéologique de la Corrèze.

Antiquaires.

BIGEARGEAT, rue Carnot.
HIRONDE (P).

Ussel

Antiquaire.

FONLUPT (Vve).

CORSE

Ajaccio

Musée. Conservateur : Péraldi.

Antiquaires.
CAMPI.
FOLACCI
MASSEL.

COTE D'OR

Dijon

Musée de Dijon. Conservateur . Joliet.
Sociétés artistiques et savantes :
Commission départementale d'Antiquités de la Côte-d'Or. Président . M. d'Arbaumont.
Académie des Sciences, Arts et Belles-lettres.
Commissaires-priseurs : Brenot, Domin, Mourot.

Antiquaires.

BERNARD, 123, rue J.-J -Rousseau.
CAQUELIN, 14, rue de Buffon.
CHALOPIN, 5, rue Monge, et 4, rue du Gymnase.
CHARON (Isidore), 8, rue du Chapeau-Rouge.
CHARLES (L.), 6, chemin de Talant.
DELMOURE, rue Berbisey.
DEVAUX (Paul), 2, rue Legoux-Gerland.
FAUTREY, rue Berbisey et rue Brulard.
GROSSE, 16-18, rue Berbisey.
LAURANCE, 18, rue de la Verrerie.
LEBAUT, rue Berbisey.
LEFEBVRE, 36, rue Berlier.
LERR, rue de la Chaudronnerie.
MACHARD (Mme), 73, rue Condorcet.
MOURET (Mme), 16, rue Vauban.
NOURRY (Livres anciens), pl. du Théâtre.
PAUPION, 33, rue d'Auxonne.
PERROUD, 72, rue Berbisey.
PRIVAT (G.) (Livres anciens), 11, rue du Chapeau-Rouge.
PRIVET (Mme), pl. Notre-Dame, et 9, rue des Forges. Tél 1035.
ROBINET (Ch.), 11, rue Auguste-Comte.
ROBINET, 23, rue de la Verrerie.
THOMAS, 23, rue de la Verrerie.
VACHOT, 50, rue Berbisey.
VACHOT, route de Beaume, à la Gaieté.

Antiquités diverses et occasions.

BELLOY, 33, rue Crébillon
BERVIAL, 7, rue Brulard.
BLUM, 78, rue Berbisey.
CLERGET, rue Berbisey.
COMBES, 72, rue Monge.
GROSSE FILS (Courtier en Antiquités), rue Sainte-Anne.
LANET, 112, rue Berbisey.

Semur

Musée archéologique Conservateur . Creuzé.
Commissaire-priseur : R. Duflos.

Antiquaires.

FRÉREAU
GAUTHIER.
JAMBON, rue Buffon.

COTES-DU-NORD

Saint-Brieuc

Musée. Conservateur : Brandt.
Sociétés artistiques et savantes :
Société d'Émulation des Côtes-du-Nord.
Société archéologique et historique.
Société d'initiative artistique. Secrétaire · Piquais.
Commissaire-priseur : Belin.

Antiquaires.

AGUTTE, 58, rue de Gouëdic.
BEAUVIR, rue Pohel.
BOITARD, 18, rue Fardel
CHAUFFOUR, 18, rue Quinquaine.
LE GOZ (Mme Vve), 6, pl. au Lin.
HUBERT (Vve), à la Ville-Bernard, en Cesson-Saint-Brieuc.
LAUNAY (de), 29, boul. National.
MORGEL (Eugène), 1, pl au Lin
SIMON, rue Fardel.
VALLÉE, aux Villages.

Dinan

Musée

Antiquaires.

CAHUREL, 1, rue de la Boulangerie
MAINSER (Prosper), rue de l'Horloge.
MÉLÉARD, rue Thiers.
MERCIER (Gilbert), 40, rue de Brest.

Lamballe

Antiquaires.

LEMOINE.
TARDIVEL FILS.

Quintin

Antiquaires.

GLISSON.
FOULONNEAU.
LEVEDER.
PERRIN (PÈRE).
PERRIN (FILS).

CREUSE

Guéret

Musée Conservateurs . Delannoy, Autorde, Dr Bordier.
Sociétés savantes :
Sociétés des Sciences naturelles et d'Antiquités.
Président : Delannoy.
Commissaire-priseur : Adenis.

Antiquaires.

GUYONNET.
SARGIRON (L.).

DORDOGNE

Périgueux

Musée de Peinture et de Sculpture, et *Musée* d'Antiquités. Conservateur : De Fayolle.
Sociétés artistiques et savantes :
Société des Beaux-Arts de la Dordogne. Secrétaire général : A. Bertoletti
Société historique et archéologique du Périgord.

Antiquaires.

CLERMONT, cours Tourny.
COLINET.
LECOSSOIS, boul. Michel-Montaigne.

DOUBS

Besançon

Musée archéologique et *Musée* artistique Conservateur : Giacomotti.
Sociétés artistiques :
Union Comtoise des Arts décoratifs.
Société des Amis des Beaux-Arts.
Commissaires-priseurs : Revel, Salle.

Antiquaires.

BELMONT, 24, rue de l'École.
BILLOT-GIRARD, 15, quai de Strasbourg.
DUBOIS, 2-4, rue de la Préfecture.
LAVAL, 23, av. Carnot.
LIECHTY, 3, rue Proudhon.
MATHEY (Vve), 139, Grande-Rue.
MAY, 37, rue Battant.

DROME

Valence

Musée Conservateur : A. Didier.
Sociétés savantes :
Sociétés d'Archéologie et de Statistique de la Drôme.
Commissaire-priseur : Waltzenegger.

Antiquaires.

BARRIER, 3, pl. de la Préfecture.
DUREAU (Livres anciens).
GABERT, rue Saint-Estève.
GUILLET (Mme Vve), 3, rue de la Préfecture.
JACQUIN (Mme Vve), 6, rue de l'Hôtel-de-Ville.
LEYRISSE, 28, rue Émile-Augier.
MARCHAND-NIVOCHE, 14, rue Émile-Augier, et 1, av. Victor-Hugo.

MICHELON, 37, rue Émile-Augier.
MONTCHAUD, 2, rue Émile-Augier.

Montélimar

Musée. Conservateur : Patrico.

Antiquaires.

CHABANNE, pl. des Clercs.
ODOS, rue Montant-au-Château.

Tain

Antiquaire.

PÉCHENOD.

EURE

Évreux

Musée (Arts et Antiquités). Conservateur Lambert.
Sociétés artistiques et savantes :
Société des Amis des Arts du Département de l'Eure. Secrétaire . M Auchel
Société Normande d'Etudes préhistoriques.
Commissaires-priseurs : Gastineau, Duguay.

Antiquaires.

BLANCHET (Mme Vve), 11, rue de la Préfecture.
BOUGAULT, 30, rue Chartraine.
GARREAU, 31, rue Chartraine.
LAMIRAY (Mme Vve), 9, rue de la Harpe.
LAMIRAY FILS, 11, rue Chartraine.

Les Andelys

Musée.
Commissaire-priseur : Jallain.

Antiquaires.

GOBLENTZ, rue Richard-Cœur-de-Lion.
LANGLOIS, rue Saint-Jacques.

Louviers

Musée. Conservateur · Hébert.
Commissaire-priseur : Lebigre.

Antiquaires.

BOUILLET, 34. rue Grande.
DAUSSI, 29, rue Dupont-de-l'Eure.

Nonancourt

Antiquaire.

MAISON BERRIER, fondée en 1847. A. Marin
BERRIER, pl. de l'Église. Tél. 11. Meubles, bronzes, tapisseries, objets d'art.

Pont-Audemer

Musée.
Commissaire-priseur : De Folleville.

Antiquaire.

POULAIN, rue Thiers.

Bernay

Musée de céramique et d'antiquités. Conservateur · Guillemette.
Commissaire priseur : Percepied.

Antiquaires.

BAIZE.
GUITTARD.

Verneuil

Antiquaires.

DAUPLEY.
GAUTHIER.

Vernon

Commissaire-priseur : Derel.

Antiquaires.

ESSETTE, place d'Armes.
QUENEUILLE, rue Albuféra.

EURE-ET-LOIR

Chartres

Musée d'Histoire naturelle et d'Antiquités.
Sociétés artistiques :
Société archéologique
Société des Beaux-Arts. Président : Oury, artiste-peintre
Commissaires-priseurs : Thiébault, Roubinet.

Antiquaires.

DARREAU, 9, rue du Cloître-Notre-Dame
DEMIER, 27, rue Noël-Ballay.
DEMASLE, rue Sainte-Même.
NICOURT (Mme), 2, rue du Cloître-Notre-Dame.
PERRIER (Mme), à la Maîtrise.
RENIER, 16, rue du Cheval-Blanc.
TARDIVEAU (Mme), 12, pl. Billard.

Châteaudun

Musée de la Ville et *Musée* Tarragon.
Sociétés savantes :
Société d'Archéologie.
Société archéologique Dunoise (pour la conservation des antiquités, l'encouragement des sciences, lettres et arts)
Commissaire-priseur : Legras.

Antiquaire.

OUDRÉ, rue Saint-Jean.

Dreux

Commissaire-priseur : X ..

Antiquaires.

CADIO, rue d'Orléans.
KUNTZ, rue du Val-Gelé.

FINISTÈRE

Quimper

Musée départemental d'Archéologie, pl. Saint-Corentin. Conservateur : Bourdés de la Rogerce.
Musée ethnographique de Peinture et de Sculpture, pl. Saint-Corentin.
Société savante :
Société archéologique du Finistère.
Commissaire-priseur : Moy.

Antiquaires.

BOUTIER (Mlle), 20, rue Saint-Mathieu.
GAUGANT (Mme), 19, rue du Sallé.
CARON, 22, rue du Parc.
KERIBIN, 32, pl. Terre-au-Duc.
SAUVAGE, 3, rue Kéréon.
SCHMIDT, 16, rue Astor

FAIENCERIE BRETONNE de la Grande-Maison H.B. fondée en 1420, continuation de la fabrication de Rouen, Quimper.

Brest

Musée.
Commissaires-priseurs . Barbedienne, Dufau-Pérès, Radenac.

Antiquaires.

LE GALL 120, rue de Paris
LELIÈVRE, 54, rue Jean-Macé.
NAU (Mlle), 1, rue de Siam
PETIT, 15 *bis*, rue Suffren.
ROIGNANT (Mme), 22, rue de Paris.
ROUAULT (J), 45, rue de Siam.

Landivisiau

Antiquaire.

DUBOIS, Hôtel Dubois, Grande-Rue.

Morlaix

Musée de Peinture et Sculpture. Conservateur : Puyo.
Commissaire-priseur : Serrurier.

Antiquaires.

BAADER, rue du Mur (Maison de la Reine-Anne)
CHATAIGNER (Mme), Revendeuse, rue des Archers
GEORGET, rue Cour.e
GUILLOU, rue de Brest.
KÉRAUBRET, 3, rue Gambetta
QUÉRÉ (Mme), rue Ange-de-Guernisac.
TRÉANTON, rue Longue-de-Bourette.

GARD

Nîmes

Musée. Conservateur : Lahaye.
Galerie Gower.
Musée numismatique de la Maison-Carrée. Conservateur : Goudard.
Musée d'Archéologie ou Musée lapidaire.
Société des Amis des Arts. Président A. Lattaye.
Commissaire-priseur : Rossé.

Antiquaires.

BEL (Livres), boul. Gambetta.
BLANC, rue des Broquiers et rue de l'Aspic
BOILLAT, boul. Gambetta.
DEBROAS-DUPLAN, 11, rue Régale.
GAUJOUX (Mme), boul. Amiral-Courbet.
LAFARGE, 17, rue des Broquiers.
LAVAGNE-PEYROT (Livres),12, boul. Alphonse-Daudet.
PERRIER-ROUSTANT, 28, boul. Gambetta.
RAYSSE (R.), 13, Grande-Rue.
RESTOUBLE, rue des Broquiers.

Alais

Musée municipal. Conservateur : Marguerite.

Antiquaires.

GIRARD (Adolphe), rue de la Meunière
GUEIDAN (Numa), Faub.-du-Soleil.
PERTUS, rue Tisserie.
PIGEIRE, rue Bouquerie.
RAYNARD (Émile), rue de la Meunière.
REYT, 5, rue Jules-Cazot

Uzès

Antiquaire.

WESTROFFER.

GERS

Auch

Musée d'Archéologie.
Musée de Peinture et Sculpture.
Sociétés artistiques et savantes :
Société archéologique du Gers
Société philatélique de Gascogne

Condom

Musée.

Antiquaires.

ALLOUX
MANEM.

Lectoure

Musée.

Antiquaires.

AYBES.

LANNES (Mme Vve).

HAUTE-GARONNE

Toulouse

Musée. Conservateur : Rachou-Yarz.

Musée du Collège Saint-Raymond (Collège d'Art décoratif, ancien et exotique). Directeur : Rachou.

Salle des Illustres (Musée), pl. du Capitole.

Musée Georges Labit (Arts d'Orient et d'Extrême-Orient).

Sociétés :

Société archéologique du Midi de la France.

Commission du Vieux Toulouse.

Union artistique.

Société des Artistes méridionaux.

Commissaires-priseurs : Escanle, Places, Pouget, Rouillon.

Antiquaires.

ALBERT, 60, rue de la Colombette.

ALLAUX, 6, rue Bellegarde.

AUX GOBELINS, 11, rue Saint-Étienne.

BERGÈS (Jules), 36, rue du Taur.

BONNEFOUS, 44-46, rue des Tourneurs.

BOUFILS, rue Ozenne, et 9, rue Boulbonne.

BOURRET (A.), 17, rue des Arts.

BRANDELA, 20, pl. Olivier.

CANTAREL 62, rue Riquet.

CAZENEUVE (Mme), 27, pl. de l'Estrapade.

CAZÈRE, 16, rue des Prêtres.

CHATAUD, 25, rue Boulbonne.

COLLARERA, 8, rue Boulbonne.

CONTÉ, 6, rue Victor-Hugo.

CONTE, 30, rue des Salenques.

COURTADE, 35, rue Boulbonne.

COUTURE et COUMES, 40, rue Peyrollières.

CUXAC (J.), 13, rue des Couteliers.

DELOS (Félix), 10, rue de la Providence.

FAILLE, 9, pl. Lafayette.

FÉLICIEN, 57, rue du Taur.

FÉLIX, 1, rue Porte-Saint-Étienne.

FRAGNEAU, 17 *bis*, rue de Coulmiers.

GALERIE DE TABLEAUX ANCIENS ET MODERNES, 29, rue de Metz, et 21, rue Boulbonne.

GLANTERNIK, 75, rue Alsace-Lorraine.

GUERCY, 12, rue de Nazareth.

GUILLALMON, 16, rue des Arts.

HUMBER-LE-BRUN, 14, rue d'Auriol.

JAYBERT (Mlle), 32, rue du Rempart-Saint-Étienne.

LADGÉ, 54, boul. Carnot.

LAMAZÈRE, 67, rue du Taur.

LATRILLE, 63, boul. de Strasbourg.

LEBRET, 56, boul. Carnot.

LECONTE, 40, rue Boulbonne.

LOGRÉ (L.), 51-53, rue des Filatiers.

LUPIS et Cie, 13, rue Traversière-Saint-Aubin.

MASAYRAS, 3, pl. du Peyrou.

MESPLÉ, 24, rue Caraman, et 2, rue d'Aubuisson.

MICHEL, 34, rue du Rempart-Saint-Étienne.

MIQUEL, 8, rue Victor-Hugo.

MORÈRE, 12, rue Raymond-IV.

NAUDY, 45, rue du Taur.

NICOLO, 3, rue du Languedoc.

NOURRIC, 32, rue de Boulbonne.

PÉRIÉ, 2, rue du Périgord.

PEYRUSSE, 1, allée Lafayette.

PLANÈS (Mme), 12, rue des Pénitents-Gris.

PORTÈS, 30, rue Saint-Rome.

PENENT, 2, rue des Paradoux.

RIBES, 7, rue des Prêtres.

RIBET, 67, av. de Paris.

RIGAL, 24-26, allée du Cimetière.

ROMUALD, 32, rue des Lois.

ROUAN, 22, rue des Filatiers.

RUDELLE, rue Rousse.

SAINT-BLANCAT (Mlle), 4, rue de l'Écharpe.

SISTAC, 4, rue Victor-Hugo.

TRIOQUE, 9, rue Jean-Suau.

Livres anciens.

CARAGUEL, 19, rue Gambetta.

DUCOS, 14, rue Lakanal.

LAFFON, 10, allée des Zéphirs.

MARQUESTE, 34, rue Saint-Rome.

POUGET FRÈRES, 28, rue Sainte-Ursule.

LIBRAIRIE ÉDOUARD PRIVAT
14, rue des Arts, Toulouse.

Ouvrages d'art et d'histoire locale. — Précis d'archéologie de M. Brutails. — Études d'archéologie et d'histoire de M. de Malafosse. — Le Musée de Toulouse de M. Rachon. — Revue des Pyrénées. — Annales du Midi. — Bibliothèque méridionale. — Histoire générale de Languedoc, nouv. éd. 16 vol. Demander le catalogue.

SOUBIRON, 9, rue de la Poste.

TARRIDE, 12, rue Temponières.

Meubles de style.

CREMAZY, Meubles d'art, Pont des Demoiselles, Bords du Canal.

MAUREL FRÈRES, 58, rue de Metz, et 13, rue Riguepels

PEYRAT et FILS, 20, Pont des Demoiselles. (Voir Paris, Tapissiers Décorateurs.)

GIRONDE

Bordeaux

Musées :
Musée de Peinture et de Sculpture, à l'Hôtel de Ville (Jardin de la Mairie). Conservateur : D. Alaux.
Musée Bonie (30, rue des Frères Bonie).
Musée d'Armes et de Céramique (au domaine de Careire).
Musée du Vieux Bordeaux (quai de Bourgogne et pl. du Palais).
Musée des Antiques (rue Mabby). Conservateur : C. de Mensignac.

Sociétés artistiques et savantes :
Académie des Sciences, Belles-lettres et Arts.
Commission des Monuments historiques.
Société des Amis des Arts.
Société archéologique de Bordeaux.
Société des Bibliophiles de la Guyenne.
Société des Archives historiques.
Société archéologique.
Société bibliographique.

Commissaires-priseurs : Barincou, Boudin, Duguit, Duval, Maximilien, Fourétier.

Antiquaires.

ABADIE, 55, cours de Tourny.
ALITENSSI (Articles d'Orient, vieux livres), 11, pass. Sarget.
AMOUROUX, 3-5, rue Prosper.
BARBEZIEUX, 33, rue du Tondu.
BATAILLEY, 58, rue des Remparts.
BATE (E), 131, rue de Belleville.
BILLET, 62, rue Saint-Sernin.
BERGAUD, 13, cours Portal.
BLANDEAU (Mme), 9, rue des Remparts.
BLUMEREL, 47-49, rue Roquelaure.
BLUMEREL (A.), 43, rue du Palais-Gallien.
BORDIER (A), 37, rue du Palais-Gallien.
BRUNAUD, 12, pl. Gambetta.
CAILHOL, 59, rue du Palais-Gallien.
CÉZERAC, 64, cours de Tourny.
CÉZERAC (Mlle), 64, rue Ségalier.
CHAMP JEUNE, 40-42, rue François-de-Sourdis.
CHEVALIER (Émile), 101, rue de la Benauge.
CIRET, 6, rue du Pont-de-la-Mousque.
DESCAMPS (Ernest), Expert, 2, rue Jacques-Bel.
DUBROCA (G.) et Cie, 64-68, rue Saint-Rémi.
DUNES (L), 296, boul de Caudéran.
DUTHIL, 31, cours de Tourny.
FERRIS, 19, rue Bouffard.
FRANCHINI (Carlo), 30, cours de l'Intendance.
GAILLARD (E), Timbres-poste, 9, rue Bouffard.
GEORGES, 10, cours Pasteur
GERGONNE (Mme Vve), 29-39, cours de Tourny.
GRANDPIERRE, 66, rue des Remparts.

GUIGNARD, 13, rue Matignon.
LACOURT (Mme), 19, rue du Palais-Gallien.
LAFOURCADE, 65, rue Saint-Sernin.
LAMOTHE, 19, rue Capdeville
LANGE (Mme H.), 63, rue des Remparts.
LANNES (M), 27, rue du Palais-Gallien.
LIEUTAUD (Mme Vve), 35, rue Bouffard.
MAISONNEUVE, 34, rue Joseph-de-Carayon-Latour
MAZAUD, 42, cours du Jardin-Public.
MICHEAU, 27, rue de Cursol.
MICHELIN (E.), 16, rue Dauphine.
MONANGE, pl. de Tourny.
MONSERVIEZ, 33 à 37, boul. des Bègles.
MONTEIL (FILS), 13, cours Pasteur.
NADAL, 27, rue Constantin.
PERBAL, 97, rue Porte-Dijeaux.
PETIT, 20, pl Pey-Berland.
POMMIER, 21, cours de Tourny.
POUJET (Marcel), O. A. () Philatéliste, 10, rue d'Alzon.
RENOULEAUD (J.), 8, pl. Tourny.
ROLLAND, 8, rue des Remparts.
SCHULMAN (A.), Représentant d'antiquaires étrangers, 65, rue Saint-Sernin.
SIMONET, 4, pl. Pey-Berland.
SIMONET, 55, cours d'Albret.
SOUBRIÉ, 24, rue Bouffard.
TUFFAL, 2, rue de Belfort.
YRISSOU, 16, rue Dufau.

Livres.

CISNÉROS, 4-6, rue Dauphine.
DESBOIS (E,), 36, rue Lafaurie-de-Monbadon.
MOUNASTRE-PICAMILH (Marcel), 45, rue Porte-Dijeaux.
MONTEIL (FILS), 13, cours Pasteur.
NEUBOURG-NASSE (Mme), 65, rue des Remparts.

Tableaux anciens (Restauration).

PILLOT (Paul), 45, rue Émile-Fourcand.
SAINT-LANNE (Georges), 390, boul. de Caudéran.

Tableaux (Retouches).

HAMMES (A.), artiste peintre et retoucheur. Retouches tous genres, noirs couleurs, pastel ancien, peinture air comprimé, 13, rue des Menuts.

Arcachon

Antiquaires.

BON.
BRIANNE.
EYSSARTIER.

Langon

Antiquaires.

DESCUNS (Mme Vve).
DUTHIL (Mme Vve).

Libourne

Musée. Conservateur · David.
Commissaire-priseur : Bonnal.

Antiquaires.

BERTIN.
GOUILLAUD, 37, rue Étienne-Sabatié.
HÉNAULT.
LAFOURCADE.
RADEL.

HÉRAULT

Montpellier

Musée Fabre (Peinture et Sculpture). Conservateur : d'Albenas.
Sociétés artistiques et savantes :
Société archéologique.
Société artistique de l'Hérault. Secrétaire général · Germain Gulbal
Société des Bibliophiles de Montpellier.
Commissaires-priseurs : Dehan, Pons.

Antiquaires.

GALOT (F.), 18, rue Jacques-Cœur.
GÉLY, 5, rue Jacques-Cœur.
GUIGNIER (G), 1, rue Trésoriers-de-France.
JAMMES, 1, rue Fabre.
LESTARD, 14, rue de la Monnaie.
MIGNOT (Auguste), 4, rue du Clos-René.
PASCAL (E), 2, rue Carbonnerie.

Antiquités diverses.

BALLÉ, 50, rue Aiguillerie.
BENOIT (A), 8, rue de l'Université.
BERNARD (Mme Vve), 3, rue Carbonnerie.
BLAZY, 10, rue Lamartine.
CHAPPERT, 15, rue de l'Université.
DAUMAS (J), 55, rue Aiguillerie.
GIRARD (E.), 23, rue Aiguillerie.
LAPEINE (Mme Vve), 16, rue Vieille-Intendance.
OLIVIER (J), 47, rue de l'Université.
OUSSET (Amélie), 12, rue des Étuves.
SOULAS, 22, cité Industrielle.

Livres.

RELIN (Mme Vve), 17, rue des Étuves.
ROUCH (J), 1, rue Carbonnerie.
SAGNES (François), 1, rue Carbonnerie.
VALAT, 9, pl de la Préfecture.

Béziers

Musée.
Société savante :
Société archéologique. Président : Laurès.

Antiquaires.

ARMENGOL, 1, av. Saint-Saëns, allée Paul-Riquet, et 5, rue Victor-Hugo.
BOURGADE, 32, av. de la République.
BERGÈS (J.), 13, rue Mairan.
CAZES, 55-57, boul. de la Liberté.
CLARETON, pl. du Théâtre.
DARNIS, rue Pelisson.
LAURENS, 1, rue Flourens.
PALOT (L.), 31, rue de la Citadelle.
PILLON-GINESTEL, rue de la République.
RAMÉRY, rue de la Coquille.
RELIN (H), 7, av. de la République.
TOURNES, 28, rue Diderot.

Cette

Musée. Conservateur · Moulin.

Antiquaires.

ASSIE, Bijouterie, meubles, av. Victor-Hugo.
DIVOUX, bijoux et objets d'art, rue Gambetta.
DUCOMMUN, Bijoux, quai de Bosc.
SALES, bijoux et objets d'art, 3, rue de l'Esplanade.
SALÊTES-GOLAY, 15, rue Gambetta.
SCHELEGEL, quai de Bosc.
VIALA, 4, quai Supérieur de la Placette.

ILLE-ET-VILAINE

Rennes

Musée de Peinture, Sculpture et Dessin, au Palais Universitaire. Directeur-conservateur : Lafond.
Musée archéologique (Palais Universitaire). Directeur : Banéat.
Société archéologique d'Ille-et-Vilaine.
Association artistique et littéraire de Bretagne. Président général . M. J. Loth, doyen de la Faculté des lettres.
Commissaires-priseurs : Lemaitre, Jean, Berrué.

Antiquaires.

AIDE, 7, rue Le Bastard.
ALLÉE-ÉMERY (Mme), 42, Faub -Saint-Hélier.
BEAUGEARD, 24, rue Le Bastard.
BERTHO (Edmond), 20, rue Victor-Hugo.
BESNARD, 5, rue de Bordeaux.
BIDEAULT, 4, rue du Lycée.
BOCÉNO, 4, rue d'Orléans.

BRIAND (Paul), 2, rue de Nemours.
COIGNERAI, 39, av. de la Gare.
DENIS-GANDON, 11, rue d'Antrain.
DOUARD, 11, rue Le Bastard.
DUPONT, 5, rue Baufrairie.
DURAND, 35, av. de la Gare.
GEORGES, 1, rue Kléber
GOURDEL, 5, rue Motte-Fablet.
GUÉRAULT, 13, rue Victor-Hugo.
LAFOND, 2, contour de la Motte.
LALOUETTE, 1, rue d'Antrain.
LAMOUR, rue Sainte-Sophie.
LEDEUX, 75, rue de Saint-Malo.
LEDUC, 46, rue du Pré-Botté.
LE GALL (H), Livres, musique, timbres, armes,
  bibelots, 26, boul. de la Liberté.
MARCHAND, 3, pl. Saint-Germain.
MARION et MILLER, 6, rue Victor-Hugo.
MOREL, 5, rue Bertrand.
NICOUL, 5, rue Champ-Jacquet.
NOBILLET, pass. Belair.
PIETTE-EGORCHARD, 4, rue Motte-Fablet.
PLIHON et HONNAY, 5, rue Motte-Fablet.
RAUCH, 2, rue de Montfort.
RÉHAULT, 5, rue de Chalais.
RUAL, 1, rue Victor-Hugo.
THÉBAULT, 22, rue Vasselot.
VEILLAUD, 16, route de Châtillon.
WARNET, 9, boul. de la Liberté.

Fougères

Musée.
Commissaire-priseur : Aubrée.

Antiquaire.

BATTAIS, 38, rue Kléber. Tél. 54. (Adr. télég :
  Battais, Fougères).

La Guerche

Antiquaire.

MARCELOT PÈRE.

Paramé

Antiquaires.

BRÉBION.
LEMARCHAND.

Saint-Servan

Commissaire-priseur : Onfray.

Antiquaires.

BLANCHARD, 31, rue Dauphine.
GILBERT (Mlle).
GUYOMARD FILS, Meubles, sièges, etc,
  32, rue Jacques-Cartier.

LÉMÉ.
LEMUR.
ROCHETTE.

INDRE

Châteauroux

Musée : A la mairie.
Société artistique :
Société des Beaux-Arts et des Arts décoratifs,
  pour le département de l'Indre. Président :
  M. Joseph Pierre.
Commissaire-priseur : Grizolles.

Antiquaires.

BIARD, 15, rue du 14-Juillet.
BIJON, av. de Déots.
LANCHAIS-LAMBERT, 17, rue Bertrand, et 23,
  rue Grande.
NICAUD, 36, rue Descente-de-Ville.
PIGELET, rue du Marché.

Issoudun

Commissaire-priseur : Autissier.

Antiquaire.

LÉGER.

INDRE-ET-LOIRE

Tours

Musée de Peinture et de Sculpture. Conserva-
  teur . Chiquet.
Sociétés artistiques et savantes :
Société d'Agriculture, Sciences, Arts et Belles-
  lettres. Président : Dr Bailliot. Secrétaire :
  Aug. Chauvigne
Société des Amis des Arts de la Touraine. Pré-
  sident : Drake.
Société archéologique de la Touraine (pl. des
  Arts). Président : de Grandmaison.
Renaissance artistique Tourangelle.
Commissaires-priseurs : Galland, Pestel.

Antiquaires.

CHAMPIGNEUX, 8, rue de Clocheville.
CHAMPIGNY, 7, rue de Lucé.
CHARTIER (Mlle), 39, rue du Commerce.
CHATOUX, 64, rue du Commerce.
CLÉNET, 86, rue de la Fuye.
COINTRE (Mlle), 38, rue de la Scellerie.
DAUDET, 81, boul. Heurteloup.
DECOUSSÉ, 77, rue de la Scellerie.
DENIS (Georges), 18, rue Gambetta.

DUBOIS, 28, rue Nationale.
DUBREUIL, 60, rue de la Scellerie.
FROGER, 31, rue du Commerce.
JAQOT, 106, boul. Heurteloup
LANDAIS, 85, rue de la Scellerie.
LAURANCE, 64, rue du Grand-Marché.
MESSMER, 51, rue du Commerce.
MICHAU AÎNÉ, 50, rue de la Scellerie.
MICHAU JEUNE, 9, pl. du 14-Juillet.
MORLOT, 93, rue de la Scellerie
PIGNOLET, 41, rue de la Scellerie.
PINOT (Ch), 35, rue Néricault-Destouches.
RHEIL (Mlle), 47, rue de la Scellerie.
RIGAUD (Vve J), 22, rue de la Scellerie.
TOURAINE, 44, rue du Commerce.

Livres anciens.

GRASSIEN (J), 15, rue de la Scellerie
LE BODO FRÈRES, 33, rue de Bordeaux.

Loches

Musée Lansyer.

Antiquaire.

HAMARD, rue Quintefol.

Saint-Cyr

Antiquaire.

SOURCIAT PÈRE.

ISÈRE

Grenoble

Musée de Sculpture et de Peinture, et *Musée* archéologique, 27, rue Eugène-Faure. Conservateur : Bernard.
Musée Dauphinois, rue Très-Cloîtres. Conservateur : Muller.
Sociétés artistiques :
Société des Amis des Arts.
Société des Artistes-Peintres.
Commissaires-priseurs : Roudet, Sourd.

Antiquaires.

BEC (Alphonse), 3, square des Postes.
BORGEY (X) et **BORGEY FRÈRES**, pl. de la Bastille.
BRANDT JEUNE, 20, rue de la Fédération.
BRUN (Georges), 9, rue Bayard.
DACQUIN, pl. Jean-Achard.
DELAYE (Edmond), Bijoux, faïences, papiers, livres, meubles, 1, pl. Saint-André. Tél. 4.23.
DREVET (Xavier), Livres anciens, spécialité d'ouvrages sur le Dauphiné et les Alpes, éditeur du Journal *Le Dauphiné* (48e année), 14, rue La Fayette.
GARNIER, 22, av. de la Gare.
GENTIL, Ébéniste, 4, rue de Villars.

GOGUET et **PEYCLET**, 2, rue du Palais.
JOUVENON (J.), Horlogerie, bijouterie d'art, 23-25, av. d'Alsace-Lorraine. Tél. 405
MERCIER, Articles de la Chine, 23, boul. Gambetta. Tél. 10.83. (Adr. Tél. : « Au Mikado »)
PERCEVAL, 9, pl. Victor-Hugo.
PERRIN (Alphonse), 5, rue de Sault.
ROYBON FRÈRES, 1, rue Molière.
VALLÉE (DE), Livres, 9, pl. Victor-Hugo.

Ameublement d'art.

GUIGUET (Jules), 14, av. d'Alsace-Lorraine. Tél. 4.13.

Le Péage-du-Roussillon

Antiquaire.

GUIGUES.

Pont-de-Beauvoisin

Antiquaire.

RICHARD.

Vienne

Musée.
Commissaire-priseur : Guyot.

Antiquaires.

DELBONNEL, 1, rue Porte-Martial.
DREVARD, Brocanteur.
DUBOUCHET, Brocanteur, quai Pajot.
FASSION, Brocanteur
WOLF AÎNÉ, 9, rue Victor-Hugo.
WOLF JEUNE, Brocanteur, 15, rue du Collège.

Vizille

Antiquaire.

GUIGNIER.

JURA

Lons-le-Saunier

Musée municipal. Conservateur . Girardot.
Commissaire-priseur : Vagbeaux.

Antiquaires.

BADET, 6, rue Perrin.
ROUSSELOT, 15, rue Perrin.

Poligny

Musée.
Société artistique et savante :
Société d'Agriculture, Sciences et Arts.

Antiquaire.

GALLIER.

LANDES

Dax

Musée. Conservateur : Larrède.

Antiquaire.

BOURRET (Mme Vve), av. de la Chalosse.

LOIR-ET-CHER

Blois

Musée. Conservateurs : Belton, Badaire, Gervais.
Sociétés artistiques et savantes :
Société Archéologique, scientifique et littéraire du Vendomois (Au musée de Vendôme).
Société d'Excursions artistiques.
Société des Amis des Arts.
Commission des Sites et Monuments de caractère artistique.
Commissaire-priseur : Avrillon.

Antiquaires.

BARBAT, 8, rue des Orfèvres.
GOYER, 14, rue Saint-Lubin.
HAMON, 5, rue Saint-Honoré.
HUE-PERROT, 21, pl. du Château.
MAURICE, 9, rue des Ponts-Chartrains.
RIBASSIN, 7, quai Amédée-Contant.

Vendôme

Musée. Conservateur : Renault.
Commissaire-priseur : Girard.

Antiquaires.

CHASSARD, 14, Faub.-Saint-Lubin.
ROYAU, 24, rue Poterie.

LOIRE

Saint-Etienne

Musée municipal d'Arts et d'Industries de la Ville (Peinture, Armes anciennes). Conservateur : Grivolat.
Musée d'Histoire naturelle et de Minéralogie Conservateur honoraire : Mayencon.
Sociétés artistiques et savantes :
Société d'Agriculture, Sciences, Lettres et Arts du département de la Loire.

Société des Arts du Forez. Président Sébastien Chaumier.
Commissaires-priseurs : Dorne, Thiollière.

Antiquaires.

BLANC, 16, rue de Roanne.
CLOUVEL, 9, rue Guy-Colombet.
MAILLON (Mme Vve), 3, rue Désirée.
MAJOLI, 5, rue d'Urfé.
MAUREL, 40, rue de la Préfecture.
MARQUET-GARNIER, 10, rue Cité.
PRORIOL, rue des Jardins.

Livres anciens.

DEPRAS, 9, rue du Chambon.
PENNETIER, 34, rue Michelet.

Roanne

Musée Conservateur : J. Déchelette.
Société artistique et savante :
Société internationale des Arts et Collections.

Antiquaires.

NUBLAT (L), 8, rue Brison.
TÊTE (Francisque), 54, rue Nationale.
VIGAUD (Mme Vve), rue du Commerce.

Montbrison

Musée Allard Conservateur : F. Domangé.
Société artistique et savante :
Société archéologique de la Diana. Conservateur : Rochigneux.

Antiquaires.

BOUDIER.
FERRAND

Boen-sur-Lignon

Antiquaires.

MONNERIE.
SIMON.

HAUTE-LOIRE

Le Puy

Musée Crozatier (Peinture, Antiquités, Tableaux, Dessins et Gravures). Conservateur : Armand.
Commissaire-priseur : Sirugues.

Antiquaires.

BLAZY, rue Raphaël.
DIGONNET (Mlle P.), 17, pl. du Breuil.
SAHY (H.), 9, rue des Capucins.

LOIRE-INFÉRIEURE

Nantes

Musée des Beaux-Arts. Conservateur : Pommier.
Musée d'Archéologie. Conservateur : Pitre de Lisle.
Sociétés artistiques et savantes :
Société des Amis des Arts Président : M. François Leglas, 62, rue de Rennes
Société des Artistes Nantais.
Société des Beaux-Arts, 1, pl. de la Monnaie.
Société des Bibliophiles Bretons.
Société Archéologique.
Société Académique, 1, rue Suffren
Commissaires-priseurs : Fèvre, Manceaux, Paquier, Lauriot, Servain, Simon.

Antiquaires.

BATARD, 24, rue Crébillon.
COUTHOUIS (Henri), 17, pl. de Bretagne.
DURANCE (L.), Livres anciens, 4, quai d'Orléans.
DUTILH, 10, rue J.-J.-Rousseau.
FOURNIER (L.), 6, rue Héronnière.
GRAVOILLE-GANACHAUD, 1, rue Newton.
JOSSO AINÉ, 20, rue Contrescarpe.
MACQUAIRE, 3, rue Guépin.
MAYET, 4, rue Premion.
POULIT PÈRE, 44, rue de la Bastille.
POULIT FILS, 2, rue de Strasbourg.

Batz

Antiquaire.

PAPIN (Paul), pl. du Garnal.

Saint-Nazaire

Antiquaire.

LOISEAU (Mlle).

LOIRET

Orléans

Musée de Peinture et de Sculpture (Ancien Hôtel des Créneaux). Conservateur : Didier
Musée historique (Hôtel Cabu), 22, rue Charles-Sanglier (Maison dite de Jeanne de Poitiers). Conservateur : Léon Dumuy.
Musée de Jeanne d'Arc (Hôtel Compaing, dit Maison Agnès Sorel), 15, rue du Tabour.
Sociétés artistiques et savantes :
Société d'Agriculture, Sciences, Lettres et Arts d'Orléans, 5, rue Antoine-Petit.
Société historique et archéologique de l'Orléanais.

Société des Amis des Arts d'Orléans.
Commissaires-priseurs : Leplat, Farault.

Antiquaires.

BESNARD (Henri), 7, rue de la République.
BOUCHER, 26, rue Bannier.
CHARTIER, 222, rue de Bourgogne.
DURAND, 41, rue de Bourgogne.
GAUJARD-COLLIOT, 74, rue Royale.
HIAULT, 27, rue de la Hallebarde.
LECOMTE, 50, rue Bannier.
LECOMTE, 9, rue du Coulon.
LEGENDRE, 243, rue de Bourgogne.
LODDÉ, 41, rue Jeanne-d'Arc.
MAILFERT (André). Meubles anciens, 73, rue Royale.
MANDEREAU, 75, rue Royale.
MANET (Mme), 160, rue de Bourgogne.
MARQUE, 86, rue de Recouvrance.
MARRON (Marcel), 11, rue Jeanne-d'Arc.
RABOTIN, 213, rue de Bourgogne.
RAUCH, 231, rue de Bourgogne.
ROUSSAT (FILS), 30, rue Jeanne-d'Arc. Tél. 4.66.
SEIGNEURET, 250, rue de Bourgogne.

Montargis

Musée.
Commissaire-priseur : Pothier.

Antiquaire.

DEPERT.
LASSAUSSAIS, rue du Pont-de-l'Houche.

Pithiviers

Musée.
Commissaire-priseur : Sicard.

Antiquaires.

BÉCHU.
POPLIN (PÈRE), 1, Grande-Rue.

LOT

Cahors

Musée (A l'Hôtel de Ville).
Société artistique et savante :
Union littéraire et artistique du Lot.

Antiquaires.

COUDERC, quai Ségur.
FOURGOUS, rue du Lycée
GIRMA (J), Livres, 24, boul. Gambetta.
MANDELLI, 26, boul. Gambetta.
ROUQUIÉ, boul. Gambetta.

LOT-ET-GARONNE

Agen

Musée municipal. Conservateur : Monméja.
Sociétés artistiques et savantes :
Société des Sciences, Lettres et Arts. Président :
  Marboutin
Comité de Recherche des objets mobiliers et
  artistiques des Églises et Temples.

Antiquaires.

DAVID, Tableaux, Villa Cuiret, à Penne (Lot-
  et-Garonne).
FERRAN (Félix), Livres anciens, gravures elzé-
  virs.
GRIFFOULD, rue de la Grande-Horloge.
LACOMBE, 5, rue Montesquieu.
MARTY (G), 26, rue Alsace-Lorraine.

Marmande

Antiquaires.

BOURDOS (PÈRE), rue Puyguerand.
COSTABLE, rue Labat.

Nérac

Musée.

Antiquaires.

CHRISTOBAL
HEUSCHEL.
PAILLAS

LOZÈRE

Mende

Musée.
Société artistique et savante :
Société d'Agriculture, Sciences, Arts et Indus-
  trie. Président : Dr Montello.

Antiquaires.

PAGÈS, rue Basse.
PASSEBOIS (Mme), rue Basse.
SOULIER, rue du Musée.

MAINE-ET-LOIRE

Angers

Musée de Peinture et de Sculpture, 10, rue du
  Musée. Conservateur . Brunclair.
Musée d'Archéologie, 4, boul. Arago. Directeur :
  Michel.

Musée Turpin de Crissée (Hôtel Pincé), 32 *bis*,
  rue Lenepveu.
Sociétés artistiques et savantes :
Société des Amis des Arts. Président : Gilles-
  Deperrière.
Société nationale d'Agriculture, Sciences et
  Arts, 35, boul. Roi-René.
Commissaires-priseurs : Damour, Petit.

Antiquaires.

BODIN, pass Saint-Christophe.
COLOMBEL, 26, rue Baudrière.
GEOFFROY, 7, rue Montault
HARDY, 45, rue Pocquet-de-Livonniens.
HOGU, Livres anciens, 8 *bis*, boul de Saumur
LECOMTE (Léon), 17, rue Bressigny.
MASSARD, 17, rue Saint-Aubin.
PANDRAUD, 9, rue Dacier
ROUSSEAU, 3, rue de l'Évêché

Baugé

Antiquaires.

BÉTINAT.
THÉFO.

Beaufort-en-Vallée

Antiquaires.

QUÉRAY.
VAYER.

Cholet

Musée. Beaux-Arts, Industrie, boul. Gustave-
  Richard.
Société savante :
Société des Sciences, Lettres et Beaux-Arts.

Antiquaires.

CHUPIN (Jeanne), rue du Commerce.
GARREAU, rue Nationale.
LOUIS, rue de la Moine.

Les Rosiers

Antiquaire.

THOMAS

Saumur

Musée d'Antiquités celtiques et romaines. Conservateur : Valotaire
Commissaire-priseur : Macé.

Antiquaires.

FOUSSARD-CAYLA, rue Balzac
MONTIGNY, rue Balzac.
NOEL.

MANCHE

Saint-Lô

Musée. Conservateur : Guillot (Gaëtan).
Sociétés savantes :
Société d'Agriculture, d'Archéologie du département de la Manche.
Commissaire-priseur : Rauline.

Antiquaires.

BOYER (Mme Vve), 7, rue Thiers.
LEBEL, rue Havin.

Valognes

Commissaire-priseur : Lepelletier.

Antiquaire.

BILLY (Léon), 19, 52, 93, rue des Religieuses.

MARNE

Châlons-sur-Marne

Musée.
Commissaire-priseur : Lheureux.

Antiquaire.

ISRAEL, 35, rue Sainte-Pudentienne.

Reims

Musée de Peinture et d'Archéologie. Conservateur : Jadart.
Musée archéologique et lapidaire.
Sociétés artistiques et savantes :
Société des Amis des Arts.
Société Archéologique Champenoise.
Commissaires-priseurs : Desingly, Barré, Paris.

Antiquaires.

BAILLY (Henri), Bijoux anciens, 9, rue Colbert
BRICOUT, 3, rue Lesage.
BERTOZZI (Louis), O. A. ☿, Statuaire-antiquaire, 45, rue Chativesle.
BEURY (Mme Vve), 26, rue Tronson-Ducoudray.
BLOCH-WOLFF, 73, rue Vesle
CERTAUX, 15, rue de l'Équerre.
COLMON-LEROY, Tableaux, 58, rue Vesle
FROMONNOT-MOUGINOT, 137, rue Vesle, et 2 et 2 bis, rue Chabaud.
GILBERT-BAILLY, Curiosités antiquités, 35, rue Barbatre.
MICHAUD, Livres anciens, gravures anciennes, 19, rue du Cadran-Saint-Pierre. Tél. 773.
MOUGINOT PÈRE, 26, rue Saint-Simon.

ROBERT-HOUSSIN, 79, rue de Chanzy.
SIBEAUX (André), 16, rue de l'Université.
SEVESTRE, Antiquaire-graveur, 8-10, rue Pouilly.
THÉVENET, Cheminées et plaques fonte ancienne, 42, rue de Chanzy. Tél. 50.
VINCENT, 18, rue de Contrai.

Tableaux anciens.

RUFFINI (Louis), 22, rue des Consuls.

Sculpture sur bois, Encadrements.

RUFFINI FILS (Oreste), 22, rue des Consuls.

Vitry-le-François

Musée
Société artistique et savante :
Société des Sciences et des Arts. Président : Jovy.
Commissaire-priseur : Sauvage.

Antiquaires.

CORNUET, rue Dominé-de-Verzet.
FAGOTIN, contour de la Halle.
MASSÉ, rue de Vaux.

HAUTE-MARNE

Chaumont

Musée. Conservateur : Monnier.
Société artistique et savante :
Société d'Histoire, d'Archéologie et des Beaux-Arts.
Commissaire-priseur : M. Barrois.

Antiquaires.

FERRIÈRE (L.), Livres, pl. de l'Hôtel-de-Ville.
MAESTRATI DE LA ROCCA, boul. Thiers.
PARISOT, 26, rue de Choignes.
SAUVAGEOT, rue Pasteur.

Joinville

Antiquaires.

HESSE.
ROLLIN.

Langres

Musée de Tableaux et d'Antiquités. Conservateur : Royer
Société artistique et savante :
Société artistique de la Haute-Marne. Président Truchot.
Commissaire-priseur : Barbier.

Antiquaires.

BRIZARD, rue Lombard.

JAUGEY.
LUQUET.
MASSON (Mme), pl. Jenson.
MAROT (Mme).
PARGON, Livres anciens, 11, square Henryot.
PETITOT, rue Gambetta.
VINCENOT (Lucien), 9, rue Boivin.

MAYENNE

Laval

Musée des Beaux-Arts et des Arts décoratifs, pl. du Hercé.
Musée d'Archéologie.
Sociétés artistiques et savantes :
Société des Arts réunis.
Commission historique et archéologique de la Mayenne.
Commissaires-priseurs : Bunodière, Lechaix.

Antiquaires.

AUGER, rue de Rennes.
ENGUEHARD.
GOUPIL, Livres anciens, 2, quai Jehan-Fouquet.
LAINÉ, rue Échelle-Marteau.
PRÉHU.
TESSIER, rue Saint-Véhéran.

Château-Gontier

Commissaire-priseur : Dreux.

Antiquaires.

CADOT (Mlle)
DESSEUSSE.
MOMI.

Mayenne

Musée.
Commissaire-priseur : Gouvrion.

Antiquaire.

BOULEAU, Grande-Rue.

MEURTHE-ET-MOSELLE

Nancy

Musée Historique Lorrain. Conservateur honoraire : Wiener. Conservateurs · Beaupré (Périodes préhistorique, gallo-romaine et franque). Demeufve (mobilier et objets d'art). Goury (Estampes, livres et sceaux). Martz (Monnaies et médailles).

Musée de Peinture, Sculpture et Arts décoratifs. Conservateur : Larcher.
Sociétés artistiques :
Société d'Archéologie Lorraine.
Société Lorraine des Amis des Arts. Président : Aubin
Association des Artistes Lorrains.
Commissaires-priseurs : Greff, Moitaier, Mouraux.

Antiquaires.

BUQUET FILS, 20, rue des Carmes.
BLUM (M), 9, rue des Michottes.
BARBÉ (Léon), 20, rue Héré.
BARBA, 1, rue des Carmes.
DEBARGE (Mlle), 33, rue Stanislas.
GAUTHEY, 26-28, rue Notre-Dame.
JANTZEN, 18 *bis*, rue du Faub.-des-Trois-Maisons.
LEBLANG, 18, rue Héré.
LEGAY (G.), 33, rue Stanislas.
OUDIN, 33, rue Saint-Thiébaut, et 9, rue du Montet.

Bijouterie. Joaillerie. Orfèvrerie,

LAVA (Eugène), Bijoux artistiques, 45, rue Saint-Dizier. Tél. 798.

Objets d'art et Miroiterie.

BRENTINI, 50, rue Saint-Georges.
HAXER, 14, rue Stanislas.
MOSSER (P.), Encadrements, dorure, restauration de tableaux, 43, rue Saint-Dizier. Tél. 3.89.
ROUYER (Mme), 57, rue Saint-Dizier.
RIGHETTI, 42, rue Stanislas.
MOUGIN FRÈRES, Grès artistiques (de grand feu), 78, rue Stanislas.

Lunéville

Musée.
Commissaire-priseur : Gérôme.

Antiquaire.

GERBER, 9 et 11, rue de Chanzy.
ROUSSEL, 18, pl Saint-Jacques.
SABOURIN, 20, rue Sainte-Marie.

MEUSE

Bar-le-Duc

Musée. Conservateur : Étienne.
Société artistique et savante :
Société des Lettres, Sciences et Arts. Président : Forget.
Commissaire-priseur : Deshayes.

Antiquaires.

LAURENT-VALÉRY, Livres, 7, rue du Cygne.

CLÉMENCIN, 11, rue Excelmans.
FONCK, 25, rue Excelmans.
PICART, 13, rue Notre-Dame.

Stenay

Antiquaire.

GEULIN

Verdun

Musée. Conservateur : Leher.
Commissaire-priseur : Jactel.

Antiquaires.

BUSSIENNE (C.), Horlogerie, bijouterie, orfèvrerie, 7, rue Beaurepaire.
LECOMPTE, 2, rue des Tanneries.
MIRGUET, 20, pl. du Marché.

MORBIHAN

Vannes

Musée archéologique. Conservateur : Le Mené.
Commissaire-priseur : Delcer.

Antiquaires.

BERGERAT, 13, rue Saint-Vincent.
BOULARD-DUPONT (Mme), 9, pl. des Lices.
MONGODIN (Mme), 17, rue Billaut.
EVENARD, rue des Chanoines.
POCHERON, 1, rue des Vierges.

NIÈVRE

Nevers

Musée céramique des Médailles et Antiquités. Conservateur : Meunier.
Musée de Peinture et archéologique du Nivernais. Conservateur : Saint-Venant.
Sociétés artistiques et savantes :
Société Nivernaise des Lettres, Sciences et Arts du Nivernais. Président : Lespinasse.
Société artistique de la Nièvre.
Commissaire-priseur : Bonnet.

Antiquaires.

AUMAITRE, 2, rue de la Cathédrale.
GIGANON (Mme), 153, Faub.-de-Mouësse.
ICART, 7, rue des Récollets.
MERLE, 5, rue du 14-Juillet.
PELTE (Mme), 72, rue du Commerce.
SAUJOT, 78, rue de la Préfecture.

Livres.

MAZERON, 41, rue du Commerce
ROPITEAU (Th), place Guy-Coquille.

Réparations de meubles anciens.

THEUL, 11, quai de la Loire.

NORD

Lille

Musée de Peinture, Sculpture et Dessin (Palais des Beaux-Arts), pl. de la République.
Sociétés artistiques et savantes :
Commission historique du département.
Société des Artistes Lillois.
Société de Secours mutuels des Artistes.
Société de Secours mutuels des Sculpteurs.
Union artistique du Nord. Président : Bigo-Danel.
Commissaires-priseurs : Baligand, Deperne, Leclercq, Moeneclaey, Reydet.

Antiquaires.

BOURBOUZE, 72, rue Nationale.
BUISINE (Ed), Ameublement d'art, décoration artistique, cheminées en bois sculpté, sculpture sur bois, 154, rue Solférino. Tél. 20 15.
CARLIER (Paul), Sculpture sur bois, ateliers spéciaux pour restauration, complément et agencement de boiseries anciennes, 40-42, rue de la Boëtie. Tél 21 42
CLOVIS (Mme Vve), 5, rue de l'Orphéon.
COUTERIE, 135 *bis*, rue Saint-André.
DELAPORTE (C -A.), Meubles, faïences, porc - laines, gravures, 61, rue Basse.
DELMOTTE-MINET, 26, boul. de la Liberté, et 12, rue de Bourgogne.
DOYENNETTE, 13, rue Brûle-Maison
DRUKKER, 10, rue du Curé-Saint-Étienne.
DUVINAGE (Victor), 35, rue Saint-Sauveur
HAIMEZ-CAMUS, 27-27 *bis*, rue Neuve.
HALLUIN, 113, rue de Paris.
LAMBRECQ, Timbres-poste, 9, rue Neuve.
LEFEBVRE, 50, rue des Tanneurs.
LEFERME (Mme Vve), 58, rue des Tanneurs.
LERMINIAUX, 1 *bis*, rue des Trois-Couronnes.
MAIGRET-MORELLE, 69, rue Basse.
MAILLIEZ, 7, rue Esquermoise.
MARQUIS, 83, rue de Béthune.
MAUCOEUR et Cie, 122, rue Nationale.
MOREL-GOYEZ (Maison Delesalle), 29, rue Esquermoise.
ROUSSEL, 1, rue des Bouchers.
SENOUTZEN-HESPEL (Mme), 88, rue Royale
SIX (Henri), 10, rue Basse.
TAHON (Félix), 8, rue de Tours.
TELLIER (Louis), 175-177, rue Gambetta.
VALLENTS, 6 *bis*, rue de la Monnaie.

VAN ROSSOM PÈRE, Expert, tableaux anciens et modernes, collections particulières, 21, rue Désiré-Courcot, Mons-en-Barœul (près Lille).

WISSOCQ (Mme Vve), 7 *bis*, rue de Roubaix.

Livres.

LELEU (Émile), Livres anciens et livres modernes de bibliophiles, reliures anciennes et d'art, achat dans toutes les grandes ventes de Paris, Londres, Amsterdam, 85, rue Esquermoise.

LELEU (Gustave), 11, rue Neuve.

MONSALLUT, 120, rue Esquermoise.

Avesnes

Musée. Conservateur : Baudet.
Société savante :
Société archéologique. Président : Gossart.
Commissaire-priseur : Herbecq.

Antiquaire.

DUBOIS-TREF, 28, rue de France.

Bergues

Commissaire-priseur : Vandenberghe.

Antiquaires.

NIEUX (Mme Vve d')
VERHILLE.

Cambrai

Musée. Conservateur : Mussault.
Commissaires-priseurs : Pillot, Chantrelle.

Antiquaires.

DEBACQ-RAMEZ, 57, rue des Liniers, et 27 *bis*, rue des Juifs.

QUENTIN (Mlle), 4, rue des Clefs.

Douai

Musée. Conservateur : Bellette.
Société artistique :
Société des Amis des Arts (à l'Hôtel de Ville).
Commissaires-priseurs : Bassée, Delcambre, Parenty.

Antiquaires.

DARTOIS (H), 2, rue Jean-de-Gouy.
DESPINOY, 7, pl. d'Armes.
SALOMÉ FILS, 3 *bis*, rue Prévot.
SALOMÉ (Ch.), 28-30, Terrasse-Saint-Pierre.
VUYLSTEKE PÈRE, 13, rue François-Cuvelle.

Dunkerque

Musée. Conservateur : Lecocq
Sociétés artistiques et savantes :
Société Dunkerquoise pour l'encouragement des Sciences, Lettres et Arts. Président : Dʳ G Duriau.
Société historique. Président : Reumaux.
Commissaires-priseurs : Balledent, Fournier.

Antiquaires.

LEQUIEN, 30, rue de l'Église.
SAEN-MARQUETTE, 56, rue du Collège.
VERMOUT, 19 *bis*, rue de l'Église.

Hazebrouck

Commissaire-priseur : Minard

Antiquaire.

TIRAN (Paul), 23, rue Merville.

Hondschoote

Antiquaire.

GOUDEVILLE.

Malo-les-Bains

Antiquaires.

BARON, 1, av. du Casino.
DASSONVILLE, 3, av. du Bel-Air.
DEVOS-SIX, 4, av. du Bel-Air

Roubaix

Musée. A l'École nationale des Arts industriels, pl. Chevreul
Sociétés artistiques et savantes :
Société d'Études de la Province de Cambrai 14, rue des Arts. Président : P. Lestienne
Société artistique de Roubaix et Tourcoing.
Commissaire-priseur : Verdouck

Antiquaires.

DEMEESTER, 3, rue Pauvrée.
MASUREL-DELEBOIS, 15, rue du Vieil-Abreuvoir.
PULCHÉRIE (Mlle), 18, rue de l'Alouette

Tourcoing

Musée communal de la Mairie. Conservateur. Vasseur.
Commissaire-priseur : Bodvin.

Antiquaires.

CORION CATTEAU, Bijoutiers-orfèvres, 7, Grand'place.
DANEL, 34, rue de la Cloche.
DENIS GRAU, Bijoutier-orfèvre, 1, Grand'place.
DUPONCHEL, 54, rue de Lille.

Livres anciens.

BONDUE (G.), 50, rue Carnot.

Valenciennes

Musée de Peinture, de Sculpture et Musée Carpeaux. Conservateur . Pillion.
Société artistique :
Société Valenciennoise des Arts. Président : L. Piérard.
Commissaires-priseurs : Gostiau, Lancial, Maillard.

Antiquaire.

PILLION, 8, rue Béguinage.

OISE

Beauvais

Manufacture nationale de Tapisseries. Administrateur : Badin.
Musée, rue du Palais-de-Justice
Sociétés artistiques et savantes :
Société d'Archéologie, Sciences et Arts Président : Dr Leblond.
Société des Amis des Arts de l'Oise. Secrétaire : M. Paul Philippe.
Société historique et scientifique du département. Président : Andrieu.
Commissaire-priseur : Yger.

Antiquaires.

DELAROQUE, 46, rue de la Malherbe.
DROZ, 26, rue Saint-Pierre.
DUBOIS, 16, rue de la Frette.
FILASSIER, 25, rue de la Banque.
GATELET, Livres, 7, rue de la Frette.
HURTAUD, 59, rue de la Madeleine.
MAILLOT, 66, rue des Jacobins.
PRÉVOT, 20, rue Saint-Pierre.

Compiègne

Musée Vivenel (à l'Hôtel de Ville) Conservateur · Blu
Musée de Peinture (au Palais). Conservateur Arsène Alexandre.
Commissaire-priseur : Restoux.

Antiquaires.

BEAURAIN, 10, rue des Boucheries.
BERTRAND, 10-11, rue des Lombards.
BLONDELLE (Eugène), 16, rue de l'Étoile.
TANQUART, 4, rue des Lombards

Crépy-en-Valois

Antiquaire.

GASPARD (H.).

Noyon

Commissaire-priseur : Regnier.

Antiquaire.

DEBUT (Alf), 14, rue de Mont-Michel.

Senlis

Musée. Conservateur : Delaporte.
Commissaire-priseur : Roux.

Antiquaires.

BLÉRY, 6, pl. Henri-IV.
LESUEUR, 9, rue du Chalet.

ORNE

Alençon

Musée (Hôtel de Ville et Maison d'Ozé). Conservateur :'Mary-Renard.
Sociétés artistiques et savantes :
Société historique et archéologique du département. Président : Tournouer.
Société des Amis des Arts de l'Orne. Président · M. Renard.
Commissaires-priseurs : Bolvin, Drouin.

Antiquaires.

BAUDOIN.
BOUGENOT, 5, rue du Château.
BOUGENOT (Léon), Antiquités, curiosités, bouquins, 8, rue du Château.
CHABLE, rue Cazault.
GOUHIER, 18, Grande-Rue.
LEMONNIER, 97, Grande-Rue.

Argentan

Musée. Conservateur : Leboucher.
Commissaire-priseur : Roussel

Antiquaire.

LEFÈVRE, 7, pl. Henri-IV.

Bagnoles
Tessé-la-Madeleine

Antiquaires.

BOISNARD.
MAILLARD
ROTGÉ.

Domfront

Antiquaires.

ANDRÉ, à Notre-Dame.
ANDRÉ, à la Gare.

La Ferté-Macé

Antiquaires.

MAILLARD.
PETIT-DEMANGE.

Flers

Antiquaires.

ANFRAY (Mme Vve), rue d'Athis.
CHANU-VAUGEOIS (Mme Vve), rue de la Gare.
CHANU (Paul), rue de la Fontaine.
VAUGEOIS, pl. de l'Hôtel-de-Ville.

Laigle

Commissaire-priseur : Ouin.

Antiquaires.

PASQUIS.
PORET.
TERRENOIRE.

PAS-DE-CALAIS

Arras

Musée d'Histoire naturelle des Beaux-Arts et d'Antiquités. Conservateur : M. Advielle.
Sociétés artistiques et savantes :
Commission des Monuments historiques. Président : Chan-Rohart.
Société Artésienne des Amis des Arts. Secrétaire : M. Adirelle.
L'Union artistique du Pas-de-Calais. Secrétaire : Delhaye.
Commissaires-priseurs : Jude, Degove.

Antiquaires.

ALEXANDRE, 16, rue aux Ours.
ARVEL (Mme), 1, rue des Petits-Viéziers
HOEL (Eugène), 1-3, rue du Canon-d'Or.
MINART (A.), 45, rue des Trois-Visages.
ORBANT (H.), 2, rue des Petits-Viéziers.

Boulogne-sur-Mer

Musée municipal (Grande-Rue) et *Musée* industriel (rue d'Artois). Conservateur : M. Sauvage.
Sociétés artistiques et savantes :
Société des Beaux-Arts et des Arts industriels, 32, Grande-Rue.
Commission du Vieux Boulogne. Président : Dr E.-T. Hamy, de l'Institut.
Commissaire-priseur : Mamelin.

Antiquaires.

CONDETTE-MINET, 48 à 52, rue Victor-Hugo.
DEMOLIN (Mlle), 57, Grande-Rue.

DOUCHET (L), 16, rue Coquelin.
GILLOT-BECKERS (Mme Vve), 35, rue de Lille.
JACOMY et **BERNARDI**, 62, Grande-Rue. (Succursale, 87, rue Victor-Hugo. Tél. 2.95.)
JUINTY-DELABRE, 67, rue des Vieillards.
QUÉHEN, 59 *bis*, rue des Vieillards.
VÉZIEN, Livres, 9, pl de Picardie.

Saint-Omer

Musée et Galerie de Peinture, 14, rue Carnot.
Société savante :
Société des Antiquaires de la Morinie, 42 *bis*, Grande-Place. Président : J. Ducros.
Commissaires-priseurs : Billiet, Geoffroy.

Antiquaires.

DUBROEUCQ, 21, rue Sainte-Croix.
GRÉBERT, 5, rue de Valbelle.
NANIMEK, 27, rue de l'Écusserie.

PUY-DE-DOME

Clermont-Ferrand

Musée artistique, archéologique et ethnographique, rue Ballainvilliers Directeur : Chabrol.
Sociétés artistiques et savantes :
Société des Sciences, Belles-lettres et Arts.
Union artistique d'Auvergne.
Caisse de Secours mutuels et de Retraites, Association des artistes-peintres, architectes, graveurs et dessinateurs (Présidée par Tony Robert-Fleury).
Commissaire-priseur : Parcellier.

Antiquaires.

BAZIN (Mlle), 3, rue Bardoux.
CAMDURAS (Mme Vve), pl. du Terrail (l'été à Royat). Voir : *Estampes et livres anciens.*
CHARLES (Charles), Sculpteur, expert, imitation des sièges et boiseries anciennes, consoles, écrans, paravents, dorure, commission, 16, pl. du Terrail.
DUFAY, 25, rue Blatin.
DUFOUR.
GOURNIER, 33, rue Hôtel-Dieu.
HULIN (Clovis), 22 *bis*, pl. Jaude.
MARTIN, 9, rue Savaron.
PAQUET (Mme Vve), 1, rue Savaron.
POTY (Charles), 19, rue Pascal.
ROUX, 9, rue Abbé-Girard
RICHARD PÈRE
SUDRE (Jean), 1, rue Savaron.
VÉDILLE, 29, rue Fontgrève.

Estampes et Gravures.

CAMDURAS (Mme Vve), Estampes du XVIIIᵉ siècle, noires et couleurs (l'été à Royat), pl. du Terrail.

Livres anciens.

CAMDURAS (Mme Vve), Livres illustrés des XVIIIe et XIXe siècles (l'été à Royat), pl. du Terrail.

Lezoux

Antiquaires.

POUYET
RACONNAT.

Thiers

Antiquaires.

BRUGIÈRE-MAZELIER, 3, pl. du Piroux.
MONTORCIER-ALLEZARD, rue Lasteyras.

BASSES-PYRÉNÉES

Pau

Musée du Cours Bosquet. Conservateur : P. Lafond.
Sociétés artistiques et savantes :
Société des Sciences, Lettres et Arts.
Société des Amis des Arts. Président . M. Paul Belin, 5, rue Latapie.

Antiquaires.

CHARLEMAGNE (P.), 3, pl. du Palais-de-Justice.
COUX, 42, rue Préfecture.
HAGET, 10, rue Henri-IV.
JACQUEMIN, 2, rue Saint-Louis.
LIBRAIRIE LAFON (MASSIGNAC, succ.), Livres anciens, 3, rue Henri-IV.
MARTIN (G.), 5, rue Jeanne-d'Albret.
MONGRAND, 1, rue Notre-Dame, et 28, rue du Lycée.
MOTHE (Mme Vve), 2, rue Henri-IV.
ORLANDO, 6, rue Henri-IV.
RAAS, 23, rue des Cordeliers.
VARICHON-LAMAZOUÈRE, 4, rue Henri-IV.
VIGNEAU, 9, rue Montpensier, et 1, rue d'Orléans.

Bayonne

Musée.
Commissaire-priseur : Plasteig-Casson.

Antiquaires.

CANÈGRE (J.) **PÈRE**, 37, Arcade Porte-Neuf.
CHILO (Mme Vve), 26, rue Thiers.
LAJOURNADE, rue Pontrique.
PARAGE, rue Marengo.
TAJAN, 62, rue d'Espagne.

Biarritz

Antiquaires.

DAUBAS, av. Reine-Nathalie.
FLORIET, 21, rue Mazagran.
FONSÈQUE, 32, rue Mazagran
GASTELBERRY, rue du Port-Vieux.
GUÉRIN (L.), 14, rue Mazagran Tél. 374.
GUESNU (Mlle), av. Victor-Hugo.
LARROQUE (Mme Vve), 22, Sentier Fourio.
LAUGIER (J), 1, rue Mazagran.
MORDRASSY, 22, rue Mazagran.
NEUWENHUYZEN, 19, rue Mazagran.
RIQUELNE (J), 5, pl. de la Liberté.

Eaux-Bonnes

Antiquaire.

LARRIU (J).

HAUTES-PYRÉNÉES

Tarbes

Antiquaires.

CLAUDEVILLE, 22, pl. Maubourget.
LIAU, 80, rue Brauhauban.

Bagnères-de-Bigorre

Antiquaires.

A JEANNE D'ARC, allée des Coustous.
DUTOUT, av. du Salut.

PYRÉNÉES-ORIENTALES

Perpignan

Musée. Conservateur Blanquer.

Antiquaires.

BANAURE (Léon), 7 et 10, rue du Théâtre.
BOUSQUET (Marie), rue de l'Argenterie.
CALVET, 22, rue de l'Argenterie.
CHARPENTIER, rue de l'Argenterie.
COUDERC, 19, rue de Mailly.
CUSSAC, 14, rue Louis-Blanc
DELMAS, 8, rue de l'Argenterie.
DURAN (S), 25, rue Louis-Blanc.
NOGUÉ, 2, rue de l'Argenterie.
ROMEU, 21, rue Fontaine-Neuve.
SANGLES (Mme Vve), rue Saint-François-de-Paule.

SIRÉ, rue de la Fusterie.
SOULIER, 18, rue de l'Argenterie.
VELZY (Jean), 1, rue de l'Argenterie. Tél. 3.01.

Prades

HOSPITALIER, route Nationale.

RHONE

Lyon

Musée (Peinture, Sculpture, Gravure). Conservateur : Dissard.
Antiquités. Conservateur : Giraud.
Musée du Moyen âge et de la Renaissance.
Musée historique des Tissus (Palais du Commerce), pl. de la Bourse. Conservateur : Cox.
Sociétés artistiques et savantes :
Académie des Sciences, Lettres et Arts, au Palais des Arts.
Société des Artistes Lyonnais, 106, rue de l'Hôtel-de-Ville. Président : Dr Albertin.
Société littéraire, historique et archéologique,12, rue Alphonse-Fochier.
Société Lyonnaise des Beaux-Arts, 24, rue du Confort. Président : M. Bauer.
Commissaires-priseurs : Bernoud, 39, rue Pierre-Corneille ; — Berthier, 29, rue des Remparts-d'Ainay ; — Gazagne, 12, cours Morand ; — Gerbier, 27, quai des Brotteaux ; — Roullet, 26, quai de la Guillotière ; — Thévenet, 6, rue de l'Hôpital.

Antiquaires.

ARNOUX, 19, rue d'Auvergne.
ARNOUX (Élise), 15, rue Vaubecour.
AUSTRUY, 8, rue Gasparin.
BELLEFIN, 24, rue Victor-Hugo.
BELLET, 148, rue Garibaldi.
BERAUD, 24, rue du Plat.
BERTHIER (J.), 1, pl. Saint-Paul.
BLOT, 101, rue de l'Hôtel-de-Ville.
BOULARD et **BIDAUT**, 3, quai Claude-Bernard.
BOURRAT (Mme Vve), 19, montée Saint-Sébastien.
CANELLA, 54, rue Auguste-Comte.
CHÊNE (G.), 10, rue Bossuet.
COLLOMB (Mme), 84, av. de Saxe.
COQUET et **MEYER**, rue Saint-Come.
COTTIN (E.), 18, rue Gasparin.
COURSON (Mme Vve), 21, rue Childebert.
DEBROUX, rue du Bœuf.
DELHOMME, 111, av. de Saxe.
DESBOIS (Mme Vve), 27, rue Gasparin.
DUBERNARD (Mlle), 52-53, quai de l'Hôpital.
ÉCUYER (Mme), 14, rue Terne.
ÉCUYER (Mlle), 5, pl. Saint-Nizier.
FRANÇON et Cie, 5, rue Centrale.
GABERT (J. AINÉ), 12, rue du Bœuf.
GABIOT, 10, rue François-Garcin.

GAUTHIER, 107, rue Pierre-Seize.
GIRARD, 17, rue des Archers.
GIROD, 1, rue de la Baleine.
GOUPIL, 5, pl. Ainay.
GUILLET, pl. Martinière.
LABROSSE (Léon), 48, rue de l'Hôtel-de-Ville.
LANDRAU (Mme Vve), 34, rue Plat.
MARTEL, 20, rue Mulet.
MAZOYER (Mme Vve), 17, rue de la République.
MORIN, 132, Grande-Rue-Saint-Clair.
NICOLAI, 16, rue Gasparin.
PAYET (Mme Vve), 56-57, quai de l'Hôpital.
PERRAUT (Mme), 13, rue Gasparin.
ROCHE, 13, rue Dubois.
TRUFFINET, 36, rue Vaubecour.

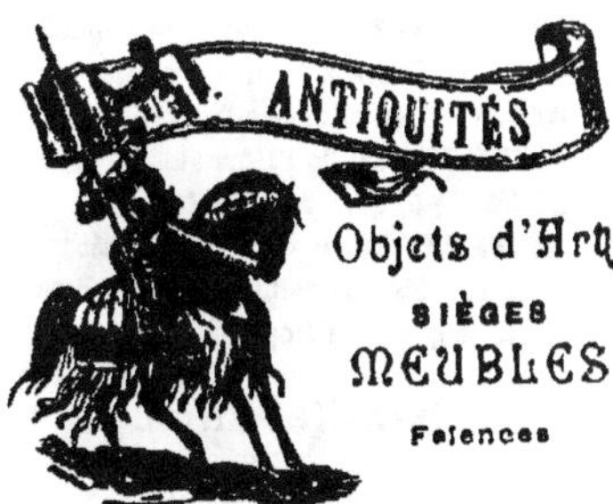

VACHOT
13, rue Auguste-Comte, 13.

VARILHAC, 195, av. de Saxe.
VIOUD, 22, rue du Bœuf.

Tableaux, Bronzes, Divers.

BLETON FRÈRES, Tableaux modernes, 6, pl. Terreaux.
CATHABARD, Tableaux, 6, rue Franc-Dauphin.
CAZAUX-FOURNIER, Tableaux, 45, rue de la République.
CHASSAGNE (S.), Courtier antiquaire, 10, quai de la Pêcherie.
DAVID (FILS), Brocanteur, 19, rue Trion.
DAVID, Brocanteur, rue de la Bombarde.
DEBOURDEAU (A.), Tableaux, 17 et 19, rue Puits-Gaillet.
DÉSIR, Brocanteur, 37, Grande-Rue des Charpennes.
DEVIF, Occasions, 88, montée de la Grande-Cotte.
FARGES, Timbres, 36, rue Victor-Hugo.
GOUPIL, 5, pl. d'Ainay.
JALLADE (C.), Réparation, 16, rue de la Vigilance.
JASO, Brocanteur, 11, rue Vaubecour.
JULHE, Brocanteur, 19, rue de la Charité.

PÉLISSIER (Mme), Brocanteur, 19, rue Vaubecour.
PEYRIGUERE, Tapisserie, 31, pl. Bellecour.
PIOLET, cours Gambetta.
PLACE, Occasions, 24, Palais Grillet.
VEDRENNE, Réparation de Faïences anciennes, 45, rue Chaponnay.
YGHÉ-ROUBIN, Japonaiserie et chinoiserie, 81, rue de l'Hôtel-de-Ville.

Livres.

BELLAIS, 26, quai de Bondy.
BLOT, 101, rue de l'Hôtel-de-Ville.
BOUCHET, 26, pl. Bellecour.
BRUN (Louis), 13, rue Plat.
CLERC (J.), 33, rue Terme.
COURBON, 16, rue Gentil.
CRESSONT (Mme Vve), 29, rue Plat.
CUMIN et **MASSON**, 6, rue de la République.
EBRARD (Gab.), 2, quai Fulchiron.
GAÇON, 32, rue Auguste-Comte.
JOUVE, 12, quai de l'Hôpital.
LESUEUR, 5, quai de l'Hôpital.
NOUVELLET, 3, av. de l'Archevêché.
PILLET, 3 *bis*, rue Sainte-Marie-des-Terreaux.
TÊTE, 4, quai de l'Hôpital.

Chazelles-sur-Lyon

Antiquaire.

CHAUMIER.

Condrieu

Antiquaire.

CHELLES.

Givors

Antiquaire.

CHARTOIRE.

Irigny

Antiquaire.

RENARD.

Savigny

Antiquaire.

FROGET.

Thizy

Antiquaire.

ROCHE (Mlle).

Villefranche

Musée.
Commissaire-priseur : Dietsch.

Antiquaires.

CHAILLER, 3, rue Inkermann.

CHANUT, pl. Roland.
GENOD, 42, rue Roland.

HAUTE-SAONE

Vesoul

Musée.
Sociétés artistiques et savantes :
Société d'Agriculture, Lettres et Arts de la Haute-Saône. Président : de Beauséjour.
Section des Beaux-Arts. Président ; Mme Dollon-Jeanneney.
Commissaire-priseur : Pautrier.]

Antiquaires.

GAPP, Meubles, pl. du Grand-Puits.
GARRET FRÈRES, 10, rue Gevrey.

Favernay

Antiquaire.

SAINTIN.

Jussey

Antiquaire.

DE BORETTE.

Lure

Antiquaire.

ANTOINE.

Luxeuil

Antiquaires.

DAVAL.
CHAMAGNE (Léon) et **BUFFARD** (Henri), Meubles, quincaillerie, antiquités, 10 et 12, Faub.-du-Chêne. Tél. 63.

Saint-Loup-sur-Semouse

Antiquaire.

JOLY.

SAONE-ET-LOIRE

Mâcon

Musée. Conservateurs : Lafay, Lex, Pillard.
Sociétés artistiques et savantes :
Société populaire des Beaux-Arts.
Société des Amis des Arts.
Comité des Sociétés des Beaux-Arts des départements.
Commissaire-priseur : Mayot.

Antiquaires.

BOYAT, 17, pl. Herberie.

LACHAISE, 32, rue Victor-Hugo.
LEBON, 53, rue Rambuteau.
LORBET (Mme Vve), 6, rue Lamartine.
PERRET, rue Philibert-Laguiche.
TARDY-GONIN, 27, rue Sigorgue. Tél 2 75.

Autun

Musée.
Cabinet d'Antiquités, de Physique et d'Histoire naturelle. Musée et médailles à la Bibliothèque.
Commissaire-priseur · Dhotel.

Antiquaires.

PELLETIER, pl du Champ.
DUREUIL, rue des Cordeliers.

Chalon-sur-Saône

Musée.
Société savante :
Société d'Histoire et d'Archéologie.
Commissaire-priseur : Schleiter.

Antiquaires.

ADAM (Mme Vve), pl. Saint-Vincent.
DAYT, 3, rue du Châtelet.
FOUQUERAND, 39, rue Aux-Fèvres.
GUILLEMINOT (Mme Vve), 73, Grande-Rue.
HUGONNOT, 43, rue Saint-Georges.
LEVEDER (Ch), 3, rue Saint-Antoine.
ROUX, 15, rue de la République.

Chauffailles

Antiquaire.

VERMOREL (J.-M).

La Clayette

Antiquaire.

GÉLIN.

Paray-le-Monial

Antiquaire.

DUMONT

SARTHE

Le Mans

Musée (Peinture, Histoire naturelle). Conservateur : Vallée.
Musée d'Archéologie. Conservateur : Morancé.
Sociétés artistiques et savantes :
Société d'Archéologie.
Société historique et archéologique du Maine.
Société d'Agriculture, Sciences et Arts de la
Sarthe.
Commissaires-priseurs : David, Choisnet-Dubignon.

Antiquaires.

BRITEL (Albert), Revendeur, 100, rue de la
·, Porte-Sainte-Anne.
CALAIS (Mme Vve), 34, rue des Minimes.
CHABERT, 3, pl du Rempart.
DUBOIS, rue de la Paille.
GOMEZ, 10, rue de la Juiverie.
GRASSIN, 20 *bis*, rue Courthardy.
GRESSER, 24, rue de Paris.
LETONDAL, 21, rue des Minimes.
MALFROY, 4, pl. de la Préfecture.
SERRAULT, 4, pl. Saint-Michel.

Le Breil (près Connerré)

Antiquaire.

LESAGE (Ph.).

La Ferté-Bernard

Antiquaire.

GUIBERT.

Mamers

Antiquaire.

MOULIN

Saint-Calais

Musée. Conservateur Th. Peltier.
Commissaire-priseur : Ramaugé.

Antiquaires.

ACHARD.
MÉTAIS (Vve).

Saint-Ouen-de-Maimbré

Antiquaire.

ROSSIGNOL (Joseph).

SAVOIE

Chambéry

Musée municipal d'Archéologie Conservateur :
Vallet.
Musée de Peinture. Conservateur . Vallet.
Sociétés artistiques et savantes :
Académie des Sciences, Lettres et Arts de la
Savoie.
Société Savoisienne d'Histoire et d'Archéologie.
Président : Michel.
Union artistique de la Savoie. Président : Bérard.

Antiquaires.

BLANCHARD, boul. de la Colonne.
BOISSET, pl. Métropole.

DARDEL et **BOUVIER**, Ouvrages anciens sur la Savoie, 6, Portiques.
GRIMONET, 8, rue Saint-Antoine !
LUQUET, pl. Porte-Reine.
VINCENT PÈRE, rue du Lycée.
VINCENT FILS, rue Freizier.

Aix-les-Bains

Antiquaires.

ANFRÉDI (Mme), rue des Bains.
BEN-SIMON, rue du Casino.
DEBEAUGIS, place du Commerce.
DI-SEGNI, rue de Chambéry.
MANENT, rue de Chambéry,
PIERROTTI (Simon), rue des Bains
ROUX (J.) **FILS**, rue des Bains.
TONY-LAFLEUR, av de la Gare.

HAUTE-SAVOIE

Annecy

Musée d'Annecy, à l'Hôtel de Ville (Histoire naturelle, Antiquités, Beaux-Arts et Industrie). Conservateur : Le Roux
Société artistique ·
Société des Beaux-Arts de la Haute-Savoie. Président : M Martin.

Antiquaires.

GUALDI (Gustave), 13, rue Paquier
PARIS-ALEXANDRE, 9, Faub -Sainte-Claire

Chamonix

Antiquaires.

COUTTET (A).
PACCARD
PAYOT FRÈRES (*Au Cristal de Roche*)
PETITJEAN.

Évian-les-Bains

Antiquaire.

HIRSCH (H.), O. A. Ω, 7, rue Nationale.

Rumilly

Antiquaire.

DUBOIS (Vve), pl. du Marché

Thonon-les-Bains

Antiquaires.

BORGES.
CHEVALLAY (Ph.).

SEINE-INFÉRIEURE

Rouen

Musée départemental d'Antiquités, rue Beauvoisine. Directeur . de Vesly.
Musée de Peinture et de Sculpture, rue Thiers, Directeur : Minet.
Musée de Dessin industriel, 2, rue Ampère, et pl de la Cathédrale.
Sociétés artistiques et savantes ·
Société populaire des Beaux-Arts, 21, rue Franklin.
Académie des Sciences, Belles-lettres et Arts Président . Lecaplain.
Société populaire des Beaux-Arts, 2, rue Beauvoisine
Société philatélique Rouennaise (5, pl du Gaillardois)
Association amicale des Dessinateurs. Architectes de la Normandie, 2, rue Boudin.
Commissaires-priseurs . Alenspach, Godefroy, Hurel, Martin, Orange, Ozanne

Antiquaires.

BAILLET (Mme), 26, rue Percière.
BARBEAU, 50, rue Percière.
BÉNARD, 86, rue de la République.
BOISNARD, 64, rue Saint-Nicolas.
BLOCH, 45, rue des Augustins.
CASANOVA (Mme), 60, rue Thiers
CHASSAIGNE, 20, rue Saint-Romain.
DAPON (Mme), 8, rue Morand.
DAREL (Mme Pauline), Dentelles anciennes, Curiosités, 55, rue de l'Hôpital
DAUSSY, 78-83, rue Ganterie.
DESCHAMPS, 75, rue Saint-Nicolas, et 15, rue Croix-de-Fer.
DEVISME, 6, rue Restout.
DUPERON, 2, rue Croix-de-Fer.
ENGUERRAND (Ch), 36, rue du Vieux-Palais.
FRANGEUL (Ernest), Restauration de tableaux, 76, rue Vicomté
FAYARD, 26 *bis*, rue Ganterie
FOTIER (Mme), 234-236, rue Martainville.
FOULET (Mme Vve), 7, rue de l'Hôpital.
GENET, 50, rue Saint-Lô.
GEOFFROY et **RIVETTE**, Bois sculpté, 4, rue Croix-de-Fer.
GOUY et **FILS**, 56, rue Beauvoisine
HALVICK, 1, rue de l'Hôpital.
HERMEL, 11, rue Ganterie.
LALLEMAND-LEMAITRE, 44, rue Ganterie
LANGLOIS (E), Boiseries de Salon, 13, pl Saint-Éloi
LE MAITRE (Gustave), 27, rue Socrate.
LE PRÉVOST, Vitraux d'art, 39, rue Crevier.
LEROUX (Ch), 4, rue de l'Hôpital
LEROY (Mme M), Réparation de tapisseries anciennes, 33, rue Beauvoisine.
MORROT, 56, rue Saint-Lô

OZET, 75, rue d'Amiens.
PÉONA (Michel), 53-55, rue Ganterie.
PERRON-DENIS, 64, rue Saint-Nicolas.
PERROT (Mme), 14-16, rue Beauvoisine.
PERROT, 238-240, rue Martainville.
SIMON, 15, rue Maladrerie.
SPIESS, 17, rue Beauvoisine.
TAURIN (J.), 8, rue Damiette, et 4, pl. Barthélemy.
THÉNARD, 48, rue des Carmes, et 52, rue Saint-Nicolas.
VAILLANT (Marie), 46, rue Saint-Romain.
VAUMOUSSE, 26, rue Ganterie.
VALLÉE (Jules), 12, rue Croix-de-Fer.

Encadrements, Tableaux, Estampes et Gravures.

ANDRIEU (Georges), 18, rue Beauvoisine.
BOLTZ, 70, rue de la République.
CHAVOUTIER (E.), 59, rue Ganterie.
HALIPRÉ, 10, rue de la Grosse-Horloge.
LEGRIP, 59, rue de la République.

Ferronnerie d'Art.

MARROU (F.), ✺, 70, rue Saint-Romain.

Livres.

LANGLOIS, 20, rue Thiers.
LESTRINGANT, 11, rue Jeanne-d'Arc.

Modeleurs, Statuaires.

DUCHAUSSOY (Albert), 23, rue Socrate.
LETOURNEUR, 8, rue Percière.

Plomberie d'Art.

LETANNEUR et Cⁱᵉ, 59, rue Saint-Nicolas.

Caudebec-en-Caux

PATEY.
VÉDIE (P) (*A la Croix Normande*), pl. du Marché.

Dieppe

Musée.
Commissaire-priseur. Placquevent.

DAREL-HORST, 18, rue Gustave-Rouland.
HORST, 22, rue des Bains.
MARTINEZ, Grande-Rue.
ROPERT, 127, rue d'Écosse.
THOREL-TAUPIN, rue d'Écosse.
VERGNORY, 48, rue Saint-Jacques.

Elbeuf

Commissaire-priseur : Sannier.

CARTIER (A.), pass. Dubuc.
ROUSSIGNOL, 18, rue Constantine.

Fécamp

Musée.
Commissaire-priseur · Gaillandre.

Antiquaires.

BOCQUAIN, 38, rue Casimir-Périer.
DORAIN, rue Th.-Boufart.
POINTDEFER, Brocanteur, 1, rue de la Mer.

Livres anciens.

BANSE FRÈRES, 42, rue Alexandre-Legros. Tél. 1 56.

Gournay-en-Bray

GORREC.
WALLET.

Le Havre

Musée de Peinture et de Sculpture. Conservateur : Alph. Lamotte.
Musée de Médailles et d'Antiquités. Conservateur : Millot.
Sociétés artistiques et savantes :
Société Havraise des Beaux-Arts
Société des Amis des Arts.
Société philatélique, boul de Strasbourg
Commissaires-priseurs : Guillemette, Masselin, Plessis.

Antiquaires.

BAYLE (Mlle), 108, rue Mailleraye.
BÉNARD, 18, pl. de l'Hôtel-de-Ville
BERCHUT (V.), Objets d'art, 44, rue J.-B.-Eyriès
CAVANAGH (Raoul), 96, quai de Strasbourg.
DELAPORTE (René), 49, rue de Berry
DUSSEUIL, 13, rue de la Ferme.
FERTIN-HERVIEU, 21, rue de Séry
HALLEY, 12, rue de Joinville
KUENEGEL, 89, rue Racine
LA POULLE (L), 48, rue de Bordeaux.
RECHER, 9, rue Casimir-Périer.
ROGER, 5, rue de Mexico.
SANDOZ (F), 32, boul. de Strasbourg.
SOCLET, 25, rue de Paris.

Livres anciens.

BAILLET (J), 70, rue Victor-Hugo.
BOIS (Mme C), 41, rue Casimir-Périer
GONFREVILLE (J), O I. ۩ Livres anciens et modernes, gravures, catalogue périodique, expertises, ventes publiques, 15, rue de la Comédie.
VINCENT (G.), 15, rue Bernardin-de-Saint-Pierre

Yvetot

Commissaire-priseur : Brasseur.

Antiquaires.

HIS, rue de la République.

HIS-DÉMARE, pl. de l'Église.
LARSON, rue de la République.
MÉNARD, rue de la République.

SEINE-ET-MARNE

Melun

Musée (à l'Hôtel de Ville).
Société artistique et savante ;
Société d'Archéologie. Président : Sénéchal.
Commissaire-priseur : Chaboureau.

Antiquaires.

SHANONAT, Livres, 4, rue de Gaillardon.
LÉVY, 11, rue de l'Hôtel-de-Ville.
MALNUT, 22, rue de France.
WAGNER, 4, rue Saint-Étienne.

Brocanteurs.

BALBON, 3, rue du Château.
COURTENGE, 69, rue de l'Écluse.
MARCEAU, 5, rue du Miroir.
NUGIER, 29, rue de la Fosse-aux-Anglais.
QUENARD, 1, rue des Marmiers.
ROUSSEAU, 1, rue de l'Hôpital.
VAUDRANT, 21, rue Neuve.

Coulommiers

Commissaire-priseur : Roger.

Antiquaires.

DECAUX, rue de Paris.
SOULALIOU, Brocanteur, rue de Paris.

Fontainebleau

Palais et Musée. Conservateur : G d'Esparbès, ✭.
Entrée gratuite. Ouvert tous les jours : été,
10 h. à 5 h ; hiver, 11 h. à 4 h.
Commissaire-priseur : Putois.

Antiquaires.

BOISSELIER (A), 2, rue de France.
CHAMBON, 69, rue Grande.
CHAUSSON, 27, rue du Chemin-de-Fer.
GALLET, 33, rue de la Paroisse.
JAMET, pl. des Trois-Maillets.
NICOLIER (Mme), 11, rue de France.
PASDELOUP (Mme Vve), 7, rue Béranger.
RAYMOND, 7, rue Saint-Merry.
VERPY (Albert), 3, pl Centrale.
WILMET (Mlle), pl. Solférino.

La Ferté-sous-Jouarre

Antiquaires.

ANDRÉ, 40, av. de Paris. Tél. 67.
GAILLARD.

Meaux

Musée.
Sociétés artistiques et savantes :
Société d'Agriculture, Sciences et Arts Président : Bénard.
Société d'Archéologie. Président : Droz.
Commissaire-priseur : Dubois.

Antiquaires.

GERVAIS, 33, rue Saint-Rémy.
JORET, 7, boul. Jean-Rose.

Collectionneur.

COSTE (C), 60, av. de la République.

Livres.

CHAMBARD, 34, pl. du Marché.

Provins

Musée.
Société artistique et savante :
Société d'Histoire et d'Archéologie. Président : Antheaume.
Commissaire-priseur : Louis.

Antiquaire.

PIGEON, 4, rue Abeilard.

SEINE-ET-OISE

Versailles

Musée national (Galeries historiques au Château).
Musée de la Révolution (Salle du Jeu de Paume).
Conservateur : Pierre de Nolhac, O. ✭.
Sociétés artistiques et savantes :
Société des Sciences morales, des Lettres et des Arts.
Société des Amis des Arts (Peinture, Sculpture).
Commission départementale des Antiquités et des Arts.
Commissaires-priseurs : Guespin, Pecquerie, Ferrey.

Antiquaires.

BILLOT, 11, rue Hoche.
BOULINIÈRE, 36, rue Carnot.
BRECHIN, 24, rue de l'Orangerie.
BRIGHOT, 17, rue des Réservoirs.
CHENNEVIÈRES, 3, pl. Hoche.
CHESNEAU, 81, rue de la Paroisse.
CIVIALLE, 15, rue Colbert (pl. d'Armes).
DE GOY, 49, rue de l'Orangerie.
DINAUX, 10, rue Carnot.
LEROY FRÈRE et **SOEUR**, 8-10, pl. Hoche.

MAGNIER, 34, rue du Vieux-Versailles,
MOYER-VILLIERS, 16, rue de la Paroisse.
NASSI, Tapisseries anciennes, 13, rue de la Paroisse.
QUENORD, Livres anciens, rue de l'Orangerie.
THIBAULT, 2, rue de la Paroisse
ZAHN, 20, rue de la Paroisse.

Tapissier Décorateur.

HAZARD, 34, rue des Réservoirs.

Dorure, Encadrements.

IMBERT (E.), 52, rue de la Paroisse.

Viroflay

Antiquaire.

REUTEMANN (Georges).

Corbeil

Musée Saint-Jean, rue Widmer.
Commissaire-priseur : Bidaud.

Antiquaires.

BARDOL.
BESSON.
CHAPU (Mme Vve).
GOURATIER.

Saint-Germain-en-Laye

Antiquaire.

FRAPIER, Bulletin des Sciences, de l'Histoire, 5, rue de la Surintendance.

DEUX-SÈVRES

Niort

Musée géologique, historique du département : Galerie de Sculpture et de Peinture.
Commissaire-priseur. Clouzeau.

Antiquaires.

BLANCHARD, pl de l'Hôtel-de-Ville.
BOUCHER, 24, rue Saint-Jean.
CLOUZOT, Livres anciens, 22, rue Victor-Hugo.
GUTTIN, 11, rue Porte-Saint-Jean.
RICHARD, 35, rue Saint-Jean.
VINATIER, 65, rue Saint-Jean.

SOMME

Amiens

Musée de Picardie (46, rue de la République) Statues, Objets d'art et Antiquités. Conservateur : Delambre.

Sociétés artistiques et savantes :
Société des Antiquaires de Picardie, 1, rue des Augustins.
Académie des Sciences, Belles lettres et Arts.
Société des Amis des Arts, 7, rue Lamartine. Président · Dr Peugniez.
Association artistique, 24, rue Porte-Paris.
Commissaires-priseurs : Gontier, Tiéfaine.

Antiquaires.

BULTÉ (Albert), 74, boul. Alsace-Lorraine.
COTARD, 14, rue Cormont.
COURTIN-HECQUET, Livres anciens, pass. du Logis-du-Roi, et 32, rue Delambre.
DAUSSE, 40, rue Saint-Jacques.
DEUX (Maison), 1-3, rue Porte-Paris, et 26, pl. Goblet.

HENRY HÉQUET

DÉCORATIONS ET AMEUBLEMENTS ANCIENS

61, rue de l'Amiral-Courbet

Téléphone 156

HÉQUET, 91, rue Vascosan.
LEFEBVRE, 7, rue Allart.
MOUCHE et MOUÉE (Mlles), 8, rue de Metz-l'Évêque.
SADOUILLET, 5, rue Robert-de-Luzarches.
VESAS, 16, rue Delambre.

Abbeville

Musée Conservateur : De Florival.
Société artistique ·
Les Amis des Arts, 106, route de Paris.
Commissaires-priseurs : Normand, Jonas.

Antiquaires.

BALDUC, rue Moulin-du-Roi
BRAILLY (Gaston), Spécialité d'objets de collection, Chaussée d'Hocquet
FROIDURE-BERGER, 54, rue Alfred-Cendré.
LEULLIER-DÉCAMPS, 19, rue de l'Hôtel-Dieu.
MINUTE-BOUFFET, 12, rue Saint-Vulfran.

Saint-Valéry-sur-Somme

Antiquaire.

RUBY.

TARN

Albi

Musée (Hôtel de Ville) Conservateur : C. Lloxu.
Société artistique et savante
Société des Sciences, Arts et Belles lettres (à la Mairie d'Albi)

Antiquaires.

BARREAU (Louis), 5, rue d'Elbène.
LARRIEUX, Livres anciens, 11, Lices de Rhonel.

Castres

Antiquaire.

FRAYSSINET, 54, rue Émile-Zola.

Rabastens

Antiquaire.

BERINGUIER.

Lisle-sur-Tarn

Antiquaire.

FAVARD (Julia).

TARN-ET-GARONNE

Montauban

Musée de Peinture (à l'Hôtel de Ville).
Musée Ingres. Directeur : Achille Bouis.
Musée archéologique du département.
Sociétés savantes :
Société archéologique.
Académie des Sciences, Lettres et Arts, rue
   Porte-du-Moutier. Président : Buscon.
Commissaire-priseur . Legris.

Antiquaires.

FLORENTIN (Antony), rue de la Mairie.
LATRILLE, rue Lacaze.
LINAS, 29, rue de la République.
TREILLE, rue des Carmes.
VÉZIA, 18, Grand'rue-Villebourbon.

Livres anciens, Gravures.

MASSON (Paul), Catalogue périodique, 21, rue
   de la République

VAR

Draguignan

Musée, 9, rue de la République. Conservateur :
   Peupé.
Sociétés artistiques et savantes :
Société d'Études scientifiques, et Archéologique
   du Var.
Société des Amis des Arts, 5, pl. d'Armes.
Académie du Var (Siège au musée).

Antiquaires.

MILLE (AU PROFIT), 20, boul. de la Liberté.
PISCICELLI, pl. Gansard.

Fréjus

Musée d'Antiquités romaines. Conservateur :
   Roquemaure.

Antiquaires.

BARRÈRE
ZUMBO, aux Arènes.

Hyères

Musée-Bibliothèque.

Antiquaires.

BEAUCHIÈRE, 6, rue du Cheval-Blanc.]
ECK, av. des Iles-d'Or.
MANENT, 13, av Gambetta.
PARICHAULT, 9, pl. de la République.
VIVARÈS (Napoléon), rue Sainte-Anne.

La Crau

Antiquaire.

BONFILS (Alexandre).

Le Thoronnet

Antiquaire.

FÉRAUD (Edmond).

Saint-Raphaël

Antiquaire.

AULAGNE.

Toulon

Musée-Bibliothèque, boul. de Strasbourg.
Musée maritime.
Société artistique :
Société des Amis des Arts. Président : Boyer.
Commissaires-priseurs : Chaigneau, Lanflé.

Antiquaires.

ALBANO, rue des Trois-Dauphins.
ANTONIOLI, 49, quai Cronstadt.
BORRÉANI (Mme Vve), 6, rue de la Savon-
   nière.
GEORGI, 9, cours La Fayette.
MAISTRE, 59, rue Nationale.
NOZZÉ (Aug.), rue Nationale.

VAUCLUSE

Avignon

Musées Calvet et Requien. Conservateur : Gi-
   rard.
Société artistique et savante :
Société des Amis des Arts. Président · Ch. Fer-
   mentin.
Commissaire-priseur : Mercier.

Antiquaires.

ARNAUD (Florian), 23, rue Joseph-Vernet.
ARNAUD (Louis), 9, rue Joseph-Vernet.
ASTAY, 24, rue Bonneterie.
BELLON (Mme Vve), 17, pl. Jérusalem.
BURAIS, 27, rue Joseph-Vernet.
CALLEN, 30, rue Joseph-Vernet.
LATOUR (Eugène), O. A. (), 67, rue Joseph-
   Vernet Adr Tél : Latour, Antiquaire, Avi-
   gnon.
MEY (Mme Vve), 35, rue Saint-Agricol.
MOULET (Mme), Vve **PAQUET**, 1, rue Crillon.
PINTARD (Frédéric), 18, rue de la Bonneterie.

PLANTIN, rue des Fourbisseurs.
PLAT, 75, rue Carreterie.
PLAT, 30, rue Carreterie
POCHY (Jules), 8, pl. Saint-Didier.
THOR, 23, rue Joseph-Vernet.
TORT, 5, rue Joseph-Vernet.
VIDAL, rue Joseph-Vernet.

Isle-sur-Sorgue

Antiquaires.

BOLME AÎNÉ.
LÉGIER.

Orange

Antiquaires.

COFFIN, rue de la Sous-Préfecture.
DELAIGUE, pl de la République.
VILLARD (François) Spécialité de meubles de
   Provence, 4, rue des Tanneurs

VENDÉE

La Roche-sur-Yon

Antiquaires.

BOUCHEREAU PÈRE.
BOUCHEREAU FILS

Mareuil-sur-Lay

Antiquaire.

MANDIN.

Les Sables-d'Olonne

Antiquaires.

ARDOR
BELLANGER.
SALVET.
CHAUCHET.

VIENNE

Poitiers

Musée des Beaux-Arts, cabinet de médailles et
   d'antiquités. Conservateur : Gilbert.
Musée de la Société des Antiquaires de l'Ouest.
Musée des Augustins, 9, rue Victor-Hugo
Musée lapidaire et archéologique (pass. de
   l'ancienne mairie).
Sociétés artistiques et savantes :
Société des Antiquaires de l'Ouest, rue des
   Grandes-Écoles Président : Drouet
Académie des Beaux-Arts, 17, rue de l'Est.
Société académique d'Agriculture, Belles-lettres,
   Sciences et Arts. Président : Planchon.
Commissaires-priseurs : Dumousseaud, Le-
   quime.

Antiquaires.

ARNAULT, rue Carnot, et pl. de la Préfecture.

CANTONI et NILON, 177, Grande-Rue.
LÉVRIER (J.), Livres, 27, rue Gambetta.
PLAT (Georges) (AU PETIT CLUNY), 1 *bis*, rue
   de la Tranchée.

Châtellerault

Musée.
Commissaire-priseur : Dionet.

Antiquaires.

GOURÉE, rue Saint-Romain.
DAUNEAU, rue Saint-André.
FAVREAU, rue Noire.
MARTIN, rue Châteauneuf.
VALLÉE (Eug), 34, rue Bourbon.

HAUTE-VIENNE

Limoges

Musée national Adrien-Dubouché. Conserva-
   teur : Besse.
Sociétés artistiques et savantes :
Société archéologique et historique du Limou-
   sin. Président : Jouhanneaud.
Les Amis des Arts du Limousin.
Association des Artistes-peintres, Sculpteurs,
   Architectes, Graveurs et Dessinateurs, 13,
   boul. Victor-Hugo.
Commissaires-priseurs : Letarouilly, Lacotte.

Antiquaires.

AUBOURG, Achat, échange de meubles et
   objets anciens, 8, rue Manigne. Tél. 6.04.
DEBORD, 27, rue des Combes.
FAURE (Aubin), 48, av. Adrien-Tarade.
MARQUET (Fr), 35, rue des Combes.
MEAUX (J.), Ameublement neuf et d'occasion,
   19, rue Montmailler, et 2-6, rue des Anglais.

Bellac

Antiquaires.

ADMIRAUT, rue du Coq.
BOUQUET, rue du Coq.
CLAPAUD, pl. du Palais.
VINSON (Mlles), rue du Coq.

VOSGES

Épinal

Musée départemental (pl. Lagarde). Conserva-
   teur : Philippe.
Société artistique et savante :
Société Vosgienne d'Art. Secrétaire général :
   Dreyfus.
Commissaire-priseur : Dolm.

Antiquaires.

PALMER, 52, quai des Bons-Enfants.
WASSER (Émile), 16, rue Haute.
WETTERWALD, 27, rue Aubert, et 24, quai
   Aubert.

Charmes

Antiquaire.

LÉVY, Grande-Rue

Neufchâteau

Société artistique et savante :
Société d'Archéologie Secrétaire : de Liocourt.
Commissaire-priseur : Thouvenin.

Antiquaire.

PICARD, rue Verdunoise

YONNE

Auxerre

Musée d'Antiquités et d'Histoire naturelle. Conservateur : Porée.
Commissaire-priseur : Navarre.

Antiquaires.

COURTET, av. de Saint-Georges.
DUPLESSIS, rue Fourier.
FAUCHEREAU, Livres, 1, rue des Consuls.
GALLOT (A), Livres.
TONDU, 26, rue du Temple.

Avallon

Commissaire-priseur : Depoid.

Antiquaires.

DESLAURIERS, Grande-Rue.
PESLIER, Grande-Rue.

Brienon

Antiquaire.

LANEREY.

Joigny

Musée. Conservateur : Cuisin.
Commissaire-priseur : Deffaux.

Antiquaires.

MATHÉ, Timbres-poste, av. Gambetta.
MÉRY, Ébéniste, rue des Menuisiers.
TARNAWSKY, av. Gambetta
TOURGON, boul. Lésile-Lacan.

Antiquaires-Amateurs.

JEANNIN DE COURCY, quai de Paris.
LERICHE, quai de Paris.
MALLET (Paul), Faub.-de-Paris.
MOREAU, Faub.-Saint-Florentin.
PERRIN (René), rue Thibault.
POUILLOT (Dr), rue Montant-au-Palais.

Sens

Musée de Peinture, Archéologie, Antiquités
gallo-romaines. Conservateur : Dr Moreau.
Société savante
Société archéologique de Sens.
Commissaire-priseur : Colombet.

Antiquaires.

GOISBLIN, rue Thénard.
GUILLAUME, Brocanteur, 14, rue de Lyon.
HUGOT, rue de Paris.

Livres anciens.

Tonnerre

Musée
Commissaire-priseur : Guyot.

Antiquaires.

CHANOT, Livres, rue Jean-Garnier.
STIRE (FILS), rue des Forges.

Villeneuve-sur-Yonne

Antiquaires.

GOURLIN (Mlle).
HUGUEL (Florian).

Vincelottes

Antiquaire.

ADRY (Louis)

PAYS ÉTRANGERS

EUROPE

ALLEMAGNE

BERLIN

Antiquaires (Antiquitaten).

ALLENSTEIN (Abr.), 38, O. Krautstr., a « Alt-deutschland », D. Pergamenter W. Passauerstr., I.
ANTIQUITATEN AUSSTELLUNG, Max Wollmann, 28, Koniggratzerstr.
AUERBACH (Isaac-W.), 23, Wilhelmstr.
BAMBERGER (Julius-A), 173, Jakobstr.
BERNSTEIN (Eich), 3, Anhalstr.
BIBO (B.), 67, Lutzowstr.
BRANDENBURG (Franz), 2, Dornbergstr.
BRANDENBURG (H.), 3, Anhaltstr.
BRENDER (C.), 36, Steinmetzstr.
BRINKMAN (H.), 94-6, Wilhelmstr.
BUSSLER (P.), 18, Grimmstr.
DRUCKER (Antoinette), 3, Prinz-Albrechtstr.
FLASSHAAR (H.), 105, Wilhelmstr.
FLASSHAAR (K.), 65, Krausenstr.
FRIEDLANDER (Thérèse), 14, Joachimsthalerstr.
FROSCHELS (Adolph), 5, Tauentzienstr.
GINSBERG (Vianca), 32, Linkstr.
GLENK (Ludwig), 59, Unter den Linden.
GLOGER (O.), 10, Nettelbeckstr.
HAASCH (G.), 1, Wittenbergplatz.
HECHT (Hermann), 43, Wilhelmstr.
HEILBRONNER (Max), 61, Mohrenstr.
HERZOG et **SCHWERSENZ**, 123 b , Konigratzerstr.
HINSCHE (G.), 86, Kurfürstenstr.
JOELSOHN (Leon), 13, Mohrenstr.
JUNGFER (R.), 118, Wilhelmstr.
KAHLERT, 40, Wilhelmstr.
KLAUSNER und **SOHN** (J), 41, Wilhelmstr.
KOCH (Albert), 9, Regentenstr.
KSINSKI (M.), 9, Prinz-Albrechtstr.
LISSAUER (Emil), 40a, Wilhelmstr.
LISSAUER (Julius), 39, Wilhelmstr.
MANNHEIMER (Richard), 91, Wilhelmstr.
NEUFELD, 42, Lutzowstr.
NEUMARK, 1, Prinz-Albrechtstr.
ROZENDAAL (Hartog), 51, Wilhelmstr.

SALOMON (M.), 44-5, Taubenstr.
SALOMONSEN (J), 11, Alte-Jakobstr.
SCHOLL (O.), 240, Kurfürstend.
SCHWAB (Abr), 54, Schützenstr
STEINHAUSEN (E.), 21, Fennstr.
STIBBE (Hartog), 100, Wilhelmstr.
STRUCK (Th), 48, Lützowstr.
UEBERALL, 5-6, Zimmerstr.
VAN AAKEN (Gérard), 99, Wilhelmstr.
VAN DAM (Jacques-A), 1, Koniggrätzerstr.
WALLACH (Albert), 63-64, Jerusalemerstr.
WEISSNER (Louis), 100, Zimmerstr.
WERTHEIM (C.-M.-b.-H.-A), 132-37, Leipzigerstr.

Livres anciens.

ASHER (A) et Cie, 17, Behrenstr.
GOTTSCHALK (Paul), 28, Unter den Linden.
JUNK, 22, Rathenowerstr.
LIEPMANNSSOHN (Léo), 14, Bernburgerstr.
MAYER und **MULLER**, N. W. 7.

Objets d'art (marchands d').
Tableaux, gravures.

ADLER (Carl). A. d. Spand. Br. la.
AGNEW und **SOHNS** (Thos), 31, W U. d. Linden.
AHREN und **HAUSCHILD**, 13, SW. Gitschinerstr.
ALBERT (Paul), passage 18-21, Baden.
ALBRECHT DURER HAUS SUTTERLIN und **SCHOLI**, 18, W. Kronenstrll.
AMELANG'S CHE KUNSTHANDLUNG (Eggers und Benecke), 164, Charlottenburgkantstr.
AMSLER und **RUTHARDT**, 29a Behrenstr.
ARTISTISCHE UNION MULLER und **Co**, 2, Prinz Louis-Ferdinandstr.
ASSMUSS (Heinrich), 13a, Kochstr.
ATELIER VICTORIA PAUL GERICKE, W. 33, Bambergerstr.
AUERBACH (Isaac), 125, Wilhelmstr.
BARUCH (J.), 105/6, Alexandrinenstr.
BAUMANN (Georg.), 26, Kronprinzens-Ufer.
BECKER und **Co**, 20, W. U. d. Linden.
BERGGRUN (L.), 16, W. Pragerstr.
BETTE BUCH, Kunsthandlung.

BIRNER (J.), NW 21, Klopstockstr.

BOGDAN (E.), 101, Reinickendorferstr.

BONG RICH, 88. Potsdammerstr.

BOY und C°, 70, Oranienstr.

BRACK und **HELLER KUNSTVERLAG**, 19, Friedr. Wilhelmst.

BRUECKNER NACHF (G.), 97, Alexandrinenstr.

BRUHL (L.), 105, Alexandrinenstr.

BRUNING (Albert), 22, Gneisenaustr.

BUTTSTAED (H.), 39, Neue Winterfeldtstr.

CASPER (Jacques), 19, Potsdamerstr. Tableaux et eaux-'ortes.

CASSIRER (Paul), 35, Victoriastr.

COHN AUS ANHALT, 27, Burgstr.

CYBULSKI (Humbert), 12, Joachimsthalerstr.

DAHLHEIM (A), 44, Wilhelmstr.

DANNHEIM und C°, 47, Bambergerstr.

DATTNET (J.), 94, Dantzigerstr.

DAVID LOESER, 41, Waldemartstr.

DEUTSCHER MILITAR KUNSTERVALG, 45, Ritterstr.

DUNCKER (Alexander), 37, Charlottenstr.

ECKSTEIN (Nach), 57, Bulowstr.

EGGEBRECHT (Eduard), 21, Besselstr.

EISERT und **JUNGST**, 8, Melchiorstr.

FILS (Albert), SO. 22-24, Rungestr.

GALSTER (Th.), C. 26, Burgstr.

GES. Z. VERBREIT, 90, Postdamerstr.

GLENK LUDWIG, 59, U. d. Linden.

GLOBUS VERLAG, 33, Vost.

GOENS und **NAU**, SW. 12, Friedrichstr.

GOLDBERG (Hans), W. 63, Motzstr.

GRANDT (Fritz) und C°, SW. Konigratzerstr.

GRAUERT und **ZINK**, W. 30 Eisenachertstr 4.

GREVEN (H.), 30, Wilhelmstr.

GROPIUS'SCHE BUCH. und **KUNSTHANDLUNG** (Wilhelm Ernst), und **SOHN**, W. 90, Wilhelmstr.

GURLITT (Fritz), W. 113, Potsdamerstr.

HANFSTAENGL'S NACHFOLGER, W. 79a, Friedrichstr.

HANS BOESCHE, 43/44, O. Warschauerstr.

HAUPT (Oscar), SO, 137, Kopenickerstr.

HEESE (F. O.), W. 1, Kornerstr.

HEIDEMANN (H), SW. 7, Beuthstr.

HEINRICHS (J. Gustav), 63-64, Mohrenstr.

HENRICI (Karl Ernst), 148, Kurfürstenstr., Berlin, 35 (Autographes. Portraits anciens gravés).

HOLLERBAUM und **SCHMIDT**, 98, N. Reinickendorferstr.

HONECK, 19, Dresdenerstr.

ISAAC (James), 63a, SW. Leipzigerstr.

JACOBY (Julius L.), 59, S. Ritterstr.

KARFUNKEL (Ww J), 8, Neue Wilhelmstr.

KAUFFMANN (Clemens), 40, Friedrstr.

KELLER und **REINER**, 18, Potsdamerstr.

KLITSCHER und C°, 55, Wallstr.

KLUGE und **MORGENSTERNINH. LUBRICH** und **KLUGE**, 9, SW. Johanniterstr.

KOENIGSFELD und C°, 181, O. Reichenbergerstr.

KOMST (C), 25, S Brandenbgst.

KRATZ (Adolf), 9, Junkerstr.

KROHNER (Hermann), 55, C. Konigstr.

KUNSTANSTALTUND VERLAG FERD GE-BHARDT NACHT ANTONIE DIEDERICH, 69/70, Oholzmarktstr.

KUNSTANSTALT SALLY VOREMBERG, 2, SW. Lindenstr.

KUNST ATELIERMETROPOLE BLUM und **FRANKEL**, 13, O. Wallmer Theaterstr.

KUNST und **REKLAME VERLAG. MAX CA-MINER**, 12, Prenzlauerstr.

KUNSTVERLAG B BROHLICH INH. BODIN und **FRANZENSBURG**, 74, SW. Ritterstr.

KUPFER und **HERRMANN**, W. 30, Gossowstr., 9. Adr. Tél. Carl Herrmann.

KUSCHNITZKY (Jacques), 54, Ritterstr.

LAMM (Louis), 61, Neue Friedrichstr.

LASKI und **LESSER**, 68, Gr. Frankfurtstr.

LECHNER (Léo), 93, Alexandrinstr

LEO WINZ, 34, N. Metzerstr.

LEPKE'S (Rudolph), 122 a. b. Potsdammerstr. (Maison de vente).

LIERSCH (Gustav) und C°, 16, SW. Friedrichstr.

LILIENTHAL, BUCHHANDLUNG. MORITZ. NW. 101, Friedrichstr.

MACHT (Maximilian), 1, W. Rankest.

MAI (Emmanuel), 52, W. Wilhelmstr.

MALLMANN VON (Gaston), 7, Anhaltstr.

MARKIEWICZ (Adolf), 27, Franzosisches.

MATTHIAS FRIEDRICH und C°, 92/93, SW. Markgrafenstr.

MAUCK und C°, SW. 71, Grosbeerenstr.

MAX MULLER, 58, N. Brunnenstr.

MEYER (H. F. Ludwig), 11 12 Mohrenstr.

MOHRKE (Otto), 15, W. Schillstr.

MULLER und C°, 2, Prinz-Louis-Ferdinandstr.

MULLER EVANGEL, 27, W. Mohrenstr.

NAAGER (F.), 108, W. Potsdamerstr.

NEUE PHOTOGRAPHISCHE GESELLSCHAFT. Reproductions artistiques. A G. Seglitz, 131, I. Leipzigerstr.

« **NOVITAS** », 76, SW Ritterst.

OHLHOFF (Ernst), 19, Spichernstr.

PAUL, SW. 96, Charlottenstr.

PELZER (J), 35a, N. Schwedterstr.

PHOTOGRAPHISCHE GESELLSCH., 1, C. An der Stechbahn.

PLENZ (Herm.), 92, S. O. Adalbertstr.

PRAUNITZ BUCH. und **KUNSTHANDLUNG** 37, W. C Kurstr.

PREISS (Hermann), 49, SW Zimmerstr.

PREUSS ALBERT, 4, SW. Tempelhofer-Ufer.

QUAAS'SCHE KUNST- und **BUCHHANDLUNG**, 2, C An d. Stechbahn.

RABL (Mathilde), 134, C. Potsdamerstr. (Tableaux modernes).

RAHNEBERG (O.), 120b SW. Alte Jakobstr.
RATH KUNSTHANDLUNG (Rudolf), 39, W. Potsdamerstr.
RENNER (B.), 34, W. Passauerstr
RIEDEL'S KUNTSVERLAG (E.), 41, NO, Pasteurstr.
ROHEIM DR. (Edm.) und C°, 122, SW. Alexandrinenstr.
ROHLICH GEBRUDER, 12, W. Leipzigerstr.
ROSENZWEIG (Max), 7/8, Mathieustr.
RUDOLPH (F.), 123, Ritterstr.
SABATIER (E. D.), 42, Alte Schonhstr,
SAGERT und C°, 63-65, W. Mauerstr.
SALA (F.) und C°, 51, NW. Mittelstr.
ST-LUKAS, KUNSTVERLAG, 97, S. Alexandrinenstr.
SCHADRACK (R.), 112, S. Urbanstr.
SCHAUER (Gustav), 19, Spichernstr.
SCHELDER und LEEMANN, 6, Schwedterst.
SCHELIMER (Alexis), 123a, W. Leipzigerstr
SCHILLER REINHOLD, 8a, S. Stallschreiberstr.
SCHILLING RICH, 6, Lindenstr.
SCHLESINGER, 9, S. Camphausenstr.
SCHMALTZ, 8, NW. Luisenplatz.
SCHNITZER GEBRUDER, 71, S. M. Ritter-tr.
SCHROEDER (C. F), 69, S. W. Kommandantenstr
SCHROEDER (E. H.), 36, W. Kurfürstendamm.
SCHULTE (Eduard), 75, NW. U d. Linden.
SCHULZE (Alfred), 17-18, C. Wallstr.
SCHUSTER (Rud), 13, S. W. Jerusalemerstr. (Gravures)
SEELIG, 148, Kurfürstenstr.
SONNTAG (Paul), 63-65, W. Mauerstr.
STERN und SCHIELE, 43, Dresdenerstr.
STERNFELD und C°, 2, CN. Promenade.
STIEFBOLD und C°, 25, SW. Markgrafenstr
SZEKULA (D), 51, W. Hohenstaufenstr.
TOURISTEN MAGAZIN H. MUES, 15, W. Kronenstr
TROITZSCH SCHONEBERG (Otto), 59 Feurigstr.
TUCK and SONS LTD, 106, SW. Wilhelmstr.
UNGER und FENGLER, 26, SW. Kleinbeerenstr.
VOGELSANG (Frau E.), 77, W Lützowstr.
VOLGER (Mina), 12, NW. Bochumerstr.
WACHTLER (Carl.), W. 29, Potsdamerstr.
WAGNER (R), W. 20a, Potsdamerstr.
WEBER, 26, NC. Neue Konigstr.
WEINSIEDER, 42, C. Alte Schonhauserstr.
WELLER und HUTTICH, 8, SW. Tempelhofer-Ufer.
WERCKMEISTER (Karl), 42, W. Leipzigerstr.
WERTHEIM (A.), 132/7, W. Leipzigerstr.
WIELAND und C°, 3, SW Puttkamerstr.
WINTRITZ (Sigmund), 43, Metzerstr.
XAESLEIN (Ernst), 26, W. Neue Winterfeldtstr.
ZICKENDRAHT (Theodor), 27, W. Charlottenstr.
ZICKNER (Carl), 44, Elsasserstr.

AIX-LA-CHAPELLE

Antiquaires.

KAUERT (Karl), 49, Büchel.
NOPPENEY (Math.), 59, Büchel.
RICHRATH, 46, Hubertusstr.
SCHWEITZER, 12, Adalbertstr.

ABENBERG

Antiquaire.

RIEHL (Fr.).

ALTENBURG

Antiquaire.

SCHMIDT (Julius).

ALTONA

Antiquaires.

BEECKEN, 17, Holstenplatz.
KNOPF (Th), 281, Konigstr.

ANSBACH

Antiquaires.

EICKINGER (Max).
WALLERSTEINER (Abraham).

AUGSBURG

Antiquaires.

FLESSA (H.).
KUHLING (A.).
OBERDORFER (Joseph).
OSTENRIEDER (H.).

AURICH

Antiquaire.

BARGERBUHR (J.).

BACHARACH

Antiquaire.

PAFF (H.).

BADEN BADEN

Antiquaires.

FIESS (W).
HELD (K.).
KRAUTH (Louis).
VAN AAKEN (Gerhard).

BAD KISSINGEN

Antiquaires.

KUGELMANN (David). Verreries russes anciennes.

KUGELMANN und **PAPPENHEIMER.**
RENNINGER (M.).
ROSENAU (Simon).
WITTEKIND (A).

BAMBERG

Antiquaires.

FORTSCH (K.).
LOWISCH (H.).
RAUH (A).

BAYREUTH

Antiquaire.

GEBHARDT (H.).

BERCHTESGADEN

Antiquaire.

HUBER ALTERTUMER GESCHAFT (Max).

BERNBURG

Antiquaire.

WILCK, ZIEGERATH.

BONN

Antiquaires.

BEER (A.).
COHEN (Fr), 30 Am of Telep. 84
HANSTEIN (Peter).
KRAUSEN (P.).
KRONHEIM.
SCHAAF (Ww. J.).]

BRAUNSCHWEIG

Antiquaires.

AHRENS (H.), 10, Gordelingerstr.
KORN (C), 8, Reichstr.
LOHR (Carl), 14/15, Güldenstr.
MEYER (Dav.), 16/15, Güldenstr.
PROST (Aug), 7, Petersilienstr.

BREMEN

Antiquaires.

GRUBERT (C. L.), St-Paulistr. 16,
HEINZ (J. H.), 16a, Abbentorstr.
KELCH (FRAU H. J.), 27, Obernstr.
ODEMER (G.), 14, Doventorsdeich.
SANDERS (Ed.), 34, Ostertorstr.
WIENKEN (G. A.), 33, Herdentorswallstr.

BRESLAU

Antiquaires.

ALTMANN (Max), 3/4, Salvatorplatz.
FORSTER (A.), 26, Ketzerberg.
HEINZELMANN (P), 26, Herzogstr.]
MECKAUER (R), 30, Schweidnitzerstr.
NEUSTADT (G.), 36, Jungkernstr.
RADON (C.), 25, Weidenstr.
STEPHAN (Joseph), 24, Messergasse.

BUSCHWEILER (Unter Els)

Antiquaire.

BENDER (H.).]

CARLSRUHE

Antiquaires.

ETHEIMER (Ferd.), 35, Leopoldstr.
FISCHL (A), 22, Douglasstr.
FISCHL (M. S.), 33, Waldstr.
SASSE (M.), 12, Waldstr.
SCHAAF (Friedr), 10, Schillerstr.

CASSEL

Antiquaires.

CRAMER (Max), 39, Hohenzollernstr.
DOLEISCH von **DOLSPERG**, 3, Standeplatz.
FURER (Hans), 32, Hohenzollernstr.]
TANNENBAUM (L.), 16, Frinffensterstr.
THOMAS (C.), 8, Viktoriastr.

CHARLOTTENBURG

Antiquaires.

BIBO (J), 81, Leibnizstr.
VOGLER (Hans), 25, Hardenbergstr.

CHEMNITZ

Antiquaire.

STRAUSS (C.), 10, Inn. Klosterstr.

CLÈVES

Antiquaire.

HAAS (H. G.).

COBLENZ

Antiquaires.

LOEB (A.).
SOENECKEN (J.).

COBOURG

Antiquaires.

POPP (Rich.).
REER (R.).
SALING (C.), 8, Neuer Weg.

COLMAR (Els)

Antiquaire.

EBSTEIN (Ww J), Levy.

COLOGNE

Antiquaires.

BACHIRT (Wwe L.), 15, Huhnsgasse.
BECKER (Jos. Rob.), 16, Bechergasse.
BOURGEOIS und C°, 10, Domhof.
GRATTUN (M.), 4, Schillingstr.
HOFFARTH (Andr.), 3, Elstergasse.
HUPP (H.), 8, Mastrichterstr.
LAAF (Ed.), 4, Achterstr.
LENOBEL (Rich), 22, Kreuzgasse.
MARTIN (Jos.), 54, Waisenhausg.
MASSART (Alfr.), 62, Unt. Goldschmied.
MEYER (Fr.), 33, am Hof.
MULLER (Fritz) und C°, 7, Komodienstr.
MULLER (Jos.), 43, Konigin-Augustahalle.
MULLER (Math.), 5, Greesbergstr.
MUNSGERDORFF (H. H.), 14, Bürgerstr.
OSTERSPEY (P.), 158b, Sebastianstr.
POPPELREUTER (J.), 26, Severinstr.
ROSBERG NACHF., 2, Glockeng.
SCHMITZ (Pet. Jos.), 18, Bürgerstr.
SLODZINA (Abr.), 61/3, Griechenmarkt.
STEINMEYER und STEPHAN BOURGEOIS, 16, Richartzstr.
TRIMBORN (Gebr.), 18, Am Duffesbach.
WERTHER (Alfr.), 38/40, Am-Hof.

Objets d'art (marchands d').
Tableaux, gravures.

ABELS (Wilh.), 3/7, Schildergasse.
BALDAUF (A), 103, Hohestr.
BOISSERÉE (J. und W), 19a, Minoritenstr.
ELSNER und SPIECKERMANN, 21, Minoritenstr.
GEURTS (Th.), 15, Burgmauer.
HARFF und GARTZ (Carl Peter), 34, Pantaleonswall.
HEBERLE (J.M.), Friesemplatz.
HEINRIGS (John), 41, Marsilstein.
KEMPEN (M.), 19, Weyerstr. (Restaurateur-rentoileur).
KRINGS (Pet.), 67, Sternengasse.

KUNSTVERLAG « NOVITAS », 30a Blaumbach.
LENGFELD'SCHE BUCHHANDLUNG A. GANZ, M. GR , 6, Budengasse.
LESMEISTER (C.), 22b, Konigin-Augustahalle.
NEUBNER (Paul), 137, Hoherstr.
OCHS (D. H.), 53, Severinstr.
POHL (L.), 6, Duffesbach.
ROEMKE und C°, 13, Kreuzgasse.
SAUERBORN (Christian), 1, Hoherstr.
SCHMITZ (H.), 29, Komodienstr.
SCHMITZ'SCHE BUCH und KUNSTHDLG (J. G.), 1/3, Konigin-Augustahalle.
SCHULTE (Eduard), 16, Richartzstr.
STEINMEYER (N.), 6, Wallrafsplatz.
VERLAGSANSTALT BENZIGER und C° (A. G.), 20, Martinstr.

CONSTANCE

Antiquaires.

FRANK (Louis).
GEIGGES (Ferd.).
RICHMANN (S.).

CREFELD

Antiquaires.

ITALIANDER (Albt.), 49, Gerberstr.
TERSLUISEN (H.), 37, Luth. Kirchstr.

DANTZIG

Antiquaires.

BERGHOLD (L.), 56, Langgasse.
BORCHARDT (R), 14, Rammbau.
FAATZ (Alb.), 9, Jopengasse.
FORTENBACHER (Gustav-Altst.), 34, Grb.
HABEL (Th.), 28, Langgarten.
HAGEDORN (H. Schild), 34, Unterstr.
LISS (J.), 54, Pfefferstadt.
TIMM (P.), 133, Heil. Geistgasse.
WODETZKI (Otto), 57, Johannisgasse.

DARMSTADT

Antiquaires.

KLEIN (Adolf), 66, Kaiserstr.
VEY (Gebr).
WURTENBERGER (Carl).

DESSAU

Antiquaires.

ROSEMBERG (M.).
THIEME (R.).

DETMOLD

Antiquaire.

STROHMEIER (A.).

DRESDE

Antiquaires.

BAERSCHNEIDER (E.), 11, Seidnitzerstr.

BALL (Hermann), 8, Bankstr.

HAMANN (Adolph), 8, Serrestr. Tél. 6212. Céramiques. Objets d'art Peintures anciennes.

HASSFURTHER GEN. MULLER (P), 15, Bankst.

KLEIN (H.), 13, Bankstr.

KLEMM (Ernst), 13, Bankstr.

KOPPEL (Eduard), 22, Marschallstr.

LAMM, PORZELANNMALEREI, KUNSTU, 28, Zinzendstr.

LUDWIG und GUNDLACH, 17, Lauensteinerstr.

MARTIN (A.), 6, Augustusstr.]

OLMS (Max), 16, Victoriastr.

RADER (Max), 10, Altenbergerstr. *Ivoire ancien et reproduction. Miniatures argent et porcelaine*

SALOMON (M.), 9, Galeriestr.

SCHULZE JUN (Carl), 32, Marienstr.

THIEME (Ww.), 15, Zinzendorfstr.

WEISE (C. E.), 15, Ferdinandstr.

WINTER, 8, Galeriestr.]

Objets d'art (marchands d'). Tableaux, gravures.

ARNOLD (Ernst), 1, Sporergasse.

ARNOLDI'SCHE BUCHHDLG, 2, Webergasse

AXT (Friedrich), 7, Ostra Allee.

BALLBACH (C.E.), 1, Dippoldisw Platz.

BESSER (Robert), 1, Seestr.

BOCK (H.), 9, Pragerstr.

BRATFISCH (Ludwig), 1, Webergasse.

BRAUER (Adolph), 2, Hauptstr.

BROCKMANN'S NACHF. (R.), TAMME (F), 27, Albrechtstr.

BUCKER (Henrich), 7, Pragerstr.

DIENEMANN NACHF (Ernst), RECHENBERGER (Paul), 21, König Johannstr.

DRESSEL, (C), vormals HOFFMANN (A.), 14, Bismarckplatz.

ERNST (A.), 16, Struvestr.]

FOCKEN (H.), 90, Chemnitzerstr.

FRIEDRICH TITTEL, 51-53, Pillnitzerstr.]

GELLER NACHF. (Emil), 19, Pragerstr.

HAMAN (Adolph), 8, Serrestr.

HANFSTANGL (Hanns.), 1b, Albrechtstr.

HELLRIEGEL KUNSTANSTALT und KUNSTVERLAG (Ernst), 1a Schandauerstr.

HOCKNER'S BUCHHDLG (Carl), DAMM NACHF. (C), 5, Hauptstr.

HOFBUCHHANDLUNG, H. BURDACH, WARNATZ und LEHMANN, 32, Schlosstr.

HOLZE und PAHL, vorm. E. PIERSON, 29, Waisenhausstr.

KATZER (F.), 2, Annenstr.

KAUFMANN'S (G. A.), 3, Seestr.

KELLER (Jos.), 31b, Borsbergstr.

KLEMM (C. A.), 2, Topferstr.

KOCH und BITRIOL, 24, Zirkusstr.

LICHTENBERGER NACHF , MAX SINZ (Th), Pragerstr , 1, Ecke Mosczinskystr,

MEYER (Franz), 28, Sidlonenstr. (Gravures et dessins).

NAUMANNS (L.), UNGELENK (Justus), 6, Wallstr.

NIEDERLAGE DES VEREINS zur VERBREITUNG CHRISTL (Schriften i. Kgr Sachsen), 17, Johannesstr.

OLMS (M), 16, Viktoriastr.

POY HERMANN, 38, Borsbergstr.

RADELLI'SCHE BUCH und KUNSTHDLG, RADELLI und SOHN NACHF , 45, Ziegelstr.]

RAHLENBECK'S NACHFOLGER (Heinrich), 1, Dippoldiswaldaerplatz.

RATZE (Moritz), 8, Schreibergasse.

RICHTER (Emil), 13, Pragerstr.

RIES (F.), 21, Seestr.

ROMMLER und JONAS, 27, Blasewitzerst.

SCHLAGEHAN (Hermann C. A.), Wienerplatz, 1, Eing. A.

SEIFERT (Johannes,) 11, Pragerstr.

STANGE (J. L.), 6, Ostbahnstr.

STREIT (Wilhelm), 55, Comeniusstr.

STURM (L.), 1, Pragerstr.

SZWALACH (Franz), 55, Dürerstr.]

THIELE (Oscar), 19, Amelienstr.

TILL Verw. (Marie), 1, Pragerstr.

TURGAS NACHF. (Friedrich Heinrich), 22, Waisenhausstr.

WALTER (Otto), 36, Wettinerstr.

WEISE'S (Emil), 27, Waisenhausstr.

WOHLRAB (Richard), 20, Pragerstr.

ZAHN und JAENSCH, 10, Waisenhausst.

ZINKE (Rudolf), 32, Pillnitzerstr.

DUSSELDORF

Antiquaires.

BEHRENS (A.), 16, Marienstrasse

FRANZEN (Wilh), 68, Klosterstr.

HOLTGEN (Frau F.), 36, Bismarckstr.

HORNSCHEMEYER, 79, Am Wehrhaln.

LUBCKE (C), 18, Kaiser Wilhelmstr

MARINGER (H.), 3, Hüttenstr.

MASCHIVG (Ww), 106, Karlstr.

POSSE und C°, 4, Elberfelderstr.

SANDER (J), 53, Bismarckstr.

WEISBECKER (Rob , 40, Am Wehrhaln.]

EISENACH

Antiquaire.

KAHLERT (Eduard). Antiquaire de la Cour. Spécialité d'armes, armures et tableaux anciens

EISLEBEN

Antiquaire.

WERKMEISTER (J).

ELBING

Antiquaires.

ASCHER.
FICHTMANN.

EMDEN

Antiquaires.

JULIUS.
PHILIPEON.
TOLGE
VAN CLEEF
VAN ESSEN.

ERFURT

Antiquaires.

APEL (Franz).
DEUSSING (Gustav)
EXNER (H).
RABATIN (V).
WEINREITER (Wilhem)
ZIEGENHORN und **JUCKER**. Antiquaires, meubles d'art. Porcelaines anciennes. Sculpture sur bois. Tapisseries anciennes.

ESCHWEILER

Antiquaire.

EVERHARTZ (M.).

EUPEN

Antiquaire.
SCHMITZ (H.).

FLENSBURG

Antiquaire.

HEEP (Gg).

FRANCFORT-sur-MAIN

Antiquaires.

ALTMANN (Carl), 3, Am Salzhaus.
BANGEL (Rudolf), 66, Kaiserstr. Tél 547. (Ventes publiques).

BARGET (J. C), 26, Vibelerstr.
DE GORTER (Isaac), Schützenstr.
ETHEIMER (S.), Gr., 12, Hirschgraben.
GOLDSCHMIDT (J. und S), 15, Kaiserstr
GROSS (Martin), 14, Hanauer Landstr.
HAAS (A), 73, Alte Mainzergasse. Tél. 1075. Spécialité articles des XVe et XVIe siècles.
HACKENBROCH und **SCHWARZSCHILD**.
HAMBURGER (Joseph), 2, Bahnhofplatz. Tél I. 5872. Adr. tél Josephus. Monnaies et médailles anciennes.
HARTMANN (C.), 4, Rotlinstr.
HEYMANN LEVY (A.), **BOCH**, 7, Landstr.
KNAPP (G.), 1, Bethmannstr.
LEVY (B. Gr.), 22, Hirschgraben.
MELA (Ferdinand Jakob), 24, Neue Mainzerstr.
MELA (Gust.), 52, Am Thiergarten.
MELA (Jakob F.), 16, Mainl</ststr.
MOGLE (G.), 6, Buchgasse.
MULLER (Otto), 27, Crüneburgweg.
OPPENHEIMER, 5, Gausstr.
OPPENHEIMER (L), 32, Rückertstr.
PARIS (Ant.), 13, Romerberg.
PRESTEL (F. A. C.), 5, Rossmarkt.
RAAB und **KNAPP**, 6, Markt.
REINHEIMER (Pet.), 7, Weckmarkt.
RICARD NACHFOLGER (Louis), **ROBERT FRANK**, 57, Neue Mainzerstr. Tél. I. 8949. Tableaux anciens Objets de collections.
RIESSER (R.), 6, Friedensstr.
ROSEMBAUM (J.), 14, Rossmarkt.
ROSENEAU (Gebr.), 74, Niddastr.
ROTHSCHILDT (E.), 28, Friedberger Anlage
RUHL (Chr. L), 11, Borsenstr.
SCHAMES (L), 10, Opernplatz
SCHMITT (Heinr.), 8, Mainkurstr.
SCHNEIDER (C.), 42, Bethmannstr.
SCHNEIDER und **HANAU** (A. G), 12, Kaiserstr.
SELIGMANN (E.), 5, Bibergasse (Monnaies anciennes).
SIMON (J.), 5, Sellerstr.
SOENNECKEN (Théod.), 56, Jahnstr.
STERN (Adolf), 22, Friedberger Anlage.

Objets d'art (Marchands d').
Tableaux, gravures.

ACKERMANN (C. F.), 11, Kronprinzenstr.
ALTMANN (Carl), 3, Am Salzhaus.
BAER (Joseph) und **C°**, 6, Hochstr
BANGEL (Rudolf), 66, Kaiserstr.
BOKELMANN (H.), 73, Bergerstr.
BRAUN (Louis), 14, Wallstr.
DETTMER (Carl H.), 24, Bleidenstr.
DIEKMANN (Adolf), **DETLOFF NACHFOLGER** (Adolf), 2, Kirchnerstr.
EID NACHFOLG. (Max), 65, Louisenstr.

FRANKFURTER KUNSTVEREIN, 8, Junghofstr. Tableaux modernes, maîtres de premier ordre.
FRITZ und **C°**, 85, Niddastr.
GIESSEN (Julius), 29, Gothestr.
GOLDSCHMIDT (M.) und **C°**, 1, Kaiserstr.
GOLDSTEINSCHE (Buch. und Antiquariatshandlg), (A. Gr), 8, Eschenheimerstr.
HAHN (H.), 6, Kaiserstr.
HERMES und **C°**, 15, Rossmarkt.
JAHN (O.), 6, Scheldswaldstr.
KLEMENT (Ludwig), 166, Eckenh Ldstr.
KOEHLER (C), 18, Schillerstr.
KOENITZER'S BUCHHANDLUNG REITZ und **KOEHLER** (C.), 18, Schillerstr.
KUNSTVERLAG HERMANN KNOECKEL, 13, Kaiserstr.
LOWENTHAL (A. und M.), 4, Theobaldstr.
MUNCH (Thomas), 19, Stiftstr.
NEUMANN'SCHE BUCHHANDLUNG (Alfred), 33, Goethestr.
PARIS (Anton), 13, Romerberg.
POSEN (W.), 2, Fischerfeldstr.
PRESTEL (F. A. C), 5, Rossmarkt.
REGEL (Gg.), 35-37, Stiftstr.
RICARD NACHF. (Louis), 57, Mainzerstr.
ROSENAU (Gebr.), 74, Niddastr.
RUMPF (Chr), 43, Neue Zeil.
SCHEFFEL (Richard), 21, Rossmarkt.
SCHEUER (Ph), 15, Taunusstr.
SCHIFFER (Johann), 27, Moselstr.
SCHIRMER und **MAHLAU**, 184, Mainzeridstr.
SCHNEIDER JR. (J. P.), 23, Rossmarkt. (Tableaux).
SCHULZ (Carl Fr.)., 1, Rossmarkt.
TRITTLER (H.), 6-8, Gotheplatz. Art graphique. Exposition.
VOIGTLANDER-FETZNER (Estampes), 14a, Rossmarkt.
VOLCKER'S VERLAG und **ANTIQUARIAT** (Karl Theodore), 3, Romerberg.
WACHENDORFER und **C°**, 4, Kirchnerst.
ZIEGERT (Max), 3. Hochstr.

Livres anciens.

BAER (Joseph) et **C°**, 6, Hochstrasse.

FREISING

Antiquaire.

BERGHAMMER (J.).

FRIBURG-en-BRISGAU

Antiquaires.

BRUSCHWILER (A.).
HAUSER (Inh. Bernh. Alph.).

FRIEDRICHSWERTH

Antiquaire.

FRANK (W.).

FULDA

Antiquaire.

MULLER (Jos.).

FURSTENBERG

Antiquaire.

SEELER (R.).

GAILINGEN

Antiquaire.

GUGGENHEIM (E.).

GELDERN

Antiquaire.

BAUDOIN (K).

GELSENKIRCHEN

Antiquaire.

BLOCH MOBEL AUSSTEUERGESCHAFTS, 75, Schalkerstr.

GERA

Antiquaire.

SCHEINGOLD-SUCKOW (Osk).

GIESSEN

Antiquaires.

HOCHSTATTER (Otto).
LEIB (Karl Ludwig).
ROTHENBERGER (Louis).

GNADENFREI

Antiquaire.

THIES (Heinrich).

GORLITZ

Antiquaires.

KONIG (Barbara).
LUCKKNER (Gotthard).
ROTHER (Rich.).
TZSCHASCHEL (Hermann).
WEISE (Gustav).
WORBS und **C°** (Rudolf).

GOSLAR

Antiquaire.

ULLMANN (H).

GOTTINGEN

Antiquaire.

HILLEBRECHT (Frl.).

GUSTROW

Antiquaires.

BERG (O.).
MITAU (A).

HABELSCHWERDT

Antiquaires.

BANNERT.
BARTSCH (Ed.).

HAGENAU

Antiquaire.

AH (ARTHUR).

HALBERSTADT

Antiquaire.

MEYER (Bernhard).

HALLE a. S

Antiquaires.

FESELER (G), Gr., 28, Ulrichstr.
HOLLAND (R.), 4, Hanfsack.
ROSENTHAL (E.), 63, Leipzigerstr.
ULLMANN (Hans Gr.), 8, Steinstr.
WILLE (H), 35, Spitze.

HAMBURG

Antiquaires.

BABBE (H.), 11, ABC. Str.
BERGES (S), 8, Rutschbahn.
GLOGAU BENNY (Heinrich), 3, Barthstr.
HABERLAND (J. C.), 13, Holstenwall.
HECHT (Jac.), 35, Colonnaden.
HIRSCH (J), 40, Sophienstr.
HORWITZ (Jacob), 6, ABC Str.
JAENKE (Gebr), 17, Schopenst.
KNOPF (Th.), 11, Schmiedestr.
KRAGENAU (C. F. W.), 22, Schäferkamp.
LISSAUER (John), 12, Gerhofstr.

ROHRDANZ (W. St C.), 111, Langereihe.
« SALON HERMES » ARTHUR DAVIDSOHN,
6, Jungfernstieg.

Objets d'art (Marchands d').
Tableaux, gravures.

ABELES und Cᵒ (M. F.), 35, Neuerwall.
BARENBERG (Ella.), 64, Kaiser Wilhstr.
BERENDSOHN (Gebr.), 13, Altsterarkad.
BOCK und SOHN (Louis), 34, Gr. Bleichen.
BRANDT (Heinr.), 54, Colonnaden.
BUDDENHAGEN (Carl), 42, ABC. Str..
CLARMANN'S KUNSTVERLAG (H. V.), 24,
Steindamm.
COMMETER'SCHE JUNSTHANDLUNG, 37, Her-
mannstr.
DORING (Conrad), 32, Colonnaden.
FREDERKING, 2, Gansemkt.
GRELL. GEBRUDER, 13, Pfedermarkt.
GRIMM (J), 15-17, Stadthausbr.
GROTH (Fr.), 4, Wandsbeker Chaussee.
HARNISCH (Hugo L.), 6-7, Gansemarkt.
HARTMANN (Karl), 21, Friedrichstr.
HECHT (Jac.), 35, Colonnaden.
HULBE (Georges), 43-47, Lindenstr.
KUHL (E.), 55, Kaiser Wilhelmstr.
LEMBKE (E.), 2, B. Schlump.
LOHSE (Gustav), 20, Erlenkamp.
MEISSNER (Otto), 44, Hermannstr.
MITTWOCH JR (E.), 164, Fuhlsbüttlerst.
MITTWOCHSEN (H. C. L.), 112, Hufnerstr.
« SALON HERMES » ARTHUR DAVIDSOHN,
6, Neuer Jungferstieg.
SCHAFRANEK (Fr.), 37, Grindel Allee.
STACHOFFSKY (Alb. A. St. G.), 4-6. Langereihe.
STAPELFELD (G.), 7, Schillerstr.
STEINER (D. C.), 59, Steindamm.
STOLZE und STUCK, 2, Eppend. Weg.
STRUMPER und Cᵒ, 27-29, Bachstr.
UHLICH (F. C. A.), 63, Lübeckerstr.
WITTROCK, 149, Lübeckerstr.
WITZEL (Richard), 3, Peterskampweg.
ZAHN (H.), 142, Steindamm.

HANOVRE

Antiquaires.

BURMEISTER (A.), 42, Langelaube.
CAPELL (Zin.), 4, Heiligerstr.
FUTTERER (J.), 45, Goetherstr.
GRETHEN (Aug.), 27, Leinstr.
KNOLKE (H.), 1, Kanalstr.
PAPENBERG (A.), 17, Gustav Adolfstr.
REHSE (K), 5, Theaterstr.
RINK (L), 18, Friedrichstr.

HEGGENHEIM

Antiquaire.

DREYFUS (M).

HEIDELBERG

Antiquaires.

BAMBERGER.
BOLIG (H.).
LEBRECHT.
OPPENHEIMER (L.).
ROSENHAIN (R.).
ZIMMERMANN (Karl).

HEMMOOR

Antiquaire.

SCHOPF (G.).

HERBORN

Antiquaire.

HOFFMANN (J. H.).

HERFORD

Antiquaires.

GALLING (H.).
HECHT (A).

HILDESHEIM

Antiquaires.

DUBENKROPP (Ww.).
MEYER (S).

HOCHHEIM

Antiquaire.

METZGER (S.).

HOMBURG v. d. HOHE

Antiquaires.

GLUCKLICH (H.).
MELA (Jac.).
MELA (Joseph).

ISNY

Antiquaire.

NOBAUER (Carl).

JESTETTEN

Antiquaire.

STADLER.

KONIGSBERG

Antiquaires.

BROSCH (Rich.), 153, Steindamm.
ROSENBERGER (C.), 22, Münzstr.

KREUZNACH

Antiquaires.

METZLER (Leopold)
MULLER (Ph.).

KUNZELSAU

Antiquaires.

LIMBACH.
WEIDNER.

LAHR

Antiquaires.

ROSENSTIEL (S.).
SUSSMANN (I.).

LANDAU

Antiquaire.

HENLE (E).

LANDSHUT

Antiquaire.

STUCKENBERGER (Ursula).

LAUENSTEIN

Antiquaire.

DR. MESSMER (E.).

LEER

Antiquaires.

BEHRENS (Emil).
ENGELBART (W.).
ROSENBERG (M.).

LEIPZIG

Antiquaires.

BUHRIG (H.), 1, Querstr.
OOHN GEBRUDER, 27, Nikolaistr.
DOBERSTAU (W.), 34, Emilienstr.
FISCHER (H.), Stötteritz.
GROSSMANN (H. Marie), 2, Dorotheenpl.
LORCK (Carl B), 13, Thomasring.

PAUTZSCH (Oskar), 12, Querstr.
SCHILLING (C. E), 2, Grimmaischestr.
WERNER (Gustav), 23, Grimmaischestr.

Livres anciens.

BROCKAUS.
FICKER.
FOCK (Gustav).
HARRASSOWITZ (Otto). Livres rares et précieux.
HEDELER, 18, Nurnbergstr.
HIERSEMANN (Karl), 29, Konigstr. Librairie internationale. Adr. Tél. Buchliersmann (Leipzig).
SCHULZE und C°.
SIMMEL et Cie, 18, Rosstr.
WEIGEL (Adolph). Envoi gratuit de catalogues. Littérature française et allemande, éditions originales et premières, raretés littéraires, livres illustrés, achat de livres en ces genres, 4, Wintergartenstrasse.

LIEGNITZ

Antiquaires.

GARTNER (Robert)
PREISER (H.).
SANDBERG (Ad.).

LINDAU

Antiquaires.

KITZINGER (George).
TROST (Gotllieb).

LOSCHWITZ

Antiquaire.

GIESSMANN (Elisab.).

LUBECK

Antiquaires.

BLEIWEIS (S).
COHN (Sigm).
FREUNDT (Aug.).
ROSENTHAL (Wil.).
TOPP (Carl.).
WAGNER (S).
WALTER (G).

LUDWIGSHAFEN A. RHEIN

Antiquaire.

KORN (G.-K.).

LUNEBURG

Antiquaires.

HENKE (E.).
HENKE und **WITTE.**

MAGDEBUR

Antiquaires.

HELSINGER (F.), 8a, Anhalstr.
REITER (H.), 7, Schmiedehofstr.
REUTER (J.), 16, Marktstr.

MANNHEIM

Antiquaires.

BEST (Fritz), Q, 4, 3.
HEBEL (Carl.), L, 3, 3a.
LOB (Viktor), C, 1, 9, Tél. 2178.
NAGEL (Felix), P 5, 2-3.

MARBURG

Antiquaires.

BAMBERGER (E.).
KOLLMANN.
RITTER.

MAYENCE

Antiquaires.

BLOCH (L).
BROO (F).
BROO (John-Bapt).
REILING (David), Tél. 460, adr. Tél. Hofantiquar Reiling, Mayence.
WILCKENS (L.).

MEININGEN

Antiquaires.

HARNISCH (Wilhelm).
SCHULZ GEBRUDER.

METZ

Antiquaires.

COSMANN (J.).
VANIERE (Livres anciens).

MOSELKERN

Antiquaire.

KONSEN (Seb.).

MUHRINGEN

Antiquaire.

DURLACHER (J.).

MULHAUSEN i Thür

Antiquaires.

KOHLER (F. A.).
KOHLER (W.).

MULHOUSE

Antiquaires.

BAUMANN (E).
DREYFUS (M)
GANGLOFF (Henri). Peintures et gravures anciennes, livres d'art anciens et modernes. Antiquités, objets d'art, vis-à-vis du théâtre. Tél 1281
KOLMANN (Mme Vve).
LEVY (P)
PICARD (M)

MUNICH

Antiquaires.

APPEL (Andreas), 72, Gabelbergerstr.
BAUER'S KUNST (A. und W.), 2, Prinzregentenstr.
BERNHEIMER (L), 3, Lembachplatz.
BLECHSCHMIDT (Richard), 16, Jagerstr.
BOHLER (Julius), 12, Briennerstr.
BOHLER (Wilhelm), 47, Briennerstr.
DOPPLER (Jacob), 12, Barerstr.
DREY (A S.), 39, Maximilianstr.
DREY (Junior), 18, Maximilianplatz.
EINSTEIN (Hermann), 8, Pfandhausstr.
EINSTEIN und Co (Théod.), 7, Maximilianst.
ETBAJER (Joseph), 10, Fürstenstr.
ETBAUER (Hans), 13, Augustenstr.
FINSTERLIN (Ferd.), 14, Neuhauserstr.
FLOTOW (Antonie), 19, Herzogspitalst.
FROHLICH (Vitus), 86, Schwanthalerstr.
GRUBER (Jos.), 28, Maximilianstr.
GRUGER (Joseph), 1, Karolinenplatz.
HELBING (Hugo), 21, Liebigstr., 15, Wagmüllerstr.
HESS (G.), 9, Briennerstr. (Livres anciens. Gravures. Estampes, Manuscrits, reliures).
KITZINGER (J.), 25, Schellingstr.
KORNER (C), 17a, Maximilianplatz.
KUGLER (J), 5, Platzl.
LAMMLE (Siegfried), 6, Lenbachplatz.
LANG (Leopold), 1, Arcostr.

MARKEL (E.), 2, Herzog Rudolfstr.
MAUERER (A.), 21, Augustenstr.
MOSSEL (Georg.), 2, Rindermarkt.
MOSSEL (Karl), 4, Barerstr.
OETTL (H.), 16, Herrnstr.
OSTERRIEDER (S.), 34, Theresienstr.
SCHAEFER (Karl), 3, Maximilianstr.
SCHIFTAN (J), 1a, Ottostr.
SCHUSTER (W.), 8, Fürstenstr.
SEIDENADER (Gustav), 3, Maximilianstr.
STEINHARTER (Adolf), 25, Residenzstr.
STERN (Leopold), 20, Karlstr.
WEIL (Adolf), 19, Maximilianpl.
WEISENBECK (Henry), 4, Karlstr.
WURZNER (Karl), 3, Baaderstr.

Livres anciens.

GOTTLOB (Hess.), 9, Briennerstr.
ROSENTHAL (Jacques), 10, Karlstr.
ROSENTHAL (Ludwig). Spécialité, livres rares et précieux, incunables, gravures xylographiques, manuscrits à miniatures, 14, Hildegardstr. et 6, Lenbachplatz.

Objets d'art (Marchands d').
Tableaux, gravures.

ARNOSCHT (J.), 4, Kaufingerstr.
ASCHBACHER (Anton), 12b, Maximilianplatz.
AUMULLER (Jos.), 42, Maximilianstr.
BAUER (A. und W.), 2, Prinzregentenstr.
BAUER und **SCHARSCHERL**, 15, Dachauerstr
BERNAHRD (Ernst), 31, Erzog Wilhelmstr.
BERNHARD FREUND, 50, Hohenzollernstr.
BIERCK (Theodor), 55, Schwanthalerstr.
BINNINGER (Aug.), 2, Sendlingerstr.
BISCHOFF und **HOFLE**, 17, Schillerstr.
BOHAM (Franz), 73, Nymphenburgerstr.
BOHLER (Julius), 12, Briennerstr.
BRACKL (Franz-Joseph), 64, Göthestr.
BRIEMANN (Wilhelm), 20, Adlzreiterstr.
BRUCKMANN AKT (Ges.), 86, Nymphenbstr.
DOPPLER (Jacob), 12, Barerstr.
EINSTEIN (Hermann), 37, Maximilianstr.
FINSTERLIN (Ferd.), 14, Neuhauserstr.
FLEISCHMANN'S K HOFKUNSTHANDLUNG (E. A.), 1, Maximilianstr.
GALERIE OSCAR HERMES, 11, Promenadeplatz.
GESELLSCHAFT FUR CHRISTLICHE KUNST AUSSTELLUNG, 6, Karlstr.
GOTZ (A.), 13, Westermühlstr.
GUTLEBEN (F.), 25, Karlstr.
HALLE (J.), 3a, Ottostr.
HAYER (Franz), 6, Schillerstr.
HEIN (Percy), 15, von der Tannstr.

HEINEMANN (D.), 5 und 6, Lenbachplatz.
HELBING (Hugo), 21, Liebigstr.
HERMANN SONNTAG, 3, Mozartstr.
HERPICH (Martin), 10, Lindwurmstr.
HESS (C.), 27-1, Karlstr.
HIRMER, 19, Steinsdorfstr.
HUBER (Franz Josef), 13, Hackenstr.
JOSEG (Müller), 90, Linprunstr.
KELLER JUN (Wilh.), 12, Schützenstr.
KELLERER (Max.), 1, Herzogspitalstr.
KERLE (M. und A), 5, St Annastr.
KLUBER (Fr.), 9, Lenbachplatz.
KOESTLER (B.), 35, Maximilianstr.
KOPP (Julius), 3, Olgastr.
KRAUSE (Karl Ludwig), 40, Barerstr.
KUNZLI GEBRUDER, 67, Nymphenburgerstr.
LAMMLE (Siegfried), 6, Lenbachplatz.
LITTAUER (J.), 2, Odéonplatz.
LOTZE (Rud.), 9, Kochelstr.
MAURER (Carl), 35, Schwanthalterstr.
MEY und WIDMAYER, 7, Amalienstr.
MEYER (Bernhard), 20, Landwehrstr.
MOSSEL (Karl), 4, Barerstr.
MULLER (Chr), 21, Waltherstr.
MUNCHENER KUNST UND ANTIQUITATEN-
     SAMMLUNG, 26,Arnulfstr.
NEUMANN NACHFLG ,KUNSTHANDLG(H.L),
     5c, Sophienstr.
NEUSTADT (Eléonore), 14, Lowengrube.
NIGGL (Max Ludwig), 25, Kaufingerstr.
OSTERRIEDER (S.), 34, Theresienstr.
PETRY (K.), 47, Thalkirchnstr.
PURGER und C°, 13, Mozartstr.
PUTZE, 8, Briennerstr.
RAMLO (Louis), 4, Gärtnerplatz.
RAU (Joseph), 26, Klenzestr.
RIEGNER (Albert), 25, Residenzstr.
ROSENTHAL (Jacques), 10, Karlstr.
RUDL (C. und H.), 12. Burgstr.
SCHACHERL (Hermann), 39, Bayerstr.
SCHAEFER (Karl), 3, Maximilianstr.
SCHMIDT (Julius), (Editeurs d'estampes artis-
     tiques), 187, Nymphenburgerstr.
SCHONFELD (A), 7, Augustenstr.
SEYBOLDT (Albert), 64, Ismaningerstr.
SILBERSTEIN (J) und C°, 12, Hans Sachsstr.
SILBERSTEIN, 3, Rosental.
SONTHEIMER (M), 34, Leopoldstr.
STROBEL (S.), 9a, Winthirstr.
STUFFLER (C.), 20, Maximilianplatz.
WAGNER (R), 19, Maximilianplatz.
WECHSLER (Benjamin), 20, Ickstattstr.
WIMMER und C°, 3, Briennerstr.
WINDHAGER (J), 12a, Maximilianplatz. Maga-
     sin d'art plastique. Spécialité, terres cuites.
WOLF DR und SOHN (C.), 2, Jungfturmst.
ZIMMERMANN (Walther), 38, Maximilianstr.

MUNSTER I. W.

Antiquaires.

FISCHER (Max).
GOEKE (Th.).
GROTHUES (B.).
HEIMANN.
KRAUS (Jos.).

NEUENBEKEN

Antiquaire.

WEWER (F. J.).

NORDEN

Antiquaires.

DESWART (Amalie).
DJURKEN (J.-C.)

NORDERNEY

Antiquaires.

VON SLEEF.
PHILIPSON (Julius).
SCHULTE (Hern.).

NORDHAUSEN

Antiquaire.

HECHT (J.).

NURENBERG

Antiquaires.

BALDUS (M.), 11, Schlüssefelderstr.
BAUER (M. Albr.), 4, Durerplatz.
COHN (Siegfried), 24, Kappengasse.
FELDNER Karl), 15, Penzstr.
HELBING (Ludwig), 2, Karlstr.
KUNSTGEWERBE-ANSTALT, KAINZINGER,
     (Franz), 9, Paniersplatz.
LEDERER (S.), 4, Schlotfegergasse.
LEISTNER (J.), 32, Trodelmarkt.
MAIER (O.), 37, Felseckerstr.
MOHR (Carl), 28, Burgstr.
NEUMANN (Friedrich), 31, Trodelmarkt.
PICKERT (A Albr.), 10, Dürerplatz.
SCHMALZ (A.), 18, Winklerstr.
WOHLBOLD (J. Ch.), 11, Augustinerstr.

OBEREHNHEIM

Antiquaire.

LEVY (L).

OCHSENHAUSEN

Antiquaire.

BIECHELE (K.).

OLDENBURG I. Gr.

Antiquaires.

BULTMANN (E.).
GREIFT (W.).
HOTING.
LANDSBERG (S. L.).
MEYER (H.).

OSNABRUCK

Antiquaires.

MEYER (A.).
SCHONINGH. Livres anciens.
THIESING (F.).
WITTE (H).

OSTRITZ

Antiquaires.

GROSS (Josefa).
STROBACH (E.).

PARTENKIRCHEN

|*Antiquaire.*

SIMON (B.).

POPPENLAUER

Antiquaire.

KLEIN (A.). T. 22.

POTSDAM

Antiquaires.

GOLDSCHMIDT (Ad.).
HIRSCHBURG (Ph).
PHILIPPSBORN (L.).
SCHMIDT (Gustav).
STRAUB (Fr.).

PRICHSENSTADT

Antiquaires.

HAAS (B).
HAAS (L).

PRIEN

Antiquaires.

KRONAST (Michael).
MAYER (Michael).

RAVENSBURG

Antiquaire.

WALDENMAIER (K).

ROSTOCK

Antiquaires.

SPANGENBERG (C.).
ULRICH (Franz).

ROTHENBURG

Antiquaires.

ALBRECHT (E.)
HARTNIG (Kl.)

ROTTENBURG

Antiquaires.

ENTRESS (Oskar).
HEBERLE (W).
SCHNELL (Gust.).
SCHWEIZER.
STEIN (A).

SCHWABISCH GMUND

Antiquaires.

HIRSCH (Gg).
ZUMBULH (Ant.).

SCHWABISCH HALL

Antiquaires.

BURKHARDT (W).
DIFFLIPP.
KIENINGER (K)

STRASBOURG

Antiquaires.

BASTIAN (Julie), 9, Domplatz
BERNHEIM (Abraham), 5, Judengasse.
BINTZ (Eugen), 4-6, Schlossergasse. Tél. 2503. (4-6, rue des Serruriers).
GROMBACH (Hippolyte), 48 (Kinderspg), rue du Jeu des Enfants. Tél. 2999.
HERSCHMANN (Jos) 4, Alt. St Peterpl.
HEYGEL (Bertha), 7, Münsterplatz.
JOST (E.), 2, Türkheimstaden.
KNAP (Ernst), 2, Türkheimstaden.
LEVY, vorm Ww B **LEVY** (A. und T.), 17, Alter Weinmarkt.
MEURER (Carl), 7. Schildgasse.
NETTER, 22, Alter Weinmarkt.

STAAT (Livres anciens).
TROESTER (Carl), 4, Alt. St. Peterplatz. Tél.
1966. Desaisestaden.

STUTTGART

Antiquaires.

ALBER (Lina), 3, Brunnenstr.
BAYER (G), 2b, Gaisburgstr
DUSS (H.), 12a, Langestr.
GUTEKUNST (H G.), 1b, Olgastr.
HAUSER (Johannes), 30, Reinsbargstr.
MANNHARDT (E.), 23, Langestr.
SAUTER (K.), 104, Weberstr.
SCHWEIZER (Paul), 14, Sonnenbergstr.
SPANNSAIL (E.), 23, Holzstr.
ZISSLER (Chr.), 33, Büchsenstr.

Objets d'art (Marchands d').
Tableaux, gravures.

AUTENRIETH (C. F.), 19b, Königstr.
BAUDER und **C°** (C. M.), Paulinenstr.
BRENNER (H), 15, Hauptstatters.
FISCHINGER (Ernst), 28a, Kronenstr.
FLEISCHHAUER (F), 20, Langestr.
FREITAG (H), 4, Seestr.
GUTEKUNST (H. C), 1b, Olgastr.
HAUSLER und **TEILHABER**, 58, Johannesstr.
KUBACHO, 2, Blumenstr.
LITERARISCHE ANSTALT MINERVA HILLE
und **C°**, 58a, Johannesstr.
POHL (R.), 74, Hauptstatterstr
PRESSEL und **KUSCH**, 6, Rotestr.
RATH (Louis), 12a, Marienstr.
SCHALLER (Ludwig), 14, Marienstr.
SCHLEGEL (Adolf.), 2, Konigsbau Laden.
SEEGER (Max), 36, Kasernenstr.
STOESS (Julius), 12b, Schlossstr.
VOSSELER (Karl), 45, Urbanstr.

TAUBERBISCHOFSHEIM

Antiquités.

GRUNHUT (H).

TRÈVES

Antiquités.

IMANDT (Sohn).
IMANDT (E.).
KASEL (Ww).
KRUMPHOLTZ (P.)

UEBERLINGEN

Antiquités.

KOHLER (Ww).
KRAGLER (K) '

ULM

Antiquités.

BORST (D) '
GOBEL (H.).'
HELFERICH (Chr).

WANFRIED

Antiquités.

TANNENBAUM (L. L).

WARBURG

Antiquités.

ADLER (A)

WEIMAR

Antiquités.

BACH (W.)
HIRSCHWALD (Georg).
SCHWARZ (C).

WEINHEIM

Antiquaires.

BLOCH (E).
DIMPFEL (K A).

WESEL

Antiquaires.

FELBRACH (Joh).
STRUTTMANN (Jul).

WIESBADEN

Antiquaires.

BLUMER (G), 13, Weilstr.
GLUCKLICH (Cg), 31, Taunusstr.
GLUCKLICH (J Christ.), 50, Wilhelmstr.
HEINEMANN (L), 46, Taunusstr.
HESS (Nathan), 12, Wilhelmstr
KERZ und **SOHNE** (N), 44 Wilhelmstr.
LEVI (Jacob), Alte Kolonnade Livres anciens,
gravures, antiquités.

METZLER (L.), 52, Wilhelmstr.
WAGNER (Ww.). E., 32, Grabenstr.

WISSINGEN

Antiquaire.

EHLERT (F.).

WORMS

Antiquaires.

KRAUTERSCHE BUCHHANDLUNG.
MARKUS (Ph.).
RITZHEIMER (J.).
SCHNEIDER (J.).

WURZBURG

Antiquaires.

CAHN (Jul.).
DASSING (L).
FRIEDERICH (J.).
MARKERT (J. V.).
SELIGSBERGER (Ww. S.).
VICTOR (S.).
WEIGLEIN (E.).

ZITTAU

Antiquaires.

LISKE (Oscar).
TRENKLER (E. O.).

ANGLETERRE

LONDRES

Antiquai
(Antique furniture

ADAMS (H. B.) and SONS, 28, L..   n road, South Kensington, S. W.
ALEXANDER (J.), 17, Garrick street, Covent garden, W. C.
ALFREDS (M.), 190, Church st., Kensington, W.
APPERLEY (W. J.), 1, Ladbroke grove W.
AUSTIN (A.) Ltd, 61, New Bond street, W.
BAILEY (R. M.), 1, Berkeley gardens, Kensington, W.
BAKER (F.) and C°, 1 Draycott Avenue Chelsea, S. W.
BARNETT (M.), 46, Church st., Kensington, W.
BLOOK (P.), 46, Praed street, W.
BLUETT and SON, 877, Oxford street, W.
BOOL and BOOL, 189, Fulham road, S. W.
BYRON (H.), 20, Pembridge road, W.
CAMPDEN HILL FINE ART STORE, 46, Church street, Kensington, W.
CASIMIR (S.), 1a Goulston street, Whitechapel E and 30, Prince George Rd Stoke, Newington N.
CHARLES (D.), 92, Dean street, W.
CHEESEWRIGHT and C°, 112b, Portobello rd. W
COHEN (R.), 109, Newington green, N.
COLLIER (F. C), 16, Great Turnstile, W. C.
CRANFORD (Mrs. Sarah), 94, Arthur, street, Chelsea, S W.
DERBY and DAWSON, 35, Cheyne walk, Chelsea
DUCKETT COURTNEY, 108, Crawford street, W.
DUVEEN (J M.) and SON, 9, Old Bond street, W.
EAST OSBORNE (T.), 166, Great Portland street, W.

EDGLEY (M. W.), 182a, Sloane street, S. W.
ETRENNES, 56, Walton street, Chelsea, S. W.
EVELYN (J) and C°, 13, Exhibition road, South Kensington, W.
FENTON and SONS, 11, New Oxford st W. C.
FLINT (R), 7, Featherstone buildings, High Holborn, W. C.
FORD (H.), 22, Fitzory street, W.
FREEMAN (M.), 4, Charterhouse Build, H. C.
FRESCO (Miss. K.), 11, Gate street, W. C.
GALERIE DE SÈVRES, 528, Oxford street, W.
GALL (F.), 10, Vigo street, Regent street, W.
GASHION (Mrs. S.), 185, Westbourne. gro. W.
GILL and REIGATE Ltd, 73-85, Oxford street. W. Tél. 4152 and 4153. Adr. tél. Requirable. London,
GOODEN and FOX, Pall Mall, S. W.
GOULD (H.), 5, Upper Baker street, N. W.
HABRA BROS, 108, Great Portland street, W.
HAIG and C°, 235, Regent street, W.
HAIGH (E.), 13, Great Turnstile, W. C.
HAMMOND and VAN BAERLE, 84, York street, Westminster, S. W.
HARDING (G. R.), 18, St. James'sq, S. W.
HARRIS (L.) and C°, 50, Conduit street, W.
HARRIS (S. H.), 106, Hatton garden, E. C.
HARRISON (E), 47, Duke street, Manchester square, W.
HARVEY and GORE, 1, Vigo street, W.
HENSMAN (J. H.), 6, Davies street. Berkeley square, W.
HILL (Tom), 2, Knightsbridge green, S. W.
HILLYARD (D. C), 33, York street, Westminster, S. W.
HOLLINGTON (J), 162, Jubilee street, Mile end E.

HORSFIELD BROS, 19, Orchard street, Portman square, W.

HUDDLESTON (Mrs.), 88, Albany street, N W.

ISAACS (D. L),44-46, New-Oxford street, W. C.

ISAACS (A.), 153, High street, Borough, S. E.

ISAACS (John A.), 137, Church street, Kensington, W.

JACOBS (H.), 147, Wardour street, W.

JACOBSON (B.) Gravures anciennes et objets de Chine, 389a, Oxford street, W.

JAMES (E.), 4, Bruton street, W.

JACOBSON (M. W), 8, Hanway street, Oxford street, W.

JANACOPOULO (D. A.), 16, Prince's street Hanover square, W.

JETHMAL (G.), 33, Newman street, W.

JOHNSON and SON, 85, Wigmore street, W.

JOHNSTON (H), 47, Great Russell street, W C.

JONES (C), 4, New Oxford street, W. C.

JONES (J W.), 89, Lower Sloane street, S. W.

KEEN, 39, Church street, Kensington, W.

KEIGHTLEY STRATFORD, 17, Church street, Kensington, W.

KNAPP (A.), 61, Fore street, E. C.

KNIGHT (E. C.), 74, Vauxhall bdge. rd. S W.

KOEKOEK (H.) JUN. and C°, 35a, St. James street, S. W.

LACK (F J.), 8, Earls court road, S. W

LADIES ART ASSOCIATION, 9, Park Mansion arcade, Knightsbridge, S. W.

LANDSBERT (H.), 24, Cleveland street, W.

LANDSTEIN (P), 110, Queen's road, Bayswater, W.

LARKIN (T. J), 104, New Bond street, W.

LATTE, 181, Westbourne grove, W.

LAW FOULSHAM and COLE Ltd, 7, South Molton street, W.

LEADER (C. N.), 30, Upper Marylebone st , W.

LEE BROS, 107, Oxford street, W. C.

LEIBL (C.), 67, George street, Portman square, W.

LEICESTER GALLERIES, 20, Green street, Leicester square, W. C.

LENNOX MISSES, 17, Crawford street, Marylebone, W.

LESSER (L.), 123, New Bond street, W .

LEWIS and SIMMONS, 75, Knightsbridge, S. W.

LOCK (W.) and SON, 44, High street, Notting Hill, W.

LONDON OPINION CURIO CLUB and GALLERY, 107, Regent street, W.

LUSH (A.), 12, Peel place, Kensington, W.

LUSH (C.), 98, Fulham road, S. W.

LYON (H.), 15, King William street, Strand, W. C.

MACKENZIE and GRAHAM, 173, Ebury street, S. W.

MACKESSACK (A.), 93, Hight street, St. John's wood, N. W.

MCLEAN, 7, Haymkt, S. W.

MCLEWIN (C.), 116, Brompton road, S. W.

MAITLAND (H.), 15, Pembridge road, Notting hill, W

MARCHANT (W) and C°, 5, Regent street, S.W.

MARCUS (A), 124, Shaftesbury avenue, W.

MARRIOTT (J N), 4, Grosvenor place, S. W.

MARTIN (J.), 47, Dorset street, Baker street, W.

MARSHALL (G. F), 1, Thomas street, Nottinghl, W.

MEDICI SOCIETY, Ltd, 7, Crafton st., Bond, St. W.

MOORE and SON, 108, Jermyn street, S. W.

MOORE (P.), 65, Edgware road, W.

MOORE (W. H.), 27, Spring st , Paddington, W.

MULLER (B.) and SON, 187, Wardour street, W.

MUNTING (F), 10, Pall Mall, S. W.

NEWBY (G. H.), 63, King's rd, Chelsea, S W.

OESTERMAN (M), 133, Earl's court road, S. W.

ORMONDE and SONS, 1, York street, St James' square, S. W.

PACINI (C), 13a, Great Malborough street, W.

PARS (H J), 163, Great College street, N. W.

PARSONS (E) and SONS, 45, Brompton rd, S.W.

PARTRIDGE (F), 4, King, St James' square, S. W.

PARTRIDGE (R. W.), 19, St James'str., S. W.

PETERSON (W. B.), 5, Old Bond street, W.

PHILLIPS (E), 19, Woodstock street, W.

POLLARD (F), 5, Spur street, Leicester square, W. C.

QUANTRELL (A) and S. G , 151, 153, Wardour street, W.

RATHBONE (F), 20, Alfred place, west, S W.

RAYMAN (R.), 158, Church st., Kensington, W.

READY (W. T.), 55, Rathbone place, W.

RENTON (Ernest), 26, King street, S W.

RICHETON (L.), Tableaux anciens. Dessins de maitres. Objets de collections. 78, High street, St. John's wood, N W.

ROBERT, 2, Hanover Court, W.

ROBSON (R.), 10, Bruton street, W.

RODD (E.), 2, Green street, Leicester sq , W.C.

ROE (George A.), 22, King st , St. James, S. W.

ST. HENSE (J.), 48, Duke st., St. James, S. W.

SAMUEL (H.), 483, Oxford street, W.

SAMUEL (R.), 263, Gray's inn road, W. C

SASSOON (I.) and C°, 62, Mortimer street, W.

SELIGMAM (J.), 31, St. James' street, S. W.

SHAFTESBURY ART GALLERY, Ltd, 65, Shaftesbury avenue, W.

SHARP (A. J), 57, East street, Baker street, W.

SIMMONS (H. and J.), 27, Duke street, St. James', S. W.

SIMMONS (B.), 8, New Oxford street, W. C.

SMALL (Mrs), 19, Camden passage, Islington, N.

SMITH and SON, 37, Duke street, S. W.

SMITH (A. G.), 178, Wardour street, W.

SMITH (A), 1, Grafton street, W.

SMITH (H.), 76, Park road, Regent's pk, N. W.

SPEELMANN BROS, 180, Wardour street, W.

SPERO (M.), 54, South Molton street, W.
SPRING (Miss), 100, Great Portland street, W.
SPYER BROS, 161, New Bond street, W.
SPYER (L), 93, Wigmore street, W.
STOKES (M.), 12, High street, Notting hill, W.
STONER and EVANS, 3, King street, St James.
STRAIGHT (T. W) and C°, 141, Church street, Kensington, W.
TAGENT (C), 53, South Audley str, Mayfair, W.
THOMAS and C°, 4, High street Kensington, W.
THOMAS (J. R), 11, King street, St James' street, S W.
THOMPSON (E W), 18, Porchester road, W.
TOOTH (A.) and SONS, 155, New Bond str, W.
TOPLADY (Miss A J) 50, York street, Westminster, S. W.
UTTING and SCHILLING, 3, Abingdon road, W.
VIEWEG (J.), 84, Waterloo road, S. E.
VIEWEG (G. G.), 278, Westminster, bdg, road, S. E.
WALLIS (S), 30 and 162, Sloane street, S. W.
WEAVER (Mrs), 1, Noel street, W.
WELLS (A), 4, Park side, Knightbdge, S. W.
WERTHEIMER (A), 158, New Bond street, W.
WESTON (Mrs E), 41, Great St Andrew street, W. C
WHITWORTH (J W), 27, Davies street, Berkeley square, W.
WILLIAMS (S), 89, York st, Westminstr, S. W.
WILLIAMS (T M.) 125, Wardour str., W.
WILLS and SIMMONS, Oxford street, W.
WILLSON BROS, 48, Pall Mall, S. W.
WILLSON (H.), 127, Queen's road, W.
WILSON (C), 54, Dorset street, W.
WILSON (J.), 389, Edgware road, W.
WITHE LADIES VERNONICA, 26, Church street, Kensington, W.
WOLLAN (H. and I), 28, Brook street, Grosvenor square, W.
WOOD (W.) and C°, 1, High street, Shoreditch, E.
WYBURD (L F), 87, Wigmore street, W.
YAMANAKA and C°, 68, New Bond street, W.
YEULETT (W. L), 381, Kentish town rd, N. W.
YOUNG (H), 75, Walton street, Chelsea, S. W.
YOUNG (J.), 34, South parade, Chelsea, S. W.

Livres anciens.

BOURGEOIS, 15, Carlingford road.
KELLER, Connaugh street.
SPINK and C, 2, Gracechurch, street.

Objets d'art (Marchands d')
(Fine Art dealears).

ABELES (M. F) and C°, 29, 30, 31, Cowper St., E C.
BAIRD-CARTER (A), 70, Jermyn street, S. W.
BARNARD (W), 126, Edgware road, W.

BRAHAM (S.), 27, Shaftesbury avenue, W.
BRITISH FINE ART C, 115, Strand, W. C.
CARLTON GALLERIES Ltd, 6, Pall Mall place, S. W.
CARROLL (Pl), 35, Milk street, E. C.
CONNELL (J) and SONS, 47, Old Bond st, W.
EDWARD (H. James), 49, Knightsbridge, S W.
EDWARDS (Mrs), 310, King's road, Chelsea, S.W.
ELLIS and HOMEWOOD 34, King street, St. James', S. W
EVANS (E W), 24, Church st, Kensington, W.
FANE (S. L), 49 Glasshouse st, Regent st., W.
FENTON (S), 33, Granbourn street, W. C.
FINE ART SOCIETY Ltd, 148, New Bond street, W.
GARGOVLES, 174, Church st., Kensington, W.
GIBBONS (J) and LADDERYON, 145, Ebury street, S. W.
GLANVILLE (G. M.), 220, King's road, Chelsea, S W.
GORER (S) and SON, 170, New Bond street, W.
GRIBBLE (T), 1a Pall Mall place, S W.
GRUNDY and ROBINSON'S, 89, Mount street, Grosvenor square, W.
HAUFF (C), 69, Great Russel street, W. C.
HEYMAN (H E.), 180, New Bond street, W.
HOGAN (E. C), 53, Endell street, W C.
HOWARD (J H), 95, Praed street, W.
HUGHES and TILMAN, 2, Pall Mall place, S. W
IMPERIAL FINE ART CORPORATION Ltd, 64, High Holborn, W C.
KNELLER, 90, York street, Westminster, S. W.
LACK (P. J.), Earl's Court road, S. W.
LESLIE (E), 144, Brompton road, S. W.
LOUD and C°, 105, Great Russell street, W. C.
MC LEWIN (C), 116, Brompton road, S. W.
MARCHANT (W) and C°, 5, Regent street, S. W.
MARK (W E and J. J), 237, High street, Kensington, W
MARK (W. E), 141, Earl's Court road, S W.
MONCRIEFF (H. E) and C°, 6, New Zealand avenue, E. C.
MORLIDGE (E), 38, Church street, S. W.
NEWMAN (M.), 43a, Duke street, St. James', S W
NOSEDA (U.), 33, King street, S W.
OESTERMAN (M.), 133, Earl's Court road, S. W.
OLIVER (H.), 150, Brompton road, S. W.
PATERSON (W. B.), 5, Old Bond street, W.
PERMAIN (Thomas), 170, Piccadilly, W. " ompert "
PERMAIN (W), 32, King street, St. James', S. W Ta ' Permagnos ".
PHILLIPS (B) 31 and 36, Thayer street, Manchester square, W.
PHILIPS (J.), 48 Knightsbridge, S. W.
PHOTOCHROM C° Ltd, 35, Hosier Lane, E. C.
SACKVILLE, Objets d'art, Ltd, 15 Duke St. James.

SOCIETY OF ARTISTS, 32, New Bond street, W.
STEVENSON (J. R.), 297 High street, Boro, S. E.
STRELITAKIE (L D), 41a, Duke street, St. James', S. W
SULLY and Cᵒ, 159, New Bond street, W
TOZER (W. J.), 24, Bishop's road, W.
VICKERS BROS, 12, Old Bond street, W.
VOKINS (A.) and SONS, 16, Holborn, E. C
WALL (F. and J.), 4, Pall Mall, place, S. W
WILLS and SIMMONDS, 445, Oxford street, W.
WRIGHT (L.), 144, Wardour street, W.
WYMAN (R.), 24, Bedford street, Strand, W. C.

*Objets d'art (Marchands d')
et commissionnaires
(Art dealers and importers).*

ABRAHAM (W. J), 11a, King street, St. James, S. W
ADELL (I.), 64, Fulham road, S. W.
AGNEW (T. H.) and SONS, 43, Old Bond st , W.
AITCHEM and Cᵒ, 22, Motcombe street, Belgrave square, S. W
ALEXANDER (J.), 17, Garrick street, W. C.
ALFREDS (M) 179, Church street, Kensington.
AMOR (A), 31, St James street, S W. Adr. Tél. ' Amorifer. "
ARTHUR (C), 1a, Somerset street, W
ARTHURTON (H.), 58, Pall Mall, S. W.
ATKINS (A. S), 9, Lower Porchester street, W.
BAILEY and Cᵒ, 1, Berkeley gardens, Church street, Kensington, W.
BARNWELL (T. J.), 143, Wardour street, W.
BARTLETT and Cᵒ, 35, Thurloe place, S. W.
BENATTAR (J.), 436, Oxford street, W
BILL (G. A.), 32, Camera square, Chelsea, S W.
BIRT (Mrs S.), 9, Little Turnstile, W C
BISCHOFF (E), 19, Mortimer street, W.
BLAKE (B. B.), 44, South Molton street, W.
BLOCK (F I.), 14, Knightsbridge, S. W .
BLOCK (H.), 176, Queen's road, Bayswater, W.
BLOCK (P), 46, Praed, St. Paddington, W.
BOLLAG frères, 158, Oxford street, W
BOUTTELL (F T.), 141, Westbourne, gr. W.
BOWER (R.), 2, Bailey street, W. C.
BOYCE (L), 26, Thurloe place, S W.
BRAILEY'S Ltd, 7, High street, Kensington, W.
BRIC A BRAC and Cᵒ, 7, Hand ct. High Holborn, W. C.
BRODIE (E F), 26, Portugal street, W C.
BROOK STREET ART GALLERY (Ichenhauser R) 14, Brook street, New Bond street.
BROOKS (T J) Ltd, 79, Wardour street, W.
BROWN (C W), 18, South Molton street, W.
BUCK (F G), 21, Baker street, W
BUTLER (M.), Ltd, 57 South Molton street, W.
CARNIE (T. W), 60, Bryanston street, Portman square, W.

CARPENTER (H), 43, Berners street, W
CHARLES and **JACKSON**, 73, Elisabeth street, Eaton square, S. W.
CHARLES (C. J), 27, Brook street, Grosvenor square, W.
CHARLES (D), 92, Bean street, W.
CHRISTIAN and Cᵒ, 33, Knightsbridge, S W
CLAUDE and **TREVELYAN**, 6, Pall Mall place S W
CLEMENCE (Mrs), 10, Hand ct High Holborn, W. C.
COHEN (A. J.), 187-189, King's road, Chelsea, S. W.
COHEN (J), 31, Museum street, W. C.
COLLINGS (F), 163, Fulham road, S. W.
CRAWFORD (A. J) and Cᵒ, 21, Berners st., W.
CUBITT (T), 283, Fulham road, S W.
CUTTER (W D.), 35, Great Russell street, W. C
DAVIS (A.), 36, South Parade, Chelsea, S W.
DAVIS (C), 147, New Bond street, W.
DE PINNA (A. S), 89, Regent street, W.
DERBY and Sᵒ, Ltd, 44, Clerkenwell road, E. C.
DERBY and **DAWSON**, 35, Cheyne Walk, Chelsea, S. W.
DICKINSON and SON, 108, Wigmore street, W.
DOWDESWELL and **DOWDESWELL'S** Ltd, 160, New Bond street, W.
DREYFOUS (E.), 99, Mount street, W
DURLACHER BROS, 142, New Bond street, W.
DUVEEN BROS, 19, St James, street, W.
EDWARD GALLERY, 72, New Bond street, W.
EDWARDS (A), 61, Wigmore street, W
ELDEN (A), 80, Duke street, Grosvenor sq., W.
ELLIS (P.), Antiquités. Objets d'art, 29, New Oxford street, W. C Tél. 10796 Central.
EYRE (H) and SON, 13, Lower Grosvenor place, S. W.
EWBANK (F. D.), 17 and 17a, Earl's court road, S. W.
FALK (Joseph), 117, Praed street, W.
FEICKERT (Mme), 54, Beauchamp place, Brompton road, S. W.
GEORGE and Cᵒ, 3, Maiden Queen street, E. C.
GOODHOMES and Cᵒ, 43, Duke street, Manchester square, W.
GRAHAM (W. A), 178, Brompton road, S. W.
GRANT and Cᵒ, 10, Kensington square, W.
GREEN (A.), 19, London street, Paddington, W.
GRIFFITHS (C.), 185, Great Portland street. W.
HAMILTON (J), 32, Hanway street, Oxford street, W.
HARRIS (A. W.) and Cᵒ, 73, Great Portland street, W
HARWOOD (J), and SONS, 30a, Pimlico road, S W.
HORSFIELD BROS, 19, Prchard street, W.
HAWKES (E), 14, Great Quebec street, W.
HERBERT (H.), 5, Tottenham street, W.
INGLE (R), 6, Stephen's new's Rathbone place, W.
ISAACS (J. A.), Church street Kensington, W.

JOHNSON (E. A), 8, Great Turnstile, W. C.
JOHNSON (Mrs E), 62, York road, Lambth, S E
JONES and WILSON, 121, Fulham road, S. W.
JONES (J. W.), 89, Lower Sloane street, S W.
KAUFFMANN (B.), 156, Great Portland st , W.
KENSINGTON FINE ART GALLERY, 172, Church street, Kensington, W
KERRIDGE (Mrs), 1, Moscow road, Bayswtr., W.
KLUYSKENS and Cº, 374, Old street, E. C.
LACK (F. J.), 8a, Earl's court road, W.
LÉON (L), 39, Mortimer street, W.
LEWIN (C.) and Cº, 25, Upper Baker street, Regent's Park, N. W.
LEWIS (M.), 458, Kingsland road, N. E.
LOCK (J.), and Cº, 9, Brownlow street, W. C.
LOCK (W) and SONS, 37, Queen's road Bayswater, W.
LUSH (A.), 113, Church street, Kensington, W.
MACKINTOSH (A. E.), 37, Aldersgate st., E. C.
MARIS (C), 54, Queen's road, Bayswater, W.
MELLOR, BROS, 113, Clarendon road, Notting hill, W.
MENDOZA (I P) Ltd, 157a, New Bond st., W.
MERYETT (J), 253, King's road Chelsea, S. W.
MITCHELL (N), 49, Duke street, St. James', S W.
MOGG (M. D.), 119, Ledbury road, W
MUNTING (F.), 10, Pall Mall, S. W.
OBACH and Cº, 168, New Bond street, W.
PALSER (J) and SON, 9, King street, Covent garden, W. C.
PARKER (T.), 45, Whitcomb street, W. C. Tél. 6018. Gerrard, W. C
PARSONS (E.) and SONS, 45, Brompton road, S. W.
PERMAIN (W), 32, King street, S. James', S. W.
POLLARD (E.), 16, Panton st., Haymarket, S. W.
RATHBONE (F.), 20, Alfred place west , S. W.
RICHERDSON (T.) and Cº, 39, Old Bond st., W.
RUDRUM (F.) and SONS, 162, Kentish town road, N. W.
RUTLEY (J L) (*The Reynolds Galleries*), 5, Great Newport street, W. C.
RYDER GALLERY, 47, Albemarle street, W.
SABIN (W. M.), 17, Duke street, St. James', S W.
ST CLAIR (J H), 5, Star street, Edgware rd , W.
SAMPSON (W. W.), 13, Air street, W.
SEYMOUR BROS, 167, Fulham road, S. W.
SHEPHERD BROS, 27, King st., St. James', S. W.
SLADE BROS and LACEY, 69, Bolsover st., W.
STATTFORD GALLERY, Old Bond street, W.
STURSBERG (P. J.) and Cº, 24, Banner st., E. C.
VENNINGS (S.), 1, George street, Manchester square, W.
VICARS BROS, 12, Old Bond street, W.
VOKINS (J. and W.), 10, King st., St. James', S. W.
VOLL (Henry) and Cº, 85, Finsbury pavement, E. C. Tél. 1162. Central. Adr. tél. Knocking

WHEELER (C), 63, Charing cross road, W. C.
WOLFF (L.) and Cº, 245, Tottenham, ct. road, W.

Galeries de tableaux
(*Picture galleries*).

BAILLIE GALLERY, 13, Bruton street, W.
CORNER GALLERY, 49, Old Bond street, W.
CORPORATION OF LONDON ART GALLERY, Guidhall, E. C.
DORE GALLERIES, 35, New Bond street, W.
DOWDESWELL GALLERIES, 160, New Bond street, W.
DUTCH GALLERY, 14, Grafton street, W.
FINE ART MILITARY and SPORTING GALLERY, Ltd, Lionel Marks Dr, 31, New Bond street, W Tél. 605, Mayfair,
FRENCH GALLERY, 120, Pall Mall, S. W.
GRAFTON GALLERIES Ltd, 8, Grafton st., W.
KNOEDLER (M.) and Cº, 15, Old Bond st , W.
LONDON and PARIS ART EXCHANGE GALLERIES, 170, Piccadilly, W
MODERN GALLERY, 61, New Bond street, W.
NATIONAL GALLERY, Trafalgar square, W. C.
NATIONAL GALLERY OF BRITISH ART, Grosvenor road, S. W.
NATIONAL PORTRAIT GALLERY, St. Martin's place, W. C.
NEW DUDLEY GALLERY, 169, Piccadilly, W.
NEW GALLERY Ltd, 121, Regent street, W.
NEWMANN ART GALLERY, 29, Newman street, W.
ROULEY GALLERY, 140, Church street, Kensington, W.
ROYAL ACADEMY OF ARTS, Burlington House, Piccadilly, W.
ROYAL SOCIETY OF PAINTERS IN WATER COULOURS, 5a, Pall Mall east, S W.
SACKVILLE GALLERY, Ltd, Max Rotschild and R Meyer, See. Drs, 28, Sackville street, W. Tél. 3589, Mayfair. Adr. tél. Objedar.
SHAFTESBURY ART GALLERY, Ltd, 65, Schaftesbury avenue, W. C.
SOUTH LONDON ART GALLERY, Peckhman road, Peckham, S. E.

Tableaux (*Marchands de*)
(*Picture dealers*).

ABRAHAM WALTER (J.), 11a, King street, S. James', S W.
ALBERMARLE GALLERY, 35, Albermarle street, St. James', S. W.
ALSTON GALLERY, 310, Regent street, W.
BAILLIE GALLERY, 54, Baker street, W.
BANNER (W.), 33, Percy street, W.
BENNETT (E. T. H.), 11b, Blomfield st., E. C.
BERNSTEIN and ROBERTS, 111, Pentonville road, N.
BOWDEN BROS, 225a, Brompton road, S. W.
BUTTERY (A. H.), 177, Piccadilly, W.

ARFAX and **C°**, 24, Bury street, St. James', S. W.

CHENIL (Charles,) Ltd, 183a, Kings road, Chelsea, S. W.

CLAUDE and **TREVELYAN**, 6, Pall Mall place, S W.

COHEN (G), 55, Endell street, W. C.

COLNAGHI (P. D.) and **C°**, 13-14, Pall Mall East S. W.

COOLING (J. A.), 47, Fleet street, E. C.

COPSEY (C. E.), 306, Euston road, N. W.

CREMETTI (Eugène), 7, Haymarket, S. W. Tél. n° 3620, Gerrard.

CROME (T.), 84, Tower Hill, E.

DOWDESWELL and **DOWDESWELL'S** Ltd, 160, New Bond street, W.

EDWARD (H. James), 49, Knightsbridge, S.W.

ELLIS and **HOMEWOOD**, 34, King street, St. James', S. W.

FRYER (G. G), 9, Fitzroy street, Fitzroy sq., W.

GOLDING (A. W.), 67, Haymarket, S. W.

GREEN (H.), 8, Holywell row, E. C.

HEYMAN (H. E.), 180, New Bond street, W.

HUNTER (A. J), 61, Red Lion st., Holborn. W.C.

ISAACS (J. D.), 56, Houndsditch, E.

JACKSON BROS, 15, Bishop's road, W.

LEGER (J.), 13, Duke street, St. James', S. W.

LESSER (L.), 123, New Bond street, W.

LISTER (D.), 26, King street, S. W.

MCLEWIN, 116, Brompton road, S. W.

NARRAMORE (A. D), 77, Newman street, Oxford street, W.

NAUNTON (L.), 79, Church street, Kensington, W.

NITSCHKE (A.), 78, Clarendon road, W.

NYBURG and **SHERATON**, 20, Duke street, Manchester square, W.

NYBURG (S.), 48, Church street, Kensington, W.

OESTERMAN (M.), 133, Earl's court road, S. W.

PARKENTHORPE, 143, Ebury street, W.

PEARSE (J.), 92, Walton street, S. W.

PINCHAS and **C°**, 4, Spring st., Paddington, W.

PRATT (C.) and **SONS**, 186, Brompton road, S. W.

PRESS (J. T.), 75, Richmond road, Westbourne grove, W.

PRIDE (J. C), 55, Mortimer street, W.

PROBORT (W.), 59, Beauchamp place, Brompton road, S W

SALE (C.), 58, Church street, Kensington, W.

SALSBURY (Miss S.), 37, Beauchamp place, Chelsea, S. W.

SCULLY (E.), 16, Knightsbridge, S W.

SHARP (A J), 45 and 57, East street, Baker street, W.

SMITH (P) and **C°**, 56, Weymouth street, W.

SPILLMAN and **C°**, 101, St. Martin's lane, W.C.

SPINK and **SON** Ltd, 6, King St Jame's street, S W. Tél. Gerrard 8426, Adr tél. Spinkona.

SPRING (Miss), 100, Great Portland street, W.

STAAL (J.) and **C°**, 36, South Molton street, W.

STANLEY (Céline), 210, Vauxhall bridge road S. W.

STRAIGHT (T) and **C°**, 141, Church street, Kensington, W.

SUTTLE (C. E), and **C°**, 20, Great Russel st., W.C.

SYMONS and **C°** Ltd, 89 and 133, Victoria street, S. W.

SYMONS (H.), 16 and 20, Hanway street, W.

TERRY (C J), 51, Southwark park road, S. E.

THORNTON-SMITH (W. and E), 11 and 13, Soho square, W.

TOPLADY (Miss A. J.), 50, York street, Westminster, S. W.

TOSI (G.), 59, Beauchamp place, Chelsea, S. W.

TUCKER (J) and **SON**, 27, Earl's court road, W.

TUCKER (J), 44, Princes road, Notting hill, W.

WILSON (A.), 11, Sussex place, S. Kensingtn, S. W.

WILSON (J.), 389, Edgware road, W.

WOLSEY (F.), 76, Royal Hospital road, S. W.

WOOD (M.), 2, Chester ter., Chester sq , S. W.

WOUDSTRA (Z. J.) and **SONS**, 59a, South Molton street, W.

YEULETT (W. L.), 22, Fortess road, N W.

ENVIRONS DE LONDRES

BLACKHEATH

Antiquaire.

COCK (H.), 9, Royal Parade.

BRIXTON

Antiquaire.

SYNTAX (H. J.) 300, Brixton hill.

CLAPHAM

Antiquaire.

LEVIN (D.), 127, Clapham park road.

CROYDON Surrey

Antiquaires.

DURRANT (O. P), 252, London road.

GRIFFIN (A. J), 131, High street.

JENKINS BROS, 48, South end.

JUPP (A.), 192, Brighton road.

KAVE and **HAMBLING**, 32, High street.

MARTIN (H.), 19, South end.

SMITH (R. D), 119, Cherry Orchard road.

TRENGOVE (A.), 49a, High street.

FULHAM

Antiquaires.

GROWTHERS (T) and SON, Eastcourt road.
WALKER (F.), 306, Lillie road.
WHITE (A.), 518, Fulham road.

HAMMERSMITH

Antiquaires.

NORREYS (R.), 56, Hammersmith road.
TURNER (S.), 311, King street.
WINTER (E. R.), 337, King street.

HAMPSTEAD

Antiquaire.

SMITH (E), 40, Rosselyn hill.

HERNE HILL S.E.

Antiquaire.

JOYCE (Mrs) 151, Dulwich road.

KILBURN N.W.

Antiquaire.

SANDERS (B. L.), 42, High street.

LEWISHAM S.E.

Antiquaires.

COOK (A.), 222, High street.

PUTNEY S.W.

Antiquaire.

HATHAWAV (Frédérich), 5a, Lacey road.

RICHMOND (Surrey)

Antiquaires.

CHATWIN (E), 1, Church walk.
COLLYER (M. E.), 62, Hill Rise.
PETERS (E. J), 124, Sheen road.

SOUTH TOTTENHAM N.

Antiquaire.

HICKS (J.), 120, St. Ann's road.

TOOTING

Antiquaire.

TRANT (R.), 9, Station Parade.

TWICKENHAM (Middlesex)

Antiquaires.

COHEN and Cᵒ, 445, Richmond road.
WEBB (W.), 36, Heath road.

WANDSWORTH S.W.

Antiquaire.

BENSTEAD (W and F), 75, Replingham road.

WILLESDEN N.W.

Antiquaire.

STANLEY (H. and C.).

BIRMINGHAM

Antiquaires.

ALLEN (Frédérick), 5, Holloway head.
ANDREWS (Thomas), 194, Broad street.
BANNER (P. and S), 25 (Back of), Conybere
　street.
BRADLEY (Mrs Alice), 96, Broad street.
BROOKS (Mrs Cissie), 4, Temple street.
BROOKS (Julius) 61, New street.
BROWN (Albert), 50, Villa street, Hockley.
BULLOCK (Chas Fredk.), 23, John Bright street.
BUTLER (William Samuel), 12, Heathfield
　road, Handsworth.
DEAKIN (Ernest), 29, John Bright street.
DEAKIN (John Thomas), 208, Broad street.
DEAKIN (William), 80, Hill street.
FIELDHOUSE (Charles), Stephenson street.
HALL (Philip), 294, Broad street.
HAND (Sidney), 5 and 9, Lower Temple street.
HUTCHINSON (Laurence), 205, Bristol street.
LUCKMAN (Mrs Delphina), 25, Buckingham
　street
MACE (Miss Annie), 539, Coventry road.
MAY (Joseph George), 63, Broad street.
MYERS (Mrs Martha), 44, Snow hill.
PALMER (George), 160, Hockley hill.
REEVE (James), 39, Bristol street.
ROSENBERG and GOLDSTONE, 147, Sherlock
　street.
SHIPWAY (Harold), 42, John Bright street
SIMPSON (Arthur), 151, Bromsgrove street.
THORNTON (Thomas), (Réparations), York Ter-
　race, Hockley hill.
WATKINS CHRISTOPHER D'OYLEY, 58, Sum-
　mer Hill road.
WATTS (Frédérick), 10, Old Meeting street.
WEBB (Arthur George), 122, Monument road.
WEST (Fred), 95, Snow hill
WILSON (Edwin), 392, Summer lane.

BELFAST (Irlande)

Antiquaires.

MAC COY and **SONS** Ltd, 82-88, Smithfield.
SINCLAIR (Mrs Thomas) and Cº, 18, Castle lane.

BRADFORD

Antiquaires.

DALBY (S), 7, Town Hall square.
JOWETT (Hy), 319, Leeds road.
SMITH (Miss G), 51, Barkerend road.
TWEED (J.), 51, Maudsley street.
WOY (Ed.), 182, Manningham lane.

BRISTOL

Antiquaires.

JAMES (Francis), 63, Park street, St. Augustine's.
JAMES (Herbert George), 35, Park street, St. Augustine's.
JOHN (Henry Mogg), 3, Park street, St. Augustine's.
JOHN (P.), way, 69, Park street, St. Augustine's.

DUBLIN (Irlande)

Antiquaires.

BUTLER, Upper Abbey street.
BUTLER, Nassau street.
CAREY and **ASHENHURST**, 138, Lower Baggot street.
CARROL'S, 24, Bachelor's walk.
DE GROOT, 23, Upper Liffey street.
JAMES HILL and **SON**, Bachelor's walk.

ÉDIMBOURG (Écosse)

Antiquaires.

ADAMS (W.), 7 and 8, Queenferry street.
BLAIKIE and **Cº**, 38, Queen street.
BOWMAN (James), 82, Hanover street.
BUTTI and **SON**, 7, Queen street.
CICERI and **Cº**, 57, Frederick street.
DUFF (J. C), 40-A, Queenferry street.
MACKAY and **CHISHOLM**, 59, Princes street.
SMITH (Thomas) and **SONS**, 47, George street.
WILSON (J W.), 54, George street.

Tableaux (Marchands de).

DOIG, WILSON and **WHEATLEY**, 90, George street. Tél. 247 Adr. tél. Rembrandt-Edinburgh.
DOTT and **SON** (Aitken), The Scottish Gallery, 26, Castle street.

GLASGOW

Antiquaires.

FOUNTAINE BRODIE (E.), 288, Renfield street.
LUNAM (L.), 18, Newton street, Charing cross.
MOFFAT, MUIRHEAD and **Cº**. Objets anciens relatifs à l'Ecosse Belles armes et cuivres anciens. 134-138, Douglas street.
POLLOCK (Wm.) 522, Sauchiehall street.
SORLEY (R. S. W), 93, St. Vincent street.

Tableaux (Marchands de).

ANNAN (T. R) and **SONS**, 518, Sauchiehall street.
BENNETT (J. B.) and **SONS** Ltd, 50, Gordon street.
CONNELL (Jos.) and **SONS**, 31, Renfield street.
CRAIBE (An.) and **SONS**, 106, Hope street.
DAVIDSON (George) Ltd, 123, Sauchiehall street.
KELMAN (Alex), 229, St. Vincent street.
KIRKHOPE (Jos. L), 59, Cambridge street.
LA SOCIÉTÉ DES BEAUX ARTS, 117, West George street.
MACINDOE (Robert), 145, West Regent street.

HULL

Antiquaires.

BATTERSBY (J. D.), Paull.
CAINE (J. J.), Pryme street and Malborough, tarrace.
CASSON, 20, Bond street.
DAVIS (Thomas Thirntin, 73, Anlaby road.
DIXON (Arthur), 32, Percy street.
ELWELL (James) and **SONS**, 26, Anlaby road.
HENIUS (Waldemar), 161, Spring bank.
HERBERT (Frédérick), 23, Beverley road.
LOUTY (Mrs E.), 28, Brook street.
LEVITT (Frédérick), 83, Beverley road.
MC ARTHUR (J.), Southgate Hessle.
MANN, THOS (Wm.) and **Cº**, 21, Queen street.
NETTLESHIP (Miss Elsie), 29, Bond street.
SOUTHERN (G.), 33, Percy street.
VIVIAN (Rd. Edward), 24, Paragon street.
WIDDALL (H.), 4, Lairgate Beverley.
YOUNG (G. H), 282, Hessle road.

LIVERPOOL

Antiquaires.

BOODLE and **DUNTHORNE**, 13, Lord street, W.
BUCKTHOUGHT WALLACE, 108, Wood street, W.
CORKHILL (John E), 460, New Chester road, Rock Ferry.

CORKILL, BROS, 460 and 467, New Chester road Rock Ferry.
CROSS (James Conrad), 81, Hanover street, W.
CROSS and **PHILLIPS**, 50 and 52, Church street.
CROSS REGINALD (E.), 25, Castle street.
DUVEEN (Joseph M.) and **SON**, 47, Bold street, W.
HARRIS and C°, 72, Bold street, W.
HOWARD (Frédérick), 58, Oldhall street, W.
LEATHWOOD (Chas.), 249, Up Parliament, S.
LLYOD and C°, 103, Bold street, W.
MALONEY (Patk), 13, Woodchurch, 1a Prenton.
MOSS, 1a Canning street, S.
NICHOLLS (John), 107, Great George street, W.
PETTY (Thos. R.), 73, Tithebarn street, W.
PRITCHARD (Samuel) and **SONS**, 14, Wallasey road Liscard.

MANCHESTER

Antiquaires.

ALBERT ANTIQUE GALLERY, 25-27-29, Princess street.
ANGELO-EASTERN TRADING ASSOCIATION, 1, Albert square.
" **THE ANTIQUARY** " (E. Booth Jones), St. Ann's churchyard, 35a, South King street.
CLUSKEY (Joshua), 2, Claremont road, Irlams-o'-th'-Height
COX (George F), 10, Albert street.
CRAVEN SYKES (Joe). 35, Bridge street, S. T.
CROSS (Henry), 51, Mosley street.
DAVIS AARON (Joseph), (Exors of), 89, Bridge street.
DAVIS (Michael Joseph), 34, Long Millgate.
DEARMAN (Richard), 51, New Bailey street, S.
DEARMAN (William Medcalf), 20, South King street.
FREWDE (Thomas), 8, Ryall street, Regent road, S.
HALLOWELL and C°, 11, Bridge street.
HANNUTH (Mrs Mary), 43, Upper Brook street, C. on N.
HARTLEY (Tuan), 145, Great Ducie street, Strangeways.
HERGREAVES (F. C), 142, Oxford road, C. on M.
ISSOTT (John Edward), 27, Lower Mosley street.
LITTLEMORE (Richard), 323, Stretford road, H.
LOUIS (George), 116, Stockport road, A.
MAYHEW (Frédérick) and C°, 19, New Bailey street, S.
MOORE (Samuel), 22, Blackfriars street.
NOODHAN (J. W.), 60, Victoria street.
STEINBERG (Arthur), 18, Pall Mall.
WHARTON (William B.), 1, London road.
WISE (Emanuel), 4, Old Millgate.

NEWCASTLE-ON-TYNE

Antiquaires.

BELL (F), 12, Saville Row.
BURNT SONS, 111, Northumberland street.
DOBBS and **SON**, 176, Westgate road.
EASTBURY (P. H.), 15, Lovaine Crescent.
FLOWERS (J. R), 38, Blackett street.
MARKS (J.), 94, Grey street.
MORDUE (S.), 97, Market street.
NAGEL (H.), 24, Sandyford road.

SCARBOROUGH

Antiquaires.

FARR (Géo, E.), 94, Westboro'.
HANDERSON HODGSON, 25, Bridge street Thornaby-on-Tees.
HORNE (Wm.) and **SONS**, Leyburn R. S. O.
HORSLEY (Albert E), 4, York place.
INSKIP (John), 14, Bar street.
JACKSON (Mrs Kate), Royal Hotel Buildings street, Nicolas street.
LINN (John), 54, Ramshill road.
PRICE (John), 36 and 38, Bar street.
SIMPSON (Charles E.), 7, Huntriss row.

SHEFFIELD

Antiquaires.

BAINES (Miss Margaret),112-114, London road, S.
COLSON (William), 23, Wilham street, S.
COOPLAND (Herbert), 278, Glossop road, S.
HARRISSON (Mrs Maud), 25 and 25, Division street, S.
JAMESON (Albert E.), 257, Glossop road, Knonnhere.
LOCKWOOD (Miss Ann Isabella), 104, Devonshire street.
POWELL (John), 146, Devonshire street, S
RYLANDS (Edward), 15, Church street, R.
SCHULZE (Frédérick), 5, Pinfold street, S.
THOMPSON (J. B.), 63, Broomhall street, S.
WELDON (William Henry), 1 and 2, The Crofts.
WILLS (William B), 199, Whitham road, S.
WILSON (Charles Henry), 28, Langdale road, S.

YORK

Antiquaires.

ALMGILL (John), 38, Stonegate.
ARUNDEL (Arthur), 5, Stonegate.
BOTTERILL (James), 10, College street.
BRUOR (Thomas), 40, Stonegate.

COLE (Charles Herbert), 3, Clarence street.
DUTTON (Robert), 15, Davygate.
GVILL (J.) and Co, 101 à 104, High Petergate.
GREENWOOD (W. F.) and SONS Ltd, 23a, 24 and 4, Stonegate.
HAWKSWELL (Edward), 18, Stonegate.
HAWKSWELL (Ralph Hebdon), 15, Stonegate.
JAGGER (Mrs Florence M.), 14, Ogleforth.

LISTER (Thomas) and SON, 33, Stonegate.
LOADMANN (Miss Margaret Elisabeth), 37 Stonegate and Minster gates.
MITCHELL (Thos John-), Minster gates.
NAYLOR (Mrs Célia), 53, Stonegate.
RICKABY (Wm. Ju.), 10, High Petergate.
WELBOURNE (Walt. Rob.), 34, Nicklegate.
YOUNG (John), 29 and 30, High Petergate.

AUTRICHE-HONGRIE

VIENNE

Antiquaires (Antiquitatenhdt).

ADLER (J.), II, Praterstr, 22.
ADLER (L.), I, Rauheinteing, 5.
BERGER (J.), VI, Hellardg, 17.
BLUM (J.), II, Lillienbrunng.
BLUMKA (M.), I, Weichburgg, 14.
BREMER (A. F.), VIII, Lenaug, 14.
CUBASCH (H.), I, Stadiengasse, 5.
EGGER frères. Monnaies et médailles grecques, romaines du moyen âge et de tous les pays. Antiquités et objets d'art grecs, romains et du moyen âge, I, Opernring, 7.
ENTZNTANN (R.), I, Seillersatte, 21.
EPHRON (H.), I, Weilburgg, 21.
ERNFELD (W.), I, Mellzeille, 9.
FISCHER (E.), I, Karnthnerstr., 26.
FISCHER (J.), I, Führichg, 2.
FURST (J.), I, Grahn, 17.
GEROLD und Co (Livres anciens).
GLUCKSELIG et fils, I, Immelpfortg, 5.
GOLDHAMMER (F.), VIII.
GRAF (H. O.), VI, Kostlerg, 4.
GRUN, I, Weinburgg, 14.
GRUNBERG (E.), II, Ob Donaustr , 105.
HILFREICH (F.), I, Junferng, 2.
KALLAI (D.), I, Lebkoswitz-pl., 3.
KALLAI (D.), I, Lebkoswitz-pl., 3. Monnaies anciennes. Objets préhistoriques.
KOHN (J. L.), I, Weihburggasse, 16.
KOLLER (M.), I, Spiegelg , 19.
LEBEDA (K.), IV, Mozartg., 5.
LEMBERGER (F.), I, Weihburggasse, 9.
PICK (Adolphe). Expert près le Tribunal de Commerce, I, Augustinnerstr., 10.
RATZERSDORFER (S.), IV, Gusshausstr., 21.
SATORI (A.), I, Weihburggasse.
SCHAFRANECK (M.), I, Keehlmarkt, 20.
SCHWARZ (F.), I, Nibelungengasse.
SCHWARZ und STEINER, I, Karntuerstr., 10.
STOFFER (R.), I, Spiegelg, 23.

TRINKS (W.), I, Lugeck, 3.
UEBLACKER (B.), IV, Gr. Neugasse, 15-I.
WALLA (D. F.), I, Molkerbastei, 12.
WENGRAF, I, Seilerstatte, 30.
WERNER (A.), I, Fubrichg, 9.
WINTERNITZ (H.), II, Ob, Danaustr., 107.

Marchands de tableaux.

ABELES (M. F.) und Co, VI, Millerg, 42-44.
ARTAR A und Co, I, Kohlmarkt, 9 Adr. Tél. Artaria Kohlmarkt. Tableaux, Dessins et Estampes anciennes.
ARTIN (E.), I, Singerstr., 5.
CZEIGER (S.), IV, Aleeg, 43.
EPSTEIN und KRAUSS, VII, Andrearg, 11.
GREMALDE-SALON VENEZIA, I, Berbenbergerstz., 5.
GRUMBERG (E.), II, Ob, Donaustr., 105.
HALTERS (M.) fils, VII, Naubang, 20.
HECK (V. A), Karnthnerring, 12.
HERNER (H.), VI, Mariahilfstr., 11.
KETHMAYER und RICHTER, VI, Mollardg., 1.
LEBZER (M.), 11, Gr. Stadtgutg, 29.
LIEN (J.), I, Graben, 31.
MILTHKE (O. H.), 1, Dorotheerge, 11.
NEDMONSKY frères, IV, Wiednerhauptstr., 27.
NITTER (J), XV, Follg, 13.
PISKE (G.), I, Porkring, 2.
PSCHIERER (F.), XIX, Döblinger Hauptstr.,55.
SCHENK (Ferdinand), VI, 2, Schmatzhofgasse, 5.
SCHILLING und SCHIEN, Wollzeile, 16.
SCHUSTER (E.), IV, Belvedereg, 20
SCHWARZ (F.), I, Nibelungengasse.
WERTEINSTEIN (J.), IV, Kaserneng, 24.

BUDAPEST

Antiquaires.

PICK (A), IV, Egyeten utcza, 11.
RÉTHY Zsigmond), Varoshaz utcza, 1. Tél. 328.
WISINGER (M.), IV, Kristefter, 2.

LEMBERG

Antiquaire.

TOMARIK (Jos).

PRAGUE

Antiquaires.

CHAURA (F.).
CHRISTOF-GRUSS.
ROSENBERG (A. R.).

SALSBOURG

Antiquaires.

POLLACK (A.).
SWATEK (A.).
ZELL (A.).

TRIESTE

Antiquaires.

FINZI (L)
SCHOLLIAN (G.).

BELGIQUE

BRUXELLES

Antiquaires.

ACKERMANS (J.), 4, rue de l'Empereur.
ANCIAUX, 6, rue des Cyprès.
ARENS, 24, rue Lebeau.
ARONOWITZ (Samuel) Objets d'art, 205, rue Royale
BACHARACH (J), 54, rue Lebeau.
BALAES (Mlle C), 40, rue de la Putterie.
BALAES (Mme Vve), 25, rue du Singe.
BAUTMANS, 228, rue Royale.
BIEILLEMAND (L.), 7, rue d'Or
BLOT (E.), 19, rue Ernest-Solvay.
BOETS (J -B.), 60, rue de la Putterie.
BOGAERT (Victor), 29, rue des Rentiers.
BOUVIN, 11, rue de la Pompe.
BRASKE (L), 6, rue de la Pompe (Porte de Schaerbeek.
BRASSEUR (J.-B), 76, rue de la Croix-de-Fer.
BROGNIEZ-PASSET, 45, rue Blaes.
BROGNIEZ (Maison), 8, rue Fontaine.
BUAN (A.), 87-89, rue de la Croix-de-Fer.
BUÉSO (Jos.), 2 et 4, rue de Ligne.
BUÉSO (P.), 14, boul. du Régent.
CARLENS (G.), 82, rue de la Putterie
CASTILLE (A.), 65, rue du Président.
CHARBONNEL (L.), 10, rue Mercelis.
CHARPENTIER (Ch.), 25, rue de Dublin.
CHENAL et **VERHEYDEN,** 10, rue de l'Impératrice.
CLAREMBEAUX (E.), 3, rue du Congrès.
COHEN (Maison), 17, rue Lebeau.
COMPTOIR ETHNOGRAPHIQUE (LOUIS EXSTEENS), 21, rue de Loxum. *Préhistoire. Archéologie. Estampes.*
CONSAEL, 36, rue Godecharle, à Ixelles.
CORBISIER, 25, rue de l'Empereur.

CORBISIER (H), 5, rue de l'Empereur.
COUPÉ (Eug), *restaurateur de tableaux,* 24, av. Louise.
COUPLET (L.), Mont. de la Cour.
DAEMS-DEWRÉE (Mme Vve), 17, Mont.-de-la-Cour.
DEBUSSCHER (J), 26, rue de Spa.
DE CONINCK (E.), *peintre expert. Tableaux anciens,* 75, rue Royale, et 1, rue du Congrès
DE FERNELMONT (Epse H.), 60, rue Godefroy-de-Bouillon.
DEGEN (A.), 10, rue de Vienne.
DE GRAUW (Ed), 4, rue Van-der-Meulen.
DALANNOY, 10, Marché Saint-Josse.
DELATOUR, 43, rue Lesbroussart.
DE MAAN (L), 9, rue de Portugal.
DE MAAN (Mlle A.), 1a, rue de la Tribune.
DE MAAN (A.), 27, rue du Gouvernement-provisoire.
DE MAAN et **Cie,** 15a, rue des Sablons.
DE MAAN-HUBEL (B.), 28, av. de la Cascade.
DE MAN (R.), 237, ch. d'Ixelles.
DEMAT (Ach), 417, chauss. de Gand
DE MEESTER (Ch.), 32, rue du Congrès.
DEMOL, 12-14-16, Marché Saint-Josse.
DEQUIDT, 83-85, av. du Midi.
DE RECHAIN (C.), 19, rue du Marais.
DERUDDER (M), 8, rue Jean-Stas.
DESCHAUWERS (Mme), 31, rue de la Ferme.
DESMEDT-MOENS (F.), 89, rue Royale.
DETRY, 22, rue du Collège.
DEVETTE (F.), 461, ch d'Alsemberg.
DIETRICH et **Cie,** 10, pl du Musée
DILLEN (J.), 3 rue du Moniteur.
DRIESSENS (P.), 39, rue Houzeau
DUBIGK (G). *The International Art Gallery.* 202, rue Royale. Tél. 69,39. *Antiquités, Curiosités, meubles, tapisseries, tableaux de maitres, objets d'art et de haute curiosité (Voir annonce page suivante.)*

DUVIVIER, 2, rue de la Concorde.
ESCHER, 18, av. Jean-Volders.
FIEVEZ (Joseph), 6, Montagne de l'Oratoire.
FIEVEZ (J.), 30, rue des 12-Apôtres.
GALLEWAERT (G.), 2, rue Ernest-Allard.
GIROUX (G.), 32, boul. de Waterloo.
GOETHAELS (M), 35, rue de l'Économie.
GORGEMANS (L.), 21, rue des Mécaniciens.
HAES (J.), 35, rue de Linthout.
HEIRMAN (C.), 44, rue de la Fourche.
HURTMANS (Ch), 2 à 8, rue du Marché-Saint-Josse.
IDON (P), 3, rue des Six-Aunes.
LAMBEAUX (A), 33-35, rue Loxum.
LAMBERT (J), *Ameublements anciens. Objets gothiques*, 35-37, rue Mercelis.
LA MOTTE, 2, rue des Six-Jeunes-Hommes.
LAMOTTE (A), 24, rue de la Régence.
LEFEBVRE (Jules), 137, rue Royale
LEROY (J. et A) **FRÈRES**, 12, rue du Musée.
LEROY (L), 33, boul. Bischoffsheim.
LEUTENEZ (R.), 851, chauss. de Mons.
LEVERT-THYSSEN (Epse), 13, rue de Rome.
LEYNEN (Bertrand), 6, rue de Berlaimont, Banque nationale.
LUPSIN (P.), 15, Grand-Place, et 21, gal. de la Reine.
MALFAIT (A.-F.), 99, rue du Marais.
MARYNEN (E.), 29, rue de la Madeleine, et 19, rue de l'Hôpital.
MEEKERS (H.), 120, rue du Rempart-des-Moines.
MEERT (G), 79, rue du Marché-au-Charbon
MINSART (E.), 7, rue de la Montagne-de-Sion
MOENS (Joseph), 64-66, rue de l'Enseignement.
MORTREUIL (Mme Vve), 7, rue de Ligne.
MOTTLE (Mlle), 13-15, rue Maes.
PAIRON (L.), 22, rue de la Chancellerie.
PALTZER (M.), 1, pl. de Londres. Adr. tél. Marcer, Bruxelles.
PAULISSEN, 71, ch. de Vleurgat.
PAULUS (F.), 37, rue du Lombard.

PELLE, 81-83, rue de Namur. Tél 119.54.
PHILIPPE (Maison), 3, av Ducpétiaux.

PLEY (Aloys)
ANTIQUITÉS — CURIOSITÉS
47, rue des Alexiens.

POLET-ROCHER (A), 22, rue Greuze
POLLAK, 2, rue Jean-Stas.
POUPÉ-SERRANNE, 26, rue de la Régence.
SAUBOUA (Georges), 2, rue de la Collégiale.
SCHAUBROECK, 6, rue de la Pépinière, et 45, rue de la Régence.
SCHREYVER (S), 23, av. de la Cascade.
SEMAIL-MOENS (P), 19, rue des Paroissiens.
SINGER, 406, chauss. de Waterloo
SNUTSEL-MANOY (E), 31, rue de la Loi.
SPETERS (H), 66-68, rue de Washington.
SPILBORGHE (F.), 65, rue Marie-Thérèse.
STAQUET (E.), 24, rue de Joncker.
STERN (B), 13, rue Montagne-du-Parc.
TENAERT (E.), 23, Mont. de la Cour.
TORREKENS (P.), 98, rue Traversière.
USUWIEL (E.), 10, rue Assaut.
VALEIX (Mme J), 11, rue de l'Empereur.

VAN CAPPELLEN (Louis).
ANTIQUITÉS
MEUBLES — TABLEAUX
CURIOSITÉS
15, rue du Grand-Cerf.

VAN DAEL (J), 9, rue des Guides.
VAN DEN BRUGGE (H.), 34, rue de Namur.
VAN GOIDSENHOVEN (Jules), 64, rue de Ligne
VAN HALL (H.), 93, rue Sans-Souci
VAN HALL (Maison), 66, rue de Stassart.
VAN HELL (H.), 19, rue Coppens.
VAN HOVE (A.), 89-91, ch de Haecht.
VAN HOVE (Ch.), 19, rue Ducale.
VAN PRAAG (Z.), 43, rue Nuit-et-Jour.
VAN RYSSEGHEM (Epse), 84, rue de la Putterie
VAN SNICK et **VANDERKELEN**, 3, rue de la Régence.

VOLANT (J.), père, 9, rue Le Corrège.

VON FELDE (Ch.), 1, rue Watteau, et 36, rue des Minimes.

VRÉBOS (F.), 5, rue Victor-Hugo.

WEHRLE (Eugène), Horlogerie d'Art, Restauration Vente et achat, 2, square du Petit-Sablon.

WIEME, 5-7-9, Marché Saint-Josse.

WILLEMS (H), 4, boul. Bischoffsheim

WOUTERS (Julien), 29, rue de Loxum.

WYCKMANS (Ed.), 43, rue de Namur. Tél. 48.90.

ZONDERVAN (C.), 8, rue de l'Impératrice.

SALMAIN (Fernand), 51, rue Brichaut.
Choix d'intérieurs belges, de styles anciens.
110 photographies 30 × 40.

Livres anciens et livres d'art.

BERTHEL (Albert), 107, rue Lesbroussart.

CARRINGTON (Charles), 10, rue de la Tribune.

CAUSSE, 76, rue des Confédérés.

DECHENNE et **FILS**, 14, gal. du Roi, et 8 à 12, pass. du Prince.

DEMAN, livres et estampes, 86, rue de la Montagne.

DE MEULENEERE (L. et fils), 21, rue du Chêne.

DE NOBELE (F.), livres anciens et modernes, monnaies et médailles, estampes (commission, achat). Adresse 20-22, rue de la Tulipe, Bruxelles. Tél. Adr. télégr. Denobele, libraire, Bruxelles. *Nos différents catalogues seront envoyés à toutes les institutions, bibliothèques ou amateurs qui en feront la demande.* ACHAT DE BIBLIOTHÈQUES

DIÉTRICH et **Cⁱᵉ**, librairie d'art, 10, pl. du Musée.

LAMERTIN, 20, rue du Marché-aux-Bois.

LAUWERYNS (Fernand), 38, rue de Treurenberg.

LIBRAIRIE DES COLLECTIONS, 22, pl. du Nouveau-Marché-aux-Grains.

MAYOLEZ et **AUDIARTE**, 17, rue Lebeau.

MASURE, 1, rue du Musée.

SACRÉ (Maison), 33, rue de la Putterie Tél. 75.08.

SADELER, rue Deschampheler.

SALMAIN (Fernand), 51, rue Brichaut.

SCHELER (Edmond), 55, rue du Mail

VAN OEST (G.) et **Cⁱᵉ**, 16, pl. du Musée.

VOS (de), 23, rue de la Putterie.

VROMANT et **Cⁱᵉ**, 18, rue des Paroissiens.

Estampes et gravures.

AREKENS (Gabrielle) (*A l'Art moderne*, fournitures pour artistes), 15 et 45, rue du Midi.

COMPAGNIE ARTISTIQUE, 50, rue des Plantes.

CORDEMANS (H.), 10, rue du Gentilhomme.

DE MEULENEERE et fils, 21, rue du Chêne.

DE METZ (B.), 101, rue Jolly.

DIEL (Frédéric), 52, rue de Bordeaux.

DRAEGER (F.), éditions d'art, 1, pl. Sainte-Gudule.

DROPSY (E.), 109, rue de l'Intendant.

EXSTEENS (Louis), 21, rue de Loxum.

FARASYN (M.), 5, rue Mont -de-la-Cour.

GOVAERT-DEPAUW (J.), 1, rue Parvis-Sainte-Gudule.

GONTHIER (J.), 7, boul. de Waterloo.

GOOSSENS (Mme Vve H.), 8-10, Montagne-aux-Herbes-potagères.

HAMACHER (W.), 9, rue Neuve.

LEYS et **FILS**, 63-65, rue Rempart des Moines.

NIVERS, Éditions artistiques, 43, av. du Midi.

NYS (H.), 15, square Ambioritz.

PANSAERS (F.), 136, boul. de la Senne.

RISSEL (E) et **Cⁱᵉ**, 63, rue Courbe.

VAN GOIDSENHOVEN, 19-21, rue du Parchemin.

VERDUSSEN, 17, av. Louise. Tél. 13.84.

Tableaux (Marchands, Restaurateurs et Experts en).

ALLO, 12 et 12a, rue Jules-Bouillon.

ARENS (A.), 24, rue Lebeau.

AUBREBY (H.), 18, ch de Vavre.

BAUCK (A.), 8, rue d'Accolay.

BENKENDORP, 8, pl. Lehon.

BOSRET (maison Pierre), **XHROUET** (Ch.), succ , 192, rue Royale.

BRECKPOT et **FILS**, *experts*, Galerie Royale de tableaux, 129 et 198, rue Royale.

BUÉSO (J) **PÈRE**, *expert*, 2-4, rue de la Ligne.

BUÉSO (Paul) **FILS**, *expert*, 14, boul. du Régent.

CASTILLE (A.), 65, rue du Président.

COLLIN (J.-B), 42, rue de la Madeleine.

CORDEMANS-DEBRUYN (Henry), *expert en tableaux anciens*, 30, rue Albert-de-Latour

COUPÉ (Eug.), (Restauration), 24, av. Louise.

DEFFORDT (J.-F.), 23, rue Watteau.

DE HEUVEL (A.), 20, pl. du Grand-Sablon.

DE KUYPER (G.), O. A. ◊ (exposition), 37, rue de Loxum.

DE METSER (Jean), pl. de la Vieille-Halle-aux-Blés.

DENU (C), 14, rue des Trois-Têtes.

DERUELLE (A.), 28, pl. de Brouckère.

DUBIGK (G), 202, rue Royale. Tél. 69.39. (Voir *Antiquaires*)

DUBOIS (François), 3, rue Van-Bemmel.

EXINGER (Mme Vve), *Expert*, 114, rue Gérard.

GALERIE DE LA MADELEINE, 60, rue de la Madeleine.

GOSSEZ (A), 4, rue des Six-Jeunes-Hommes.

HANSSENS (G.), (Restaurateur), 25, rue de Constantinople.

JANSSENS (V.),(restaurateur), 16, rue de Malines.
LAHY (Alfred), 9, rue Montagne-de-la-Cour.
LAMBEAUX (A), 33-35, rue de Loxum.
LANGEVELD-CAMPENS (M), 28-30, rue de la Croix-de-Fer.
LATOUR (F.), 14-16, rue du Miroir.
LEROY (J. et A., frères), 12, rue du Musée.
LUPSIN (P.), 15, Grand-Place.
LUPSIN (P.), 21, gal. de la Reine.
MOMMEN (F.) et Cie, 37, rue de la Charité.
MONTAN (H.), 31, rue Philippe-de-Champagne.
NATHAN (H.), 38, rue Stévin.
PAUMEN (N.), 20, rue du Marché-au-Fromage.
PIÉDANNA, 24, rue Linnée.
POUPÉ-SERRANNE (F.), 26, rue du Champ-de-Mars, et 26, rue de la Régence.
SAVELKOUL (D.), 42, rue de la Querelle.
SCHLERNITZAUER (Constant), 13, rue du Béguinage.
TENAERTS (E.), 23, rue Montagne-de-la-Cour.
VAN DAEL, 9, rue des Guides.
VANDENBOGAERT (A.), 15, rue Véssie.
VANDER-BORGHT (E.), 1, rue de l'Etendard.
VANDER-VEKEN et Cie, 3, rue de la Régence.
VAN GOIDSENHOVEN (J.), 64, rue de Ligne.
VAN MEURS (C.), 65, rue de l'Olivier.
VOS (Ch.), 31, rue de la Putterie.
WIEME (V.), 88, gal. du Commerce.

Tapisseries anciennes (Marchands et Restaurateurs de).

BEAURAIN, 35, rue du Marché-aux-Bois.
BUÉSO (J.), 2 et 4, rue de Ligne.
GARAKÉHIAN (G), 22-24, pl. Sainte-Gudule. Tél. 104.20.
GRÉGOIRE, 21, rue des Sables.
GUILLON (Mme Vve S.). Reproduction de tapis anciens, 69, av. de la Toison-d'Or. Tél. 575.
HASSELMANS (G.), 6, rue du Boulet.
LEFEBVRE (E.), 32, rue du Marché-aux-Poulets.
MICHEL (G.), 87, rue du Comte-de-Flandre.
VAN HOVE (A.), 89-91, chauss. de Haecht.
VELUARD (P.), 10, rue des Fabriques.

ANVERS

Antiquaires.

ARENS (A -D.-A.), 41, Marché-au-lait.
BEYENS (E.), 19, Marché-du-Vendredi.
CHAULIAC, 72-74, rue du Sable.
DU MOULIN (B.), 79, av. Moretus.
FOCKETYN (J.), 16, pl. Léopold-de-Wael.
FRANCK FRÈRES, Courte rue de l'Hôpital.
GRUMMENAUER (J.), 9, rue de l'Aqueduc.

GRUTER-VANDERLINDEN (A.), 23, rempart Sainte-Catherine.
HOGERHEYDE (Mlle), 14, pl. Verte.
LAMBEAUX (Th.), 73, rue Saint-Willibrod.
LAMBELÉ FRÈRES, 1-3, rue Wappers.
LOQUET (F.), 56-58, rue du Vieux-Marché-au-blé.
MEJOR (Mme Vve J.-B.), 45, Longue rue Hérensthals.
MICHAUX (P.), 1, pl. Van Ryswyck.
MICHIELS (Ch.), 44, rue Houblonnière.
MICHIELS (J.), 27, rue de la Province.
PEYPERS (Pierre), 45, pl. de Meir.
SALOMON, 17, vieux Marché-au-Blé.
SMEETS-LAMBERT (P.), 1, rue des Emaux.
VANDENBROEK (J.), 13, rue Vieux-marché-au-blé.
VANHALLE (Mme Vve J), 35, Longue rue de l'Hôpital. Tél. n° 1400.
VANHERCK (E.) 52, pl. de Meir.
VANHERCK (J.-F.), 31, Grand-Place.
VAN WAEGENINGH (F.), 5, rue des Menuisiers.
VAN WALLE (P.) et Cie, 6, rue de l'Aqueduc.
VON SLOCHEM (H.), 7, av. Cogels.
VRANCKX (L.), 108, Grande-Chaussée, Berchem.

Livres anciens.

DAUCHY (E.), 31, rue du Bien-Etre.
DESOGNE (M.), 4, rue de la Province (Nord).
DE WINTER (J), 19, Marché au Lait.
LIBRAIRIE NÉERLANDAISE, 50, rue du Marché-Saint-Jacques.
MOORTHAMERS (C.-L.), 10, Rempart Sainte-Catherine.
MOORTHAMERS (J.), 17, rue du Pélican (Arcades).
SCHOEPEN, 16, ruc de la Galerie.

Estampes et Gravures.

ACKERMANN, 29, pl. Verte.
BASTIAANSEN, 31, rue des Peignes.
BAUWENS (Srs), 10, Porte Saint-Georges.
BEERTS (L.), 21, rue du Vieux-Marché-aux-Blés.
GEBOERTS, 58. Grand-Place.
HAMELS-VANDAMME, 45, rue de la Houblonnière.
SCHEEPERS (Mlle A), 41, rue Léopold.
SCHEFFERMAYER (Epse-Ch.), 4, Marché-aux-Gants.
SCHOEPEN (J.-B.), 16, rue des Gages.
VAN EECKHOVEN (Edm), 6, av. Isabelle.

Galerie de tableaux anciens.

CAUWENBERGHE (C.), 72, rue Haute.

*Tableaux (Experts, marchands
et restaurateurs en).*

ARENS (A.-D), 41, Marché au Lait.
BAUDUIN (R.), (Expert), 39, av Van Eyck.
CAMPO (Guillaume), 22, rue des Paroissiens,
et 41, Marché aux Souliers
DELEHAYE (F.), 5, rue des Récollets.
DELEHAYE (Louis), (Expert), 41, rue Neuve.
D'HUYVETTER (Vve A) and **SON**, 20, rue
Jordaens.
DE VILLE (A.-L), 46, rue des Roses.
DUCAJU (Jos.), (Expert), 4, rue Goddaert.
DU MOULIN, 79, av Moretus.
**EXPOSITION PERMANENTE DE TABLEAUX
ET SCULPTURES**, 8, rue des Sculpteurs
FEHDMER (H.), 31, rue Rodolphe (restaura-
teur).
FOCKETYN (Jack), pl Léopold de Wael.
HALLYN (Jos.), 48, rue du Pélican.
HULSTAERT (Vve P), 10, pl. Verte.
JOHN, 54, canal des Brasseurs.
MAILLARD (L), (Restaurateur), 5, rue de la
Santé
MICHAUX (P), (Expert), 1, pl. Van Ryswyck.
NEUMANS (P.), (Restaurateur), 60, rue de la
Constitution.
PEELLAERT (J), (Restaurateur), 7, rue des
Peintres.
PEYPERS (P.), 45, pl de Meir.
RATINCKX,(Restaurateur), 24, rue Waterford.
SACRÉ (A.), (Restaurateur), 50, pl. Carnot.
SOCIÉTÉ SAINT-LUC, 22, rue Kipdorp.
THIRION (H), 17, pl. Verte.
VANDENBROECK (A), (Restaurateur), 10, rue
des Aveugles.
VANDENBROECK (J.-V.), 13, Marché au Blé.
VAN WALLE (P. et Cⁱᵉ), 6, rue de l'Aqueduc.
VERHOVEN-SIMON, (Restaurateur), 5, Marché
Saint-Jacques

BRESSOUX

Antiquaire.

POUMAY (E).

BRUGES

Antiquaires.

CREYF (M.), 20, rue Notre-Dame.
DE GOUSSEMAECKER (L.), 1, av. des Guille-
mites
DE MEESTER (Albéric), 3, Dyver, tenant quai
du Rosaire. Spécialité de meubles, faïences,
porcelaines et gravures anciennes.
DESMONS, 26, rue Sud-du-Sablon.
GEERAERT (L), 35, rue des Carmes.
HAMERLYNCK (Srs), rue Nord-du-Sablon.

HOLLAND (Marie), 66, rue Nord-du-Sablon
LAGASSE (G.), 2, rue des Ronces.
LAGRAND (E.), 48, rue Nord-du-Sablon.
LEYS (Mme Vve), 73, rue des Pierres.
POUPAERT (L), 3, rue du Rosaire.
RENDERS (E.), 3, rue des Receveurs.
THOMAS (A), 21, rue Flamande
VANDEN BROUCKE (Eug), 8, rue Aux-Laines.
VANDERSMISSEN (Ch.), 80, rue Nord-du-
Sablon.

Livres.

DEMOLIN-CLAEYS (F), 1, pl. des Biscayens.
VANDE PUTTE (L), 13, pl. du Bourg.
VANDER HAEGHE (J), 32, rue aux Laines.

Tableaux et estampes.

BEYEART (Ch), 6, rue Notre-Dame Tél. Bruges
74. (Tableaux) *Copies des primitifs flamands.*
GECELLE (L.), 20, rue Breydel.
GENIS (J), 70, rue des Pierres.
MATHYS (Mlle), 1, rue Flamande et Philipstock.

CHARLEROI

Antiquaires.

JAUMAIN (L), 23, rue Chavannes.
SCHMIDT (H.), 25-27, rue de l'Hôpital.

COURTRAI

Antiquaires.

COUDEREE (D.).
CROQUISON-LEFEBVRE.
MONDY (Gust.) 22, rue du Béguinage.
VINDEVOGEL PÈRE et FILS.

GAND

Antiquaires.

BOSCH (M), 392, rue de l'Église.
DANGOTTE (Ad), 2, rue du Soleil
FLEURIX (G), 11, Cloître Saint-Jacques.
LIBERT (P.), 17, pl. des Marais.
LIPPENS (H), 52, rue Digue-de-Brabant.
MOULINAY (L), 12, rue Van-Oost (Gentbrugge).
QUATACKER (L), 13, rue Antheunis.
SAP (F.), 51, rue du Ponton.
SIX (Pol), 5, rue Aux-Vents.
SOMMERLINCK (B.), 65, rue Longue-Monnaie.
VAN HOECKE (A.), 20, quai de la Lièvre.

VERHOEVEN (Mme Vve), 29, rue des Peignes.
VYT, 13, rue Basse-des-Champs.
WYNANTS (A.), 145, rue de la Maison-de-la-
Force.

Livres anciens.

A. DE TAVERNIER.
SIFFER

LIÈGE

Antiquaires.

BARON (Aug.), 18, pl. Saint-Jean.
BOVY (Henri), 19, rue Saint-Rémy.
COLLETTE (J.), 13, boul. Saucy.
COLLINET (Alex. et fils), 7 bis, pl. Saint-Paul.
DUPONT (V.), 23, pl. de Fragnée.
FOIDART (Fl.), 98, rue Sous-l'Eau.
GHINET, 118, rue Saint-Esprit.
GOBERT (Ch.), 34, rue Saint-Thomas.
HALEIN (V.), rue Saint-Rémy.
HYLGERS (Mme Vve E.), 6, pl. Saint-Jean.
LAMBERT (D.), 17, rue Delfosse.
MABOUX, 15, rue Sohet.
MACHIELS (D.), 88, rue du Vert-Bois.
PERSELAERT (C.), 58, rue des Guillemins.
PIETTEUR (Mme Vve N.), 12, rue Saint-Adal-
bert.
PRÉVOT, 36, rue Vertbois.
RENARD (H.), 130, boul. Sauvenière.
RENARD-FABRY (Mme Vve), 4, Tournant-
Saint-Paul.
RESER (Ep.-Arth), 186, boul. Avroy.
ROSSKAMPS (G.), 46, rue Thier-de-la-Fon-
taine.
TERCAFS (J.), 18, rue Val-Benoît.
ZWYNS (A.) et VANDEVILLÉ, 19, rue des Guil-
lemins.

Livres.

GOTHIER, 42, rue Vinave-d'Ile.
HALBART (Vve et fils), 8, rue André-Dumont.
LETIST (J.), 18, rue de la Régence.
MARTENS (Mme Vve J.), 37, rue Saint-Paul.
MORON (N.), 3, rue Nagelmackers.
RENSON (P.), 4, rue Chéravoie.

MALINES

Antiquaires.

BLAES (J.-P.), 34-2, Longue-rue-des-Bateaux.
CAMMANS (L.-J.-B.), 6, rue des Béguines.
DE BRUYN (V.-J.-F.), 13, Longue-rue-des-Ba-
teaux.
DE MEYER (A.), 37, rue Sainte-Catherine.

DE MEYER (D), 42, rue Sainte-Catherine.
KUSSENER (A.), 25, rue Sainte-Catherine.
LEVASSEUR (E), 40 et 48, rue Longue-des-
Bateaux.
NEUTJENS (L.-J), 129, rue Sainte-Catherine.
SCHWARTZ (A), 137, rue Sainte-Catherine.
TUERLINCKX (C), 27, rue Adegem.
WEEKERS (C.-J.), 32, Longue-rue-des-Cheva-
liers.
WILLEMOT (Mme Vve J.), 34, rue Sainte-Ca-
therine
WILLEMOT (fils), 10, Sous-la-Tour.

MONS

Antiquaires.

ADAM (L.), 15, rue de la Petite-Boucherie.
DEHAME (E.), 9, rue Cantimpret.
DELPLACE (E), 21, boul. Gendebien.
DUBUISSON, 13, rue des Juifs.
FONTEYNE, 33, rue Grand-Jour.
PARMENTIER (H.), 35, rue Notre-Dame.
SCHAEKEN (G.), 26, rue des Clercs.
SCHAEKEN, 97, rue de Nimy.
WOLFFERTS (Alf), 71, Grande-Rue.
WOLFFERTS FILS (aîné), 51, rue Notre-Dame.

NAMUR

Antiquaires.

DEMANET (Pierre), 5, Marché-aux-Arbres.
LECLERCQ (J.), 21, rue du Collège.

OSTENDE

Antiquaires.

MAERTENS (Mme Jeanne), 27, rue de la Cha-
pelle.
NOSSENT (H.), 50, rue de Flandre.
WOLFF (J.), 48, rue Longue.

ROULERS

Antiquaires.

DE BROUWERE.
DE CLERCQ (Ch.).
GAYTAN (Mme Vve).
MUYLLE.
VERBRUGGHE.
VANDEVOORDE (H.).

TERMONDE

Antiquaire.

VAN DEN SMISSEN, rue de Bruxelles.

TOURNAI

Antiquaires.

DE BUE (Mme C.), 31, chemin de la Tombe.
DEROUX-LEBAIN, 26, pl. de Lille.

GOOSSENS (H.), 7-9, rue du Curé-Notre-Dame.
MORELLE (V.), 35, rue Saint-Brice.
POLLET (Louis), 1, Marché-aux-Poissons
T'SAS (F.), 21, rue Haigne.

VERVIERS

Antiquaires.

DANDRIFOSSE (H.), 25, rue Mont-du-Moulin.
DUMONT J), 48, rue du Marteau.
SAIL (Mme Vve), 7, rue Courte-du-Pont.

DANEMARK

COPENHAGUE

Marchands d'Antiquités.
Handlende (Antikvitetsh).

BANG (L.) und **MOURITZEN** (A.), 36, Holm
　Kan.
BRUNN (O.), 37, Bredg.
CLAUSEN, 17, Osterg.
COHN (Isidore A.), 6, Niels Hemmingsensg.
GROONHEIM (D. W.), 15, Raadhusstr.
GROSS (Richard), 5, Gotherag.
HAMMER (Alfred), **MOLLER** (E.), 80, Borgerg.
HENRIKEN (L.), 71, Bredg.
JANSEN (B.), 8, Nybrog.
JORGENSEN, 11, Dannebrogsg.
MARCUS (M.), 31, Amagert.
NACHEMSOHN (Josef), 4, 24-10, 95, Osterg.
NATHANSOHN (Alfred), 3, Bredg, og Palaeg,
　1 und 3.
NICOLAYSEN (T. M.), 14, Klareboderne.
NIELSEN (Anina), 22, Kronprinsesseg.

NIELSEN (Jorgen), 21, Gl. Kongevej.
ORSTED-MATSEN, AKTS (H. C.), 88, Holm
　Kan.
PETERSEN (G.), 4, Kronprinsesseg.
PETERSEN (C. L.), 1, Nygade.
PETERSEN, BENDIX (J.), 77, Adelg.
SALOMON (Isidor), 24, Tordenskjoldsg.
SAMUEL (L. M.), 1, Klareboderne.
SCHANDORFF (T. L.), 7, Gothersgade.
VERDIER (H.), 41, Gronneg.

AARHUS

Antiquaire.

BOGHANDLER (Carl), A. Boesen, St. Torv.

ODENSE

Antiquaire.

HERMANNSKE, KUNSTH, 16, Jernbaneg.

ESPAGNE

MADRID

Antiquaires (Antiguedades).

ALIAGA (José), 5, calle Mesonero Romanos.
ALONSO (Augustin), 87, calle Mayor.
ALONSO (Léonor), 23, calle del Prado.
AMARÉ, 7, plaza de Santa Ana y Principe, 26.
BOSCH (Pedro), 8, calle don Pedro.
CAMPOS, 11, calle Nicolas Maria Rivero.

CLÉMENTE (Manuel), 22, calle Humilladero.
DOMINGUEZ (José), 5, p. Progreso.
ESCOSURA (Viuda de), 49, carr. de S. Geronimo.
FIDELA (Viuda de Dominguez), 8 y 5, Los Ma-
　drazo.
FLORENTIN (Maria), 3, pl. de Isabel II.
GARCIA LUQUE (Mariano), 5, traversia Con-
　servatorio.
GARCIA, PALENCIA, RAFAEL, 13, calle Duque
　de Alba.
GARCIA (Rafael), 29, calle Carmen.

GARCIA (Rodriguez José), 123, calle de Alcala.

GIL (Juan), 52, calle Ave-Maria.

GOMEZ (Esteban), 5, carr. de S. Francisco.

GONZALEZ (G.), 36, carr. de S. Géronimo y Lope de Véga.

GUESNU (Emilio), 45 y 47, carr de S. Geronimo.

GUTTIERREZ (Ricardo), 17, calle Desengano.

HERAS (Braulio de Las), 13, calle del Fuentes.

HERNANDEZ (German), 26, calle Canillas.

JIMENEZ (Elise), 16, calle Relatores.

LAFORA (Juan), 51, carr. de S. Géronimo.

LALIN y ESPOSA (Peregrina), 25, calle de Prado.

LARA (Eduardo), 19, calle Magdalena.

LOPEZ SANTIAGO, 44, carr. de S. Géronimo.

MARIN (Julian), 4, calle Nunez de Arce.

MORENO (Gustavo), 6, calle Santa Catalina.

MOSTAZO (Maria), Viuda de Lara, 7, piazza de las Cortes.

PASARON (Manuel), 6, calle del Prado

RODRIGUEZ (Otero Concepcion), 30, calle del Prado.

RODRIGUEZ (Miguel), 11, calle Leganitos.

RODRIGUEZ (Tomas), 15, calle del Prado.

RODRIGUEZ (Vda de Tiburcio), 29, calle del Prado.

ROMERO (Ambrosio), 27, calle Ferdinando VI.

ROSA Y RIVERO (Manuel), 19, calle Echegaray.

RUIZ BALAGUER (Manuel), 9, calle del Prado.

RUIZ (Pedro), 42, carr. de S. Géronimo.

SALCEDO (Alberto), 36, carr. de S. Géronimo.

SANTOS (Antonio), 48, calle Ave-Maria.

VINDEL. Livres anciens, 73, calle de Mendizabal

ALICANTE

Antiquaires.

MORIN (Paolo), 8, B. de Benalua.

PEREZ (Luis), calle Bénalua.

BARCELONE

Antiquaires.

DALMAU (J.), 10, calle del Pino.

LLONCH (Joaquim), 17, calle del Paja.

LLORENS (Francisco), 2 *bis*, pl. del Catédral.

LLORENS (Francisco de P.), 9 y 11, B. de la Pl. Nueva.

LLORENS Y RIU (José), 3, calle Miserferrer.

MARÉS Y ORIOL (Livres), Angeles, 1.

MARTI (Gayetano), 17, calle D. Jaime I.

MORAGAS (J.), 2 *bis*, pl. del Catédral.

RIDAURA (Enrique), 6, Escudillers.

SCHULZE (Wm. Hermann), 42, rambla Catalana (Livres).

SCHNEIDER (Pablo), 50, rambla Cataluna (Livres).

VILLALONGA (Jaime), 32, calle Avino.

BURGOS

Antiquaires.

LUIS LOPEZ (Evencio), 20, Paseo Espolon.

GRENADE

Antiquaires.

FAJARDO (Nicolas), 12, calle Gran Via

FUENTES (Manuel), Gta de Gomers.

LINARES (Abelardo), calle del Alhambra.

LINARES (Enrique), 2, calle Gomers.

TORRES (Ricardo), Gta de Gomers.

LERIDA

Antiquaire.

ORTOLAMO (José), 6, calle Democracia.

MALAGA

Antiquaires.

ABRIL (José), Pº de Reding.

CANTARERO (José), 61, calle Cortina del Muelle.

DELGADO (José), 17, Pº de Reding

FLORIDO (M.), 21, calle Comédias.

GUTTIERREZ (Nicolas), 4, calle Capuchinos.

PALMA (Iles Baléares)

Antiquaires.

ALEMANY (Jaime), calle Capuchinos.

FORTEZA (Mateo), 24, calle del Fiol.

MULET (Bernardino), calle Obispo.

SAN SÉBASTIEN

Antiquaire.

CHAVES (J. M.), 6, calle Churruca.

SANTANDER

Antiquaire.

SOCASAUS (Francisco), 8, calle Tableros.

SARAGOSSE

Antiquaires.

PALUS (José), 45, calle Don Jaime I.

SANZ (Evaristo), calle Sévilla (Torrero).

VILLAGRASA (Hermenegildo), 15, calle Mendez Nuñez.

SÉVILLE

Antiquaires.

ANAYA Y LEON (Francisco), 10, calle del Rioja.
BARRON (Ricardo), 53, calle Placentines.
GARZON (Nicolas), 1, calle Mendez Nuñez.
PINANES ARGOS (Manuel), 45, calle Hernando, Colon.
RAMON FUENTES (D), 47, calle Placentines (frente à la Catédral).
REYES (Manuel), 20, calle Canovas del Castillo.
SILVA (Viuda de Tomas), 4, calle Canovas del Castillo.
SIRABEGNE JIMENEZ (Luis), 33, calle Alemanes.
TAPIA (Manuel), 10, calle Gran Capitan.

VALENCE

ALMENAR (José), 8, calle Campañeros.
MOYA BERNIAL (Ignacio), 35, calle Murillo.
NAVAS SABORIT (Félix), 22, calle Espada.
VALENTI (Vicente), 4, pl. de la Constitucion.

VALLADOLID

CHICOTE (Mariano), 2, calle del Parras.
ISURE (Blas), 20, calle Pasion.
LOPEZ (Antonio), 40, calle Platerias.
REFOYO (Francisco), 6 y 12, calle Alegria.

GRÈCE

ATHÈNES

Antiquaires.

ASKITOPULOS (John), rue Hermes.

DRACOPOULOS (C.), rue Hermes.
LAMBROS (J).
POLIKRONOPOULOS (George (The Minerva), rue Hermes.

HOLLANDE

LA HAYE

Antiquaires.

ALBERGE (S.) en **ZOON**, 11, Plaats.
AMERONGEN (J. Van).
ANDRÉOLI (D. F.), 5, Lange Houtstraat.
ARTZ, 14, Vijverberg.
BIESING, 67, Molenstraat.
BOUSSOD, VALADON et **C°**.
BUITENKANT (M. I.).
COMPAGNIE PERSANE, 140, C Noordeinde.
CROISSET (A.) en **ZOON**.
DUVEEN (J. M.).
EMDE (A. Van).
EMMERING (S. S. M.).
FULD (H.), 2, Tournoiveld.
GELDER (J. Van), firma S. Van Gelder en **ZOON**.
G^d ROYAL BAZAAR, 82, Zeestraat.
HAAGAN (M. F. W.), v. d.
HILLEN (H. P.), 64, Noordeinde. Tél. 2184. Boiseries. Décorations de salle, etc.
HUISMAN (M.).
JONKMAN (S. H.), 95, Noordeinde.

KLOP (B. G.), firma Martin Klop en C°.
KRUGER et **C°**, 37a Noordeinde.
MAAN (B. et C° de).
MUTERS, Knotterdeck.
PREYER (A), 2, Paleistraat.
REBALLIO (Alber'.).
ROZENBURG, Parkstraat.
SCHULLER (J.-C.), 22a, Plein.
SPEIJER (E. A.).
STRELITSKIE (H. J.).
TEUNISSEN (M. J).
TRIJBITS (M. A.).
VAN STOCKUM EN ZOON, WP., 36, Buitenhof.
VINCENT VAN GOGH.
WESSER en **C°**.

AMSTERDAM

Antiquaires.

AANDACHT (A).
AANDACHT en **ZOON**.
ANDEL VAN DEN.

SAKKER (Wed W. L).
BIERENBROODSPOT (Wed. G. J.).
BOM (G D) ?
BRUGGEN (J. P. Van).
BUFFA EN ZONEN, Frans, 39, Kalverstraat.
BURK (P.).
DELAUNOY (Etienne), 172, Kalverstraat.
DELDEN (H. W. VAN), 93, Damrak.
DORENS EN ZOON (G.)
DUITS (S.) und **ZOON**.
DUITS (W.).
GOEDHART, 426, Keisersgracht.
GOUDSTIKKER (J.).
GOGH (C. M VAN), 453, Keisersgracht.
GROOT (M. de), en C°.
HAMBURGER (Gebr.).
HANGJAS (Bernard).
HUISMAN (G.).
KALF (S. J).
KEEZER (Benj. M.).
KEEZER (M.) en **ZOON**, 5, Doelenstraat.
KOMTER (D), 455, Heerengracht.
KOSTER (Rokin).
KOSTER (B).
KRULS (Jan).
LOB (A. S.).
MAAN (de).
MAGAZIJN (Oud-Holland), 130, Rokin.
MARIJT (J. G. L).
MOGENDORFF (S.).'
MORPURGO (Josef M.).
MORPURGO (Raphaël).
MOSEL (S. E.).
MULLER (Frédérick) et **C°**, 10, Doelenstraat.
NANYJAS.
PAERELS.
POORT et **VAN KESTEREN**.
PUISTER (J.).
ROOIJ (J. J. de).
ROOS (C. F.) et **C°**, 7, Rokin.
RIJXMAN (A.).
SCHORL, 51, Kalverstraat.
SCHULMAN (J.), 448, Keisersgracht.
SIMONS (S. A.).
SMITS (M.).
SPIJER en **ZOON**, 10, Kalverstraat. Tél. 2499.
SPIJER (D. W.).
SPIJERS BROTHERS.
STAAL (A.).
STRATEN (Wed. A. Van).
STRATEN (B. A. Van), 12, pl. Muidergracht.
SWARTE (B. de).
UITGEVERS MAATSCHAPPIG VIVAT, 544, Prinsengracht.
VAN VEEN et **C°**, 90, Damrak.
VAN WISSELINGH et **C°**, 23, Spui (et à Londres).

VECHT (Jzn. M.).
VOSKUIL (B. L), 15, 19, Spui.
WESSELS (W. P.).
WOUDSTRA en **ZONEN**.

Livres anciens et gravures.

HOUTHAKKER (Bernard), 332, N. Z. Voorburgwal.
VRIES (de), (R. W. P). Estampes anciennes, dessins anciens. 146, Singel.

DORDRECHT

Antiquaires.

BERSLY (Ph.).
HORSSEN (P.-J. Van).
JONKERS (J. F.), 130, Wynstraat.
MAK (A.).
SCHOTEL (J. Rz.).
SCHOTEL (N.).

GRONINGEN

SCHOELTENS et **ZOON**.

MAESTRICHT

Antiquaires.

BEESMANS (K.).
VIEGEN (A.).

ROTTERDAM

Antiquaires.

BARENDSE (I. J.).
BASCH (G.).
BOERS (M. de).
COHEN (S.).
DAM (A. J. Van).
DAVIDS (A. Wz).
DUNK'S (J. H.).
GELDER (S. Van).
LA GRAND (J. H.).
KRIJZER (C.).
SPEELMAN (S.).
WEGENAER (F. J. E.).
WELTER (H.).

UTRECHT

Antiquaires.

COSTER (A).
FIRMA PH. FRENKEL.

FIRMA B. TIBOUT.
FIRMA J A VAN GORKOM
FRANKEL (A).
FRENKEL (B. Th.).
FRENKEL (I. Ph).
FRENKEL (S. Ph.).
KOSTER (S.).
TAKX (A.).
VAN WAEGENINGH (François)

VOLENDAM

VOLENDAM ART SCHOOL. (**HANICOTTE** A.),

ZWOLLE

Antiquaires.

STIBBE, Torbekkengracht.
STIBBE, Groote Kersplein.
ZEOHANDELAUR, Waderstroot.

ITALIE

ROME

Antiquaires (Antiquari).

ALBERICI (Augusto), 71, via Cavour.
ANADIO (Luigi),128, via delle Quattro Fontaine.
ASTROLOGO (Marco), 35, via di P. Pinciana.
AVOLIO (Gennaro), 80, via Monte Brianzo.
BARSANTI (Alfredo), 137, via Sistina.
BASILE (Gaetano), 47, via Marforio.
BIONDI (Teresa), 32, via Bonella.
BISCIANI (Achille, Gius.), 46, via Torre di Nona.
CALO (Settimio), 53, via Aracoeli.
CAPONETTI (Curzio), 42, via di Monte Brianzo.
CAPORALI (Caterina vedova Marchini), 56, via Sistina.
CAPPONI (Achille), 20 e 22, via della Fontanella di Borghèse.
CEOLA MARTIGNONI (Giuseppe), 72, via Monte Brianzo.
CITONI (Giula), 160, Borgo Nuovo.
CITONI, 63, via d'Oracoeli.
CORVISIERI (C. Quadri), 83, via due Nacelli.
DELLA CELLE (Ellow), 32, via Porta Pinciana.
DELLA TORRE (Davide), 51A, via Babuino.
DERY (P. R.), 37, via Ludivisi.
DI CASTRO (Angelo), 24, via Colosseo.
DI CASTRO (A. e L.), 88, via del Babuino.
DI CASTRO e **CITONI**, 15, Borgo Nuovo.
DI SEGNI (Alessandro), 97, piazza S. Elena.
EFRATI (M. E.), 116, Borgo Nuovo.
FERRANDO FRATELLI, 12, via Sistina.
FERRARA (Silvio), 6, via Condotti.
FIORENTINI FRATELLI e C., 106, via del Babuino.
FIORENTINI (Sabatino), 7, piazza Spagna.
FUNARO (Alberto) e **FIGLI**, 70, p. Spagna.
GALASSI PALUZZI (Gustavo), 60, via delle Carrozze.
GENTILI (Luigi), 47, via Torre di Nona.
GIACOMINI (G.), 47, via del Teatro Valle.

GHERARDI (Tebaldo), 74, via Campo Marzio.
GORGA (Evan), 285, via Cola di Rienzo.
GUATTARI (A.), 28, p. di Spagna.
GUERRINI (Muzio), 79, via Monte Brianzo.
IMBERT (Alessandro), 59, via Condotti.
INNOCENTI (Saturnino), 77, via del Babuino.
JADOLO e **MAGNANI**, 45, p. Consolazione.
JANDOLO (Aless. e Ant.), 92b, via del Babuino.
JANDOLO e **TAVOZZI**, maison de vente, 96, 97, via del Babuino. Tél. 47-33.
JANDOLO (Ugo), 66, via Sistina.
JANNIELLO (Pasquale),2, via S.N.da Tolentino.
KNILL (J.), 67, via del Babuino.
KELLER (Moritz e C.), 72, p. di Spagna.
LAMPRONTI (Césare), via Fabio Massimo.
LIMITI (Achille), 23a, via Porta S. Sébastiano.
MAGNI (Carlo), 23, via Sistina.
MALATESTA (Angelo), 10, via Colosseo.
MARCOCCHIA (A.), 43 p. di Spagna.
MAURINI (Pietro), 2, via P. Pinciana
PACIFICI (Romano), 7, via S. Susanna.
PACIFICI (Tito), 53, via della Consolazione.
PAVONCELLO (Settimio), 147, Borgo Nuovo.
PAVONCELLO (Angelo, 17, via Torre di Nona
PAVONCELLO (Marco) e **FRATELLO**, 72, via del Clémentino.
PICCONI (Virgilio), 11, via del Colosseo.
PISANI (A e C.), 397, corso Umberto I°.
PISANI (Pasquale), 103, via Clémentino.
POCHINI (Gius.), 63, via Torre di Nona.
RAPPEPORT (C-E.) (Livres), 13, via Bocca di Léone.
ROFFI (Gaetano), 81, via Sistina.
ROMANO (Emilio), 34, via Toscana.
SABATELLO (I. di A), 8x, via Arenula.
SANGIORGI (Galerie), Antiquités. Décoration. Ameublement. Piazza Borghèse (Palais Borghèse). Adr. tél. Ars.
SCALCO (Eugénio), 29, via Torre di Nona.
SCALCO (Giuseppe), 8, Borgo Nuovo.

SCARAPAZZI (Augusto), 83, via Sistina.
SCHIAVETTI (Pietro), 68, Monte Brianzo.
SCORCELLETTI (Maria), 88, via Alessandra.
SEGRE (Emanuelle, Quadri), 92, piazza di Spagna.
SEGRE (PADRE e FIGLIO), 81, p. di Spagna.
SESTIERI (Pellegrino), 29 e 33, via Fontanella di Borghèse.
SIMONETTI COMM PROF. (Attilio, Quadri), 11, via Vittoria Colonna.
SOPRANI (Antonio), 72, via di C. Marzio.
SPIZZICHINO (Ester), 65, via Brianzo.
SUPINO (Teresa), 67, Consolazione.
TABERNA (Cav. Eugénio e C.), 28, p. Barberini.
TANCREDI (Franc), 55, via Margutta.
VALENZI (Augusto), 55, Babuino.
VENEZIANI (Alberto), 137a, via Sistina.
ZELAIA (Cesare), 152, Borgo Nuovo.
ZUCCARELLI (A.), via Pass. di Ripetta, 26.

BERGAMO

Antiquaires.

ACERBONI (Batt.), 1, Mad. della Neve.
ARSUFFI (Rossi Regina), 5, G. Camozzi.
BARBIERI (Anacleto), 84, S. Tomaso.
BELLOLI (Giovanni, 16, Gombito.
BIANCHI (Giovanni), 32, p. Dipinta.
BONOPERA (Attilio), 2, p. Dipinta.
CORNALI (Giovanni), 4, p. Cavour.
FREGGI (Giovanni), 4, p Dipinta.
FRIGERIO (Eugénio), 1, via G. Donizetti
GOTTI RAINERI (Angela), 2, S. Giacomo.
MANIGHETTI (Angelo), S. Tomaso.
MORA FRATELLI, Capuccini.
ROMAGIALLI (Luigi), 3, via Muraine.
SOTTOCORNOLA (Batt), 64, S. Bernardino.

BOLOGNE

Antiquaires.

BASSI (Giovanni), 47, Lamme.
BERNARDI (Astorre), 18, Zamboni.
BONESI, 31, via Ugo Bassi.
BORGHESANI (Adolfo), 3, via Gombruti.
DAL RIO (Enrico), 12a, via Ugo Bassi.
EVANGELISTI (Césare), 19, Galliéra.
FABBRI (Gaetano), 11, Ugo Bassi.
GATTI (Virginio), 2, via Clavature.
MINGHETTI (A) e FIGLI, via S. Vitale.
NICOLI (Astorre), 22, via Ugo Bassi.
PAGAN NE PAGANIS (Tiziano), 19, Bella Arti.
PINI (Césare), 16a, via Ugo Bassi.
PINI (Carlo), 30a, via Ugo Bassi.
PIZZOLI (Césare), 18, via Ugo Bassi.
RAMBALDI (Arturo), 1, via Castiglione.

RANUZZI (C. Alessandro), 9, Impériale.
RINALDI (Stanislao), 18a, via Ugo Bassi.
SERRA (Primo), 15, via Gombruti.
VIGNOLI (Frédérice), 2, Piétrafitta.

BRESCIA

Antiquaires.

COEN (Giovita), via Spaderie, 2, via Prigioni, 4.
POCHETTI (Girolamo), 43, corso Magenta.

COME

Antiquaires.

DUVIA (Domingo), 11, via F. Muralto.
GAGLIARDI (Riccardo), 1, piazza del Duomo.
TOSI (Felice), 12, piazza Alessandro Volta.

CREMONE

Antiquaires.

BIAGGI (Signorio), via Sofonisba Anguissola.
GALUZZI (Fortunato), 14, corso Garibaldi.

FLORENCE

Antiquaires.

ASSOCIAZIONE DEGLI ARTISTI ITALIANI (Expositions des Beaux-Arts), 25, via de Bardi.
BACCI (Giovanni), 6, via della Vigna Nuova.
BARDINI (Stéfano), 1, piazza del Mozzi.
BARTOLOZZI (Guido), 6, via Maggio.
BAZZANTI (Pietro) e FIGLIO, 12, Lungarno Corsini.
BIANCHI (Vinc.), 18, via del Benci.
BELLINI (Giuseppe), 1, via del Sole.
BIGAZZI (Gius), 17, via del Proconsolo.
BOCOARA (Eugenio), Hôtel des Ventes, Commissaire priseur du Consulat de France, 19, via Vigna Nuova. Tél. 19.89.
BOLLENTINI (L.), 4, p. S. M. Novella.
CALLOUD (Oreste), via del Proconsolo.
CHIARI (Césare), 15, via dei Fossi.
CIAMPOLINI (Vinc.), 11, via del Sole.
CITERNESI (Alfredo), 10, Borgognissanti.
COSTANTINI (Emilio), 6, corso Regina Elena.
CUSUMANO FRATELLI, 28, via Guicciardini.
CUTLER (Marshall), 8, via Tornabuoni.
DELLA BRUNA, 6, Borgognissanti.
DELLA TORRE (Elvira), 9, via Maggio.
DEL SOLDATO (Giuseppe), 1, via Tornabuoni.
DI SEGNI (Léo), 15, via Guicciardini.
DUCCI (Alfredo), 1, via dei Fossi.
DUCCI (E.), 1, via Maggio.
DUCCI (Fortunato), 1, via della Spada.
DUMINI FRATELLI, 16, piazza Pitti.

FANTONI e BOZZOLINI, 3, via dei Branchi.
FLOR e FINDEL, 24, Lungarno Acciaioli.
FONTANA (Raffaello), via Porta Rossa.
FONTANA (vedova), 8, via Tornabuoni.
FRANCIOLINI (Léopoldo), 45, via della Scala.
FRILLI (Antonio), 4, via dei Fossi.
GALARDELLI (Césare), 11, via del Giglio.
GENNAZZANI (G.), 16, via della Spada.
GERI (Alfredo), 2, via G. Garponi.
GIRARD (Carlo), 19, via Vigna Nuova.
GIRALDI e RANGONI, via Borgognissanti A.
GRANCHI (G.), 24, Borgognissanti.
GREMONI (N.), 8, Cannetti.
GUARDUCCI (Carlo), 10, via Maggio.
GUASTALLA (Viviano), 7, via Banchi.
KELLER (Moritz), 1, via Borgognissanti.
LASCHI (Emilio), 10, via dei Fossi.
LEPRI (Leopoldo), 17 e 19, via dei Benci.
LUCCHESI (Raffaele) (Tableaux modernes),
    19, Piazza Pitti.
MAGNO (D.), 21 e 25, via dei Fossi.
MANNERING e C., via Ortammichele.
MASINI (G , Quadri), 3p, Ponte alla Carraida.
MATERAZZI (A.), 18, via dei Servi.
MELLI (Angiolo), 7, Ponte Vecchio.
MELLI (Giuseppe), 3, via Tornabuoni
MOGGI (Raffaello), 12, Ponte Vecchio.
MONTELATICI (Ettore), 25, via dei Servi.
MOROZZI e GORI, 14, via Verdi.
NERI (G.), 7, Borgo SS. Apostoli
NESI (Egisto), 26, via Vigna Nuova.
OLIVOTTI (A.) e C., 14, via Tornabuoni.
OLSCHKI (Léo S), 4, Lungarno Acciaioli.
    LIVRES ANCIENS ET CURIEUX DE TOUS GENRES
    Manuscrits avec miniatures.
    Reliures d'art anciennes.
    Catalogues illustrés. Expositions permanentes.
ORSELLI (L), 3, via Borgognissanti.
OSIMO (S), 4, via delle Oche.
PACINI (Giuseppe), 25, v a dei Fossi.
PALLOTTI (Giovanni), 3, via Rondinelli.
PANERAI (Vittorio, 4, via Maggio.
PETRILLI (Aristide), 2, via dei Fossi.
PINI (Guido), 18, piazza del Duomo.
PRATO (Léonello), 100, via Ghibellina.
RISTORI (Adele), 3, via Borgognissanti
ROMANELLI FRATELLI, 22, Lungarno Ac-
    cialoli
SALVADORI (S.) e FIGLI, 6, via de' Serragli.
SANDRINI FRATELLI, 1, via Ghibellina.
SCAPPINI (Giovanni), 1, via Tornabuoni.
SCHEGGI (Ces.) e FIGLI, 2, Lungarno Acciaioli.
SCHWICKER (Carlo) e FIGLIO, 21, piazza dei
    Pitti
SIGNORINI (A.) e FIGLI, 26, via Vigna Nuova.
SILLI (S), 17, via dei Fossi.
SILLI (Viro), 18, via dei Fossi.
SOCIETA ARTISTICA, 5, piazza Donatello.

SOCIETA FIORENTINA PER LE SCULTURE
    ARTISTICHE, 1, via dei Fossi.
STRANGE TOMASO e C., 14, via Borgognissanti.
TESTA (Enrico), 2, via dei Fossi.
TRABALLESI FRATELLI, 16, via Spada.
VALDINOCI (Angiolo), 3, via dei Fossi.
VANNETTI (Ang), 29, via Michelangelo.
VICHI (Ferdinando), 3, via Borgognissanti.
VOLPI (Elia), 9, via Porta Rossa.
VOLTERRA e MELLI, 10, via Tornabuoni.
VOLTERA (Gius.), 1, Ponte Vecchio.
ZOCCHI (E.), 1, p. Ottaviani

GÊNES

Antiquaires.

BINELLI (Tito), 20, via Luccoli, vico Migliorini.
CARLOTTO (Antonio), 9, p. della Maddalena.
FENU (A.), 30, p S Bernardo.
LEVI (Giuseppe), 5, piazza Tessitori.
MAGGI (Matilde), 31, via Luccoli.
MELCHIOR (G.) e C , 35, por, XX Settemb.
PEROSINI (G.) e C , 17r, V. Bajbi.
PICASSO (Giac), 10, via David Chiossone.
VILLA (Edoardo), 20, via Garibaldi.
ZEREGA (Serafino), Ditta, 96r, via Luccoli.

LUCCA

Antiquaires.

BIAGIOTTI (Franc.), piazza S. Francesco.
GIORGO FRATELLI, via Della Polveriera.
GIORGI (Artirodo), via Corticella.
LUNARDI (Césare), via Diversi.
MENICHETTI (Andréa), via Nazionale.

MILAN

Antiquaires.

BRIANZI (Livres anciens).
CANTONI (Achille), 1, via Ugo Foscolo
CONCA (Eredi), 3, via S. Andréa.
CONTI (A.), 5, via Rossini.
DE LAZZARI (Maria), 1, via Asole.
DETTAMANTI (Battista), 11, S Piétro all'
    Orto.
FASSINI (Giulio), 11, via S. Piétro all' Orto.
FROLDI (Césare) 7, via Cappellari.
GAFFORELLI (Vittorio), 2, Pas. cent Orefici.
MORI (Achille), 5, corso Venezia.
MORI e TONEI, 37, Vittorio Emanuele.
MOSE (Piétro), 32, Viale Monforte.
POGLIAGHI (R.) 12, via Pontaccio.
POLLI (Giosué), 10, via Visconti.
POLI (A), 4, via S. Giov, Laterano
SEGRÉ (Isacco), 32, via C. Alberto.

SUBERT (E B Ditta) DI CARLO E RODOLFO,
Galleria Vittorio Emanuele, 78
SUBERT (E. M), 11, corso Venezia.
TREMOLADA (Silvio), 26, via Passarella.
VALSECCHI (M), 26, via Monte Napoléone.

NAPLES

Antiquaires.

ALLEGRO e GANDAIS, 21, via Césario Console.
BARONE (Vincenzo), 12, via T. Maggiore.
CALDERAZZO (V.), 133, S Lucia a Mare.
CANESSA (C. c E), 23, piazza Martiri, Anti-
quaires-Numismates Paris, 125, Champs-
Élysées, New-York, 419. Fifth av.
CANNAVINO CAV BENIAMINO DEI CONTI DI
S. MARIA, 6, piazza Vittoria.
CARELLI (G. e C), Galleria Vittoria, 61, via Chia-
tamone.
CASELLA (*Livres anciens*). 81, piazza Muni-
cipio.
CASOLARO (Gaet.), 8, via Sébastiano.
CORONA (E), 21, via S. Pietro a Majella
CORONA (Giovanni), 11, Capo Napoli.
DE GREGORIO (F.), 27, via Costantinopoli.
DE MARCO (Paride), 14, via S. Chiara.
DERIDERIO (Giovanni), 17, via Costantinopoli
DE ROSSI (Biagio), 1, via Calabritto.
FARINA (M), 13, via S. M. dell' Aiuto.
FITTIPALDI (Raffaele), 52, via Costantinopoli.
GAUDAIS (Paolo), 82, via S. Lucia.
GIARDIELLO (Francesco), 100, via Costantino-
poli.
GUZZAVAGLIA, 43-51, via Costantinopoli.
INGALDI (E), 95, via Costantinopoli
JOIME (Raff.), 76, via Costantinopoli.
LOMBARDO (Donato), 27, p. dei Martiri.
LONDI (Vincenzo), 66, piazza Bellini.
MINOZZI (Cav Arturo), 80, via Costantinopoli.
PATARINO (Vincenzo) (*Livres anciens*),
74, Piazza Cavour.
PEPE (Gaetano), Vico S. Pietro a Maiella.
POLIDANO (G.), di Mauro, 21, S. Biagio dei
Librai.
ROMANO (Franc.), 91, via Costantinopoli
SCOGNAMIGLIO (F e G), 9, Largo S. Catarina
a Chiaia.
SENOTTO (Mariano), 103, piazza dei Girolimini.
STAJANO (Giuseppe), 47, via G. Gaetano. Fi-
langieri
TOLEDO (Giuseppe), 61, Muséo.
VARELLI (Giov), 83, Gall. Umberto I.

PADOUE

Antiquaires.

BAGGIO (Antonio), via Dante.
BASSANI (Giuseppe). via delle Piazze.

GOLDSCHMIEDT (Gustavo), via S. Francisco.
MACCOLA (Bernardo). Timbres-postes pour
collections, 33, via Beato Pellegrino.
MARINI (Ces.), via delle Piazze.
POATO (Giuseppe), via Garibaldi.
ZAMMATO (Giulio), Riviera Tito Livio.

PARME

Antiquaires.

BRASI FRATELLI, 4, piazza del Duomo.
GODI FRATELLI, via Petrarca.
PODESTA (G.), via 20 Marzo.

PAVIE

Antiquaires.

CERVI ISIDE, ved. CROSTA (Rigattiera), via
Amadei.
CONTI (Angela), 30, via B. Gatti.
MOLTENI ROVIDA (Rachele), 28, via B. Gatti.
OLIVATI (Carlo), 8, via Volturno.

PIACENZA

Antiquaires.

BIZZI (Erminia), 9, via S. Giovanni.
COGNI (Ant.), 2, via G. Alberoni.
COGNI (Giacomo), 2, via G. Alberoni.
FRACCHIONI (Costantine), 11, via Frasi.
GALLI (Guglielmino), 20, via S. Giovanni.
GONNI (Luciano), 31, via Poggiati.
GROSSI (Ettorre), 66, via G. Taverna.
ROVELLI (Giuseppe), Dazio Vecchio.
SCORMANI (Luigia), 130, via XX Settembre.

PISE

Antiquaires.

LORENZINI (L), via Vittorio Emanuele.
SATTI e C., 87, via S. Maria.

RAVENNE

Antiquaires.

BRANDOLINI FRATELLI, 21, via Mazzini.
MISEROCCHI (Nullo), via Farini.

SIENNE

Antiquaires.

BASETTI (Ant. e Gaet.), via Cavour.
CORBINI (Raffaello), 1, via Umberto.
MASTACCHI (Giustino), 1, via Umberto.
MERLOTTI (Pilade), 1, piazza Abbadia. Tableaux
et objets de collections anciens.

VENISE

Antiquaires.

BACCHI (Angelo), 1430, S. Silvestre.
BALBANI (Carlo), 2800, S. Barnaba.
BAROZZI (Dino), 2940, Canal Grande, S. Stefano.
BASSI (Angelo), 4208, Riva Schiavoni.
BOTTACCINI FRATELLI, SS. Giovanni e Paolo.
CAMERINO (Achille), 3199, S. Barnaba, calle Bernardo.
CAMERINO (Césare), 5117, S. Marco.
CANDRIAN (Sébastiano), 2402, Galleria S. Marco, via 22 Marzo, près le Grand Hôtel
TABLEAUX DE PREMIER ORDRE
Bellini, Giorgione, Tintoretti, Greco. Dessins et gravures tous les genres et époques. Timbres-poste. Collections complètes (Achète Guardi, Tiepolo). Echange.
CARRER (Antonio), 2063, S. Stae.
CASSINI (Stéfano), 4272-74, Castello.
CÉSANA (Umberto), 1224, Ghetto Vecchio.
DALLA TORRE (Léone), S. Marco, piazzetta dei Léoncini (355).
DALLA TORRE (Moisé) e C., 3230, S. Barnaba.
DOMINICI (Giuseppe), S. Marco Spadaria.
FAVAI (Luigi), 2950, Campo S. Stéfano.
GREGO (Enrico), 3915-16, S. Angelo.
GUGGENHEIM (Cav Michelangelo), 3902, S. Toma.
LÉONE (Lévi), calle Larga S. Marco, 367b.
MARINI (Luigi), 3006, Campo S. M. Gloriosa del Frari.
MINERBI (G.) e C , 6162, S. Moisé
OLIVOTTI (Ludovico), 3416, S. Samuele.
ONGANIA (Cav. Ferdinando), 72-74, S. Marco.
OTTOLENGHI (Moisé), 315, S. Marco piazzetta dei Léoncini.
PICCOLI (Attilio ed Emilio), 2084, S. Moisé.
PICCOLI (Giuseppe), 2083, S. Polo.
POLACCO (G.) e C , o. 5768, S. Giovanni Crisostomo.

RIGO (C.), S. Polo pal Barbarigo.
ROSSI (Giuseppe) e **FIGLI**, 2073, S. Stal.
SALVADORI (Antoine), Canal Grande, 3241, S. Samuele, palazzo Moro-Lin, Tél. 4-80.
SEGUSO (Francesco), 2666, campo San Maurizio
SETTINI (Antonio), 5703-10, S. Canciano.
SPOLDI (Gius.), 71, Rialto.
SUBERT (M.), 1327, calle Valleresca.
TOFFOLI (Davide), 553a, S. Marco.
ZANON (Aless.), 1694, Campo S. Zaccaria.

VÉRONE

Antiquaires.

CAPPELLO (Maria), 3, via S. Maria in Chiavica.
CAPRARA (Ant.), ditta, 13c, Porta Borsari.
CUNEGO (Maria), 45, Corpo S. Anastasia.
JARACH (Clémente), 18c, S. Anastasia.
POLETTO (Napoléone), 2, via S. Maria Antica.
TEDESCHI (Cervetto), 10, Corpo S. Anastasia.

SICILE

PALERME

Antiquaires.

ALFANO (Furnari), via S. Anna.
ANASTASI FRATELLI, 467, via Vittorio Emanuele.
BASILE (Antonio), via Vittorio Emanuele.
CHIFARI (Gius.), 460, Corso Vitt. Emanuele.
COSTA (Francesco), 224-226, corso Macqueda.
DANEU e C ,Antiquités et spécialités siliciennes, 132, via Stabile.
DE CICCIO (F. Paolo), 448, corso Vittorio Emanuele, 131, via Stabile. Tél.
PRAGALI (Rosario), via Vitt. Emanuele.

MONACO (Principauté de)

MONACO

Antiquaires.

BRICOUX (L), rue des Orangers.
BRIGÈRE, boul. des Moulins, 14.
CARF et **SIEGEL**, Grand Hôtel.

CARF FILS, av. de la Costa, M. C.
GIRARD, av. de la Madone, pavillon du Parc, M. C.
HELLENDALL (Simon), villa Iris, boul. du Nord, M. C.
MOLINARI (Laurent), boul. des Moulins, M. C.
POULET (Marcel), Hôtel de l'Ermitage.
SCHUBEL, boul. des Moulins, M. C.

NORWÈGE

CHRISTIANIA

Antiquaires (Antikvitetshandlere).

BENNETTS TOURIST BUREAU, 35, Karljohg.
GROSETH (Thw), 7, Wergelandsv.
JUULS KUNST -OG ANTIKVITETSHANDEL, 31, Karljoh g.
MORTENSEN (Einar), 6b, Tordenskj.g.
SCHONHEVDER (T.), Skowein.
WANGS KUNST -OG ANTIKVITETSHANDEL, 16, Universitetsgaten.

BERGEN

Antiquaires.

BENNETT (Frédérick), 18, Torvalm.

HAMMER (H.), 57, Strandg.
THE BERGEN SILVER and CURIOSITY STORES, 10, Torwalm.

STAVANGER

Antiquaire.

HELLSTROM and C°.

TRONDHJEM

Antiquaires.

BANGFIELD (Olr), 13, Sinsagerbk.
BRUUN (I. N. O.), 37, Tryggv.
DELIN (Joh.), 39, Kong-g.

PORTUGAL

LISBONNE

Antiquaires (Antiguidades).

ANDRADE (José Maria), 32, Mercado de S. Bento, Logar.
BARROCA (Augusto Maria), 39, rua da Atalaya.
BRIO A BRAO, CARLOS (C.), **CORREIA e C°**, 236, rua de S. Paulo.
CARVALHO (Manoel Henriques de), 99, rua da Escola Polytechnica.
CASA LIQUIDADORA. Antiquaire. Numismate. Mme Marie **GUILHERMINA DE JESUS**. Antigo Bazar Catholico, 93 a 113, avenida da Liberdade. Adr. tél. Liquidadora.
DA COSTA (Antonio Bernardino), 55 e 65, rua de Belem.
FERNANDES (Antonio), 95, Calçada de Santo André.
FERREIRA (Bernardino), 122, Campo de Santa Clara.
FRANCO (Joao), 114B, Campo de Santa Clara.

JANUARIO (Corderio), 75, rua dos Poyaes de S. Banto.
JOSE RIBEIRO (Cardoso), 15, rua da Santa Marinha.
JOSE GONÇALVES CALVINHO, 115, Calçada de Santo André.
JULIO VERISSIMO FREITAS, 42 H., rua das Janellas Verdes.
LEAL (José e Alfredo), 74, Palacio de R. de Santo Antâno.
MARTINS (Francisco Joaquim), rua da Bella Vista, à Lapa, 16.
MIGUEL DOS SANTOS, 8, rua do Sacramento a Alcantara.
PEREIRA e GUERRA, rua D. Pedro V, 96.
SALAO DO TRIUMPHO (Anastacio Fernandes), 142, rua do Santo Antâo.
SALÃO DES ARTES E ANTIGUIDADES DE LUIZ M. DACOSTA, 54, rua do Alecrim.
SEQUEIRA (Antonio), Mercado de S. Bento, logar, 5.
VERSEIN (Louis), 45, rua da Emenda.
VILLAS (Augusto Carlos), 31, rua de D. Pedro V.

ROUMANIE

BUCAREST

Antiquaires (Antichități).

AGHAZADE (M), 107, Victoriel.
DJABOUROV (B.), 74, Victoriel.
ESCHENASY (Isac), 1, Bulevardul Académiei.

GERNER (Adolf), Maidanu-Duca.
GOLDEMBERG (M), Maidanu-Duca.
MARGARIAN (A.), 81, Victoriel.
PACH (M.), 3, Brezoianu.
PACH (Julius), Maidanu-Duca.
POHL (Bercu), Maidanu-Duca.

POLACK (Marcu), Maidanu-Duca.
SEIDLER (F.), 53, Carol.
STRUL (Iosef), Maidanu-Duca
WEISMAN (I. M.), Maidanu-Duca.
WOLFF, 162, Victoriei.

BRAILA

Antiquaires.

ROSENTZWEIG (H.), 6, St. Constantin.
TANASEOGU (Gh.), 17, Cǎlǎrasi.
ZUGER (M), 225, Bd. Cuza.

CRAIOVA

Antiquaire.

RUDICH (R), 7, Justitiei.

GALATI

Antiquaire.

IANCOVICI (Itic), 14, Strajescu.

IASI

Antiquaires.

FRIEDMAN (L.), 6, Stihi.
SARAGA (Elias), 13, Pàcurari.
SARAGA (N.), 44, Lǎpusneanu.
SCHREIBER (I.), 34, Golia.
SALOMON (H.), 18, Stihi.

RUSSIE

SAINT-PÉTERSBOURG

Antiquaires.

GRISARD (Léon), 27, Italianskala.
JACOBSEN (J.).
MÉLINE (L.).
SCHPIKOULOFF (A. K.).
TOURNASSOFF.

MOSCOU

Antiquaires.

GOBERMANN (W.).
IOKISCH.
KORNERSKY.
WERKMEISTER (F).

SUISSE

BERNE

Antiquaires.

ANKENBRAND (E.), 6, Hotelg.
BANZIGER (J.), Amthaussgachen.
BRANDLIN (R.), 4, Metzgergasse.
BROCKENHAUS (V. U. A.), 60, Gerechtigkeits-
gasse. Tél. Nº 1508. Adr. télég. *Brockenhaus
Berne.*
COLLÉ (L.), 22, Mattenhofstrasse.
GUSSET (Jak), 52, Breitfeldstrasse.
JASSELIN (J.), 37, Kramgasse.
KOHLER (Joh.), 4, Kirchgasse.
KUNZI-LOSHER, 1, Chr. Marktgasse.
MIGLIORATI (Peter), 12, Metzgergasse.
RUCH (Ferd.), 51, Metzgergasse.
STAUFFER (Gottfried), 3, Bubenbergplatz.
THIERSTEIN (Hans), 12, Amthaussgasse.
WOOG (Louis), 3, Bundesgasse.

BALE

Antiquaires.

JECKER (C.), 29, Aeschengraben.
KELLER (J. H.), 32, Eisengasse.
LANG (J H.), 43, Freiestr.
REY-BOCH (Balduin), 49, Metzerstrasse.
SATTLER (A.), 7, Blumenrain.
SCHEURER-GOULONG (Mme Vve), 3, Wallstr.
SCHMITT (Geor.), 5, Kronengasse.
SCHNEIDER (Emil), 1, Steinenberg.
SÉGAL (Berth), 12, Fischmarkt.
SÉGAL-GUGGENHEIM (J), 12, Fischmarkt.
WOLF (Mme Vve Elie), 8, Münsterberg.

BIENNE

Antiquaires.

BADER (Emile), 37, quai du Bas.
GRUMBACH (Marcel), 19, quai du Bas.
STUCKI (Ad.), 10, rue Haller.

COIRE

Antiquaires.

HABLUTZEL, Grabenstrasse.
STORZ (J.), 246, Nagelschmied.

FRIBOURG

Antiquaire.

GRUMSER (Rodolphe), 39, rue de Lausanne.

GENÈVE

Antiquaires.

CASTOLDI (E.), 11, rue de l'Hôtel-de-Ville.
CONSTANTIN (Eug.), 18, boul. Helvétique.
CUSIN, 32, Grande-Rue.
DREYFUS (Emile), 2, Grande-Rue.
FIORINI (Melle), 2, rue Winkelried.
GOETZ-SCHWEISER, 31, Grande-Rue.
GROS (Julien), 38, rue de la Terrassière.
LIENGME (Maurice), 8, Grande-Rue.
MORGANTI (G.), 29, quai des Bergues.
RAFFUZZI (A.), 5, rue Tertasse.
ROUMIEUX (Ch.), 1, rue des Pâquis.
SAUER (H.), 17, Glacis de Rive.
TERRACINA (Mme Vve G.), 2, place des Bergues.

Livres anciens.

LIBRAIRIE KUNDIG, 11, rue de la Corraterie.
MINGIEUX (C. A.), Livres. Estampes. *L'Informateur Bibliophile Franco-Suisse*, 11, Grande-Rue.
THURY (A.), **BAUMGARTNER** et Cⁱᵉ, 4, rue Diday.

LAUSANNE

Antiquaires.

CALAME (Emile), 12, rue du Grand-Chêne.
FROIDEVAUX (Auguste), 5, rue Pépinet.
MUNSCH (Julien). Spécialité de meubles suisses, 90, av. d'Ouchy. Ouchy et Grand Pont, bâtiment du Théâtre Lumen.
MUNSCH (Séverin), square Georgette.
REYHER (V. de), rue Château-Sec.
RUEGG (Edwin), 14, rue du Grand-Chêne.
RUFFY (Eug.), place du Flon et Galeries du Commerce.
SCHWEIZER (Th. Otto), villa Miranda, avenue des Mousquines.
VEZON-ROUGE. Tableaux, meubles. Objets d'art, 9, rue de Bourg.

WALCH (René), Galeries Saint-François.
WERTHEIMER (Max), antiquaire, bijoutier, graveur. Maison-Blanche, place Saint-Laurent, en face l'église.

LUCERNE

Antiquaires.

AMBS (Paul), 91, Baselstrasse.
BOSSARD (J.), collectionneur, Halde Hochhusli. Tél. : 448.
BUEL (Otto), 8, Lowenstrasse.
DUSS (Jos.), 35, Habsburgerstrasse.
ESTERMANN (Jos.), 9, Stadthofstr.
FISCHER (Théod.), 16, Lowenstr.
HANSELER (J. J.), 45, Hertensteinstr.
HUGENFELD (Ant.), 5, Theaterstr.
HIRSBRUNNER (C.). Grandes collections d'Etain, 4, Zürichstr.
INWYLER (Adolf), 40, Hertensteinstr.
ISOARDI (Joh.), 4, Eichwaldstr.
KELLER (M.) et Cⁱᵉ, 6, Schweizerhofquai.
PETER (Balth.), 3, Denkmalstr.
ZIMMERMANN (Jos.), 6, St. Karliquai.

LUGANO

Antiquaires.

BOZ (Angelo), via Nassa.
ESPOSITO (Domenico), via Nassa.
GRAZIOLI (Césare), via Canova.
GRAZIOLI, via Lucchini.
PAULON (Giovanni Batt.).
PAULON (Giuseppe).
PEDRONI (Maria), via Nassa.

MONTREUX

Antiquaires.

ENGEL (F.), près du Kursaal.
GUIGUE (C.), Antiquités, expertises, 18, av. du Kursaal.
MARGOT (F.), sous le Montreux Palace.
ROOS (Max.), av. du Kursaal.
ZWICKERT (Max.), à Montreux-Territet.

NEUCHATEL

Antiquaires.

ATTINGER (Livres anciens).
BECK (Ferdinand), 5, faub. de l'Hôpital.
MEYRAT (Charles), 5, rue de Neubourg.

NYON

Antiquaire.

CRISTIN (François), 58 *bis*, rue de Rive.

SAINT-GALL

Antiquaires.

GEMMI (J.), 38, St. Jakobstrasse.
HAUSKNECHT et Cᵒ (Werner), 34, Neugasse.
NAGEL (Alb.), 1, Multergasse.
STEIGER (A.), 1, Lowenburg.

SCHAFFOUSE

Antiquaire.

KOBERNIZKI-SPLEISS (Mme), 31, Unterstadt.

SOLEURE

Antiquaires.

BORRER (Paul), Bielstr.
BURKI (Josef Ed.), Goldgasse.
HAFELI (Oscar), Hauptgasse.
VETTERLI (Julius), Theatergasse.

VEVEY

Antiquaires.

DICK (Charles), 2, rue du Centre.

QUHL (Mme Vve), 12, av. du Simplon.
ROCHE (Ormide), 42, av. de Plan.

YVERDON

Antiquaire.

REYMOND et TOBERER, rue des Moulins.

ZURICH

Antiquaires.

BARISCHITZ (J.), 12-3, Luisenstr.
BAUR (L.), 6-1, Spitalgasse.
BLUMEL (Karl), 39-1, Rämistr.
BREM (Mme), Helmhaus.
BRUNNER (Louis), 37-1, Rämistr.
BURKHARDT (J.), 18-1, Limmatquai.
ESCHMANN (Julie), 14, Beatengasse.
GUBLER (Fritz), 24-1, Schifflande.
GUBLER (G.), 27-1, Münsterg.
ISELE (Frieda), 47-1, Sihlstrasse.
KELLER (Fritz), 46-1, Niederdorfstr.
LUTZ (J), 17-1, Brunng.
MEIER et EHRAT, 94-1, Bahnhofstr.
MEISSER (Léo), 7-1, Münsterg.
MESSIKOMMER (H.), 1, Zunfthaus z Meise.
MEYER (Alph.), 80-1, Bahnhofstr.
NEF (A), 10-1, Spitalgasse.
RAUSTEIN (Alb.), 25-1, Rämistr.
SEIZ (K.), 50-3, Birmensdorstr.
WASER (F.), 78-5, Dufourstr.

TURQUIE

CONSTANTINOPLE

Antiquaires.

ANDRIG ALTOUNIAN, Péra, 13, rue Sacky.
Antiquités, Médailles, Tableaux.
Expertises, Renseignements, Commissions.
HEYDRICK (Livres).
LIBRAIRIE DE LA JEUNE TURQUIE, Pera
Tcki, 420, Adamopoulo Han (Livres).
ROBERTO S. PARDO (*Au Musée Oriental*), vis-
à-vis de Péra Palace, Péra.
SADULLAH et ROBERT LÉVY.

DAMAS

Antiquaires.

AZIZ (Sargi).
NASSAM et Cⁱᵉ.

SMYRNE

Antiquaires.

ALI (Effendi.
ASLANAGIOU (E).
BENGHIAT (I.) et fils
CALOMUS (M.).
CAPSALIS (N.).
JOSEPH et BAGDALLI, rue Cigarohartadika.
Tapis et broderies anciennes.
LÉONINA.
PEZZER-SOUHAMI (J.).
VENTURA.

AFRIQUE

ALGÉRIE

ALGER

Antiquaires. Articles orientaux.

CHELLARAM (H.), 59, rue d'Isly.
DEL PAPA, 33, rue d'Isly.
DOREZ, FRÈRES, 10, rue Socgémah.

CONSTANTINE

Antiquaire. Articles orientaux.

ADDA (Michel), 6, rue Combes.

ÉGYPTE

LE CAIRE

Antiquaires.

ACHAQI (E. Y.), Khan Khalil.
AHMED PACHA (Hélouan).
ANDALAFT (D.), Khan Khalil.
ASSAN (Ahmed Ghaleb), Chareh Mohamed Sayed.
ATHANASH (J.), Khan Khalil.
BANTAZIE (Elie), Khan Khalil.
BAZAR D'ORIENT, D. MADJAR, Chareh Kamel.
BEHAR (Vitali), Khan Khalil.
BLANCHARD (R. H.), Chareh Kamel.
BONNARD (L.), 28, Chareh el-Manakh.
BOOLCHAND (Valiran), Khan Khalil.
BOUCHO (Jean), Khan Khalil.
CASIRA (Michel), 8, Chareh el-Méligui.
CHAHROURI (Elias et Gabriel), Khan Khalil.
CHELLARAM (D.), Chareh Kamel.
CHINESE and JAPANESE BAZAR, Vita Delbourgo, Chareh el-Bosta.

COHEN (Albert), Khan Khalil.
COHEN (J.), Khan Khalil.
DADI (Mikhali), Khan Khalil.
DANISH (Abdallah), Khan Khalil.
DINGLI (A.), 8, Ch. Souk el Tewfikieh.
EGYPTIAN BRASS. BAZAR, Khan Khalil.
EGYPTIAN SHOPS, Khalil.
EGYPTIAN, TURKISH, SUDANESE et PERSIAN BAZAR (Jean B. Manof), Khan Khalil.
FISSE (A. I), ABDEL-MEGHID KASSEM et Co, 6, Chareh Kasr el-Nil.
HABIB (E. et S.), Khan Khalil.
HATOUN (E.), 16, rue Neuve.
IRANI (Ahmed Rached), Khan Khalil.
IRANI (Hadji Aly), Khan Khalil.
ISPÉNIAN (K.), 34, Chareh Kasr-el-Nil.
KACHMIRI, (Abdel Rassoul), Khan Khalil.
KALEBDJIAN BROS, 19 ch., Kasr-el-Nil.
KYTICAS (P), Chareh Kamel.
LAFFARGUE (L.), rond-point Suarès.
MADJAR (Vitali), 8, Chareh Kamel.
MALLUK (E. M) et Co, rue Neuve.
MOUSTAFA, ABDEL-RAHMAN et S., HABIB, Khan Khalil.
MOUSTAFA (Mohamed), rue Neuve.
MUSLIN ART GALLERY (K. Ispénian), 34, rue Kasr-el-Nil.
NAHMAN, MAURICE et Co, Chareh Kasr-el-Nil.
NASSAR et HAJJ, Khan Khalil.
ORIENTAL MUSEUM (Gabriel Antoine), Khan Khalil.
PHILIP (L. Paul), Chareh Kamel.
POHOMULL BROTHERS, Chareh Kamel.
RAMSES STORES (Zavi Awad), Ch. Nubar-Pacha.
ROCHIRAM, KESSUMUL et Co, Chareh Clot-Bey.
SPILIOTIS (G.), Chareh Kamel.
TURKISH BAZAR (VALLIRAM BROTHERS), Khan Khalil.
WADHOOMAL and SONS, Khan Khalil.

ALEXANDRIE

Antiquaires.

CHELLARAM (P.), 6, rue Chérif-Pacha.
GHALOUB FRÈRES, 30, rue Chérif-Pacha.

POHOMULL BROTHERS, 2, Mosquée Attarine.
SCHULER (Livres anciens).
SORBI (C.) e **FIGLIO**, 2, rue de Stamboul.
SOUCCAR FRÈRES, 35, rue de France
TASSO et **HARFOUK**, 10, rue Rosette.
TAWA (B.) et **N.**, 13, rue Chérif-Pacha.
TURKISH BAZAR (DAVID MILAN), 55, rue de France.
VINGA (Mme Vve Stamati), 1, rue Eglise-Debbane

FAYOUM

Antiquaires.

MAHMOUD REFAI, EL HAG, Chareh El-Ramleh.
SCOPOLITI STAMATI, Kaisariet Bahnas.

LOUXOR

Antiquaires.

ABDEL-MEGUID (Hussein Agna).
AHMED (Abdel Rehin).
AHMED (Aly, Mourad).
AHMED MAHMOUD-EL-LADID.
ANDRAWES EL-COMOS TANIOUS
GALAL DARWICHE.
HAMED MOHAMED MOHSEB.
KHALED TAYEH.
YOUSSEF (Hassan).

PORT-SAÏD

Antiquaires.

ALAOMALL TEJUMALL, rue du Commerce.
ATTARD (Alfred), rue du Commerce.
ATTARD (Gaetano), rue du Commerce.
AU MIKADO (Grégoire C. **SAROLIDES**), rue du Commerce.
BAZAR PERSAN (NEGHAMALL BROTHERS), rue du Commerce.
GHELLARAM (D.), rue du Commerce.
COHEN (Mardochée), rue du Commerce.
DIACONO (Paolo), rue Constantinien.
EPHTIMIOS FRÈRES, rue du Commerce.
FIORAVANTI et **CHIMENZ**, rue du Commerce.
PAPADOPOULO (Socrate), rue du Commerce.
VELLA (Charles), 5 et 6, Main Street.
XIDIA COSTI, rue du Commerce.

SUEZ

Antiquaires.

ARUGHETI FRÈRES, rue Colmar.
ILHAMY (H.) et **C°**, rue Colmar.
POLIAKOFF (Nicolas), rue Dessoux-Bey.
SAYED AFIFI, Village Arabe.

TANTAH

Antiquaires.

KOMI MOUSTAFA. Chareh Dayer-el-Sayed.
MOHAMED HANAFI, Chareh Dayer-el-Sayed.
MOHAMED MAHER. Chareh Dayer-el-Sayed.

———

MAROC

TANGER

Antiquaires. Bazars.

BENZAQUEN.
DELMAR (Judah) et **HIJO**
DELMAR (Mimon).
SAADEH.

———

TUNISIE

TUNIS

Antiquaires. Articles orientaux.

BEZZI (J.), 20, rue Sidi Mafredj.
MOHAMED (Mebaaza), 31, souk de la Laine.
NASSAN, 49 *bis*, rue Al-Djazira.

AMÉRIQUE DU NORD

ÉTATS-UNIS

NEW-YORK

Antiquaires
(Antique, Bric à brac).

« ADAMS », 259 5th avenue.
ADAMS (Daniel), 6 W, 28th av.
ADDICKS JOHN (H.), 229 Lexington av.
ALLEN THOS, 311 W, 38th.
AMINTIN (M), 93, Allen
ANTIQUE FURNITURE EXCHANGE, 15 W. 28th.
BACRI BROS, 396, 5th av.
BANTA and VAN BUSKIRK, 259 5th av.
BAUMEISTER (F.), 1181 Bway.
BOWLES (Frank), 345, 4th. av.
BRASNER (K.), 21, Allen.
BRUEL (A), 411, 4 th. av.
BULLOCK THOS, 358, 4th av.
BYRNE (L. E), 309, W., 116th
CANESSA (C. and E), 479, 5th. av
CHADWICK (J.), and C°, 307, 5th av.
CHARLES, 251, 5th av.
COLLINS (K. J.), 8 W., 33d.
COLLINS and COLLINS, 528, Amsterdam av.
CRAWFORD (A. J.) and C°, 251-255, 5th Av.
CROUSSE (Geo), 19 6th av.
CURTIS (H. N.), 22 E, 34th.
DALZINI (A), 182 W. Houston.
DAW OBEDIAH, 379, 6th av.
DE BOISE IMPORTING C°, 329, 5th av.
DE SALVO BROS, 388, 4th av.
DREYFOUS (E.), 582, 5th av.
DUNN (W. E.), 762, Lexington av.
DUVEEN BROS, 302, 5th av.
DUVEEN (John), 315, 5th av

EBLE (E F), 105 W., 42d.
FAY (James), 43-45 W., 42d
FENNING (John), 428, 5th av.
FRENCH (Shop), 437, 4th av.
FRESE (I. L), 20 W , 33d.
FRIEDMAN (J), 83, Allen.
FRIEND (H), 32 E 29th.
GETZ (E G), 573, 5th av.
GILMAN COLLAMORE and C°, 1 W 30th.
GINSBURG and LEVY, 246, Grand.
GOTTLIEB (A), 2308, 7th av.
HALLAM (G. M), 7 E, 33d
HARRISSON (R), 2022, 3d av
HUBER (H. F), 5 W , 40th.
HUBERT and MC CORRY, 127 W., 37th.
JACOBS (P.), 205 W., 23d.
JOFFE IMPORTING and C°, 244. Grand
JOHNSON BROWN M. and C°, 17 W., 31st.
KAPNER (Charles), N , 477, Lex av
KELEKIAN (B. G), 275, 5th av.
KHAYAT AZEEZ, 366, 5th av
KINSELLA (J. and F.), 1734, Bway.
KOOPMAN and C°, 324, 5th av.
KOUCHAKJI FRÈRES, 1 E, 40th
LANTHIER'S OLD CURIOSITY SHOP, 354, 4th av.
LA PLACE (E -J), 406 4th av. et 6 W. 28th.
LEISER (L), 53 W 8th
LEVY (L W) and C°, 580, 582, Bway
LORENZEN (Chris.), 1609 Bway.
MAGUIRE (James J), 386, 3d av
MALTER (L), 31 W., 125th
MANBY SIDNEY (J.), 22 W., 39th.
MANLY (H), 117 W., 42d
MARCOTTE (L), and C°, 17, East, 36th st.
MARTIN (Nicholas), 9 E., 30th Adr télég. « Antiques », New-York.

MIDDELKOOP (F.), 19 E, 16th.
MORSE (A. L.) and SON, 417 and 419, 4 th av.
MOSHANE MARY (J.), 5, Madison.
MOTOHAN (L.), 463, Gwich.
NEWMAN (Nathan), 60 2d av.
OBERWALDER (Wm. G.), 309 E., 34th.
OLIVOTTI (A.) and Cº, 352, Madison av.
PALESCHUCK (M.), 22, Allen.
POND (C. H.), 82, Lex av.
PUNIE (I.), 74, Allen.
PUTTERMAN BROS, 101, Allen.
PUTTERMAN (P.), 103, Allen.
RONGIN (Gustave), G., 113, 6th av.
ROSEMAN (R. B.), 151 E., Houston.
ROSENBERG (L.), 114 W., 125th.
ROSS and LONDON, 210, Centre
SELIGMAN and Cº, 7 W., 36th.
SERGANSKY (Robert), 17 6th av.
SILVERSTONE (A.), 53, Norfolk.
SMITH and WATSON, 440, 4th av.
SNITOW (D) and Cº, 31 6th av.
TIFFANY STUDIOS, 347, Madison av.
TRAVER (C. M), 310, Madison av.
TUTTMAN (H.), 97, Allen.
TUTTMAN (I.) and SON, 75, Allen.
VANDENHOFF (Geo), A. 334, 5th av.
WATSON (H. O.) et Cº, 16 W., 30th.
WEIL HENRY (V.), 698, Lex av.
WEISS (A.), 1638, Madison av.
WHEATON (M. A.), 507, 5th av.
WOLINSKY, LIPOFSKY and SON, 29, Allen.
WYLER (S.), 4 W., 28th.

Objets d'art, tableaux
(Art Galleries).

AM. ART GALLERIES, 6 E., 23d.
ANGLO-AM. FINE ART Cº, 529, 5th av.
BERNSTEIN (M), 2128, 7th av.
BLAKESLEE GALLERIES, 359, 5th av.
BONAVENTURE (E. F.), 5 E , 35th.
BRANDUS (Edw), 712, 5th av.
BRAUN, CLEMENT and Cº, 256, 5th av.
CLAUSEN (Wm.), 7 E., 35th.
COLONIA, 20 W., 33d.
DUDENSING (A.) and SON, 260, 4th av.
ENRICH GALLERIES, 463, 5th av.
FAY JAMES, 43-45 W , 42d.
FIFTH AVENUE ART GALLERY, 546, 5th av.

FIFTH AV, AUCTION ROOMS, 333-341, 4th av,
GIMPEL (E) and WILDENSTEIN, 509, 5th av.
HAHN (H.), 37 E., 4th.
HALLER (Chas.), 333 E., 77th.
HOLLAND ART GALLERIES, 59 W., 33d.
KEPPEL (Fredk) and Cº, 4 E , 39th.
KNODLER (M) and Cº, 355, 5th av.
N.Y FRAME and PICTURE Cº, 142, Fulton street.
NOE ART GALLERIES, 477, 5th av.
PARIS NOVELTY and Cº, 6 W., 14th.
POWELL (W. M. H.), 983, 6th av.
ROSENBERG (H.), 19 W., 45th.
SCHAUS (Wm.), 415, 5th av.
SCHULTHEIS ART GALLERY, 55-57, Vesey.
SCHWAB and Cº, 452, E., 148th.
SCHEEDY (P. F), 161 W., 34th.

Tableaux, gravures
(Picture importers and dealers).

ARONS (M), 242, 116th.
ART MFG Cº, 396, Bway.
ATKINS ART STORE, 27, Union sq.
BAREL (Adrian), 24 E., 21st.
BARTER (F. R.), 323, Madison av.
BENOIT (A. H.), 1199, Bway.
BERLIN ART STORE, 163 W., 23d.
BERLIN PHOTOGRAPHIC Cº, 14 E , 23d.
BERNSTEIN (M), 2128, 7th av.
BLAKESLEE GALLERIES, 358, 5th av.
BOHNE (J.), 36 W., 28th.
BORST (A. J.), 105 E , 9 th.
BRADLEY (J. S.), Jr. 73, Liberty.
BRANDUS (Edward), 712, 5th av.
BRAU'S ART STORE, 434, 5th av.
BUSSE (Géo), 12 W., 28th.
BUTLER (D. B.) and Cº, 398, 4th av.
CAMPBELL ART Cº, 949 Bway.
CHANDLER (W. H.) and Cº, 26 Vevey.
CHELIMER (S.) and SON, 271 Canal.
COSMAS PICTURES Cº, 119 W., 25th.
DE JONG (A.), 529 Col. av.
DE JONG (Adolf), 211 W., 116th.
DETROIT PUBLISHING, Cº, 234, 5th av.
DOUTHITT (J. F.), 2 W., 29th.
DRESCHER and CUSSON, 314, Bway.
DUDENSING (R.) and SON, 260, 4th av.
EDERHEIMER (R.), 4 W., 40th.
FINE ART SOCIETY, 1133, Bway.

FISCHHOF (H.), 18 W., 34th.
FISHEL ADLER and SCHWARTZ, 15 E., 39th.
FRIEDRICHS (E. H. and A), 1985 Bway.
GABRIEL and LEVY, 76 5th av.
GALLAGHER (W. H.) and C°, 18 E , 17th.
GERMER (Wm.), 382 Ams av.
GLAENZER (Wm.) and C°, 560, 5th av.
GLAUBER (N. L.), 14 E , 125th.
GRAFF (Charles H.), 19 E , 33rd st. « Spécialité
  Américana »
GRAUL (John C., 434, 4th av.
GROSS (Albert), 853 Bway.
HAINES (A. C.) and C°, 621 Bway.
HANF STAENGEL (F), 31 W , 31st.
HARSA (L. B.), MFG C°, 8 Union sq.
HOOVER (J.) and SONS, 874 Bway.
HYMAN (Robert), 323 Bway.
INDIAN EXHIBITS, C°, 138 W., 42d.
INTERNATIONAL ART C°, 1298 Bway.
KLACKNER (C.), 7 W., 28th.
KRAUSHAAR (C. W.), 260 5th av
MACBETH GALLERIES, 450, 5th. av.
MAC CARTHY, 6, Bedford avenue, Brooklyn.
MACDONALD ART GALLERY, 497, 5th av.
MANNING (T. F.), 147 W. 23d.
MARKOE (S.) and C°, President Firm « The Rem-
  brandt », 3464 Broadway.
MARSALA and C°, 5th av.
MICKLE (K. F.), 1679, Ams av.
MILLER (A.), 239, 5th av.
MONTROSS (N. E), 372, 5th. av.
MORGAN and BENDIEN, 872 Bway.
N Y. ART C°, 56 W., 34th.
N. Y. CO-OPERATIVE SOC , 358, 5th av.
N. Y FRAME and PICTURE C°, 142, Fulton N. Y.
  City.
OEHME (Julius), 320, 5th av.
ORIENTAL ART C°, 564 Grand.
PARIS ART STORE, 6 E , 14th.
PATE CHAS (S.), 874 Bway
PEARCE (J.), 1931 Bway.

PINCUS (L and A), 1199 Bway.
POWELL (Wm H.), 983, 6th av.
PRINCE SAML, 60 Vesey.
RALSTON (Louis), 431, 5th av.
REINTHAL and NEWMAN, 106 W., 29 th.
RICE JAS (Jr.), 47 John.
ROSE (I. A.), 45 E., 20th.
ROTH (J.-J), 109 E., 27th av.
RUDOLPH (Oscar), 32 E , 22d.
SCHULTHEIS (Henry), 55-57, Vesey.
SCOTT and FOWLES C°, 295, 5th av.
SEIZ (Théo), 312 Lex av.
SHANE JAMES (H.) and C°, 106, Duane.
SHEHAN (M. T.), 350 Bway.
SMITH (L G.), 65 E., 59th.
STRAUSS (J. H.), 285, 5th av.
SUVAL PHILIP, 575, Madison av.
TABER-PRAUG ART, C°, 10 E, 15th.
TISSOT PICTURE SOC., 27 E., 22d
TOOTH ARTHUR and SONS, 580, 5th av.
TUCK RAPHAEL and SONS C°, 122-124, 5th av.
VAN BLERKEM (D.), 625, 6th av.
VAN HOEVENBERG (A. R.), 1165 Ams av.
WEBER (M), 51, av. A.
WILLIAMS (M.), 1 W., 38th av.
ZELINKA and BLEY, 6 E , 14th.

CANADA

TORONTO

Antiquaire.

JENKINS (B M. and T.), 424, Yonge, Street.

AMÉRIQUE DU SUD ET CENTRALE

BRÉSIL

RIO DE JANEIRO

Articles du Japon
(Artigos japonezes).

ANTONIO VIANNA y Cª,118, avenida Central.
ARMINIE (F) DE ANDRADE, 73, rua Gonçalves Dias.
ARTHUR CHAVES y Cª, rua de Ouvidor.
CAMOÈS (J. R.) y Cª, rua de Conselheire Moreira César, 62.
LEJA D'AMERICA y CHINA, 62, rua Conselheire Moreira César.
LUIZ (Tédesco), 225, rua 7 de Setembro.
NIPPAKU y Cª, 50, avenida Central.

COSTA RICA

SAN JOSÉ

Objets d'art (Objetos artisticos).

SIEBE (L), 157, Apartade.

GUATEMALA

GUATÉMALA

Objets d'art (Objetos artisticos).

ANDERSON y HOEPFNER.
KOLLER (E).
MULLER (M.).
MUTTINI (A)
PETRILLI (E).
PIERRI (J.).
PORCHER (G.).
QUEN-ON-LON y Cª
ROSANTHAL y HIJOS

LA HAVANE

Articles de la Chine et du Japon
(Articulos de la China y del Japon).

CAMPORREDONDO (Abelarde)
CHANG SIEN BUY, 9. S. Rafael.
CHANG SIEN BIEY, 76, Amistad.

CHUY (Antonio), 7. Neptune.
IGLESIAS y Cª, 69, Cuba.
KWONG WING ON, 122, Galiano.
LAN NIN, 115, Galiano.
LAY WAR LUG, 59, Belascoain.
LIYI (Antonio). 57, Principe Alfonso.
OHIRA (K), 30, O'Reilly.
POO (Lung), 117, Principe Alfonso.
QUAN WO LONG, 90, Galiano.
QUONG SANG, 134, Aguila.
QUONG WO, 8, Général Casas.
SUN SING LUNG, 9, Dragenes.
WONG HIN y Cª, 103, Galiano.
WING (Jop), 99, Principe Alfonso.
YAU CHEENG y Cª, 86, Galiano.
YEN SAN CHEEN, 1, Zanja.

Objets d'art (Objetos artisticos).

DULFFIN (Robert), 29, S. Rafael.
FERNANDEZ HERMANOS y Cª, Pi y Margall, 58 y 60.
GARCIA OSTALAZA y MAZA, 91 y 93, Galiano.
HIERRE y Cª, Pi y Margall, 68.
MARTINAN (Eduardo), 74, Amargura.
QUINTANA y MAZZEO, 76, Galiano.
VAZQUEZ BRAVO y Cª, 93, O'Reilly.

MEXIQUE

MEXICO

Antiquités (Antiguedades).

BLAKE (W W.), 13, avenida, 16 de Septiembre.
GRENDROP (T.), 1a, av. de Juarez, 5.
GRESSMAN (M), 4, 2ª, de San Francisco.
HELB (J.), 7, av. de San Francisco.
HATTON (J. C), 10, Gante.
HERWITZ (A.), 7, 2ª, de San Francisco.
MACHADO (J.), 6, av. de Poniente.
PINEDA (J. B.), 1, Santa Inès.
SONORA NEWS y Cº, 4, Gante

PÉROU

LIMA

Antiquaires (Antiguedades).

JACOBY y COMPA (S), Mercadores num. 165 à 169.
LAPORTE (J. J.), 17. Union.

ASIE

—

CHINE

SHANGAÏ

Marchands d'objets d'art
(Arts dealers).

DAIBUTSU and Cᵒ.
KUHN and Cᵒ.
KUHN and KOMOR

—

INDES

BOMBAY

Marchands de curiosités
(Curio dealers).

BESSHO and Cᵒ, 103, Hornby Row, Fort.
HINODE et Cᵒ, Church Gate street.
NADIR, ROMANJI and Cᵒ «Sitaram Buildings »,
TARACHAND PURSRAM, Meadows street.

CALCUTTA

TARACHAND PURSRAM 53, Park street.

RANGOON

TARACHAND PURSRAM, 71, Merchant street.

—

INDO-CHINE

HANOÏ (Tonkin)

Articles du Tonkin, de la Chine
et du Japon.

CHERRY et IMBERT, 49 *bis*, rue Paul-Bert.
L'UNION COMMERCIALE INDO-CHINOISE,
57, rue Paul-Bert.
VICHI YOSHISSITSU, 38, rue Vieille-des-Tasses

HAIPHONG (Tonkin)

A-HIM, 1, rue Chinoise.
A-SANG, 100, rue du Commerce.
HIN-YEN dit TANG-SAM, 38, rue Chinoise.
KUONG-VO-CHÉONG et SOUI-SUI-CHÉONG,
7, rue Chinoise.
JALLOU, rue du Commerce.
SOCIÉTÉ BORDELAISE INDO-CHINOISE, boul.
Paul-Bert.
SUI-SANG, 35, rue Chinoise.

SAÏGON (Cochinchine)

Articles de la Chine et du Japon,
Curiosités.

CHOTTIRMALL. 36, rue Catinat.
HUNG-THO, 143, rue Catinat.
HUONG-BINH, 29, rue Catinat.
HUYNH-TOAN, 31, rue Catinat
LUONG-HAU, 35, rue Catinat.
LUONG-TINH, 37, rue Catinat.
POOHUMULL FRÈRES, rue d'Ormay et boul.
Chaner.
QUACH-THANH, 81, rue Catinat.
TAN-TAI-NAM, 31, rue d'Adran.
TRINH-TONG, 81, rue d'Adran.
WASSIAMULL-ASSOMULL, 44, rue Catinat

—

JAPON

YOKOHAMA

Marchands de curiosités
(Curio dealers).

ARTHUR and BOND.
KUHN and KOMOR

OCÉANIE

AUSTRALIE

BALLARAT
(Province de Victoria)

Antiquaires.
(Curio dealers).

THIEMEYER (E.), 623, Sturt street.
WARWICK (Chas.), 7, Queen street.

FITZROY

Antiquaire.

HART (L. H.), 30, Gertrude street.

HAW

Antiquaire.

LUCAS (A. J.), 139, Glenferrie road.

MELBOURNE

Antiquaires.

BUCHER (A.), 188, Lit Collins street.
GODDEN (F. E.), 114, Queen street.
KOSMINSKY (I.), 378, Collins street.
KOSMINSKY (S.), 366a, Bourke street.
RAPHAEL (E.), 426, Bourke street.

NOUVELLE ZÉLANDE

AUCKLAND

Antiquaires.

CRAIG (Eric), Princess street.
DEVOLEY BARRON, Queen street.
SIMMONS (L.), 53, Albert street.
SPENCER (E.), 23, Queen street.

CRISTCHURCH

Antiquaires.

CAMBRIDGE and **BOYD**, 3, Cath. square.
NEATE (Saml Wm), 67, Manch. street.

ROTORUA

Antiquaire.

LAKIN (Jno Harry), Maori.

WELLINGTON

Antiquaires.

BRADSHAW (C.), 165, Lambton street.
DENTON (Geo.), 33, Willis street.

TROISIÈME PARTIE

Artistes - Peintres

Aquarellistes — Pastellistes — Miniaturistes

Dessinateurs

Statuaires — Graveurs en Médailles

Graveurs et Lithographes

PARIS ET DÉPARTEMENTS

NOTA

___

Nous prions les artistes dont les noms auraient été omis dans la brillante nomenclature qui forme la troisième partie de cet ouvrage de bien vouloir nous en excuser.

La composition très délicate des pages qui suivent nous a fait inévitablement commettre des oublis et nous nous permettrons de compter un peu sur l'amabilité des artistes pour nous aider à combler ces lacunes.

Rappelons que les indications insérées sont les suivantes :

Noms, prénoms, décorations, titres, qualités, fonctions, adresse, récompenses aux principales expositions, membre de sociétés artistiques.

Les artistes qui seraient désireux de signaler le genre dans lequel ils se sont spécialisés voudront bien nous l'indiquer, par exemple **(Peintre de Marine, peintre paysagiste, peintre portraitiste, etc.)**

Tous ces renseignements sont, bien entendu, insérés gratuitement ; aucune publicité n'étant intercalée à la suite des noms dans cette partie de l'Annuaire qui ne comprend que des adresses d'artistes.

___

Explication des Signes et Abréviations

DÉCORATIONS

✳.........	Chevalier de la Légion d'Honneur.
O ✳	Officier —
C. ✳	Commandeur —
G. O. ✳.	Grand-Officier
G. C ✳ ...	Grand Croix —
A. O. ◉....	Officier d'Académie
A. I. ◉..	Officier de l'Instruction Publique.
▮.........	Médaille Militaire.
▮..........	Chevalier du Mérite Agricole.
✠...	Décorations diverses Françaises et Étrangères.

RÉCOMPENSES AUX EXPOSITIONS

M H	Mention honorable
B. de V	Bourse de voyage
Méd 1re cl	
Méd. 2e cl .	Médailles de 1re, 2me, 3e classes.
Méd 3e cl . ..	
Méd. br. ...	
Méd arg .	Médailles de bronze, argent, or
Méd or	
Rapp........	Rappel de médailles.
H. C..	Hors Concours.
Méd. d'Honn...........	Médaille d'Honneur
G P...............	Grand Prix

SOCIÉTÉS ARTISTIQUES

A F	Membre de la Société des Artistes Français.
▮ N	Membre de la Société Nationale des Beaux-Arts.
▮. AU.	Membre de la Société du Salon d'Automne.
F P et ▮	Membre de la Société des Femmes Peintres et Sculpteurs.

TITRES ET QUALITÉS

M. de l'Institut ..	Membre de l'Institut
Prof..	Professeur.
M. du Comité A. F....	Membre du Comité de la Société des Artistes Français.
M. du Comité S. N	Membre du Comité de la Société Nationale des Beaux-Arts.
M. du J. ..	Membre du Jury.

PARIS — SEINE — SEINE-ET-OISE

ARTISTES PEINTRES

A

ABADI (René), 7, rue Belloni.

ABBÉMA (Mlle Louise), ✳, 47, rue Laffitte. M. H. 1881, méd. br. 1900. A. F.

ABELOOS (René), 36, rue Beaurepaire.

ABERPDIS, 24, rue des Volontaires.

ABLETT (W-A), 115, rue de Courcelles. Tél. 539-23. Méd. arg Liège, M. H. 1900 A. F. S N.

ABOILARD (Mme Henriette), 74, rue du Cherche-Midi. A F.

ABOILARD (Mme Marguerite), 68, rue François-Miron.

ABONNEL (Michel), 65, rue Blomet.

ABRAMOVITZ (Albert), 3, boul. Bessières.

ABRAMS (Lucien), 9, rue Falguière.

ACHENBACH (Mlle Gabrielle), 7, rue Scheffer.

ACHILLE-FOULD (Mlle Georges), O. I. ◗, 20, boul de Courcelles M.H. 1894, méd 3ᵉ cl. 1895. méd. 2ᵉ cl 1897, méd. br 1900 H. C. A. F.

ACQUAT (Mme Louise-Marie), 41, rue du Marché, à Neuilly-sur-Seine. A. F.

ADAM (Mme Nanny), O. I. ◗, 1, rue de Narbonne. M. H. 1901, méd. 3ᵉ cl. 1902. A F.

ADAM-RAOUL (Emile), 227, rue de Charenton.

ADAN (Louis-Emile), ✳, M du Comité A. F., 75, rue de Courcelles. Méd. 3ᵉ cl. 1875, méd 2ᵉ cl. 1882, méd or. 1889. M. du Jury. H C 1900. A F.

ADDÉ-VIDAL (Victor), 320, rue Saint-Honoré. Méd. 3ᵉ cl. 1909. A. F.

ADER (Emile), 35, rue du Moulin-Vert. A F.

ADERER (Mlle Jeanne-Léonie), 157, boul. Malesherbes. A. F.

ADIER (Jules), 5, rue de Marseille.

ADLER (Jules), ✳, ◗, O. I. 4, rue du Faub.-du-Temple. M. H. 1893, méd 3ᵉ cl, 1895. B. de V. 1895, méd. 2ᵉ cl. 1898, méd. arg 1900 H. C. A. F.

ADOUR (Mlle Pauline), 19, rue d'Enghien. Méd 3ᵉ cl. 1909. A F.

ADRIEN (Mlle Marie), O. I. ◗, 78, av. de Wagram A. F.

AFFLECK, 139, boul Saint-Michel.

AGACHE (Alfred), O. ✳, 14, rue Weber. M. H 1882, méd. 3ᵉ cl. 1885, méd arg. 1889, méd. or 1900. H. C. A. F., S N.

AGARD (Charles), 12, rue Notre-Dame-des-Champs.

AGUTTE (Mme Georgette), 11, rue Cauchois. S AU.

AID (Georges), 3, rue Campagne-Première.

AILLET (Edgard), 2, pass. de Dantzig.

AKESSON (Jonas), 24, rue Bonaparte.

ALAUX (Guillaume), 31, boul. Berthier. M. H. 1884, méd br. 1900. A. F., S. N.

ALAVOINE (Marcel), 54, rue Monsieur-le-Prince.

ALBERT-PHILIPPE (H.), 6, rue Bezout.

ALBERTI (Henri), ✳, 4, rue de Lota. M. H. 1898. A F.

ALBRIZIO (Mlle Madeleine), 32, rue Perronet, à Neuilly-sur-Seine (Seine). A.F.

ALBUQUERQUE (Lucilio), 9, rue Falguière.

ALEX (F.), 204, boul. Saint-Germain.

ALEXANDRE (Mlles), 129, rue de Turenne.

ALIX (Mlle Louise), 110, boul. de Clichy.

ALIZARD (Paul), O I ◗, Prof. au Lycée Janson de Sailly et à l'Ecole Gerson. 108, boul. du Montparnasse. Tél 705-80 M H 1900. méd 3ᵉ cl. 1903, méd. 2ᵉ cl. 1908. H. C. A F.

ALKAN-LÉVY (Fernand), 7, rue La Condamine, M. H. 1909, méd arg Amiens, Anvers. A.F.

ALLARD DE GAILLON (Mme la baronne), 5, quai Malaquais. A. F.

ALLARD-L'OLIVIER (Fernand), 12, imp. du Mont-Tonnerre.

ALLEAUME (Ludovic), O I ◗, 80, boul. Saint-Germain. M. H. 1896, méd. 3ᵉ cl 1900, méd. 2ᵉ cl. 1905. H. C A F.

ALLÈGRE (Albert), 13, rue Vaugelas.

ALLÈGRE (Raymond), ✳, 1, pl. Boëldieu. M.H. 1883, méd. br 1889, Prix de Raigecourt-Goyon 1893, méd 2ᵉ cl. 1894, méd. br. 1900. H C A F.

ALLÉION (Paul), 43, rue de Boulainvilliers. A. F.

ALLOUARD (Edmond), 16, quai de Béthune. M. H. 1898 A. F.

ALMECH (Mlle Jane), 59, av. de Saxe

ALTAMURO (Sandro), 18, rue Brunel.

ALTMANN (Alexandre), 2, pass. de Dantzig

ALVIN-BEAUMONT, 197, boul. Saint-Germain.

ALY (Gustave), 3, rue Brodu.

AMAN-JEAN (Edmond), ✳, 115, boul. Saint-Michel. Méd. 3ᵉ cl. 1883, B de V. 1885, méd. arg. 1889, méd or 1900. H. C. S. N.

AMBROISE, O. A. ✪, 142, av. de Versailles. **A F**

AMELIN (Paul), 54, boul de Vaugirard.

AMEN (Mme Jeanne), O I ✪, 151, boul Malesherbes. M. H 1901. **A F**

AMILLY (Maurice), 5, rue de Marignan. **A F.**

AMMAS (Ernest), 16, imp. du Maine M H 1897

AMORETTI (Gabriel), O. A ✪, 59, av. de Saxe. **A F.**

ANCELME (Narcisse), 9, pass de l'Élysée-des-Beaux-Arts

ANCELOT (Eugène-Joseph), 44, rue des Mathurins. **A F.**

ANDERS (Mlle Marie), 52, av. du Maine.

ANDERSON (Mme), 69 *bis*, boul. Saint-Jacques.

ANDERSON (Mlle Hélène), 18, rue Boissonade.

ANDRÉ (Eugène-Gabriel), 6, rue du Bac, à Charenton (Seine) **A F.**

ANDRÉ (Louis-E.), 89 *bis*, rue Blomet. **A F.**

ANDRÉ-BOUVET (H.), O I. ✪, 33, rue du Champ-de-Mars

ANDRÉ-DAVIDS, 97, rue de Prony. **8 N.**

ANDRÉ-FAURE, O A. ✪, 14, rue Soufflot.

ANDRÉE-LENIQUE (Mlle Clémence-A.), 4, rue du Faub.-Montmartre. **A F.**

ANDRÉ-MORISSET, O. A ✪, 5, rue Chasseloup-Laubat.

ANDREAU (René), O. A. ✪, 25, boul. de Clichy. M. H. 1900. **8. N.**

ANDRIEUX (Mlle Berthe), 7, rue du Regard.

ANDRYCHEWICZ (Sigismond de), 3, rue Bara.

ANETHAN (Mlle Alix d'), 12, rue Oudinot.

ANGÉLAMY (Mme Xiména), 32, rue Croix-des-Petits-Champs.

ANGLADA-CAMARASA, 9, rue Ganneron. **8 N.**

ANGLADE (G.), 16, villa des Bruyères, à Bondy (Seine) **A F**

ANGLADE (Jules), ✳, 38, boul. Raspail, **A F.**

ANGLADE (Vincent), 112, boul. Malesherbes.

ANITCHKOF (Alexandre), 59, rue des Saints-Pères

ANQUETIN (Louis), ✳, 57, rue Cortambert, **8 N**

ANTHONISSEN (Louis-Joseph), 25, boul. Pasteur. Méd br 1889. **8 N**

ANTOINE-MAY (Henry), 12, boul. Pereire.

ANTONI (M. et Mme), née Marie Gautier, O. A ✪, 6, villa de la Réunion, **8 N**

APCHIÉ DE GRÉZELS (Mme Blanche), 16, rue Lafontaine (hameau Béranger) **A F**

ARAGON (Edouard), 65, rue Lepic.

ARC-VALLETTE (Mme L.), 5, rue Pelouze M. H. 1904, méd 3º cl. 1905. **A F**

ARCOS (Santiago), ✳, ✠, 11, rue Châteaubriand. M. H 1881, méd. arg 1900 **8 N**

ARESSY (Petrus), O I ✪, 3, rue Dulac. **A F**

ARGENCE (E d') 36, av de la République, Issy (Seine) M H. 1888, M. H 1889, méd br 1889 **8 N**

ARGNIANI, 15, boul Berthier.

ARLIN (J.-C.-V.), 144, rue de Courcelles. M H. 1901. **A F.**

ARLOY (Mme Irène d'), O. A. ✪, 22, rue Servandoni. **A F.**

ARMBRUSTER, 14, rue Hégésippe-Moreau **8 N.**

ARMINGTON (Frank), 8, rue de la Grande-Chaumière.

ARMINGTON (Mme Caroline-Héléna), 8, rue de la Grande-Chaumière.

ARNAUD (Mlle M.-Joséph.), 5, av Ph.-Leboucher, Neuilly-sur-Seine (Seine). **A F.**

ARNAVIELLE (Jean), 5, rue Stanislas.

ARNOULD DE COOL (Mme Delphine), 50, av. Duquesne. M H. 1861 et 1863. **A F.**

ARON-CAEN (Mlle Louise), 8, rue de Milan **A F**

ARRUE-VALLE (José), 22, rue Bonaparte. (Voir *Aquarellistes*)

ARTHUS, 25, rue Henri-Monnier. **A F.**

ARTIGUE (Emile), 18, rue Boissonade. M. H. 1890.

ARUS (Raoul), ✳, 42, rue Fontaine-Saint-Georges M. H. 1886, méd. 3º cl 1887, 2º cl. 1893, méd arg 1900, H C. **A. F**

ASSELIN (Maurice), 51, boul Saint-Jacques.

ASSÉZAT DE BOUTEYRE (Louis), 128, boul Bineau, à Neuilly-sur-Seine. M H 1892. **A F**

ASSIRE (Gustave), 16, rue de la Grande-Chaumière. **A F**

ASTUG (Maxime d'), villa des Arts.

ATALAYA (Joseph), ✳, 92, rue Raynouard. M H 1889, H C

ATTESLANDER (Mme Yo), 41, rue Bayen. M H 1908

AUBAIN (G.-H.), 23, rue Boissonade.

AUBÉ (Jean-Paul), 12, rue d'Erlanger.

AUBERT (Joseph), O A ✪, 4, rue Chalgrin M H. 1887, méd 3º cl 1888, méd. br 1889. méd. br. 1900 H. C **A F.**

AUBERT (Jean), 33, rue du Rocher.

AUBÉRY (Jean-Baptiste), 11, rue Daniel-Stern. **A. F.**

AUBIN (Paul), 15, quai de Bourbon.

AUBLET (Albert), ✳, 75, boul. Bineau, à Neuilly-sur-Seine M H 1879, méd 3º cl 1880, méd or 1889, H C. **A. F**, **8 N**

AUBRY (Emile), 9, imp. du Maine. Prix de Rome 1907, méd 3º cl 1910

AUBRYET (Maurice), 23, rue Clauzel. **A. F.**

AUBURTIN (J.-Francis), ✳, 7, av. de la Bourdonnais. Méd arg 1900 **8 N**

AUDIBERT (Louis), 43, rue de Seine.

AUFFRAY (Eugène), O A. ✪, 59 *bis*, rue de la Tombe-Issoire **A F**

AUNAY (Mlle Adrienne), 10, av. Lesage, Maisons-Laffitte (Seine-et-Oise). **A. F.**

AURRENS (Henri), 78, rue Lepic

AUTANT (Mlle Marie), O A ✪, 2, rue Emile-Menier. M H 1907. **A F**

AUZOLLE (Marcel), 19, rue Cauchois

AVELOT (Henri), 42 rue Fontaine-Saint-Georges (V. *Dessinateurs*)

AVESQUE (Pierre-A.), rue de Paris, Vanves (Seine) **A. F.**

AVIAT (Jules), 9, rue Pelouze. M H 1879, méd. 3º cl 1887, M H 1889, méd. 2º cl 1898 méd. br 1900, H C. **A F.**

AVIGDOR (René), 5 *bis*, rue Jadin. M. H. 1894, méd 3ᵉ cl 1909. **A F**.

AVITABILE (Joseph), 16 *bis*, rue Mayet.

AVITABILE (Gennaro), 187, rue de la Pompe.

AVRIL, ✸, 65, rue Claude-Bernard.

AVY (Joseph), ✸, 126, boul. du Montparnasse. M. H. 1898, méd. 3ᵉ cl. 1900, Prix Marie Bashkirtseff 1900 méd. 2ᵉ cl 1903, B. de V. 1903 **H C A F**

AXILETTE (Alexis), ✸, 8, av. Frochot. M H 1884, Prix de Rome 1885, méd 2ᵉ cl. 1891. **H C**.

AYNARD (Jean), 15, rue de Prony **A F**

AYRINHAC (Numa-Camille), 123 *bis*, rue Saussure.

AYRTON (Mme Annie), 15, quai d'Anjou. M H 1881, méd. arg. 1889 **H C. S N**

AZAMBRE (Etienne), 157, boul. Saint-Germain. M. H 1890 **A. F**.

AZÉMA (Louis), 2, rue du Pas-de-la-Mule.

B

BAADER (Louis), 156, av de Suffren. Méd. 1886, méd. 3ᵉ cl. 1874, **H. C. A. F.**

BABAIAN-CARBONELL (Mme Arminia), 32, rue de la République, à Meudon (Seine). **S N.**

BABONEAU (Henri-François), 13, rue des Abbesses. **A. F.**

BAC, 21, pl. des Vosges

BACA-FLOR (Carlos), 43, av. Victor-Hugo. M. H 1907.

BACCHI (César), 17, rue Campagne-Première Méd. 3ᵉ cl. 1910.

BACH (Armand-Eugène), 18, rue Bonaparte. M. H 1892. **A F**

BACH (Marcel), 7, rue Alain-Chartier.

BACHIMONT (Ern.-A), 21, rue de la République, Charenton (Seine). **A F**

BAGUES (Eug), allée de Longchamp, Le Perreux (Seine). **A. F.**

BAIGNÈRES (Paul-Louis), 242, boul. Raspail. **S. AU**

BAIL (Frank), ✸, 29, quai de Bourbon M H 1889, méd. 3ᵉ cl. 1900, méd. 2ᵉ cl. 1904, H. C. **A. F.**

BAIL (Jean-Antoine), Nesle-la-Vallée (Seine-et-Oise). **A. F.**

BAIL (Joseph), O. ✸, *M. du Comité A F.*, 22, rue Legendre M. H 1885, méd 3ᵉ cl 1886, méd. 2ᵉ cl. 1887, méd arg 1889, méd or 1900, méd. d'hon. 1902. **H C A. F.**

BAILLERGEAU (Yves), 99, rue de Vaugirard.

BAILLEUL, 52, rue Lhomond.

BAILLIF (Léon), 9, rue Eugénie, Asnières (Seine). **A. F.**

BAILLY (Louis), 25, rue Humboldt.

BAIN (Marcel-Adolphe), 18, rue de Saint-Pétersbourg. Méd. 3ᵉ cl. 1905, méd. 2ᵉ cl. 1910. **A F.**

BAKER (Mlle Martha), 70 *bis*, rue Notre-Dame-des-Champs. M. H. 1909.

BALANDE (Gaston), 59, rue Liancourt M. H. 1907, prix Marie Bashkirtseff 1907, méd. 3ᵉ cl 1908 **A F**

BALAY (Charles), 5, rue de Siam. **A. F**

BALDOU (Mlle), 11, rue Saint-Lazare. **A. F**

BALESTRIERI (Lionello), 19, rue Vernier. Méd. or 1900 M. H. 1901, méd. 3ᵉ cl 1903.

BALIGAND (Raoul-Marie), 24, rue Boissonade. M. H. 1900. **A. F**.

BALLA, 110, boul de Courcelles

BALLAVOINE (Jules), 20, rue de Chanzy, à Asnières (Seine) Méd 3ᵉ cl. 1880

BALLOT (Georges), 13, rue de l'Abbaye. **S. N.**

BALLUE (Pierre), O. A. ☨ 39, boul Lannes. Méd 3ᵉ cl. 1891 **A F.**

BALLY (Mlle Alice), 11, rue Boissonade.

BALMIRAUT, 7, rue de Bagneux.

BALZE (Raymond), 31, rue Saint-Dominique.

BANOUARD (Mlle Marthe), 6, rue du Four **A F**

BARABANDY (Richard), ☨, 58, av. de Clichy.

BARAGNON (Camille-Léon), 49, boul. du Montparnasse.

BARAT-LEVRAUX (Georges), 2, rue Aumont-Thiéville.

BARAU (Emile), ✸, 3, place Victor-Hugo. M H. 1883, méd or 1889, **H. C. S. N**

BARBEY (Valdo-Louis), 1, rue des Saints-Pères.

BARBEY (Mlle Jeanne-Marie), 40, rue de Paris, à Bagnolet (Seine) **A F**

BARBIER (André), 20, quai d'Orléans.

BARBIER (Antoine), O. I ☨, villa des Arts, 15, rue Hégésippe-Moreau M H 1904. **A. F.**

BARBOSA (Mario), ✸, 13, rue Girardon.

BARBOTIN (William), 87, av d'Orléans.

BARBUT-D'AVRAY (Luc), 16, quai de Béthune. **A. F.**

BARCAT (Jacques-Louis), 46 *ter*, rue de Plaisance, à la Garenne-Colombes (Seine)

BARGET (Emmanuel), 16, rue Chanoinesse.

BARCK (Comte Nils de), 112, boul. Malesherbes.

BARDELLE (Léon), 35, rue Boulard.

BARDON (Jean), 111 *bis*, rue de Courcelles

BARILLET (Louis), 39, av de Ségur

BARILLOT (Léon), ✸, *M du Comité A. F* , 29 *bis*, rue Demours. Méd. 3ᵉ cl 1880 méd. 2ᵉ cl 1884, méd. or 1889, méd. or 1900 **H. C. A. F.**

BARISONI (Mme), 25, rue Guersant

BARLANGUE (Antoine), 72, boul. de Port-Royal **A F**

BARNOIN (Adolphe), 17, rue François-Bonvin.

BARNOIN (Henry), 19, rue François-Bonvin. M H 1909.

BARON (André), 24, rue du Faubourg-Saint-Denis.

BARON (Charles). 102 *ter*, rue Lepic

BARON (Marcel), 60, rue des Tournelles.

BARON (Robert), 5, rue des Saints-Pères.

BARON (Mlle Aurélie), 17, rue Bleue. **A. F.**

BARRÈRE (A.), 7, rue Perronet.

BARRIER (Gustave), 4, imp. Girardon **A F.**

BARRIÈRE (Georges), 12, rue Abel-Hovelacque.

BARTHALOT (Marius), O. I. ◯, 35, av. de Wagram. M. H. 1896, prix Marie Bashkirtseff 1896, méd. 3e cl. 1899, méd. br. 1900, méd. 2e cl. 1907. H. C. A F.

BARTHÉLEMY (Emilien-Victor), 20, rue de la Gaîté. M. H. 1910.

BARTHÉLÉMY (Mlle Marguerite), 22, rue Clauzel. A. F.

BARTHOLD (Manuel), 56, rue Rochechouart. Méd. 2e cl. 1904, H. C.

BARTHOLINI (Ch.), 17, rue de Bourgogne. A. F.

BARTLETT (J. Hoxie), 8, villa Michel-Ange.

BARWOLF (Georges), 42, rue Fontaine. S. AU.

BASCHET (Marcel), O ✳, *M du Comité A. F*, 17, quai Voltaire. Prix de Rome 1883, méd. 2e cl. 1889, méd. or 1900, méd. d'hon. 1908, H. C. A F.

BASTARD (Léon), O. A. ◯, Auvers-sur-Oise (Seine-et-Oise). A. F.

BASTIEN (Mlle Marie), 52, rue Madame. A. F.

BASTIEN-LEPAGE (Em.), 39 *bis*, rue de Chézy, à Neuilly-sur-Seine. M. H. 1889. A. F., S. N.

BASTON (A.), O. A ◯, pl. du Marché, Luzarches (Seine-et-Oise). A. F.

BATIGNE (François), 17, rue Charlemagne.

BATON (Z. C), 12, rue de Navarin. A F.

BATTAGLIA, 20, rue Visconti.

BAUCHE (Léon-Charles), O. A. ◯, 2, pass. de Dantzig.

BAUDE (François-Charles), 65, boul. Arago Méd 3e cl. 1908 A F.

BAUDOT (Mlle Jeanne), 4, rue du Général-Foy.

BAUDOUIN (Paul-Albert), ✳, 8, rue Vavin. Méd. 3e cl. 1882, méd. 2e cl 1886, méd. or 1889, H. C A. F. S. N.

BAUDOIN DE COURTENAY (Mme Sophie), 9, rue Campagne-Première.

BAUDOUX (Emile), O. A. ◯, 15, rue Cauchois. M H. 1910. A F.

BAUDREUIL, 9, rue du Cherche-Midi

BAUGNIES (Jacques), 23, av de Villiers. S N.

BAUHOFF (Frédérik), 139, boul. Saint-Michel.

BAUMANN (Mlle Ida), 1, rue Demours. S. N

BAURÉ (Albert), O. I. ◯ 15 *bis*, boul Lannes M. H. 1899. A. F.

BAUSSE-ADOR (Mme Jeanne), O. A. ◯, 7, rue Crétet. A F.

BAYARD, 6, rue Schœlcher.

BAZEILLES (Albert), O A ◯, 15, rue Bourgeois.

BAZIN (Eugène), O A. ◯, Le Chesnay, Versailles (Seine-et-Oise). A F.

BEAUBOIS DE MONTORIOL (Isabel), 17, av. Gourgaud.

BEAUCLAIR (René), 8, rue de la Glacière

BEAUDUIN (Jean), 67, rue Caulaincourt. M H. 1893

BEAUFEU (Pierre-A), 11, rue d'Alsace, Saint-Germain-en-Laye (Seine-et-Oise). A F.

BEAUFFERAY (Mlle Louise), 1, rue Demours. A F.

BEAUFOND (Mme Inès de), 15, quai de Bourbon. M. H. 1892 A F.

BEAUFRÈRE (Adolphe), 3, rue Cauchois.

BEAUGOURDON (Yoni), 30, quai du Louvre.

BEAUJANOT (Louis-Auguste), 9, rue Daval, A. F.

BEAUME (Marie-Emile), 1, rue Marguerin.

BEAUMONT (Hugues de), 10, av. de Tourville. M. H. 1899. A. F S N.

BEAUMONT (Paul-Louis), 5, rue des Beaux-Arts. A. F.

BEAUNE (Louis de), O. A ◯, 8, rue de la Glacière. A. F.

BEAUPRÉ (Emile de), 236, boul. Raspail.

BEAURY-SAUREL (Mme A -E -Julian), pass. des Panoramas, gal. Montmartre, 27. Méd. 3e cl. 1885, M. H. 1889, méd. br. 1889, méd. br. 1900. H. C. A. F.

BEAUVAIS (Armand), 18, rue Denfert-Rochereau. Méd. 3e cl. 1882, méd. br 1889, méd. 2e cl. 1890, méd br. 1900 H. C. A. F.

BEAUVAIS (Gabriel), 68, rue de la Jonquière.

BEDOILLE (Mlle Louise), 3, rue Palatine.

BÉDOREZ (J.-L.), 6, imp Ronsin. M. H. 1908. A. F.

BEECKER CARLES (Arthur), 138, boul. Montparnasse.

BEFANI (Gennaro), 38, rue de Penthièvre. M. H. 1909, méd. 3e cl. 1910.

BEGAGLI (Mme Marguerite), 18, rue Demours.

BEGULE (Joseph), 3, rue Racine.

BEHRMANN (Adolf), 2, pass. de Dantzig.

BEISSIER (Hector), O. A ◯, 10, boul de Strasbourg.

BEITZ (Mlle Jeanne), 3 *bis*, rue de l'Abbé-Grégoire. M H 1910. A F.

BELET dit BELLET (Auguste), 13, boul. Victor-Hugo, Neuilly-sur-Seine (Seine) A F.

BELIN-DELZANT (Mme Andrée), O A ◯, 39, av de Breteuil. A. F.

BELHOMME (Alfred), O. A ◯ 19, rue du Delta. A F.

BELLAN (Gilbert), 7 *bis*, place des Vosges.

BELLAN (Henri-Ferdinand), ✠, 7 *bis*, place des Vosges M H 1902, B de V 1902, prix de Raigecourt-Goyon 1902, méd. 3e cl. 1903, 2e cl 1910 A. F.

BELLANGER (Camille), O. I ◯ ✠, *Professeur à l'Ecole spéciale militaire de Saint-Cyr*, 17, rue Delambre. Méd. 2e cl. 1875. H. C. A. F.

BELLANGER (Mme Louise), 57, rue Laugier.

BELLANGER-ADHÉMAR (Paul), O I. ◯, 151, boul Pereire M H 1900, méd. 3e cl. 1903 A F.

BELLAY DE CANNEVILLE (G du), 126, boul. Pereire. A F

BELLE (Mlle Andrée), 123, av de Villiers. M. H. 1900 S N.

BELLE (E.), 16 rue de la Grande-Chaumière.

BELLE (Louis), O.A. ◯, 41, av de l'Observatoire, M H. 1901, méd 3e cl. 1909, prix Marie Bashkirtseff 1909. A. F.

BELLE (Marcel), 26, av. du Trocadéro.

BELLEMONT (Léon), O.I. ◯ 5, rue Emile-Allez. Méd. 3e cl. 1901, méd 2e cl 1905, prix Marie Bashkirtseff 1905 H. C A. F.

BELLENGER (Georges), 10, rue Le Chapelais. M H. 1889.

BELLEROCHE (Albert), 30, rue de Bruxelles. M. H. 1890

BELLET (Mlle Anna), 50, rue Truffaut. A F.

BELLOC (J.-B), 129, rue de l'Université.

BELLYNCK (Emile), O. A. Q, 25, rue du Montparnasse. M. H. 1905. A. F.

BELON (José), O I. Q, 5, rue Paul-Féval. S. N.

BEMBÉ (Carl), 10, rue des Saints-Pères.

BÉNARD (Henri), 77, rue Denfert-Rochereau. Méd. br. 1900. S. N.

BENDA (G.-K.), 12, rue de la Grange-Batelière.

BÉNÉZIT (Emmanuel), 328, rue Saint-Jacques.

BENFY (Georges de), 51, av. Bugeaud. A. F.

BENIGNI, 2, rue Aumont-Thiéville.

BENNER (Many-Emmanuel-Michel), 71, boul. de Clichy. A F.

BENNER (Mlle Jeanne), 71, boul. de Clichy.

BENOIT (Léon-Alfred), à Avernes, par Vigny (Seine-et-Oise). A. F.

BENOIT-BARNET, 45, rue Lhomond, et à Dreux, villa Boston. M. H. 1907.

BENOIT-LÉVY (Jules), O. I Q, 9, rue des Batignolles. M H. 1901. A. F.

BÉNONI-AURAN, O. A. Q, 32, rue de la Santé.

BÉRAUD (Jean), O. ✻, Secrét. de la Soc. Nat. des B. A., 3, rue du Boccador. Méd. 3e cl. 1882, méd. 2e cl 1883, méd. or, 1889. M. du J. 1900. H. C. A. F., S. N

BERCHON (Mme), 16, rue des Volontaires.

BERDON, 49, rue Madame.

BÉRÉMY, 11, boul. de Clichy.

BERG, 2, rue Soyer, à Neuilly-sur-Seine. S. N.

BERGER (Joannès), 31, boul. de Port-Royal.

BERGER (G. P.), 6, rue de Tournon. A. F.

BERGERET (Pierre), ✻, 4 bis, av. Frochot. Méd. 3e cl. 1875, méd. 2e cl 1877, méd. arg. 1889, 1900. H. C. A. F.

BERGEROF-ROBLASTRE (Mme Louise), 39, rue Franklin. A. F.

BERGEVIN (Albert), 35, rue Capron.

BERGÈS (Georges), 22, rue de Tocqueville. Méd. 3e cl. 1894, méd. 2e cl. 1897, B. de V. 1897, méd. arg. 1900. H. C. A. F.

BERGÈS (Joseph-Paul), 10, rue de Buci. M. H. 1908, méd. 3e cl. 1909, B. de V. 1909 A F.

BERGLING (John), 108, rue du Faub -Saint-Honoré.

BÉRINGUIER (Eugène), 3, rue des Grands-Augustins. M H. 1910.

BERMEJO-SOBERA (José), 37, rue Lamarck

BERMOND (Mlle Marie), 5, rue Daunou. Méd. br. 1900. S N , S. AU

BERNARD (Mlle), 137, rue du Ranelagh.

BERNARD-BEAUVALET (Mme Jeanne), 34, rue des Archives. A. F.

BERNARD-BÉRARD (Mlle Marguerite), 34, rue Davioud. A. F.

BERNARD-HÉBRARD (Mme Marguerite), 29, rue de Berlin. A. F.

BERNARDIN (Mlle E -C.), O. A. Q, 131, rue Saint-Dominique. A. F.

BERNARDIN (Mlle Marie), 9, rue du Four.

BERNARDO (Joseph), 57, boul. de Vaugirard.

BERN-KLENE, 29, rue des Martyrs.

BERNE-BELLECOUR (J -J.), 137 bis, rue de Rome. A F.

BERNET (Th), 24, rue Bonaparte. M. H. 1901. A. F.

BERNHARDT (Mme Terka), 37, boul. Lannes. A F.

BERNIER (Hippolyte), 138, boul. de Charonne.

BERNOUARD (A), 271, rue Saint-Jacques.

BEROUD (Louis), 27, av. de La Bourdonnais. M H. 1882, méd. 2e cl. 1883, B. de V. 1883, méd. br. 1889, méd. br. 1900. H. C. A. F.

BERR DE TURIQUE (Mlle Jane), 2, R. Gounod. A. F.

BERSON (Adolphe), 40, rue Condorcet. Méd. 3e cl. 1910.

BERSONNAT (Paul), 44, rue Richer.

BERT (Auguste), O. I. Q, 35, boul. des Capucines. A. F.

BERTAUX (René), 2, pass. Stanislas.

BERTEAUX (H.), ✻, 116, rue Saint-Dominique. M H. 1881, méd. 3e cl 1883, méd. 2e cl. 1885, méd. arg. 1889. H. C. A F., S. N.

BERTHAULT (Lucien), 14, rond-point de la Porte-Maillot, à Neuilly-sur-Seine (Seine). M. H. 1879, M. H. 1889, méd. 3e cl. 1891. A. F.

BERTHE (Maurice), 237, rue du Faub.-Saint-Martin.

BERTHÉLÉMY (Emile-Valentin), O.A Q, Peintre du Dép. de la Marine, 2 bis, rue Tarbé, et à Bernières-sur-Mer (Calvados), clos Chantepie. M. H. 1908. Prix de Raigecourt-Goyon 1908. A. F.

BERTHELON (Eugène), 35, boul. de Rochechouart. M. H. 1879, méd. 3e cl 1886, méd. 2e cl. 1889, méd. arg. 1889. H. C A F.

BERTHEMONT (Mlle Suzanne), 10, av. Hoche.

BERTHIER (Paul), O. A. Q, 13, rue Bonaparte. A. F.

BERTHOLLET (Mme Camille), 11, rue des Petits-Carreaux. A F.

BERTHON (Maurice), 54, boul. de Vaugirard. A. F.

BERTHON (Mme Blanchet-Magon), 2, av. de Versailles A. F.

BERTHON (Mme C.), 54, boul. de Vaugirard.

BERTIER (Francisque-E), 33, rue Bayen. M. H. 1879. A. F.

BERTOLETTI (Bernard-Pierre-Alfred), 90, rue de Monceau. M. H. 1904. A. F.

BERTON (Armand), ✻, 9, rue de Bagneux. Méd. 3e cl 1882, B de V. 1882, méd 2e cl. 1887, méd. or 1889, méd. or 1900. H. C. A. F. S N.

BERTON (Paul-Emile), 9, rue Mozart. A. F., S. AU.

BERTRAM (Abel), 10, rue Seveste M. H. 1901, méd. 3e cl. 1903, méd. 2e cl. 1904. H. C. A. F.

BERTRAND (Emile), 27, rue du Château-d'Eau. A F.

BERTRAND (Paulin), 72, boul. Victor-Hugo, 5, villa de Villiers, à Neuilly-sur-Seine (Seine). Méd. 3e cl. 1889, méd 2e cl 1890, Prix Marie Bashkirtseff 1890, méd. br. 1900. H. C. **A F**

BERTRAND (Pierre), 2, rue des Moines.

BERTRAND DE FONTVIOLANT (Edouard), 21, rue Faraday.

BESNARD (Albert), C. ✳, *Vice-prés. de la Soc Nat des B. A*, 17, rue Guillaume-Tell Prix de Rome 1874, méd. 3e cl. 1874, méd. 2e cl 1880. H C. 1889. M. du Jury 1900. **A. F. 8 N**

BESNARD (Arthur), 17, pass. Davy

BESNARD (Mme P), 43, boul. Lannes, **A F**

BESNARD (Robert), 97, boul Berthier, **8 N**, **8 AU**.

BESQUES (Léon-Auguste), 67, rue de Chabrol

BESSON (Jules-Gustave), O. I. ☉, 8, rue des Beaux-Arts. M H 1896, méd. br 1900, méd. 2e cl 1902 H. C. **A F.**

BESSON (Mlle Marie), O A. ☉, 59, boul Beaumarchais. **A. F.**

BESSON (Mlle Mélanie), 4, rue de Furstenberg M. H. 1891 **A. F.**

BESSON-DANDRIEUX (J.-Paul), 55, rue Rennequin **A. F.**

BETHEMONT (Mlle Suzanne), 10, av. Hoche. M. H., 1904 **A F**

BETTANIER (Albert), ✳, 13, rue du Château. **A F.**

BEUZON (Joseph-Charles), O. A. ☉, 29, rue Descombes **A. F**

BÉZART-PÉRATÉ (Mme Térésa), 9, rue Gerbillon. **A. F.**

BEZIC (Marc), 3 *bis*, pl. de la Sorbonne

BIDEAULT (L), O A. ☉, 103, rue de Vaugirard. **A F**

BIDEAUX, O. A ☉, 19, quai Saint-Michel.

BIDON (Jean), 41, rue Bayen M. H. 1905 **A F.**

BIDOUX, 7, rue de Bagneux.

BIELER, ✳, 106, rue Denfert-Rochereau, et à Savièze-sur-Sion (Valais-Suisse) **8 N**

BIENCOURT, 33, rue Vernet. **8 N.**

BIENVENU (Ferdinand-O), 3, rue Neuve-Popincourt **A. F**

BIENVÊTU (Gustave), 20, rue de la Fraternité, à Colombes (Seine) M. H 1906. **A F.**

BIÉTRIX (Lucien), 11, imp. Ronsin

BIESSY (Gabriel), ✳ 14, boul Emile-Augier. M. H. 1883. M. H. 1889, méd br. 1900. **8 N**

BIGAUX (Louis-Félix), ✳ O. I. ☉, 1, boul. Henri IV. Méd. 3e cl 1897. **A. F**

BIGELOW (Mlle Constance), 4, rue de Chevreuse.

BIGOT (Mlle Gabrielle), 5 *ter*, villa Villiers, à Neuilly-sur-Seine (Seine).

BILLAND (Jules), 36, rue Lacroix.

BILLE (Jacques), 3, rue du Général-Appert

BILLETTE (Raymond), 9, quai d'Anjou.

BILLON (Charles), 15, rue Lobineau.

BILLOTTE (René), O. ✳, *Soc Fondateur et secrét. de la Soc. Nat. des B A.*, 29, boul. Berthier. M. H 1881, méd. arg. 1889, M. du Jury 1900 H. C. **8 N.**

BILLY (Charles-Bernard de), O. A. ☉ 5, rue Etienne-Dolet, à Issy (Seine). H. C. **A. F.** (V. *Graveurs*)

BILOUL (Louis), 73, rue Notre-Dame-des-Champs. Méd. 3e cl 1904, méd 2e cl 1909. H. C. **A F.**

BINET (Mlle Alice), 204, av. du Maine.

BINET (Léon), 14, rue Dutot

BINET (Mme Moïna), 5, rue Herschel. **A F**

BINET (Victor), O ✳, 63, av. de Breteuil M. H. 1881, méd. 3e cl 1882, méd. 2e cl. 1886, méd. or 1889, méd. or 1900 H. C. **A F**, **8. N**

BING, 18, rue Boissonade.

BIOT (Mlle Luce), 15, rue Daru **A F.**

BIRR, 63, rue Saint-Didier.

BISSIÈRE (Roger), 13, rue des Quatre-Vents.

BISSON (A -Ernest), 46, rue de l'Arbre-Sec. M H 1893. **A F.**

BISSON (Edouard), ✳, 47, boul Berthier. M H 1881, 1889, méd. 3e cl 1891, méd. 2e cl. 1897, méd br. 1900. H. C. **A F**

BISSON (Henri-L), 223, rue d'Alésia. **A. F.**

BIVA (Henri), ✳, 72, rue du Château-d'Eau. M. H. 1892, méd. 3e cl 1893, méd. 2e cl. 1896, méd. br. 1900 H C. **A F.**

BIVA (Lucien), 29, rue des Vinaigriers.

BIZET (Louis-Jean), 49, rue de la Tour. **A. F.**

BLAESS (Albert), 181, rue de Vaugirard.

BLAHAY (Henri), 33, rue du Dragon. M. H. 1906 **A F**

BLAISEL (Albert du), 11, rue Chateaubriand.

BLANC (Mlle Lucie), 9, impasse du Maine. **A. F.**

BLANCHARD (Pascal), 14, rue Saint-Marc. M H. 1887, méd. 3e cl 1893, méd. 2e cl. 1899, méd. br 1900, H. C. **A. F.**

BLANCHARD (Mlle Simone), 33, rue Pierre-Charron.

BLANCHE (Jacques), ✳, 19, rue du Docteur-Blanche. Méd. or 1900, H. C. **8. N.**

BLANCHET (Alexandre), 24, rue Boissonade.

BLANKSTEIN (Mlle Hélène), 30, rue de Vaugirard.

BLATTER, 11 *bis*, rue Faraday.

BLAZY (Léon-Philippe), 11, pl des Vosges **A F**

BLIGNY (Albert), 28, rue Hermel

BLIVES (de), 48, rue Fabert.

BLOCH (Alexandre), 31, rue Tronchet. Méd. 3e cl. 1885, méd. arg 1889, méd. br. 1900. H. C.

BLOCH (Marcel), 4, faubourg du Temple. Méd. Ligue française de l'Enseignement

BLOCH (Mlle Jacqueline), 59, rue des Martyrs.

BLONDEAU (Paul-Jérôme), à Rolleboise, par Bonnières (S.-et-O.). M. H. 1906. **A F.**

BLONDEL (Mme Aline), 87 boul Saint-Michel. **A. F.**

BLOOMFIELD (Harry), 1, rue Houdon.

BLOT (Jacques), 5, rue de l'Alboni.

BLOT (Robert), 27, rue Vital

BLOTT, 83 rue de la Tombe-Issoire.

BLUM (Maurice), 73, rue des Vignes. **A. F.**

BLUM-LAZARUS (Sophie), 6, rue Boissonade.

BOCQUET (L -M), 9, pl. du Parc, Sèvres (Seine-et-Oise). M. H. 1888, 1889. **A. F.**

BOCQUET (Gaston), 26, rue Nansouty **A F.** (V. *Sculpteurs*)

BODARD (Armand-Pierre), 95, rue de Vaugirard. Prix de Rome. 1909.

BODSON (Mme Marie), 25, av. de l'Opéra **A F**

BOESWILWALD (E.-A), 8, cité Vaneau. M. H 1905. **A F.**

BOELIC (Mlle Gabrielle), 74, rue de l'Université **A F.**

BOETZEL (E), ✸, 25, rue Fontaine-Saint-Georges H. C.

BOGGIO (Émile-P), 142. Grande-Rue, Vaux (Seine-et-Oise) M H. 1888, méd. br. 1899. méd. 2ᵉ cl. 1899, méd. arg. 1900. H. C. **A F.**

BOGGS (Frank),11 *bis*, rue de Birague. Méd arg 1889. H C.

BOGINO (A), O. A Ꝙ, 150, rue de Rennes

BOIGEGRAIN (Adolphe), 5, rue Émile-Allez.

BOILOT (Alfred), O I. Ꝙ, 41, rue Richelieu Méd. 3ᵉ cl 1895, méd. br 1900. **A. F.** (V. *Graveurs.*)

BOIRY (Camille), O. A. Ꝙ, 37, rue Denfert-Rochereau M. H. 1900, méd. 3ᵉ cl. 1907. **A. F.**

BOISGONTIER (H.-M.), O. I. Ꝙ, 240, boul. Raspail.

BOISLECOMTE (Edmond de), 26, rue Poncelet. M. H. 1904. **A. F.**

BOISNARD (Mme Madeleine), 6, rue d'Angoulême. **A. F.**

BOISROGER (Agénor de), 12, av. de Villars. **A. F.**

BOISSART (Pierre-Paul), 7, rue de Bagneux **A. F.**

BOISSELIER (Georges), O.I. Ꝙ, 70 *bis*, rue Notre-Dame-des-Champs. Méd. 3ᵉ cl. 1901 **A F**

BOISSIÈRE-LONG (Mme Vve Nathalie), 27, rue Erlanger. **A. F.**

BOISSONNADE (Mme Vve Julie), 36, av. des Gobelins. **A. F.**

BOISSONNADE (Mlle Noémi), 163, av. Victor-Hugo. **A. F.**

BOISSY (Mlle Henriette), 2, rue du Cardinal, Lemoine. **A. F.**

BOLDINI (Jean), ✸, 41, boul. Berthier. G. P. 1889, 1900 H C. **S. N**

BOLE (Mme Jeanne), 34, rue de l'Arcade **A F.**

BOMPARD (Maurice), ✸, 167, boul. Pereire Méd 3ᵉ cl 1880 B de V. 1882, méd. d'arg. 1889, méd. 2ᵉ cl. 1890, méd. arg 1900 H. C. **A. F.**

BOMPARD (Mme Amélie), 167, boul. Péreire. **A. F.**

BON (Jacques), 7, rue Lemaître, à Puteaux (Seine).

BONAMY (Armand), 46 boul. de Port-Royal.

BONDOUX (Jules-Georges), 9, rue Bochard-de-Saron. M. H. 1890, méd 3ᵉ cl. 1893. B de V., méd. br. 1900. **A. F.**

BONFILS (Gaston), A. O Ꝙ, à Viarmes (Seine-et-Oise) **A F.**

BONHOMME (Léon-Félix), 124, rue La Fayette. M. H. 1897.

BONHOURE (Ernest), 2, rue Cretet. **A. F.**

BONNAMY (Louis), 5, rue d'Alençon.

BONNARD (Pierre), 60, rue de Douai **S AU.**

BONNAT (Léon), G.C. ✸, *M. de l'Institut, Président d'Honneur, Membre du Comité de la Société A F.*, 48, rue Bassano Méd 2ᵉ cl 1861, Rap 1863, méd 2ᵉ cl 1867, méd d'honneur 1869 H C 1889. M du Jury H.C. 1900 **A F.**

BONNAUD (Paul), 49, rue de Chabrol.

BONNEAU, 9 *bis*, rue Demours

BONNEAU (Jacques), 147, avenue de Villiers. (V. *Statuaires.*)

BONNEAU, 6, imp. Ronsin.

BONNEFOY (Henry), 42, rue Fontaine-Saint-Georges. Méd. 3ᵉ cl 1880, méd. 2ᵉ cl 1884, méd arg. 1889. H. C. **A F.**

BONNENCONTRE (Ernest), 54, rue de Verneuil, méd. br. 1900. **S N**

BONNET (Mlles), 84, rue Lafontaine

BONNETON (G.), O I. Ꝙ, 63, rue Pascal. M. H. 1900, Prix de Raigecourt-Goyon 1905. **A. F.**

BONNEVIE, 7, rue Belloni.

BONNIER (Mlle Alice), 135, boul. Péreire.

BONNOTTE (Ern), 95, rue de Vaugirard. M. H. 1902 **A F.**

BONVALOT (V.), 62, av. de la Motte-Picquet.

BOQUET (Jules). ✸, 16, rue de Provence Méd. 3ᵉ cl. 1890, méd. 2ᵉ cl. 1896, méd. arg. 1900. H. C. **A. F.**

BORCHARD (Edmond), 3, rue Alfred-Stevens. M. H 1885, 1889, méd. 3ᵉ cl , 2ᵉ cl. 1889, méd. br 1900. H. C. **A F.**

BORCHARDT (Félix), 21, rue Octave-Feuillet. **S. AU**

BORDES (Ernest), ✸, 87, rue Ampère. M. H. 1881, méd 3ᵉ cl 1884, méd. 2ᵉ cl 1886, méd. arg. 1889, méd. arg. 1900 H. C. **A. F.**

BOREL (Julien), O A Ꝙ, 23, rue d'Argenteuil **A. F**

BORIONE (Bernard), 10, rue Say.

BORREL (F.-Marius), 11, boul. Lannes. **A F.**

BOSQUAIN, O. A. Ꝙ, 23, boul. Gouvion-Saint Cyr.

BOSSI (Erma), 11, boul. du Montparnasse.

BOTKINE, 15, boul. Berthier.

BOUARD (Auguste), 22, rue de la Tour-d'Auvergne.

BOUCART (Gaston-Hippolyte-Ambroise), 6, rue Vercingétorix.

BOUCHARD (Paul), 12, rue de Calais. M. H. 1887, méd 3ᵉ cl. 1900, méd. br. 1900. **A F.**

BOUCHE (Georges), 24, rue Morère. **S AU**

BOUCHE-LECLERQ (Henri),89, rue de Vaugirard. M. H 1906. **A. F.**

BOUCHER (A -J.), 45, rue de Lancry. M. H. 1889.

BOUCHER (Louis), 3, rue Cauchois.

BOUCHER (Mlle Jeanne), O. A. Ꝙ, 55, Faub.-Montmartre, et 23, Halsey street, Cadogan square, S. W. Londres. M. H. 1901. **A. F.**

BOUCHER (Paul), villa des Arts.

BOUCHET (Louis-Daniel), 7 *bis*, rue Fabre-d'Églantine. **S. AU.**

BOUCHOR (J.-F), ✳, 70, rue d'Assas. M. H. 1888, méd br 1889, méd. 2ᵉcl 1892, méd. br 1900 H. C **A F.**

BOUDET (Gustave), 36, boul. de Clichy.

BOUDIER (Raoul), O.A. ◯, 52, r Durantin. **A F.**

BOUDIN (Charles), 15, rue Hégésippe-Moreau.

BOUDOT-LAMOTTE (Maurice), 108, rue Olivier-de-Serres.

BOUFFLET (Albert), 2, square du Croisic M.H 1889. **A. F.**

BOUGEARD (Aimé), 9 rue Claude-Bernard.

BOUGLEUX (Mlle Marthe), 49, rue Lemercier M H. 1906. **A F.**

BOUGTHON-LEIGH (Mlle Dora), 216, boul. Raspail.

BOUGUEREAU (Mme Vve), 75, rue N -D -des-Champs. M H. 1879, méd. 3ᵉ cl 1887, méd. br. 1889 H. C. **A. F.**

BOUILLETTE (Edgard), 19, rue de Constantinople.

BOUILLIER (Mlle Amable), 2, rue Scheffer. M H. 1897. **A. F.**

BOUISSET (Firmin), ✳, O. I. ◯, ✠, 54, rue Boussingault. **A F.**

BOULANGER (Maurice), 15, r Marie-et-Louise.

BOULANGER (Mme Lucienne), 81, rue Blanche **S N.**

BOULARD (Auguste), ✳, 15, place des Vosges. **A. F.**

BOULET (Cyprien), O I. ◯, 11, villa d'Alésia. Méd. 3ᵉ cl 1906, **A F**

BOULET (Mme Joséphine), 86, rue Ch -Laffitte, Neuilly-sur-Seine (Seine). **A. F.**

BOULICAUT (P.), 13, rue Victor-Massé. **A. F. S. N.**

BOULINEAU (Abel-Marie-François), O I. ◯, ✠, *professeur médaillé à l'Association polytechnique,* 11, rue du Cherche-Midi.

BOULLIER (Robert), 9, rue Victor-Considérant.

BOULOGNE (Paul de), 2, rue Aumont-Thiéville (V. *Statuaires*)

BOURDEAU (Édouard), O.A. ◯, 16, boul Saint-Jacques. **A. F**

BOURDENET (Mlle), 37, rue Joubert.

BOURDIER (Paul-E), 98, rue Chardon-Lagache. **A. F.**

BOURDIN, 38 *bis*, rue Fontaine-Saint-Georges.

BOURDIN (S.), 6, rue Falguière.

BOURDON (Mlle Camille), 6, rue Beautreillis **A. F.**

BOURDON, 151 *bis*, rue de Grenelle.

BOURGAIN (Gustave), 57 *bis*, boul Rochechouart. M. H. 1888, méd. br 1889, méd. br , 1900. **A F.**

BOURGEOIS (Alfred), chemin de Sarcelles, Pierrefitte (Seine).

BOURGEOIS (André), 19, rue du Val-de-Grâce.

BOURGEOIS (Eugène), 5 *bis*, av. Philippe-Leboucher, à Neuilly-sur-Seine M H 1884, méd. 3ᵉ cl. 1885, méd. br 1889, 1900 H C **A. F.**

BOURGEOIS (Joseph), 18, rue Croix-des-Petits-Champs. **A. F.**

BOURGEOIS (Urbain), ✳, 13, rue de l'Abbaye. Méd. 3ᵉ cl. 1877, méd. 2ᵉ cl. 1880, méd. br. 1889. H. C. **A. F.**

BOURGEOIS (Victor-Ferdinand), O. I., ◯, 103, rue de Vaugirard Méd 3ᵉ cl 1898, méd 2ᵉ cl 1899, B. de V. 1899, méd br 1900. H C.

BOURGEOIS (Mme Louise-Anna), 13, rue de l'Abbaye. **A. F.**

BOURGEOIS-BORGEX (Louis), 14, rue Rosa-Bonheur

BOURGET (Camille), 57, quai de la Tournelle.

BOURGONNIER (Claude), 6, rue Aumont-Thiéville. M H.1888, M. H. 1889, méd. 3ᵉ cl. 1890, B de V. 1890, méd. 2ᵉ cl. 1891. méd. arg. 1900 H C. **A. F.**

BOURGONNIER-CLAUDE (Mme Berthe), 41, rue de la Pompe M.H 1907. **A F**

BOURNAC (André), 46, quai Henri-IV.

BOURRILLON (Charles), 79, boul. du Montparnasse

BOURSIN (Édouard), 24, rue du Cherche-Midi. **A. F.**

BOUSQUET (Charles), 11, rue de la Tour.

BOUSQUET (Mme Hélène du), 114, rue du Bac. **A F**

BOUSSENOT (Gustave), O. A ◯, 15, rue Morère

BOUSSINGAULT (Jean-Louis), 55, rue du Cherche-Midi.

BOUTET DE MONVEL (Bernard), 11, pass. de la Visitation. **S N. S. AU**

BOUTET DE MONVEL (L -M), ✳, 16, rue de Sèvres. Méd. 3ᵉ cl 1878, méd. 2ᵉ cl 1880, méd. br. 1889, méd. or 1900 H. C. **A F S. N.**

BOUTIGNY (Emile), ✳, *M. du Comité A. F.* 56, rue Nollet. Méd 3ᵉ cl 1884. méd 2ᵉ cl. 1889, méd. arg. 1889, méd. arg. 1900. H. C. **A F**

BOUVART (Frédéric), 32, rue de Turenne. **A F.**

BOUVET (Henry), 20, rue Galvani. Méd. br. 1900. **S. N**

BOUVIER (Jules), 30, rue Saint-Marc. **A F.**

BOUWENS VAN DER BOYEN (Mlle Flora), 138, av. des Champs-Élysées.

BOYE (Abel), ✳, 25, villa Chaptal, à Levallois-Perret (Seine) Méd. 3ᵉ cl 1888, B de V. 1891, méd 2ᵉ cl. 1895, méd. br 1900, H. C. **A. F.**

BOYER-BRETON (Mme), 18, rue Boursault. **A F**

BOYER-MENNEGAY, O. A ◯, 5, rue Duperré.

BOYLESVE (Marie), 14, boul Émile-Augier.

BOZNANSKA (Mlle Olga de), 49, boul. du Montparnasse. **S. N**

BRACQUEMONT (Félix), O ✳, 13, rue de Brancas, à Sèvres (Seine-et-Oise) Méd. 1866 H C. **A F.** (V *Graveurs*)

BRACQUEMOND (Pierre), 167, rue de l'Université **S N**

BRAGA, 5, rue Émile-Allez.

BRANCOUR-LENIQUE (Mme Berthe), 8, rue Nicolas-Charlet Méd. br. 1900

BRAND-KRIEGHAMMER (Mme Olga), 10, rue Michel-Ange.

BRANDEIS (Mme Hella), 16, rue Choron.

BRAQUAVAL (Louis), 45, quai de la Tournelle. **S N., S. AU.**

BRASILIER (Hélie), 21, rue d'Orléans, à Neuilly-sur-Seine (Seine).

BRAUT (Albert), 6, rue Salneuve. **S AU.**

BRAZIER (Mme Marie-Julie), 182, rue de Rivoli. **A. F.**

BRAZON (Mlle Marie-Camille), 18, rue Denfert-Rochereau. **A F.**

BREAUTE (Albert), O. I. ✧, 111, rue La Fayette M H. 1889, méd. 3ᵉ cl. 1892, méd. 2ᵉ cl. 1893, méd. arg. 1900. H. C. **A F.**

BREJAT (Mlle Henriette), 22, rue de la Tour-d'Auvergne M H. 1909.

BREHAM (Paul), 5, boul. des Sablons (Neuilly-sur-Seine (Seine). M. H 1877. **A F.**

BRÉMOND (Henry), 23, boul. Pasteur. Méd. 3ᵉ classe 1902, méd. 2ᵉ cl. 1903 H. C **A. F.**

BRÉMOND (Jean-Louis), O. I, ✧. 29, rue de l'Yvette. M. H. 1894, méd. br. 1900. **A. F.** (V Graveurs.)

BREMOND (Mlle Lucie), O. A. ✧, 2, rue Gaston-de-Saint-Paul.

BREMOND (Mme Marie-J.), 29, rue de l'Yvette. **A. F.**

BRÉMONT (Mme Marguerite), 6, square de l'Opéra.

BRESLAU (Mlle), ✲, 15, boul. Inkermann, à Neuilly-sur-Seine. M H 1881, méd. or 1889, méd. or 1900 H. C. **S N.**

BREYNE (Marcel-Pierre), 14, cité Falguière

BRIAND (Mlle Jane), 24, rue La Rochefoucauld.

BRIAUDEAU (Paul), 25, rue d'Ulm. **S. AU.**

BRIGART (Xavier), villa des Arts. M H. 1910. **A F.**

BRICHARD (Mme), 16, rue de la Grande-Chaumière. M H. 1908. **A F.**

BRICOUX (Charles-Jules), 31, quai de Halage, Créteil (Seine).

BRIDGMAN (Frédéric-Arthur), O ✲, 29, avenue Daubigny. Méd. 3ᵉ cl. 1877, méd. 2ᵉ cl. 1878, méd. arg. 1889, 1900. H. C.

BRIDON (Joseph), 63, rue Demours. **A F**

BRIEN (Jules-Félix), 17, rue de la Chapelle, Malakoff (Seine). **A. F.**

BRIGOT (Édouard), 27, rue Froidevaux. **A F.**

BRIN (Émile-Quentin), O. A. ✧, 4, rue Aumont-Thiéville. **S. N.**

BRINDEAU DE JARNY (Édouard), O I. ✧, 7, rue Chaptal. Tél 167-59. **S AU**

BRINDEL, 4, rue de Furstenberg.

BRIQUET (Mlle), 10, rue Campagne-Première.

BRISARD (Fernand), 64, rue Michel-Ange. **A F.**

BRISGAND (Gustave), O I ✧, 74, rue de la Victoire. **A. F.**

BRISPOT (Henri), ✲, 17, av Trudaine M H. 1881, méd. 3ᵉ cl. 1885, méd. arg. 1889. H C. **A F.**

BRISSAUD (Jacques), 1, rue Bonaparte. **S N.**

BROCHARD (Henri), O. A. ✧, 12, rue Girardon. **S. AU.**

BROCK (Gustave), 5, rue de Bagneux.

BROET (Adolphe), 14, av du Maine. **A. F.**

BROISE (Mme Mathilde de la), 30, rue Boissière. **A. F.**

BROKMAN (H), 75, boul. Berthier.

BRONDY (Mateo), 4, rue du Faubourg-du-Temple. **A F.**

BRONNER (Mme Nina), 72, av de la Grande-Armée **A. F.**

BROSSARD (Alfred), 14, rue de Chabrol.

BROSSARD (Mlle Jeanne), O A ✧, 15, rue Littré. **A F.**

BROUARDEL (Mme Laure), 68, rue de Belle-chasse. **A. F.**

BROUILLET (André), O ✲, 72, boul. Flandrin. M. H. 1881, méd. 3ᵉ cl 1884, B de V. 1884, méd. 2ᵉ cl. 1886, méd. br 1889, méd. br. 1900. H. C. **A F.**

BROUILLET (Mme Emma), 72, boul. Flandrin. **A. F.**

BROWN (Alfred), 18, rue Boissonade.

BROWN (Jean-Louis), O. A. ✧, 96, av. des Ternes. **S. N.** (V. *Statuaires*.)

BROWN (ROY), 23, rue Le Verrier.

BROYELLE (Raphaël-Albert), 6, rue Asseline.

BRUCE (Frédéric), 12, rue de Seine.

BRUCE (Helen), 33, boul. des Invalides.

BRUDO (Mlle Yvonne), 8, rue d'Angoulême.

BRUGAIROLLES (Victor), O. I. ✧, 83, rue Ampère M H. 1898, méd. 3ᵉ cl. 1910. **A F.**

BRUGUIÈRE (Fernand), 6, rue Severo.

BRUMENT (Albert), 23, r. de la Croix à Herblay (Seine-et-Oise) **A. F.**

BRUHNS (S.), 136, av. de Villiers.

BRUMPT (Mlle Lucie), 16, rue Gustave-Courbet, **A F.**

BRUN (Alexandre), 3, rue de la Pompe.

BRUN (Mlle Jeanne), 2, rue Royale (au Ministère de la Marine). **A. F.**

BRUN (Mlle Nelly), 11, rue Chardon-Lagache. **A F**

BRUNELLESCHI (Umberto), 41, rue Monge.

BRUNEL-NEUVILLE (Arthur), 35, rue de Meudon, à Billancourt (Seine). **A F.**

BRUNERY (François), 43, av. Victor-Hugo. M. H. 1903.

BRUNET (Jean-Baptiste), 6, rue Danton, à Levallois-Perret (Seine) M.H. 1879, méd 3ᵉ cl. 1888, Prix Marie Bashkirtseff 1888, méd. br. 1889, méd arg. 1900. H. C. **A F.**

BRUNET (Mlle Lucie), 20, rue Victor-Hugo. Montrouge (Seine). **A F.**

BRUNINI (Ettore), 20, cité Malesherbes.

BRUNNY (Rupert), 67, rue du Montparnasse.

BRUNO, 24, rue du Champ-de-Mars.

BUCCI (Anselme), 29, rue Caulaincourt. M. H. 1910.

BUCHER (Mlle), 79, rue de Dunkerque.

BUDINGER-TOUVEREY (Mme Augustine), 14, av. Herbillon, Saint-Mandé (Seine). **A. F.**

BUFFET (Amédée), 71, rue Jacques-Dulud, à Neuilly-sur-Seine (Seine). M. H. 1894, méd. 3ᵉ cl. 1898, méd. 2ᵉ cl. 1899, M. H. 1900. H. C. **A. F.**

BUFFET (Etienne), 46, quai Henri-IV. **A. F.**

BUFFET (Paul), 71, rue Jacques-Dulud, à Neuilly-sur-Seine (Seine). Méd. 3ᵉ cl 1890, méd. 2ᵉ cl. 1893, B. de V. 1894, Prix national 1896, méd. arg. 1900 H. C. A. F.

BUFFET-CHAILLIE (Jean), villa des Arts.

BUGATTI, 15, rue Duméril.

BUGNICOURT (Ernest), 9, quai d'Anjou. A F

BUGNION (Mlle Yvonne), 37, rue Truffaut. A F

BUISSON, 32, rue des Rosiers.

BULLIO (Eugène), 1 bis, rue Saint-Gilles.

BULTEAU (Charles), 6, rue Furstenberg M H 1890, méd br. 1900

BUNNY (Rupert), 3, rue Valentin-Haüy. S. N, S. AU.

BURAT (Mlle Fanny), O. A. Q, 25, pass. Saulnier. A F.

BURET (Florent), 83, rue de la Tombe-Issoire A. F.

BURGAT (Eugène), 2, pass. de Dantzig. A. F.

BURGGRAFF (Gaston de), 13, av. Frochot M. H. 1891, méd. br. 1900, méd. 3ᵉ cl. 1901, Prix de Raigecourt-Goyon 1909. A. F., S. AU.

BURGKAN (Mlle Berthe), 20, rue Philibert-Lucot. M. H. 1885, M. H. 1889. A .F.

BURNAND (E), ✻, 108, rue Denfert-Rochereau. Méd. 3ᵉ cl. 1883, méd. or 1889, 1900. H C. S N.

BURNSIDE (Cameron), 46, rue Vavin.

BUSCAIL (Gaston), 19, rue de l'Odéon

BUSMEY (Mlle Suzanne), 36, rue de Vaugirard M. H. 1908. A. F. (V. Pastellistes.)

BUSSIÈRE (Gaston), 5, rue Falguière. M. H. 1893, méd. 3ᵉ cl. 1894, Prix Marie Bashkirtseff 1894, méd. br. 1900, méd. 2ᵉ cl 1908. H. C. A. F.

BUSSMANN (Auguste), 123, rue des Dames.

BUSSON (Georges), 83, boul. de Courcelles M. H. 1885, méd. 3ᵉ cl. 1887, méd. arg. 1889, méd. arg. 1900. H C. A. F.

BUSZEK (Antoine), 21, rue Le Verrier

BUTTARA (Antoine-E.-Ernest), 8, square du Croisic. A. F.

BUTTERFIELD (Mlle Marie), 6 bis, rue de Presbourg.

BUTTET (Mme Jeanne de), 14, rue Daubigny A. F.

BUYKO (Boleslas), 17, rue Campagne-Première.

BUZON (Camille-Albert), 11, rue Visconti. Prix Maguelonne-Lefebvre-Glaize, 1910.

BUZON (Frédéric), 11, rue Visconti M. H. 1910 A. F.

C

CABALLERO (Maximo), à la Roche-Villebon, par Palaiseau (Seine-et-Oise).

CABANE (Edouard), O. I , Q, 24, rue Nicolo. M. H. 1886, M. H 1889, méd 3ᵉ cl. 1903, méd. 2ᵉ cl. 1907. H. C A. F.

CABANES (Louis), O. I. Q, Inspecteur de l'Enseignement du dessin de la Ville de Paris, 199, rue de Vaugirard. Méd. 3ᵉ cl. 1902, méd. 2ᵉ cl 1904. H. C. A. F.

CABARRUS (Mlle), O A. Q, 112, boul. Malesherbes

CABIBEL (Mme Anna), 22, av. d'Eylau. A F.

CABIÉ (Louis), ✻, 74, av. de Villiers. M H. 1894, méd. 3ᵉ cl. 1899, méd 2ᵉ cl 1902. H C. A F.

CABRERO (Y.), 89, rue Denfert-Rochereau.

CABUZEL (A.-M.), 64, rue de Vaugirard

CACCIAPUOTI (Hector), O A. Q, 49, av. de la Motte-Picquet. (V. Statuaires)

CACHOUD (Fr.-Charles), 8, rue Pierre-Haret M. H. 1893, méd. 3ᵉ cl. 1896, méd br. 1900, Prix de Raigecourt-Goyon 1900, méd 2ᵉ cl 1902 H. C A F.

CADEL (Eugène), O. I. Q, 30, rue La Trémoille. M. H. 1899 S. N

CADETTE-SIMON (Mme Berthe), 14, rue du Cherche-Midi

CAGNET (Maurice), 54 rue Lamartine.

CAGNIART (Emile), ✻, M du Comité A. F., 38, rue de la Tour d'Auvergne Méd. 3ᵉ cl 1887, M. H. 1889, méd br. 1889, méd. arg. 1900. H. C. A. F.

CAHEN (Mlle Rosine), O. A Q, 54, rue du Faub. Poissonnière A F.

CAHUN (Mlle Edmée), 226, boul. Raspail.

CAILLAUD (Alfred), 47, rue de la Procession. A. F.

CALLIAS (Horace de), O. I. Q, 35, rue Marbeuf. M. H 1881. A. F.

CAILLIOT (Roger), 9, rue Chaptal. Méd. br. 1900. A F. S. N

CAILLON, 3 bis, rue des Beaux-Arts.

CAIN (Georges), ✻, 15, quai Voltaire. M. H. 1881, méd br. 1889, méd. br 1900, H. C. A. F

CAIN (Mlle Berthe), 6, rue Clauzel

CAIN (Henri), ✻, 27, rue Blanche. Tél 208.89. M. H 1882, méd. br. 1889, méd. 2ᵉ cl. 1896, méd. br. 1900. H. C. A. F.

CALBET (Antoine), ✻, 102, rue du Cherche-Midi M H. 1891, méd. 3ᵉ cl 1892, méd 2ᵉ cl 1893. H C. A F.

CALDERON (C -C), 16, av Charles-Floquet. Tél 736.90. Méd. 3ᵉ cl. 1910.

CALLOT (Henri), 12, rue Cernuschi. A. F.

CALMETTES (Fernand), 19, av. du Maine. M. H 1880 A F

CALMETTES (H.), 12, rue de l'Assomption.

CALMETTES (Pierre), 12, rue de l'Assomption. A. F.

CALVET (Henri-Bernard), 13, quai d'Anjou. M. H. 1909. A. F.

CAMBIAGGO, 4, rue Dautancourt. A. F.

CAMILLE PABST (Mme), 21, av. des Champs-Elysées. A. F.

CAMME (Jean-Baptiste), 78, rue du Lycée, Sceaux (Seine). A F.

CAMOIN (Charles), 65, rue de Douai. S. AU

CAMOREYT (Jacques), 4, rue Aumont-Thiéville Méd. 3ᵉ cl. 1899, méd. br. 1900, méd. 2ᵉ cl 1905. H. C. A. F.

CAMPAS (José), 39, boul Saint-Jacques.

CAMUS (Mlle Blanche), 48, rue de l'Abbé-Groult.

CAMUS (Henri-Louis), 62, rue Lepic.

CAMUS (Paul), 142, rue Lamarck. **A F.**

CAMUS-BAZIN, 27, rue de Longchamp.

CANCARET (Jacques), 99, rue de Vaugirard Méd 3° cl. 1904, méd. 2° cl. 1906. H. C.

CANET, O. A. ✪, 21, boul Berthier. Méd. 3° cl. 1909. **A F.**

CANIVET (Léon-Louis), O I ✪, 9, rue de Saint-Cloud, à Clamart (Seine). M. H. 1897. **A. F.** (V. *Lithographes*.)

CANNICCIONNI (Léon), 50, rue de Rennes.

CANTER (Paul), 23. rue Boissonade.

CANU, 2, rue Aumont-Thiéville.

CANUET (Mlle Louise), rue Eugène-Delacroix. **A F.**

CAPGRAS (Georges), O. A. ✪, 4, rue de l'Orient. M H 1906. **A. F.**

CAPMAN, 3, rue Vercingétorix

CAPONE, 11, rue Daniel-Stern.

CAPIELLO, 8, rue Le Châtelier.

CAPLAIN (Michel), 6, Chaussée de la Muette. **A F**

CAPUTO (Ulysse), 17, rue Boissonade Méd. 3° cl 1909, méd. 2° cl Munich 1909 **A F**

CARAS (Thibaut), 6, rue Aumont-Thiéville.

CARBONNEAUX (Charles), 16, pass. Gourdon

CARBONNIER (J.-P.), 6, rue Edouard-Detaille **A F.**

CAREMBAT, 168, rue Vercingétorix.

CARETTE (Georges), ✻, 6, rue Edouard-Detaille. **A F.**

CARL-ROSA (Mario), ✻, 43, rue de Douai (chez M. Gadin). M. H. 1891, méd. 3° cl. 1893, méd. 2° cl 1895 H C. **A. F.**

CARLÈS (Mme), 49, rue de la Victoire

CARLIEZ (Auguste), O. A ✪, 11, rue Descombes. **A F**

CARLO, 29, rue Caulaincourt.

CARLOS-LEFEBVRE, O. I. ✪, 4, rue Aumont-Thiéville. M H. 1888, méd. 3° cl. 1894. **A F, 8. N**

CARLU (Henri), 44, rue des Cascades.

CARO-DELVAILLE (H.), ✻, 78, rue Mozart. Atelier, 14, rue de la Cure. Tél 693 09 Méd. 3° cl. 1901 **8. N.**

CAROLUS-DURAN, G. O ✻, *Membre de l'Institut*, 11, pass. Stanislas Méd 1866, 1869, 1870, méd 2° cl. 1878, méd. d'hon 1879. H. C. 1889 M. du Jury. H C 1900. **A F, 8 N**

CAROLUS-DURAN (Mme), 11, pass Stanislas. Méd 3° cl 1875. **A. F.**

CARON (Albert), 3, rue de la Grande-Chaumière **A. F.**

CARON (René), 83, rue de la Tombe-Issoire.

CARON (Mlle Florentine), O A ✪, 12, boul. du Temple. **A. F**

CARPENTER (Fréd), 27, rue de Fleurus.

CARPENTIER (Mlle Madeleine), O A ✪, 60, rue de Maubeuge. M H 1890, méd. 3° cl 1896. **A F.**

CARPENTIER (Mlle Marie), 60, rue de Maubeuge. **A F, 8. N**

CARRERA (Augustin), 2, rue Méchain M. H. 1907, B de V. 1907. **A F.**

CARRERA (François), 2, rue Méchain. M. H. 1910.

CARRÉ (Gaston), *Prof aux écoles de la Ville de Paris*, 10, rue du Regard. (V. *Statuaires*.)

CARRÉ (Georges-Henri), 18, rue Ducouédic M. H 1907. **A. F, 8. AU.**

CARRÉ (Léon), 9, rue Félix-Ziem. **8 N.**

CARRÉ (Raoul), O. A ✪, 26, rue Henri-Monnier. **A F.**

CARRICK (Miss Ethel), 65, boul. Arago

CARRIÉ (Mme A. de), 96, av. des Ternes, villa des Ternes. Méd. 3° cl 1907.

CARRIER (Auguste), ✻, 84, av. de Neuilly, Neuilly-sur-Seine (Seine). **A. F.**

CARRIER-BELLEUSE (Louis), ✻, 15, rue de la Tour-d'Auvergne. M. H. 1881. méd. 3° cl. 1896. **A F.**

CARRIER-BELLEUSE (Pierre), ✻, 31, boul. Berthier M. H. 1887, méd. arg 1889. H. C. **A F. 8 N**

CARRIÈRE (Jules), 14, villa Cœur-de-Vey.

CARTERON (Eugène), 61, rue de Vaugirard. Méd 3° cl. 1878, méd. br. 1889. H. C. **A. F.**

CARTIER (Karl), 34, rue Laugier. Méd. 3° cl. 1888, M. H. 1889, méd. 2° cl 1901 H. C. **A F**

CARTIER-BRESSON (Louis-Jules), 13, rue Washington. M. H. 1908

CARUCHET, 80, boul. de Port-Royal.

CARVALLO (Mme Suzanne), 21, rue Descartes.

CASABIANCA (Charles), 130, rue du Faub.-Saint-Honoré.

CASEY (Joseph), 39, rue Delambre.

CASPERS (Mlle Pauline), O. A. ✪, 1, quai aux Fleurs. **A F.**

CASSARD (Léon), 7, rue Descombes **8 N.**

CASSAS (Osmin), 55, rue Claude-Bernard. **A F.**

CASSE (Raymond), 110, rue Lepic.

CASSE (Roger), 12, rue de Bagneux.

CASSEL (Léon), O. A ✪, 50, boul du Montparnasse M H 1910. **A F**

CASTAGNARY (Mlle Gabrielle), 10, rue Eugénie à Saint-Mandé (Seine).

CASTAGNARY-VITEAU (Mme M.-A.), 9, rue Brémontier. M H. 1899. **A. F.**

CASTAIGNE (André), ✻, 9, rue Falguière. M H. 1889. H. C. **A. F.**

CASTELHUCHO-CLAUDIO, 84, rue d'Assas.

CASTELIN-CASTEX (Mme Marie-Paul), 28, av. Carnot.

CASTIGLIONE (G), ✻, 11. boul. de Clichy M H. 1861, méd. br. 1900. H. C.

CASTRO (Paul de), 11, rue Daniel-Stern. **8. AU.**

CATHOIRE (Paul), 23, rue Boissonade.

CAUCAUNIER (Denis), 25, rue Manoury, Bois-Colombes (Seine). **A F.**

CAUCHOIS (E.-H), O I ✪, 15, rue Grange-Batelière. M H 1891, méd. 3° cl 1898, méd. br. 1900, méd. 2° cl. 1904. H C A F.

CAUCHOIS DE LADEVÈZE (Mme Louise), 15, rue Grange-Batelière. **A. F.**

CAUVIN (Louis), ✳, 10, av de l'Alma. Tél 680 08. H. C.

CAUVY (Léon), 65, boul. Arago M. H.1901, méd. 3e cl. 1905 Méd. 3e cl 1907. A. F.

CAVALLIER (Louis), 5, rue des Beaux-Arts M. H. 1897, méd. 3e cl. 1898

CAVÉ (Jules), O. A. ◯, 25, rue du Montparnasse. Méd. 3e cl. 1886, méd. br. 1889, méd. br. 1900. H C. A. F.

CAY (Mlle Isabella), 9, rue Falguière.

CAYRON (Jules), ✳, 29, boul. Berthier. M. H 1897. M H 1900, méd. 3e cl 1902, méd. 2e cl. 1905. H. C A F.

CAYRON-VASSELON (Mme Marie), 6, rue Myrha. A. F.

CAZABAN (Louis), O. A. ◯, 14, rue Thibouméry. M. H 1905, méd 3e cl. 1907. A F.

CAZES (Clovis), 1, av. de l'Observatoire. Méd. 3e cl. 1909, Prix Lefebvre-Glaize 1909, B. de V. 1909. A. F.

CAZET (Louis-M.), 32, rue Guyot. A. F.

CÉLÉRIER (Edouard), 54, quai Debilly. A. F.

CELOS (Henri), 13, quai d'Anjou. A. F

CELLIER (Alphonse), 45, rue de Belleville A. F.

CELLIER (Mlle), 14, rue Boissonade

CESBRON (Achille), ✳, 13, rue Jacquemont. M. H. 1882, méd. 3e cl. 1884, méd. 2e cl. 1886, Prix Marie Bashkirtseff 1886, méd. arg 1889, méd. arg. 1900. H. C. A. F.

CESBRON (Charles), O. A ◯, 13, rue Jacquemont.

CHABANIAN (Arsène), 30, av Malakoff. M H. 1896 1900, méd. 3e cl. 1910

CHABANNES LA PALICE (Jean-Charles-Pierre), 73, boul Victor-Hugo, à Neuilly-sur-Seine. M H. 1902 A F

CHABAS (Maurice), 3, villa Sainte-Foy, à Neuilly-sur-Seine (Seine) Méd 3e cl 1899, méd. br. 1900, méd. 2e cl. 1904 H C A F.

CHABAS (Paul), ✳, M. du Comité A. F., 28, boul. Berthier. M H. 1892, méd. 3e cl. 1895, méd. 2e cl 1896, Prix National 1899, méd. or 1900. H. C. A F.

CHABELLARD (André), 20, rue de Navarin. A. F.

CHADWICK (Mme E), 23, pl. Dauphine M. H. 1887, 1889.

CHAFFANEL (Eug.), 71, rue Caulaincourt.

CHAHINE (Edgar), 25, av de Wagram. Tél. 513 60. M H. 1897, méd. br. 1900 S. N

CHALLIÉ (Jean-B.), 15, rue Hégésippe-Moreau.

CHALON (Louis), 59, rue de Douai M H 1885, M. H. 1889, méd. 3e cl. 1891. A F.

CHALUS (Mlle Cécile), O. A. ◯, 8, rue Littré. A F.

CHAMEROT (Mme), 2, rue Saint-Simon

CHAMPAGNE (Mme Marie), 93, boul Pereire. A. F.

CHAMPCOMMUNAL, 2, rue d'Arcueil.

CHAMPÉROUX (L), 16 bis, rue du Saint-Gothard.

CHAMPION (Edm^), 7, rue de Turin

CHAMPION (Georges), 66, rue de Bagnolet. A F.

CHAMPON (Edmond), 15, quai aux Fleurs.

CHANET (Gustave), 80, rue Lepic. A. F.

CHANOT (Joseph), 6, av. de Ségur. M. H. 1909.

CHANTEAU (Alphonse). O. A. ◯, ⚓, Peintre du Dép. de la Marine, 38, rue Jouffroy.

CHANTEAU (Gabriel), O. A ◯, peintre du Dép. de la Marine, 38, rue Jouffroy.

CHANU-BAUHAIN (Mme Yvonne), 42, quai d'Orléans A F.

CHANUT (Alfred), 3, rue Barbette. M. H. 1897. A. F.

CHAPCHAL (Jacques), 169, boul.Saint-Germain.

CHAPERON (Eugène), O. I. ◯, 49, boul Rochechouart M H 1884, méd 3e cl. 1887, méd. br. 1889. H. C. A. F.

CHAPLIN (Arthur), 9, rue Poulletier. M. H. 1903, méd. 3e cl. 1904.

CHAPMAN (Mlle Catherine), 142, boul. du Montparnasse.

CHAPMAN (Mlle Minerva-J), Présidente de l'International Art Union à Paris et Chicago, 9, rue Falguière. S N

CHAPOTON, 117, rue de la Chapelle.

CHAPPET (Mme M.-L.), 27, rue du Cadre, Suresnes (Seine). A F.

CHAPUIS (Pierre), 12, rue La Condamine.

CHAPUY (André), 49, boul. du Montparnasse.

CHARAIRE (Georges), 9, rue Froidevaux. A F.

CHARAVEL (Paul-Frédéric), 6, rue Nicolo. M. H. 1902, méd. 3e cl. 1907 A. F.

CHARLET (Albert), 7, rue du Dôme.

CHARLOT (Louis), 50, rue de Rennes. S. AU

CHARMAISON (Raymond), 13, quai d'Anjou. A F, S. N.

CHARMY (Mlle Emilie), 78, rue de Tenneroles, Saint-Cloud (Seine-et-Oise).

CHARON (Luc), 33, rue Jacob.

CHARPENTIER (Albert), 11, rue Faustin-Hélie M H. 1904, méd 3e cl. 1905, B. de V. 1905. Méd. 2e cl. 1910. A F.

CHARPENTIER (Gaston), 82, rue Vaneau. M. H. 1890.

CHARPENTIER (Georges), 234, boul. Raspail. Méd. 3e cl. 1908, méd. verm Amiens 1908, méd. arg Versailles 1909. A. F.

CHARPENTIER (Léon-François), O. I. ◯, 82, rue Duperré. A. F.

CHARPENTIER (Maurice), 156, boul. Magenta.

CHARPENTIER-BOSIO (Gaston), 12, rue Littré. M. H. 1892, méd. 3e cl. 1895, méd. br. 1900. A. F.

CHARPIN (Albert), 9, rue de la Station, à Asnières (Seine). M. H. 1885, méd. 3e cl. 1893, méd. 2e cl. 1897. H. C. A. F.

CHAR-POU, 1, av Percier.

CHARRETON (Victor), O. A. ◯, 8, boul. de Clichy. H. C. Lyon M. H 1910. A F, S AU.

CHARRIER (Henri), O. I. ◯, 5, impasse de l'Aude. M H. 1892, méd. 3e cl. 1894. A F.

CHARTIEAU (Louis), 6, rue Henri-Heine. A F.

CHARTIER (Henri-Georges-Jacques), 83, rue de la Tombe-Issoire. M. H. 1894, méd. 3e cl. 1906. A. F.

CHARTIER (Paul-Louis), 9, rue Campagne-Première.

CHARTRAN (Théobald), 38, boul. Victor-Hugo, à Neuilly-sur-Seine (Seine).

CHARVE (Louis-Alphonse), O. A. ◊. 4 rue Delambre. Méd arg. Versailles, méd. arg. Amiens, méd. br. Avignon **A F.**

CHASSEVENT (Louis), O. I ◊, 56, rue de l'Abbé-Groult

CHASTEAUNEUF (Jean), 42, rue Descartes

CHATEIGNON (Ernest), O A ◊. 47, rue Lannois, Levallois-Perret (Seine). **A. F.**

CHATELLIER, 3, rue de Musset.

CHATROUSE (Mme Luisa), O. I ◊, *Directrice de l'Ecole municipale de dessin et arts appliqués à l'industrie*, 24, rue Duperré. M H 1897. **A. F.**

CHAUCHET-GUILLERÉ (Mme Charlotte), 59, av. de Saxe. M H. 1901, méd. 3e cl 1902, B. de V. 1904. **A F.**, **S AU**

CHAULIAT (Eugène-André), 119, rue de Paris, à Saint-Mandé (Seine)

CHAURAND (Jean), 125, rue Caulaincourt

CHAUVET (L.), O. I. ◊, 17, rue Boileau.

CHAUVIN (Jules-Rodolphe), 3, rue du Dragon. **A. F.**

CHAUVIN (Mlle J.), O I. ◊, 46, rue Saint-Placide **A. F.**

CHAVILLE (Mme Pauline), 124, rue de La Boëtie. **A F.**

CHAYLLERY (E.-L.), 11, rue Cyrano-de-Bergerac M H 1894, méd 3e cl 1895, méd. 2e cl 1897, méd. br. 1900 H. C.

CHECA (Ulpiano), ✳, ⚕, 33, rue Bayen Méd 3e cl. 1890, méd. or 1900. H C

CHÉDEVILLE (Jules-Marie), 103, rue de Tocqueville. **A. F.**

CHEHET (Mlle Marie-Thérèse), 54, rue de la Bienfaisance.

CHEILLEY (Mlle Jeanne), 14, cité Falguière. **A. F.**

CHELMINSKY (I. de), 9, pl. Malesherbes

CHENARD-HUGHÉ (Georges), O. A. ◊, 61, rue Caulaincourt. **A. F.**

CHENNEVIÈRE (Mlle Cécile), 28, rue d'Orsel.

CHER (Bernard), 2, pass. de Dantzig

CHERAMY (Mme Edmée), 11 *bis*, rue Arsène-Houssaye. **A F.**

CHÉRET (Jules), O. ✳, 3, rue Weber. Méd. or 1900.

CHERFILS (Christian), 41, av Kléber.

CHERON (Olivier), O A ◊, 1 *bis*, rue Eugène-Flachat. M H 1908. **A. F.**

CHESNAY (Léon), 85, rue de Courcelles. **A. F.**

CHEVALIER (Ernest), 151, rue de Grenelle Méd. br. 1900 **A. F**, **S. N.**

CHEVREUIL (Léon), 13, rue Boissonade. **A F**

CHIALIVA (Luigi), 18, pass. de l'Élysée-des-Beaux-Arts **S N**

CHICOTOT (Georges), 68, rue Blanche M H 1889, méd. 3e cl. 1889, méd. br. 1900

CHIGOT (Eugène), ✳, O. I. ◊, *Inspecteur des Musées et du dessin, Peintre du ministère de la Marine*, 9, rue de Bagneux. M H. 1886, méd. 3e cl. 1887, B de V 1887, méd. br 1889, méd 2e cl. 1890, méd. br. 1900. H. C. **A F.**

CHINCHOLLE-BAUDOUIN (Mme Marcelle), 16, rue de Berlin. M. H. 1906. **A. F.**

CHITTENDEN (Mlle Alice), 17, rue Hamelin.

CHOCARNE-MOREAU (Paul), ✳, 96, av. des Ternes M H. 1886, méd. br. 1889, méd. 2e cl. 1900. H. C. **A F.**

CHOISNARD (Félix), 60, rue de Vaugirard. **A F**

CHOISNARD (Marc-J.-M.), 9, rue Montparnasse. **A. F.**

CHOLLET (Marcel), 17, rue Victor-Massé.

CHOPART (Gaston-Albert), 22, rue de la Clé.

CHOQUET (Jules-Charles), O. A. ◊, 25, quai de Bourbon. M H 1888, méd. br. 1889. **A. F.**

CHOQUET (René-Maxime), 26, rue Marbeuf. M H. 1896. **A. F.**

CHRÉTIEN (Paul), 7, rue des Saules.

CHRÉTIEN (René-Louis), 9, rue Falguière. M. H. 1889, méd 3e cl. 1894, méd. 2e cl. 1895, méd. arg 1900, H. C. **A. F.**

CHRISTIANSEN (Hans), 85, rue La Fontaine.

CHRISTOPHERSEN (Alexandre), 42, rue Fontaine.

CHUIVER, 3, villa Brune.

CIOLKOWSKI, 18, rue de l'Odéon.

CIROU (P.), 18, rue Boissonade.

CISTELLO, 134, rue de Courcelles.

CITERNE (Paul), 123, rue de Longchamp

CIVAL (Antonio), 19 *bis*, cité Bauer.

CLAIRIN (Georges), O. ✳, 62, rue de Rome Méd. 3e cl 1882, méd 2e cl. 1885, méd. arg. 1889. H. C. **A. F.**

CLARY (Eug.), 21, boul. de Clichy. M. H. 1883, 1889, méd. 3e cl. 1890, méd. br 1900.

CLAUDE (Eugène), 90, rue de Châteaudun, à Asnières (Seine). M. H. 1880, méd. 3e cl. 1887, M H. 1889, méd. 2e cl. 1895, M. H. 1900 H. C. **A. F.**

CLAUDE (Georges), 82, boul. des Batignolles. Méd. 3e cl. 1884, B. de V. 1884, méd. br. 1889, méd. br. 1900. H. C. **A. F.**

CLAUDIUS, 125 *bis*, av Parmentier.

CLAVEL (Emile), ✳, O. I. ◊, 2, rue de Bourgogne et villa Sainte-Berthe, à Saint-Quay-Portrieux (C.-du-N.). **A. F.**

CLAVERIE (Martin-Auguste), O. A ◊, 5, rue Malebranche. **A. F.**

CLÉMENT (Armand-Lucien), O. I. ◊, 34, rue Lacépède. **A. F.**

CLÉMENT-BRUN (Gérard), O. I. ◊, 15, rue Rochechouart. M H. 1906, méd. 3e cl. 1909.

CLÉMENT-CHASSAGNE (Louis), 13, av. de Saint-Mandé

CLÉRAMBAULT (Charles), 5, villa Mozart.

CLÈRE (J.-F.), 73, rue des Plantes. M. H. 1859, 1861.

CLERMONT (Aug.-Henri-Louis de), 18, cité Malesherbes. M H 1883, méd. 3e cl. 1893. **A F.**

CLÉRY-CHARCOT (Mme Meg), 11, rue de la Tour-des-Dames. Tél 118.24. M. H. 1904

CLÉRY-PIERREPONT, 8, rue Amyot.

CLIQUOT (Mlle Antoinette), 3, rue Gambetta, Nanterre (Seine). **A. F.**

CLURE (Mlle Alice), 4, rue de Chevreuse.

COBERE (Mlle Louise), 27, rue de Valois **A. F.**

COCHAUX (Mme Clémence), 29, rue de Berlin. **A. F.**

COCHERY (Henri), 5, rue de Navarre.

COEURET (Alfred), O A ۞, 26, rue de la Tombe-Issoire.

COEYLAS (Henry), O. A. ۞, 5, rue de Navarre. M. H 1889. **A. F.**

COGNIET (Marcel), 15, av. Matignon. **A F.**

COHENDY (Paul), 146 *bis*, rue de Rennes.

COIGNARD (Louis-Jules-Albert), 10, rue Moisson-Desroche, à Boulogne (Seine). **A. F.**

COIGNET (Mlle Marie), O A ۞, 127 *bis*, rue du Ranelagh. **A. F**

COLANGE (Gustave), 117, rue Lamarck

COLAS (Mme J), 56, av. Aubert, Vincennes (Seine) **A. F.**

COLBERT (Arnold), O I. ۞, 43, rue Durantin **A F**

COLIN (Gustave), O ✻, 17, rue Victor-Massé. M. H. 1880, méd arg. 1889. H. C.

COLIN (Mlle Jeanne), 21, rue Moreau.

COLIN (Paul), O. ✻, *Inspecteur général de l'enseignement du dessin et des Musées, Professeur à l'Ecole polytechnique*, 16, rue de Seine Méd 3ᵉ cl 1875, méd br 1889, méd. br 1900. H. C **A F.**

COLIN-LEFRANCQ (Mlle Hélène-Alice), 11, cité Trévise. **A. F.**

COLIN-LIBOUR (Mme Uranie), 29, boul. des Batignolles. M H 1880 M. H. 1889, méd. br. 1900. **A F.**

COLIN-PERRIN (Mme Constance), 85, rue Lemercier. **A. F.**

COLINS (Mme Claire de), 151, rue de Grenelle. **A. F.**

COLLAS, 22, r. Vignon

COLLAS (Mme Paule), O A ۞, 6, rue Jean-du-Bellay. **A. F.**

COLLE (Jean), 16, rue de Seine.

COLLET (Jean), 155, rue de Vaugirard

COLLIN (S -J -Raphaël), O ✻, *M. de l'Institut.M. du Comité A F* , 83, boul. du Montparnasse. Méd 2ᵉ cl 1873, G. P. 1889, M du Jury 1900 H C. **A. F**

COLLOT (Georges), O A. ۞, 31, av. d'Eylau

COLMAIRE (Horace), 7, rue Belloni. M H. 1908. **A F.**

COLNORT (Joseph), 36, rue de Chabrol **A F.**

COLOMBO (Mme Aline), 56, boul des Batignolles. **A F**

COLONNA DE CESARI ROCCA (Cᵗᵉˢˢᵉ Camille), 14 *bis*, rue Saint-Georges. M.H 1891, méd br. 1900. **A F.**

COLVIS (Mlle Marie), villa Dupont, 48, rue Pergolèse **A F.**

COMERRE PATON (Mme Jacqueline), 67, rue Ampère. M H. 1882. **A. F.**

COMMERRE (Léon), O ✻, *M. du Comité A F.*, 67, rue Ampère Méd. 3ᵉ cl 1875 P de Rome 1875, méd.2ᵉ cl 1881, méd.b .1900 H C. **A F.**

COMNÈNE STEPHANOPOLI (Mlle Laure de), 25, rue d'Amsterdam

COMPAYRÉ (Marcel), 80, av de Breteuil.

COMTE (Louis), 7, rue Adolphe-Focillon.

CONDAMIN (Henri), 23, rue Oudinot. **A. F.**

CONDÉ-GONZALÈS (Mme Emilie), 143, av. de Neuilly, Neuilly-sur-Seine (Seine). M. H. 1892. Méd. br. 1900. **A. F.**

CONGDON (Thomas), 83 *bis*, rue N -D.-des-Champs

CONIN (Alphonse), 47, rue Saint-Georges. **A F.**

CONINCK (Robert de), 4, rue Camille-Tahan.

CONNELL (Edwin), 56, rue de Sèvres, à Clamart (Seine).

CONSCIENCE (Mlle Rose), 25, rue de Fleurus.

CONSTANTINI, 9, rue Froidevaux.

CONTAL (Mme Jeanne), O. A. ۞, 150, av. de Wagram. Méd. br. 1889, méd. br 1900 **S. N.**

CONTRAULT (Émile), 14, rue de Picpus.

COOL (Gabriel de), O A ۞, 50, av Duquesne. M H 1906, méd 3ᵉ cl. 1908. **A F.**

COPELAND (Mildred), 22, rue Boissonade.

COPPIER (André Ch), 21, boul. Saint-Germain. **A. F.**

COQUELIN (Théodore-Charles-Ange), 7, rue Hégésippe-Moreau. **A. F.**

COQUET DE KERVILLE (J.-M), 57, boul du Montparnasse

CORABEUF (Jean), 16, rue de la Grande-Chaumière. M H 1896, méd. 3ᵉ cl , 1908. **A. F**

CORDIER (Marcel), 3, rue Étienne-Jodelle. **A. F.**

CORFU (Georges), 86, rue Lamarck.

CORGIALEGNO, O. A ۞, 90, rue d'Assas.

CORMON (Fernand), O ✻, *M de l'Institut Prof. à l'Ecole des Beaux-Arts M. du Comité A. F* , 159, rue de Rome Méd 1870 méd.2ᵉ cl. 1873. Prix du Salon 1875, méd. 3ᵉ cl 1878, méd. honneur 1887, G. P. 1889 H. C **A F.**

CORNELIUS (Jean-Georges), 127, boul. Raspail **A F.**

CORNELIUS (Mme Marie), O. I. ۞, 127, boul. Raspail. **A. F.**

CORNET (Charles), 16, rue d'Assas. **A. F.**

CORNIER-MIRAMONT, 57, rue Boissière.

CORNIL (Gaston-Louis), 2, place Voltaire. **A. F.**

CORNILLAC (Mlle), 52, boul. Rochechouart.

CORNILLE (Ernest), 38, rue Decrès.

CORNILLIER (Pierre-Émile), 21, rue Guénégaud. M. H. 1889. **S. N.**

CORTET (Mme Mary), 49, rue de l'Aqueduc.

COSSON (J -L.), 11, rue La Condamine. M H. 1901 **A F.**

COSSON (Paul), 5, av de Friedland **A F**

COSTANTINI (Virgilio), 37, rue Denfert-Rochereau

COSTEAU (Georges), 17 *bis*, boul. de la Saussaye, à Neuilly-sur-Seine (Seine).

COSTILHES (Eugène), O. I. ۞, 8, villa Michel-Ange. **A. F.**

COSYNS, 22, rue Monsieur-le-Prince.

COT (William), 9, rue Chaptal. M. H 1898, méd. 3ᵉ cl. 1900. **A. F.**

COTTAVE (Mlle Jeanne), 14, rue de Strasbourg, Vincennes (Seine). A. F.

COTTENET (Jean), 21, rue Clauzel.

COTTET (Charles), ✶, 10, rue Cassini. B. de V. 1894, méd. or 1900. S. N.

COUBERTIN (Ch de), ✶, 20, rue Oudinot. M. H. 1857, 1861 H. C.

COUDERT, 100, rue de Charonne.

COUDOUR (Henri), 12, rue Girardon.

COULIN (Mme), 47, rue de la Procession.

COULON (Émile), 7, rue Belloni

COULON (Gustave), 12, rue de la Victoire.

COULON (Henri), 37, rue de Châteaudun.

COURANT (Maurice), ✶, 5 bis, rue Jadin. Méd. 1870, méd 2e cl 1887, méd. arg 1889, méd. br. 1900 H C S. N

COURAULT (Léon), 27, villa d'Alésia. A. F.

COURBE (Mlle Marie), 62, rue du Cardinal-Lemoine

COURBOIN (Mlle), 44, rue du Bac.

COURCHE (Félix), O. A. Q, 73, rue Louis-Blanc.

COURCY (Frédéric de), O.I. Q, 7, av. d'Orléans. Méd. 1867 A F.

COURSELLES-DUMONT (Henri), 18, rue du Moulin-de-Beurre M. H 1897, méd 3e cl. 1898, méd 2e cl. 1901 H. C. A F.

COURTIER (Mlle Marthe), 42, rue de Dunkerque A F.

COURTOIS (Gustave), ✶, 133, boul. Bineau, à Neuilly-sur-Seine Méd 3e cl. 1878, méd. 2e cl. 1880, méd. or 1889, M du Jury H. C 1900 A F S. N

COUSIN (Charles), 14, rue Boulainvilliers. A. F.

COUSTURIER (Mme Henriette), 11, boul de Clichy.

COUSTURIER (Mme Lucie), 43, boul. Beauséjour.

COUTURAUD (Alfred), 59, av. de Saxe. A F

COUTURIER (Léon), ✶, 12, boul de Clichy Méd. 3e cl. 1881, méd. br. 1889, méd br. 1900. H. C. S. N

COUVÉ-RAMEAU, 16, rue Cassini

CRAMAR (Mlle Olga), 41, rue Bayen

CRAMPEL (Mlle), 11, quai Saint-Michel.

CRAMPELL (Mme Paul), 16, rue Chanoinesse.

CRAPO-SMITH (Mlle Letta), 42, rue Decamps.

CRASNIER (Joseph), 30, rue de Longchamp.

CRÉBASSA (Paul), 50, rue Vercingétorix S N S. AU

CRÉMASKI. 10, place de la Bastille.

CREMAZY (Mlle Paule), 149, rue de Rennes.

CRÉPIN (Mlle Suzanne), 74, rue de la Tour S. N

CRESSON-PROUST (Mme P), 66, av. de la République A F

CRESSWELL (Albert), 3, rue Pierre-Chausson. M H. 1892, méd. 3e cl. 1897. A F.

CRESPEL (Mme), 92, rue de Longchamp, à Neuilly-sur-Seine. S N

CRESTY (Mme Marguerite), 179, rue Saint-Jacques. Méd br. 1889. A F

CREUZÉ DE LESSER (baron Aug), 12, rue Volney A. F.

CREUZET (Émile-Louis-Adolphe), 85, rue du Chemin-de-Fer. A F.

CROCHET (Jules), 4, rue Paturle.

CROEGAERT (Georges), 41, quai de Billancourt, à Billancourt (Seine).

CRONE, 11, rue Daniel-Stern.

CRONIN (Mme Marie), 84, rue d'Assas

CROOKE (John), 74, rue de la Tour.

CROTTI (Jean), 18, rue Juliette-Lamber.

CROZET (Vincent), 151 bis, rue de Grenelle. A F

CSOK (Étienne), 83, rue de la Tombe-Issoire. M. H. 1889, méd. 3e cl 1891, méd. or 1900. S AU

CULLEN, 2, rue Bréa. S N

CULMAN, 15, av. Frochot

CUROT-BARBEREL (Mme), 45, av de Villiers. S. N

CUVILLON (Louis-Robert de), 71, av de Villiers. A. F

CUYER (Édouard), O. I Q, 13, rue de Seine. A F.

CZARNECKI (Joseph), 3, rue de Bagneux

CZERNICHOWSKI (Pol), 7, rue Cassini. A. F.

D

DABADIE (Henri), 68, rue d'Assas. M H 1885, méd. 3e cl. 1893, méd 2e cl 1901. H. C. A F

DABAT (Alfred), 6, rue Vercingétorix M H 1910

DABAULT (H), O. I. Q, 11, quai aux Fleurs.

DAGNAN-BOUVERET (Pascal-Adolphe), O. ✶, M de l'Institut, 83, av Niel Méd 3e cl. 1898, méd. 1re cl. 1880, méd honneur 1889, G. P. 1889, G. P. 1900. H. C. A. F. S. N

DAGNAUX (Albert), 50, rue Saint-Didier. M. H. 1889, méd. br. 1900 H C. S N

DAILLY (Edouard-Louis), 3, rue Léonie A F.

DAINVILLE (Maurice), 67, rue des Saints-Pères. M H 1895, méd 3e cl. 1896. A F.

DALLET (Jules), 1 bis, rue Plumet A F

DALLIANCE (Louis), 86, boul. Saint-Marcel. A F.

DALLWITZ (Mlle Ottilie von), 2 pass. de Dantzig

DAMAGNEZ (Paul), 141, boul Montparnasse.

DAMBEZA (Léon), O A Q, 11, rue Saint-Simon. M. H 1893, méd 3e cl. 1899, méd. br. 1900, méd 2e cl. 1902 H C. A F

DAMBOURGEZ (Édouard), 55, rue Meslay. M. H 1888 A F

DAMERON (Émile), ✶, 3, rue d'Alger. Méd br 1889

DAMERON (Henri), 76, rue Michel-Bizot

DAMIAN (Émile), 7, rue Daguerre.

D'AMILLY, 33, rue Bayen

DAMIN (Victor), 10 bis, rue Turgot A. F.

DAMIZOUR (Lucien), 23, boul. Gouvion-Saint-Cyr.

DAMOYE (Pierre-Em), ✶ 10 rue Alfred-Stevens Méd. 3e cl 1879, 2 cl 1884, méd or 1889 M. du J 1900 H. C S N

DAN, 11, rue du Mont-Dore.

DANET (Mme Marie), 9, boul. Raspail **A F.**

DANGER (Henri), ✳, 84, rue Chaptal, à Levallois-Perret (Seine). Prix de Rome 1887, méd. 2ᵉ cl 1893, méd. arg. 1900. H C **A F.**

DANGON (Mlle), O I. ◗, 25, quai des Grands-Augustins). M. H. 1906. **A F.**

DANGUY (Jean), 69, avenue d'Orléans.

DANIEL (Jean), 17, rue de Tournon.

DANNAT (W.), C. ✳, ✠, *Président de la Société des Peintres américains de Paris*, 45, av. de Villiers Tél. 530-45 Méd. 3ᵉ cl. 1883, 1889 H C. **S N**

DANNENBERG (Mme), 84, rue d'Assas.

DANNENBERG (Mlle Alice), 84, rue d'Assas.

DANNEQUIN (Alfred), 11, pl. Nationale, Asnières (Seine) **A. F.**

DANTÈS (Fernand), 8, rue Laurent-Pichat.

DANTHON (Gustave), 17, rue d'Édimbourg.

DANTIN (Paul), O. I. ◗, 9, rue Roy.

DANTU (Georges), O. I. ◗, 22 *bis*, rue Vineuse.

DANTY (Léop.), 16, rue de Chabrol.

DARAUX (Lucien), 11, pl. Vintimille.

DARGENT (Henri), 59, rue Gazan. Méd à Crépy (Oise), et à Charenton (Seine)

DARIEN (Henry), ✳, 113, boul Saint-Michel, M H. 1889, méd. 3ᵉ cl 1897, Prix de Raigecourt-Goyon 1897, méd. 2ᵉ cl 1899, méd. de br. 1900 H. C. **A F**

DARMESTETER (Mme Héléna), 46, rue N.-D.-des-Champs. **A. F.**

DARNET (Georges), 22, rue Jacob

DARPY (Lucien), 56, rue des Tournelles. **A F.**

DARRAS (Achille), 33, quai de Bourbon.

DARRAS (Mlle Léontine), 4, rue de l'Ouest, Neuilly-sur-Seine. **A F.**

DARRIEUX (Charles), 56, rue d'Assas M. H. 1906, méd. 3ᵉ cl. 1910 **A. F.**

DASTUGUE (Maxime), 15, rue Hégésippe-Moreau

DASSBACH-DUBOIS (Mme M), 14, rue Vallier, Levallois-Perret. **A F.**

DAUCHEZ (André), 14, rue Saint-Guillaume. **S N**

DAUDIN (Henri-Charles), O A. ◗, 4, rue Desrenaudes. M. H. 1889, méd 3ᵉ cl 1907 **A F.**

DAUDIN (Louis), 49, av. Malakoff. M. H. 1888. **A F**

DAULNOY (Victor), 44, rue Blanche **A. F**

DAUPHIN (Eugène), ✳. O A ◗, 63, rue Jouffroy. M H 1887, méd. 3ᵉ cl 1888, méd. br. 1889, H. C **A F S N**

DAUX (Mlle), 41, rue Alphonse-de-Neuville. **S N**.

DAVID (Charles), ✳, 109, rue du Cherche-Midi. Méd. br 1889. **A.F**

DAVID (Mlle Berthe), O A. ◗, 15, rue du Four. **A F.**

DAVID (Mlle Gabrielle), 21, rue de Bellefond.

DAVID (M), 39, av Friedland. **A F**

DAVID-NILLET (Germain), 218, Faub.-Saint-Antoine **S N**.

DAVID DE SAUZÉA (Jean), 21, rue de Verneuil. M. H 1889 **A F.**

DAVIDS (Mme René), 97, rue de Prony. **S. N.**

DAVIS (Mlle Charlotte), 3, rue Léopold-Robert.

DAVIS (Mlle Phyllis), 233, rue du Faubourg-Saint-Honoré

DAVOINE (Mme Jeanne), 20, rue Chardon-Lagache **A. F.**

DAWANT (Albert), O. ✳, *Vice-prés et M. du Comité A. F.*, 9, rue Ampère. Méd 3ᵉ cl. 1880, méd. 2ᵉ cl. 1885, méd. or 1889, M du J. 1900. H. C. **A. F.**

DAWIS (Mme Germaine), 1, rue Piccini **A F.**

DAYNES-GRASSOT (Mlle Suzanne), 115, rue Bolivar. Tél. 438-60

D'EAUBONNE (Lucien), 85, av Victor-Hugo, Billancourt (Seine). **A. F.**

DEBAT-PONSAN (Edouard), ✳, *M du Comité A. F.*, 55, av Victor-Hugo Méd 2ᵉ cl. 1874. H C A F

DEBON (Edmond), O I. ◗, 65, rue Caulaincourt. M. H. 1887, méd. 3ᵉ cl 1896, méd. 2ᵉ cl. 1898. M. H. 1900 H. C. **A. F.**

DEBRAUX (René), O. I. ◗, 18, rue d'Armenonville, à Neuilly-sur-Seine.

DEBRIE-BULO (Mme Delphine), 12, av. Camoens. M. H. 1887. **A F.**

DÉCAMPS (Maurice), 3, rue de la Douane.

DECAP (Ferdinand), 5, rue Paul-Bert, Suresnes (Seine). **A F.**

DE CASIMACKER (André), 12, rue du Moulin-de-Beurre.

DECHENAUD (A), ✳, 137, rue de Rome. P. de Rome 1894, M H 1899, méd. 3ᵉ cl 1900, méd. 1ʳᵉ cl. 1901 H C **A F.**

DECISY (Eugène), ✳. O I ◗, 2, rue de Steinkerque. Méd br 1900 **A F** (V *Statuaires et Graveurs*).

DECOK (Victor), 25, quai des Grands-Augustins

DE CONINCK (Mlle Régina), 9, rue Férou. **A F.**

DECORCHEMONT (François) 12, rue Ganneron. M H 1903, méd. 3ᵉ cl. 1905, méd. 2ᵉ cl 1906, B. de V 1908. **A F.**

DÉCOTE (G), O I. ◗, 195 rue de Vaugirard M. H 1900, méd 2ᵉ cl 1905 **A F.**

DECOUDU (Mme N), 69, rue de Lévis. **A F.**

DECROIX, 12, imp Girardon. **A F.**

DEDINA (Jean), 49, rue Beaunier. **S. N.**

DEFONTAINE (Louis), 43, rue Lepic.

DEFONTE (Edmond-Alphonse), 8, place de la Mairie, Fontenay-aux-Roses (Seine). **A F.**

DEFRANSURE F'HEILLY (Mme Marie), rue Villebois-Mareuil Enghien. **A F**

DEGALLAIX (L), 3, quai Voltaire M. H. 1908. **A. F.**

DEGAS, 37, rue Victor-Massé.

DEGOMMIER (René), à Lardy (Seine-et-Oise).

DEGUINGAND (Pierre-Maurice), étangs Montbauron, à Versailles (Seine-et-Oise).

DEHAISNE (Léo-B), 37, route de Vaugirard, Bas-Meudon (Seine) **A F**

DEHAUSSY (Mme), 111, rue La Fayette.

DEHÉRAIN (François), 35, rue Véron.

DELABARRE (E), O A ◗, 32, av. de Wagram M. H. 1898, M. H. 1900, **A. F.**

DELABARRE-HENRY (Mme Henriette), 11 *bis*, rue Portalis.

DELACHAUX (Léon), 20, rue Durantin. M. H. 1887, méd. br. 1900. **S. N.**

DELACROIX (Henry-Eugène), ✸, O. A. **Q**, 22, rue de Douai. Tél. 224 52. Méd. 3ᵉ cl. 1876, méd. 2ᵉ cl. 1889, méd arg. 1889. H. C. **A. F.**

DELACROIX-GARNIER (Mme Pauline), O. I **Q**, 22, rue de Douai. Tél. 224 52. M. H. 1895, méd. br. 1900, méd 3ᵉ cl 1909. **A F.**

DELAHAYE (F.-J.), 17, rue Victor-Massé Méd. 3ᵉ cl. 1882, méd. 2ᵉ cl. 1884, méd. arg 1889. H. C.

DELAHOGUE (Alex.), O. A. **Q**, 15, rue Grange-Batelière. **A. F.**

DELAHOGUE (Eug.), 15, rue Grange-Batelière. **A. F.**

DELAISTRE (André), O. I. **Q**, *Peintre du Dép de la Marne*, 112, boul. Malesherbes. Tél 552 39 M. H. 1890, méd. br. 1900, méd. 3ᵉ cl. 1905, méd. 2ᵉ cl. 1909, H. C **A. F.**

DELAMAIN (Eugène), O. A. **Q**, 18, boul. Saint-Marcel et à Vert-le-Petit (Seine-et-Oise). Tél. 819.33. **A F. (V.** *Lithographes* **)**

DELAMARRE (Mlle Madeleine), 20, rue de Calais. **A. F.**

DELAMARRE DE MONCHAUX (Marcel), 33, rue Marbeuf. **A. F.**

DELANCE (Paul-Louis), ✸, 7, rue Bausset Méd. 3ᵉ cl. 1881, méd. 1ʳᵉ cl. 1888, méd br. 1889, méd. arg 1900. H. C. **A F , S. N.**

DE LA ROCHE (Ferdinand), 31, rue Fresnel

DELARUE, 8, rue Guyot.

DELARUE LE FEBVRE (Mme Cécile), 28, rue Saint-Lazare. **A. F. (V.** *Miniaturistes.***)**

DELASALLE (Mlle Angèle), 3, rue J.-B.-Dumas. M. H. 1895, méd. 3ᵉ cl. 1897, méd. 2ᵉ cl. 1898, B. de V. 1899, méd. arg. 1900. H C **A F , S. N**

DELATOUR-COULON (Mme Anne), 80, av de Breteuil. **A. F.**

DELATTRE (Mlle M), O. I. **Q**, 17, rue Duperré. M. H 1902, méd. 3ᵉ cl 1905. **A. F.**

DELAUNAY (Jules-Marie), 39, boul. Saint-Germain **A. F.**

DELAUNAY (Pierre), 4, av. de Péterhof. **A F.**

DELAVALLÉE (Henri), 118, rue d'Alésia.

DELAVOIPIERRE (Ph.), 4, rue des Dames. M. H. 1910. **A. F.**

DELAYE (Ch.-Eugène), 74, rue Amelot. **A F.**

DELBEKE (Léopold), 7, rue Coëtlogon. **A. F.**

DELBROUCK (Louis), 14, rue Fromentin **A. F.**

DELCUS (Louis), 23, rue de Maubeuge. **A. F.**

DELÉCAILLE (Alexandre), 51, rue Scheffer.

DELÉCLUSE (Auguste), 84, rue Notre-Dame-des-Champs. M H. 1889. **S N.**

DELESSERT (Baron), 26, rue Poncelet.

DELESTRE (Eugène), 45, rue Perronet, à Neuilly-sur-Seine. **S AU.**

DELÉTANG (Robert), O. I. **Q**, 10, rue Camou. **A. F.**

DELFOSSE (Louis), 15, quai de Bourbon. **S AU**

DELHUMMEAU (Gustave), O A. **Q** 9, rue Campagne-Première Tél. 811 76. M. H. 1885, M. H. 1889. **A F.**

DELIGNY (Paul), 119, rue Saussure. M. H. 1907. **A F.**

DELILLE (François), 42, av. des Gobelins.

DELMOND (Stanislas), 103, rue de Flandre.

DELOBBE (F.-A), 27, rue d'Alésia. Méd. 3ᵉ cl. 1874, méd. 2ᵉ cl. 1875, méd. br. 1900. H C. **A F.**

DELOBRE (Emile), 9, rue de la Mairie, Alfortville (Seine), **A. F.**

DELORME-CORNET (Mme Louise), 32, rue Guyot. **A F.**

DELORME (Mlle Berthe), O. A. **Q**, 43, rue de la Bienfaisance. **A. F.**

DELORME (Mlle M.), 22, rue Denfert-Rochereau. **A F**

DELOUCHE (Georges), 3, rue des Fossés-Saint-Jacques.

DELPEY (André), 51, rue de la Pompe. **A. F., S. AU.**

DELPIROU, 65, rue Lepic.

DELTOMBE (Paul), 25, rue Daguerre.

DELUC (Gabriel), 2, pass. de Dantzig M. H. 1906.

DELUERMOZ (Henri-Louis), 16, av. Rachel.

DEMANCHE (Mlle B), O I. **Q**, 93, rue La Fayette. M. H. 1903. **A. F.**

DEMANCHE (G), 11, square de Messine.

DEMANGE (Adolphe), 26, rue Poncelet. **A. F.**

DEMANGEL (Gustave), 4, rue André Del Sarte.

DEMARQUAIS (Hippolyte), 90, boul Garibaldi.

DEMAY (Paul), 25, rue Lepic. **A F.**

DEMONT (A.-L.). O, ✸, ✠, *M. du Comité A. F.*. 38, rue de Clichy, Tél 129 40, et le Typhonium à Wissant (P.-de-C). Tél. nº 5. Méd. 3ᵉ cl. 1879, méd. 2ᵉ cl 1882, méd. or 1889, méd. or 1900. H. C. **A F**

DEMONT-BRETON (Mme Virginie), ✸, ✠, *Prés. d'honneur de la Soc. des Femmes peintres et sculpteurs, Membre agrégé de l'Académie Royale d'Anvers*, 38, rue de Clichy, Tél. 129.40, et le Typhonium à Wissant (P.-de-C.), Tél. nº 5. M. H. 1880, méd 3ᵉ cl. 1881, méd. 2ᵉ cl., 1883, méd or 1889, méd. or 1900 H C. **A. F.**

DEMONTS (Maurice), 8, rue Villaret-de-Joyeuse. M. H 1896, méd. 3ᵉ cl. 1897, méd. 1899 H.C. **A F**

DEMOUY (Mlle Madeleine), 179, boul. Pereire.

DENET (Ch), O. I **Q** 12, boul. Pereire. M. H. 1900, méd. 3ᵉ cl. 1906. **A. F.**

DENEUX (Gabriel-Charles), O I. **Q**, 79, rue de Paris, Epinay-sur-Seine (Seine). M. H. 1887. **A F**

DENIS (Claudius), O. A **Q**, *Prof. diplômé d'art décoratif*, 18, imp. du Maine. (V *Graveurs*)

DENIS (Maurice), ✸, 59, rue de Mareil, à Saint-Germain (Seine-et-Oise). **S. N , S. AU.**

DENIS-VALVÉRANE (L), 174, rue de Vaugirard. M H. 1910 **A. F.**

DENISSE (Jean), 18, boul. Edgar-Quinet.

DENTAN (Georges), 12 rue François-Millet. **A. F.**

DENVIL (Mlle Angèle-Blanche), 34, boul. Bineau, à Levallois-Perret **A F**.

DEORUSSE (Mlle Blanche), 78, rue du Faub.-Saint-Denis.

DEPRÉ (Albert), O I. Q, 23, rue des Martyrs. **A. F.**

DERVAL (Jean), 134, rue de Grenelle **A. F**

DESAINT (A), 66, av de la Grande-Armée. **A F.**

DÉSANIAUX (Mlle Esther), 4, pl. de la Mairie, Alfortville (Seine) **A F**

DESAUTY (Mlle Henriette), O A. Q, 60, boul de Clichy. **A F**

DESBOIS (Louis), 70 bis, rue Notre-Dame-des-Champs M H 1908. **A F**

DESBORDES-GRASSIAN (Mme Louise), 3 bis, cour de Rohan. M H. 1880 M H. 1889 **A F**

DESCAMPS-SABOURET (Mme), O I Q, 22, rue Vineuse. **A F.**

DESCH (Auguste), villa des Arts. Méd. 3e cl. 1906, B. de V. 1909 **A F**

DESCHIENS ASTRUC (Mme P), 15, av. Kléber. **A. F.**

DESCONNET, 3, villa Brune

DESCUDÉ (Cyprien), 90, boul Garibaldi. M. H. 1910

DES ESSARTS, 21, rue des Abbesses.

DESFONTAINES (Charles), 5, rue Tronchet **A F.**

DESFONTAINES (Henri), 95, rue de Vaugirard.

DESFOSSES (Mme Germaine), 47, rue de Rome **A. F.**

DESGENETAIS-MARZOCCHI (Mme Marie), 74, rue de la Tour.

DESGOFFE (Jules), 1, rue de Palestine. M. H. 1889 **A F.**

DESGRANGES (Félix), O I. Q, 64, rue Madame.

DESHAYES (Eugène-F.-A.), 27, quai Saint-Michel. M H 1896.

DESJEUX (Mlle Emilie), O I. Q, 108, rue du Bac M H 1898, M H 1900 **A F**

DESIRÉ-LUCAS (Louis), ✳, 33, rue Bayen. M. H. 1897, méd 3e cl 1898, méd. 2e cl 1899, méd br 1900, B de V. 1901 H C **A F**

DESLANDES (Baron E -V), O ✳, 24, rue d'Aumale

DESLIENS (Mlles C -M), O A Q, 7, rue de Vaugirard.

DESLIGNIÈRES (André), 6, boul de Clichy.

DESLIGNIÈRES (Marcel), ✳, Pontoise-Ecluse (Seine-et-Oise). **A F , S AU.**

DESMOULIN (Fernand), ✳, O A Q 57, rue Ampère, et « La Pastourelle », à Nontron (Dordogne). **S. N** (V. Graveurs.)

DESPARMET FITZ-GÉRALD (Xavier), 236, boul. Raspail.

DESPEYROUX (Louis), 62, boul. de Strasbourg.

DESPORTES (Mlle Henriette), 144, boul. du Montparnasse M. H. 1901, méd 3e cl 1903, méd 2e cl 1908, B. de V 1908 H C A F

DESPREZ (Mlle Simone), 21, rue du Vieux-Colombier.

DESPREZ-BOURDON (Mlle J), 12, rue Faustin-Hélie M. H 1903. **A. F.**

DESRIVIÈRES (Gabriel), O. I Q 235, Faub.-Saint-Honoré. **A. F.**

DESSERTEAUX (Léon), 16, rue Decamps.

DESTABLE (Jean-Baptiste-Frédéric), O. I. Q, 29, boul Barbès

DESTAILLEUR (René-Hugues-Claude), 6, rue d'Ulm

DESTREM (Casimir), 85, rue du Ranelagh. Méd 3e cl. 1879, méd. 2e cl. 1886, méd. arg 1889 H C A F.

DESVALLIÈRES (Georges), ✳, 14, rue Saint-Marc M. H. 1890, méd. 3e cl 1893, méd. 2e cl 1894, méd. arg. 1900 H C. A F., S. N.

DESVARREUX (Raymond), O. A. Q, 19, rue de Sèvres. M H 1907, 2e cl 1910 **A F.**

DESVARREUX-LARPENTEUR, O A. Q, 19, rue de Sèvres.

DETAILLE (Edouard), G.O.✳. *Membre de l'Institut, Président d'honneur de la Société des Artistes Français, M du Comité A F.* 129, boul. Malesherbes Méd. 1869, 1870, méd. 2e cl. 1872, méd. d'hon. 1888, G P. 1889, M du J. 1900. H. C A. F

DETANGER-MERMORD (Mme Reine), 5, rue Feydeau M. H. 1898 **A F.**

DETHAN (Mme G.), 11, rue Alphonse-de-Neuville.

DETOUCHE (Henri), O. I Q, 39, rue de la Tour-d'Auvergne. **A F**

DETRAUX (Mme Yvonne), O I. Q, 4, rue de la Sorbonne.

DETURCK (Julien-Jules), O. A. Q, 10, rue du Hanovre. **A F**

DETTI (Cesare), 41, rue Victor-Massé Méd. br. 1889, méd arg. 1889 H. C.

DEUBERGUE (Mlle Ida-Louise), O.I Q, 3, rue Dutot. **A. F.**

DEULLY (Eugène-Auguste), 9, imp. du Maine. M. H. 1888, méd. 3e cl. 1889, méd. 1re cl 1892, B. de V 1892, méd br. 1900 H C. A. F.

DEUTSCH (Ludwig), 6, av Frochot M. H. 1898, méd. or 1900, méd. 3e cl 1907, méd 2e cl 1910 **A F.**

DEVAMBEZ (André), 19, av. d'Orléans. Prix de Rome 1890, méd. 2e cl. 1898 H. C. **A F.**

DEVARENNE (Jean), 1, rue de la Mairie, Boulogne-sur-Seine.

DEVAY (André), 40, rue de Rochechouart.

DEVILLARIO (R -M), O. A Q, 7, rue de Laborde M. H. 1901 **A. F.**

DEVILLE (Jean), 161, boul. du Montparnasse. **S. AU**

DEVILLE-CHABROL (Mlle), 103, rue de Lille.

DEVINAT (Fr.), 20, rue Franklin, Saint-Germain-en-Laye (Seine-et-Oise). **A. F.**

DEVINAT (Mlle), O. I. Q, 50, rue Saint-Didier. **A F.**

DEVINÉ (Jules), 40, rue du Luxembourg.

DE WIT (Paul), 9, rue Boissonade.

DEYGAS (Régis-Jean), 151 bis, rue de Grenelle. M. H. 1909, méd 3e cl 1910. **A. F**

DEYROLLE (Etienne-Marie), 66, rue Carnot, Nogent-sur-Marne (Seine).

DEZAUNAY (Henri-Emile), 14, av Sainte-Foy, à Neuilly-sur-Seine.

DEZERMAUX (Gaston), O. I. Q, 14, rue Fontaine. **A. F.**

DÉZIRÉ (Henri), 10, rue Perceval. M. H. 1903. S. AU.

DEZOBRY (Art.-Henri-Louis), à Montmorency (Seine-et-Oise). A. F.

DHARVILLE (Mlle Laure), 12, rue Montchanin.

DHIONNET (Armand), 11 bis, rue de Birague.

DIAS (Nelson), 158, rue Saint-Jacques. A. F.

DIAULT (Félix), 195 bis, rue de Vanves.

DIDIER (Clovis-Auguste-François), 16, rue Alexandre-Lange, à Versailles (Seine-et-Oise). A. F.

DIDIER (Jules), ✳, 88, rue de Javel. Prix de Rome 1857, méd. 1866, 1869, méd. br. 1889. H. C. A. F.

DIDIER-POUGET (William), ✳, O A. ◊, ✠, 12, boul. de Clichy. M. H. 1890, méd. 3e cl. 1896, méd. br. 1900. A. F.

DIÉTERLE (Ch.), 37 bis, boul. Berthier. M H. 1878. A. F.

DIÉTERLE (Georges), ✳, 3, rue de Bruxelles. M. H. 1883, méd. br. 1889, méd. br. 1900 H. C. A. F.

DIÉTERLE (Mme Marie), O. A ◊, 37 bis, boul. Berthier. M. H. 1883, méd. 3e cl. 1884, méd. br. 1889, méd. br. 1900. H. C A. F.

DI FRANCO, 15, rue Henri-Monnier.

DILLY (G.-H), O. I ◊, ⚓, ✠, 41, boul. Saint-Jacques, et 17, rue des Tours, à Lille. M. H. 1903, méd 3e cl. 1904, méd. 2e cl 1906, B. de V. 1906 H. C. A. F.

DINET (Etienne), O ✳, 25, quai Voltaire. M. H 1883, méd 3e cl. 1884, B de V. 1884, méd arg 1889, méd. or 1900. H. C. A. F., S N

DIRANIAN (Sarkis), 10, rue Alfred-Stevens. M. H. 1892, 1900.

DOAT, ✳, 47, rue Brancas, à Sèvres (Seine-et-Oise). M. H. 1890, méd. or 1889. H C.

DOIGNEAU (Edouard), 67, boul. Berthier. Méd. 3e cl. 1904, méd. 2e cl. 1909. H. C. A. F.

DOIN (Gaston), 9, rue des Beaux-Arts.

DOLA (G.), O. I. ◊, Arbitre à la chambre syndicale des lithographes, Professeur au cercle international des Arts, 150, boul. du Montparnasse. M. H. 1909. A F. (V. Lithographes.)

DOLL-PANSERON (Mme Louise), O. I. ◊, 6, rue de la Vrillière. A. F.

DOLLEY (Pierre), 62, quai de la Tournelle.

DOMERGUE (Jean-Emile), 54, av. du Maine.

DOMERGUE (Jean-Gabriel), 18, rue de Chabrol. M. H. 1908. A F.

DOMERGUE-LAGARDE, O. A. ◊, 25, rue Humboldt.

DONGEN (Kees Van), 6, rue Saulnier.

DONNADIEU (Mlle Jeanne), 40, rue du Centre, Pantin. M H. 1886. A F.

DONZEL (Jules), 6, rue Charles-Divry. A F.

DORIVAL NAUDE (Mme Marie-Thérèse), 20, av. de Wagram. A F.

DORÉ (Constant), 22, rue de Maubeuge.

DORMAY (Auguste), 3, rue Dutot.

DORNOIS (Albert), 2, rue Jean-Vaury. M. H. 1889.

DOUGET (Henri), 139, boul. Malesherbes.

DOUGET (Mlle Sarah), 45, rue Gay-Lussac.

DOUDEMENT (Gustave), 58, rue Larochefoucauld. A F.

DOUILLARD (Mme), 18, rue Singer.

DOUGHERTY (Parke), 49, boul. du Montparnasse.

DOUMICHAUD DE LA CHASSAGNE GROSSE (Mme L.), 5, rue Guersant. A F.

DOURGNON (Marcel), ✳, O. I ◊, 36, rue Ballu. A. F.

DOUROUZE (Daniel-Urbain), 53, rue Saint-André-des-Arts. Méd. arg. 1900.

DOUSSET-RUGEL (Mme C.), 12, boul. d'Enghien, Argenteuil (Seine). A F

DOYEN (E.-J.), 39, boul. Auguste-Blanqui. A. F.

DOYEN (Louis), O. A. ◊, 56, rue Nollet. M. H. 1892. A. F.

DRAKE (J.-E), ✳, 34, av. de Villiers.

DRÉSA (Jacques), 23, rue Oudinot. S. AU.

DRESEL (Frédéric), 2, rue Aumont-Thiéville.

DREYFUS (Clément), O. A. ◊, 46, rue Cardinet.

DREYFUS (Mme Marie), 59, av. du Roule, Neuilly-sur-Seine (Seine). A F

DREYFUS (Raoul), 1, rue Claude-Chahu. A. F.

DREYFUS-GONZALÈS (Edouard), 1, av. du Trocadéro.

DRIES-MOLINET (Henri), 76, av. d'Italie.

DROUARD, 23, quai Bourbon.

DROUART (Raphaël), 55, rue Notre-Dame-des-Champs.

DROUET-CORDIER (Mme Suzanne), 24, rue de la Folie-Méricourt.

DROUIN (Edouard), O. A ◊, 1, av. de l'Etang, Villemomble (Seine). A. F.

DROUIN (G.), 5 bis, rue Jadin.

DROUVILLE (Mme), 49, av. de Ségur.

DRUET (Antoine), O. I. ◊, 49, rue de Courcelles. A. F.

DUBAUT (Mlle Jane), 35, rue Laffitte.

DUBÉ (L.-Théo), 16, av. de l'Alma.

DUBE (Mme Mattie), 16, av. de l'Alma. Méd. 3e cl. 1896, méd. br. 1900.

DUBOIS (Arsène), 52, av. de Neuilly, à Neuilly-sur-Seine (Seine). M. H. 1896. A. F.

DUBOIS (Paul-Élie), 9, rue Campagne-Première. A. F.

DUBOIS-MENANT (Gabriel), O. A. ◊, 41, rue Poussin. M. H. 1898. A. F.

DUBOIS DE LA RUE (Alexandre), 45, rue de Douai. A. F.

DUBOURG (Mme Victoria), 8, rue des Beaux-Arts. M. H. 1894, méd. 3e cl. 1895 A. F.

DUBRAY (Jean), 17, rue Guillaume-Tell.

DUBREUIL (Mme Marie). O I. ◊, Inspectrice du dessin de la Ville de Paris, 27, rue de Bellechasse. A. F.

DUBRON (Mme P.-M.), 3, rue Alfred-Stevens. M. H. 1895, méd. 3e cl. 1902. A F.

DUBUFE-WEHRLÉ (Mme J.), 6, rue Puvis-de-Chavannes. S. N.

DUBUISSON (Mlle Marie-Isabelle), 32, rue Ernest-Renan. A. F.

DUC (Edmond-Eug.), 11, rue d'Orléans, Saint-Cloud. **A. F**

DUCARRE-BUSSIENNE (Mme Daisy), 13, rue Christiani. **A F.**

DUCHAMP (Marcel), 9, rue Amiral-de-Joinville, à Neuilly-sur-Seine (Seine)

DUCHAMP-VILLON (Raymond), 7, rue Lemaître, Puteaux (Seine).

DUCHEMIN (Daniel), O A (), 57, rue de Bourgogne. M H 1908 **A. F**

DUCHESNE (Emery), 69, Grande-Rue, à Neauphle-le-Château (Seine-et-Oise) **A F.**

DUEZ (Mme), 39, boul. Berthier **8 N.**

DUFAU (Mlle C), ✻, 2 *bis*, rue Scheffer. M. H 1895, Prix Marie Bashkirtseff 1895, méd. 3ᵉ cl. 1897, B. de V. 1898, méd. arg 1900, méd. 2ᵉ cl. 1902 H. C A F

DUFAYS, 12, rue d'Auteuil.

DUFFAUD (J.-B.), O. ✻, *M. du Comité A. F*, 32, rue Guyot M. H. 1885, méd. 3ᵉ cl. 1889, M. H 1889, méd. 2ᵉ cl 1891, Prix Marie Bashkirtseff 1891. H. C **A. F.**

DUFILHO (Mme Elise), 7, route Nationale, Saint-Cloud. **A. F.**

DUFOUR (Camille), O A (), 29, rue des Martyrs M. H 1882, méd 3ᵉ cl. 1887, méd br. 1889, méd. 2ᵉ cl 1893, méd arg 1900 H. C , **A. F.**

DUFOUR (Charles-Jules-Eugène), rue du Noyer-Mulot, à Franconville (Seine-et-Oise). **A. F**

DUFOUR (E.), 7, villa Michel-Ange

DUFOUR (Jean-Jules), 64, rue Saint-Louis-en-l'Isle. (V. *Graveurs*)

DUFRÉNOY (Georges), 21, quai de Bourbon **8 AU.**

DUFRESNE (Charles-Georges), 3, rue Coutures-Saint-Gervais. **8 N**

DUFY (Raoul), 27, rue Linné

DUJARDIN-BEAUMETZ (Mlle Rose), 12 *bis*, rue Pergolèse

DULUARD (François-Léon), O. A () 38, rue François-Iᵉʳ. M. H 1909 méd 3ᵉ cl Prix Belin-Dollet 1910. **A F** (V. *Graveurs*)

DUMAS (Hector), 5, rue Emile-Allez **8 N**

DUMESNIL (Mlle), 179, boul. Pereire.

DUMINI (Eugène), 1, rue de l'Orangerie, Meudon (Seine-et-Oise). **A F**

DUMOULIN (Louis), O ✻, 58, rue Notre-Dame-de-Lorette. M. H 1887, H. C **A F., 8. N**

DU MOND (Frédéric), 56, rue Raynouard

DUMONT (Henri), 71, boul de Clichy. Méd br 1900. **8 N**

DUNOYER DE SÉGONZAC, 37, rue Saint-André-des-Arts.

DUPAIN (Edmond), ✻, 152, boul. du Montparnasse. Méd 3ᵉ cl 1875, méd. 1ʳᵉ cl 1877, M. H 1878, méd br. 1889. H C A F

DUPAS (Jean), 3, pl. de la Sorbonne. M H 1909, méd. 3ᵉ cl. 1910. P de Rome 1910 **A F.**

DU PATY (Léon), O. I (), 9, rue de la Pépinière. M. H. 1880 **A. F.**

DUPERREY (Hippolyte), 5, rue de l'Aqueduc.

DUPONT (Mlle Blanche), 12, rue du Bac.

DUPONT (Victor), 3, rue Etienne-Dolet, à Arcueil-Cachan (Seine).

DUPRAT (Albert), 2, av. de Madrid, à Neuilly-sur-Seine

DUPRÉ-BIRONNEAU (Mme Marie), 87, rue Vieille-du-Temple **A F**

DUPUY (P.-M), 45 rue de Lévis Méd 3ᵉ cl. 1901, méd. 2ᵉ cl 1902 H C **A. F**

DUPUY (Mlle Marcelle), 43, rue Théophile-Gautier.

DUPUY (Mlle Marie-Louise), 22, rue Amiral-Mouchez. **A F**

DURAND (Edouard), 5, rue La Pérouse M. H. 1888 **A. F.**

DURAND (Georges), 90, boul Flandrin. **A F.**

DURAN-MARX, 25, rue Fourcroy.

DURANDEAU (Auguste), 3. rue Etienne-Dollet, Arcueil-Cachan (Seine). **A F**

DURAND-LORIENTAIS (Alphonse-Hippolyte), O I (), *M de l'Association des anciens élèves de l'École des Beaux-Arts*, 100, rue Lemercier. **A F.**

DURANTON (Mlle Jeanne), 11, rue Guillaume-Tell **A F.**

DURAY (E.-A), O. I. (), 9, rue Bleue. **A. F**

DURIEU, 57, rue de Dunkerque.

DURRUTHY-LAYRLE (Mme Zélie), 22 *bis*, pl Vallier, Levallois-Perret (Seine), M. H. 1897. **A F**

DURST (Aug), ✻, 49, rue de la Défense, à Puteaux (Seine). M. H 1882, méd 2ᵉ cl. 1884, méd. arg. 1889, méd. br. 1900 H C. **A F., 8 N.**

DURY-VASSELON (Mme Hortense), O A. (), 2, rue Crétet. M H. 1898. **A F.**

DUSSEUIL (Mlle Léonie), 10 *bis*, rue Vavin. **A. F**

DUSOUCHET (Pierre), 4, rue de l Indre. **8 AU.**

DUTHOIT (Adrien), O. A. (), 98 *bis*, rue du Cherche-Midi.

DU THOIT (Paul), O. I. (), 18, rue La Bruyère. **A F**

DUTREIX (François), 37, rue Palestro.

DUVAL (Mme Charles), 19, rue des Batignolles. **A F.**

DUVAL (Jean), O A. () 126, boul. du Montparnasse. M. H. 1895. **A F.**

DUVAL (Jean-Charles), 23, rue Oudinot. **8. AU.**

DUVAL-CONSTANT, 4, rue Carnot, à Levallois-Perret (Seine) M H. 1909. **A F.**

DUVAL-DAUSSIN Mme Jeanne), à Soisy-sous-Montmorency (Seine-et-Oise) **A. F**

DUVAL-GOZLAN (Léon), 41, rue de la Tour-d'Auvergne.

DUVANEL (Jules), O. A (), 7, av. d'Orléans **A F.**

DUVENT (Charles), ✻, 121, rue Borghèse, à Neuilly-sur-Seine (Seine) M. H 1891, méd 3ᵉ cl. 1893, méd. 2ᵉ cl 1896 B de V. 1896, méd. arg 1900 H. C **A F, 8 AU**

DUVERNE, 11, rue Froidevaux.

DUVIVIER (Albert), 10, rue Pernety. **A. F.**

DUVOCELLE (Julien), 9, rue Bochart-de-Saron. M. H 1897, méd. 3ᵉ cl. 1898, méd. br. 1900.

E

EARL (Mlle Maud), 21, rue Viète.

EBERHARDT, 99, boul Voltaire.

ECREMENT (Louis), 1, rue Châtelain

EDEL, 10, av des Tilleuls, Passy

EDELMANN (Charles), 132, boul. du Montparnasse.

EDOUARD (Albert), O. A. ◊, 19, quai Saint-Michel Méd. 3ᵉ cl 1882, méd 2ᵉ cl 1885, méd br. 1889. H C. A F

EDWARDS (Mlle Louisa), 37, quai de la Tournelle.

EGAN-MEYNIAC (Mme Catherine), 15, rue des Beaux-Arts.

EGGIMANN (Jules-Pierre), 28, av de l'Observatoire.

EGUSQUIZA (Roger de), 32, rue Copernic

EISMAN-SEMENOWSKY, 9, rue Boissonade.

ELICHE (Jean-Baptiste), Domont (Seine-et-Oise)

ELIOT (Maurice), ✳, *Prof. d l Ecole Polytechnique*, 37, boul de Clichy. M H 1886, méd 3ᵉ cl 1887, B de V 1888, méd. br 1889, méd arg. 1889, méd. br. 1900. H C. **A F S N**

ELIOT (Mlle Jeanne),✳, 37, boul. de Clichy **A F**

EMMER (Mlle Suzanne), 93, boul. Magenta.

ENAULT (François-F -A.), 151 *bis*, rue de Grenelle. **A. F.**

ENDERS (Jean), 16, avenue Pereire, à Asnières (Seine). M H 1890 méd 3ᵉ cl 1893, méd. 2ᵉ cl 1898, méd. arg. 1900. H C. **A F**

ENDRÈS (Ch -E.), 95, rue de Javel. **A F.**

ENGEL (José), 9 *bis*, rue Coysevox **S N**

ENJOLRAS (Delphin), O. A ◊ 21 rue Laugier. **A. F.**

ENJOLRAS (Louis), 47, boul. de l'Hôpital **A F**

ÉPINAY (Mlle Marie d'), 26, av. de Wagram

ERNST (Rodolphe), O A. ◊, ✠ 25, rue Humboldt Méd. br. 1889, M. H 1900.

ESCALIER (Nicolas), ✳, 157, *rue de Rome* M. H. 1876, 1878, méd. 2ᵉ cl 1884 **A F**

ESCHBACH (P -A), 18, rue de Chabrol, méd 3ᵉ cl. 1907.

ESCHENBRENNER (Mlle Emily) 6, rue Darcel, Boulogne-sur-Seine (Seine) **A F.**

ESCHMANN (Jean-Bernard), O. A ◊ 77, rue de Varenne. **A. F.**

ESCRIVAN (Mme Marie-Thérèse d'), 7, rue Lakanal, à Montrouge (Seine), et à Évian-les-Bains (Haute-Savoie) **A F** (*V Graveurs*)

ESCUDIER (Ch.-J.-A.), 11, rue Liancourt. **A F.**

ESNAULT, 6, rue Dareau

ESPAGNAT (Georges d'), 53, av. de Clichy.

ESPENAN-CRESSON (Mme Marguerite), rue de Saint-Pétersbourg. **A F.**

ESSOC (Mme Marie), 45, rue Dumont-d'Urville **A. F.**

ESTÉ (Mlle), 26, av. de l'Observatoire. **S N**

ESTIENNE (Henry d'), O. I ◊ 48, av. Daumesnil. M. H 1897, méd br. 1900, B de V. 1900 méd 3ᵉ cl. 1903. Prix Marie Bashkirtseff 1903, méd 2ᵉ cl. 1904. H C. **A. F**

ETCHEVERRY (Hubert-Denis), ✳, 170 Faub -Saint-Honoré. Méd 3ᵉ cl 1895, méd 2ᵉ cl 1899 méd. arg. 1900. H C. **A F.**

ÉTIENNE (Jules), 56, rue de la Villette

ÉTIENNE (René), O. I. ◊, 25, rue Vernet. Tél 647-25 **A F.**

EUDES (Jules), 60, boul. Saint-Germain. **A. F.**

EWALD (Mlle Doris), 36, rue Saint-Sulpice.

EYSKENS (Félix), 6, rue Desaix. M H. 1909.

EYSSÉRIC (Joseph), O. I. ◊, 90, rue d'Assas. M. H 1902 **A F**

F

FABRE (Georges), 11 *bis*, rue Hégésippe-Moreau.

FAEHNLEIN (Louis), 4, faub. du Temple. M. H. 1898

FAIVRE (Abel), ✳, 4 *bis*, villa Saïd. Tél. 648.62. Méd. 3ᵉ cl. 1894 M H 1900. **S N**

FAIVRE (Léon-Maxime), 4, rue Herran. M. H. 1879, méd. 3ᵉ cl. 1884, méd. br. 1889, méd. arg. 1900 H. C. **A F.**

FAMEL (Mme Marie), 5, rue Chalgrin. **A. F.**

FANET (Mme Anne-Marie), 15, rue Poussin **A. F.**

FANTON (Joseph), Sucy-en-Brie (Seine-et-Oise). **A F.**

FANTY-LESCURE (Mme Emma), O A. ◊, 42, rue Fontaine. Méd. 3ᵉ cl. 1910

FANTY-LESCURE (Gaston), 42, rue Fontaine. M. H 1905 **A. F.**

FARGE (Henri), 34, rue des Vignes.

FARRÉ (Henry), 16, rue de Navarin. Méd. 3ᵉ cl. 1907. **A F**

FATH (René), ✳, 49, rue du Mesnil, à Maisons-Laffitte (Seine-et-Oise). M. H 1887. M H. 1889, Prix de Raigecourt-Goyon 1891, méd 3ᵉ cl. 1894, méd. 2ᵉ cl. 1897, méd. br. 1900. H C. **A F**

FAUCHÉ, 90, rue Lepic.

FAUCHON (Hip -Aug), O. I. ◊, 49, boul. Rochechouart. **A. F.**

FAUCONNNET (Guy-Pierre), 99, rue de Vaugirard.

FAUCONNIER (Eugène), 2, rue Aumont-Thiéville. M. H. 1894, 1900, méd. 3ᵉ cl. 1903. **A F.**

FAUCONNIER (Mlle Berthe), 13, rue des Buissons, La Garenne-Colombes (Seine) **A F.**

FAUGERON (Adolphe), O. I. ◊, 31, boul Saint-Jacques. **A F.**

FAULQUE (Mlle Louise), 2, av. Bugeaud. **A F.**

FAURE (Ch.-Louis), 50 *bis*, rue de Douai. **A. F.**

FAURE (Mlle Gabrielle), 20, rue Cassette.

FAURÉ-FRÉMIET (Emmanuel), 154, boul. Malesherbes

FAURET (Léon), O. A. ◊, 7, Villa Michel-Ange. Méd. 3ᵉ cl. 1896. **A F.**

FAURIE (Jean), 36, rue Chauveau, Neuilly-sur-Seine

FAUVAGE (Mlle), 7, villa Poirier.

FAUVEL (Robert), 28, rue du Rocher.

FAUVET (Richard), 10, rue des Haudriettes.

FAUX-FROIDURE (Mme Eugénie), O. I �***, ✿,
4, villa Niel. M. H. 1898, 1900, méd. 3ᵉ cl.
1903, méd. 2ᵉ cl. 1906. H. C. A F.

FAVEN (Antti), villa des Arts. S. AU.

FAVEROT (Joseph), 26, rue Duperré. A. F.

FAVIER (Eugène), O. I. �***, 20, rue de l'Odéon.
M. H. 1902. A. F.

FAVORY (André), 12, boul Emile-Augier.

FAVRE (Pierre), 18, boul du Temple.

FAVRE-LANOA (Marie-Thérèse), 18, boul du
Temple.

FAYE (Mlle Alice), 6, rue Crevaux A F.

FÉAU (Amédée), 27, rue Raffet M H. 1907. A F

FEDER (Adolphe), 24, rue des Juges-Consuls.

FELD (Julius), 42, boul. Saint-Germain. M. H.
1902. A. F.

FELDTRAPPE (Henri), O. A. �***, 66, rue de Lisbonne. A F.

FÉLIU (Marcel), 90, rue Lepic. S N.

FÉLIX (Léon-Pierre), O. I. �***, 88, boul. Pereire
H. C, méd 3ᵉ cl. 1898, M H. 1900, méd 2ᵉ cl.
1908, Prix Marie Bashkirtseff 1908 H. C
A. F.

FÉLIX (Mme J.), 20, rue Vintimille. A. F.

FELLONEAU (Henri), 97, av d'Orléans.

FENNER-BEHMER (Hermann), 11, rue de Navarin.

FERGUSON (John), 18, boul. Edgar-Quinet.
S. AU.

FERRAND (Frédéric), 235, rue du Faub -Saint-
Honoré.

FERREIRA DA COSTA (Joas), 40, rue Denfert-
Rochereau.

FERRIER (Gabriel), O ***, *M. de l'Institut, Prof.
à l'Ecole des Beaux-Arts, M. du Comité A F*,
18, rue du Général-Appert P de Rome 1872,
méd. 2ᵉ cl. 1876, méd. 1ʳᵉ cl 1878, méd or
1889, M du J. 1900, méd. d'honneur 1903.
H. C. A. F.

FERRIÈRES (Comte de), 59, av de Saxe.

FERRY (Georges), villa des Arts M. H 1900.
A F

FERRY (Jules), 26, rue de la Tuilerie, à Suresnes
(Seine). M H 1877, méd 3ᵉ cl. 1886, méd
br. 1889, 1900 H C. S N.

FEUARDENT, 1, rue Houdon.

FEUILLAS-CREUSY (Mme Caroline), 26, boul.
Bonne-Nouvelle Méd br. 1889. A F

FEUGÈRE (Mlle Marguerite), 11, rue des Beaux-
Arts. A. F.

FEYDEAU (Mlle de), 70, av du Maine S. N.

FEYEN (Eugène), 11, boul. de Clichy. A. F.

FIDRIT (Charles), 1, rue Paul-Féval. M H.
1906.

FIDRIT (Louis), 6, cité du Vaux-Hall M. H.
1909.

FIELD, 17, rue Boissonade.

FIÉRARD (Mme Clémentine), 223, boul Saint-
Denis, Courbevoie (Seine). Méd br. 1900.
M. H 1901. A F.

FILIPPI (Mme), 6, rue Aumont-Thiéville.

FILLATREAU (B.), O. A. �***, 25, rue Daguerre.

FILLEY (Georges), 38, rue Ramey.

FILLIARD (Ernest), 175, boul. Pereire. M. H
1908. A. F.

FILLIOL (Ernest), 126, boul. Richard-Lenoir.

FINEZ (Grégoire-Nicolas), 133, av. du Maine
Méd. 3ᵉ cl 1910 A F.

FIRMIN (Claude), 54, rue de Seine. M. H. 1892
A. F.

FIRMIN-GIRARD (Marie-François), ❋, 7, boul
de Clichy Méd. 3ᵉ cl. 1863, méd. 2ᵉ cl. 1874
méd. br. 1900 H. C S N.

FIRNHABER (Mme Élise), 39, quai d'Asnières
Asnières (Seine). A F

FITZ-GÉRALD (Augustin), 112, boul. Malesherbes.

FLAHAUT (Léon), ❋, 139, boul Malesherbes
Méd. 2ᵉ cl. 1869. H C. A. F.

FLAMENG (François), O ❋, *M. de l'Institut,
Prof. à l'Ecole des Beaux-Arts, M. du Comité
A F.*, 61, rue Ampère. Méd 2ᵉ cl. 1879, P du
Salon. 1879, G. P. 1889, M. du J. 1900. H. C
A F.

FLAMENG (Léopold), ❋, 86, av. de Villiers.
A F

FLAMENT (Jacques-Arthur), 18, rue Saint-Lazare

FLANDRIN (Jules), 9, rue Campagne-Première
S. N.

FLANDRIN (Paul), 54, rue Madame. M. H. 1883,
méd. 3ᵉ cl 1890, méd br. 1900, méd. 2ᵉ cl.
1901. H. C. A. F.

FLEURY (Mlle Marie-Berthe), O. A �***, 78, av.
Malakoff. M. H. 1902. A F.

FLORÈS-RICARDO, 25, boul. du Montparnasse.

FLOROT (Gustave), 1, rue Leclerc

FLOT (Louis), 5, rue Camille-Demoulins.

FLOURENS (Mlle Renée), 49, rue de Passy.

FLOUTIER, 50, rue de Vercingétorix.

FLOYD (Henri), 96 *bis*, rue de la Tour.

FOLLET (René-Christian), 66, rue des Martyrs.

FOLSON (Mlle), 78, rue d'Assas.

FONT (Constant), 9 *bis*, cité Malesherbes.

FONTAINE (Mlle Jenny), O. I �***, 15, rue du
Louvre M H 1892, méd 3ᵉ cl. 1896, méd br.
1900 A. F.

FONTAINE (Léon), 7, rue de Paris, à Créteil
(Seine) A. F.

FONTAINES (André des), 75, rue Mozart. M. H.
1909. A. F.

FONTANES (Raymond de), 18, rue du Dragon.
A. F.

FONTANET-RENEFER, 119, rue de la Tour.

FONTBONNAT (Irène), 89, rue de Vaugirard.

FORAIN (J -L), ❋, 30 *bis*, rue Spontini. H. C.
S. AU.

FORBES (Charles), 4, rue Aumont-Thiéville,
Méd. br. 1889

FOREAU (Henri), O I �***, 5, rue Lauriston.
M H. 1891, méd. 3ᵉ cl. 1892, méd. 2ᵉ cl 1894,
méd. br. 1900 H. C A. F.

FORESTIER (Mlle de), 59, rue du Rocher. A F.

FORESTIER (Mme Jeanne), 61, boul. Pasteur. **A F.**

FORNEROD (Rodolphe), 53, rue Lepic. **S AU.**

FORNIZYN, 84, boul. Rochechouart.

FORSBERG FILS (Nils), 46, rue de Châteaudun. M H. 1907, méd. 3e cl 1909 **A F.**

FOSEY (André), 51, rue d'Orsel **A F.**

FOSSA-CALDERON (Julio), 39, rue de Sèvres. (V. *Statuaires*)

FOUARD (Ernest), 11, rue de Seine.

FOUBERT (Emile-Louis), 10, rue Clauzel M H. 1879, méd. 3e cl 1880, méd. 2e cl. 1885, méd br. 1889, méd arg 1900. H. C. **A F.**

FOUCAULT (Georges), 122, boul Saint-Germain.

FOUGEROUSSE (Jean-Louis), 5, rue Stanislas. M. H. 1909. **A F.**

FOULD (Mme Consuelo), 15, rue Treilhard. M. H. 1895, méd. 3e cl. 1908. **A F.**

FOUNTAINE (Raphaël-Auguste), à L'Ermitage-Senlisse, par Dampierre (Seine-et-Oise).

FOUQUERAY (Charles), O A ✪, 83, rue de la Tombe-Issoire M H 1890, méd. 3e cl. 1897, B. de V. 1897, méd. br. 1900, méd 2e cl. 1903, P. Rosa Bonheur 1909. H. C **A F**

FOUQUET (Émile), 52, av du Maine.

FOURIÉ (Albert), ✳, O. A ✪, 30, rue Eugène-Flachat. M H. 1883, méd 3e cl. 1884, méd. 2e cl 1887, méd. or 1889. H. C **A. F.**

FOURNERY (Félix), O I ✪, villa Montmorency, 20, av. des Tilleuls. **A F.**

FOURNIER (Anatole), 36, rue Brancas, Sèvres (Seine-et-Oise). **A F**

FOURNIER (Edmond-Charles), 21, rue Casimir-Périer. M. H. 1905. **A. F.**

FOURNIER (Louis-Edouard), ✳, 22, rue Monsieur-le-Prince, P. de Rome 1881, méd 3e cl 1885, méd.br 1889 méd arg 1900, H C A F.

FOURNIER (Victor-Alfred), O A ✪, 15, rue Hégésippe-Moreau, villa des Arts M H. 1902, méd. 3e cl. 1906. **A F.**

FOURNIER (Marcel), 18, pass. de l'Élysée-des-Beaux-Arts. **S. AU.**

FOURNIER DES CORATS (Mme Marie), 2, rue Baillou.

FOURNIER-SARLOVÈZE (Raymond de), O ✳, 11, rue de Marignan. **A. F**

FOYOT D'ALVAR (Mme Madeleine), 30, rue Saint-Georges. **A. F.**

FOX (E.-P.), 65, boul. Arago. Méd. 3e cl. 1894. **S N.**

FRAILLION (Paul), 5, rue Clairaut. **A F.**

FRAIPONT (Georges), O. A ✪, 6, imp. Ronsin. **A F.**

FRAIPONT (Gustave), ✳, 95, rue de Vaugirard. H C. **A F**

FRANC (Pierre), 27, rue Pierre-Guérin.

FRANCK DE WALQUE (Mlle Germa), 53, rue Lauriston.

FRANÇOIS (Ed.), 17, boul. Saint-Martin. **A F.**

FRANÇOIS LOUBENS (Mme Emma), 9, rue Duperré. **A. F.**

FRANCONVILLE (Mlle Jeanne), 25, av. de la Grande-Armée **A F.**

FRANCOVICH (A), O A ✪, 5, rue Fresnel. Grand Prix, Exp Int. Paris 1900.

FRANQUIN (Georges), 67, rue de Provence.

FRANZINI D'ISSONCOURT (Charles), 92, rue de la Pompe M H. 1890, méd. 3e cl 1891, méd. 2e cl 1896, méd. arg 1900. H. C. **A F.**

FRASEZ (Mlle Gabrielle), 40, rue La Bruyère.

FRAY (Valentin), 116, boul. Pereire.

FREDERKING (Mlle Charlotte), 78, rue d'Assas.

FRED-MONEY (Raoul), 15, rue Lebouteux.

FRÉMONT (Mme Suzanne), 27, quai de Grenelle. **S. AU.**

FRÉQUENEZ (L), 39, rue de Douai. **A. F.**

FRÉRET (A.), ✳, 9, rue Bochart-de-Saron.

FRESNAYE (de la), 31, rue Boissière.

FRESNAY-TOUVENAINT (Mme Marie), 158, rue Saint-Jacques. **A. F**

FREY (Eugène), O I ✪, 6, rue Aumont-Thiéville. Tél. 573-29.

FRIANT (Emile), O. ✳, *Prof à l'Ecole des Beaux-Arts*, 11. boul de Clichy. M. H. 1882, méd. 3e cl 1884, méd 2e cl 1885, B de V. 1886, P du Salon 1889, méd. or 1889, méd. or 1900. H. C **A F. S. N.**

FRICK (Paul de), 204, boul Saint-Germain. **A F**

FRIEDLAND (Max), 1, rue Bourbon-le-Château.

FRIEDRICH (Eugène), 19, rue des Bons-Enfants.

FRIÈS, 7, rue Rodier.

FRIESEKE (Frédéric), 246, boul. Raspail. **S. N.**

FRIES-ORLOWA, 47, rue de Seine.

FRIIS-NYBO, 65, rue Caulaincourt.

FRITEL (Pierre), 63, rue Mouton-Duvernet. Méd. 2e cl. 1879, B. de V 1885, méd. br. 1889. H. C **A F.**

FUARÈS (Mlle Anna), 83, rue de Chaillot.

FULDE (Edward-B.), O. I ✪, 4, rue Hervieu, à Neuilly-sur-Seine (Seine).

FULLER (David), 24, rue Pigalle

FURSMAN (Frédérick), 14, rue Boissonade.

G

GABORIAUD (Josué), 3, rue de Fourqueux, à Saint-Germain (Seine-et-Oise).

GABRIEL (J.), 7, rue Marsollier. **S. N.**

GABRIEL (Léon), 11, imp. Ronsin.

GABRIEL-ROUSSEAU, O I ✪, 102, rue de Longchamp.

GADALE (Paul-C.), 28, rue de Madrid. **A F.**

GAENSLEN (O.-R.), 16, imp du Maine. M. H. 1906.

GAGARINE-STOURDZA (Princesse Anina). O A ✪, 163, rue de l'Université. Hiver à Cannes, villa Mauzyria. Tél 660. M. H. 1909, méd. br 1910. **A. F.**

GAGLIARDINI (Gustave), ✳, *M. du Comité A. F.* 12, boul. de Clichy. M H 1883, méd. 3e cl. 1884, méd. 2e cl. 1886, méd. arg. 1889, méd. or 1900. H. C. **A F.**

GAGNON (Mlle Clarence), 9, rue Falguière.

GAIGNEAU (Edmond), 175, boul Pereire.

GAILLARD (E), 45, rue Claude-Bernard.

GALAND, 8, rue Saint-Simon.

GALAND (Léon), O. I. ✪, 120, boul. de la Chapelle. M. H. 1903, méd. 3e cl. 1909. **A F**

GALARD (Mlle Marthe), 9 rue Campagne-Première.

GALBRUNNER (Mme Louise), 10, boul. Raspail **A F**

GALERNE (Prosper), rue de Melun, à La Ferté-Alais (Seine-et-Oise) M H 1883, méd 3e cl 1887. M. H. 1889. **A F**

GALLAND (L.-Jac.), 15, rue Verniquet Tél 528-65

GALLAND-DUBOS, 73, boul du Montparnasse

GALLAY-CHARBONNEL (Mme Nina), 69, boul Saint-Michel. **S N**

GALLE (Pierre-Vincent), 1, rue Brown-Séquard

GALLÉANY (Jean), 74, rue de Turenne

GALLÉN-KALLELA (Akseli), ✱, 71, av de La Bourdonnais Méd arg 1889, méd or 1900 **H. C. S. N , S AU**

GALLET (Georges-Louis-Marie), 2 route de Paris, à Sartrouville (Seine-et-Oise)

GALLET-LÉVADÉ (Mme), 9, rue Bochart-de-Saron. Méd. br 1900, M H. 1903 **A F**

GALLIAC (Louis), ✱, 60, boul. de Clichy. M H. 1889, méd 3e cl 1892, méd 2e cl. 1894, méd. br 1900 **H C A F**

GALLIAN (Octave), 157, r du Faub.-St-Honoré. M H. 1884.

GALLIB, 216, boul. Raspail.

GALTIER-BOISSIÈRE (Mme), 29, rue Vaneau. **S. N., S. AU.**

GANDARA (Antonio de la), ✱. 22, rue Monsieur-le-Prince M H. 1884, méd. br 1889, méd. arg 1900

GANSKY, 63, rue Caulaincourt.

GARAT (Francis), 8, rue Pierre-Ginier. **A F.**

GARDAN (Félix), 10, rue Édouard-Frère, à Écouen (Seine-et-Oise)

GARDANNE (Charles), 2 bis, rue Perrel

GARDELLE (Mlle), 7, boul de Clichy

GARDENER (Simond), 125, boul du Montparnasse

GARDENTY (Georges), 110 boul Rochechouart.

GARDETTE (Louis), 23, av. d'Orléans. M. H. 1886, B. de V. 1886, méd. 3e cl. 1889, M H 1889

GARDIER (Raoul du), 4, av de Breteuil M H 1897, méd. br 1900, méd. 3e cl. 1904, méd 2e cl. 1905 **H. C A F**

GARDON (Félix-J), 10, rue Edouard-Frère, à Écouen (Seine-et-Oise). **A F.**

GARDINER (Anna), 9, rue Campagne-Première.

GARNIER (Gaston), 8, rue Nouvelle. **A F.**

GARNIER (Julien), O A ✪, 21, rue Faidherbe. **A F**

GARNIER-RAFAT (Mme Emilie), 6, rue Bonaparte. **A F**

GARNOT (André), 23, boul Gouvion-Saint-Cyr.

GARNOT (G Sainte-Fare), 2, rue Aumont-Thiéville. **S N**

GARNOT-BEAUPÈRE (Mme), O I ✪, 157 bis, rue de l'Université M H 1895. **A. F**

GASCARD (L), 61, boul Auguste-Blanqui.

GASPARY (Robert), 109, av. Henri-Martin. M. H. 1909.

GASPÉRI (Raphaël), 16, rue de la Grange-Batelière.

GASSER-JACOB (Mme Jenny), 10, rue Garean. **A. F**

GASSETTE (Mlle Grace), 16, rue Boissonade.

GASTÉ (G.), 56, rue Saint-Placide. M. H. 1896, méd. 3e cl 1897 **A F**

GASTYNE (Marco de), 16, quai de Béthune. Méd 3e cl. 1910.

GATIER, 55, rue des Abbesses

GAUDICHIER (Mme Henriette-Jardin), 15, rue d'Astorg **A. F**

GAUDEFROY (Alp.), 109, rue de Javel M H 1884, méd br. 1889 **A. F.**

GAUDRIER (Joseph-Emile), 10, rue d'Armaillé **A F.**

GAUDRY-CHARONAT (Mme Lucie), 2, rue Frédéric-Magisson **A. F**

GAULET (Henry), 17, Grande-Rue, à Saint-Mandé (Seine)

GAUPILLAT (Henry), 27, rue Caillaux **A F**

GAUPILLAT (Mme Jeanne), 2, rue Marbeuf. **A. F.**

GAUTIER (Armand), 65, rue Dutot

GAUTIER (Mme Marie), O A ✪, villa de la Réunion, à Auteuil **S N**

GAUTIER (Jules-Claude), 4, rue Paul-Baudry. **A. F.**

GAVARNI (Pierre). 60, rue Saint-Georges. Méd. 3e cl 1874 **A F**

GAY (Mlle Elisabeth), 4, rue de Sfax **A F**

GAY (Walter), O. ✱, 11, rue de l'Université M H 1885, méd 3e cl 1888, méd. arg. 1889 méd. arg 1900 H C. **S N**

GAY-LUSSAC, 35, rue Véron

GAYNOR (Frank-John), 37, av. Victor-Hugo. Tél. 661 87.

GELHAY (Edouard), ✱, villa des Arts M H 1884, méd 3e cl 1888, méd. br. 1889, méd. br. 1900. H. C. **A. F.**

GÉLIBERT (Gaston), pavillon de Gerfaut, à Châtillon-sous-Bagneux (Seine). Méd. 1869, méd. 2e cl 1883, méd. br 1889, méd. br 1900. H. C **A. F.**

GELOSO (Mlle Jeanne), 48 bis, rue Mozart.

GENLIS (Louis), 23, rue de Lisbonne.

GÉNIN (Amédée), à Brunoy (Seine-et-Oise) **A F.**

GENSEL (H), 90 rue Lepic

GENTY (Charles), 38, rue Saint-Vincent M. H. 1900 **S AU.**

GÉOBELOUET (Edouard), ✠, 43, rue de la Victoire.

GEOFFROY (Jean), ✱, 7, rue des Lilas M H 1881, méd. 3e cl. 1883, méd 2e cl 1886, méd or 1900 H. C. **A F**

GEORGE (Mme Dorothée), 25, rue Boissonade

GEORGES-BERTRAND, ✱, 48, av. de Villeneuve-l'Etang, à Versailles Méd 2e cl 1881. B de V 1881. M H 1900 H. C. **A F , S N**

GEORGES-SAUVAGE (A), O. A. ◊, 173, boul. Pereire. Méd. 3ᵉ cl. 1879, méd br. 1900. **A. F.**

GEORGET (Henri), 2, rue Brown-Séquard. **S. N**

GEORGET-FAURE (Henri), 50 *bis*, rue de Douai.

GÉRALDY (Mlle Thérèse), 1, rue Yvon-Villarceau. M H. 1906, méd. 2ᵉ cl. 1910, Prix Galimard-Jaubert 1910

GÉRARD (Auguste), 18, rue de Chabrol.

GÉRARD (Gaston), O I. ◊, 6, rue du Val-de-Grâce. Méd. 1900, méd or à l'Exposition Franco-Britannique 1908 (V *Aquarellistes*)

GÉRARD (Henry), 155, av de Wagram. M. H 1904 **A F**

GÉRARD (Mlle), 33, rue Bayen.

GERBAULT, 6, rue de Miromesnil.

GERMAIN (Mlle Louise), 68 *bis*, rue Jouffroy. **A. F., S AU.**

GERVAIS (Paul), O ✳. *M. du Comité A F.*, 68, rue Cortambert. M H 1885, méd 3ᵉ cl. 1889, méd 2ᵉ cl 1891, Prix du Salon 1891, méd arg 1900, Prix Henner 1908 **H. C A F**

GERVEX (Henri), O. ✳. 12, rue Roussel. Méd. 2ᵉ cl. 1874, Rap. 1876 H C. 1889, M du J 1900. **H. C S N**

GERVEX-EMERY (Mme Madeleine), villa des Arts.

GEST-RAULT (Mme Jeanne), 126, av. Parmentier

GHELMAN (Lascar), 7, rue Daguerre.

GIBERT (Jean-Amédée), 22 rue Bonaparte Prix de Rome 1898, M H 1905 **A F**

GIBLAT (Mlle Marg), 44, rue Barbet-de-Jouy.

GIBRAN, 55, rue du Cherche-Midi.

GICQUEAU (Aug.-D), 40, Grande-Rue, Bourg-la-Reine (Seine) **A F**

GIHON (Albert), 59, av de Saxe

GILBERT (J), 22, rue Bonaparte.

GILBERT (René), ✳, 159, rue de Rome Méd. 3ᵉ cl. 1886, B de V. 1888, méd 2ᵉ cl. 1889, méd or 1889. H C **A F**

GILBERT (Victor), ✳, *M. du Comité A F* 8 av. Frochot. Méd. 2ᵉ cl 1880, méd. arg 1889, méd. arg. 1900. H C **A F.**

GILLET (Eugène), 9, rue Fénelon. **A. F.**

GILLOT, 86, rue Notre-Dame-des-Champs **S. N**

GIL (Pedro), ✳, ✠, 65, boul. Beauséjour. Tél. 689 87.

GIORGI (Luigi), 3, imp. Trainée.

GIOT (Mme Jenny), O. A ◊ 9, rue Bridaine. **A F.**

GIOT (Maurice), 55, boul. Voltaire **A F**

GIRALDON (Adolphe), 69, boul Saint-Jacques. **A F**

GIRAN-MAX (Léon), 65, rue de Douai. **S N**

GIRARD (Albert), ✳, 69, rue de Courcelles. Prix de Rome 1861, méd 3ᵉ cl 1882, méd 2ᵉ cl. 1886, méd arg 1889. H C. **A F.**

GIRARD (Firmin), ✳, 92, rue des Martyrs **A. F.**

GIRARDET (Jules), ✳, 55, rue Théophile-Gautier. Méd. 3ᵉ cl. 1881, méd. br. 1889, méd. arg 1889 H. C

GIRARDET (Paul), O I ◊, 26, boul Inkermann, à Neuilly-sur-Seine (Seine) Tél 74.

GIRARDOT (Georges), 48, rue Cardinet. M. H. 1893, méd. 3ᵉ cl. 1896, méd 2ᵉ cl. 1907. H C. **A. F.**

GIRARDOT (L -A.), ✳, 68, rue d'Assas. M. H. 1886, méd. 3ᵉ cl. 1887, B de V. 1887, Prix Marie Bashkirtseff 1887, méd arg. 1889, méd. arg. 1900. **H. C S N**

GIRAUD (Georges), 68, rue de l'Ouest.

GIRAUD (Jules), 96, rue du Château, à Asnières (Seine). **A. F.**

GIRAULT (Mme Jane), 10, rue Seveste, Tél. 153, à Neuilly.

GIRIEUD (Pierre), 30, rue Saint-Vincent. **S. AU**

GIRODON, 6, rue Asseline.

GIRONDE (Bernard de), 29, boul. Malesherbes. M H. 1872 **A F., S. N.**

GIROU DE BUZAREINGNES (Mlle), 35, rue Brochant.

GLAIZE (Jean-Ed.), 38, rue Molitor. **A F.**

GLAIZE (Léon), O ✳. *M. du Comité A. F*, 95, rue de Vaugirard. M H. 1859 et 1863, méd. 1864, 1866, 1868, méd. 1ʳᵉ cl 1878, méd or 1889. H. C **A. F.**

GLAIZE (Raymond), 95, rue de Vaugirard. M. H. 1908. **A F.**

GLEIZES (Albert-Léon), 20, av. Gambetta, à Courbevoie.

GLORI (Mlle Marg de), O I ◊, 131 *bis*, rue de la Pompe.

GOBILLARD (Mlle Paule), 40, rue de Villejust. **S. AU.**

GODCHAUX (Eugène), 10, pl. Dancourt.

GODEBY (Charles-Léon), O A.◊ 46, rue Lepic M. H. 1896, méd 3ᵉ cl. 1897, B de V 1897, méd. br 1900, méd. 2ᵉ cl. 1905 H C **A. F**

GODEFROY (Achille), 43, rue des Tourelles.

GODEFROY (Gustave), 35, rue Lamarck.

GODEFROY (Maurice), 9 *bis*, rue Demours. **A. F.**

GODIN (Mme Isabelle), 6, rue Edouard-Charton, Versailles (Seine-et-Oise). **A. F.**

GODIN (Mlle Marguerite), 233, faub. Saint-Honoré. Méd. 3ᵉ cl 1889, Prix Marie Bashkirtseff 1889, M. H. 1900. **A. F.**

GODON (J.), 70, rue Rochechouart.

GOEPP (Albert), O. I. ◊, 43, rue Perronet, à Neuilly-sur-Seine **A F**

GOHIER (Félix), O. A. ◊, 2, boul. Pereire **A. F.**

GOLDSCHMIDT (Mlle Alide), 115, rue Notre-Dame-des-Champs.

GOLDTHWAITE (Mlle Anna), 216, boul. Raspail

GONTIER (Clément), 17, rue du Boulei. Méd. 3ᵉ cl 1904

GONYN (Louis), à Vaucresson (Seine-et-Oise). **A. F.**

GONYN DE LURIEUX (Mme Yvanhoe-Rambosson), O I. ◊, 6, rue de l'Orient M. H. 1906. **A. F. (V. *Statuaires*.)**

GONZAL (Jean-Arthur), O. A ◊, *Vice-président de la Société des Art. lithographes français*, 110, boul. de Sébastopol. (V. *Lithographes*.)

GORDON-BATCHELOR, 4, villa Chaptal, à Levallois-Perret (Seine).

GORDON (Godfrey), 6, rue du Val-de-Grâce.

GORGUET (Aug), ✳, 83, rue de la Tombe-Issoire. M H. 1889, méd 2ᵉ cl 1894, B. de V. 1894, méd. arg. 1900 H C A F.

GOSSELIN (Albert), ✳, *M. du Comité A. F.*, 24 boul des Invalides. M H 1890, méd 3ᵉ cl. 1896, méd. 2ᵉ cl 1897, méd or 1900. H C A F

GOTS (Joë), 14, rue Bonaparte.

GOUIN (René), 13 *bis*, rue Thibaud.

GOUJON (Théodore), 24, rue Secrétan. A F

GOULINAT (Jean-Gabriel), 35, rue de Seine. A. F.

GOUNIN (Henri), O. I. Ⓠ 62, boul du Montparnasse. M H 1896 M. H. 1900 A F.

GOUNIN (Mme Marguerite), O. A. Ⓠ, 62, boul. du Montparnasse. A. F.

GOUNOD (Jean), 10, rue Daubigny Méd br. 1900 S N

GOUPY (Marcel), 10, rue Charlot.

GOURDAULT (Pierre), 65, boul Arago Méd. 3ᵉ cl. 1903, méd. 2ᵉ cl. 1904, B. de V 1904, H. C A F.

GOURSE (Hippolyte), 6, rue d'Estrées. M H. 1897, méd br. 1900. A. F

GOURTVITCHE (Mme), 77, rue de Varenne.

GRABOWSKA (Mlle de), 14, rue Boissonade.

GRAF (Mme Ilma), 6, rue Francisque-Sarcey.

GRAMMONT (Emmanuel), O A Ⓠ, *M du Comité du Musée historique de l'Armée*, 75 *bis*, rue de la Voie-Verte

GRANCHI-TAYLOR (Achille), 7, rue de Prony, à Asnières (Seine) M. H. 1891, méd. 3ᵉ cl. 1895, méd 2ᵉ cl. 1900. Prix Rosa Bonheur 1900, méd br. 1900 H C A F

GRANDGÉRARD (Lucien), 39, boul. Saint-Jacques. M. H. 1908 A. F.

GRANDHOMME (P.), ✳, 216, boul. Raspail.

GRANDJOUAN (Jules), 34, rue Lhomond.

GRANZOW (Vladislaw), O. A Ⓠ, 15, rue de Saint-Senoch

GRANÈS (Mme Jeanne), O A. Ⓠ, 8, rue des Beaux-Arts. A F

GRANGER (Mlle), 22, rue Denfert-Rochereau.

GRANIER, 3, cité Duplan.

GRANSART (Emile), 15, rue Cauchois.

GRASS-MICK (Augustin-Georges), 8, pl. Jean-Baptiste-Clément. S. AU.

GRASSET (Eugène), ✳, 65, boul Arago. H. C S N

GRASSET (Frédéric), 12, rue Berthe M. H. 1899 A F.

GRATEYROLLE (Sylvain), 117, rue Notre-Dame-des-Champs. M. H 1891, méd 3ᵉ cl 1897.

GRAU (Gustave-Adolphe), ✳, 39, boul Saint-Jacques M H. 1898, méd. 3ᵉ cl 1901, méd. 2ᵉ cl. 1903, B. de V. 1903 H. C. A. F.

GRAVEREAUX (Jules-Léopold), 4, av. de Villars. A F.

GREENE-BLUMENSCHEIN (Mme Marie), 246, boul Raspail Méd. 3ᵉ cl. 1900, méd. 2ᵉ cl. 1902 H C.

GRÉGOIRE (Mlle Madeleine), 41, av. de l'Observatoire.

GRÉGOIRE (Paul), 48, rue Monsieur-le-Prince. M. H. 1903. A F.

GRÉGORIAN (Jean), 152, rue de Vaugirard.

GREIGNE (Jacques), 2, rue du Parc-Montsouris.

GREILSAMER, O I Ⓠ, 4, rue Duperré.

GREMAIN (Alexis-Désiré), O. A Ⓠ, 77, boul. Exelmans A F.

GRENET (Ed), 3, villa Victor-Hugo.

GRÉPAT (Mlle H.), 118, av d'Orléans.

GRESSETEAU (Paul), 8, rue Chauveau-Lagarde.

GREUILLET (Mme Marie), 47, rue Blomet.

GREY (Mlle Gertrude), 9, rue de la Grande-Chaumière.

GRIFFOLET (Géraud de), 11, rue Général-Hennion-Bertier, à Neuilly (Seine). M. H. 1906. A F

GRIGORESCO (Mlle Viorica), 22, rue Monsieur-le-Prince.

GRILLON (Roger), 162, boul. Voltaire (Voir *Graveurs.*)

GRIMARD (Max), 5, rue Cochin.

GRIMAUD (Mme H.), 30, rue Maurepas, Versailles. A F.

GRIMBERGHE (Edmond de), 61, boul. Haussmann.

GRIMELUND (Johannes), ✳, 39, rue de Douai. M H. 1884, méd 3ᵉ cl. 1888, méd. br. 1889. H C.

GRIVEAU (Georges), *Secrét de la Soc des Peintres et sculpteurs*, 15, quai d'Anjou. M. H. 1888, méd br. 1900. S N.

GRIVEAU (Lucien), 22, rue Monsieur-le-Prince. M. H. 1900 S N

GRIX (Mme), 28, rue Mozart.

GROLLEAU, 102, av. d'Orléans

GRONDARD (Ph.), 85, rue Ampère. A F.

GROS (Aimé), 19, rue François-Iᵉʳ. A. F.

GROS (Lucien-Alph), ✳, 5 *bis*, rue Jadin. Méd. 1867, méd. 2ᵉ cl 1876, méd. arg. 1889. H. C. S N.

GROSJEAN (Henry), O. A. Ⓠ, 4, rue Poussin. M. H. 1894, méd 3ᵉ cl 1899, Prix de Raigecourt-Goyon 1899, M H 1900, méd. 2ᵉ cl. 1902 H C. A. F , S. AU

GROSJEAN (Mlle Thérèse-Jeanne), O A. Ⓠ, 1, rue Valiton, à Clichy (Seine).

GROSS (P.-A.), 9, rue Duperré.

GROSS (Mme Valentine), 10, rue des Beaux-Arts. M. H. 1909. A F.

GROSSIN (Paul), O I. Ⓠ, 5, rue des Lions. A. F.

GROSSMANN (Edwin), 9, rue Falguière.

GRUDER (Louis), 29, av. Victor-Hugo.

GRUEL (Paul), O I Ⓠ, 418, rue Saint-Honoré. A F.

GRUN (Jules), O. I. Ⓠ, 31, boul Berthier. M. H. 1895, méd 3ᵉ cl. 1897, méd. 2ᵉ cl. 1903. H. C. A. F.

GRUN (Maurice), 4, rue du Faub.-du-Temple. M H 1909.

GRUN (Sam), 4, rue du Faub.-du-Temple.

GRUYER (J.-J), 21, rue du Vieux-Colombier. M. H. 1899. A F.

GSELL (Henri), 77, rue Pigalle. **S. N**

GSELL-MAURY (Jacques), 17, boul. des Batignolles

GUALINO (Charles), 340, rue Saint-Jacques.

GUAY (Gabriel). ✳, 7, rue des Gardes Méd 3ᵉ cl 1878, méd. 2ᵉ cl 1889, méd. arg. 1889, méd arg. 1900. H C A **F.**

GUBBO-BOYER (Mme Marie-Louise), O A. ✪, 83, av. de Neuilly, à Neuilly-sur-Seine

GUÉ (Arthur), 7, rue Boccador. M. H 1906. **A F**

GUÉDY (Gaston-Ed.), O A ✪, 40, rue du Bac. M. H. 1901, méd 3ᵉ cl 1906, méd. 2ᵉ cl 1908. H C A **F.**

GUÉDY (Louis), O I. ✪, ✠, 46, rue Saint-Placide.

GUÉDY (Théodore), O I. ✪, 168, boul. Saint-Germain **A. F.**

GUELDRY (Charles-Albert), 5, rue Cervantès prolongée.

GUELDRY (Ferdinand), ✳, 53, rue Saint-Didier. Méd. 3ᵉ cl 1885 méd. arg. 1889, méd. 2ᵉ cl. 1890. B de V. 1890 méd. arg. 1900. H C. **A. F.**

GUÉNARD (Octave), 25, rue Turgot **A F**

GUÉNIFEY (De), 25, av d'Antin

GUÉRARD (Jean-Raimond), *Peintre décorateur de théâtres*, 4, av. Frochot

GUÉRARD (Paul-A), 10, rue d'Isly. **A. F**

GUÉRARD-GONZALÈS (Mme Jeanne), 4, av. Frochot

GUÉRIN (Charles), 1, rue Leclerc **S. N S. AU**

GUÉRIN (Gabriel), O. A. ✪, 150, av de Saint-Ouen. **A. F**

GUÉRIN (Jules), 8, rue Francœur. **A F**

GUÉRIN (P.), 11, rue Blottière.

GUERMONT (Eugène), 8, rue d'Angoulême

GUÉROULT (Maurice), 7, square Alboni

GUÉRY (Armand), *M Fond. de la Société des Peintres de montagne*, villa des Arts, 15. rue Hégésippe-Moreau M H. 1885, Prix de Raigecourt-Goyon 1890, méd 3ᵉ cl. 1891, méd 2ᵉ cl. 1894 M. H 1900. H C **A F.**

GUÈS, 17, quai Voltaire.

GUESKOS (Constantin), 55, rue du Cherche-Midi.

GUÉTIN (Victor), O I ✪ 73, boul. Pereire M H 1898, méd 3ᵉ cl 1902, Prix de Rome 1902, méd 2ᵉ cl 1908, Prix Henner 1909. H. C **A** C F,

GUEYDAN DE MOURAIGNE (Mlle Marie), 233, rue du Faub -Saint-Honoré M. H 1908

GUIBILLON-JUAN (Maurice), 125, rue Caulaincourt

GUICHARD (Mlle Louise-Marie), 3, rue des Perchamps. M. H. 1889. **A. F**

GUICHE (A. de Gramont de), 10, rue d'Astorg.

GUIET (Jean), 6, rue Desaix

GUIEU (François), 86, boul. du Montparnasse.

GUIFARD (D.), ✳, 27 *bis*, rue Bertrand **A F.**

GUIGNARD (Gaston), ✳, 25, boul Berthier M H 1883, méd 3ᵉ cl. 1884, méd. 2ᵉ cl. 1887, méd arg 1889 H C A **F., S. N**

GUIGNERY (Gustave), 14 *bis*, rue de la Grande-Chaumière. M. H. 1901 **A. F.**

GUIGUET (François), 21, rue de Navarin. Méd. br. 1900 **S. N**

GUILBERT, 26, rue Oberkampf.

GUILLAUME (Albert). ✳, 55, rue de Lisbonne. Méd br 1900. **S N**

GUILLAUME (R -M), 26, av. de la Grande-Armée M H 1900

GUILLAUME (Mlle), 26, av de la Grande-Armée **M. H. A F.**

GUILLAUME-BOCQUET (Mme Noémie), à Gagny (Seine-et-Oise) **A. F.**

GUILLAUME-ROGER, 37, boul Berthier. **S N.**

GUILLAUMET (Mlle Yvonne), 49, rue de Passy.

GUILLAUMIN, 8, rue de l'Abbé-de-l'Epée

GUILLEBERT (Maurice), 31, av. de Versailles.

GUILLEMAIN (Jules). O. A. ✪, 23 *bis*, villa d'Alésia. **A. F.**

GUILLEMET (J -B -Antoine), C. ✳ *M du Comité A. F*, 6, rue Clauzel M. H. 1872 méd. 2ᵉ cl. 1874, Rap. 1876, méd. d'hon 1889, M du J. 1900 H. C **A F, S AU**

GUILLEMINE (Henry), 26, rue des Petites-Écuries.

GUILLON (Eug), O. A ✪, 24, av du Parc-Montsouris. M. H. 1863, 1889, méd. 3ᵉ cl. 1898, méd br. 1900 **A. F.**

GUILLONNET (Octave), ✳, 60, boul de Clichy. M. H 1890 méd. 3ᵉ cl. 1892, méd 2ᵉ cl 1894, méd arg 1900. B de V 1902 H. C **A. F**

GUILLOT (Paul-C), 2, boul Thiers, à Argenteuil (Seine-et-Oise). **A F**

GUILLOU (Alfred), ✳, 159 *bis*, boul du Montparnasse. Méd. 3ᵉ cl. 1877, méd 2ᵉ cl 1881, méd arg 1889, 1900. H C **A F**

GUILMANT (Félix), O. I. ✪, 33, av. du Maine, et villa Guilmant, Meudon (Seine-et-Oise) **A. F.**

GUIMARD (Mme), 194, boul Malesherbes.

GUIMINEL (Gaston), 22, rue Delambre.

GUINIER (Henri), 61, av. de Neuilly à Neuilly-sur-Seine M. H 1893, méd. 3ᵉ cl 1896 méd. 2ᵉ cl. 1898, B. de V 1898, méd arg. 1900, Prix Henner 1907 H C. **A. F**

GUIPET (L -Antoine), 85, boul. Gouvion-Saint-Cyr. **A F**

GUIRAND DE SCÉVOLA (V.-L), 91, av de Villiers. M. H. 1897, méd. br 1900 **A F, S N.**

GUMERY (Adolphe), ✳, 43, rue Raynouard. M H 1891, méd. br. 1900. **A F, S. N, S AU.**

GUSMAN (Pierre), 22, boul. Edgar-Quinet **A. F.**

GUSTAVE-COLIN, ✳, 17, rue Victor-Massé. **S N.**

GUTH (J -B), O I ✪, 5, quai Malaquais. **A F.**

GUTTERO (Alfredo), 24, rue Morère

GUY (Maurice-Hippolyte), 22, rue Monsieur-le-Prince M. H. 1899, méd. br 1900 **A F.**

GUYON (Emile), 61, rue Caulaincourt.

GYANINY (Georges), 19, rue d'Orsel **A F.**

H

HABERT-DYS (J -A), 24, rue des Volontaires. M. H 1891, méd 3 cl 1903, méd 2ᵉ cl. 1904 **A F.**

HAGBORG, O ✳, 93, rue de Longchamp Méd. 3ᵉ cl 1879, H. C 1889, M. du J 1900 H.C 8 N.

HALBOU, 44, rue de la Tour-d'Auvergne. M. H. 1863.

HALL (Gustave), 5, rue Brézin.

HALL (Mlle), 43, av. Victor-Hugo. M H. 1886.

HALLÉ (Ch), 36, rue Hallé. **A F.**

HALLO (Charles), 68, rue d'Assas.

HAMILTON (Mlle), 72, rue Notre-Dame-des-Champs.

HAMMAN (Ed), ✳, 54, rue Lamartine.

HANICOTTE (Augustin), 33, rue Victor-Massé. M. H. 1901, méd. 3ᵉ cl. 1904. **A F**

HANIN (Mlle), 53, av. Bosquet.

HANSMANN (Mlle Charlotte), 22, rue Edgar-Quinet, Grand-Montrouge. **A. F.**

HANZEN (Alexis de), ✠, *Peintre de marine*, 17, av. Trudaine. M. H. 1907. (V *Graveurs*.)

HARMALOFF, 57 *bis*, boul. Rochechouart.

HARO (Henri), 242 *bis*, boul. Saint-Germain. **A. F.**

HARPIGNIES (Henri), C. ✳, *M. du Comité A F*, 9, rue Coëtlogon Méd. 1866, 1868, 1869, méd. 2ᵉ cl. 1878, H. C 1889, méd. d'hon. 1897, G. P 1900. H. C **A. F.**

HARRIS (Juan), 86, rue Notre-Dame-des-Champs

HARRISON (Alexander), O ✳, 6, rue du Val-de-Grâce M H 1885, méd or 1889, M. du J. 1900. H C.

HARRISON (Bernard), 89, rue de Vaugirard. **8. N**

HART (Mlle E.), 14, av. Hoche.

HARTMANN (M me Lucy), 4, place Malesherbes. **8. N.**

HARTSHORNE (Howart Morton), 83, boul. Arago, M. H. 1908.

HARWOOD (Burt), 65, boul. Arago

HAUSMANN (George), 236, boul. Raspail.

HAUTRIVE (Mlle Mathilde), 66, rue Rodier.

HAVARD (Mlle Valérie), 197, boul. Pereire.

HAVET (Henri), O. A ◯, 22, rue Saint-Ferdinand M H 1889 **8 N**

HÉBERT (Ernest), 55, boul. Rochechouart. **A F.**

HÉBERT-STÉVENS, 103, rue Lauriston.

HEDIN (Amédée) ✳, 52, rue d'Auteuil. **A F.**

HÉGO (Maurice), 31, av. Henri-Martin.

HEISSAT (Hubert), 35, rue Capron.

HELBRONNER (Mme H.-Horace), 58, av. du Bois-de-Boulogne. **A. F.**

HELEN, 23, rue du Temple.

HÉLIS (Henri), O. A ◯, 30, rue Vernier.

HELLET (Mme M), 48, rue du Bois, à Clichy (Seine). **A. F.**

HELLEU (Paul), ✳, 45, rue Émile-Menier. **8 N.** (V. *Graveurs*)

HÉMARD, 12, rue Chanoinesse.

HÉMENT (Mlle Blanche), 229, rue du Faub.-Saint-Honoré. (V *Statuaires*)

HENRIET (Fréd.), 14, rue du Pré-aux-Clercs, **A F.**

HENRIOT (Mlle Camille), 83, boul. de Clichy, **A. F.**

HENRY (Mlle), 11 *bis*, rue Nicolo

HENRY (Victor), O. I. ◯, 30, Faub.-Saint-Honoré. **A F.**

HENRY-BAUDOT (Ed.), 19, boul. Berthier. **A. F. 8. N.**

HENRY-LAURANT (Edouard), 7, villa Michel-Ange.

HÉRIOT (Justin), 15, rue Chanez.

HERMANN-PAUL, 12, rue Faustin-Hélie **8 N. 8. AU.**

HERMEL (Paul), 11, rue Gounod. **A F.**

HERNANDEZ (Daniel), 235, Faub.-Saint-Honoré.

HÉROLD (Mme Marguerite), 20, rue Greuze.

HERPIN (André), 39, boul. Saint-Jacques.

HERVÉ (Gabriel), villa des Arts, rue Hégésippe-Moreau. **A. F.**

HERVÉ (Julien), 3, pl. de la Sorbonne.

HERVEGH (Mlle Emma), 29, rue de Turin.

HERVY (Georges), 21, rue Dautancourt.

HEURTAULT (Mlle Marie), 7, rue Michelet.

HEUZÉ (P), 35, rue du Général-Foy.

HEYMANN (Mme Octavie), O. A ◯, à Viarmes (Seine-et-Oise) **A F**

HIDALGO (Félix), ✳, 65, boul Arago. Méd. arg, 1889. H. C

HIL, *Peintre et dessinateur*, 7, rue des Saules.

HILDEBRAND (Mlle), 16, rue de Siam. M H. 1885. **A. F**

HILLAIRET (Anatole), 54, rue Lamartine.

HINTERSCHER (André), 53, quai de Bourbon.

HIOLLE (A.), 14, rue de la Grande-Chaumière. **A. F.**

HIPPOLYTE-LUCAS (M.), ✳, 12, boul de Clichy. M H 1879, B. de V. 1881, méd. 3ᵉ cl. 1884, méd. 2ᵉ cl. 1887, méd arg 1889, méd. arg. 1900 H C. **A. F.**

HIRSCH (Alex), ✳, 2, rue de Fleurus. M H 1889, méd 3ᵉ cl 1889, M. H. 1889, méd. br. 1900. H. C. **A F.**

HIRSCHFELD (Émile), 9, rue Say. M H. 1892, méd. 3ᵉ cl. 1894, méd. arg 1900

HIS (René), 6, villa Collet M H 1893 méd 3ᵉ cl. 1900 M H. 1900 **A F.**

HISTA (H), O. I ◯, 18, rue de Chabrol **A F.**

HITCHCOOK (Georges), 59, rue de Provence. M. H. 1887, méd or 1889 H C **A F.**

HOCHARD (Gaston), 181, rue de Courcelles. **8. N.**

HOENFLINGER, 77, rue Pigalle.

HOETGER (Bernhardt), 108, rue de Vaugirard.

HOFFBAUER (Charles), 70 et 70 *bis*, rue N.-D.-des-Champs M H. 1898, méd. 2ᵉ cl. 1899, méd br 1900 P Rosa Bonheur 1902, B de V. 1902, P. National 1906. H C **A F**

HOFFBAUER (F), 40, boul. du Montparnasse. **A. F.**

HOFFMANN (Gaston), 163, boul du Montparnasse. **A. F.**

HOSLUND (Gerda), 15. rue Chomel

HOHLENBERG (Johanès), 18, rue du Val-de-Grâce.

HOLMAN, 16, av. de Breteuil.

HOLT (Mlle), 14, rue Boissonade.

HONER (M), 14, rue de Chabrol

HORNECKER (Léon), 71, av. de Villiers. M. H. 1894, méd 3e cl. 1903.

HORTON, 64, rue de La Rochefoucauld S AU

HORSCHONE, 71, boul. Arago.

HORVILLEUR (Léon), 1, rue Villaret-de-Joyeuse.

HOUDARD (Charles-L), O. A ✪, 9, rue Marguerite A. F.

HOUDART (Mme Marie Lacretelle-), 13, rue Scribe. A F.

HOURTAL (Henri), 9, imp de l'Enfant-Jésus.

HOUSSAY (Mlle Joséphine), O I ✪, *Prof honoraire aux Ecoles supérieures de la Ville de Paris.* 47, quai des Grands-Augustins Méd 3e cl 1892, méd. arg 1900 A F. (V. *Pastellistes)*

HOW (Mlle Béatrice), 79, rue N.-D.-des-Champs. S N.

HOWLAND (George), 169, boul. Saint-Germain.

HUARD, 5, rue Victor-Considérant.

HUBBELL (Henry), 83, rue N -D.-des-Champs M. H. 1901, méd. 3e cl. 1904.

HUBER (Léon), 15, rue Cauchois. M H. 1903. A. F.

HUBERT (Mme Stéphanie-Louise), 5, av de l'Observatoire. A. F.

HUBERT-SAUZEAU (Jules), 93, rue Denfert-Rochereau. A. F.

HUET (Léon-Armand), 1, boul. Lamouroux, à Vitry-sur-Seine. M H 1901 A. F.

HUET (Paul), 8, rue Michel-Ange. A F.

HUGARD (Claude-Salvator), 52, rue La Condamine A. F.

HUGOT, 33, rue du Général-Foy.

HUGUET-NUMA, 3, rue Meynadier.

HUMBERDOT (Mme C -S), Ch. Trianon, à Versailles (Seine-et-Oise). A. F.

HUMBERT, 2, rue Aumont-Thiéville.

HUMBERT (André), 1, rue Caumartin. Méd. 3e cl 1901, méd. 2e cl. 1904, B de V. 1907. H. C A F.

HUMBERT (Ferdinand), C ✲ *M de l'Institut Prof d l'Ecole des Beaux-Arts, M du Comité A. F.,* 1, rue Caumartin Méd 1866, 1867, 1869, méd. 3e cl. 1878 méd. honneur 1900, M du J. 1900. H C A F.

HUMBERT-BLOUME (Mme Célina), 73, rue Blanche. A F

HUNT (Mlle), 4, rue de Chevreuse.

HUNTER (Mlle Eléonore), 218, boul. Raspail.

HUREL (Mlle Suzanne), O A ✪, 56, rue du Rocher M H 1908. A. F.

HUREY (François), 13, quai d'Anjou. A. F.

HUVEY (Louis), 25, rue de Maistre. M. H. 1892. A. F.

HUYOT (Albert), 11, rue de Condé.

HYDE (Russel), 6, rue Vercingétorix.

HYNAIS (Albert), ✲, 71, rue Clignancourt. M. H. 1885, méd. or. 1889, 1900 H C. S N.

HYON (George), 144, rue Legendre. A. F.

I

IBELS (Henri), 51, rue Lhomond.

IGOUNET DE VILLERS, 53 *ter*, quai des Grands-Augustins.

IMBERT (Émile), 15, quai Voltaire

IMBS (Marcel), 6, rue Desaix.

INOCANTI, 2, boul. Pereire.

IROLLI (Vincent), 58, rue de la Chaussée-d'Antin

ISAAC (P.-A.), 11, pass. de la Visitation.

ISAILOFF (Alexandre), ✲, 41, rue des Martyrs.

ISBERT (Mme Camille), O. I. ✪, 37, av. de Villiers. A. F.

ISRAELS (Isaac), 9, boul. de Clichy. M. H. 1885.

IVANOVITCH (Paul), 28, rue Godot-de-Mauroy. Méd. or 1900, méd. 3e cl. 1902, méd. 2e cl. 1906. H. C.

IWIL (Marie-J.), ✲, 11, quai Voltaire. M. H. 1884, méd arg. 1889, méd. br. 1900. H C. A F. S N.

J

JACK, 16, rue Chappe.

JACOB (Alexandre), 90, rue de Châteaudun, à Asnières (Seine). M. H. 1908. A F.

JACOB (Stéphen), O I. ✪, 177, boul Pereire. M. H. 1879, méd 3e cl. 1887, M. H. 1889, méd. br. 1900. A F.

JACOB-HIANS, 18, rue d'Odessa.

JACOBSON (J.), 19, rue d'Offémont M. H. 1900.

JACOBY (Johann), 17, quai Voltaire.

JACOMIN (Alfred), O A ✪, 13, rue de la Liberté, à Chatou (Seine-et-Oise) A F

JACQUE (E), 73, boul. de Clichy. M. H. 1889, méd. 3e cl 1901.

JACQUELINE (Mlle), 46, rue Saint-Placide. A. F.

JACQUEMIN (René), 35, rue Monge.

JACQUEMOT (Mlle Blanche), 10, rue de l'Assomption.

JACQUEMOT (Charles-Louis), 10, rue Seveste. Tél. 153, Neuilly.

JACQUES (Raphaël), 15, quai Bourbon.'

JACQUES-MARY (Mme), 62, rue de Rome. M H 1898, méd 3e cl. 1900 A. F.

JACQUET (Léon), 99 boul Saint-Germain. M.H. 1894, méd 3e cl. 1906. A. F.

JACQUIER (Henry), O A ✪, 9, rue Alphonse-de-Neuville. M. H. 1900, méd. 3e cl. 1906, B. de V 1906, méd. 2e cl. 1907, P National 1909 H. C A F.

JACQUIN (A), 25, rue Bertrand. S. AU.

JADIN (Emmanuel), 117, boul. Malesherbes. Méd. 3e cl. 1881. A F.

JALLOT, 19, boul. Berthier

JAMET (Henri), O I. ❂, 10, rue Tholozé. M. H. 1897, méd. br 1900, méd. 3ᵉ cl. 1906 **A F**

JAMOT (Paul), 11 *bis*, av. de Ségur

JANDEL, villa des Arts.

JANSSAUD, 9, imp. de l'Astrolabe.

JAPY (Louis), ❊, 157, rue de Rome. Méd 1870, méd. 2ᵉ cl. 1873, méd arg. 1889, méd arg 1900 H. C. **A F**

JARDINES (Joseph), 3, rue des Vergers, à Garches (Seine-et-Oise).

JARRY (André), 6 *bis*, rue Lavoisier.

JASMY (Mlle Léo), 36, rue Saint-Marc

JAT-BELLE-ISLE (Paul), 148, rue de Grenelle

JAULIN (Emile), 2, rue Perdonnet

JAULMES (Gustave), 20, boul. d'Inkermann, à Neuilly-sur-Seine (Seine).

JAVANELLE (Henry-Robert), 72, boul de Port-Royal.

JEAMMES (Émile), 47, rue Sarrette.

JEAN (Mme Maria), 28, rue Fontaine **A F**

JEANDEL (Charles-François). 15, rue Hégésippe-Moreau. **A F**

JEAN-LOUIS, 69, boul Saint-Jacques.

JEANMOUGIN (A.-P.), 33, rue Ganneron **A F**

JEANNENEY (P.), 65, boul. Arago.

JEANNE-DENISE (Mlle), 48, rue Pergolèse **S N**

JEANNIN (Georges), ❊, 4 av Daubigny Méd. 3ᵉ cl. 1878, méd 2ᵉ cl. 1888, méd. br 1889, méd br. 1900 H C **A F**

JEANNIOT (Georges), ❊, 171, av. Victor-Hugo M. H. 1882, méd. 3ᵉ cl. 1884 méd. arg 1889, méd arg. 1900. H. C **A F. S N**

JEANNIOT (Mme Henriette). 107, rue de la Pompe.

JEANSON (Alfred de), 2, rue Gaillard. **A F.**

JEANTON, 9, rue Saint-Paul

JENKINS (Mlle Constance), 18, rue Boissonade.

JIMENEZ (Luis), 6, rue Croix-du-Bourg, à Pontoise (Seine-et-Oise).

JOANNIS (Mme Alexandrine), 65, rue François-Miron **A. F**

JOANNON (Étienne), O I ❂ 72, rue Laugier Méd 3ᵉ cl 1892, méd. br 1900 **A F**

JOBBÉ-DUVAL (Félix), 23, rue Denfert-Rochereau

JOBBÉ-DUVAL (Gaston), O I. ❂, 3, rue Joseph-Bara. **A. F.**

JOBERT (Fernand), 11, rue de Douai

JOBERT (Paul), ❊, 3, rue de la Faisanderie M. H. 1889, méd 3ᵉ cl 1893, méd. 2ᵉ cl 1897, méd. br. 1900 H C. **A F**

JOHANSON (Arvid), ❊, 6, rue Cernuschi M. H. 1889. méd. arg. 1900.

JOIGNAUD (Mlle), 69, rue Lepic

JOIN-LAMBERT (Octave), 15, av Malakoff

JOLY (Henri), 4, rue Chalgrin.

JOLY (Mlle), 11, rue Daniel-Stern

JOLY DE BEYNAC (René), 15 *bis*, rue Cauchois

JONAS, O A ❂, 3 *bis*, cour de Rohan. (V. *Graveurs*)

JONAS (Lucien), 238, boul Raspail. Méd. 3ᵉ cl 1905, B. de V. 1907, méd 2ᵉ cl. 1907 H C. **A F.**

JONCIÈRES (Léonce de), 13, rue de Washington Tél. 509-05 M. H. 1897. méd. 3ᵉ cl. 1907 **A F., S AU.**

JONG (Mme Betty de), 5, rue Rude.

JONIO (Henri), 4 *bis*, rue Davy.

JORDIC (Georges), 9, square Delambre **A F.**

JORON (Maurice), 12, rue Alfred-de-Vigny M. H. 1905, méd. 3ᵉ cl 1907, méd. 2ᵉ cl. 1909 H C. **A F**

JORRAND (Antoine), 4, rue Edouard-Detaille. **A F**

JOSEPH, pass. Guibert, 14, rue Falguière

JOSEPH-REGNAULT (Emile), 42, rue Caulaincourt.

JOSSELIN-DARDE (Mme Marguerite) 10, rue Michel-Chasle **A. F.**

JOSSOT, 2, rue Carnot, à Rueil (Seine-et-Oise).

JOUANNE (Mlle Marthe) 15, rue Cauchois M H. 1905 **A F**

JOUAS-POUTREL, 12 *bis*, rue Legendre

JOUATTE-BIVA (Mme Julienne), 7, boul Saint-Michel. **A F.**

JOUBERT (Henri), 40, rue du Château-d'Eau

JOUBERT (Léon), 7, rue de Bagneux. M. H. 1884, méd. 3ᵉ cl. 1889, méd. br. 1889, méd br 1900 H. C. **A F**

JOUCLARD (Mlle Adrienne), 2, rue du Gouvernement, à Versailles (Seine-et-Oise). M. H 1908 **A F**

JOURDAIN (Francis), 7, av. Céline, à Neuilly-sur-Seine (Seine) Tél 735. **S. AU**

JOURDAIN (Henri), 4, rue des Eaux (quai de Passy). **A. F, S N**

JOURDAIN (Maurice), 130, boul. de Strasbourg à Boulogne-sur-Seine (Seine). Tél 39, à Boulogne-sur-Seine.

JOURDAIN (Roger), ❊, 22, rue Eugène-Flachat. Méd 3ᵉ cl 1879, méd. 2ᵉ cl 1881, méd arg. 1889, méd br. 1900 H C **A F**

JOURDAIN-LEMOINE (André), 16, rue d'Alembert

JOURDAN (Jacques), 12 *bis*, rue Pergolèse. **A F**

JOURDAN (Louis), 47, rue de Seine. M H. 1907. **A F**

JOURDIER-CHABAS (Mme Marie), 23, boul. Berthier. M H. 1893 **A F.**

JOURNAULT (Ernest), 52, rue de Clichy **A F.**

JOUSSET (Frédéric), 8, rue de Furstenberg

JOUSSET (Léon), 29, rue de l'Échiquier.

JOUVES (Georges), 18, rue de l'Orangerie, à Versailles (Seine-et-Oise) **A. F**

JOYAU, 6, rue Edouard-Detaille.

JOYBERT (Mme la comtesse L.-M de) 5, rue Montaigne **A F.**

JUBIER, 6, rue Dareau.

JUBIN (Mme Ernestine), 99, av. des Ternes. **A F.**

JUDITH (Mme Edouard), 5 *bis*, rue d'Odessa.

JULIAN-DAMAZY (William), à Neauphle-le-Château (Seine-et-Oise). **A. F.**

JULIARD (Jean), 84, rue Lauriston.

JULIEN (Albert), 15, boul. Saint-Michel. **A. F.**

JULLIEN (Alfred), O. A. ◊, 53, rue N.-D.-de-Nazareth. **A. F.**

JUNÈS (David), 5, rue Pétrarque. **A F.**

JUNGBLUTH (Alfred), A. O ◊, 112, boul. Malesherbes.

K

KAHN (Max.), 85, rue Ampère. M. H. 1889.

KAHN-SCHATZMAN (Mme Cécile), 158, rue de Courcelles. (V. *Graveurs*.)

KAMDA (J.), 52, boul. du Montparnasse.

KAPLAN (Jacques), 27, boul. de Clichy.

KARBOWSKI (Adrien), ✳, 13, rue d'Armaillé. M. H. 1889. **A. F. S. N.**

KARL, 69, av. du Maine.

KARL-ROBERT (Georges-Meusnier), O. A. ◊, 22, rue Saint-Augustin. **A. F.**

KARPELÈS (Mlle Andrée), 27, rue du Docteur-Blanche.

KASPAREK (Joseph), 145, boul. Magenta.

KASTOR (Robert), O. I. ◊, 6 *bis*, boul. Pereire.

KATOW (Mme Berthe de), 110, boul. Malesherbes.

KAUFFMANN (Mlle Germaine), 65, rue de la Victoire.

KAUFFMANN-ROY (Mme Marthe), 23, rue de Paris, à Asnières (Seine). **A. F.**

KAUR (Mlle Alice), O. A. ◊, 119, rue de la Tour. **A. F.**

KAZACK (Mme la Princesse Eristoff), 59, av. de Saxe. **S N.**

KELLER (Mme Stéphane), 12 *bis*, rue Pergolèse. **A. F.**

KELLER DE MAISONNEUVE (Mme), 3, cité Duplan.

KESZLER-PIED (Mme Yvonne), 27, rue de la Chapelle. **A. F.**

KIND (Auguste), 13, av. Frochot. M. H. 1903. **A. F.**

KIRCHNER (Raphaël), 43, rue Lamark. (V. *Graveurs et Pastellistes*)

KIRÉEVSKY (Etienne), O. I. ◊, 65, av. Marceau.

KITE (Joseph-Milner), 17, rue Campagne-Première.

KLÉE (Mlle), 27, rue Jasmin.

KLEIMINGER (Adolph), 12, rue du Moulin-de-Beurre.

KLEIN, 2, rue Emile-Menier.

KLEIN (Richard), 7, boul de Clichy.

KLEINMANN (Mlle Alice), 57, rue Caulaincourt.

KLINGSOR (Tristan), 33, rue d'Alésia. **S. AU.**

KLOSTER, 90, boul. Garibaldi.

KNIGHT (Ridgway), O. ✳, pl. de l'Eglise, à Poissy (Seine-et-Oise). M. H. 1882, méd. 3ᵉ cl. 1888, méd. arg. 1889. H. C.

KNIGHT (Aston), 6, pl. Vintimille. Méd. br. 1900, M. H. 1901, méd. 3ᵉ cl. 1905, méd. 2ᵉ cl. 1906. H. C.

KNOEPFLER, 151, rue Saint-Honoré.

KOE (Mlle Hilda), 84, rue N.-D.-des-Champs.

KOECHLIN (J.-C.-Daniel), 8 *bis*, Chaussée de la Muette. **A. F.**

KOELLIKER (Charles), 56, rue J.-J.-Rousseau, à Asnières (Seine).

KOELLIKER (Oscar), 57, *rue* J.-J.-Rousseau, à Asnières (Seine).

KOENIG (Jules-Raymond), 12, rue de Bagneux. M. H. 1900. **S. N , S. AU**

KOENIGSWARTER (Charles), 233, rue du Faub.-Saint-Honoré.

KOLLMANN (J.), 34, boul. de Clichy.

KOOPMAN (Augustus), 33, boul. des Invalides. Méd. arg. Paris 1900, méd. Exp. Saint-Louis.

KOPPÉ (Georges), 19, av. de Tourville.

KOSMANN-SICHEL (Mme Henriette), O. A. ◊, 49, av. Trudaine. **A. F.**

KOUSNETSOFF (N.), 147, boul. du Montparnasse. Méd. arg. 1889, 1900 H. C.

KOVS (Victor), 2, pass. de Dantzig.

KOWALSKY (L.), 16, rue La Fontaine, 5, hameau Béranger. M H. 1890, méd. 3ᵉ cl. 1891. **A F.**

KOZIEROWSKI (Maurice), 41, boul. Saint-Jacques.

KRAJEWSKI (Marceli), 70 *bis*, rue Notre-Dame-des-Champs.

KRATKÉ, 3, rue Lecourbe.

KREDER (Paul), O. A. ◊, 63, boul. Auguste-Blanqui. **A. F.**

KREUTZER (Alexandre-F.), O. I. ◊, 44, rue de la Pompe. Méd. br. 1889. **A. F.**

KRETZINGER (Mlle Clara-Joséphine), 59, av. de Saxe. M. H. 1908.

KREYDER (Alexis), ✳, 11, pass. Stanislas. Méd. 1867, méd. 2ᵉ cl. 1884, méd. arg. 1889. H. C. **A. F., S. N.**

KROLL, 14, pass. Guibert, rue Falguière.

KROUGLICOFF (Mlle), 17, rue Boissonade.

KUGELMAN (Georges), villa des Arts.

KUHN-REGNIER, O. A. ◊, 12 *bis*, rue Legendre. **S. AU**

KUNFY-LAJOS, 41, rue Bayen. **S AU**

KURDJAN (Léon), 36, rue de Maubeuge. Méd. V. de Paris et Amis de Versailles.

KWISATKOWSKA (Mlle de), 259, boul. Pereire.

L

LABARQUE (A.-L.), 14, av. Jeanne-d'Arc, à Aulnay-sous-Bois (Seine-et-Oise). **A. F.**

LABBÉ (Mme Paul), 14 *bis*, rue Montaigne. **A. F.**

LABERTHE (Victor), O. A ◊, 95, rue du Faub.-Saint-Martin. Tél. 421.51.

LABORDE (Ernest), 117, rue Notre-Dame-des-Champs.

LABORDE, 11 *bis*, rue des Saules.

LABORNE (Emile), 31, rue Joubert. **A. F.**

LABROUCHE (Pierre), 29, av. Henri-Martin.

LACAILLE (Félix-Jules), O. I. ◊, 131, rue de Rennes. **A. F.**

LACAULT (Aquilles), 135 *bis*, rue de Rome.

LACARRIÈRE (P.-J.-Maurice), 44, rue des Mathurins. A. F.

LACHAT (Louis), 21, quai Bourbon

LACOSTE (Charles), 35, boul. Pasteur. S. AU.

LACROIX (Tristan-J.), 20, rue Malher. M. H. 1883, méd. br. 1889. A. F.

LACROIX-DE-PRÉCHATAIN (Mme P.), 104, av. Victor-Hugo. A. F.

LADAME (Pierre), 41, boul. Saint-Jacques.

LADEVÈZE-CAUCHOIS (Mlle L. de), 15, rue Grange-Batelière. M. H. 1906, Prix Marie Bashkirtseff 1906, méd. 3e cl. 1909. A. F.

LADUREAU (Pierre), 14, av. du Maine.

LAFABRÈGUE (Mlle Berthe), 8, rue Leneveux.

LAFABRÈGUE (Mlle Marie-Louise), 8, rue Leneveux.

LA FARGE (Bancel), 26, rue de Fleurus.

LAFARGE-CHARMA (Mme Georgette), 28, rue des Petits-Champs.

LAFAURIE (Mme Marie-Anne), 45, rue de Lévis.

LAFFILLÉE (Mme Jeanne), villa Jules-Barbier, à Aulnay, par Châtenay (Seine). A. F.

LAFITTE (Jean-Paul), villa des Iris, à L'Hay (Seine).

LAFFITTE (Mlle Suze), 1, rue Ballu.

LAFON (Jean), 93, rue Dareau.

LAFON François), ✳, à Ville-d'Avray (pavillon Balzac) (Seine-et-Oise). M. H. 1885. S. N.

LAFONT (E.), 46, rue du Ranelagh.

LAFORET (Tony), 114, rue de Vaugirard.

LAFORGE (Lucien), 59, rue Condorcet.

LAFORGE (Mme Marie), 9, rue de Penthièvre Méd. 3e cl. 1903. A. F.

LAFOURCADE (Paul), 19, rue Victor-Massé.

LA GANDARA (Antonio de), ✳, 22, rue Monsieur-le-Prince. S. N.

LAGARDE (Pierre), ✳, 5, rue Pelouze. M. H. 1881, méd. 3e cl. 1882, méd. 2e cl. 1885, méd. arg. 1889, méd. or 1900. H. C. S. N.

LAGERBERG (Mlle Brita de), 24, rue de Ponthieu.

LAGERBERG (Karin de), 24, rue de Ponthieu.

LAGODERIE (Mlle Marie), O. I. ℚ, 96, rue La Fontaine. A. F.

LAGRANGE (André), 34, rue Gassendi.

LAGUILLERMIE (Frédéric-Auguste), O. ✳, 4, rue Robert-Estienne. A. F.

LAHALLE (Pierre), 25, rue Sarrette.

LAHAYE (François), 198, boul. Saint-Germain.

LA HOUGUE (Jean de), 105, rue Notre-Dame-des-Champs. M. H. 1901, méd. 3e cl. 1902. A. F.

LAINÉ (Louis), 10, rue Seveste. M. H. 1905. A. F.

LAINÉ (Victor-Armand), O. I. ℚ, *Peintre, prof. de dessin*, 233 bis, Faub.-Saint-Honoré. A. F.

LAISSEMENT (Henry), ✳, 33, rue de Berne. M. H. 1882, 1889, méd. 3e cl. 1898, méd. br. 1900, méd. 2e cl. 1905. H. C A. F.

LAJALLET (Mme Hélène de), O. I. ℚ, 26, rue Demours. A. F

LAJAUMONT (Marc de), 5, rue des Beaux-Arts A. F.

LALANNE (Eugène-Georges), O. A. ℚ, 67, rue Cardinal-Lemoine. A. F.

LALAUZE (Alphonse), O. I. ℚ, 24, quai de Béthune. M H 1899, méd. 3e cl. 1900. M. H. 1900. A. F.

LALIRE (Adolphe), dit **LA LYRE**, 297, boul. Saint-Denis, Courbevoie, et au château des Sirènes à Carteret (Manche). Méd. br. 1889, méd. 2e cl. 1900, méd. br. 1900, méd. Nice, Versailles, Rouen. H C. A. F.

LALLEMAND (Léon), O. A. ℚ, 131, rue La Fayette.

LALUVEIN (Jacques), 52, rue des Volontaires.

LAMARE (Eugène-Alphonse), O. A. ℚ, 95, rue de Longchamp. A. F.

LAMBAYR DES MAZERY, 33, rue Bayen.

LAMBERT (Albert-Antoine), O. I. ℚ, 7, rue Duperré. M. H. 1884, méd. 3e cl. 1889, méd. 2e cl. 1890, méd. br. 1900. H. C. A. F.

LAMBERT (Fernand), 11, rue Delambre.

LAMBERT (Georges), 93, rue de Courcelles.

LAMBERT-DUCHENAY (N), 14, rue Littré.

LAMOTHE (Géo), 4, rue de Tocqueville.

LAMPUÉ (Pierre), 72, boul. de Port-Royal.

LAMY (Franç.), ✳, 121, boul. Pereire. M. H. 1887, méd. 3e cl. 1888, M. H. 1889, méd. 2e cl. 1890, méd. br. 1900. H. C. A. F.

LAMY (Mme Nelly), O.A.ℚ, 6, r. de Navarin. A. F.

LANCEY WARD (de), O. A. ℚ, 41, rue Bayen.

LANDEAU (Rémy), 75, rue d'Alésia. A. F.

LANDEAU (Sander-L), 31, boul. Berthier.

LANDEAU (Mlle), 33, rue Victor-Massé.

LANDELLE (Charles), 21, quai Voltaire. A. F.

LANDINI (Alcibiade), 108, rue Caulaincourt.

LANDRE (Mlle Louise-A.), O. I. ℚ, 233, Faub.-Saint-Honoré. A. F.

LA NÉZIERES (Joseph de), 6, rue Aumont-Thiéville. S. N.

LANGEVIN-GOSSELIN (Mlle Jeanne), 24, boul. des Invalides. M H. 1905. A. F.

LANGLEY (W.), 72, rue Notre-Dame-des-Champs. Méd. or 1889, méd. br. 1900 H. C

LANGLOIS (Henri), 56, rue Madame. M. H. 1886. A. F.

LANGLOIS (Saint-Edme), O I. ℚ, 67, rue Rochechouart. A. F.

LANGUEREAU (Mlle Marie), 135 *bis*, rue de Rome. A. F.

LANGWEIL (Mme Berthe), 26, pl. Saint-Georges. S. N.

LANNES (Gustave), 25, rue des Boulangers. A. F.

LANQUETIN (Gilbert), 35 rue Capron.

LANTIER (Lucien), 5, rue des Beaux-Arts.

LANTERNIER (Léon-Raoul), 34, rue Lacépède. A. F.

LAPARRA (William), O. A. ℚ, 65, boul. de Clichy. Prix de Rome 1898, méd. 3e cl. 1899, méd. 2e cl. 1903. A. F.

LA PENNE (Pierre-Philippe), 102, rue du Cherche-Midi. M. H. 1882. A. F.

LAPERRELLE (Mlle Alix de), 17, rue de Lancry.

LA PERCHE-BOYER (Hippolyte de), 43, av. de Wagram. S. N.

LAPEYRE (Edmond), 3, rue Cauchois. A. F.

LAPEYRE (Lucien), 8, rue Cauchois. A. F.

LAPIERRE-RENOUARD (P.), ✳, 179, boul. Pereire. M. H. 1906. A F.

LA PINELAIS (M.-N.-Benoist de), 1, rue Nouvelle. A. F.

LAPOINTE (Mlle J.), O. I. ✪, 11, boul. de Clichy. A. F.

LAPORTE (Victor), 144, rue Lecourbe.

LAPRADE (Pierre), 14, rue Mayet. S. AU.

LAPRET (Paul), 17, rue Chateaubriand. A. F.

LARRAMET, O. A. ✪, 35, rue des Abbesses.

LARCHE (Mme), 182, av de Versailles.

LARD (François), 41, rue Gabrielle. A. F.

LARIVIÈRE (Pierre), 3, rue Charles V.

LARNAUDIE (Mlle Magdeleine), 13, rue de Mézières.

LA ROCHEFOUCAUD (Guy de), 4, av de la Motte-Picquet. A. F.

LA ROCHEFOUCAULD (Hubert de), 233 bis, Faub.-Saint-Honoré. S N

LAROCQUE (Georges), 8, rue Bastien-Lepage. A. F.

LARONZE (Jean), ✳, 36, rue Perronet, à Neuilly-sur-Seine (Seine). M. H. 1887, méd. 3e cl. 1898, méd. 2e cl. 1899, méd. br. 1900. H. C A. F.

LARRUE (Guillaume), rue Jacques-Boyceau, à Versailles (Seine-et-Oise). M. H. 1892, méd. br. 1900. A. F, S. N.

LARTEAU (Albert), ✳, 77, rue d'Amsterdam. Méd. 3e cl 1902, méd. 2e cl. 1905. H. C. A. F.

LARUE (Mme Lise), 35, boul. Rochechouart. A F.

LARUSSEZ (Henri), 11, quai d'Anjou.

LASELLAZ (Gustave-F.), O. A. ✪, 39, rue Diderot, à Vincennes (Seine). A. F.

LASIBILLE (Mlle M.), 22, rue Tourlaque. A. F.

LASTIC (Edmond de), 3, boul. Latour-Maubourg. A. F.

LATBOUMM (Mlle), 6, rue Vercingétorix.

LATENAY (Gaston de), 29, rue Descombes. M. H. 1886, 1889, méd. br. 1900. A F., S. N.

LATOMBE-ENQUIABLE, 46, rue Damrémont.

LATOUCHE (Gaston), O. ✳, 31, rue Dailly, à Saint-Cloud. Méd. 3e cl. 1884, méd. 2e cl. 1888, méd. arg 1889, méd. or 1900. H. C. A. F, S. N.

LA TOUR (Tristan de), 16, rue Cortambert

LATRUFFE-COLOMB (Mme M), O. I. ✪, 4, rue de Colombes, à Asnières (Seine). M. H. 1889 A F.

LAUBADÈRE (Paul de), 30, av. Félix-Faure M. H. 1896. A F.

LAUGÉE (Georges), M. du Comité A. F , 123, rue de la Tour. Méd. 3e cl. 1881, méd. br. 1889, méd. arg. 1900. H. C. A. F.

LAUMONNERIE (Théophile), O. A. ✪, 2, rue Aumont-Thiéville. M H méd. 3e cl. 1908. A. F.

LAUNAY (Albert), O. A. ✪, 67, rue Lepic.

LAUNAY (Edmond-F.), 31, rue de Bourgogne. A. F.

LAUR (Mme Yo), 35, rue de Meudon, à Billancourt (Seine). M. H. 1905. A. F.

LAURENCE-GALBRUND (Mlle Marie), 7, rue Amiral-Courbet. A. F.

LAURENCIN (Mlle Marie), 32, rue La Fontaine.

LAURENS (Jean-Paul), C. ✳, M. de l'Institut, Prof. à l'Ecole des B.-A., Prés. d'honneur et M. du Comité A. F, 5, rue Cassini. Méd. 1869, méd. 1re cl. 1872, méd. d'hon. 1877, H. C 1889. M. du J. 1900. H. C. A. F.

LAURENS (Jean-Pierre), 5, rue Cassini. Méd. 3e cl. 1899, B. de V. 1900, méd. arg. 1900, méd. 2e cl. 1906. H. C. A. F., S. N.

LAURENS (Paul-Albert), ✳, 17, av de Tourville. M. H. 1891, méd. 3e cl. 1893, B. de V. 1893, méd. 1re cl. 1897, méd. or 1900, H. C., Prix Henner 1910. A. F.

LAURENT (Ernest), ✳, 29, av. Henri Martin. M. H. 1883, méd 3e cl 1885, B. de V. 1885, méd. br. 1889, Prix de Rome 1889, méd. 2e cl. 1895, méd. or 1900 H. C. A. F.

LAURENT-GSELL (Lucien), 50, rue Saint-Georges. M. H. 1887, méd. br. 1889. A. F.

LAURI (Giustiniano), 104, boul. de Clichy.

LAURIOL (Mlle Marthe), 30, rue de Châteaudun.

LAUTH (Frédéric), ✳, 36, rue d'Assas. Méd. 3e cl. 1894, méd. br. 1900, méd. 2e cl. 1900. H. C. A. F.

LAUVERJAT (Gaston de), 51, rue Cambon. A. F.

LAUVERNAY-PETITJEAN (Mme Jeanne), O. A. ✪, 48, boul. des Batignolles. M. H. 1903. A. F.

LAUVRAY (Abel), 10. av Bosquet.

LAVADOUX (Paul-Frédérick), 75, rue du Mont-Cenis. A F.

LA VALETTE (Mlle Eva de), O. I. ✪, 72, rue de Rome. A. F.

LAVALLARD (Marcel), 40, rue des Petits-Champs. A F.

LAVALLEY (Alexandre-Claude-Louis), O. A. ✪, Professeur de dessin à la Ville de Paris, 81, rue Lemercier. M H. 1890, Prix de Rome 1891, méd. 3e cl. 1897, méd. 2e cl. 1903. H. C. A. F. (V. Pastellistes)

LAVAUX (Georges), 36, rue Poccard, à Levallois-Perret (Seine). A. F.

LAVÉE (Jules-Marie), 13, boul. Pereire. A. F.

LAVERGNE (Georges), ✳, 9, villa Guibert. Prix de Rome 1892, M. H. 1898, méd. 3e cl 1899, M. H. 1900, méd. 2e cl. 1901. H C. A F.

LAVERRIÈRE (Noël), 62, rue Truffaut.

LAVIEILLE (Mme M -Ferville-Suan), 99, Faub. du-Temple. M. H. 1883. M. H. 1889. A. F.

LAVIGNE (Lucien), O. A. ✪, 37, rue Fondary. A. F.

LA VILLÉON (E. de), 94, rue du Bac. S. N., S. AU.

LAVIROTTE DE MONTCHENU (Mme J.), 3, square Rapp.

LAVRUT (Mlle L), O. I. ✪, 85, rue de Rome. M. H. 1898, méd 3e cl. 1901, Prix Marie Bashkirtseff 1901. A. F.

LAWRENCE (André), 80, rue d'Assas. A F.

LAWSON (Cécil), 2, rue Cassini.

LAYNAUD (Ernest), 7, rue Poulet Méd 3e cl. 1883. A. F.

LAYUS (Lucien-P.), ✳, O. I ◯, 1, rue de la Planche. A. F.

LAZAR, 7, imp. Ronsin.

LÉA (Frances), 90, rue d'Assas.

LÉANDRE (Charles), ✳, 59, rue Lepic M. H. 1888, méd. br. 1889, méd. 2e cl. 1891, méd. arg. 1900. H. C. A. F

LÉAUTEZ (Mlle Marie), 12, av. Trudaine. A. F.

LE BAIL (Louis), à Conflans-Fin-d'Oise (Seine-et-Oise).

LEBAS (Mme Léonie), 18, av Victor-Hugo. A. F.

LEBASQUE (Henri), 15, av Perrichont. Méd. br 1900. S N.

LE BAUBE (Victor), O. A. ◯, 3, rue Cernuschi. A F.

LE BEAU (Alcide), 151 bis, rue de Grenelle. S. AU.

LE BÈGUE (René-F.-A), 51, rue Le Peletier. A. F.

LE BESQUE (Mme Marie-Louise), 7, rue Cassette. A F.

LEBLANC (Lucien-J), ✳, 26, rue Gay-Lussac. A. F.

LE BLANC (Richard), 35, rue Mazarine.

LEBOURG (Albert), ✳, 60, rue de Clichy. Méd. arg 1900. S N.

LE BOURGEOIS (Georges), 46, rue de Varenne.

LEBRETON (Henri), 26, rue de l'Entrepôt.

LEBRUN (Marcel), O. A. ◯, 58, rue Volta. M. H 1902. A. F.

LE CARPENTIER (L.), 32 bis, rue d'Aulnay, à Châtenay (Seine). A. F.

LECHAT (Albert), O. A. ◯, 51, rue Scheffer. S N.

LECLAIRE (Mlle Marie), 8, rue Pierre-Guérin. A. F.

LECLERC (Marc), O. A. ◯, ⚜, 74, rue du Cherche-Midi.

LECLERC (Théodore), pass Élysée-des-Beaux-Arts. A F.

LECLERCQ (Maurice), 33, rue Nollet. A F

LECOMTE (Mlle Alice), 109, rue de Vaugirard A. F.

LECOMTE (Paul), 22, rue Albouy. M. H 1882, méd. 3e cl. 1888, M. H. 1889, méd. 2e cl. 1895, méd. arg. 1900 H. C. A F.

LECOMTE (Paul-Emile), 57 bis, boul. Roche-chouart. A. F.

LECOMTE (Mlle Valentine), O A. ◯, 20, rue Visconti. A F

LECOMTE (Victor), 91, quai de la Varenne, à La Varenne-Saint-Hilaire M. H. 1892, méd. 3e cl. 1897, méd. br. 1900, méd. 2e cl 1905 H C. A. F.

LE COMTE DU NOUY (Jean), ✳, ✠, M. du Comité A. F., 30, boul Flandrin. Méd. 1866, 1869, méd. 2e cl 1872, méd. arg. 1889. H C. A. F. (V. Statuaires.)

LE CORNEC (Joseph-Eugène), 17, boul. de la Chapelle.

LECREUX (Gaston), O. I. ◯, 19, rue Vintimille M H 1889. A F.

LECUIT-MONROY (Paul), 4, rue du Faub.-du-Temple A. F.

LEDOUX (Charles), 60, av. Montaigne. A. F.

LE DRU (Albert-Ferdinand), ✳, 25, rue Erlanger. Tél. 696 12. Méd. 3e cl. 1894. A. F.

LE DUC (Lucien), 137, rue de Sèvres, et 52, boul. Béranger, à Tours (I.-et-L.).

LEE ROBBINS (Mme), 54, boul. Flandrin. M H. 1887. S. N.

LE FAUCONNIER, 19, rue Visconti.

LEFEBVRE (Augustin), 24, rue de Chabrol. A. F.

LEFEBVRE (Jules), C ✳, M. de l'Institut, Prof. à l'Ecole des B.-A., M. du Comité A. F, 5, rue La Bruyère. Prix de Rome 1861, méd. 1865, 1868, 1870, méd. 1re cl. 1878, méd. d'hon 1886, G. P. 1889, M. du J. H C. 1900 A. F.

LEFEBVRE (Mme Mathilde), 10, rue Richelieu. A. F.

LEFEBVRE (Maurice), 6, rue Daubigny A. F.

LEFEBVRE-GLAIZE (Mme Maguelonne), 1, av. de l'Observatoire. A. F.

LEFEUVRE (Jean), 75, rue Miromesnil. Prix de Rome 1908.

LEFORT (Jean), 5, rue de Bagneux Méd. 3e cl 1902. A. F.

LEFORT DES YLOUSES (Henri-Arthur), O. A ◯ 13, av. de Madrid, à Neuilly-sur-Seine (Seine), A F.

LEFRANC (Emile), 18, rue de Valois. A. F.

LEFRANC (Hippolyte), 49, rue du Rocher. A. F.

LEFRANC (Raymond), O. I ◯, 27, rue d'Alleray. M. H. 1902. A. F.

LÉGER (Alphonse), 94, boul. Beaumarchais A. F.

LÉGER (Fernand), 2, pass. de Dantzig.

LEGOUEZ (Paul-Emile), 2, rue Alphonse-Daudet. A. F.

LE GOUT-GÉRARD (F.), ✳, 93, rue Ampère. Méd. br 1900 A. F., S N.

LEGRAND (Ernest-Auguste), 55, rue des Plantes.

LEGRAND (E.), 37, rue de la Bienfaisance. A F.

LEGRAND (Mlle Juliette), 14, rue Mouton-Duvernet.

LEGRAND (Louis), ✳, 51, rue Le Peletier. S N. (V. Dessinateurs)

LEGRAND (Paul), O. I. ◯, 12, boul de Clichy; M. H 1893, méd 3e cl. 1900, méd. 2e cl 1903. H. C. A F

LEGRAND (Mme), 12, boul de Clichy. A. F.

LEHEUTRE (Gustave), 41, rue de la Tour-d'Auvergne.

LEHMANN (Mme Andrée), 11, rue Castellane. A F.

LEHMANN (Jacques), 20, rue Vital.

LEHMANN (Léon), 16, pass. Tivoli. S AU

LEHMBRUCK (Wilhelm), 127, av. du Maine. (Voir Statuaires)

LEJEUNE (Armand), 31, boul Berthier. Méd. 3e cl. 1903. A F.

LEJEUNE (Henri), 54, rue Lamartine.

LEJOUTEUX (J.-G.), 20, rue de Navarin. **A F.**

LELEU (Charles-Eugène), 18, rue Moncey. **A F.**

LELEU-DELACOUR (Alexandre-Félix), O. I. ◑, 69, rue de la Convention. **A F.**

LE LIEPVRE (Jenan), 59, av. de Saxe.

LELOIR (Maurice), ✳, 21, av. Gourgaud. Méd. 3° cl. 1878, méd. arg. 1900. H. C. **A. F.**

LELOIR (Mlle Suzanne), 21, av. Gourgaud.

LELONG (René), O. A. ◑, 7, rue Falguière. **A F.**

LEMAINS (Gaston), 11, rue du Calvaire, à Saint-Cloud (Seine-et-Oise). M. H. 1902. **A. F., 8 N**

LEMAIRE (Mme Madeleine), ✳, 31, rue de Monceau. M. H. 1877, méd. arg. 1900. **8. N.**

LEMAITRE (Adrien), O. A. ◑, 200, rue de la Croix-Nivert.

LEMAITRE (Em.), 59, rue Madame.

LEMAITRE (Mme Claire), 7, av. Mac-Mahon. **A. F., 8. N**

LEMÉE (Mme Vve Léontine), 37, rue Fontaine. **A.F.**

LEMEILLEUR (G.), 1 *bis*, boul. Gouvion-Saint-Cyr **A. F.**

LEMENOREL (Ernest), à Villiers-le-Bel (Seine-et-Oise). M. H. 1890, méd. 3° cl. 1893, méd. br. 1900. **A. F.**

LEMERCIER (Eugène-Emmanuel), 233, rue du Faub.-Saint-Honoré.

LE MÉTAIS (Mlle Cécile), 22, rue du Bois, à Levallois-Perret (Seine).

LEMÉTAIS-ALLÈGRE (Mme Caroline), 59, boul. Beaumarchais. **A F.**

LEMEUNIER (Basile), à Villecresnes (Seine-et-Oise). M. H. 1889, méd. 3° cl 1891 méd. br 1900, méd. 2° cl. 1907. H. C. **A. F.**

LEMEUNIER (Carolus), à Villecresnes (Seine-et-Oise). **A. F.**

LEMOIGNE (Mlle), 12, rue de l'Abbaye.

LEMOINE-MAUDET (Louis), 11, rue de Trévise

LEMONNIER (Robert), 2 *bis*, square du Croisic

LEMORDANT (Jean-Julien), 31, boul. de Port-Royal. B. de V. 1910. **8. AU., 8. N**

LE MORE (Paul-Richard), 60, boul. de Clichy. **A F.**

LEMPEREUR (Edmond), 25, rue Victor-Massé **8. AU**

LENFANT (Albert), ✳, 2, boul. de la Seine, à Nanterre (Seine), **A F.**

LENOIR (Ch.-A.), ✳, 6, rue du Val-de-Grâce Méd 3° cl. 1892, méd. 2° cl. 1896, méd. br. 1900. H C **A F.**

LENOIR (Marcel), 7 *ter*, villa Brune.

LENOIR (Mlle Suzanne), 19, rue de Médicis.

LENOIR (Mme), 95, rue de Prony. **A F.**

LÉON (Frédéric), 17, rue Visconti.

LÉONARD (G.), 17, rue Boissonade.

LÉONARDI (de), 65, rue Saint-Jacques.

LÉOTEAU, 3, rue Cauchois.

LEPAGE (Paul-Hubert), O. A ◑, *Prof. dipl. de la V. de Paris*, 18, rue Perceval.

LEPAPE, 25, boul de Clichy.

LEPÈRE (Auguste), ✳, 208, rue de Vaugirard, **8. N. (V. *Graveurs*.)**

LE PETIT (A.-M), 37, rue Lamarck. **8. AU., 8. N.**

LEPLAT, 77, rue de Varenne.

LE QUESNE (Fernand), 7, rue Vézelay. M H. 1889, méd. 3° cl. 1893, méd. 2° cl. 1894, méd. arg. 1900 H. C. **A F.**

LE RICHE (Henri), 198, rue de Courcelles. **A. F, 8. N.**

LEROLLE (Henry), ✳, 20, av. Duquesne. Méd. 3° cl. 1879, méd. 1re 1880, H. C. 1889, méd. or 1900. H. C. **8 N.**

LE ROUX (Mlle Antoinette), 92, rue Laugier. **A. F.**

LEROUX (Jules-M.-A), 11, villa d'Alésia. Prix de Rome 1894, méd. 2° cl. 1898, méd. br. 1900. H C. **A. F.**

LEROUX (Louis), 27, av. Mac-Mahon.

LE ROUX-REVAULT (Mme Laura), 6, av. du Square, villa Montmorency. M H. 1893, Prix Marie Bashkirtseff 1893, méd. 3° cl. 1896. **A. F.**

LEROY (André), 36, rue Vivienne. M. H. 1904.

LE ROY (G.-Gaston), 14, rue de l'Abbé-de-l'Épée. **A F.**

LE ROY (Henri), 7, rue de l'Orangerie, à Versailles (Seine-et-Oise). **A F.**

LE ROY (Jules), 11, rue Dupré, à Asnières (Seine). M. H. 1904. **A. F.**

LEROY (Paul-Alexandre), ✳, 25, av. de Wagram. Méd. 3° cl. 1882, B. de V. 1882, Prix du Salon 1884, méd. 2° cl. 1888, méd. arg. 1900, H C. **A. F.**

LEROY (S.-F.), 268, boul. Raspail. M. H. 1903.

LEROY-DIONET (Albert), 5, rue du Général-Lassalle.

LE ROY D'ÉTIOLLES (Mme Helen), O. A ◑, 136, av. de Wagram. Méd. 3° cl. 1890. M. H. 1900

LE SÉNÉCHAL DE KERDREORET (G.-E.), ✳, 47, quai des Grands-Augustins. M. H. 1881, méd 3° cl. 1883 méd. 2° cl 1888, méd. br. 1889, méd. arg 1900. H. C. **A. F.**

LESELLIER (Edmond), 18, rue Bellini.

LE SERREC DE KERVILLY (Georges), 83, boul. des Invalides. **A F**

LESEURE (Mlle Berthe), 18 *bis*, rue Demours. **A. F.**

LE SIDANER (Henri-Eugène), ✳, 1, rue Barye. Méd. 3° cl. 1891, B. de V. 1891, méd. br. 1900. **8 N**

LESREL (A.-A.), 13, rue Demours. M. H. 1889. **A. F. 8. N.**

LESSEPS (Ch.), 7, rue Lalo.

LESSERTISSEUX (Maurice), 37, rue Denfert-Rochereau M. H 1899. **A F.**

LESSIEUX (E.-Louis), 3, villa Brune. **A. F.**

LE THIMONNIER (Paul), 17, av. des Marronniers, à Asnières (Seine). **A F.**

LE TURCQ (René), 13, rue des Petits-Champs.

LÉTY (Hippolyte), 139, boul. Saint-Michel. Méd. 3° cl. 1908.

LEUDET (Jacques), 128, av. de Villiers.

LEUDET (Mlle Suzanne), 28, rue de Berlin. **A. F.**

LEUDET, O. A. ✪, 6, rue Aumont-Thiéville.

LEUZE-HIRSCHFELD (Mme Emmy), 9, rue Say. M. H. 1909.

LEVASSEUR (Mlle Marguerite-Emma), 46, rue du Ranelagh. A. F.

LEVASSEUR (Léon), 222, Faub.-Saint-Antoine. A. F.

LEVASSEUR-DELAROCQUE (Mme Cécile), 2, boul. Magenta. A. F.

LEVÉ (Charles), 116, rue Saint-Denis.

LEVÉ (Frédéric), 8, boul. d'Argenson, à Neuilly-sur-Seine (Seine). M H. 1908. A. F.

LEVERD (René), 71, rue Buffon. A. F.

LEVIER (Adolphe), 83, boul. du Montparnasse.

LÉVI, 93, rue de Vaugirard.

LE VILLAIN (Auguste-Ernest), O I. ✪, 30, rue Alphonse-de-Neuville. M H. 1888, méd. br. 1889, méd. br 1900. A. F. (V. *Aquarellistes*.)

LEVINSEN (Sophus), 21, rue Alsace-Lorraine, Rueil (Seine-et-Oise). A. F.

LEVIS (Maurice), O. I. ✪, 11, boul. de Clichy. M. H. 1895, méd. 3º cl 1896. A F.

LÉVY (Amélie), 44, rue de la Pompe. A. F.

LÉVY (Alphonse), O. A. ✪, 16, rue de Seine.

LÉVY (Charles), 6, rue Coustou. A. F.

LEVY-DHURMER (Lucien), ✳, 3 *bis*, rue La Bruyère. M. H. 1896, méd. br. 1900. A. F. S. N. S. AU.

LEWISOHN (Raphaël), 7, rue Duperré. S. N.

LEYDET (Louis), 32, rue Mathurin-Regnier.

LEYMARIE (Auguste), 174, rue du Faub.-Saint-Denis. M. H. 1910.

LEYSSENNE (Mme Jeanne), 9, rue Poussin. A. F.

LHEOD (Jean), 30, av. Malakoff.

LHERMITTE (Léon), C. ✳, M de l'Institut, Vice-Prés. de la Soc. Nation. des Beaux-Arts, villa des Arts. Méd. 3º cl. 1874, méd. 2º cl. 1880, G. P. 1889, M. du J., H. C. 1900. A F., S. N.

LHOSTE, (Georges), 48, rue Turbigo. A. F.

LHUER (G.-T.), 4, boul. Saint-Germain. M. H. 1894, méd. 3º cl. 1910. A F.

L'HUILLIER (Jacques), O. I. ✪, 28, rue de Château-Landon. A F.

LIARDO (Filippo), 2, rue de l'Église, à Asnières (Seine). Méd. br. 1889.

LICHTENSTEIN (Mme Marie), 75, rue Denfert-Rochereau.

LIEBMANN (Mlle B.), 63, rue Dulong.

LIÉNARD (Emile), 53, rue Pascal. A. F.

LIETAER (Célestin), 130, av. Parmentier. A F.

LIGNIER (James), O. I. ✪, 11, square de Messine. M. H. 1883, 1889, 1900. A F., S. N.

LIGNIÈRE (Maurice de), 7, rue d'Abbeville.

LILLO (Mlle Christine de),11, rue Chateaubriand.

LINNE (Jacques), 10, av. Frochot. A F.

LINNET, 67, rue Rochechouart. S. AU.

LINIERS (Mme Louise), 28, av. Carnot. A. F.

LISBETH DELVOLÉ-CARRIÈRE (Mme), 12, rue Cavalotti. S. N S. AU.

LISSAC, 13, rue Paul-Féval.

LITTLE (Mlle Dinah), 84, rue N.-D.-des-Champs.

LIZAL (Alex.), 3, rue de Plaisance.

LIZARS (Charles), 24, rue de l'Arc-de-Triomphe. A. F.

LLOYD (Mlle Marie-Constance), 38, rue du Montparnasse.

LOBEL-RICHE (Almery), O. A. ✪, 120, boul. de la Chapelle. M. H. 1904 A F.

LOBRE, ✳, 18, av. de Friedland. Tél. 539-56. M. H. 1888. B. de V. 1888, méd. or 1900. S. N.

LOBRICHON (Timoléon), ✳, chez M. Magnien, 51, rue de la Victoire. Méd. 1868, méd. 2º cl. 1882. H. C. A. F.

LOCHARD (Mme Charlotte), 61, rue Cuvier. A. F.

LOEVY, 36, rue Saint-André-des-Arts.

LOFFREDO (Michele), 3, rue Vercingétorix. M. H. 1910.

LOHR (Henri), 61, rue de Sèvres. A F.

LOIR (Luigi) ✳, M. du Comité A. F., 155, boul. Magenta. Méd. 3º cl. 1879, méd. 2º cl. 1886, méd. or 1889 H. C. A. F.

LOISEAU (Gustave), chez M. Durand-Ruel fils, 16, rue Laffitte. S AU.

LOISEAU DU MONT (Mme Marie), O A. ✪, 171, av. du Maine. A. F.

LOMBARD (G.), 32, rue Caumartin. A F.

LONDE (Georges), 25, rue Dareau. A. F.

LONGA (René), 74, rue de Sèvres.

LONGUET, 71, rue Caulaincourt.

LONGUET (Mme Louise), O. A. ✪, *Directrice de l'Académie Ingres*, 33, rue du Champ-de-Mars. A. F. (V. *statuaires*.)

LOPES SILVA (Lucien), O. I. ✪, 22, rue La Bruyère. A. F.

LOPISGICH (Georges-Antoine), 11, boul. de Clichy. M. H. 1883, 1889, méd. 3º cl 1891.

LOPPÉ (Gabriel), 14, av. du Trocadéro A. F.

LORAIN (Gustave), 101, boul. Arago. A. F.

LORANT (Vincent), 13, rue des Orties, à Bois-Colombes (Seine). A F.

LORIEUX (Alfred), O. I ✪, 88, rue de Ménilmontant. M. H. 1900, méd. 3º cl. 1909. A. F.

LORILLON (Jules-Paulin), 126, rue La Fayette. A. F.

LORIN, 181, rue de Courcelles.

LORNE (Mme Camille-Louise), 17, rue de Chartres, à Orsay (Seine-et-Oise).

LORON (Mlle G.), 28, rue des Sablons. A. F.

LOTHE, 2, pass. de Dantzig.

LOTIRON, 41, rue Bayen.

LOUCHET (Paul-François), ✳, ✠, 8, rue Boudreau Méd. or 1900 (V *Graveurs*)

LOUIS-MION, 20 *bis*, rue de Gravel, à Levallois-Perret (Seine).

LOUIS-PICARD, ✳, 26, rue Victor-Massé. S. N.

LOUP (Eug.), 25, rue Vaneau. B. de V 1899, méd. br. 1900. S N.

LOUPPE (Mlle Léonie), O I ✪, 16 *ter*, rue Jardins-Renard, à Sannois (Seine-et-Oise) A. F.

LOUTZ-KONITSCHECK, 39, rue Marbeuf. (V. *Miniaturistes*.)

LOUVEAU-REUVEYRE (Marcel), 2, pass. de Dantzig. A. F.

LOUVET (Henri), 71, rue Jacques-Dulud, à Neuilly-sur-Seine (Seine). M. H. 1898, méd. 3° cl. 1902. **A. F.**

LOUVET (Mme Marie), 120, rue Lecourbe. **A. F.**

LOUZIER (Paul), 16, rue Pouchet.

LUBET (Jean), 106, boul. du Montparnasse.

LUBIN DE BEAUVAIS, *Art P., Illustrateur-Aquafortiste*, 23, boul. Gouvion-Saint-Cyr.

LUCAS (Désiré), 33, rue Bayen. P. Rosa Bonheur 1910.

LUCAS (F.-H.), ✳, 12, boul. de Clichy. **A. F.**

LUCAS (P.-J.), 159, rue de Sèvres. **A. F.**

LUCAS-MORENO (Edouard), 52, rue Laffitte.

LUCAS-ROBIQUET (Mme), 9, rue Brown-Séquard. Tél. 703-76. M. H. 1882, méd. 3° cl. 1894, méd. 2° cl. 1905. H. C. **A. F.**

LUCE (Maximilien), 102, rue Boileau.

LUDBY (Max.), 125, boul. du Montparnasse.

LUHRSEN (Mlle Irène), 17, rue Campagne-Première.

LUIGINI (Ferd.), 18, rue Ballu. **A. F**, **S. N.**

LUMIÈRE, 67, rue Rochechouart.

LUMINAIS (Mme Hélène), 17, boul. Lannes. M. H. 1883. **A. F.**

LUNEAU (Mlle Eugénie), O. A ✳, *6 bis*, rue Darcel, au Parc-des-Princes, à Boulogne-sur-Seine (Seine). **A. F.**

LUNOIS (J.-A.), ✳, 1, rue de Poissy. **A. F.**

LUPIN (Charles), 5, rue Clodion (atelier, 11, rue Daniel-Stern).

LUX (Dosithé), 171, boul. Haussmann. **A. F.**

LUZ DE CUVILLON (Mme Marie), 23, av. Flachat, à Asnières (Seine). **A. F.**

LUZEAU-BROCHARD (Fernand), 4, rue Boissonade. M. H. 1884. **A. F.**

LYNCH (Albert), ✳, 76, rue de la Faisanderie. Méd. 3° cl. 1890, méd. 1re cl. 1892, méd. or 1900. H. C.

LYONS (Arthur), 6, rue Vercingétorix. Méd. 3° cl. 1909.

M

MACCAUT (Mlle), 137 *bis*, rue de Rome.

MAC-DOWEL (Edward), 17, rue Campagne-Première.

MAC-EWEN (W.), 11, rue Legendre.

MACCHIATI (Sérafino), ✳, *Art. P et Illustrateur*, 11, rue de Savoie.

MAC-IVOR (Mlle Monica), 2, rue Soyer, à Neuilly-sur-Seine (Seine).

MACKAY (Edwin Murray), 14, rue Boissonade

MACKAY (Mme), 5, rue Emile-Allez.

MACKENZIE (J.-C.), 147, boul. du Montparnasse.

MAC-KILLOP (William), 51, boul. Saint-Jacques.

MACKY (E.-Spencer), 13, rue de l'Abbé-Grégoire.

MAC-NAB (Mme), O. A. ✳, 32, rue Saint-Guillaume.

MACPHERSON (M. Campbell), 8, villa Michel-Ange.

MADELAIN (Gustave), 81, boul. de la Gare.

MADELINE (Paul), O. I. ✳, 17 quai Voltaire. M. H. 1897, M. H. 1900. **A. F.**, **S. AU.**

MADET (Oswald), 21, rue de Bourgogne.

MADRASSI (Lucien-Ludovic), 49, boul. du Montparnasse. M. H. 1907. **A. F.**

MADRAZO (Raymond de), C. ✳, 32, rue Beaujon. Méd. 1re cl 1878, méd. or 1889. H. C.

MAES LAIA, 12, rue Legendre. Tél 537-74.

MAGD (Mme L.-Etienne), 16, rue Clauzel. A F.

MAGNE (Alfred), O. I. ✳, 162, boul. du Montparnasse. M. H. 1886, méd. 3° cl. 1897, méd. 2° cl. 1907, H. C. **A. F.**

MAGNE (Henri-Marcel), 7, rue du Boccador. M. H. 1909, méd. 3° cl. 1910. **A. F.**

MAGNE (René), O I. ✳, 152, boul. du Montparnasse.

MAGNE DE LA CROIX (P), 31, rue de la Faisanderie.

MAGNIER (Charles), 46, rue du Château-d'Eau.

MAGNIER (Jules-Hippolyte), 29, rue Fresnel. **A. F.**

MAGNIER, O. A. ✳, 27, rue des Sablons.

MAGNUS (Mlle Germaine), 140, rue du Faub.-Poissonnière.

MAHELIN (Léon-Louis), O. A. ✳, 8, imp. Girardon. **A. F.**

MAHLER (Paul), 19, rue Denis-Gogue, à Clamart (Seine).

MANN (Berthold), 27, rue de Seine. **A. F.**

MAHUT, 17, quai Voltaire.

MAIGNAN (Albert), 1, rue La Bruyère **A. F.**

MAIGRET (Georges), 62, rue des Mathurins. **A. F.**

MAILFAIRE (Louis), O. I ✳, 6, rue Pruvot, à Vanves (Seine).

MAILLARD (Mlle Marguerite), 9, rue Neuve, à Versailles (Seine-et-Oise). **A. F.**

MAILLART (Diogène), ✳, *M. du Comité A. F.*, 137, rue de Sèvres. P. de Rome 1864, méd. 1870, méd. 2° cl. 1873. H. C. **A. F.**

MAILLART (Mlle Jeanne-B.), 137, rue de Sèvres. M. H. 1903, méd. 3° cl. 1908. **A. F.**

MAILLART (Roger-Louis-Henri), O. A. ✳, 18, rue de Varenne. M. H. 1905 **A, F.**

MAILLAUD (Fernand), ✠, 3, rue de l'Estrapade, et à Verneuil (Indre). M. H. 1901, méd. 3° cl. 1905, méd. 2° cl. 1909. H. C. **A F**

MAILLETTE-PROUST (Mme Alice), 65, rue de Paris, à Pantin (Seine).

MAILLEY (Mme), 27, boul. de Port-Royal. Méd. br., arg, verm.

MAILLOS (André), O. A. ✳, ✠, 12, rue des Saints-Pères.

MAIN-BECRET (Mme M.), 4, rue de la Glacière. A F.

MAINGOT (Henri), 35, boul. des Batignolles. **A. F.**

MAINSSIEUX (Lucien), 23, rue de Lille.

MAIRET (Charles (Joseph), 14, rue Eugène-Gibez. **A. F.**

MAISONNEUVE (Th.), O. A ✳, 15, rue Cavalotti.

MAISSEN (Fernand), O. A. ✳, 62, rue Rodier. M. H. 1909. **A. F.**

MAJORELLE (Jacques), 33, rue du Champ-de-Mars.

MAKOWSKY (Constantin), ✳, 57 *bis*, boul. Rochechouart. Méd. or 1889 H. C.

MALAGARRIGA-ORMART (Mlle Elvira), 34, rue Richer

MALASSIS (Pierre-Edmond), O I ◗, 7, rue Lakanal, à Montrouge (Seine) (V. *Aquarellistes*)

MALDANT (Mlle C.), O. I ◗, 136, av. de Villiers

MALEAS (Constantin), 11, rue Martel.

MALESPINA (Louis), 151 *bis*, rue de Grenelle. M. H. 1910 A. F.

MALET (Eugène), 14, rue de l'Abreuvoir. M. H. 1898.

MALFILATRE (Mme Lucy), O A ◗, 22, rue de Staël M. H 1909. A. F.

MALLAYVRE (Mlle Alice), 18, rue de Toul

MALLEVILLE (Lucien de), 27, av. d'Antin

MALOISEL (François-Emile), ✳, 42, av. des Gobelins. H C. A. F.

MANCEAU (PAUL), *Directeur de la Revue de Jurisprudence artistique « Qui sait »*, O I. ◗, ✸, 12, rue de Bellechasse. Tél. : 731-34 **8 N**

MANDRE (Albert de), 18, rue Nollet. Méd. arg. 1900. (V. *Miniaturistes*)

MANESSE (C.-H.), O. I ◗, 23, boul. du Montparnasse. H C A F (V *Graveurs.*)

MANGEPAN (Mlle Marie), O. A. ◗, 64, rue de Vaugirard. A. F.

MANGIN (René), 1, rue N.-D -de-Bonne-Nouvelle.

MANGIN-BOOLE (Mme Marc), 37, rue Denfert-Rochereau.

MANGIN (Marcel), O. A ◗, 102, rue Erlanger M. H. 1895. H. C. 8 **N**

MANGONOT (Aug), *artiste peintre décorateur*, O. I. ◗, 22, boul. Edgar-Quinet. Méd. or 1900

MANGUIN (Henri), 7, rue Saint-James, à Neuilly-sur-Seine (Seine). 8 **AU**.

MANNUCCI (Cipriano), 83, rue de la Tombe-Issoire

MANSION, 10, rue Dareau.

MANSUY (Mlle Lucie), 7, rue des Graviers, à Neuilly-sur-Seine (Seine)

MANZANA-PISSARRO, 20, rue de Choron.

MANZANA-ROBOA (Mme Blanche), 20, rue Choron.

MARANDAT (Henry), 3, quai Saint-Michel.

MARAIS-MILTON (Victor), 110, rue Caulaincourt.

MARC (Max), 26, rue Poncelet.

MARC (Robert), O I. ◗, 17, rue d'Aumale A F.

MARCEAU (Henry), 20, rue d'Odessa.

MARCEL-BERONNEAU (Pierre), 11, imp. Ronsin. M H 1896, méd. br. 1900 A F

MARCEL-CLÉMENT (A -V.), 38, rue Boileau, hameau Boileau, 14.

MARCERON (Mme Jeanne), 129, av du Roule, à Neuilly-sur-Seine (Seine). M. H. 1896. A F.

MARCEUIL (Marie-Louis), ✳, 109, quai d'Orsay. A F.

MARCHAISON (Germain), 34, rue Basfroi.

MARCHAL (Léonide), 12, rue du Moulin-de-Beurre. M H. 1889. **8. N**.

MARCHAND (André), 6, rue Nicolo. M. H. 1899, méd. 3° cl. 1904. B. de V. 1908. **A. F.**

MARCHAND (Jehan), 14, rue Saint-Louis-en l'Isle.

MARCHÉ (Ernest-Gaston), O A. ◗, 109, boul. Richard-Lenoir. M. H 1895, méd. 3° cl. 1896, P. de Raigecourt-Goyon 1898. méd. 2° cl. 1899, méd. br. 1900. H C. **A F.**

MARCHET (Lucien), 54, rue de Seine. **A F.**

MARCHETTI (Gustave-Henri), O I ◗, 28, route Stratégique, à Suresnes (Seine) M. H. 1900. **A. F.** (V. *Graveurs.*)

MARCOLESCO (Georges), 3, rue Mariotte.

MARGOTTE (Mlle Marie-Antoinette), 57 *bis*, boul. Rochechouart. M. H. 1905. **A. F.**

MARCOUX (Jules), 99, rue Cormeilles, à Levallois-Perret (Seine). **A. F.**

MARCUS (Mlle Suzy), 69, rue d'Hauteville.

MARE (Ch.-André), 8, rue Vercingétorix.

MARÉO (Victor), ✳, 18, rue de Chabrol. Méd. 3° cl. 1885, méd. 2° cl. 1886 P. du Salon 1886, méd. or 1889. H. C. **A. F.**

MARÉCHAL (Charles), 210, boul. Pereire. **A. F.**

MARÉCHAL (Olivier), 243, av. Gambetta. **A. F.**

MARÉCHAL (Paul), 13, rue Victor-Massé.

MAREST (Mlle Julia), 72, av. de Villiers. Méd. 3° cl. 1885. **A. F. 8. N.**

MARGANTIN (Mlle Marie), 15, av. de l'Asile, à Saint-Maurice (Seine). **A. F.**

MARGELIDON (Lucien), O. I. ◗, 7, rue Guy-de-la-Brosse. **A. F.**

MARGUERÉ (Henry), 7, quai Voltaire.

MARGUERITAT (René-Alexandre), O. I. ◗, 63, av. de Breteuil. M. H. 1902. **A. F.**

MARIE (Paul), 42, rue Gassendi. **A. F.**

MARIEL (Emile), 23, rue Oudinot.

MARINITSCH (Christian de), 112, boul. Malesherbes. M. H. 1897, méd. arg 1900

MARION (Eugène), ✳, 24, av. de l'Observatoire. **A. F.**

MARKOUS, 33, rue du Dragon.

MARLIAVE (François de), 44, rue de la Tour-d'Auvergne. Méd. 3° class 1905, M. H. 1907.

MARLEF (Mme Claude), 5, rue de Rouvray, parc de Neuilly-sur-Seine. Tél. 75. Méd. br. 1900. **8 N**.

MARQUE (Maurice), 7, rue Alain-Chartier.

MARQUET (Albert), 19, quai Saint Michel. **8. AU**

MARQUET (Gaston), O. I. ◗, 26, rue de Washington. Méd. 3° cl 1899 **A. F.**

MARQUIS-ROCHÉ, 27, boul. Sébastopol.

MARRET (Henri), 28, rue Chaptal. M H. 1901, méd. 3° cl. 1905, méd. 2° cl. 1906. H C. **A. F.**, **8 N**.

MARS (Éthel), 39, boul. Saint-Jacques.

MARTENNE (Etienne de), 9, rue Froidevaux. M. H. 1909. **A. F.**

MARTENS (Ernest-Edouard), 68, boul. Saint-Marcel. M. H. 1897, méd. 3° cl. 1908. **A. F.**

MARTIN (Alfred), 13, rue Méchain. M. H. 1895, 1900, méd. 3e cl. 1910. **A. F.**

MARTIN (Henri), O. ✻, 280, boul Raspail. Méd. 1re cl. 1883, B. de V. 1885 méd. or 1889, G P. 1900, méd. honneur 1907. H. C. **A. F.**

MARTIN (Jean), 7, boul. Arago.

MARTIN (Mme Marie), 65, boul. Arago

MARTIN (Raoul), 79, rue de Dunkerque.

MARTIN-ALBERT (Mlle Antoinette), 8, rue Lincoln. **A F.**

MARTIN-BRETON (Paul), 28, rue Legendre **A. F.**

MARTIN-GAUTHEREAU (André), 77, boul. Gouvion-Saint-Cyr. Méd. 3e cl. 1905, méd. 2e cl. 1908, H. C. **A F**

MARTIN-KAVEL (François), 26, boul d'Argenson, à Neuilly-sur-Seine (Seine). Méd. 3e cl. 1881.

MARTIN-SABON (Mme Nathalie), O. A. ✪, 5 *bis*, rue Mansart. **A. F.**

MARTIN-SAUVAIGE (Charles), 36, rue Saint-Sulpice.

MARTOUGEN (Stanislas), O. A. ✪, 3 *bis*, rue de Bagneux. **A. F.**

MARTY (Henry), O. A. ✪, 29 *bis*, boul. Saint-Jacques.

MARVAL (Mme), 9, rue Campagne-Première.

MARY (Jules-Fernand), 23, boul. Gouvion-Saint-Cyr. M. H. 1895, méd. br. 1900 **A F.**.

MARY-GEORGE, 20, boul. Inkermann, à Neuilly-sur-Seine.

MARZOCCHI DE BELLUCI, 21, rue Caulaincourt.

MASSARD (Mme Amélie), 10, rue d'Aumale. **A. F.**

MASCRÉ (Oscar), O. I. ✪, 31, boul. Berthier **A F.**

MASSÉ (Jean), O I ✪, 99, rue de Vaugirard M. H. 1889, méd. 3e cl 1893, méd. 2e cl. 1899, méd. br 1900, H C **A F.**

MASSIN (Louis-Eugène-Pierre), O. I. ✪, 95, rue de Vaugirard **A. F**

MASSIN (Marie-Joseph), 106 *bis*, rue de Rennes **A. F.**

MASSON (Georges), 96, av. des Ternes **A F.**

MASSON (Henri-G.), 4, rue Casenave, à Chennevières-sur-Marne (Seine-et-Oise) **A. F.**

MASSOUGNES (Mlle Renée de), 21, av. de Tourville.

MASURE (Jules), 148, rue de Bagnolet. Méd· 1866, méd. 2e cl. 1881, méd. br. 1889, H C **A. F.**

MATET, 121, rue Caulaincourt.

MATHEY (Paul), ✻, 159, rue de Rome Méd. 3e cl. 1876, méd. 2e cl. 1885, méd or 1889. H. C. **A. F., S. N.**

MATHIEU (A), 24, rue du Faub -du-Temple.

MATHIEU (Gabriel), 9, rue Thiers, Champigny-sur-Marne. M. H. 1895, méd. 3e cl. 1904 **A F.**

MATHIEU-LOLLIOT (Mme Marie), Les Ormes, Ile Fleurie, à Saint-Maur-des-Fossés (Seine). **A. F.**

MATHIS (Mme Léonie), 10 *bis*, rue Vavin.

MATHURIN (Maurice), 30, rue Monsieur-le-Prince.

MATIGNON (Albert), O. I. ✪, 17, rue de Tournon, méd 3e cl 1897. **A F.**

MATISSE, 19, quai Saint-Michel. **S. N.**

MATISSE (Auguste), 3, rue Cassini et Ile de Bréhat (Côtes-du-Nord). M. H 1906, méd. 3e cl. 1909 **A F.**

MATISSE (Henri), 31 et 33, boul. des Invalides.

MATROD-DESMURS (Mme), O. I. ✪, 46, rue Laffitte. M. H. 1904. **A F.**

MATUSSIÈRE (Mme Marie), 10, rue Descombes. **A. F.**

MAUFRA (Maxime). ✻, 126, boul. du Montparnasse. **A F. S. N.**

MAUGUIÈRE (Albert), 7, rue Armand-Carrel.

MAUGUIN (Pierre), 5, rue de Prony.

MAUJAN VAN DONGHEN (Mme Mathilde), 43, rue des Belles-Feuilles.

MAUPEOU (Mme Caroline), 77, rue de la Boëtie. **A. F.**

MAUPRAT (Henri), 81, boul. Saint-Michel.

MAUREL (Paul), 23, av. de la République. **A. F.**

MAURER (Alfred), 9, rue Falguière. **S N., S. AU.**

MAUROU (Paul), ✻, 13, rue Grange-Batelière. **A. F.**

MAURY (F.), 32, rue Mathurin-Regnier.

MAURY (Georges-S.), 40, boul. de Charonne. M. H. 1907. **A F.**

MAUVOISIN (G -L.-Francis), 8, av. Rozée, à Sannois (Seine-et-Oise). **A. F.**

MAXENCE (Edg), ✻, *Membre du Comité A. F.*, 71 *bis*, rue de Vaugirard, M. H 1894, méd. 3e cl. 1895, méd. 2e cl 1897. méd. or 1900. H. C. **A. F.**

MAY (Mlle Marie), 39, boul. Saint-Jacques.

MAYBEE (Eli), 115, rue N.-D.-des-Champs.

MAYENNET D'HARVILLE (Mme Berthe), 102, rue d'Amsterdam. (**A. F.**

MAYER (Constant), ✻, 2, av. Élisée-Reclus. H. C. **A. F.**

MAYER (Louis), ✻, 2, rue Logelbach. Tél.546-56. **A. F.**

MAYER (Maxime), 164, av. de Versailles.

MAYET (Léon), 9, rue de Beauté, à Nogent-sur Marne (Seine). M. H. 1884. **A. F.**

MAZARD (Alphonse), 48, rue de Vanves.

MAZELINE (Mme Jehanne), O. I. ✪, 7, rue Daubigny. **A. F.**

MAZZANOVICH (Lorenzo), 9, rue Falguière.

MÉDAILLE, 18, rue de Belzunce.

MÈGE DU MALMONT (René), 7, rue de Villejust. **A. F.**

MEISSONIER, ✻, à l'abbaye de Poissy (Seine-et-O.). Méd. 1866, méd. or 1889. H. C. **S. N.**

MELCHERS, O. ✻, 20, rue Galvani M. H. 1888, méd. 3e cl. 1888, G. P. 1889. H C **S. N.**

MELINGUE (Gaston), 22 et 24, rue Levert. M. H. 1877, méd. 3e cl. 1891. **A. F.**

MELNICK (Camille), O. I. ✪. 32, rue Guyot. Méd. br. 1889. M. H. 1900.

MÉNAGER (Fernand), 259, rue du Faub.-Saint-Martin.

MÉNAGER (G.-E.), 4, rue Alexandre-Lange, à Versailles (Seine-et-Oise). **A. F.**

MÉNARD (Emile-René), O. ✳, 126, boul. du Montparnasse. **S. N.**

MÉNARD (Victor-Paul), 18, rue de Chabrol. **A. F.**

MENEL, 100, rue du Cherche-Midi.

MENGIN (Auguste-C), 152, rue de Vaugirard. Méd. 3ᵉ cl. 1876, B. de V. 1883, méd. 2ᵉ cl. 1890, méd. arg. 1900. H C. **A F.**

MENNERET (Charles), O A. ◖, 3 *bis*, rue Bleue. **A. F.**

MENU (Victor), 5, rue Emile-Allez.

MERCADIER (Gustave), O. I. ◖, 1 *bis*, cité Singer. **A. F.**

MERCÈRE (Mlle Blanche), 16, rue La Fontaine.

MERCIÉ (Antonin), G.O ✳, *M. de l'Institut, Prof. à l'Ecole des B -A.*, 15, av. de l'Observatoire. Méd. 3ᵉ cl. 1883, méd. 2ᵉ cl. 1899. H. C. **A F.** (*V. Statuaires.*)

MERCIÉ (Fernand-Antonin), 15, av. de l'Observatoire. M. H. 1908. **A. F.**

MERCIER (Mlle Louise), 15, rue Pierre-Charron. M. H. 1896 **A. F.**

MÉRET, 9, rue Chaptal.

MÉRITE (Edouard-Paul), 312, av. de Paris, à Rueil (Seine-et-Oise). M. H. 1890, méd. 3ᵉ cl. 1896. **A. F.**

MERLIN (Daniel), 62, rue Legendre. **A F.**

MERMET (Mme Césarine), 12, rue Carle-Hébert, à Courbevoie (Seine). **A. F.**

MERSON (Luc-Olivier), O. ✳, *M. de l'Institut, M. du Comité A. F.*, 18 *bis*, rue Denfert-Rochereau Prix de Rome 1869, méd. 1ʳᵉ cl. 1873, méd. or 1889. H. C. **A. F.**

MÉRY (Léon), 7, rue Magenta, à Asnières (Seine), **A. F.**

MÉRY (Paul), villa des Arts, 15, rue Hégésippe-Moreau. M. H. 1905. **A. F.**

MÉRY (Paul-Gaston), O. I. ◖, 69, rue de Douai.

MESNAGER (Emile), 74, rue de Sèvres. **A. F.**

MESNEL (Jack), 100, rue du Cherche-Midi.

MESPLÈS (Paul-E.), ✳, 7, rue de Jouy. H. C. **A. F.**

MESSEMIN (Eugène), 13, pl. du Marché, à St-Denis (Seine).

MESTRALLET (Paul-Louis), 4 *ter*, rue du Cherche-Midi. **A. F.**

MESTRALLET (André-Louis), O. A. ◖, 25, rue d'Ulm. M. H. 1900. **A. F.**

MÉTIVET (Lucien), 6, boul de Clichy. M. H.1889.

METTLING (Raoul), 20, rue de Bruxelles. **A. F.**

METZ (Mme Emilie de), O A. ◖, 10, rue Chanzy, à Asnières (Seine). **A. F.**

METZINGER (Jean), 77 *bis*, rue Legendre.

METZMACHER (Pierre), O. A ◖, au Bas-Samois (Seine-et-Marne). M. H. 1879, 1889 **A. F.**

MEUNIER (Mlle Madeleine-Renée), 9, rue de Beauveau, à Versailles (Seine-et-Oise).

MEUNIÉ (Paul), O. A. ◖, 4, rue Picot.

MEURENT (Mlle Vict.), 6, av. Marie-Thérèse, 6, rue Tilly, à Colombes (Seine). **A. F.**

MEY (Léon), O. A. ◖, 126, rue Réaumur. **A. F.**

MEYER (Emile), O. A. ◖, 51, rue Caulaincourt, M. H. 1891, 1900. **A. F.**

MEYER (Georges), O. I. ◖, 61, rue Caulaincourt. M. H. 1895. **A. F.**

MEYER (Henry), 26 *bis*, rue Nansouty.

MEYER (Lazare), O. I. ◖, 20, rue de Paradis.

MEYER (Maurice), 18, rue Bonaparte. **A. F.**

MEYS (Marcel-Paul), 66, rue Rochechouart, Bourse de voyage 1882. **A. F.**

MEZZARA (Charles), 19, quai Saint-Michel.

MEZZARA (François), 12, pl. Saint-Sulpice.

MICHAU (Fernand), 8, rue du Pont, à Neuilly-sur-Seine (Seine).

MICHAUD-COMTE (Mme Marie), 48, rue Vavin.

MICHAUD (Mlle Léonie), 55 *bis*, quai de Valmy. Méd. 3ᵉ cl. 1905. **A. F.**

MICHEL-LANÇON (Edouard), O. A ◖, 37, rue Denfert-Rochereau. Méd. 3ᵉ cl. 1890. **A. F.**

MICHEL-LÉVY (Henri), 39, rue des Vignes M. H. 1880, méd. 3ᵉ cl. 1881, méd. br. 1889. H. C. **A. F.**

MICHELIN (Hippolyte), 36, rue Chevert.

MICHL, 18, boul. Edgar-Quinet.

MIDY (Arthur), 68, rue de l'Assomption.

MIELZINER (Léo), 17, rue Campagne-Première.

MIFLIEZ (Ferdinand), 3, av. Céline, à Neuilly-sur-Seine (Seine). **A. F.**

MIGL (Arpad de), 112, boul. Malesherbes. Méd. br. 1900. M. H. 1901.

MIGNIER (Mlle), 44, rue Vital.

MIGNON (Jules), 27, rue Campagne-Première.

MIGNON (Lucien), 51, rue du Cardinal-Lemoine. **S N.**

MIGONNEY (Jules), 3, rue Dutot. **S. N.**

MILLARD (Ernest-Jean-Marie), O. A. ◖, 7, boul. Arago.

MILLER (R.), ✳, 14, rue Boissonade. Méd. 3ᵉ cl. 1900, méd. 2ᵉ cl. 1904 H. C.

MILLEY (Mlle Suzanne), 16, rue de la Paix, au Perreux (Seine).

MILLIADIS (Stelio), 123, rue de Sèvres.

MILLIÈRE, 15, rue Cauchois.

MILLIET (Paul), 95, boul. Saint-Michel. **A. F.**

MILLOCHAUD (Emile-Joseph), 9, rue Clairaut. M. H 1882. **A. F.**

MILLOCHAUD (Eug), 18, rue Bridaine.

MILLOT (Auguste), 99, rue Perronet, à Neuilly-sur-Seine (Seine). **A. F.**

MINARTZ. O. A. ◖, 37, rue Fontaine-Saint-Georges. **S. N.**

MINGRET (Louis-Joseph), 280, boul. Raspail. **A. F.**

MINGRET (Mme Lucie), O. A. ◖, 280, boul. Raspail. **A. F.**

MINIER (Mlle Suzanne), 44, rue Vital. M. H. 1908, méd. 3ᵉ cl. 1909 **A. F.**

MINOT, 25, rue Humboldt.

MION (Louis), 20 *bis*, rue de Gravel, à Levallois-Perret (Seine). **S. AU.**

MIRA (Eugène), 21, rue de Clichy. **A. F.**

MIRALLÈS-DARMANIN (José), 4, rue Bardinet.

MITCHELL (Guy), 14 *ter*, rue Oudinot.

MOHRIEN (Achille), 1 *bis*, rue Saint-Gilles.

MOISSET (Maurice), O. I. ◖, 3, rue Viète, M. H 1894, méd. 3ᵉ cl. 1901, méd. 2ᵉ cl. 1907. H. C. **A. F.**

MOISSET (Mlle Marthe), 59, rue de Prony. **8. N.**

MOLLIET (Mme Clémence), 65, rue Lepic. **8. N.**

MONACE (Mlle Lilian), O. I. **()**, 147, rue de Longchamp.

MONCHABLON (Edouard), 15, rue de l'Université. Prix de Rome 1903, méd. 3e cl. 1904.

MONGOURT (Albert de), 15, rue Duphot. M. H. 1889, méd. br. 1900. **8. N.**

MONDINEU (Jean). O. I **()**, 44, rue Notre-Dame-de-Lorette. M. H 1897, méd. 3e cl. 1901, B. de V. 1901, méd. 2e cl. 1908. H. C. **A. F.**

MONGE (Jules), O. I. **()**, 19, rue Poncelet. M H 1881. **A. F.**

MONGIN (Augustin), ✳, 31, rue de Fontenay, à Châtillon-sous-Bagneux (Seine). **A. F.** (V. *Graveurs.*)

MONJAUZE, 8, boul. de Clichy.

MONNOT (Maurice), 10, av. Rabuteau, à Gournay-sur-Marne (Seine-et-Oise). **A. F.**

MONOD (Lucien), 85, av. de Wagram. **8. N.**

MONTAG, 31 et 33, boul. des Invalides.

MONTAGNÉ (Louis), O. A. **()**, 3, rue d'Abbeville, et 7, pl. Saint-Pierre, à Avignon (Vaucluse). M. H. 1905, méd. 3e cl. 1906, méd. 2e cl. 1910. H. C. **A. F.**

MONTALBAN-JEAN, O. A. **()**, *peintre-graveur*, 209, boul. Davout.

MONTASSIER (Henri), 65, boul. Arago.

MONTCHENU-LAVIROTTE (Mme Jane de), O. A. **()**, 3, square Rapp. M. H. 1899. **A. F.**

MONTENARD (Frédéric), ✳, 7, rue Ampère. M. H. 1881, méd. 3e cl. 1883, méd. 2e cl. 1889, méd. or 1889. M. du J. 1900. H. C. **A. F**, **8. N.**

MONTEXIER, 81, rue des Saints-Pères.

MONTEZIN (Pierre-E.), 29, rue du Château-d'Eau. Méd. 3e cl. 1907, méd. 2e cl. 1910. **A. F.**

MONTHIÈVRES (vicomte Léon de), 49, boul. Rochechouart.

MONTHOLON (François de), 20, rue des Martyrs. M. H. 1889, méd 3e cl. 1894, Prix de Raigecourt-Goyon 1895, M H. 1900, Prix Morlot 1908. **A. F.**

MONTILLE (Mme Marguerite de), O. I. **()**, 3, rue du Débarcadère.

MONTUREUX (Mlle Nicole de), 34, rue de Chaillot.

MONTZAIGLE (E. de Saint-Pierre de), 97, av. de Versailles. Méd. br. 1900. **8 N.**

MORANCÉ (Charles), 3, rue Lecourbe. **A. F.**

MORAND (Albert), O. A. **()**, 66, rue Lemercier. **8. N.**

MORAND (E.), ✳, 5, rue de l'École-de-Médecine. **8. N.**

MORCHAIN (Paul-Louis), 19, rue Daguerre. M. H. 1909. **A. F.**

MOREAU (A.-Ernest), O. A. **()**, 23, rue Racine. **A. F.**

MOREAU (Luc-Albert), 17, rue du Cherche-Midi.

MOREAU (Pierre), 12, rue Chanoinesse.

MOREAU-LEFEBVRE (Mme Gabrielle), 26, rue Trézel.

MOREAU-NÉLATON (Etienne), ✳, 73 *bis*, Faub.-Saint-Honoré. Méd. br. 1900 **8. N., 8. AU.**

MOREAU-NÉRET, O. I. **()**, 177, rue Saint-Honoré. M H. 1894, méd. 3e cl. 1899, méd br. 1900, méd. 2e cl. 1903. H. C. **A. F.**

MOREIGNE (Mme Stéphanie), 55, boul. Pasteur. **A F.**

MOREL (Victor), 32, rue Saint-Placide.

MOREROD (Edouard), 11, rue des Ternes. **8 AU**

MORGAN (Mlle Edith), 238, boul. Raspail. M. H. 1908.

MORGAND (Mlle Cécile), 28, rue Monsieur-le-Prince. M. H. 1902. **A. F.**

MORICOURT (Léon), 101, rue de Vaugirard.

MORIDE (Mlle), 11 *bis*, rue de la Planche. (Voir aussi *Miniaturistes.*)

MORIN (Louis), à Varennes, par Mandres (Seine-et-Oise). **A. F.**

MORIN (Vitalis), 95, rue de Vaugirard. M. H. 1910. **A. F.**

MORISSET (Henri), 15, rue Lemercier. Méd. 3e cl. 1893, méd. br. 1900, B. de V. 1901. **A. F., 8. N, 8. AU.**

MORLET (H.), 12, rue de la Légion-d'Honneur, à Saint-Denis (Seine) **8. N.**

MORLON (Antoine), 16, rue de Tournon. M. H. 1883, méd. 3e cl. 1885, méd. 2e cl. 1887, méd. br. 1900. H. C. **A. F.**

MORLOT (Alexis-Alphonse), ✳, 18, rue de Chabrol. M. H. 1880, méd. 3e cl. 1885, M. H. 1889, méd. br. 1889. H. C. **A. F.**

MOROT (Aimé), C ✳, *M de l'Institut, M. du Comité A. F.*, 11, rue Wéber. Prix de Rome 1873, méd. 3e cl 1876, méd. 2e cl. 1877, méd. 1re cl. 1879, méd. d'hon 1880, G. P. 1889, G. P. 1900. H. C. **A. F.**

MOROT (Ernest-V), 11, rue Cyrano-de-Bergerac. **A. F.**

MORRICE (J.-W.), 45, quai des Grands-Augustins. **8 AU.**

MORRISON (Kenneth), 27, rue Delambre.

MORRISON (Mlle Louise), 15, rue Boissonade.

MORS (Mlle M.), 14, boul. Emile-Augier.

MORSTADT (Mlle A.), 4, rue Cochin. M. H. 1905, méd. 3e cl. 1906, méd. 2e cl. 1909. H. C.

MORTAGNE (Jacques), 52, av. de la République.

MORTIMER-GRONOW, 39, rue de Washington.

MOSLER-LEMOINE (Mme Alice), 211, boul. Saint-Germain. **A. F.**

MOTELEY (Jules-Georges), 22, rue Tourlaque. M. H. 1892, méd. 3e cl. 1894, M. H. 1900. Prix de Raigecourt-Goyon 1901, méd. 2e cl. 1902. H. C. **A. F.**

MOTINSKY (Abram.), 3, rue Nicolas-Charlet.

MOTTE (Henri), ✳, 27, Grande-Rue, à Bourg-la-Reine (Seine). Méd. 3e cl. 1880, méd. br. 1889, méd. arg. 1900. H. C. **A F.**

MOUCHON (Georges), 6, rue Schœlcher.

MOUCHOT (Georges-Philippe), 50, rue Saint-Didier.

MOUCLIER (Marc), 33, rue des Aubépines, à Bois-Colombes (Seine). **A. F.**

MOUILLARD (Lucien), 71, rue de l'Assomption. **A. F.**

MOUJON-GAUVIN (Mme E.), 4, Faub.-du-Temple. **A. F.**

MOULIGNON (Mme J.), 26 *bis*, av. Thiers, à Ville-d'Avray (Seine-et-Oise). **A. F.**

MOULIN (Charles-Lucien), 9, rue Falguière. M. H. 1895, Prix de Rome 1896, méd. 2e cl. 1900. H. C.

MOULLÉ (Albert), 21, rue de Constantinople. **A. F., S N**

MOURANI (Philippe), O. A. ✪, *peintre orientaliste*, 114, rue de Vaugirard, et à Beyrouth (Syrie).

MOUREN (Henri), O. A ✪, 83, rue Blomet M. H. 1895, méd. 3e cl 1899. M. H. 1900. **A F.**

MOUSSET (Louis), 9, rue Lobineau. **A F.**

MOUSSY (Mlle Léonie), O. A. ✪, 4, rue Alphonse-Daudet. **A F**

MOUTARD (Ernest), 34, boul. Exelmans.

MOUTET (Paul), 14, pass. Gourdon.

MOUTET-CHOLÉ (Mme Céleste), O. A ✪, 14, pass. Gourdon. **A F.**

MOUTHIER (Hippolyte), 10, rue Corvisart.

MOUTON (Georges), 18, av. des Sycomores, villa Montmorency.

MUENIER (Jules-Alexis), ✻, 14, rue Théodule-Ribot. Méd. 3e cl. 1887, B. de V. 1887, méd. or 1900. H C **A. F., S N.**

MULLER (Mlle Berthe), 89, rue de Vaugirard.

MULLER (Edgard), O. A. ✪, 4, rue Lallier. M. H. 1903, méd. 3e cl 1904. **A. F**

MULLER (Louis-Jean), ✻, 15, rue de l'Estrapade. **A. F**

MULLER (M.-T.), 62, rue Legendre.

MUNCH (Louis), 50, av. Carnot, à Neuilly-Plaisance (Seine-et-Oise). **A F.**

MUNIER (Emile), 112, rue Caulaincourt M. H. 1882.

MUNIER (Mme Sargines), 16, rue de Vaugirard. **A. F.**

MUNRO (Mme), 220, boul. Raspail

MUNRO (Mlle Norma), 19, rue de Presbourg.

MURAT (Mme), 35, boul des Invalides.

MURATON (Alphonse), 17, rue Duperré. Méd. 1868. **A F.**

MURATON (Louis), O. I. ✪, villa des Arts. M H. 1889. **A. F.**

MURATON (Mme Euphémie), 17, rue Duperré. Méd. 3e cl. 1880, méd br 1889. H. C. **A F**

MUSELIER (Amédée), 17, rue Raffet. **A. F.**

MUSSA, 22, rue Raynouard.

MUSSO (Antonin), 7, rue Mayet.

MUTERMILCH (Mme Mela), 130, boul. du Montparnasse. **S. N.**

MYCHO, 50, boul. de Clichy. **S. N.**

N

NAMUR (Paul-Franz), O. A. ✪, ✠, 68, rue Spontini. Tél. 658 69

NANTEUILLE (François), 82, rue Claude-Bernard.

NARBONNE (Eugène), 14, rue Borromée.

NARDAC, 77, rue Pigalle.

NARDI (François), 68, av. de Saint-Ouen. Méd. 3e cl. 1890.

NAST, 9, rue Falguière.

NATHAN (Fernand), 14, rue de l'Abbaye.

NATTER (Paul), 31 *bis*, rue Orfila. **A. F.**

NAUTRÉ (Mme Andrée), 15, rue de Verneuil. **A. F.**

NAVELLIER (Edouard), 8, rue de la Barouillère.

NAVELOT (Mme Alice), 4, pl Hoche, à Versailles (Seine-et-Oise). **A. F.**

NEL-DUMOUCHEL (Jules), O. I. ✪, 67, rue de l'Assomption. **A F.**

NEMOZ (Daniel), O. A. ✪, 139, boul. Saint-Michel. et à Adance-sur-Rhône (Ardèche)

NÉRAT (F.), 7, rue du Cirque.

NÉRÉE-GAUTIER (Mlle Jane), 163, av. Victor-Hugo.

NETTEMENT (Alfred), 7, rue de Bagneux.

NEUMONT (Maurice), 29, rue Gabrielle. **A. F.**

NEUVILLE (Mme Berthe de), 16, rue François-Ier. **A. F.**

NEYMACK (Gustave), 32, rue Notre-Dame-des-Victoires. M. H. 1890, 1900 **A. F.**

NICOLET (Gabriel), ✻, 52, rue de Courcelles. Méd. br. 1889, méd. 3e cl. 1895, méd. arg. 1900. H. C.

NIKANOR (Jean), O. A ✪, 163, av. Victor-Hugo. **A. F.**

NIOX (Th.), 109, boul. Beaumarchais.

NIVARD (André), 14, rue Choron.

NIVOULIÈS (Mlle Marie), 11, rue de Sèvres.

NOAILLES (Mme la Duchesse Yolande de), 26, rue Emile-Menier

NOCQ (Mme), O. A ✪, 29, quai Bourbon.

NOE (Georges de la), 7, rue de Bagneux.

NOEL (Basile), 7, rue Daguerre. **A F.**

NOIR (Ernest), 9, rue Froidevaux. M. H. 1903.

NOIRCLER (Ernest-François), 29, rue du Faub.-du-Temple.

NOIROT (Emile), ✻, 83, boul du Montparnasse. M. H. 1889, méd. 3e cl. 1891, méd. 2e cl. 1893, méd. br. 1900. H. C. **A. F.**

NOLLIEM (Alex.), O. A. ✪, 6, rue Hippolyte-Lebas. **A. F.**

NONCLERCQ (Élie), 73, boul du Montparnasse. Méd. 2e cl. 1881. H. C. **A F.**

NORCROSS (Mlle Eleanor), 29, av. Victor-Hugo.

NORDELL (Carl), 18, rue Boissonade

NORIAC (Mlle Blanche), 5 *bis*, rue Jadin. **A. F.**

NORMAND (Georges), 91, rue La Fayette.

NORSELIUS (Eric-Pierre), 15, rue Bourgeois. **S. N**

NOUHAN (Charles), 272, Faub.-Saint-Honoré.

NOURIGAT (Emile), 15, rue Payenne.

NOURSE (Mlle Elisabeth), 80, rue d'Assas **S N.**

NOURY, 102, rue de Charonne.

NOYOD, 39, rue Lamarck.

NOYON (Mlle Marcelle), 28, boul. Papin, à Villemomble (Seine).

NOZAL (Alexandre), ✳, 7, quai de Passy. Méd. 3ᵉ cl. 1882, méd. 2ᵉ cl. 1883, méd. br. 1889, méd. arg. 1900. H. C. A. F.

NUEL (Edouard), O. I. ◊, 51, boul. Saint-Jacques. A. F.

NUMA-GILLET, 10, rue Frochot.

NYERS-ROYERE (Mme Marguerite), 12, rue de Washington. A. F.

O

OBLED, 34, rue Saint-Lazare.

OCHOA (Rafaël de), 41, rue Bayen Méd. br. 1889.

ODERO (Mme Lucy), 96, av. des Ternes.

ODIN (Mlle Blanche), 21, rue du Vieux-Colombier. M. H. 1904, méd. 3ᵉ cl 1908. A. F.

O'GALOP, 33 *bis*, rue Lamarck.

OGER (Ferdinand), 2, pass. de Dantzig. A. F.

OHLSEN (Franz-Jonas), 7, rue Belloni.

OLIVE (J.-B.), ✳, *M. du Comité A. F.*, 7, rue Alfred-Stevens. M. H. 1882, méd. 3ᵉ cl. 1885, méd. 2ᵉ cl. 1886, méd arg 1889, 1900 H. C A. F.

OLIVIÉ-BON (Léon), 30, av. de la Grande-Armée. M. H. 1892. A. F.

OLIVIER (Camille), 12, rue Denis-Poisson.

OLIVIER (Emile), 8, rue de la Glacière. A. F.

OLIVIER (Ferdinand), 6, square Delambre. S. N.

OLIVIER (Mme Georges), 51, rue Boissière. A F

OLIVIER (Mme Th), O. I. ◊, 8, rue de la Glacière. A. F.

OLTRAMARE (Mlle Eugénie), O. A. ◊, 6, rue Ruhmkorff A. F.

ONFROY DE BRÉVILLE (Job), ✳, 18, villa Guibert. H C.

OPPENHEIM-GUIMARD (Mme Adeline), 194, boul. Malesherbes. A. F.

ORANGE (Mlle Germaine), 151 *bis*, rue de Grenelle.

ORANGE (Maurice), O. I ◊, 151 *bis*, rue de Grenelle. Méd. 3ᵉ cl. 1891, B. de V. 1891, méd. 2ᵉ cl. 1893, Prix de Paris 1893, méd. br. 1900 H. C. A F.

ORAZI, 12, rue de Bagneux. S. N.

ORGAZ (Pascal), 233, rue Championnet.

ORGEVAL (Mme Claire d'), 9, rond-point des Champs-Elysées. A. F.

ORTIOU (Paul), O. I. ◊, 1, rue Truffaut. A F.

ORY, 226, rue Lecourbe.

OSBERT (Alphonse), 7, rue Alain-Chartier. S. N.

OSKO (Louis), *portraitiste*, 49 *bis*, rue Custine. M. H. 1900, méd. or Milan 1906. (Voir aussi *Miniaturistes*)

OSTERLIND (Allan), ✳, O A ◊, *peintre graveur*, 3, av du Château, à Neuilly-sur-Seine (Seine). S N (V. *Graveurs*)

OSTERLIND (Anders), *même adresse.*

OSTERMANN, 18, rue Brunel S. N.

OTÉMAR (Edouard d'), O. I. ◊, 9, rue Bochard-de-Saron. Méd. 3ᵉ cl. 1889, M. H. 1889 A F.

OTÉMAR (Jacques d'), 9, rue Bochard-de-Saron.

OTTIN (Léon), 29, boul. Pereire. A. F.

OTTMANN (Henry), 20, r. Gambetta, à Meudon (Seine-et-Oise). S AU

OTTOZ (Emile), 7 *bis*, rue Duperré.

O'ZENFANT (Amédée), 9, rue Campagne-Première.

OZNOBICHINE (d'), 31 et 33, boul. des Invalides.

P

PAGES (Jules), 42, rue Fontaine-Saint-Georges. M. H. 1895, méd. 3ᵉ cl. 1889, méd. 2ᵉ cl. 1905. H. C.

PAGÈS (Mlle), 21, rue du Vieux-Colombier.

PAIL (Edouard), O. A. ◊, 25, rue Saulnier. M. H. 1887, méd. 3ᵉ cl. 1893. A. F.

PAILLARD (Henri), 13, av. Frochot. A. F., S. N.

PAILLET (Fernand), 6, boul. de Clichy. M. H 1891. A. F , S N.

PAJAK (Mme Aniéla), 6, pl. du Maine.

PAJOT (Mlle Jeanne), 259, boul. Pereire. A. F.

PALMER (Alfred), 111, rue Notre-Dame-des-Champs. M. H. 1903.

PALTZ (Pierre), 30, rue des Envierges.

PANNEMAKER (Stéphane), ✳, *prof. à l'Ecole des Beaux-Arts*, 20, pl des Vosges. Méd br. 1900. A. F, S. N. (V. *Graveurs*.)

PAPE (Jean), 64, av. Schneider, à Clamart. Méd. 3ᵉ cl. 1895, Prix de Raigecourt-Goyon 1903. A. F.

PAPILLON (Henri), 136, boul. Exelmans. A F

PAQUIN (Jean), O. A. ◊, 47, rue Boursault. A. F.

PARABÈRE, 37, rue des Rigoles. S N.

PARDINEL (Charles), 5, rue Bonaparte. A. F.

PAREDES (Marcel de), 8, rue du Chemin-de-Fer, à Arcueil (Seine). Adr. tél. Paredes-Arcueil M. H. 1908.

PAREDES (Vicente), 8, rue du Chemin-de-Fer, à Arcueil. M H. 1900

PARENT (Léon), 9, rue des Apennins.

PARENTY (Albert-Henri), 3, rue d'Edimbourg

PARERA (F.), 33, rue du Champ-de-Mars.

PARFONRY (Paul), 59, rue Jouffroy. A. F.

PARGON (Wilfrid), 12, rue de Sucy, à Chennevières-sur-Marne (Seine-et-Oise). A. F.

PARINI (Mlle Ermen), 23, boul. Gouvion-Saint-Cyr.

PARIS (Mlle J.), 77, rue Pigalle. A. F.

PARIS-BECK (Mme Frédérique), 125, rue de Reuilly A F.

PARISSOT (Albert-Georges), 29, av. de Messine. A. F.

PARISY (E), 41, rue Pasquier.

PARKER, 7, pass. Stanislas.

PARMENTER (Mlle Mabel), 312, rue Saint-Jacques.

PARREIRAS, 1, rue Le Goff.

PARTON (Mme Hulda), 4, rue de Chevreuse.

PARTURIER (Louis-Eugène), 276, boul. Raspail. M. H. 1908. **A. F.**

PASCAL (Paul), 22, rue Tourlaque. M. H. 1903, méd. 3ᵉ cl. 1904. **A. F.**

PASQUIER (Mme Isabelle), 24, rue Lehot, à Asnières (Seine). **A F**

PASQUIER (Joseph), 8, av. du Parc, au Grand-Montrouge. **A. F.**

PASTEUR (Mme Marthe), 65, rue d'Anjou. Tél. 212.33.

PATERNE-BERRICHON, 18, av. de la Frillière.

PATISSOU (Jacques), 5, rue Monsieur. Méd. 3ᵉ cl. 1905, Prix Maguelone-Lefebvre-Glaize 1905.

PATRICOT (Jean), O. ✻, 171, av. de Neuilly, à Neuilly-sur-Seine (Seine) H. C. **A. F.**

PATTEE (Elmer-Ellsworth), 125, boul. du Montparnasse. Tél. 831.33

PAUL-BAUDRY (Mme Cécile), 19, av. de Tourville. **A. F.**

PAUVERT (Henri-Martin), O. A. ◍, 109, rue du Cherche-Midi. **A F.**

PAVEO (Georges), 46, rue Notre-Dame-de-Lorette **A. F.**

PAVIL (Elie), 22, rue de la Tour-d'Auvergne.

PAVIOT (Louis), 63, rue Caulaincourt.

PAYER (Octave), *artiste-peintre, graveur*, 48, rue Fabert. Méd. 3ᵉ cl. 1887, méd. or 1889. H. C.

PAYMAL-AMOUROUX (Mme B.), O. A. ◍, 2, rue Scheffer. M. H. 1898

PAYRET-DORTAIL, 4, rue Aumont-Thiéville. **A. F.**

PAZ (Mlle Alice), 96, Faub.-Poissonnière. **A. F.**

PEARCE (Charles), ✻, 42, rue Fontaine-Saint-Georges. M. H. 1881, méd. 3ᵉ cl. 1883. H. C.

PECK (Pierre), 1, rue de Courcelles.

PECTOR (Robert), 157, Faub.-Saint-Honoré. **A. F.**

PEGOT-OGIER (Jean), 72, Grande-Rue, à Montrouge (Seine). **A. F**

PEISE (Lucien), 24, rue de Rivoli. **A. F.**

PEIXOTTO (E.-C.), 41, rue Bayen. M. H. 1895.

PELCZYNSKI (Ceslas), 95, rue de Vaugirard.

PELECIER (Charles), 44, rue Vandamme. **S. N.**

PELÉE DE SAINT MAURICE (Marie), ✻, 20, rue de Longchamp. **A. F.**

PELEZ (Fernand), O. ✻, *M du Comité A. F.*, 62, boul. de Clichy Méd 3ᵉ cl. 1876, méd. 2ᵉ cl. 1879, méd. 1ʳᵉ cl 1880, méd. arg. 1889 H. C. **A. F.**

PÉLISSIER (J.), O. I. ◍, 10, rue Mayet. **A. F.**

PELLERIER (Maurice-Désiré), 10, rue de la Sablière. **A. F.**

PELLETAN-GODEFROY (Mme Eugénie), 81, rue des Vignes, à Arcueil-Cachan (Seine). **A. F.**

PELLETIER (Mlle L.-Juliette), 30, boul. du Temple. **A. F.**

PELLETIER (Pierre), 35, boul. Rochechouart. M H. 1907. **A. F.**

PELLISSIER (Mlle Amélie), 42, boul. Raspail. **A. F.**

PELOSI, 16, boul. Edgar-Quinet.

PELPRAT, 5, rue Victor-Massé.

PELTIER, 81, rue Lepic.

PENOT (Albert), O. A ◍, 7, rue du Dôme. M. H. 1903, méd. 3ᵉ cl. 1908. **A. F.**

PÉNOT (Eugène), 228, rue de l'Université.

PÉNOYÉE (Albert), 18, rue Duphot.

PEQUIN (Charles), 15, rue Boissonade. M. H. 1906.

PÉRAUX (Lionel), O. A. ◍, 13, av. Bugeaud.

PERBOYRE (Paul-Emile-Léon), 57, rue Letort. M. H. 1908. **A. F.**

PERDRIELLE (Charles-Maurice), 30, rue Vieille-du-Temple. **A F.**

PÉRELMANN (Joseph), 9, rue Falguière.

PÉREZ-CISNEROS (Francisco), 32 *bis*, rue Victor-Massé.

PÉRIAC (Roger), 3, rue Chaptal. **A. F.**

PERIER, 83, boul. Richard-Lenoir.

PERINET (Louis), *Trésorier de la Société des Artistes Indépendants*, 7, rue de Citeaux.

PERRAULT (Henry), 72, boul. Flandrin. Méd. 3ᵉ cl. 1896, méd. 2ᵉ cl. 1889, méd. br. 1900. H. C. **A. F.**

PERRAULT (Léon), 43, boul. Lannes. **A. F.**

PERRÉE (Mme Albert), 11 *bis*, rue Portalis. **A. F.**

PERRET (Aimé), ✻, 77, rue d'Amsterdam. Méd. 3ᵉ cl. 1877, méd. 2ᵉ cl. 1888, méd. br. 1889. H. C. **S. N.**

PERREY (J.), O. I. ◍, 21, av. de Saxe. **A. F.**

PERRICHON (Francisque), 9, rue Saint-Martin.

PERRICHON (Jules), 40, rue Dutot. **S. N.**

PERRICHON (Mlle Marie), 9, rue Saint-Martin.

PERRIER (Mlle Marie), O. A. ◍, 32, rue Cardinet. M. H. 1899, P. Marie Bashkirtseff 1899. M. H. 1900. **A. F.**

PERRIN (Gabriel), 50, boul. Saint-Germain. **A. F.**

PERRIN (Mlle Léonie), 161, rue de Rome **A. F.**

PERRIN-MAXENCE, 3, rue Boissonade.

PERROT (Jean-Baptiste), 23, rue Damesme **A. F.**

PERRY (Mme), 41, av. de la Bourdonnais.

PERSON (Henri), 48, boul. des Batignolles. **A. F.**

PERTUÉ (Mlle Marie), 416, rue Saint-Honoré. **A F.**

PESCHCKE-KOEDT (Mathias), 35, rue de la Tombe-Issoire.

PESKÉ, 39, boul. Saint-Jacques.

PESNELLE (Albert), 17, boul. Berthier. **A. F.**

PETIT (Mlle Andhrée), 59, rue Nollet. **A F.**

PETIT (Louis), 77, rue du Bac. M. H. 1900. **A. F.**

PETITEAU (Mlle Berthe), 58, rue de Rome. **A. F.**

PETITEAU (Mlle dite Madge), 58, rue de Rome. **A F.**

PETIT-GÉRARD (Pierre), 60, boul de Clichy. M. H. 1892, méd. 3ᵉ cl. 1897, méd arg. 1900. **A. F.**

PETITJEAN (Edmond), ✻, *M. du Jury et du Comité A. F.*, 48, boul. des Batignolles. M. H. 1881, méd. 3ᵉ cl. 1884, méd. 2ᵉ cl. 1885, méd. arg. 1889, méd. or 1900. H C. **A. F.**

PETITJEAN (Hippolyte), O. I. ◍, 5, villa du Parc-Montsouris, 26, rue Nansouty.

PETITPAS (Mlle Eugénie), O. A. ☾, 10, rue Ch.-d'Ivry. **A. F.**

PETRUS-BLANC (Mlle J.), 6, rue Mézières. **A. F.**

PETRUS-MARTIN (J.), 7, rue Thibouméry, et à Saint-Maur (Seine), 38, rue Bourdignon.

PETUA (Mlle Jeanne), 11, quai Saint-Michel.

PEYNOT (Mme Amélie), O. A. ☾, 35, rue de la Tombe-Issoire. **A. F.**

PEYRE (Fernand), 132, rue de Charenton. **A. F.**

PEYRARD (Charles), 10, rue Frochot.

PEYRET (Marie), 18, imp. du Maine.

PEYRONNET (Léonard), 6, rue Cortot.

PEYTEL (Mme Adrienne), O. A. ☾, 33, rue des Dames. M. H 1904. **A. F.**

PEZANT (Aymar), 56, rue Nollet. M. H. 1883, méd. 3e cl. 1888, M. H. 1889, méd. 2e cl. 1890, méd. br. 1900. H. C. **A F**

PHILIPPAR-QUINET (Mme Jeanne), villa des Arts. M. H. 1898, méd. 3e cl. 1905. **A. F.**

PHILIPPON (Mme), 14, rue Lacuée. **A. F.**

PICABIA (Francis), 55, rue de Lille. **A. F.**

PICARD (Louis), ✳, 14, av. Frochot. M. H. 1887, méd. arg. 1900.

PICARD (Georges), ✳, 14, rue Hégésippe-Moreau. **S. N**

PICHOT (Emile), 11, rue de Jouy, à Chaville (Seine-et-Oise). **A. F.**

PICHOT (Mlle Marie-Louise), 37, quai de la Tournelle.

PICHOT (Ramon), 142, av. de Versailles.

PICQUEFEU, 23, boul. Gouvion-Saint-Cyr. **S. N.**

PIEBOURG, 7, rue de Bagneux.

PIERRE (René-Gustave), 11 *bis*, quai de la Marine, à l'Ile-Saint-Denis. Méd. 3e cl. 1900, méd. 2e cl. 1908 H. C.

PIERREY (Maurice), 30, rue Copernic. M. H. 1890, méd. 3e cl. 1896 **A. F.**

PIERRON (Mlle Blanche), O. A. ☾, 32, rue Washington. Méd Dijon.

PIERSON (Albert), 10, rue Marguerin. **A. F.**

PIET (Fernand), O. I. ☾, 38, rue Rochechouart. **S. N.**

PIGEARD (Georges), 3, pl. Constantin-Pecqueur. M. H. 1900.

PIJNENBURG (Reinier), 23, rue Oudinot.

PILATRIE (Louis), 25, boul. du Montparnasse.

PILICHOWSKI (Léopold), 123, boul. Saint-Michel. Méd. à Livpol (Galicie), méd Paris 1900, Settle, 1909.

PILLE (Marcel), 9, rue Falguière. M. H. 1895. **A. F.**

PILLOT (André), 5, rue Vignon. **A. F.**

PINARD-VITEAU (Mme Isabelle), 9, rue Brémontier. M H. 1889. **A. F.**

PINCHON (Joseph), 6, rue Aumont-Thiéville. **S. N.**

PINEL-MAISONNEUVE (Georges), 50, av. Henri-Martin. **A. F.**

PINGUET (Victor), 15, rue Rodier.

PINET (Charles), O. A. ☾, *Secrétaire de la Soc. des grav. originaux*, 126, rue d'Alésia. Méd. 3e cl. 1908, méd. 2e cl. 1900. (V. *Graveurs*).

PINOT (Mlle Jane), O. A. ☾, 89, rue de Vaugirard. M. H. 1900. **A F.**

PINTA (Gabriel), 51, rue Monge.

PINTA (Henri), ✳, 23, rue Bertrand. P. de Rome 1884, M. H. 1890, méd. 3e cl. 1893, méd. 2e cl. 1900, M. H. 1900. H. C. **A. F.**

PINTO (Alberto), 65, rue Lepic. Méd. br. 1900, M. H. 1902, méd. 3e cl. 1904.

PIOT (Étienne), 21, quai Malaquais. **A. F.**

PIPART, 103, rue de Ménilmontant.

PIRODON (Louis), 50, rue de la Tour-d'Auvergne. **A. F.**

PIROLA (René), 6, boul. de Clichy.

PISSARO, 14, rue Girardon.

PITIOT (Mlle Flore), 83, rue du 22-Septembre, à Courbevoie (Seine).

PIVAND (Henri), 40, rue du Château-d'Eau.

PIZZELLA (Edmond), 22 *bis*, rue Laugier. M. H. 1907.

PLACE-CANTON (Paul), *peintre du dép. de la Marine*, 57, rue de Dunkerque. M. H. 1894, P. Raigecourt-Goyon 1896, méd. 3e cl. 1899, méd. br. 1900. **A. F.**

PLANELLS, 7, rue André-Gill. **S. N.**

PLANQUETTE (Félix), 33, rue Lamarck. M. H. 1900, méd. 3e cl. 1902, B. de V. 1905, méd. 2e cl. 1905. H. C. **A. F.**

PLANTEY (Robert), 9, rue Alain-Chartier. Méd. 3e cl. 1908.

PLASSE (Georges), 15, rue Hégésippe-Moreau **A. F.** (V. *Graveurs*.)

PLAUZEAU (Alfred), 19 *bis*, boul. de Port-Royal. Méd. 3e cl. 1905. **A. F.**

PLAZA-FERRAND (Marcial), 14, rue Hégésippe-Moreau. M. H. 1905.

PLICHO (Léna), 123, boul. Saint-Michel.

PLISSON (Georges-Edmond), 29, rue Descombes. M. H. 1910. **A. F.**

PLOEUC (Mlle de), 34, rue Chalgrin,

PLONQUET, 7, rue Belloni.

PLUMENT DE BAILHAC (Paul de), O. I. ☾, *Président du Salon de l'École française*. 24 *bis*, rue Bois-le-Vent. **A. F.**

PLUMET (Jean), 34, rue des Apennins.

POCCARD DE SAINTILAN (Mme Blanche), 17, rue Saint-Sébastien. **A. F.**

POGANY (Mlle Margit.), 34, rue Delambre.

POILLEUX SAINT-ANGE (Louis), O I. ☾, 23, rue Dufrénoy. M. H. 1889. **A. F.**

POILPOT (Théophile), O ✳, 11, rue Dufrénoy. M. H. 1878 H. C. **A F.**

POINT (Armand), 56, rue N.-D.-des-Champs. M. H. 1889, méd. br. 1889, B. de V. 1893. **S. N.**

POINTELIN (Auguste-E.), O. ✳, 21, rue Mayet. Méd. 3e cl. 1878, méd. 2e cl. 1881, méd. br. 1889, 1900. H. C. **A. F.**

POIRSON (Ernest), 27, rue Circulaire, à Villemomble (Seine). **A F.**

POITEVIN (Mlle Éléonore), 27, rue de Londres. **A. F.**

POITEVIN (Pierre), 8, rue Sedaine.

POITTEVIN (L.-André), 41, rue Saint-Pétersbourg. **A. F.**

POLAK (Félix), O. I. ☿, 44, av. de Saxe. M. H. 1909. A. F.

POLAK (Maurice), 29, boul. des Batignolles. A. F.

POLART, 41, boul. Beaumarchais.

POLEX (Rodolphe), 27 *bis*, quai d'Orsay.

POLIGNAC (Mlle Agnès de), 9, rue Copernic.

POLI-MARCHETTI (Mlle Alice), 71, rue Saint-Antoine. A. F.

POLONCEAU (Mlle), 8, rue Coëtlogon.

PONCHIN (Antoine), O. A ☿, 59, rue Caulaincourt. M H. 1904, méd. 3° cl 1906 P. de Raigecourt-Goyon 1906, méd. 2° cl. 1910. A F.

PONCHON (Henri), 21, av. du Maine.

PONSIN (Mme Henriette), 12, av. Foresta, à Montmorency (Seine-et-Oise).A. F.

PONTAVICE (Vicomte Ulric du), 9, rue Mozart. A. F.

POOLE (Abram), 15, rue du Cherche-Midi.

POPELIN (Gustave), 7, rue de Téhéran. M. H. 1880, P. de Rome 1882, méd. br. 1889, méd 2° cl. 1896, méd. br. 1900. H. C. A F.

POPELIN (Mlle), O. I. ☿, 5, rue Meslay. A F.

POPESCO (Stephan), 242, boul. Raspail. S. N

POPINEAU (Louis), 8, rue de la Glacière.

PORION (Ch), ✳, 75, rue Saint-Lazare Méd 3° cl. 1884, H. C

PORTRAIT-DARCY (Gabrielle), 28, rue Henri-Monnier.

POSELER (Paul-Louis), ✳, O. A. ☿, 90, rue du Faub.-Saint-Martin. (V. *Graveurs*.)

POTEMKINE (Sophie), 43, rue Saint-Didier.

POTRON DE LA MARLIÈRE (Mme Rita), 63 *bis*, rue Damrémont. A. F.

POTTIER, 14, rue La Bruyère.

POTTIN (Louis), 49, av. de Ségur.

POULAIN (Edmond), 35, rue Linné.

POUSSARD (Georges), 9, rue François-Ponsard.

POUZARGUES (Lucien-Paul), 64, rue d'Alsace, à Courbevoie (Seine). M. H. 1905. A. F.

POZZI (Michel), 45, rue Poliveau.

PRAT (Louis), 76, Grande-Rue, à Boulogne-sur-Seine. M. H. 1907. A. F.

PRAT (Loys), 151 *bis*, rue de Grenelle. M. H. 1906. P. Maguelonne-Lefebvre Glaize 1906, méd. 3° cl. 1907. A. F.

PRATI (Romualdo), 12, boul. Pereire.

PREGNIARD (Mme Clotilde), 11, rue des Canettes.

PRELL (W.), 2, rue Crétet. Méd. Province et Londres

PREMONVILLE-VIGOGNE (Mme C. de), 180, rue de Grenelle. A. F.

PRESSEQ (Henri-C.), 9, rue des Pins, à Boulogne-sur-Seine (Seine). A. F.

PRÉVOST, 46, rue Spontini. A F.

PRÉVOST, 52 *bis*, rue de Varenne.

PRÉVOST (Alex), 19, route Nationale, à Viroflay (Seine-et-Oise). A. F.

PRÉVOST-ROQUEPLAN (Mme Camille), 22, rue Gay-Lussac. M. H. 1881, méd. br. 1889. A. F.

PRÉVOT (Paul), 18, rue Dulac.

PRÉVOT-VALÉRI (Auguste), O. A. ☿, 8, rue Aumont-Thiéville. M. H. 1887, méd. 3° cl 1895, méd. 2° cl. 1898, méd. br. 1900, P. Rosa Bonheur 1908. H. C. A. F.

PRÉVOT-VALÉRI (André), 6, rue Aumont-Thiéville.

PREYAT (Vve), 21, rue Vaneau.

PREYS (Eugène), 41, boul. de Clichy.

PRILLIEUX (Édouard), 14, rue Cambacérès. A. F.

PRIMO DE RÉAL, 1, av. du Trocadéro.

PRINCE (Georges), 4, rue Tardieu.

PRINET (René-Xavier), ✳, 5, rue du Boccador. M H. 1888, méd. or 1900. S. N.

PRINS (Pierre), 35, rue Rousselet. M. H. 1900. S. N

PRINTEMPS (Léon), 6, rue Furstenberg. M. H. 1900. A. F.

PRIOU (Louis), 31, rue de la Sourdière Méd. 1869, méd. 1re cl. 1874, méd. br. 1900. H. C. A. F.

PROFIT (Georges), O. I. ☿, 19, rue Paul-Lelong. A F.

PRONIER (Alfred), 18, rue Ernest-Renan. A. F.

PROPER (Mlle Ida), 16, rue Boissonade.

PROST (Gaston), 41, rue Saint-Merri. A. F.

PRUNIER (Gaston), 24, rue Dombasle. S. N, S. AU.

PRUNIER (Pierre), 41, rue Bayen. A. F.

PRZEPIORSKI (Lucien), ✳, 9, rue de Seine. Méd. br. 1900. H. C.

PUECH (Ernest), 38, rue de Turin.

PUECH (Mme), 19, av. de Tourville.

PUÉCHEMAGRE, 14, rue des Apennins.

PUJOL (Paul), 3 *bis*, rue de Bagneux. A. F.

PUY (Jean), 128, boul. de Clichy. S. AU.

PUYO, 33, rue de Turin.

PUYVALLÉE (Anatole de), 91, av. de Clichy. A F.

Q

QUÉNARD (Mme Germaine), 15, av. de Tourville.

QUENNOUELLE (Louis), 6, av. du Coq. A. F.

QUESNEL (Robert), 12, rue de Bagneux. M. H. 1910.

QUESNET (Jules), 8, rue Guyot. A. F.

QUIGNOLOT, O. I. ☿, 92, av. des Ternes. A. F.

QUIGNON (Fernand), 93, boul. Richard-Lenoir. Méd. 3° cl. 1888, méd. br. 1889, méd. 2° cl. 1891, méd. arg. 1900. H. C. A. F.

QUILLIVIC (René), 59, av. de Saxe.

QUINET (A.-F.), 22, rue de l'Échiquier.

QUINET (Charles), 64, rue Vieille-du-Temple. A. F.

QUINTART (Mme Angèle), 56, av. de Saint-Cloud, à Versailles (Seine-et-Oise). A. F.

QUINTINIE (Léon-Victor de la), à Galluis (Seine-et-Oise).

QUINTON (Clément), 67, av. du Bois-Guinier, à Saint-Maur (Seine). Méd. 3ᵉ cl. 1890, méd. 2ᵉ cl. 1892. H. C.

QUOST (Ernest), O. ✻, 79, rue de Dunkerque. Méd. 3ᵉ cl. 1880, méd. 2ᵉ cl. 1882, méd. arg. 1889. H. C. A. F.

R

RABIER (Mlle Marthe), 5, rue Daubigny.

RABOUILLE (Mlle Emilie), 1, rue Claude-Bernard. A. F

RABUTEAUX (Mme Isabelle), 32, rue Vineuse. A. F.

RACHMIEL (Jean), 25, rue Humboldt.

RADEVAN (Henri), 41, rue Bayen.

RAFAELLI (J.-F.), O. ✻, 1, rue Chardin. M. H. 1885, méd. or 1889. H. C. S N.

RAGOT (Emile), 22, rue Turgot. M. H. 1900, P. de Raigecourt-Goyon 1907. A. F.

RAIETER (Gaston), 33, rue du Commerce.

RAINCOURT (Mme Paul), 16, rue. Gutenberg, à Boulogne-sur-Seine. A F.

RAMART (Maurice), 8, av. du Maine. A. F.

RAMBAUD (Antonin), 23, rue d'Antin. M. H. 1892, méd. 3ᵉ cl. 1897, méd. br. 1900. A. F.

RAMBERT (Charles), 88, rue Bonaparte.

RAMEAU (Claude), 68, rue de l'Ouest.

RAISSIGUIER (E), 2, rue d'Arcueil (Villa Corot). A. F. (V. *Statuaires*.)

RAMOS MARTINEZ (Alfredo), 7 *ter*, imp. du Maine S. AU.

RAPIN (Henri), 35, rue de la Tombe-Issoire. Méd 3ᵉ cl. 1904.

RASETTI (Georges), 6, rue Choron. M. H 1879.

RAVAUT (René), 11 *bis*, rue Daubigny. Méd. 3ᵉ cl. 1880, méd. br. 1889. H. C. A. F.

RAVIER (Mlle Jeanne), 63, boul. Saint-Michel. A. F.

RAY, 16, rue de Vienne.

RAYNARD, O. A. ◊, 98, rue Chardon-Lagache. A. F.

RAYNOLT (Antoine), 14, rue Boissonade. M H. 1897 méd 3ᵉ cl. 1902 A. F.

RÉAL (Daniel), O.I. ◊, 12, rue du Moulin-de-Beurre.

RÉAL DEL SARTE (Mme Marie-Magdeleine), O. A. ◊, 88, boul. de Courcelles. M. H. 1889, méd. br. 1900. A. F.

RÉALIER-DUMAS (Maurice), ✻, 1, rue d'Eprémesnil, Chatou (Seine-et-Oise). M. H. 1886 1889, méd. 3ᵉ cl. 1896, méd. br 1900. A. F.

REBMEISTER, 119, boul. Saint-Michel.

REBOUL (Mlle Berthe), 68, rue d'Assas.

REBOUSSIN (Roger), 9, rue Bochard-de-Saron. M. H. 1907.

REBUT (André) 41, rue Saint-Georges). A F.

RÉCAPPÉ-ALQUIER (Mme), 5, rue Gœthe.

RÉCIPON, 37, rue Mouton-Duvernet.

REDON (G.), 63, rue Nollet.

REDON (Odilon), ✻, 129, av. de Wagram. S AU.

REFLET, 26, av. de Breteuil.

REGAMEY (Frédéric), 35, av. de Wagram. M. H. 1892. A. F. S. N.

REGANHAC (Henri de), 6 *bis*, boul. Pereire.

RÉGEREAU (Paul-Henri), 9, quai d'Anjou. M. H. 1907 Méd 3ᵉ cl. 1909. A. F.

REGNIAULT (Georges), 82, av. Parmentier.

RÉGNIER (A.-Ludovic), 45, rue de Sèvres, à Clamart (Seine). A. F.

REHFELD (Paul), 10, pl. d'Anvers.

REIMANNS (Richard), 65, boul. Arago.

REITRAC (François), 13, rue Vignon.

RÉMOND (Jean), O.I ◊, 95, rue de Vaugirard. Méd. 3ᵉ cl 1903, méd. 2ᵉ cl. 1906. H. C. A. F.

RENARD (Mme Camille), 63, rue du Faub.-Poissonnière. A F.

RENARD (Emile), ✻, M. du Comité et Secrétaire A. F, 23, pl des Vosges. Méd. 3ᵉ cl. 1876, méd. 2ᵉ cl. 1889, méd. arg. 1889. M. du J. 1900. H. C. A. F.

RENARD (Mme Flavie), 14, rue Brancas, à Sèvres (Seine-et-Oise). A. F.

RENARD-BRAULT (Henry-C.), 4, rue des Charbonniers, à Sèvres (Seine-et-Oise). M. H. 1893. A. F.

RENAUDIN (Alfred), 59, rue Caulaincourt. M. H. 1896, méd. 3ᵉ cl. 1899, méd. 2ᵉ cl. 1908. H. C. A. F.

RENAUDOT (Henry), 239, boul. Pereire, Tél. 532-13; et 51, rue Pasteur, à Nancy.

RENAUDOT (Paul), 1, rue Cassini.

RENAULT (Gaston), 30, rue Richaud, à Versailles (Seine-et-Oise). M. H. 1881. A. F.

RENAUT (Mlle Lucie), 47, rue Copernic.

RENDERS (Maurice), 19, rue Francœur.

RENEFER (Raymond), 119, rue de la Tour.

RENIÉ (Jean), O. A. ◊, 47, rue Nicolo. M. H. 1881 A. F.

RENOIR (Auguste), ✻, 43, rue Caulaincourt. S. AU.

RENOUARD (Paul), ✻, 46, rue de l'Arbre-Sec. M H. 1883, méd 3ᵉ cl. 1889, méd. or 1889, 1900. H. C. S N.

RENOUX, 50, rue Saint-Didier.

RÉOL (Mlle Marie), 33, rue Bayen. A. F.

REUILLY (Mlle Yedda), 145, rue de Rome.

RÉVILLON (Louis-Henri), 69, rue de Turenne A F.

RÉVILLON (Mme Marie), Migneaux, par Poissy (Seine-et-Oise). A. F.

REY (Mme Rita), 30, rue Pascal, à Nanterre (Seine). A. F.

REY-BERLING (Mme Estelle-André), 21, quai aux Fleurs. A. F.

REYEN (Alphonse), 17, boul. Solférino, à Rueil (Seine-et-Oise) A. F.

REYMOND (Carlos), 5, av. Bosquet.

REYMOND DE BROUTELLES, 11, rue Malebranche.

REYNIER (R.-F.-Gustave), 21, av. du Trocadéro. A. F.

RIBEAUCOURT (Jules), 5, rue Nobel. A. F.

RIBEMONT-DESSAIGNES (Georges), 141, rue Perronet, à Neuilly-sur-Seine (Seine).

RIBERA (Pierre), ✺, 77, rue d'Amsterdam. Méd. 3ᵉ cl. 1907.

RIBOULEAU (Louis), 107, rue d'Alésia.

RICART (Jean), 55, rue Blomet.

RICARD (René-Frédéric), 22, rue de Tocqueville.

RICARDO (Florès), 25, boul. du Montparnasse

RICHARD (Charles), O. I. ◗, ✦, 7, rue Vésale. (V. *Graveurs*.)

RICHARD (Edmond), 21, Grande-Rue, à Neauphle-le-Château (Seine-et-Oise). **A. F.**

RICHARD (Gustave), 27, rue du Rhin.

RICHARD, 12, villa d'Eylau.

RICHARD-CHAPONET (Mme Marie-Eugénie), 56, rue d'Auteuil. **A. F.** (V. *Aquarellistes, pastellistes*.)

RICHARD-PUTZ (Michel), Villa des Arts. M. H. 1906. **A. F.**

RICHEMONT (Alf. de), ✺, *M. du Comité A. F*, 55, av. de Villiers. M. H. 1884, méd 3ᵉ cl. 1886, méd. br. 1889, méd. 1ʳᵉ cl. 1890, méd or 1900. H. C. **A. F.**

RICHET (Eug.), 49, boul. Rochechouart.

RICHTER (Edmond), à Montlignon (Seine-et-Oise). M. H. 1881, méd. 3ᵉ cl. 1901, méd. 2ᵉ cl. 1902. H C. **A. F.**

RIDEL (Louis), ✺, 65, boul. Arago. M. H. 1896, méd. 3ᵉ cl. 1898, méd. 2ᵉ cl. 1900. H. C. **A F.**

RIEDER (Marcel), 19, rue du Pot-de-Fer. Méd. 3ᵉ cl 1898, méd. 2ᵉ cl. 1899, méd. br. 1900 H. C. **A. F.**

RIEN (Charles), 7, rue Belloni.

RIERA (Mlle), 12, rue Cortambert.

RIGAUD (Mme Marguerite), 14, av. de la Motte-Picquet. **A. F.**

RIGAUD (Pierre-Gaston), 6, rue Aumont-Thiéville. **A. F.**

RIGOLOT (Albert), ✺, 80, rue de Passy. M H 1889, méd. 3ᵉ cl. 1891, méd. 2ᵉ cl. 1892, méd. arg. 1900. H. C. **A. F.**

RILKE, 77, rue de Varenne.

RIOUX (Henri), 4, faub. du Temple.

RIPA DE ROVEREDO (Mlle), 235, faub. Saint-Honoré. (V. *Graveurs*.)

RIPART, 12, pass. Gourdon.

RITMAN (Louis), 15, rue Delambre.

RIVA-MUNOZ (Mme Maria de la), 233, rue du Faub. Saint-Honoré.

RIVEMALE, 48, boul. Sébastopol.

RIVERA (Diego-Maria), 7, rue de Bagneux.

RIVET (Emile), 24, rue Victor-Massé.

RIVIÈRE (Jules-Maurice), O. A. ◗, 54, rue Damrémont.

RIVIÈRE, 5, rue Emile-Allez.

RIVIÈRE (Charles), O. A. ◗, 24. boul Richard-Lenoir M. H 1900, méd. br 1900, méd. 3ᵉ cl. 1903, méd. 2ᵉ cl 1910 **A. F.**

RIVOIRE (François), ✺, 19 *bis*, rue Fontaine-Saint-Georges. M. H. 1883, méd. 3ᵉ cl. 1886, méd. br. 1889, 1900. H. C. **A. F.**

RIXENS (J.-André), ✺, 5, rue du Boccador. Méd. 3ᵉ cl 1876, méd 2ᵉ cl 1881, méd. o 1889. M. du J. 1900. H. C.

RIXENS (Mlle Paulette), 5, rue du Boccador. **S N.**

RIZO (Jacques), 36, rue de Clichy. M. H. 1897, méd. arg. 1900.

RIZZI (Emile), 17, rue Campagne-Première.

ROBERT, 4, rue Sévero.

ROBERT, 37, rue Pergolèse.

ROBERT (Mme Berthe), O A. ◗. 235 faub. Saint-Honoré **A. F** (Voir aussi *Miniaturistes*)

ROBERT (Charlemagne), 11, rue Pierre-Guérin. **A. F.**

ROBERT (Eugène), 25, rue Clapeyron, **A. F.**

ROBERT (Mlle Henriette), O. A ◗, 227, rue de Vaugirard. **A. F.**

ROBERT (Paul), 64, rue La Rochefoucauld. M. H. 1881, méd. 3ᵉ cl. 1883, méd. br. 1889. H. C. **S. N.**

BOBERT-DELAUNAY, 15, rue des Saints-Pères.

ROBERT-FLEURY (Tony), C ✺, *M. du Comité A. F*, *Prof à l'Ecole des Beaux-Arts, Prés. d'honn. de la S. A F*, 69, rue de Douai. Méd. 1866, 1867 et 1870, méd d'honn. 1870, méd. 1ʳᵉ cl. 1878, méd. or 1889. M du J. 1900. H C. **A. F.**

ROBERT-HOUDIN (Georges), 54, av de Saint-Cloud, à Versailles (Seine-et-Oise). **A. F.**

ROBERTY (André-Félix), 59, rue Caulaincourt. M. H. 1904, méd. 3ᵉ cl. 1906. **A. F.**

ROBICHON (Jacques-Lucien), 25, rue Villiers-de-l'Isle-Adam. **A. F.**

ROBICHON (Jules), O. A. ◗, 15, rue de la Station, à Asnières (Seine).

ROBIDA (A), ✺, 15, route de la Plaine, au Vésinet (Seine-et-Oise).

ROBIN (Louis), 13, villa Brune.

ROBIN (Maurice), 9, rue d'Arcole

ROBIQUET (Pierre), O. A. ◗, 89, rue de Vaugirard. M. H. 1905, méd. 3ᵉ cl. 1906, méd. 2ᵉ cl. 1910 **A F.**

ROBLIN (Mme Marie), 4, rue Treilhard. **A. F.**

ROBOA (Mme Blanche), 20, rue Choron.

ROBY (Gabriel), 8, villa Michel-Ange, rue Bastien-Lepage.

ROCHEGROSSE (Georges), O ✺, *M du Comité A F.*, 33, rue de Longchamp, à Neuilly (Seine). Méd 3ᵉ cl 1882, méd. 2ᵉ cl 1883. Prix du Salon 1883, méd. br. 1889, méd. or 1900, méd. d'honn. 1906. H C **A. F.**

ROCHET, 12, rue Notre-Dame-des-Champs.

RODE (Mlle Eugénie), 7, rue de la Véga. **A. F.**

RODIGUE (Gabriel), 4 *bis*, rue d'Estrées. **A. F.**

RODO (Ludovic), 14, rue Girardon.

ROEDERSTEIN (Mlle O -W.), 108, boul. du Montparnasse. M. H. 1888, méd. arg. 1889, 1900 H C

ROGER (Guillaume), 31, boul. Berthier.

ROGER (Henry), 9, rue de Milan. **A F.**

ROGER (Louis), O A ◗, 73, rue Notre-Dame-des-Champs Méd 3ᵉ cl 1898 Prix de Rome 1899, méd. br 1900, méd 2ᵉ cl. 1903, Prix Rosa Bonheur 1907. H. C. **A. F.**

ROGER-JOURDAIN, ✳, 22, rue Eugène-Flachat. S N.

ROLL (A.), C. ✳, *Prés. de la Soc. Nationale des Beaux-Arts*, 41, rue Alphonse-de-Neuville. Méd. 3ᵉ cl 1875, méd 1ʳᵉ cl. 1877, G. P. 1900 H. C

ROLL (Marcel-Philippe), 15 *bis*, rue Chaptal, à Levallois-Perret (Seine). S. N.

ROLLIN (Japhet), av. Courtin, à Joinville-le-Pont.

ROLLION (Jean-Marie), 9 *bis*, rue des Bruyères, à Asnières (Seine). A. F.

ROMAN-PELLETIER, 30, boul. du Temple.

ROMANET (Ernest), 12, av. du Bel-Air. A. F.

ROMANI (Mlle Juana), 24, rue du Mont-Thabor Méd. arg. 1889. H. C.

RONDEL (Henri), ✳, 64, rue La Rochefoucauld. M. H. 1898, méd. br. 1900 H. C S N.

RONDENAY (Mlle), 3 *bis*, rue des Beaux-Arts. M. H. 1904, méd 3ᵉ cl. 1905, méd. 2ᵉ cl. 1908. B de V. 1910 H C A. F.

RONSSIN-QUÉRIN (Mme Marguerite), 96, boul. Bineau, à Neuilly-sur-Seine (Seine). A. F.

ROOSEVELT, 35, rue d'Eylau.

ROOT (Orville), 16, imp. du Maine.

ROQUE (Jean), 59, av. de Saxe. Méd. 3ᵉ cl. 1908. B. de V. 1910. A. F.

ROSAS, 2, rue d'Arcueil.

ROSE (Mlle Elisabeth), 51, rue d'Assas.

ROSÉ (Manuel), 9, rue de la Grande-Chaumière.

ROSEMAN, 3, rue Vercingétorix.

ROSEN (Jean), ✳, 15, av. Niel. Méd. br. 1889. 1900.

ROSEN (Ernest-T.), 7, rue Lalo Tél. 672 30.

ROSENBERG (J.), O. A ꝗ, 14, rue de Chabrol. A. F.

ROSIER (Amédée), 4, rue Heinrich, à Billancourt (Seine). Méd. 3ᵉ cl. 1876, méd. br. 1889. H. C A F.

ROSSERT (Mme Marguerite), 11, rue de Bagneux. S. N,

ROSSERT (Paul), 11, rue de Bagneux. S. N.

ROSSET-GRANGER (Edouard), ✳, 45, av. de Villiers. B. de V. 1881, méd. 3ᵉ cl. 1884, méd. arg. 1889, 1900. H. C. A. F., S. N.

ROSSI (Lucien), 27, av. Bugeaud.

ROTH (Mme Clémence), 19, av. Gourgaud. M. H. 1881, méd. br. 1889. S. N.

ROTIG (Georges), 9, rue Bochard-de-Saron. M. H. 1898, méd. 3ᵉ cl. 1902, méd. 2ᵉ cl. 1904. H. C. A. F.

ROTON (Gabriel de), ⚜, 23, rue de Bourgogne.

ROTTEMBOURG (Mlle Valérie), 22, rue Legendre. A. F.

ROUART, 235, faub. Saint-Honoré.

ROUAULT (Georges), *Conservateur du Musée Gustave-Moreau*, 14, rue La Rochefoucauld. Tél. 325.52. M. H 1895, méd. br. 1900.

ROUBAUDI, 16, rue des Apennins.

ROUBICHOU (Alphonse), 18, imp. du Maine.

ROUFFET (Jules), 83, rue de la Tombe-Issoire. Méd 3ᵉ cl. 1890, méd. 2ᵉ cl. 1894, méd. arg. 1900. H C. A. F.

ROUFFIRO (Paul), 19, rue Ampère.

ROUGÉ (Robert de), 44, rue du Bac.

ROUGEOT (Pierre), 59, rue de Rivoli.

ROUGIE DE BELLOMBRE (Florian), 76, rue de Grenelle Méd d'H. du Ministère du Commerce et de l'Industrie.

ROULLET (Gaston), ✳, 5, rue Ribéra. H. C. A. F.

ROULLIER (Christian), O. A. ꝗ, 26, rue Théry. A. F.

ROUMÉGUÉRE, 66, av. des Gobelins.

ROUQUET (Auguste), 52, rue Dauphine.

ROUSTAN (Emile), 24, rue Mayet.

ROUSTAN (Lucien), 53, rue Saint-André-des-Arts.

ROUSSEAU (Jean), ✳, 2, rue Aumont-Thiéville. M. H. 1887, méd. br. 1889, méd br. 1900. A. F., S. N.

ROUSSEAU (Mlle Jeanne), 10, rue Daubigny.

ROUSSEAU-DECELLE (René), 235, faub. Saint-Honoré. M. H. 1905, méd. 3ᵉ cl. 1906. A. F.

ROUSSELET (Etienne), 3, rue de Sontay.

ROUSSEL-GÉO (Georges), ✳, 3, boul. Jules-Sandeau. M. H. 1889 B. de V. 1892, méd. 2ᵉ cl. 1898, méd. br. 1900. H. C. A. F.

ROUSSEL-MASURE (Henri), à Écluse-Pontoise (Seine-et-Oise) S AU.

ROUSSELIN (Gustave), à la Celle-Saint-Cloud, route de Versailles. A. F.

ROUSSIN (Alfred-Victor), O. ✳, 11, av. Carnot. A. F.

ROUSSIN (Georges), O. I. ꝗ, ⚜, 235, faub. Saint-Honoré. M H 1889. A. F.

ROUSTAN (Emile), 24, rue Mayet.

ROUSTAN (Lucien), 31, boul. de Port-Royal.

ROUX (Géo), 17, quai Valmy.

ROUX (Paul), O I. ꝗ, 23, rue Clauzel. M. H, 1905, méd 3ᵉ cl. 1909 A. F.

ROUX (Roger), 25, rue Humbold. A. F.

ROUX-RENARD (Marius), 51, boul. Saint-Jacques. M. H. 1898, Prix Marie Bashkirtseff 1898 A. F.

ROY (Fernand), 32, boul. Diderot.

ROY (Joseph), 244, rue de Rivoli. A. F.

ROY (Marius), O I. ꝗ, 4, rue Vercingétorix M. H. 1882, méd. 3ᵉ cl 1883, méd. br 1889, méd. 2ᵉ cl. 1891, méd. br. 1900. H. C. A. F.

ROY (Pierre), 65, boul. Arago.

ROYBET (Ferdinand), O. ✳, 24, rue du Mont-Thabor. Méd. 1866, méd. d'honn. 1893, H. C. A. F.

ROYER (Henri), ✳, 63, boul. Berthier. M. H. 1890, méd. 3ᵉ cl. 1891, méd. 2ᵉ cl. 1894, Prix national 1898, méd. or 1900. H. C. A. F.

ROYER (Lionel), I. ꝗ, 24, rue de Chézy, à Neuilly-sur-Seine (Seine). M. H. 1880, méd. 3ᵉ cl. 1884, méd. 2ᵉ cl. 1896, méd br 1900. H. C. A. F.

ROYET (Hyacinthe), 44, rue du Château-d'Eau A. F.

ROZIER, 30, faub. Saint-Jacques.

RUDAUX (Henri), 6, rue de Miromesnil. M. H. 1897 **A. F.**

RUDAUX (Lucien), 9, rue Miromesnil **A. F.**

RUDOLF (J), 12, rue Girardon.

RUFF (René), 250, boul Voltaire.

RUFFE (L.-H), ✳, 62, rue de Rome. M. H. 1905. **A. F.**

RUFIN (Georges), 9, rue Alfred-Stevens. M H. 1901. **A. F.**

RUHLMANN (Jacques), 14, rue Georges-Ville.

RUPPERT (J.), 12 et 14, pass. des Hautes-Formes.

RUTY (P.-M.), 70 et 70 *bis*, rue Notre-Dame-des-Champs. M. H. 1900.

RUY (Joseph), 40, rue de l'Yvette. **A. F.**

RYSSELBERGHE, 44, rue Laugier.

S

SABATIER (A.-Louis), 35, rue Dutot. **A F.**

SABATTÉ (Fernand), 35, rue Gros. M H 1896, méd. 3ᵉ cl. 1897, méd. 2ᵉ cl 1898, méd. arg 1900, Prix de Rome 1900. H. C. **A F**

SABATTIER (Louis), 52, rue Saint-Georges. M. H. 1894. **A. F.**

SAFARIK (Jean), 33, rue de la Sourdière.

SAGLIO (Edouard), 85, rue de Sèvres. Méd br 1900. **S. N., S. AU.**

SAILLY (Mme Laure), O. A. ✪, 127, av de Clichy. M. H 1900. **A. F.**

SAIN (Mlle Emilie), O. I. ✪, 80, rue Taitbout

SAIN DE HEERS (Mme Emilie), 52, rue La Rochefoucauld.

SAINT (Mlle), 68, rue d'Assas. M. H. 1904, méd. 3ᵉ cl. 1910 **A. F.**

SAINT-BLANCAT (Jean-Pierre), 37, rue de Trévise. **A. F.**

SAINT-GERMIER (Joseph), ✳, 149, boul. Bineau, à Neuilly-sur-Seine (Seine). Tél. 377. M. H. 1888, B de V. 1889, méd. br. 1889, méd. 2ᵉ cl. 1894, méd. or 1900 H. C **A F.**

SAINT-ÉTIENNE (Paul de), 68, rue de l'Abbé-Groult.

SAINT-LAURENT (Pierre-Gustave), 3, rue Bapaume, à Nogent-sur-Marne (Seine). **A. F.**

SAINT-MAUR (Albert), 39, rue d'Artois. **A. F.**

SAINT-PIERRE (Gaston), O. ✳, *M. du Comité A F*, 35, av. de Wagram. Méd. 1868, méd. 2ᵉ cl. 1879. H. C. **A. F.**

SAINVILLE (de), 56, rue Notre-Dame-de-Lorette.

SAITO, 9, rue Campagne-Première.

SALA (Jean), 23, rue des Martyrs. **A. F., S. N**

SALA (Mme Fernande), 23, rue des Martyrs

SALA (Thomas), 35, rue Godot-de-Mauroy.

SALANSON (Mlle Camille), 23, rue d'Artois.

SALANSON (Mlle Eugénie), 117, rue Notre-Dame-des-Champs. **A F.**

SALEEBY (Khalil), 115 rue Notre-Dame-des-Champs.

SALETA (François), O. A ✪, 20, rue Steffen, à Asnières (Seine)

SALGÉ (Gustave), 9, rue du Val-de-Grâce.

SALLÉ (François), 25, rue Henri-Monnier. **A F**

SALLÈS (Robert). O I. ✪, 15, rue Greuze. Tél. 680.86. Méd. 3ᵉ cl 1907, Prix Maguelonne-Lefebvre-Glaize, 1907. **A F**

SALOMON (Mme Agnès), 33, boul des Invalides

SAMARAN (U.-M), 2, boul Émile-Augier. Méd. br. 1889. **A F**

SAMSON (René), 7, rue Bridaine.

SANCHEZ-PERRIER (Emilio), 19, rue Caumartin. M H. 1886, méd arg 1889 H. C. **S N**.

SANDRES (S.-Kent.), 86, rue Notre-Dame-des-Champs.

SANDOZ, 37, rue Pergolèse.

SANTA-MARIA (de), 16, rue Pierre-Charron.

SANTILLO, 33, rue Bayen.

SANTOS (Mlle Charlotte dos), 22, rue Saint-Pétersbourg. **A. F.**

SARDIN (Albert), 13, rue de l'Yvette.

SARLUIS, 13, av. Mac-Mahon.

SARRUT (Paul), 33, rue du Ranelagh.

SARTON (Victor), 11 *bis*, rue Mansart

SATIAS (Paul), villa des Arts.

SAUBÈS (Daniel), ✳, *M du Comité A F*, 15, rue Cauchois. M H. 1880, méd. 3ᵉ cl 1893, méd 2ᵉ cl 1895, méd arg 1900. H. C. **A. F.**

SAUGSTER (Alfred), 16, rue de Passy.

SAUMAREZ (Mlle Marion), 1, rue Frédéric-Bastiat. M. H. 1906.

SAUNIER (Edouard), 54, rue Notre-Dame-de-Loret

SAUREL (Marc), 23, boul. Gouvion-Saint-Cyr.

SAUVAGE (Henri), 8, rue Lesueur. M. H. 1885. **A. F.**

SAUVAN-DELEUZE (Mme), 3, rue Messonier. **A F.**

SAVARD (Joseph), 2. rue Jean-Bologne.

SAVARY (Jacques), 29, boul. des Batignolles. **A F.**

SCALBERT (Jules), 83, rue de la Tombe-Issoire. M. H. 1899, méd 3ᵉ cl. 1901 **A F**

SCAPRE-PIERRET (Mme Jeanne), 4, rue Royale, à Versailles (Seine-et-Oise) **A F**

SCHARF (Victor), 5, rue Clément-Marot. **S N**.

SCHEIDECKER (Franck), 32, rue du Sentier G. P. Milan 1906, Londres 1908, Saragosse 1908 **S. N.**

SCHERRER (Jacques), ✳, 104, boul. de Clichy M. H. 1881, B. de V. 1881, méd 3ᵉ cl. 1887, méd. br. 1889, méd. 2ᵉ cl. 1892, méd. br. 1900 H. C. **A F.**

SCHLEUSNER (Mlle Théa), 77, rue de Varenne

SCHLUMBERGER (Mme Weyher-Jean), 78, rue d'Assas.

SCHMIED, 12, rue Friant.

SCHMITT (Mlle Noémie), rue La Boissière, à Fontenay-aux-Roses (Seine) M. H. 1895, méd 3ᵉ cl. 1898, méd. br. 1900 **A F**

SCHMITT (Vve), 11, rue Boissonade

SCHMITZ (Camille-Robert), 2, rue Théophile-Gautier.

SCHNEGG (Gaston), 201, rue de Vaugirard.

SCHNERB (J.-F), 17, av. de la Motte-Picquet. (V. *Graveurs.*)

SCHOETTEL, 11, rue Daniel-Stern.

SCHOMMER (François), ✳, O. A. ◯, 145, boul Bineau, à Neuilly-sur-Seine (Seine). Tél. 113. Prix de Rome 1878, méd. 2ᵉ cl. 1884, méd. arg. 1889, méd. arg. 1900. H. C. A. F.

SCHOTT (Max), O. A. ◯, 235, faub. Saint-Honoré. A F.

SCHRADER (Jean), ✳, 75, rue Madame. S. N

SCHREIBER (Georges), 3, rue Jules-César.

SCHREIBER (Paul), 25, pl. Vendôme.

SCHRYVER (Louis de), 22 *bis*, rue Parmentier, à Neuilly-sur-Seine (Seine). M. H. 1886, 1889, méd. 3ᵉ cl. 1891, méd. 2ᵉ cl. 1896, méd. arg. 1900. H. C. A. F.

SCHULLER (J.-Charles), 50, rue Notre-Dame-de-Lorette. M. H. 1885, méd. br. 1889 A F S. N.

SCHULMANN (Léon), 15, rue Froidevaux.

SCHULZ (Adrien), O. A. ◯, 26, rue de Calais. A. F.

SCHUSFENEKER, 2, pass. de Dantzig.

SCHUTZ (Robert), 119 *bis*, rue Notre-Dame-des-Champs.

SCHUTZENBERGER (René), 2, rue Aumont-Thiéville. M. H. 1897, 1900 S N.

SCHWAB (Hélène), 56, rue de Strasbourg, à Vincennes (Seine).

SCHWARTZ (Mme Berthe), 130, faub. Saint-Honoré A F.

SCHWARTZ (Charles), ✳, 130, faub. Saint-Honoré. A. F.

SCHWARTZ (Mme Esther), 6, imp. des Gendarmes, à Versailles (Seine-et-Oise).

SCHWEDELER, 115, rue Notre-Dame-des-Champs.

SCHWEND (Albert), 11, rue Boulard, A F.

SCOSSA (Ferdinand), 190 *ter*, boul Malesherbes.

SCOTT (Georges), 81 et 83, rue Denfert-Rochereau Méd. 3ᵉ cl. 1897, méd. 2ᵉ cl. 1906. H. C A. F

SÉAILLES (Mme), 276, boul. Raspail. S. AU.

SÉDILLOT (Mlle Anna), 4, rue Martel. M. H 1900 A F.

SÉGNIAC, 91, rue de Vaugirard.

SÉGUIN (Arsène-Gilles), 10, rue Auguste-Buisson, à la Garenne-Colombes.

SÉGUIN-BERTAULT (Paul), O A. ◯, 68, rue d'Assas

SEIGNAC (Guillaume), O. I. ◯, 1, rue Littré. M. H. 1900, méd. 3ᵉ cl. 1903. A F.

SELLIER (Paul), 42, rue Mathurin-Régnier.

SELMY (Eugène-Benjamin), 14, rue Fontaine. M. H. 1900, méd. 3ᵉ cl. 1902, Prix Marie Bashkirsheff 1902, B. de V. 1904, méd. 2ᵉ cl 1906. H. C A. F.

SELMY (Mme Rose), 14, rue Fontaine.

SEMICHON (Mme Marie), 1, pl. Pereire. A.F.

SENET (Eug.-Etienne), 32, boul. Haussmann. A F.

SÉON (Alexandre), 11, rue Yvart. Méd. arg. 1889. H. C. A. F., S. N.

SERENDAT DE BELZINE, 97, rue de Rome.

SERIEIS (Félix), 27, rue de Cîteaux.

SERRAZAC (André de), 37, rue Saint-André-des-Arts

SERREPUY, 26, rue des Belles-Feuilles.

SERRIER (Georges), 65, rue de Douai. M. H. 1894, méd. 3ᵉ cl. 1908. A. F.

SERT, 19, rue Barbet-de-Jouy. S. AU.

SERVAL (Maurice), 1, boul. Exelmans.

STETTEN, ✳, 133, boul. Bineau, à Neuilly-sur-Seine.

SEVAISTRE (Pierre), 9, rue Falguière.

SÉZILLE DES ESSARTS (A-F), 9, rue Bochart-de-Saron. A F.

SHAW (Mlle Alice), 78, rue d'Assas.

SIBERT, 114, rue Caulaincourt.

SIEFFERT (Mme Eugénie), 36, rue Brancas, à Sèvres (Seine-et-Oise). A. F.

SIEFFERT (Paul), 6, pass. Stanislas. Méd. 3ᵉ cl. 1899, Prix de Rome 1902, méd. 2ᵉ cl. 1906 H. C. A. F.

SIGNAC (Paul), 16, rue La Fontaine.

SIGNORET (Charles-Louis-Eugène), O. A. ◯, 5, rue Emile-Allez. M. H. 1898, Prix Raigecourt-Goyon 1910. A. F.

SIGNORINI (Giuseppe), 11 *bis*, rue Hégésippe-Moreau.

SIGRISTE (Guido), 67 *bis*, boul. Bineau, à Neuilly-sur-Seine (Seine). M. H. 1905.

SILBERT (Max), 114, rue Caulaincourt.

SILICE (André), 11, imp. Ronsin.

SILVESTRE (Antonin), 47, rue des Mathurins. Méd. 3ᵉ cl 1908, Prix Maguelone-Lefebvre-Glaize 1908. A. F.

SILZ (Mlle Edith), 24, rue Pierre-Charron.

SIMAS (E -M.), 50, boul. de la Villette. S. N.

SIMMONS (Freeman), 16, imp. du Maine.

SIMOES DE FONSECA (G.), 53, rue Beaunier. A. F.

SIMON (Mlle Adèle), O. A. ◯, 10, cité Malesherbes. A. F.

SIMON (Emile), 10, rue de l'Ancienne-Comédie.

SIMON (Jacques), O. A. ◯, 4, rue Goëtlogon. Méd. 3ᵉ cl 1905. A F.

SIMON (Mlle Jeanne), 25, rue de Ponthieu. Méd. br. 1900.

SIMON (Lucien), ✳, 3 *bis*, rue Cassini M. H. 1885, méd. 3ᵉ cl. 1890, méd or 1900. S N.

SIMON (Mme Lucien), 3 *bis*, rue Cassini. S. N.

SIMON (Maxime), O. A. ◯, ✠, 22, rue Denfert-Rochereau.

SIMON (Mlle Mélanie), 25, rue Montbrun.

SIMON (P.-Paul), O A ◯, ✠, *artiste peintre et peintre verrier*, 27, rue de Fleurus, et à Reims, 1, pl Belle-Tour Tél. 395. A F.

SIMON (T.-François), 25, rue de Humboldt. (V *Graveurs.*)

SIMON (Vincent), 21, av. du Maine.

SIMONNET (Lucien), 3, r. des Rouillis, à Sèvres (Seine-et-Oise). M. H. 1889, méd. 3ᵉ cl. 1893, méd. 2ᵉ cl. 1895, méd. br. 1900, Prix Rosa Bonheur 1905. H. C. A. F.

SIMONNET (Mlle Jeanne), 3, rue des Rouillis, à Sèvres (Seine-et-Oise). **A F.**

SIMONIDY (Michel), ✳, 15, rue Hégésippe-Moreau. M. H. 1899, méd arg. 1900. **S. N**

SIMONS (Henri-P.), 23, rue des Martyrs. **A F**

SIRAT, O. I. ◊, 21, boul du Château, à Neuilly-sur-Seine (Seine). Tél. 563.

SIRET (Mlle H), 25, rue Lauriston M. H. 1909. **A. F.**

SMITH (Alfred), ✳, 27, rue Jasmin. M H. 1886, méd. 3ᵉ cl. 1888, méd. br. 1889, 1900. H. C. **A F., S. N.**

SMITH-ATHERTON (David), 15, rue Boissonade.

SMITH-CHAMPION (Mlle M.), 4, rue Michelet. **A. F.**

SMOREZEWSKI (Comte Félix), 5, rue Lord-Byron. ～

SNYKOWSKI, villa des Arts.

SOLLIVAN, 18, av. de Breteuil.

SOLON (Mlle Marie), 61, av. d'Orléans **A. F.**

SON (J.), ✳, 30, rue Fontaine-Saint-Georges. **A. F.**

SONREL (Mme Elisabeth), 53, rue du Chêneaux, à Sceaux (Seine) M. H. 1883, méd. 3ᵉ cl 1895, méd. br. 1900. **A. F.**

SONREL (J.), 28, rue Hallé.

SORBIERS DE LA TOURRASSE (Henri de), 29, rue Chevert.

SOREL, 7, rue Michelet.

SORNIN (C.-F.), 106, rue de Miromesnil.

SORTAIS (G.), 11, rue Scribe. **A. F.**

SOSSON (Henri), 44, rue Compans.

SOTO-Y-CALVO (Maria de), 21, rue de Prony.

SOTTAS (Mme S.), 59, av. La Bourdonnais.

SOUILLET (Georges), 15, rue des Ursulines. **S. N**

SOUPLET (Fernand), 72, av. de Villiers.

SOUZA-LOPÈS (Adriano de), 32, rue Guyot. M. H. 1906.

SOUZA-PINTO (José-Julio), ✳, 5, villa Villiers, à Neuilly-sur-Seine (Seine). M H. 1883, méd. arg. 1889. M. du J. 1900 H. C.

SOYER (Paul), à Chanteloup, par Andrésy (Seine-et-Oise).

SPINDLER (Walter-E), 59, av. de Saxe.

SPIRIDON (J.), 15, rue Ballu.

SPIRO (Eugène), 16, rue Boissonade.

SPIRO (Girella), 9, rue Campagne-Première. ·

SPRECKELSEN (Anna von), 5, rue Léopold-Robert.

SPRIET (Louis), 49, rue d'Hauteville. M. H. 1910. **A F.**

STAIGER (Edmond), O. I. ◊, 40, rue du Bac. M. H. 1900. **A. F.**

STARKE (Konrad), 13, rue Le Verrier.

STECK (Paul), O. I. ◊, 8, rue Guichard. M. H. 1895, méd. 3ᵉ cl. 1896, B. de V. 1896, méd. br. 1900. **A. F.**

STEINLEN, 96, av. des Ternes.

STELLER (Mlles), 7 *bis*, av. Vavin.

STENGELIN (Alph.), 153, av. Malakoff (villa du Bedau). M. H. 1885, méd. br. 1889. **S. N.**

STERN (Pierre), 3, boul. Suchet.

STERNBERG-DAVIDS, 33, rue Bayen.

STETTEN, ✳, 73, boul. Bineau, à Neuilly-sur-Seine. **S. N.**

STETTLER (Mme Marthe), 84, rue d'Assas. **S. AU**

STEVENS (Léopold), 23, rue Fontaine-Saint-Georges. B. de V. 1892, méd. br. 1900. **S N**

STEWART (Julius), C. ✳, 36, rue Copernic M H. 1885, méd. 3ᵉ cl. 1890, H. C **S. N.**

STIVAL (Alphonse), 7, rue Dutot. **A. F.**

STOÉNESCO (Eustache), 7, rue La Bruyère.

STOLTZ (Lucien), O. A. ◊, 16, rue de Chabrol. Méd. 3ᵉ cl. 1900. **A F**

STORN DE GRAVESANDE (Charles), 27, rue La Pérouse.

STOUVENANT (André), 129, av. de Wagram.

STRAUSS (André), 1, rue Paul-Féval.

STREIB (Georges), 4, rue Beaunier.

STREUBEL (Mlle Marie), 123, boul. du Montparnasse. **A. F.**

STUART (Mlle Ellen), 99, rue N.-D.-des-Champs.

STUCKLÉ (Mme la Baronne de), 97, av. Victor Hugo. **A. F.**

STYKA (Jan), villa Tadé, à Garches (Seine-et-Oise) M H. 1901.

STYKA (Tadé), villa Tadé, à Garches (Seine-et-Oise). M. H 1904.

SUAU (Edmond), O A ◊, 5, place Pigalle. M H. 1899, méd. 3ᵉ cl. 1900, méd. 2ᵉ cl. 1910. **A. F.**

SUE (Louis), 70 et 70 *bis*, rue N.-D.-des-Champs. **S AU**

SUILLET (Mme), 11 *bis*, pass. de la Visitation.

SULLIVAN (James), 18, av. de Breteuil.

SUNYER, 69, rue Caulaincourt.

SURAND (Gustave), ✳, 86, rue N.-D.-des-Champs. M H. 1884, B. de V. 1884, méd. br. 1889, méd. 2ᵉ cl. 1894, méd arg. 1900. H. C. **A F**

SUREDA (André), 18, rue La Bruyère. **A. F., S. N S. AU**

SUTTON (Frédérick), 3, quai Malaquais.

SUZE (de), 2, rue Larribe.

SWIEYKOWSKY (Joseph), 15, rue Hégésippe-Moreau.

SYLVANY (Michel), 117, rue N.-D.-des-Champs.

SYLVESTRE (Joseph), 20 *bis*, rue Chaptal. Méd, 2ᵉ cl. 1875, méd. 1ʳᵉ cl. 1876. P. du Salon 1876. H. C. **A. F.**

SYLVESTRE-CHARMET (Mme Noéla), 55, av. Bugeaud. **S N.**

SYNAVE (T.), 14, rue de Crussol. M. H. 1894, méd. 3ᵉ cl. 1901. **A. F, S. AU**

SZLOMZINSKI 26, av. des Gobelins.

T

TABARY (Emile), 7, boul. de Clichy. **A. F.**

TACONET (Mlle J.), 2, rue de Mouchy, à Versailles (Seine-et-Oise). **A. F.**

TAGGART (Geo), 4, rue Aumont-Thiéville.

TAIB (Salomon), 5, square Delambre. **A F.**

TAIBO (Germain), 5, rue du Faub.-Saint-Jacques.

TALAGRAND (Louis), O. I. ◊, 79, boul. du Montparnasse. **A F.**

TALAMON (Georges), 32, rue Molitor. **A F**

TAMAGNO (N.), 222, rue du Faub.-Saint-Martin.

TANNER (Henri-O), 70 *bis*, rue N -D.-des-Champs M. H. 1896, méd 3ᵉ cl. 1897, méd. arg. 1900, méd. 2ᵉ cl. 1906. **H C.**

TANOUX (Adrien), 60, boul de Clichy M. H. 1888, 1889, méd. 3ᵉ cl. 1894, méd. 2ᵉ cl. 1895, B. de V. 1895. **H. C A. F.**

TANQUERAY (A), 23, rue de Hambourg.

TANQUEREY (Lucien), 4, rue Lalo. **A. F.**

TAPISSIER (Edmond), 41, rue Pergolèse. M H. 1896, méd. 3ᵉ cl. 1908. **A. F.**

TAQUOY (Maurice), 7, rue Bonaparte.

TARANNE (Mlle Marie), 46, rue Saint-Placide. **A. F.**

TARDIEU (Victor), O. A ◊, 3, rue Chaptal M. H. 1896, méd 3ᵉ cl 1899, méd. br. 1900, P. National 1902, méd. 2ᵉ cl. 1907. **H. C. A. F.**

TARDY (Désiré), 23, rue Chézy, à Neuilly-sur-Seine (Seine).

TARKOFF (Nicolas), 7, rue Belloni. **8. AU.**

TARRIDE (Mme Jeanne), 49, rue de la Victoire. **A. F.**

TASSENCOURT (Maurice), 8, rue de la Grande-Chaumière.

TASTEMAIN (Maurice), 23, boul. Pasteur. **A. F.**

TATIN (Emile), 11, rue Pasteur.

TATTEGRAIN (Francis), ✳, *M du Comité A F* , 12, boul de Clichy. M. H 1881, méd 2ᵉ cl. 1883, méd. or 1889, méd. d'honn 1899, méd. or 1900. **H C. A. F**

TAUPENOT (Mlle Marie), 12, rue de Seine.

TAUPIN (Jules), O. I. ◊, 23, boul. Gouvion-Saint-Cyr M H. 1895, méd. br. 1900, méd. 3ᵉ cl. 1906. **A. F.**

TAUZIN (Louis), 4, sentier des Pierres-Blanches, à Bellevue (Seine-et-Oise). M. H. 1884, méd 3ᵉ cl. 1904. **A. F.**

TAVERNIER (Hippolyte), 19, boul. du Port-Royal.

TAVERNIER (J.-L), 22, rue Bonaparte. M. H. 1909. **A. F.**

TEDESCHI (Mlle Marguerite), 4, rue Johnson, à Maisons-Laffitte (Seine-et-Oise). **A F.**

TEILLIET (J -C), O. A ◊, 34, rue de Dantzig M. H. 1898 **A. F.**

TEISSIER (Fernand), 44, rue de Moscou.

TEMPLE (Mlle Jeanne), 23, rue Le Verrier.

TENER (René), 32, av des Bonshommes, à l'Isle-Adam (Seine-et-Oise). **A. F.**

TENRÉ (Henry), ✳, 36, rue de Villejust. Tél 670 43 M H. 1891, méd. 3ᵉ cl. 1900, méd. br. 1900 **A F**

TERNISIEN (Anatole), 119, boul. Saint-Michel.

TERQUANNE (Mlle Magdeleine), 25, av. de Wagram. M. H. 1898, méd. br. 1900, méd 3ᵉ cl. 1909. **A. F.**

TERREL DES CHÊNES, 59, rue Caulaincourt.

TESTART (Maurice), O. I. ◊, 115, rue N.-D.-des-Champs.

TÉTARD (Mme Blanche), 3, villa Brune.

TEYSSONNIÈRES (Pierre), O. A. ◊ ✳, 154, rue de Lourmel. M H 1877, méd 3ᵉ cl 1878, méd. or do 1ʳᵉ cl. 1888 (V. *Graveurs*)

THÉOHARY GING, 5, rue Pajou.

THESMAR (Fernand), ✳, 11, boul Victor-Hugo, à Neuilly-sur-Seine (Seine). **H C.**

THÉVENIN (H.-F.), Pinsonnière, par Montfort-l'Amaury (Seine-et-Oise) **A. F.**

THÉVENOT (François), ✳, 8, av Frochot. M. H. 1883, méd. 3ᵉ cl. 1885, méd. 2ᵉ cl. 1891. **H. C. A F 8 N**

THÉVENOT-WAGNER (Mme Eva), 12, rue Montrosier, à Neuilly-sur-Seine (Seine). **A F**

THIBAUDEAU (Julien), 85, rue N -D.-des-Champs. M. H. 1888, méd br. 1900 **A. F.**

THIBAULT (Marcel), 22, rue de Chazelles. **A F.**

THIBÉSART (Raymond), 20, rue Le Peletier. **A. F., 8. AU.**

THIBON (Valerand), boul. Agundo, à Evry-Petit-Bourg (Seine-et-Oise). **A. F.**

THIÉBAULT (Henry), 113, av. de Saint-Mandé. **A. F.**

THIÉBAULT-LAFFITTE (Mme), O. A. ◊, 27, rue Clignancourt

THIÈLE (Ivan), 3, rue Joseph-Bara. M. H. 1910.

THIÉRAT (Mlle), 29, quai des Grands-Augustins. **8. N.**

THIERCELIN-BARBIER (Mme), 37, rue des Mathurins. **A. F.**

THIÉROT (Amaury), 4, rue de Tournon **A F.**

THIÉRY (E), O. A ◊, 53, rue Saint-André-des-Arts M. H. 1904, méd. 3ᵉ cl 1908. **A. F.**

THIÉRY (Mlle Marie), 10, rue de l'Assomption. **A F.**

THIN (Henri), 28, rue du Grenier-Saint-Lazare.

THIVET (Antoine), 1, rue Saint-Claude. M. H. 1899. **A. F.**

THIVET (Mlle Yvonne), 66, rue de Turenne. **A. F.**

THIVIER (Emile-Louis), O. I. ◊, 119, rue de la Tour. M. H. 1892, méd. 3ᵉ cl. 1896, méd. br. 1900, méd. 2ᵉ cl 1901. **H. C. A. F.**

THOMANN (Mlle), 6, rue Vercingétorix.

THOMAS (A -V), 37, av Montaigne M. H. 1896, méd. 3ᵉ cl. 1898, méd. 2ᵉ cl. 1903. H. C. **A. F.**

THOMAS (Henri), 26 *bis*, rue Nansouty.

THOMAS (Jean), 52, rue de Bourgogne.

THOMAS (Paul), ✳, 6, rue de l'Abbaye M.H. 1885, méd. 3ᵉ cl 1892, méd. 2ᵉ cl. 1893, méd. arg. 1900. **H. C. A F.**

THOMAS(S -Seymour), ✳, 11, imp Ronsin. M.H. 1895, méd br. 1900, méd. 3ᵉ cl. 1901, méd. 2ᵉ cl. 1904. **H. C.**

THOMASSE (Adolphe), O. A ◊, 48, rue Durantin. M. H. 1906. **A F.**

THOMPSON (Gabriel), 16, imp. du Maine.

THOMPSON (John), 14, pass. Guibert.

THOMSON (Manuel), 41, rue Denfert-Rochereau.

THORNDIKE (Charles), 26, rue Friant.

THURNER (Gabriel), 14, rue des Volontaires.

THURSTON (Charles), 14, rue du Moulin-de-Beurre.

TICHON, 19, rue Francœur

TIFFANY, ✳, 36 *ter*, av. de l'Opéra. **S N.**

TILLIER (Paul), 30, rue Guillaume-Tell. **A. F.**

TINAYRE (J.), ✳, 12, rue Le Verrier. **M. H.** 1898.

TIRARD (André), 112, boul. Malesherbes.

TIRMAN (Mlle Jeanne), O. A. ✪, 22, rue de l'Yvette. **M. H. 1900. A F.**

TIRODE (Léon), 336, rue Saint-Jacques. **M. H.** 1905.

TIXIER (Daniel), 11, av. d'Orléans. **A. F.**

TKATCHENKO (Michel), ✳, 60, boul. de Clichy. **M. H. 1907.**

TOCHÉ, 6, rue Pétrarque.

TOFANI, 4, pl. Constantin-Pecqueur.

TOISON, 37, rue Fondary.

TONNELIER (Raoul), 91, rue Caulaincourt.

TOREY, 72, rue N.-D -des-Champs.

TORNIER (Pierre), 57, rue de Dunkerque.

TOSSYN (P.), ✠, *portraitiste*, 58, boul. des Batignolles.

TOUDOUZE, 4, av. Rapp.

TOUDOUZE (Mme Marie), 21, boul. des Batignolles. **M. H. 1901,** méd. 3e cl. 1904.

TOURAINE (Edouard), 3, rue Hégésippe-Moreau.

TOURNÉ (Didier), 7, rue Belloni. **M. H. 1907.** 1er second Prix de Rome 1909. **A F.**

TOURNÉS (Etienne), ✳, 114, rue de Vaugirard. **M H 1887,** méd. 3e cl 1888, méd. br. 1889, méd. arg. 1900 **H. C. S. N.**

TOURNÉS D'ESCOLA (Mme Jeanne), 10, rue Secrétan.

TOURNY (L.-A.), ✳, 5, rue de la Pitié **M. H.** 1890. **H. C A. F.**

TOURTE (Lucien), 6, boul. de l'Hôtel-de-Ville, à Montreuil-sous-Bois (Seine).

TOUSSAINT (Louis), 5, rue Guénégaud. **A F.**

TOUSSAINT (Pierre), 18, rue des Boulets. **A. F.**

TOUTAIN, 2, imp. Girardon.

TRANCART-GAFFART (Mme Lucie), 205, rue du Faub -Saint-Martin. **A. F.**

TRANCHANT (Pierre), 21, av. du Maine. **M. H.** 1908, méd. 3e cl. 1909 **A F.**

TRASTOUR (René), 80, rue de Rennes.

TRÉBICKY (Emile), 3, rue Campagne-Première.

TRÉBILLON (Valentin), 68, rue Monge.

TRÉVISANI (Jules), 69, rue de Douai.

TRIBOUT (Geo), 4 *bis*, rue de Montretout, à Saint-Cloud (Seine-et-Oise).

TRIBOUT (Louis), 74, rue de la Tour. **A. F**

TRINQUIER (Louis), ✳, O. A. ✪, *M. de la Société des Peintres de montagnes*, 73, rue de l'Église. **A. F.** (V *Graveurs*)

TRIQUET (J), O. I. ✪, 110, boul. Pereire. **Méd.** 3e cl. 1894, méd. 2e cl. 1897, méd. br. 1900. **H. C. A. F.**

TRIQUET-LELIÈVRE (Mme Jane), 104, av. des Champs-Elysées. **A. F.**

TRIQUIGNEAUX (Louis), 70, quai de l'Hôtel-de-Ville,

TROMLLET (Géo), 25, boul. de la Madeleine.

TRONCET (Antony), 5, rue Platon. Méd. 3e cl. 1903, méd. 2e cl. 1908, B. de V. 1908. **H. C. A F.**

TRONCY (Mme), 2, rue Aumont-Thiéville.

TRONEL (Edouard), 4, av. de Montmorency. **A F.**

TROWBRIDGE (Vaughan), 65, rue Lepic.

TRUCHET (Abel), O. I. ✪, 4, rue Caroline. **M. H.** 1895, méd. 3e cl. 1898, méd. br. 1900. **A. F. S N.**

TRUFFOT (Mlle Marie), 69, boul. Voltaire. **A. F.**

TRULLINGER (John), 8 *bis*, rue Campagne-Première.

TUCK (Mlle Marie), 55, boul du Montparnasse.

TURGY (A.-Paul de), 7 *bis*, rue Raynouard. **A. F.**

TURIN (André), 12, rue des Pyramides

TURIN (Mlle Renée), 82, boul du Montparnasse. **A. F.**

TURNER (Mme Marguerite), Les Marguerites, à Chaville (Seine-et-Oise) **A F.**

TZSCHUPKE (Charles), 14, rue de Lancry.

U

UBERTI (J), *artiste-peintre et architecte*, 3, rue Vercingétorix.

ULLMANN (Eugène-Paul), 3, quai Malaquais. **S. N.**

ULLMANN (Mlle Lise), 99, rue de Courcelles. **M. H. 1910**

ULLMANN (Louis-Félix), 1, boul. de Clichy. **A. F.**

ULLMANN (Raoul), 270, boul. Raspail **S. N.**

UMBRICHT (Honoré), *M. du Comité A. F.,* 30, rue Lemercier. Méd 3e cl 1884, **M. H.** 1889, méd 2e cl. 1898, méd. br. 1900 **H. C. A F.**

UPTON (Mlle Flor.), 216, boul Raspail **S N.**

URBAIN (Alexandre), 21, quai de Bourbon. **S AU.**

URTIN (Paul), 33 *bis*, boul de Clichy.

UTRILLO (Maurice), 12-14, rue Cortot.

UZAC (Zénon), 22, rue d'Offémont.

UZEL, 13, boul. de Belleville.

V

VACHA (Rodolphe), 39, rue Guersant.

VACQUIER (Jules-Félix), O. A ✪, S, ⚜, 96, rue de Varenne.

VAFFIER (Eugène), 10, rue des Saints-Pères.
A. F.

VAGNIER (P.-L.), O. A 🖂, 105, rue Dareau.
Méd. 3ᵉ cl. 1905 **A F.**

VAIL (Eugène), ✻, 89, rue Ampère. **S. N.**

VAILLANT (Achille), 4, rue Fromentin. **A. F.**

VAILLANT (Eugène), 37, rue de Chaillot

VAILLANT (Jacques), 4, rue Fromentin.

VAILLANT (Pierre), 5, rue de Bagneux. M. H.
1905. **A. F.**

VALADE (Louis), 13, rue Grange-aux-Belles.

VALARCHER (L.), 204, rue de Grenelle.

VALENSI (Henri), 57, boul. Pereire

VALENTINO (Mme Amélie), O. I. 🖂, 17, rue
de l'Assomption. Méd. br 1900. Tél. 694-86
S. N.

VALENZUELMA-PUELMA (Alfredo), 7, rue
Casimir-Delavigne. M. H. 1899.

VALETTE (Jules), 16, rue Girardon. **A F.**

VALLANCIENNE (Mlle Marguerite), 2, rue
Aumont-Thiéville. **A. F.**

VALLAYER-MOUTET (Mlle Pauline), O. A. 🖂,
14, pass. Gourdon. Méd. br. 1900, M. H. 1906,
méd. 3ᵉ cl. 1909. **A. F.**

VALLÉE (Mme Pauline), 115, rue du Cherche-
Midi. **A. F.**

VALLÉE (Ludovic), 23, rue de la Glacière.

VALLET (L.), 46, rue des Martyrs.

VALLET-BISSON (Mme Fr.), O. I. 🖂, 47, boul
Berthier. M. H. 1893, méd. 3ᵉ cl. 1900, méd.
2ᵉ cl. 1904. H. C. **A. F.**

VALLOIS (Paul), 29, boul. des Capucines. **A. F.**

VALLOT (Alfred), 7, rue de Nanterre, à Asnières (Seine).

VALLOTON (Félix), 59, rue des Belles-Feuilles.
M. H. 1886, 1899.

VALMON (Mlle Léonie), O. A. 🖂, 76, rue Saint-
Didier (V. *Graveurs.*)

VAL-RAU (Mlle), 12, rue de Bagneux.

VALTESSE DE LA BIGNE (Mme), 98, boul.
Malesherbes. **A. F.**

VAN BEVER DE LA QUINTINIE (Mme Marguerite), 68, rue de Babylone.

VAN DEN BROEK D'OBRENAN (Mme V.), 27,
av. de l'Alma. **A. F.**

VANDERBILT (Johan), 23, rue Oudinot.

VAN DER HAEGHE (Mme Constantin), 163, rue
de Paris, à Clamart (Seine). **A. F.**

VAN DE VELDE (Louis), O. I 🖂, 3, rue Cauchois M. H. 1898. **A. F.**

VAN DRIESTEN (Joseph), O. A. 🖂, 🕇, *peintre
historiographe de l'ordre de la Toison d'Or;
héraldiste, généalogiste et archéologue*, 177 bis,
rue de Courcelles.

VANEL (Paul), 3, rue Monsieur. **A. F.**

VAN HOUTEN (Georges), 31, rue Saint-Lazare.

VAN MARCKE DE LUMMEN (Jean), 29, rue du
Général-Foy M. H. 1909. **A. F.**

VAN MUYDEN (Evert), ✻, 1, rue de Lozère, à
Orsay (Seine-et-Oise). (V. *Graveurs*)

VAN-PARYS (Mme Marie), 177 *bis*, rue de Courcelles. 12 méd. 1ʳᵉ et 2ᵉ cl. Lille, Tourcoing, etc.
A F.

VARCOLLIER (Mlle Germaine), 36, av. de
Neuilly, à Neuilly-sur-Seine (Seine). **A. F**

VARIN (Achille), 7, rue Alfred-Stevens. M. H.
1896 **A. F.**

VARIN (H.), 12, rue Alfred-de-Vigny.

VARLET (Mlle Juliette), 83, rue La Fayette.
A. F.

VASARI (Emilio), 14, rue Barbès, à Courbevoie (Seine). Méd. br. 1900 M. H. 1904.

VASNIER (Charles), 26, rue Poncelet. **A F.**

VASSELON (Marius), 2, rue Cretet. M. H 1902.
A. F.

VAURY, 13, villa Brune.

VAUTHIER (Mme Marie), 6, rue Erlanger. **A. F.**

VAUTHIER (Pierre), ✻, 6, rue Erlanger.
M. H. 1884, méd 3ᵉ cl 1887. M. H. 1889,
méd. 2ᵉ cl. 1892, méd. arg. 1900, H. C. **A. F.**

VAUTHRIN (Ernest), 16, rue Copernic.

VAUTIER (André), O. A. 🖂, 108, av. du Maine.
A. F.

VAUTIER (Carl), O. ✻, 20, rue Eugène-Flachat.
Méd. arg. 1900.

VAUTRIN-VALORE (Mlles), 21, rue Meynadier.

VAUZANGE, 16, rue de Siam. **A F.**

VAVASSEUR (Eugène), 5, rue de Nanterre, à
Asnières (Seine). **A. F.**

VAYSON (Paul), O. ✻, *M. du Comité A. F.*,
13, rue Fortuny. Méd. 3ᵉ cl. 1875, méd. 2ᵉ cl.
1879, méd. or 1889, 1900. H. C. A. F.

VAYSSE (Léonce), O. I. 🖂, 🕇, 59, av. de Saxe.
M. H. 1900. **A. F. S. N.**

VÉBER (Jean), ✻, 149, boul. Pereire. M. H.
1890, méd. 3ᵉ cl. 1894, méd. arg. 1900. **S. N.**

VENOT D'AUTEROCHE (Mme Eug), O. I. 🖂,
38, boul. de Clichy. **A F**

VÉRA (Paul), 72, rue Blanche. **S. AU.**

VÉRA-LÉON, 16, boul. Saint-Jacques.

VÉRDIER (Jules-Victor), O. A. 🖂, 9, imp. du
Maine. M. H. 1889, méd. 3ᵉ cl. 1899, méd.
2ᵉ cl. 1900. H. C. **A. F.**

VERDIER (Paul-J.), 9, rue Mozart.

VERDUN (Raymond), 21, av. du Maine. M. H.
1909.

VERGEAUD (Armand), 65, boul. Arago. M. H.
1902, méd. 3ᵉ cl. 1909. **A. F.**

VERNAUT (Mlle Marguerite), O I. 🖂, 28, rue
de Trévise. **A. F.**

VERNON (Paul), 6 *bis*, rue Théophile-Gautier.

VERWAEST (Mme Berthe), 169, rue Saint-
Jacques. **A. F.**

VEVER (Henri), ✻, 19, rue de la Paix. **A. F.**

VIALE, 22, rue Monsieur-le-Prince.

VIANELLI (Albert), 14, pl. Malesherbes. Méd.
br. 1889. **A F.**

VIBIEN (Charles), 16, rue de Navarin. **A. F.**

VICTOR KOOS, 2, pass. de Dantzig **S. N.**

VIELMEYER, 11, rue d'Orsel.

VIENNOT (Mlle Isabelle), 202, boul. Saint-Germain. **A. F.**

VIGNAL (Pierre), 34, boul des Invalides Méd. 3e cl. 1901, méd 2e cl. 1907. H. C **A. F.**

VIGNAL-VIGNAL (Mme), 34, boul. des Invalides. **A. F.**

VIGOUREUX (Paul), 54, av. du Maine. **A. F**

VIGOUREUX (Philibert), O. A ◯, 282, rue Saint-Jacques. Mention Lyon. **A F**

VIKKE VAN DEN BERGH, 11, rue de la Pitié.

VILLA Y PRADES (Jules), 43, av. de Wagram. M. H. 1909.

VILLA (Emile), 208, boul. Raspail. M. H. 1876. M. H. 1889. **A. F.**

VILLA (Georges), *Peintre et dessinateur caricaturiste*, 3, pl. Vintimille.

VILLAIN (Henri-Georges), 14, rue Cambacérès. M. H. 1905. **A. F.**

VILLARD (Antoine), 60, boul. de Clichy.

VILLEBESSEYX (Mme Jenny), O I ◯, 11, boul. de Clichy. M. H. 1886, 1889.

VILLEDIEU (Mlle M.), 41, rue Madame. Méd. br. 1900. **S. N.**

VILLIERS (Paul), 31, rue d'Alésia.

VILLON (Jacques), 7, rue Lemaître, à Puteaux.

VILMAREST (Jacques), 88, boul. Pereire.

VILNET-ALBOUIS (Mme Eugénie), 5, rue Salneuve. **A. F.**

VIMONT (Edouard), 15, rue Cauchois. M. H. 1876, méd. 3e cl. 1886, M H. 1889, méd. 2e cl. 1892. H. C. **A. F.**

VINACHE DE LAUNAY (Mme R.), 44, rue Notre-Dame-des-Champs. **A F.**

VINCENDON (Mlle Marie), 5, rue des Belles-Feuilles. **A. F.**

VINCENT-ANGLADE (Henri), 112, boul. Malesherbes. M. H. 1903

VINIT (Pierre), 174, av. Victor-Hugo **A. F.**

VIOLLETTE (Eugénie), 129, boul. du Montparnasse.

VIRLEZ (Henri-E.), O. A ◯, 5 *bis*, rue des Haudriettes. **A. F.**

VIRY (Paul), 29, rue d'Argenteuil. **A. F.**

VIVIEN, 132, rue de la Roquette.

VLAMINCK (Maurice de), 33, rue du Docteur-Gulonis, à Rueil (Seine-et-Oise). **S. AU.**

VOGEL (Hermann), 5, rue de Coulmiers. M H 1889, méd. br. 1900, méd. 3e cl. 1909, méd. 2e cl. 1910. **A. F.**

VOGELWEITH (A.), 11, boul de Clichy.

VOILLEMIN (Paul), 7, rue Danville. **A. F.**

VOISART-MARGERIE (Adrien), 26, av. de l'Opéra. M. H. 1895, méd. 3e cl. 1900, méd. 2e cl. 1906. H. C. **A F.**

VOISIN (Louis-Léon), 209, av. Gambetta. **A F.**

VOLLET (Henry), ✻, 4, rue Aumont-Thiéville M. H. 1888, méd. 3e cl. 1894, méd. 2e cl. 1897, méd. br. 1900. H. C. **A. F.**

VOLLON (Alexis), ✻, 119, rue de Courcelles. M. H. 1885, méd. 3e cl. 1888, méd. 2e cl. 1889, méd. arg. 1900. H. C **A. F.**

VOLOT (Jacques), 16, av. Rachel.

VON BECKERATH (Mlle Hélène), 65, boul. Arago. **S. N.**

VOS (Hubert), *Commissaire des Beaux-Arts et membre du Jury pour la Hollande*, 92 *ter*, boul. Pereire. Tél. 573 07. H. C **A. F.**

VUIBERT, 53, rue Caulaincourt.

VUIBERT (René), 9, rue du Val-de-Grâce.

VUILLARD (Edouard), 26, rue de Calais.

VUILLEFROY (Félix de), ✻, 70, rue Lavoisier, à Maisons-Laffitte (Seine-et-Oise) Méd. 1870, méd. 2e cl. 1875, méd or 1889. H C. **A. F.**

VUILLEFROY (G.-J.-E. de), 22, av. Montaigne. **A. F.**

W

WAGNER (André), 156, rue Oberkampf.

WAGREZ (Mlle), O. I. ◯, 22, rue Saint-André-des-Arts. **A. F.**

WAGUET (Lewis), 1, rue Cervantès.

WAIDMANN (Pierre), ✻, 103, av. de Neuilly, à Neuilly-sur-Seine. Méd. br. 1900. **A. F., S. N.**

WALDECK-ROUSSEAU (Mme), 35, rue de l'Université.

WALDEN (Lionel), 33, boul. Edgar-Quinet. M. H. 1899, méd arg 1900, méd. 3e cl. 1903.

WALHAIN (Charles), 50, rue Perronet, à Neuilly-sur-Seine (Seine). Méd. 3e cl. 1904. **A. F.**

WALKER (C. Bertram), 115, rue Notre-Dame-des-Champs.

WALLET (Albert), O. I. ◯, 34, rue des Batignolles. M. H. 1884, méd 3e cl. 1893, méd. 2e cl. 1895, méd. br. 1900 H. C. **A. F.**

WALLIS (Robert), 69, boul. Pereire.

WALLON (Paul), 1, rue de Lille. **A. F.**

WALTHER, 11, boul. de Clichy.

WARDEN (W.-F.), 43, rue Spontini.

WAROQUIER (Henry de), *Prof. de composition décorative à l'Ecole Estienne*, 7, rue Daguerre.

WARSHAUWSKY, 39, rue Delambre.

WATBOT (Louis), 27, rue Hippolyte-Lebas. **A.F.**

WATELIN (L.-V.), 59, boul. Pereire.

WATTERS (J.-P.), 9, rue Falguière.

WAUQUIER (Alex.-François), 54, rue de la Victoire **A. F.**

WAUTERS (Emile), C. ✻, 57, rue Ampère. Méd. 2e cl 1875, Rapp. 1876, méd. d'honn. 1878, G P. 1889 H. C.

WEBER (A), O A ◯, 13, rue Berthe. Méd. 1867. **A. F.**

WEBSTER (H.), *As. Royal Society Painters Etchers. Londres*, 11, pass. de la Visitation. (*V. Graveurs*)

WEERTS (J.-J.), O. ✻, 77, rue d'Amsterdam. Méd. 2e cl. 1875, méd. arg. 1889. H. C **A. F. S. N.**

WEIGELT-MIDDELDORPF (Hilde), 36, rue de Fleurus.

WEILUC, 104, boul. de Clichy. Tél. 569.13.

WEISE (Elsa), 84, rue d'Assas.

WEISMANN (Jacques), O. A. ◯, 28, rue Desrenaudes. Tél. 575 62. **A. F.**

WEISS (Géo), O. I. ◯, 12, rue Louis-David. M. H. 1898. **A. F.**

WEISSE (Mlle), 6, av. Vavin.

WEISSER (Ch), O. A ✪, 21, rue du Parc-Montsouris. M. H. 1903, méd. 3ᵉ cl. 1909. A. F.

WEISZ (Adolphe), 15 av. Frochot. Méd 3ᵉ cl. 1875, méd. 2ᵉ cl. 1885, méd. br. 1900. H. C. A F.

WENCKER (Joseph), O. ✻ *M. du Comité A F*, 6 *bis*, rue Ballu. Prix de Rome 1876, méd. 2ᵉ cl. 1877 méd. or 1889 H. C. A. F.

WENTWORTH (Mlle Cécile de), ✻, 15, av. des Champs-Elysées. M. H 1891, méd. br. 1900.

WENZ, 41, rue Bayen.

WERY (E), ✻, 25, rue Erlanger. Tél. 696.12. Méd. 3ᵉ cl 1897, méd. 2ᵉ cl. 1898, B. de V. 1898, Prix national 1900, méd. arg. 1900. H. C. A. F.

WESTERMANN, 21, rue Berthe.

WETTER (Amédée), 61, rue Lepic. A. F.

WIART (Edmond), 26, rue Le Peletier. A F.

WIENER, 190 *ter*, boul. Malesherbes.

WIESNER (Adolphe), 16, rue Choron.

WILDER (André), 4, rue Aumont-Thiéville. S. AU.

WILHEMS (James), O. A. ✪, 2, rue de Marseille.

WILKINSON (Mlle Gladys), 218, boul. Raspail. M. H. 1909

WILLAUME (Louis), 44, rue Poussin.

WILLEMS (Henri-Ch), O. A ✪, 36, rue Chauveau, à Neuilly-sur-Seine (Seine). M. H. 1903. A. F.

WILLETTE (Léon), ✻, 28, rue Lacroix. M. H. 1894. S. N.

WILLMANN (Rodolphe), 23, boul. Gouvion-Saint-Cyr. M. H. 1904.

WILLUMSEN, 59, av. de Saxe. S. N.

WILSON (Claggett), 7, rue de Mézières.

WINTZ (Raymond), 56, rue Saint-Placide.

WIRTH (Henri-Prosper), 42, rue de Labarre, à Deuil (Seine-et-Oise).

WISLIN (Charles), 28 et 30, rue Ballu. M. H. 1889. A. F.

WISSNER, 16, rue Choron.

WOLFF (Bernard), 99, boul. Pereire. A. F.

WOOD (Odgen), 9, rue Bochart-de-Saron.

WOOG (Raymond), 202, rue de Courcelles. A. F., S. N.

WORCESTER (Albert), 29, rue Delambre.

WORMS (Jules), ✻, 19, rue de Navarin. Méd. 1867, 1868, 1869, méd. 3ᵉ cl. 1878. H. C. A. F.

WUHRER (Louis-Charles), O I. ✪, 66, rue Gay-Lussac. H. M. 1891 A F.

Y

YARZ (Edmond), ✻, 10, rue Frochot. M. H. 1881, méd. 3ᵉ cl. 1884, méd. arg. 1889, méd. 2ᵉ cl. 1890. H. C. A. F.

YEMENIZ (Mme Thérèse), 11, rue de l'Université. A. F.

YERME (Emile), 26 *bis*, rue Nansouty.

YOURIÉVITCH (Serge), ✻, O. I. ✪, 7, rue Monsieur.

YSERN-Y-ALIÉ (Pierre), 130 *ter*, boul. de Clichy.

Z

ZABOROWSKA (Mme Gabrielle), rue des Aubépines, à Thiais (Seine). A. F.

ZACCHINI, 36, rue des Petites-Ecuries.

ZACHARIE (P.), 17, rue Chaptal. Méd. 3ᵉ cl. 1883. A. F.

ZAKARIAN (A.), ✻, 62, rue de Rome. S. N.

ZAMACOIS (Miguel), 54, boul. Pereire. A. F.

ZANAZIO (Joseph), 10, pl. Dancourt.

ZARA (Georges), villa des Arts.

ZAWADZINSKI (Czeslaw), 65, boul. Arago.

ZEHL, 99, rue de Vaugirard.

ZESSOS (Georges), 16, boul. Edgar-Quinet.

ZIEGLER (Mlle Gabrielle), 4, rue Pasquier. A. F.

ZIEM (Félix), C. ✻, 72, rue Lepic. Méd. 3ᵉ cl. 1851, méd. 1ʳᵉ cl. 1852, méd. 3ᵉ cl. 1855. H. C.

ZIER (Edouard), 67, boul. de Clichy. M. H. 1884, méd. 3ᵉ cl. 1900, méd. 2ᵉ cl. 1904. H. C. A F.

ZIGLIARA (E.-L), O. A. ✪, 3, rue Turgot. M. H. 1902. A. F.

ZILLHARDT (Mlle Jenny), O. I, ✪, 13, rue Belidor

ZINGG (Jules), 9, rue Campagne-Première. M. H. 1909. A. F.

ZIWES, 33, rue des Apennins.

ZO (Henri), ✻, 9, rue Falguière. M. H. 1897, méd. 3ᵉ cl. 1899, méd. arg. 1900, méd. 2ᵉ cl. 1901, B. de V. 1901, Prix Rosa Bonheur 1903, Prix national 1905. H. C. A. F.

ZOEGGER (Marie-Anne), 7, rue de la Manutention.

ZULOAGA (Ignacio), 54, rue Caulaincourt. S. N.

ZWILLER (Marie-Augustin), ✻, 38 *ter*, rue du Marché (3, villa Méquillet), à Neuilly-sur-Seine (Seine). M H. 1888, méd. 3ᵉ cl. 1895, méd. 2ᵉ cl. 1896, méd. br. 1900. H. C. A. F.

ZWILLING (Mme Antony), 34, rue Trézel. A. F.

AQUARELLISTES, PASTELLISTES
MINIATURISTES

A

ACOQUAT (Mme Louise-Marie), 41, rue du Marché, à Neuilly-sur-Seine (Seine).

ADAMS (Mlle Liliane), 18, rue Magenta, à Asnières (Seine).

ALBRIZIO (Mlle Madeleine), 32, rue Perronet, à Neuilly-sur-Seine.

ALLIER-PETEL (Mlle Magdeleine), 6, rue Mariotte.

ANDRÉE (Mlle Suzanne), 17, av. de Villiers.

APPAY (Emile-Charles), 48, rue Jacob.

ARIÈS (Nel), 9, boul. du Roi, à Versailles (Seine-et-Oise).

ARNAUD-LAMBLÉ (Mme Blanche), 5, boul Henri-IV.

ARRUE-VALLE (José), 22, rue Bonaparte (V. *Peintres.*)

ASSIER DE POMPIGNAN (Mlle Victoire), 4, rue d'Alençon A. F.

AUBERT (Mlle Alice-Louise), 12, rue de Seine.
AUBERT (Jacques-Louis), 7, rue de Messine.

AUDIBERT-MAITRET (Mme Andrée), la Cerisaie, à Lozère (Seine-et-Oise).

AUDOUIT (Mlle Anna), 23, rue de Vaugirard. A. F.

AUFRAY-GÉNESTOUX (Mme Suzanne), 18, av. Mac-Mahon.

AYMAR-BRESSION-PIQUARD (Mme Marie), 68, rue du Rocher.

B

BADER (Mme Marie), 28, rue Worth, à Suresnes (Seine).

BAILY (Mlle Caroline), 64, rue La Rochefoucauld. Méd. 3e cl. 1891, méd. or 1900. A. F.

BALLEYGUIER DU CHATELET (Mme Mélanie), 40, rue du Bac. A. F.

BARALLE (Mlle Marie), 68, rue d'Assas. A. F.

BARBA (Mme Marie), 86, rue Cardinet.

BARBÉ (Mlle Marguerite), 111, rue La Fayette. A. F.

BARBOU (Mlle Madeleine), 56, av de Neuilly, à Neuilly-sur-Seine (Seine). A. F

BARRANDE-CHEMIDELING (Mme Marie), 30, allée Victor-Hugo, au Raincy (Seine-et-Oise). A. F.

BARRÉ (L.-E.-Aristide), à Trappes (Seine-et-Oise). M. H. 1903.

BARTHOLOMÉ (Mlle Marie), O. A. ✪, 233, rue du Faub.-Saint-Honoré. A. F.

BASIRE (Mlle Elisabeth), 3, rue de l'Assomption.

BASTIDE (Mme Alice), 2, av. de Versailles. A F.

BAUBEAU (Mlle Alice), 49, rue Lemercier.

BAUDOUIN (Manuel), 3, rue Corneille.

BAUER (Mlle Lina), 38, rue Ordener.

BAUHOFF (Frédérick), 139, boul. Saint-Michel.

BAUZIN-PRÈGRE (Mme Hélène), 12, boul. du Temple. A. F.

BELIN-DELSANT (Mme Andrée), O A. ✪, 39, av de Breteuil.

BELLET (Mlle Ernestine), 13, rue de Washington.

BELNET (Georges-Albert), 179, av. du Maine.

BENOIT (Mme Léonie), 43, rue Vaneau. A. F.

BENOIT D'ANNECY (Mme Marguerite), 7, rue Chaptal. A. F.

BERGON (Mlle Berthe), 10, rue Brown-Séquard.

BÉRINDOAGUE (Mlle Marie), 6, rue de Belzunce. A F.

BERLOT (Mlle Marguerite), 96, av. de Versailles.

BERNAMONT (Mlle Clarisse), O. I. ✪, 21, rue du Vieux-Colombier. M. H. 1889. A. F.

BERNARDEAU (Marie), 4, rue de l'Odéon.

BERNIER (Mlle Marguerite), 24, rue Richer.

BERTHELEMOT (Mme Irma-Cécile), 39, rue Chaptal, à Levallois-Perret (Seine).

BERTIN (Mlle Pauline), 11 *bis*, cité Trévise.

BIANCALE (Bernard), 73, boul. de Clichy.

BIENVENU (Ferdinand), 3, rue Neuve-Popincourt. A. F.

BIRCK (Alphonse), 147, av. de Villiers.

BISSON (Mme Blanche), O A. ✪, 7, rue Descombes. A F.

BIVA-BERTHOUX (Mme Jeanne), 11 *bis*, rue de Cluny.

BLAIN (Mlle Marthe), 17, rue d'Ourches, à Saint-Germain-en-Laye (Seine-et-Oise). Méd. arg. Toulon 1907, méd. arg. Le Vésinet, 1re mention Versailles A. F.

BLONDEL-WEISS (Mme Zina), 10, pl. de l'Hôtel-de-Ville, à Asnières (Seine).

BOCHER (Mme Marie), 5, rue de Calais. M. H. 1906. A F.

BOESÉ (Mme Edith), 3, rue Amiral-de-Joinville, à Neuilly-sur-Seine (Seine).

BOIGUES (Mlle Marie-Jeanne), 31, rue Poncelet. A. F.

BOILLE (Maurice), 4 *bis*, rue du Cherche-Midi.

BOISROGER (Agénor de), 12, av. de Villiers.

BON (Mlle Hélène), 53, av. de Neuilly, à Neuilly-sur-Seine (Seine).

BONAVENTURE (Camille-Bernard), 54, Grande-Rue, à Saint-Mandé (Seine).

BONNEFOY (Adrien-Adolphe), O. I. ✪, 5, av Daumesnil, à Saint-Mandé (Seine). A. F.

BONNET (Mlle Adrienne), 11, rue Mazagran.

BOSSIÈRE (Mlle Louise), 8, rue du Dôme. A. F

BOUCHARD (Mlle Marie), 23, rue du Cherche-Midi, chez Mme Vve Paul Flandrin.

BOUCHET (Auguste), 58, rue Boussingault.

BOUCHET (Mme Virginie), 138, boul. de l'Hôpital.

BOUCHOT (Henri), 3, rue d'Alençon. M. H. 1889.

BOULLY (Mlle Paule), 150, rue de Vaugirard.

BOURGOIN (Désiré), 7, rue de Lancry. Méd. br. 1889.

BOUROTTE, 151, rue du Temple.

BOURSY (Mlle Thérèse), 6, pl. de Rome.

BOUTET (Henri), 77, rue Denfert-Rochereau.

BOUVET (Mlle Maria), 8 bis, rue des Ponts, à Croissy-sur-Seine (Seine).

BOY (Mlle Germaine), 96, rue des Bois-de-Colombes à la Garenne-Colombes (Seine). A F.

BOYER (Mlle Louise), O. A. ✪, 5 bis, rue Saint-Paul.

BRÉMARD (Mlle Yvonne), 1, rue Perronet, à Neuilly-sur-Seine (Seine).

BRETON (Joseph), 8, av. du Maine.

BROCA (Alex. de), O. I ✪, 13, rue Boissonade. A. F.

BROCARD (Mlle Eugénie), 36 bis, rue de la Tour-d'Auvergne.

BROUDY (Mattéo), 4, rue du Faub.-du-Temple.

BRUGNION (Mlle Yvonne), 37, rue Truffaut.

BRUN (Mme Marguerite), 37, rue Gay-Lussac.

BRUNEAU (Mlle Aimée), 7, rue Esther-Lacroix, à Chatou (Seine-et-Oise).

BRUNOT (Mlle Jeanne), 9, rue Quatrefages.

BUGNICOURT (Mme Esther), 9, quai d'Anjou. A. F.

BUIRETTE (Mlle Marie), 2, rue de l'Entrepôt.

BURDY (Mlle Jeanne), O A. ✪, 23, rue des Martyrs. M H. 1897, méd. br. 1900, méd. 3e cl. 1903. A. F.

BURDY (Mlle Marguerite), 6, rue Burcq. M. H. 1907. A F.

BUREAUX (Mme Jeanne), 9, rue Juliette-Lamber. A. F.

BURY (Mlle Georgette), 23, rue des Petits-Hôtels.

BUSMEY (Mlle Suzanne), 36, rue de Vaugirard. M. H. 1908. A. F. (V. Peintres)

BUSSON (Georges-Louis), 233, rue du Faub , Saint-Honoré. M. H. 1885, méd. 3e cl. 1887, méd. arg. 1889, méd. arg. 1900. H C. A. F.

BYCHOWIEC (Mlle Thérèse de), 37, av. du Bel-Air, à Bois-Colombes (Seine).

C

CABROL (Mlle Albertine), 15, rue Mansart. Méd. br. 1898, méd. or 1899, méd. arg. 1899 Poitiers, méd verm. 1903 Marseille, méd. or 1904 Tours, M. H. Angers 1908, méd. br Rouen 1909. A F.

CALLIAS (Mlle Suzanne de), 35, rue Marbeuf.

CAMBRONNE (Mlle Léonie), 5, rue Condorcet, à Bécon-les-Bruyères (Seine). A. F.

CAMINADE, 35, rue de la Tombe-Issoire.

CARLIER (Mme Camille), 157, rue du Faub.-Saint-Honoré. M H. 1905. A. F.

CARRÉ (Mme Jeanne), 3, rue Agrippa-d'Aubigné.

CASEL-LONGUEVILLE (Mlle Yvonne), 59, av. Victor-Hugo.

CAUBET (Mlle Loty), 237, rue de Tolbiac.

CAUDEL (Mlle Madeleine), 75, rue Nollet.

CAUDEL (Mme Mathilde), 9, rue de Grenelle.

CAYON (Henri-Félix), 3 bis, rue des Beaux-Arts.

CENSIER (Mlle Marie), 47, rue Voltaire, à Montreuil-sous-Bois (Seine).

CERBELAUD-PIGELET (Mme Jeanne), 4, av. de Peterhof Méd. br. 1900. A F.

CHALAND-BARRIER (Mme Alexis), 10 bis, rue Herran.

CHANDELLIER (Mlle Marie), 3, rue de la Réunion, à Rueil (Seine-et-Oise). M. H. 1907. A. F.

CHARLIAT (Mme Marie-Louise), 8, rue des Ecoles, à Saint-Cloud (Seine-et-Oise).

CHATEIGNON (Ernest), 47, rue Lannois, à Levallois-Perret (Seine)

CHATEL (Mlle Alice), 3, rue du Printemps. M. H. 1900. A. F.

CHAULIAT (Eugène-André), 119, rue de Paris, à Saint-Mandé (Seine).

CHAUMET-SOUSSELIER (Mme L.), 3, rue Jacques-Dulud, à Neuilly-sur-Seine (Seine). M. H. 1904 A. F.

CHAUX (Mlle Berthe), O. A. ✪, 9, rue Borghèse, à Neuilly-sur-Seine (Seine). A. F.

CHAVAGNAT (Mlle Antoinette), 6, pl. de la Fête, à Nanterre (Seine). A. F.

CHÉRONNET-LAISNÉ (Mme Augustine), 61, rue Monsieur-le-Prince.

CHESNEL (Mlle Germaine), 26, av. de la République.

CHEVALIER (Adrien-Henri), 29 bis, boul. Saint-Jacques.

CHOLET (Mlle Jeanne), 9, rue Saint-Florentin.

CHRÉTIEN (Mlle Lucie), O. I. ✪, 27, boul. de la Chapelle. M. H. 1909. A. F.

CLAUDE (Mlle Suzanne), 14 bis, rue Montaigne.

CLERVILLE (Mme de), 104, boul. de Clichy, chez M. Lauri.

COMBE-RÉVEILHAC (Mme Alix), 3, av. de la République, et à Vassy (Haute-Marne), 10, rue du Général-Defrance. Méd. arg. 1905 Langres, méd. verm. 1907. A F., F. P. et S.

COMPAGNON (Mlle Jeanne), 4, rue Brochant.

CORDIER (Mlle Madeleine), 59, rue Boissière. A. F.

CORDOUAN (Mme Marie-Antoinette), 17, rue Clapeyron.

COSTEY (Mlle Lucie), 1, rue Jacquemont.

COTTY (Mlle Madeleine), 33, rue Gros.

COUDER (Emile), 32, rue des Bons-Enfants. A. F.

COULON-DELIGNY (Mme Gabrielle), 14, rue de l'Hôtel-de-Ville, à Neuilly-sur-Seine (Seine) **A. F.**

COURMEAUX (Mlle Delphine-Marthe), *prof. diplômée de dessin, peinture, arts appliqués,* 5, rue d'Armaillé.

COUSIN (Mlle Adrienne), O. A ○, 33, rue Etienne-Marcel. **A. F.**

CROIZET, 93, rue de Turenne.

D

DAHMEN (Mme Amélie de), 3, rue de Fleurus.

DAMBLANS (Eugène), 5, rue du Sentier, à Bois-Colombes (Seine).

DARGENTAL (Mlle Aimée), 83, rue de Chaillot.

DEBACQ (Mlle Suzanne), 103, boul. National, à Clichy (Seine).

DEBILLEMONT-CHARDON (Mme Gabrielle), O. I. ○, 7, rue Duperré Méd. 3e cl. 1894, M. H. 1900, méd. 2e cl. 1901. H. C **A. F.**

DEFEUILLE (F.), 64, rue La Rochefoucauld. **A. F.**

DEGUY-SAAPH (Mlle Matty), 68, rue de Cormeilles, Levallois-Perret.

DELAROCHE (Mlle Marguerite), 12, rue de Chabrol. Méd. br 1900 **A. F.**

DELAROCHE (Mlle Marie), 12, rue de Chabrol. **A. F.**

DELARUE-LEFEBVRE (Mme Cécile), 28, rue Saint-Lazare. (V. *Peintres*) **A. F.**

DELIGNY (Mlle Marthe), 14, rue de l'Hôtel-de-Ville, à Neuilly-sur-Seine (Seine).

DELOBEL-FARALICQ (Mme Laurence), 33, rue Jacob. Prix Maxime David 1905. **A. F.**

DELRIVE, 4, rue du Buisson-Saint-Louis.

DEMANGE (Mlle Marie), 25, rue Montaigne.

DENOUS-DUBOIS (Mme Louise), 6, rue de l'Avenir, à Asnières (Seine).

DERUP (Ch.), 38, rue de Sévigné.

DESCA (Mlle Alice), 34, rue Mathurin-Régnier.

DESIGNOLLE (Ernest), Galerie Paul-Chevalier, 17, boul. de la Madeleine. **A F.**

DESIGNOLLE (Paul), Galerie Paul Chevalier, 17, boul. de la Madeleine. **A. F.**

DESOUCHES (Robert), 30, rue Geoffroy-Lasnier.

DESSALLES (Julien-Albert), 20, rue Dussourd, à Asnières (Seine).

DESSERTENNE (Jacques-Maurice), 25, rue Humboldt. **A F.**

DETROIS (Mlle Alba), 7, rue Danton.

DEVEAUD-FABRE (Mme Henriette), 8, rue du Mont-Thabor. **A. F.**

DIÉNY (Mlle Charlotte), 93, rue de Charonne.

DONZEL (Georges-François), 82, rue François-Miron.

DORBEC-CHARVOT (Mme Henriette), 51, rue Maubeuge. **A. F.**

DOUBSON (Israël), 2, pass. de Dantzig.

DOULL (Mlle Mary), 104, rue d'Assas.

DRAZAH (Mme Mathilde), 123, rue Caulaincourt.

DREUX (Mme Lucie), (*peintre et paysagiste*), 11, boul. Gouvion-Saint-Cyr. **F. P. et S.**

DROISY (Mlle Emma), Maison de la Légion d'honneur, à Saint-Denis (Seine).

DROUAL (Mlle Blanche), 47, rue Fontaine.

DUBOIN-JOURDAN (Mme Renée), 2, square Alboni.

DUBOIS (Mlle Marguerite), 11, rue Saint-Amand.

DUBOIS (Mlle Valentine), 117, rue Saint-Dominique.

DUCHYNSKA (Mlle Hélène), O I. ○, 24, rue Marbeuf. **A. F.**

DUFAU-CORDIER (Mme Léontine), 41, rue de Jussieu.

DUFLOT-BAILLÈRE (Mme Georgette), 20, boul. de Courcelles.

DUFOUR (Mlle Léone), 132, rue du Faub.-Poissonnière.

DUHAMEL (Mlle Jeanne), 46, rue de Verneuil. **A F**

DULOUT (Mlle Marie), 37, rue Fontaine. **A. F.**

DUMAIL (Mlle Jeanne), 6, pl. de Rennes.

DUMAS (Mlle Alice), 2, rue Gaillard.

DUMAS (Mme Marie), *prof de dessin dans les Ecoles de la Ville de Paris,* 2, rue Gaillard.

DUMINY (Mlle Berthe), 38, rue des Jeûneurs.

DUMONT (Mme L.), 15, boul Henri-IV.

DUPONT (Mlle Suzanne), 26, av Daumesnil.

DUPRAY (Henri), villa des Arts, rue Hégésippe-Moreau.

DURIEZ (Mlle Marcelle), 94, av. du Chemin-de-Fer, à Rueil (Seine-et-Oise).

DUVERNEY (Paul), 42, rue du Montparnasse.

DYKMAN-LEMONNIER (Mme L), 206, boul. Saint-Germain. **A F.**

E

ELOY-VINCENT (Louis), 9, pl. de la Nation.

ESPINASSE (Léon), 177, boul. Pereire.

ESPOUY (Jean d'), 1, rue de Fleurus.

EVERART (Mlle Marthe), 233 *bis*, rue du Faub.-Saint-Honoré.

F

FAGNANI (Mlle Nina), 23, av. du Bois-de-Boulogne.

FARALICQ-MÉRY (Mme Renée), 17, rue Cail.

FAUCHEUR (Mlle Léonie), 22, rue Bautreillis.

FAURE (Mlle Hélène), 83, rue de Chaillot. **A. F.**

FAYE (Mlle Alice), 6, rue Crevaux.

FILLIARD (Ernest), 175, boul. Pereire. **M. H.** 1908.

FIQUÉMONT (Mlle Marie), 4, rue Thiers, au Vésinet (Seine-et-Oise).

FIVAZ (Henri), 4, rue de l'Alboni.

FIX (Mlle Lina), 31, rue Victor-Massé.

FLACHET (Mlle Anna), 32, boul. Henri-IV.

FOCILLON (Victor-Louis), 17, rue de l'Estrapade.

FORGES (Joseph), 30, av. du Maine.

FORMSTECHER (Mlle Hélène), O A. (), 25, rue de Navarin. M. H. 1900.

FORSTER (Mlle Alice-Rose), 7, av. de Longchamp, à Boulogne-sur-Seine (Seine).

FORSTNER (Mlle Marguerite de), 5, rue de la Légion-d'honneur, à Saint-Denis (Seine).

FOUCHER (Luc-Anatole), 25, rue Saint-Placide A F

FOURNIER (Mme Clotilde), O A (), maison de la Légion d'honneur, à Saint-Denis (Seine)

FRÉCHETTE (Mlle Marie-Marguerite), 6, rue Léopold-Robert.

G

GALAND-DYONET (Mlle Claire), 26, rue Henri-Monnier.

GALEZOWSKA (Mlle Marie), 103, boul. Haussmann. A F.

GALLIEN (Mlle Louise), O. A (), 59, boul. Barbès. M. H Paris, 1907, méd. Amiens, Lille, Nantes, Reims. A. F.

GASSER-JACOB (Mme Jenny), 10, rue Garreau.

GAUDRION (Mlle Francine), 64, rue La Rochefoucauld.

GAUDRION (Mlle Thérèse), 64, rue La Rochefoucauld.

GAUTIER (Gustave), 44, rue Pigalle.

GAYE (Mme Aline), 49, rue Monsieur-le-Prince

GELÉE (Mme Isabelle), 71, rue Nollet. M. H. 1906 A F.

GEORGE-GRIMBLOT (Mlle Elise), 7, rue du Dôme. M. H. 1907. A. F.

GÉRARD (Gaston), O. I. (), 8, rue du Val-de-Grâce.

GÉRARD DE GRIVAL (Mme Marie), 17, imp. du Moulin-Vert.

GERMAIN (Mlle Jeanne), 42, rue de la Véga.

GIBSON (Mlle Bessie), O I. (), 27, av. du Maine, chez Mme Bouval.

GIRARDIER (Mlle Jeanne), 26 rue Cardinet. A. F.

GIRAULT (Mlle Marthe), 36, av. Henri-Martin. A. F.

GIRY (Mme Lily), 4, rue du Cardinal-Lemoine. A. F.

GODCHAUX (Roger), 1, rue Galvani.

GODEFROY, 23, rue de Poitou.

GODET (Mlle Andrée), 40, rue du Faub.-Poissonnière. A. F.

GOODWIN (Mlle Hélen), 4, rue Schoelcher.

GORDON (Mlle Isabelle), 8, rue Léopold-Robert.

GOTTÉ (Mme Marthe), 16, rue Ernest-Renan.

GOURY (Mme Juliette), O. A (), 5, rue de Saint-Senoch. H. C. Toulon.

GOUY-BARROT (Mme Jeanne), 12, rue de Mesmes, à Bougival (Seine-et-Oise). A. F.

GRANGE (Fernand), 7, rue de la Douane. A. F.

GRENOUILLOUX (Mme Jane), 1, rue d'Ouessant. A F.

GRIVAZ (Eugène), à Rolleboise, par Bonnières (Seine-et-Oise). A F.

GROENWALL-LOMER (Mme Alma), 33, boul. des Invalides.

GROSSE (Mlle Eva), 213, boul. Voltaire.

GRUINTGENS (Mlle Thérèse), 37, boul. Malesherbes.

GRUYER (Mlle Gabrielle), 34, rue Lacroix. A. F.

GRUYER-BRIELMAN (Mme Eugénie), O. I. (), 35, rue Boissy-d'Anglas. M. H. 1896, méd. 3e cl. 1899. M. H. 1900. A F.

GUDIN DE VALLERIN (Etienne), 90, rue de Rennes, chez M. Biney.

GUÉRARD (Mlle Eugénie), 2, rue Philippe-de-Girard. A F.

GUÉRIN (Mlle Marie-Victorine), O. A (), 19, rue Poncelet. Méd. arg. Versailles, Boulogne, Chicago, méd. verm. Tours. A. F.

GUICHARD (Mlle Louise-Marie), O. A. (), 3, rue des Perchamps. M. H. 1889. A. F.

GUIDETTI (Pierre), 25, quai Voltaire.

GUIDO (Alfred), 74, rue Bonaparte.

GUIDO (Philibert), 58, rue de Maubeuge. Méd. or Milan.

GUIGNÉ (Alexis), 37, av. des Champs-Elysées, au Perreux (Seine). A. F.

GUILLAUMOT (Georges), 96, av. de Villiers. A. F.

GUILLAUMOT-ADAN (Mme Emilie), O. I (), 96, av de Villiers. M. H. 1903, méd. 3e cl. 1908 A. F.

GUILLEMIN (Jules), 23 bis, villa d'Alésia.

GUILLEMIN (Mlle Juliette), 20, pl. Dauphine.

GUILLEZ (Arthur), île de Saint-Ouen, quai de Robinson, à Saint-Ouen (Seine).

GUYARD-CHARVET (Mme Alice), O. A. (), 4, rue Bérite. M. H. 1900 Paris, M. H. Lyon 1899. A. F.

H

HAAS (Mme Marcelle), 83, rue Demours.

HARRISON (Mlle Mabel), 131, imp. Garnier, rue de Vaugirard.

HARTWELL (Mlle Nina), 2, square Delambre.

HÉAN-DYBOWSKA (Mme Emilie), 42, rue Condorcet.

HECK (Mlle Renée), 207, boul. Raspail.

HÉLO (Mme), 43, rue Piat, villa Ottiz.

HENNECART (Mlle Francine), 41, rue de Seine.

HENRY (Victor), 30, rue du Faub.-Saint-Honoré.

HERELLE (Mlle Symone), 21, rue Clément-Marot. A. F.

HERMET (Georges), 26, rue d'Orléans, à Neuilly-sur-Seine (Seine).

HERVÉ-LACOMBE (Mme Isabelle), O. A (), 6, rue Meslay. A. F.

HIDEUX (R.), 10, rue de la Paix.

HILDYARD-LOTH (Mme Marie), 27, av. Mac-Mahon.

HILLER (Mlle Léonore), 268, av. Daumesnil.

HOURRIEZ (Georges), 6, rue Desaix.

HOUSSAY (Mlle Joséphine), O I ✩, 47, quai des Grands-Augustins. (V. *Peintres.*)

HUILLARD (Mme Esther), 2 *bis*, boul. Bourdon, à Neuilly-sur-Seine (Seine). **A. F**

HUMBERT (Mlle Elise), 15, rue Vieille-du-Temple.

I

IMMELIN (Mlle Marcelle), 41, rue de Plaisance, à Nogent-sur-Marne (Seine).

J

JACOB (Mme Alice), 8, rue Fromentin. **A. F.**

JACOB (Mme Germaine), 20, boul. Barbès.

JACOB-KOSSAREWSKY (Mme Germaine), 20, boul. Barbès. **A. F.**

JACQUIER (Marcel), 100, rue d'Amsterdam. **A. F.**

JACTA (Mlle Suzanne), 10, rue des Pyramides. **A. F.**

JAMOT (Mlle Marie), 9, rue du Regard.

JANDELLE (Mlle Alice), 55, rue Rébéval, 12, cité Jandelle.

JEAN-LOISEL (William), 9, rue Bochard-de-Saron, chez M. G.-F. Rotig.

JEANSON (Mlle Louise-Esther), 11, rue de la Tour. **A. F.**

JEANSON (Mlle Marguerite), 26, av. des Gobelins.

JENNAR (Mlle Lise-Rolande), 1, square Delambre. Méd. or Bruxelles.

JEUNET (Louis-François), O.I. ✩, 72, av. de Saint-Ouen. **A. F.**

JOLIOT (A.), 29, rue du Château-d'Eau

JOSEPH (Mme Lucy), O. A. ✩, 64, rue La Fayette. **A. F.**

JOUBERT (Mme), 84, cours de Vincennes.

JULIARD (Mlle Germaine), 84, rue Lauriston. **A. F.**

JUNGER (Mlle Marie), 13, quai Saint-Michel.

K

KAHN (Mlle Lucie), 29, rue du Château-d'Eau.

KAHN DE CHAUMESNIL (Mme Louise), 16, rue Saint-Antoine. **A. F.**

KIRCHNER, 43, rue Lamarck. (V. *Peintres et Graveurs*)

KOWALSKA (Mlle Marthe), 321, rue du Faub.-Saint-Antoine.

KUGGE (Lucien-Gaston), 314, rue des Pyrénées. M. H 1899, méd. br. 1900.

L

LABARTHE (Mlle Charlotte), 229, rue du Faub.-Saint-Honoré. M. H. 1900.

LABARTHE (Mlle Jeanne), 229, rue du Faub.-Saint-Honoré. M. H. 1898, 1900. **A. F.**

LABBÉ-SERVEILLE (Mlle Blanche), 89, rue de Rivoli. **A. F.**

LABESSE (Mme Jeanne), av. de Fin-d'Oise, à Andrésy (Seine-et-Oise). **A. F.**

LABORDE (Mlle Augusta), 93, rue du Bac.

LABOUGLE (Mme Renée), 182, av. de Versailles.

LACOCHE (Mlle Madeleine), 42, av. Bugeaud

LAFORGE (Mme Marie), O. I. ✩, *prof. à l'Académie Julian, secrét. de la Soc. des miniaturistes*, 9, rue de Penthièvre Prix Maxime David décerné par l'Institut, méd. 3ᵉ cl. 1903. **A F., F. P. et S.**

LAGODERIE (Mlle Marie), O. I. ✩, 96, rue La Fontaine. **A. F.**

LAINÉ-LAMFORD (Marcel-Victor), 233 *bis*, rue du Faub.-Saint-Honoré.

LALOUE (Robert-Louis), 28, quai de Passy.

LA LYRE LEVESQUES (Mme Jeanne), 297, boul. Saint-Denis, à Courbevoie (Seine). **A F.**

LAMIRAL (Mlle Emélie), 38, rue Jouffroy. **A. F.**

LAMIRAL (Mlle Henriette), 38, rue Jouffroy. **A. F.**

LAMIRAL (Mlle Julie), 38, rue Jouffroy. **A. F.**

LAMY (Mlle Aline), 102, rue de Maubeuge. **A. F.**

LANDE (Mlle Mirka de la), 7, rue Belloni.

L'ANTOINE (Mlle Juliette), 15, rue Henri-Monnier. M. H. 1902. Prix Maxime David 1902. **A. F.**

LATURNER-ROCHETEAU (Mme Suzanne), 8, rue de la Folie, à Vaucresson (Seine-et-Oise).

LAURE, 32, rue d'Avron.

LAURENT (Mlle Louise), 18, rue Linné.

LAVALLEY (Alexandre), O A. ✩, 81, rue Lemercier M. H. 1890, Prix de Rome 1891, méd. 3ᵉ cl. 1897, méd. 2ᵉ cl. 1903. H. C. **A. F.**

LAZARD (Mlle Pauline), 95, rue de Turenne.

LAZARESCO (Emilien), 24, rue Barrault.

LE BACCH (Mme Héliane), 7 *bis*, rue du Débarcadère.

LE BRUN (Mlle Stéphanie), 141, rue de l'Université.

LE CHEVALIER (Mlle Madeleine), 16, rue du Parc-Royal.

LECOMTE (Mme Eugénie), 77 *bis*, rue Legendre.

LEFEBVRE (Mlle Suzanne), 144, rue du Faub.-Poissonnière.

LEFÈVRE (Mlle Emilienne), 43, rue de Saintonge.

LEIRIS (Mme Jeanne de), 7, rue Decamps. **A. F.**

LEMAIRE (Mme Gabrielle), 5, boul. Beaumarchais

LEMAIRE (Mme Marie-Thérèse), O. A. ✩, *aquarelliste et cuirs d'art*, 25 *bis*, rue du Château, à Neuilly-sur-Seine (Seine). M. H et méd. Amiens, Enghien, Levallois, Charenton. **A. F.**

LEROUX (Pierre), 91, boul. de la Reine.

LEROY (Mlle Louise), 22, rue de l'Elysée.

LESAGE (Joseph), 18, boul. Saint-Germain.

LEVADÉ (Georges), 27, rue Capron. M. H. 1900 A. F.

LEVASSEUR-PRIEZ (Mlle Marie), 32, rue des Plantes.

LEVERD (René), 71, rue de Buffon. Méd. verm. 1907 Avignon, méd. arg. 1908 Londres.

LE VILLAIN (Auguste), O I ⚹, 30, rue Alphonse-de-Neuville. M. H. 1888, méd. br. 1889, 1900. A. F. (V. *Peintres.*)

LÉVY (Mlle Jeanne), 59, rue Condorcet. Méd 3e cl. 1906. A. F.

LÉVY (Mlle Laure), 2, av. Parmentier. A. F.

LIMASSET-ROL (Mme Jeanne), 14, rue Michel-Chasles

LOGHADÉS (Mme Léonie de), 137, boul. Haussmann. M. H. 1898, méd. br. 1900

LONGUINIÈRE (Baronne Berthe de la), née d'Abadie, O. A ⚹, 12, rue de Naples. M H. Exposition du Palais-Royal, 1900. A F., F. P. et S.

LORÉAL (Mlle Marguerite), 67, rue Madame. A. F.

LOUPPE (Mlle Lucie), 62, boul. de Clichy.

LOUTZ-KONITSCHECK (Georges), 39, rue Marbeuf. A. F. (V. *Peintres.*)

LOYER (Mlles Juliette et Gabrielle), 37, *rue* Richer.

LOYEUX (Mlle Alice), 18, rue Saint-Nicolas. A F.

LUCE (Mlle Marguerite), 102, rue Nollet.

LUDBY (Max), 125, boul. du Montparnasse.

M

MAC-LEAN (Mlle), 24, rue de Berri.

MADEIRA (Mlle Clara), 3, rue Léopold-Robert.

MAGLIN-ROCHETTE (Mlle Claire), 25, rue d'Yerres, à Montgeron (Seine-et-Oise).

MAHEY (Mlle Jeanne), 3, boul. de Reuilly. A F.

MAHLER (Mlle Emma), 18 *bis*, rue de Chartres, à Neuilly-sur-Seine (Seine).

MAIH-LANDERSET (Mme Blanche de), 1, rue Godot-de-Mauroy.

MAILLARD (Mme), 171, rue de Grenelle.

MAIRESSE (Maurice), O. I. ⚹, 22, rue La Condamine. A. F.

MALASSIS (Pierre-Edmond), O I ⚹, 7, rue Lakanal, à Montrouge (Seine). (V. *Peintres.*)

MALEY (Mlle Louise), 113, rue Lauriston.

MAMET-PATIN (Mme Maria-Louise), 30, av. Hortense-Foubert, à Sartrouville (Seine-et-Oise). A. F.

MANDRE (Albert de), 18, rue Nollet Méd. arg. 1900. (V *Peintres.*)

MANET (Mlle Marie), 71, boul. Berthier.

MANSUY (Mlle Suzanne), 7, rue des Graviers. à Neuilly-sur-Seine (Seine).

MAPEL (Mlle Ida Bigler), 84, rue d'Assas.

MARCHAND (L.), 22, rue Saint-Sauveur.

MARÉCHAL (Mlle Hélène), 5, pl. des Ternes. M. H. 1897. A. F.

MAREST (Mlle Julia), 72, av de Villiers. Méd. 3e cl. 1885. A F.

MAREVERY (Mlle Yvonne), 42, rue Fontaine.

MARIOTTE (Mme), 29, rue de Chaligny.

MARTENNE (Etienne de), 9, rue Froidevaux. M. H. 1909. A. F.

MARTIN (Mlle Thérèse), 56, av. du Chem.-de-Fer, au Vésinet (Seine-et-Oise).

MARTINET (Mlle Marguerite), O. I. ⚹, 32, av. de Wagram. M. H. 1908. A. F.

MASSON-DETOURBET (Louis), 191, boul. Pereire.

MASSENET-BOURDAIS (Mme André), 11, rue Boulard.

MATHEWS (Mlle Harriet), 11 *bis*, rue Lord-Byron. A. F.

MATHEWS (Mlle Janet), 11 *bis*, rue Lord-Byron.

MATHIEU (Camille-Jean), 9, rue Maurepas, à Versailles (Seine-et-Oise). A F

MATHIEU-DEROCHE, 39, boul. des Capucines. Tél. 250 58. G. P. Paris 1900, Saint-Louis 1904, Londres 1908, Bruxelles 1910.

MAUGÈRE-DAMTY (Mlle Claire), 7, rue des Petites-Ecuries.

MAUNDRELL (Mlle Gabrielle), 54, rue Denfert-Rochereau.

MAUPIN-CHAHUNEAU (Mme Alice-Jeanne), 84, av. de Breteuil.

MAURY (Mlle Alice), 12, rue Bausset.

MAYER (Jean), 35, rue des Vinaigriers.

MAZIÈRES (Mme Yvonne de), *prof. de dessin et pastel*, 12 *bis*, rue Vineuse.

MEIFFRE (Mlle Marie-Louise), 5, rue Gounod.

MEMBRÉ (A), 38, rue de Turbigo.

MERCIÉ (Mlle Jeanne), 20, rue du Petit-Musc. Méd. arg Toulouse et Cahors.

MESNIL-BONNEFOY (Mme Léonie), O. A. ⚹, *prof. de dessin de la Ville de Paris*, 5, av. Daumesnil, à Saint-Mandé (Seine). Méd. or Bruxelles 1897.

MEUNIER (Georges), 17, rue Dailly, à Saint-Cloud (Seine-et-Oise). A F.

MICHEL (Mlle Madeleine), 57, rue La Fontaine.

MIGNOT (Mlle Lucie), 6, boul. de Clichy. A. F.

MILINAIRE-THIESSARD (Mme Gabrielle). Les Fauvettes, 120, route de Saint-Leu, à Montmorency (Seine-et-Oise). A. F.

MILLIARY, O A. ⚹, *artiste peintre, pastelliste*, 28, rue d'Orsel.

MILLOT (Mme), 7, rue Lekain.

MINEL (Mlle Marie-Louise), 4, rue Fourcroy.

MINGRET (Mme Lucie), 200, boul. Raspail. A. F.

MINOGGIO-ROUSSEL (Mlle Ysabel), 18, rue Gay-Lussac. A. F.

MIREAUX (Mlle Juliette), 19, route de la Brie, à Joinville-le-Pont (Seine).

MIRMONT (Mme Renée de), 8, boul. de Courcelles. Méd. br. 1900.

MIZARD (Maurice-Edouard), 8, rue des Ternes. M. H. A. F.

MONGRUEL (Mme), 11, rue de Sévigné.

MONFORT (Mlle Adrienne), 82, rue Monge.

MONOD (Mlle Marguerite), 95, av. de Villiers.

MONTERA (Mlle Félicité de), 8, rue Garancière.

MOREL (Mlle Charlotte), 18, rue de Chabrol.

MORGAN (Georgio), 268, boul. Raspail.

MORIDE (Mlle), 11 *bis*, rue de Planche. (V. *Peintres*.)

MORRIS (Mlle Hilda), 93, boul. Saint-Michel.

MORSTADT (Mlle Anna), O. A. ✪, 4, rue Cochin. M. H. 1905, méd. 3ᵉ cl. 1906, méd. 2ᵉ cl. 1909.

MOSTICKER-LAVERGNE (Mme Hélène), 9, villa Guibert. Méd. 3ᵉ cl. 1902. **A. F.**

MOURGUE (Emile), 20, rue de Paradis.

MOURGUE (Mlle Suzanne), 52, rue Condorcet.

MOURMANT (Mlle Marguerite), 33, rue Madame. **A. F.**

MUIRON D'ARGENANT (Mlle Emma), 19, rue de Penthièvre. **A. F.**

MULLER (Mlle Lucie), 21, rue La-Bruyère. M. H Versailles 1909. **A. F.**

MUSCADEL DE MASSUE (Mme Marie), 4, square du Croisic.

N

NATTIER-FRANÇOIS (Mme Jeanne), 17, boul. Saint-Martin. **A. F.**

NÉEL (Mlle Pauline), 16, rue de Chabrol.

NIERHTAC (Mme Isabelle), 19, rue de Miromesnil. **A. F**

NIKANOR (Jean-Alexy), 163, av. Victor-Hugo.

NOZIÈRES (Firmin), 21, rue Saint-Antoine.

O

OBALSKA (Mlle Marie-Louise), O. A. ✪, 38, rue Lannois, à Levallois-Perret (Seine). **A. F.**

ODIN (Mlle Blanche), O. A. ✪, 21, rue du Vieux-Colombier. M. H. 1904, méd. 3ᵉ cl. 1908. **A. F.**

OLINSKY (Ivan-G), 9, rue de la Grande-Chaumière.

OSBORNE (Jean), 85, rue Vaneau.

OSKO (Louis), *peintre émailleur et miniaturiste*, 49 *bis*, rue Custine. M H. 1900, méd. or Milan, 1906. (V *Peintres*)

OTTIN (Mlle Juliette), 29, boul. Pereire.

OUDIN-PETIT (Mme Marie-Suzanne), 37 rue Bourret.

P

PAGE (Mlle Sara), 50 *ter*, rue Perronet, à Neuilly-sur-Seine (Seine).

PAILLET (Fernand), 6, boul. de Clichy. M. H. 1891. **A. F**

PALADE-BONNAL (Mme Félicie), O. I. ✪, 10, rue Saint-Antoine. **A. F.**

PALLANDRE-RONCIER (Mme Georgina), 26, av. de Bellevue, à Sèvres (Seine-et-Oise) **A. F.**

PAQUELIER-GAIFFRE (Mme Alice), 10, av. de la Grande-Armée.

PARENT DU CHATELET (Mlle Th), 100, rue de Grenelle.

PARKINSON (Mlle Florence), 21, rue du Val-de-Grâce.

PARIZOT (Mlle Lily), 2, av. de Versailles.

PAUVERT (Mme Louise), 109, rue du Cherche-Midi. M. H. **A. F.**

PAVIL (Élie), 22, rue de la Tour-d'Auvergne. *Soc. des Aquarellistes internationaux et Soc. des Artistes peintres de Paris Moderne.*

PAYN (Mme Omer), O. A. ✪, 26 *bis*, av. Faidherbe, à Asnières (Seine). Méd. or de la Ville de Paris. **A. F.**

PAYRET-DORTAL (Louis), 4, rue Aumont-Thiéville. **A. F.**

PECQUERY (Mlle Madeleine), 18, rue de la Condamine.

PELLERIER (Mlle Geneviève), 20, rue Mouton-Duvernet.

PELLET-MIGNOT (Mlle Alice), 6, boul. de Clichy **A. F.**

PELLETIER (Mme Lucie), 30, boul. du Temple.

PELLETIER-DUPONT (Mme Julie), 6, rue du Foin. **A. F.**

PELLISSON (Mlle Jacqueline-Françoise), 5, rue Bobière-de-Vallière, à Bourg-la-Reine (Seine).

PENDRELL (William), 33, rue du Champ-de-Mars.

PÉNICAUT (Louis), 4, rue de Tournon.

PÉNIGAUT (Mlle Germaine), 103, rue Legendre. **A. F.**

PERRAUD (Mlle Anne-Marie), 14, rue des Moines.

PERRAUD (Mlle Cécile), 14, rue des Moines.

PERRENS-BONAMY (Mme), 21, rue Vineuse. **A.F.**

PERRIER (Jean), 13, rue de l'Arsenal.

PERRONET (Joanni-Maurice), 11, rue Henri-Monnier.

PETUA (Mlle Léonie), 11, quai Saint-Michel.

PICHARD (Mlle Louise), O. A. ✪, av. des Ternes, 96, villa des Ternes. **A. F.**

PIEDANNA (Mme Louise), 133, rue du Ranelagh. **A. F.**

PINAT (Mlle Madeleine), 17, rue Corbon. Méd. arg. Charenton, méd. arg. Villeneuve-Saint-Georges. **A. F.**

PINÈS DE MERBITZ (Mlle Marguerite), O. A. ✪, 14, pl. Vendôme. **A. F.**

PIOT (Mlle Jeanne), 4, rue Jouffroy.

PITON-GUITEL (Mme Flore), 12, rue Greuze. **A F.**

PLANSON (Henri), 24 *bis*, rue Pierre-Leroux.

PLINE (Mlle Jeanne), 10, rue du Ranelagh.

POINT (Maurice-Raphaël), 12, cours de Vincennes

POLLAK (Mlle Pauline), O. A. ✪, 143, rue de Rome. **A. F.**

POMEY-BALLUE (Mme Thérèse), O. I. ◊, 39, boul. Lannes. M. H. 1887, méd. 3º cl. 1889, méd. arg. 1889, H. C. **A. F.**

PONSARD (Mlle Andhrée), 96, rue de Paris, à Vincennes (Seine). **A. F.**

PONSART-GAULT (Mme Anna), O. A. ◊, 25, rue Proudhon, à La Plaine-Saint-Denis (Seine)

POSHIN-LABARRE, 81 et 83, av. Ledru-Rollin.

POSTEL-VINAY (Mlle Yvonne), 41, boul. de la Tour-Maubourg.

PRÉAULT (Mlle Marie-Thérèse), 12, rue Gambetta, à Asnières (Seine).

PREGRE (Mlle Hélène), 50 ter, rue de Malte.

PUISOYE (Mlle Marie), 24, rue de Grenelle. **A. F.**

Q

QUÉNELLE (Mlle Madeleine), 88, rue La Condamine.

QUISTGAARD (Johan Waldemar von Rheling), 49, rue des Belles Feuilles.

R

RABY (Mlle Louise), 7, rue Chabanais.

RAIGNÉ-NAVELLIER (Mme Marguerite), 8, rue de la Barouillère.

RALLIER DU BATY (Mlle Louise), 1, rue Humboldt. **A. F.**

RAOUX (Mlle Antoinette), 41, rue des Martyrs. **A. F.**

RAY (Mlle Georgette), 27, rue Corbeau. M. H. 1900, méd. Limoges et Ostende. **A. F.**, **F. P.** et **S.**

REDFIELD (Mme Héloïse), 18, rue des Plantes.

REHM (Mlle Victorine), 12, imp. Ronsin.

REID (James-Eadie), 51, boul. Saint-Jacques.

REINECK (Mlle Élisa), 55, rue Notre-Dame-des-Champs, chez M. Debout.

REINHARDT-LE-MARCHAND (Mme Germaine), 4, rue Murillo.

RENARD (Pierre-Maurice), 18, pl. de la Station, à Fontenay-sous-Bois (Seine).

REVEILLON (Mlle Juliette), 70, rue Nollet. **A. F.**

RICHARD (Mme Hortense), O. I ◊, 162, boul. du Montparnasse M. H. 1889, méd. 3º cl. 1892, méd. br. 1900, méd. 2º cl. 1900. H. C. **A. F.**

RICHARD (Mlle Marie), 9, rue Louis-le-Grand M. H. 1905. **A. F.**

RICHARD-CHAPONET (Mme Marie), 56, rue d'Auteuil. **A. F.** (V *Peintres*)

RICHARD-TRONCY (Mme Laure), 2, rue Aumont-Thiéville. M. H. 1902. **A. F.**

RICHARD-VERGNE (Mme Jeanne), O. I ◊, 20, Cité Malesherbes. M. H. 1902. **A. F.**

RIDEAU-PAULET (Mlle Marie-Thérèse), O. I. ◊, 52, boul. des Batignolles. **A. F.**

RING (Mlle Alice), 28, av. d'Iéna.

RIQUIER (Mlle Madeleine), 11, rue Brochant.

RIVOIRE (Auguste), 10, boul. de Clichy.

RIVOIRE (Mlle Jeanne), 19 bis, rue Fontaine. **A. F.**

ROBAUDI (Alcide), 16, rue des Apennins. M. H. 1884. **A. F.**

ROBERT (Mme Berthe), O. A ◊. 235, rue du Faub.-Saint-Honoré. **A. F.** (V. *Peintres*)

ROBERT (Mlle Mathilde), 241, rue du Faub.-Saint-Martin. **A. F.**

ROBIDA (Frédéric), 4, rue de Tournon.

ROBIN-NOIROT (Mme Raphaëla), 19, rue de l'Entrepôt.

ROBY (Mme Emma), 25, rue Château-Landon. M. H. Tours, Bourges, méd. br. Angers, Arcachon, Charenton; méd. arg. Crépy-en-Valois, Charenton; méd. vermeil Reims, méd. or Tours. **A. F.**

RODIGUE (Mme Marie), O. I. ◊, 4 bis, rue d'Estrées. *Copies et restaurations.* **A. F.**

ROGER (Mme Marie-Blanche), 57, rue de Paris, à Villeneuve-Saint-Georges (Seine-et-Oise) Méd. 3º cl. 1902. **A. F.**

ROGERS (Mlle Emily), 4, rue Gounod.

ROGISSE (Mme Léonie), 70, rue Boursault. **A. F.**

ROGUES (Mlle Lucie), 5, rue de la Légion-d'Honneur, à Saint-Denis (Seine). **A. F.**

ROHAN (Mme la duchesse Herminie de), 35, boul. des Invalides.

ROHDÉ (Mlle), 65, rue Lepic.

ROMAIN (Léon), 27, av. de Montsouris.

ROSA (Anna-Palm. de), 3, rue Rondelet.

ROSE (Mlle Marcelle), 17, rue Rouget-de-l'Isle, à Courbevoie (Seine).

ROSENSTOCK (Isidore), 43, av. Victor-Hugo.

ROSIER (Henri), 6, rue de la Victoire. **A. F.**

ROSSERT (Mme Marguerite), 11, rue de Bagneux.

ROTTÉE (Mlle Jeanne), 24, rue Dauphine.

ROUBAUD (Mlle Marguerite), 43, av. du Maine.

ROULLIER (Mlle Blanche), 26, rue Théry. M. H. 1903. **A. F.**

ROUSSEAU (Mlle Louise), 54, quai de la Râpée.

ROUTCHINE (Mlle Sonia), 56, rue Cardinet. **A. F.**

ROY (André), 32, rue du Château, à Asnières (Seine).

ROY (Mlle Marthe), 32, rue du Château, à Asnières (Seine).

ROYER-STEINLIN (Mme Renée), 22, rue des Fossés-Saint-Jacques.

RUEDOLF (Joseph), 12, rue Girardon.

RUTTÉ (Paul de), 110, rue Saint-Dominique.

S

SAFARIK (Jean), 33, rue de la Sourdière.

SAINTARD (Mme Marguerite), 13, rue de Buci. **A. F.**

SAIZÈDE (Mme), 66, rue de Monceau. **A. F.**

SAILLY (Mlle Laure), 127, av. de Clichy.

SALARD (Mme Céline), O. I. ☾, 72, av. de la Grande-Armée. **A. F.**

SAUGER (Mlle Amélie), 7, rue Clodion.

SAWRIE (Mme Mary-B.), 15, rue Bréa.

SAXBY (Mlle Kate), 27, av. du Maine.

SCHMITT (Mlle Noémi), 11, rue La Boissière, à Fontenay-aux-Roses (Seine). M. H. 1895, méd. 3e cl. 1896, méd br. 1900. **A. F.**

SCHMITZ (Mlle Élisabeth), 21, rue Pauquet.

SCHNEIDER (Mlle Alexandra), 4, rue Herran.

SEGUIN (Mme Alice), 27, rue Chaptal.

SEGUIN (Mlle Antoinette), 27, rue Chaptal **A. F.**

SERS (Mlle Virginie), 10 *bis*, boul. Bonne-Nouvelle.

SHANFIELD (Mlle Zelda), 9, rue Campagne-Première.

SIBON! (Mlle Emma), 5, rue Léopold-Robert.

SIEFFERT (Louis-Eugène), 36, rue Brancas, à Sèvres (Seine-et-Oise). M. H. 1861. **A F.**

SIMMONS (William-Francis), 15, rue Le Verrier.

SIROT (Mme Marie), 120, rue d'Alésia. **A. F**

SLOM (Mlle Olga), 26, av. des Gobelins.

SONREL (Mlle Elisabeth), 35, rue des Chêneaux, à Sceaux (Seine). M. H. 1893, méd. 3e cl 1895, méd. br. 1900. **A. F.**

SOYER (Mlle Suzanne-Jeanne), *prof. de dessin, diplômée de l'Etat*, 13, rue du Télégraphe. **A. F.**

STEINLIN (Mlle Renée), 17, av. de La Bourdonnais. **A. F.**

STELLA-SAMSON (Mlle Louise), 9 *bis*, rue Boissonade. M. H. 1909. **A. F.**

STRYIENSKI (Casimir), O. I. ☾, 15, rue Soufflot.

SUAIR (Mlle Gabrielle), 43, boul. des Batignolles.

SURMONT (Mme Emilienne de), 60, rue Château-Landon.

T

TARTOUÉ (Pierre), 43, av. Victor-Hugo.

TAUZIN (Louis), 4, sentier des Pierres-Blanches, à Bellevue (Seine-et-Oise). M. H. 1884, méd 3e cl. 1904. **A. F.**

THÉSÉE (Mlle Magdeleine), 9, imp. du Maine.

THIÉRAT (Mlle Mélitine), O. A. ☾, 29, quai des Grands-Augustins. H. C. Chicago 1893, méd. br. 1900. **S. N.**

TOJETTI-BELLI (Mlle Marthe), 1, pl. de Breteuil.

THUMERELLE, 15, rue Molière.

TOLLAY (Mlle Marguerite-Lucie), 7, rue Mayran.

TOUSSAINT (Maurice), 7, av. de la Grande-Armée.

TUCK (Mlle Isabella), 5, rue Lord-Byron.

V

VALLANCIENNE (Mlle Marguerite), 2, rue Aumont-Thiéville.

VALMALÈTE (Mlle Cécile de), 34, rue des Martyrs.

VAN BEVER DE LA QUINTINIE (Mme Marguerite), 68, rue de Babylone. **A. F.**

VAN MIGHOM (Mlle Eve), 86, rue des Martyrs.

VAN MIGHOM (Mlle Jeanne), 16, rue du Guichet, à Clichy (Seine).

VAN REYSEN (Mlle Olympe), 188, boul. Malesherbes.

VARCOLLIER (Mlle Germaine), 36, av. de Neuilly, à Neuilly-sur-Seine (Seine)

VAURY (André), 63, rue Pascal.

VEDEL DE FORGET (Mme Louise-Renée), Palais du Sénat. M H. 1900. **A. F.**

VERGANS (Mlle Germaine), 3, rue de l'Assomption.

VILLAUDIÈRE (Mlle Ernestine), 177, av. Gambetta. **A. F.**

VILNET-ALBOUIS (Mme Eugénie), 5, rue Salneuve.

VIOLAINE-BRINQUANT (Mme Suzanne de), 5, rue Copernic. **A. F.**

VOISIN (Mlle Marguerite), O. A. ☾, 64, av. de la République. **A. F.**

VOLPUT (Mlle Stéphanie), 93, rue Jouffroy. **A. F.**

VULITCH (Mlle Antoinette), 5, rue Crevaux.

W

WALLDER (Mlle Daisy), 218, boul. Raspail.

WARGOUTZ (André-Benoît), 7, av. Suzanne, à Nogent-sur-Marne (Seine).

WARNER (Georges), 13, rue Faye, à Saint-Mandé (Seine).

WATERS (Frédérick), 9, rue Campagne-Première.

WATSON (Mlle N.-Anna), 111, rue N.-D.-des-Champs.

WEAVER (Mlle Bessie-Male), 227, rue Saint-Jacques.

WEIL (Mlle Mag), 79, rue La Fayette.

WESSELHOEFT (Mlle Mary-J.), O. I ☾, 3, rue Campagne-Première. Women's International Art Club Copley Society, Boston. Union internationale des Beaux-Arts (V. *Aquafortistes*)

WILKINSON (Mlle Gladys), 55, boul. du Montparnasse.

WILSON (Estol), 23, rue Boissonade.

WYATT (Mlle Mary), 17, rue Delambre.

Z

ZABETH (Mlle Elisabeth), 9, rue Meslay. **A. F.**

ZIMMERMANN (Oscar), 138, boul. Magenta.

ZUBER (Mme Elise-Anna), 70, rue d'Assas. M. H. 1902, méd. 3e cl. 1907. **A F.**

DESSINATEURS-ARTISTES

A

ALERS (L.), 51, rue Sainte-Anne.
ANDRÉ (Henry), 3, faub. Saint-Jacques.
ARMENGOL, 13, rue Ravignan.
AVELOT (Henri), 42, rue Fontaine-Saint-Georges. (Voir *Peintres*.)

B

BALADIEZ (G.), 30, rue Monsieur-le-Prince.
BALLURIAU (Paul), 49, boul. Saint-Marcel.
BEC (Léon), 36, rue Amelot.
BERTRAND (E) et A. **BRÉVAL**, 27, rue du Château-d'Eau.
BION (Mlle Louise), 66, rue Madame.
BOUCHEROT (Mlle Marie), 5, rue du Pont-de-Lodi.
BOUTRON (Mlle), 6, rue Beautreillis.
BRUNET, 2, cité du Retiro.
BRUNETTA, 83, rue Blanche.
BURAT (Mlle Fanny), 25, rue Saulnier

C

CARPENTIER, 5, rue des Haudriettes.
CHAMONIN (Georges), 67, rue Lévis.
CHASSAT, 15, rue Molière.
CLÉMENT (A.-L), ✻, O. I. ⬡, ⚜, 34, rue Lacépède. G. P. Liège, Londres, Milan, Saragosse, Bruxelles. Secrétaire du Jury (cl. 42) 1900. **A. F.**
CLÉRICE (Charles), 25, rue Victor-Massé.
CLERMONT (H.-A.-L), 18, cité Malesherbes. M H. 1883, méd. 3e cl. 1893. **A. F.**
COIN, 111, faub. Saint-Honoré.
COMTET (L), 78, rue de Passy.
CONRAD (G), 12, rue des Artistes.

D

DANGON (Henri), 25, quai des Grands-Augustins.
DAUDIN (René), 6, rue Lamarck.
DELASPRE, 157, boul. Saint-Germain.
DESJOURS, 257, boul. Raspail.
DILLON (Nicole), 114, rue de Grenelle.
DOUHIN (André), 116, rue du Bac.
DRIVON (Vve), 1, rue d'Alençon.
DUDOUYT (Ch.), *Humoriste*, 4, villa Fin-d'Oise, à Fin-d'Oise (Seine-et-Oise)
DUPONT (J.), 22, rue de la Tour-d'Auvergne.
DURANTON (J.), 15, av. d'Orléans.
DURELLE (Francis), 152, rue Legendre.

E

EYMARD (Théophile), *directeur de la nouvelle Édition Française*, 19, rue de Lille.
ENFER (Léon), 219, boul. Voltaire.
ÉTIENNE (A), 22, rue Troyon.

F

FARIA, 6, rue de Steinkerque.
FAUCHER-GUDIN (Henri), O. I. ⬡, ⚜, 133, rue du Cherche-Midi.
FERRE (Albert-M.), 17, boul. Rochechouart.
FEUILLET (M.), 35, boul. Rochechouart.
FLORANE (Louis), 3, villa Brune
FORAIN (J.-L), ✻, 30 *bis*, rue Spontini. H. C.
FRÉMICOURT (Mlle Blanche de), 2, rue Vignon. **A F.**
FRÉROT (Mme M), 11, rue de Thann.

G

GALLAND (André), 38, rue de la Tour-d'Auvergne.
GALLICE, 15, rue Bouchardon.
GANGAND, 5, rue Pierre-Chausson.
GÉO-FRED, 83, rue de la Tombe-Issoire.
GÉRIN, 8, rue Garancière.
GHERSI-NILLIASSO, 39, rue Beauregard.
GOUIN (Mme), 53, boul. Gouvion-Saint-Cyr.
GRAY (Henry), 49, rue d'Amsterdam.
GRÉGOIRE (Georges), 12, boul. de la Villette.
GUENEZ (Mlle Berthe), 92, rue de la Mare.

H

HEM (Raoul-Edouard), 48, rue de Douai
HENRIQUEZ, 13, rue Méchain.
HOUBLAIN, 6, rue Pierre-Chausson
HUSSON (L), 56, rue de Lancry.

I

ISORNI (A), 12, rue Saint-Simon. Tél. 725.51.

J

JANIN (A.), 78, faub. Saint-Jacques.

K

KARMANSKI (Alfred), 11, rue de l'Estrapade.
KERN, 6, rue Asseline.

L

LABROUSSE, 50, rue Notre-Dame-des-Victoires.
LANOS (Henri), 13, rue Bonaparte. **A. F.**
L'ÉCUYER (Mlle Marie), 9, imp. du Maine.
L'ÉCUYER (Mlle Alice), 9, imp. du Maine.
LEFÈVRE (P.), 23, rue du Cherche-Midi.
LEGRAND, ✱, 51, rue Le Peletier. (V. *Peintres*)
LEROY (Anicet), 44, boul. Ornano.
LION, 10, rue Tholozé.
LOSQUES (Daniel de), 164, rue de Courcelles.
LOUCHEL (A.), 6, rue Gobert.

M

MAHN, 27, rue de Seine.
MAILLOS (André), 12, rue des Saints-Pères.
MALTESTE (Louis), 33, boul. de Clichy.
MARS (Maurice Bonvoisin), 53, rue Pierre-Charron.
MAS, 48, rue Gassendi. **A F.**
MAYLANDER (Charles-Jacques), 3, rue de la Sablière. Méd. 2ᵉ cl. 1910.
MEIGE, 22, rue des Abbesses.
MENETRIER (L.), 79, rue des Saints-Pères.
METIVET (Lucien), 6, boul. de Clichy. M. H. 1889.
MICHEL (E.), 9, faub. Poissonnière.
MIRANDE, 61, rue Caulaincourt.
MOCH-GEO, 11 *bis*, rue Jean-Leclaire.
MONTIGNY (Mme), 22, rue Monsieur-le-Prince.
MORENVILLIER (G.), 8, rue Marie-Stuart. Méd. Exp. Londres et Bruxelles.
MORISOT (Mlle Henriette), O. A. ☖, *peintre-professeur*, 71, rue de Chabrol. M. H. 1900. Dipl. d'honneur Versailles, méd. or Lyon, méd. arg. Angers, Nancy. **A F.**
MOTET (Maurice), O. A. ☖, 42, rue d'Auteuil.
MOURGUE FRÈRES, 20, rue de Paradis.
MUSSO (Antonin), 9, rue Mayet.

O

ODIS (Charles), 29, rue Caulaincourt.

P

PARIS (Victor), 15, rue des Jeûneurs.
PERRONNE (Mlle Laure), 3, rue du Vieux-Colombier. **A. F.**
PETITDEMANGE, 103, rue La Fayette.
PIAUD (Mlle Suzanne), 44, rue de Verneuil. **A. F**
PLUMEREAU et fils, 18 et 20, rue de Chabrol.
POULBOT, 87, rue Caulaincourt.
PREJELAN (René), 161, boul. Pereire.

R

RABIER (Benjamin), O I. ☖, 3, rue Chasseloup-Laubat.
RÉLIN (Mme Marie), 23, quai d'Anjou.
RIVET (Emile), 24, rue Victor-Massé.
ROBERT (Alph.), 16, rue Bichat.

S

SAINT-MARTIN-BEYRIE (Raymond de), 10, rue Théophile-Gautier.
SAUVERT, 76, boul. Saint-Marcel.
SCHUCHKNECHT, 15, pass. Barrault.
SEM, ✱, 5, rue Cambon.
SERGEANT (Georges), 69, rue des Entrepreneurs.
STA (H. de), 14, rue Girardon.
STEINLEN, 73, rue Caulaincourt.

T

THOORENS (C.), 13, rue Malebranche.
THOREN (de), 23, boul. Gouvion-Saint-Cyr.
TOURTIN (H), *dessinateur et décorateur*, 58, rue Michel-Ange.

V

VAILLANT (L.), 6, cité Paradis. Tél. 327.16.
VANDER-GUCHT (E.), *dessinateur et illustrateur*, 6, rue Régis.
VIARD, 33, rue Madame.

W

WIDHOPFF, villa des Arts.
WILLETTE (Léon-Adolphe), ✱, 28, rue Lacroix. M. H. 1894.
WOCHENMAYR (M.), 55, rue Richard-Lenoir.

SCULPTEURS, STATUAIRES
GRAVEURS EN MÉDAILLES

A

ABBAL (André), O. I. ◊, 6, villa Brune. Méd. 3e cl. 1900, méd. 2e cl. 1907. **A F.**

ACHARD (Jean), O. I. ◊, 11, imp. Ronsin. Méd. 3e cl. 1903. **A. F.**

ADAM (Mlle L), O. A. ◊, 76, rue de la Pompe.

AIMONE (Victor), ✻, O. A. ◊, 5, rue Dareau.

ALAPHILIPPE (Camille), 9, cité Canrobert. Prix de Rome 1898, M. H. 1901, méd. 3e cl. 1905. **A. F.**

ALBAZZI DE KWIATKOWSKA (Comtesse Iza), 259, boul. Pereire. M. H. 1898.

ALBERT-LEFEUVRE (L.), ✻, 13, rue de l'Abbaye. Méd. 3e cl. 1875, méd. 2e cl. 1876. H. C. **A. F.**

ALBINET, 82, rue Lecourbe.

ALLAR (André), O. ✻, *Membre de l'Institut, prof. à l'École des Beaux-Arts*, 77, rue d'Amsterdam. Prix de Rome 1869, méd. 1re cl. 1873, 1878, méd. d'honn. 1882, méd or 1889, 1900. H. C. **A. F.**

ALLIOT (Lucien), 98, boul. Richard-Lenoir. M. H. 1903. B. de V. 1907, méd. 3e cl. 1907. **A. F.**

ALLOUARD (Henri), O. ✻, *M. du Comité A. F*, 12, rue du Regard. Méd. 3e cl. 1876, méd. 2e cl. 1882, méd. arg. 1889, méd. or 1900. H. C. **A. F.**

ALMECH (J.), 59, av. de Saxe.

ALMEIDA (Francisco), 155, boul. du Montparnasse.

ALONZO, 7, rue Belloni.

ALTENI, 2, rue Piaton.

ALVES DE SOUZA (Antonio), 52, rue Vercingétorix.

AMAURY, 18, rue de Steinkerque.

AMBROSIO (Louis d'), 136, rue Broca. M. H. 1908. **A. F.**

ANCIAUX VON ELSBERG (A.), O. A. ◊, 16, rue du Saint-Gothard. M. H 1898. **A. F.**

ANDRÉ (Alexis), 82, rue de la Tombe-Issoire. M. H. 1885, 1886.

ANDRIEU (Ferdinand), 9, imp. de l'Enfant-Jésus.

ANGST, 39, boul. Saint-Jacques. **S. N.**

ARCHIBALD (Phyllis), 5, rue de Bagneux.

ARDOUIN (G.-E.), 4, rue du Rendez-vous. M. H. 1907. **A. F.**

ARNAUD (Mlle M.-Joséphine), 5, av. Philippe-Leboucher, à Neuilly-sur-Seine (Seine). **A F.**

ARNOLD, O. A. ◊, 13, rue Jacquemont.

ARNOUX, 56, rue de Bondy.

ARONSON (Naoum), 93, rue de Vaugirard. **S. N.**

ARRAGON (Albert), 4, rue Thénard. **A. F.**

ARSAL (Eugène-R), 77 *bis*, av. de la République, à Vincennes (Seine). **A. F.**

ARTHEZ (Philippe d'), 38, boul. Flandrin.

ARVISENET (Léon), 75, rue de Turbigo.

ASCOLI (Joseph), O I ◊, 82, boul. des Batignolles. M. H. 1897, 1900. **A F.**

ASTE (Joseph d'), 8, rue Borromée.

ATTENNI (César), 2, rue Cervantès prolongée.

AUBAN (Paul), 195, rue de Vaugirard. M. H. 1894, méd. 3e cl. 1899 M. H. 1900, méd. 2e cl. 1901, B. de V. 1901, méd. 1re cl. 1908. H. C. **A. F.**

AUBÉ (Jean-Paul), O. ✻, 12, rue Erlanger. Méd. 2e cl. 1874, Rapp. 1876, méd. 3e cl. 1878, méd. or 1889, G. P. 1900. H. C. **A. F.**, **S. N.**

AUBIOLS, 233 *bis*, faub. Saint-Honoré.

AUBRY (Mme Madeleine), 6, av. Hoche. **A. F.**

AULNAY (Charles d'), 75, rue Claude-Bernard. **A. F.**

AULNAY (François d'), 35, rue Capron.

AUZOUT, 125, boul. Soult.

AYTON (Charles-William), 91 *bis*, rue du Cherche-Midi. M. H., méd. exp. de Saint-Louis.

AYTON (Charles), 3 *bis*, rue de Bagneux. M. H. 1908.

B

BABINSKY (Michel), 39, boul. Saint-Jacques.

BACCHI-CHARPENTIER (Mme Francine), 17, rue Campagne-Première.

BACQUÉ (D.), 37, rue de la Clé. M. H. 1907.

BADIN (Jean-Victor), 2, boul. de Courcelles. M. H. 1897, 1900. **S. AU.**

BAFFIER (Jean), ✻, 6 *bis*, rue Lebouis. Méd. 3e cl. 1883, méd. arg. 1889. H. C.

BAILLEUL (Jan), O. I. ◊, 66, av. de Châtillon. M. H. 1907. **A. F.**

BAILLY (Charles), ✠, *expert désigné près la justice du XIVe arr.*, 3, rue du Château. M. H. 1898, 1900. **A. F.**

BALLONI (Jean), 10, villa Duthy. M. H. 1892, méd. 3e cl. 1893.

BALZUKIEWITCH (Boleslas), 2, pass. de Dantzig.

BARALIS (Louis), 233 *bis*, faub. Saint-Honoré. Méd. 3e cl. 1888, B. de V. 1894, méd. 2e cl. 1902. **A. F.**

BARATTINI (André), 4, rue de la Sablière.

BARCLAY (Mme Dorothée), 6, rue Boissonade.

BARDELLE (Léon-R.), 35, rue Boulard. Méd. 3e cl. 1895.

BARDERY (Louis-Armand), 35, rue de la Tombe-Issoire. M. H. 1905, méd. 3e cl. 1907. **A. F.**

BAREAU (Georges), O. ✺, 42, boul. de la Saussaye, à Neuilly-sur-Seine (Seine). Méd. 3e cl. 1893, B de V. 1893, méd. 2e cl. 1895, Prix de Paris 1895, méd. 1re cl. 1897 méd or 1900, méd. d'honn. 1906. H. C A. F.

BARENNES (Jean), 75, boul. de la Villette.

BARGAS (Edmond), 56, rue Compans.

BARIAN (Jules), 57, rue des Couronnes. A. F

BARILLET (Louis), 39, av. de Ségur (villa Ségur). M. H. 1910. A F.

BARLUET (Mlle Marie), 182, boul. Saint-Germain. A. F

BARON (Mme Henriette), 13, rue Caulaincourt. A. F.

BARON (Robert), 5, rue des Saints-Pères.

BARRAU (Th), O. ✺, 366, rue de Vaugirard Méd. 3e cl 1879, méd 2e cl 1880, méd. arg. 1889, méd. 1re cl 1892, méd or 1900. H C. A. F.

BARSOTTI (André), 16, rue Colas.

BARTHOLOMÉ (Albert), O. ✺, 1, rue Raffet. G. P. 1900. H. C. S. N.

BARTLETT (Paul), O ✺, 16, rue du Commandeur. M. H 1887, H. C 1889, M du J 1900. H C S. N.

BASTON (Alex), O. A. ۞, pl du Marché, à Luzarches (Seine-et-Oise). A F

BATE (Firmin), 13, boul. Edgar-Quinet.

BATON (Ernest), av. d'Eprémesnil, à Croissy-sur-Seine (Seine-et-Oise). A F

BATTAILLE (César), 15 bis, rue Théophile-Gautier.

BATTLE (François), 5 bis, rue Bourgeois

BAUCOUR (René), 6, rue de Lille. M. H. 1904.

BAUDOT (Emile), 26, rue de l'Yvette.

BAUDICHON (René), 27, rue Desrenaudes. Méd. 3e cl. 1904 A. F.

BAUER (Maurice-Alex.), 59, rue du Faub.-du-Temple. S. N.

BAYEUX (Léon), 5, rue de Bagneux. M. H. 1895. A F.

BAZOR (Lucien), 126, rue de Turenne.

BEAUFILS (Armel), 2, rue Mizon. M. H. 1909.

BEAULIEU (Mlle Aline de), 17, rue de Chanaleilles. A. F

BEAUNE (Louis de), O. A ۞, 8, rue de la Glacière. A F.

BECKER (Auguste), 170, rue Vercingétorix

BECKER (Edmond-Henri), 6, rue Beautreillis. A. F.

BÉCLU (René), 11, rue du Havre. Méd. 3e cl. 1908. A F.

BEETZ (Mme Elisa), O. A. ۞, 117, rue Borghèse, à Neuilly-sur-Seine. S N

BÉGUINE (Michel), ✺, M du Jury, 36, av. de Châtillon. M. H. 1878, méd 3e cl. 1883, méd. 2e cl 1887, B de V 1887, méd. arg. 1889, 1900 méd 1re cl 1902. H. C. A F

BÉLARD (Gustave), 7, av. des Ternes. M H ✺ 1882-1883. A F.

BELLOC (Jean-Baptiste), 129, rue de l'Université M. H 1889, méd. 3e cl 1895, méd. 2e cl. ✺ 1905.

BENDER, 50, rue Vercingétorix

BENET (Eugène), O. A. ۞, 115, rue Notre-Dame-des-Champs. M. H. 1886, 1889, méd 3e cl. 1897, méd. br. 1900, méd. 2e cl. 1906. A. F.

BENNETEAU-DESGROIS (Félix), 25, rue Villiers-de-l'Isle-Adam. M. H. 1898, Prix de Rome 1909.

BENOIT DE SALVANIHAC (Mme Paule), 33, rue de Tocqueville.

BENOIT-LÉVY (Albert), O. A. ۞, 30, av. Malakoff. M. H 1896. A F.

BÉRENGIER (Jean), 96, av. des Ternes. A. F.

BERLAIMONT, 60, rue de la Tour.

BERNARD (Joseph), ✺, 5, rue de Bagneux. Méd. 3e cl. 1893, méd. 2e cl 1898. M. H. 1900. A. F.

BERNARD (Ludovic), 1, rue de l'Aqueduc. A. F.

BERNARD (Prosper), 97, rue du Cherche-Midi. A. F.

BERNHARD (Mme Sarah), 56, boul. Pereire. M. H. 1876.

BERNIÈRES-HENRAUX (Mme Marie), 60, av. Victor-Hugo

BERNSTAMM (Léopold), C. ✺, 44, rue Laugier. M. H. 1887, méd. arg. 1889, méd. or 1900. H. C.

BERNSTEIN-SINAYEFF, 20, rue des Acacias.

BERTAULT (Amédée), 39, rue Dutot.

BERTHIER (Henri-Pierre), 5, pl. d'Italie

BERTRAND (Mlle Charlotte), 29, rue de Buffon. M. H. 1907. A. F.

BERTRAND (Louis), O A. ۞, 49, av. de Ségur. Méd. 3e cl. 1900, méd. 2e cl. 1904. A. F.

BERTRAND-BOUTÉE (René), 22, rue Tourlaque. Méd. 3e cl. 1904, méd. 2e cl. 1906, B. de V. 1909 A F.

BESNARD (Mme Charlotte), 17, rue Guillaume-Tell. M. H. 1883, méd. arg. 1900. S. N.

BESNARD (Philippe), 17, rue Guillaume-Tell. S. N.

BETTI (Luigi), 39, pass. de l Élysée-des-Beaux-Arts. M. H. 1909.

BEURY (Gaston), 89, boul. de Grenelle. M. H. A F

BÉVILACQUA (Dominique), 33, rue Mathurin-Regnier.

BÉVILLE (Paul), 2, rue Juliette-Lamber. M. H. 1896. A. F.

BEYLARD (Ch), 77, rue Denfert-Rochereau. Méd. 2e cl 1878, méd br. 1900 H. C. A. F.

BEZNER (Max), 65, boul. Arago. M. H. 1908.

BIAGASSE, 233 bis, faub. Saint-Honoré.

BIAGGI (Augusto), 170, rue Vercingétorix.

BIANCHI (Dominique), 5, rue Humboldt. M. H. 1898, méd. br. 1900. A. F.

BIANCHI (Jules), 51, av. du Maine.

BIANCHI (Mme), 6, rue Jean-Goujon. M. H. 1886, 1889. A F.

BIGARD (Gaston), *statuaire décorateur et graveur*, 25, rue Etienne-Marcel.

BIGONET (Charles), 3, rue des Plantes (villa Moderne). Méd. 3e cl. 1909.

BILLOT (Charles), 46, boul. de Strasbourg, à Nogent-sur-Marne (Seine). M. H. 1909.

BILOTTI (Salvatore), 18, imp. du Maine.

BINDER (Carl.), 50, rue Vercingétorix. S. N

BIROT (Pierre-Albert), 51, boul. Saint-Jacques. M H. 1902. A F.

BISSON (Ernest), 155, av. Malakoff. A. F.

BISSON (Mlle Juliette), 199, av. Victor-Hugo. M. H. 1900. A F

BITTER (Ary), 47, rue du Château.

BIZARD (Mlle Suzanne), O. A ⬦, 62, rue Bargue. M. H. 1900. A F.

BLAISE (Aimé-Gustave), 11, imp. Ronsin. Prix de Rome 1906, Prix Maubert 1910.

BLAKE (Vernon), 2, imp de Dantzig.

BLANC (Ch.-S.), O. I. ⬦, 7, rue Daguerre. A. F.

BLANCHARD (Jules), ✻, M. du Comité A. F, 74, rue Madame. Méd. 1866, 1867, méd. 2e cl. 1873, méd. or 1889, M. du J. 1900. H. C. A. F.

BLANCHOT (I.), O. I. ⬦, 66, rue Théophile-Gautier M. H 1894

BLIN (Edouard), 147. av. du Maine M. H. 1908

BLOCH (A.-L), 6, rue Dareau. Méd. 3e cl. 1889, méd. arg. 1900. A F.

BLONDAT (Max.), ✻,6,rue Mornay. M H. 1900, méd 1re cl. 1904, Prix national 1904. H. C A. F.

BLOT (Eugène), 11, rue Richepance. A. F.

BLUM (Mlle Juliette), 5, pl. des Ternes.

BLUM (Mlle Marguerite), 9, rue Edmond-Valentin.

BOBBIAS (Pierre), 31, rue d'Arcueil, à Malakoff (Seine).

BOCQUET (Gaston), 26, rue Nansouty. A. F. (V. Peintres.)

BOERO (Jacques), 63, rue Laugier (atelier, 33, rue Bayen).

BOERO (Mlle Nilda), 173, boul. Pereira (atelier, 33, rue Bayen)

BOFILL (Antoine), 50, rue Vercingétorix. M H. 1902.

BOIS (Mlle Roberte du), 8 bis, rue Margueritte. M. H. 1899. A F

BOISSEAU (Emile), O. ✻. M du Comité et Vice-prés A F., 16, rue des Volontaires. Méd. 1869, méd. 2e cl. 1880, méd. 1re cl. 1883, méd arg. 1889, méd. d'honn. 1899, M. du J. 1900 H. C. A. F.

BOISSONADE (Henri-Paul), 65, rue de Longchamp. M H. 1908 A. F.

BOLESLAS (Biegas), 3, rue de Bagneux.

BONABEAU (A.), 11, imp. Ronsin. A F

BONDUEL (Léon-Emile), O. A. ⬦, 376, rue Saint-Honoré. A. F.

BONNARD, 5, rue Dareau.

BONNEAU (Jacques), 147, av. de Villiers. (Voir Peintres.)

BONNET (Mlle Marguerite), 8, rue d'Assas.

BONNET-DUPEYRON (Frédéric), 77, rue Denfert-Rochereau. M. H. 1906. A F.

BONTEMPS-SPITZER (Mme Marthe), 122, av. d'Orléans.

BONY DE LAVERGNE (Léopold), 4, rue Frédéric-Bastiat. A. F.

BORGA (Antoine), 100, boul de la Gare.

BORGESON (Borje), 14, cité Falguière. M. H. 1877-1879.

BORREL (Alfred), ✻, 14, rue Lagrange. Méd. 3e cl 1880, méd. 2e cl. 1890, méd. 1re cl. 1896, méd. arg. 1900. A.F.

BORTHWICK (Mlle Jessica), 233 bis, rue du Faub.-Saint-Honoré.

BOTTA (Aristodème), 2 bis, rue Descombes.

BOTTÉE (Louis), O. ✻, 16, rue Fontaine-Saint-Georges. Prix de Rome 1878, méd. 3e cl. 1882, méd. 2e cl. 1887, méd. 1re cl. 1894, méd. or 1900. H. C. A F.

BOTINELLY (Louis-Marcel), 3 bis, rue de l'Abbé-Grégoire.

BOUCHARD (Louis-Henry), ✻, 17, rue Campagne-Première. Prix de Rome 1901, méd. 3e cl. 1903, méd. 2e cl. 1906, méd. 1re cl. 1908. H. C. A. F., S AU

BOUCHER (Alfred), C. ✻, M. du Comité A. F, 2, pass. de Dantzig. Méd. 3e cl 1874, méd. 2e cl. 1878, Prix du Salon 1881, méd. 1re cl. 1886, méd or 1889, méd. d'honn 1891, G. P. 1900 H. C. A F.

BOUCHER (Jean-Marie), ✻, 33, av. du Parc-Montsouris. Méd. 2e cl. 1896, méd. 1re cl. 1899, Prix national 1901, méd. d'honn. 1908. H. C. A. F.

BOUDAREL (Albert-Vital), 57, boul. du Montparnasse.

BOUILLON (T.-Henri), 16, rue Cassini. M. H. 1890, méd. br. 1900. A. F.

BOUILLOT (E.), 7 et 9, cité Falguière.

BOUISSEREN (Henri), O. A. ⬦, 29, boul. de Ménilmontant. M. H. 1899. A. F.

BOULANGER (Charles-René), 9 bis, rue Paul-Féval.

BOULANGER (Marcel), 4, quai des Célestins.

BOULOGNE (Paul de), 2, rue Aumont-Thiéville. (V. Peintres.)

BOUNY (Paul), 2, pass. de Dantzig. M. H. 1908.

BOURDELLE (Emile), ✻, 16, imp. du Maine. M. H. 1885, 1889, méd. arg. 1900. S. N., S. AU.

BOUREY (Mme Marie), 90, av. des Ternes. A. F.

BOURGET (Albert), 77, rue Daguerre.

BOURGOIN (Nicolas), 28, av. Alphand, à Saint-Mandé (Seine). A. F.

BOURGOUIN (Eugène), 195, rue de Vaugirard. S. N

BOUTAVY (Mlle), 119, av. d'Orléans. A. F.

BOUTRON, 36, rue Dutot.

BOUTRY (E.-H.), ✻, 66, rue Bayen. Prix de Rome 1887, méd. 2e cl. 1891, méd. br. 1900. A F.

BOUVAL (Maurice), 18, imp. du Maine. Méd. 3e cl 1893. M H. 1900. A. F.

BOVERIE (Mme C), 50, av. Félicie, à La Varenne-Saint-Hilaire (Seine). A. F.

BOVERIE (Eugène), ✻, 52, rue Lhomond. Méd. 2e cl. 1893, B. de V. 1893, méd. arg. 1900, méd. 1re cl. 1901. H. C. A F.

BOYRIVEN (Jacques-Maurice), 59, rue Lepic.

BOZZACHI (Louis), 38, rue de Turenne. M. H. 1902 (V. Graveurs sur pierres fines.)

BOZZI (Jean-Louis), O A ⬦, av. de la Commanderie, à L'Isle-Adam (Seine-et-Oise). A. F.

BOZZI (Lorenzo), 94, boul. des Batignolles.

BRACH (Mlle Malvina), O. I. ◊, 76, rue de Rome.

BRACQUEMOND (Emile-Louis), 70, rue Amelot.

BRANCUSI, 54, rue du Montparnasse.

BRATEAU (Jules), ✻, *ciseleur, sculpteur, étains*, 66, rue Rochechouart. M. H. 1890, méd. or 1889. H. C.

BRETON (Charles), 233 *bis*, faub. Saint-Honoré. M. H. 1900, méd. 3ᵉ cl. 1904. **A. F.**

BRETON (P.-E.), 5, rue Vercingétorix. M. H. 1896, méd. 3ᵉ cl. 1898, méd. 2ᵉ cl. 1899, B. de V. 1900.

BRIBES (Mme J.), 24, rue de la Véga. **A. F.**

BRIGART (Mlle G.), villa des Arts. M. H. 1904. **A. F.**

BRIGARD-LASSUDRIE (Mme Bérengère), 23, quai Saint-Michel.

BRICTEUX (Victor), 16, rue de Chabrol. **A. F.**

BRIQUEMONT (Auguste), 2, rue Ferdinand-Flocon.

BROMBERG (Oscar), 16, imp. du Maine.

BRONKHORST (Marcel-Louis), 24, rue du Moulin-Vert.

BROOKS (Richard), 9, rue Falguière. M. H. 1895, méd. 3ᵉ cl. 1899, méd. or 1900.

BROQUET (Gaston), 12, av. Perrichon. **A. F.**

BROU (Frédéric), 22, rue Tourlaque. M. H. 1897, 1900. **A. F.**

BROWN (Jean), 2, cité Monthiers.

BROWN (Jean-Louis), O. A. ◊, 96, av. des Ternes. **S. N.** (V. *Peintres.*)

BRULÉ (Charles), 65, rue Ménilmontant. **A F.**

BRUNELLESCHI (Umberto), 41, rue Monge.

BUCHER (Edwin), 26, rue Fabert. Méd. arg. Exp. int.

BUCHS (Johnny), 18, imp. du Maine.

BUFFON (Mme Nadille de), 11, boul. de Clichy. **A. F.**

BUGATTI (Rembrandt), 8, rue Royale. **S. N., S. AU.**

BUISSON (Léon), 32, rue des Rosiers.

BULENS (René), 16 *bis*, rue du Saint-Gothard.

BUSSON (Louis), 1, rue Girardon.

BUZON (Fernand), 18, rue du Mont-Cenis.

C

CABY (Charles), 15, rue Bourgeois.

CACCIAPUOTI (Hector), O. A. ◊, 49, av. la Motte-Picquet. (V. *Peintres.*)

CACHEUX (Louis), 25, quai Saint-Michel.

CADORIN (Hector), 11, rue Daubigny.

CADOUX (Edme-Marie), O. I. ◊, 12, imp. du Maine. M. H. 1855 1886, méd. 3ᵉ cl. 1887, M. H. 1889, méd. br. 1900. **A. F.**

CAGNA (Alphonse), 9, rue Bochard-de-Saron.

CALLOT (Jacques), 49, av. de Ségur. M. H. 1898.

CALVET (Grégoire), O. A. ◊, 16, rue d'Alembert. M. H. 1896, méd. 3ᵉ cl. 1897. **A. F.**

CALVET (Henri), O. I. ◊, 23, rue Darcau. M. H. 1902. **A. F.**

CALVEZ (Georges), 52, rue Vercingétorix.

CAMBOS (Jules), ✻, 61, boul. du Montparnasse. Méd. 1864, 1866, méd. 3ᵉ cl. 1867, méd. arg. 1889. H. C. **A. F.**

CAMEL (Théophile), O. I. ◊, 89, rue de la Tour-d'Auvergne. M. H. 1903, méd. 3ᵉ cl. 1904, **A. F.**

CAMPAGNE (Pierre-Etienne), 10, imp. du Maine. M H. 1890. **A. F.**

CAMUS (Adolphe), 9, rue Saint-Ambroise. **A. F.**

CAMUS (Jean-Marie), 11, rue Saint-Simon. Méd. 3ᵉ cl. 1905, méd. 2ᵉ cl. 1908, B. de V. 1908. **A F.**

CAMUS (Robert), 20, rue Magenta, à Asnières (Seine).

CANA (Louis), 119, rue Vieille-du-Temple. **A. F.**

CANA et **ERNEST VAX**, 8, rue de Saintonge. **A. F.**

CANALE (Victor), 20 *bis*, rue Boissonade.

CANDELON (Mlle J.), 14, av. de Wagram. **A. F.**

CANDELON-HOLLANDER (Mme Agnès), 14, rue Montrosier, à Neuilly-sur-Seine (Seine). **A. F.**

CANIVET (Charles), 160, rue de Belleville, chez M. Deroux. M. H. 1900. **A. F.**

CAPALDO (Achille), 3, rue Nouvelle-du-Théâtre.

CAPELLANI (P.), 66, av de la République. **A. F.**

CAPELLARO (Paul-Gabriel), ✻, O. A. ◊, 11, imp. Ronsin. Prix de Rome 1886, M. H. 1889, méd. 3ᵉ cl 1892, méd. arg. 1900. **A. F.**

CARABIN (F.-R.), ✻, 22, rue Turgot. Méd. br. 1900.

CARAVANNIEZ (Alfred-Adolphe), 8, rue Bonaparte. M. H. 1881, méd. 3ᵉ cl. 1903. **A. F.**

CARIAT (Lucien), O. A ◊, 20, rue Boissonade. M. H. 1898. M. H. 1900. **A. F.**

CARILLON (René), 24, av. de Saint-Ouen. M. H. 1902, méd. 3ᵉ cl. 1908. **A. F.**

CARION (Louis), O. A. ◊, 3, pass. Gourdon.

CARL (Jules), M. H. 1908, 4, rue de Belfort.

CARL-ANGST (Albert), 39, boul. Saint-Jacques.

CARLÈS (Antonin), O ✻, *M. du Conseil supérieur des Beaux-Arts, M. du Comité A F.*, 98, boul. des Batignolles. Méd. 2ᵉ cl 1881, B. de V. 1883, méd. 1ʳᵉ cl. 1885, G. P. 1889, G. P. 1900, méd. d'honn. 1906. H. C. **A. F.**

CARLI (Auguste), O. A. ◊, 82, rue Mathurin-Régnier. Méd. 3ᵉ cl., B. de V. 1898, méd. 2ᵉ cl. 1900, méd. 1ʳᵉ cl. 1902. H. C. **A. F.**

CARLI (François-Louis), O. I. ◊, 32, rue Mathurin-Régnier. **A. F.**

CARLIER (Emile-J.), O. ✻, *M. du Comité A F.*, 54, av. du Maine. Méd. 2ᵉ cl. 1879, B. de V. 1881, méd. 1ʳᵉ cl. 1883, méd. or 1889. H. C. **A. F.**

CARLUS (Jean), 43, av. Félicie, à La Varenne-Saint-Hilaire (Seine). Méd 3ᵉ cl. 1886, méd. br. 1889, méd. 1ʳᵉ cl. 1899, méd. arg. 1900. H. C. **A. F.**

CARON (Alexandre), O. A ◊, 200, rue de Belleville. M. H. 1898, méd. 3ᵉ cl. 1907. **A. F.**

CARRÉ (Gaston-Pierre-Louis), *prof aux Ecoles de la V. de Paris*, 10, rue du Regard. (Voir *Peintres.*)

CARRIER-BELLEUSE (Louis), ✳, 15, rue de la Tour-d'Auvergne. M. H. 1889. A. F.

CARRIÈRE (Jean), 15, rue Hégésippe-Moreau. S. AU.

CARTEAU, 71, boul. Arago.

CARTIER (Thomas), 183, rue Lecourbe. M. H. 1908. A. F.

CARVIN (Louis-Albert), 1, rue de Sèvres, à Clamart (Seine). M. H. 1894.

CASANOVAS-ROY (Henri), 22, rue Mayet.

CASSAIGNE (Joseph), 5, rue Dareau. M. H. 1901, méd. 3e cl. 1907. A. F.

CASSAIGNE (Marius), 5, rue Dareau. M. H. 1897.

CASSAS (Osmin), 55, rue Claude-Bernard. A. F.

CASSINI (Mlle), O. A. ◖, 221, boul. Raspail.

CASSOU (Charles-Georges), 9, imp. de l'Astrolabe. Prix de Rome 1910.

CASTEX (Louis), 38, rue Saint-Lambert. Méd. 3e cl. 1898, B. de V. 1898, méd. br. 1900.

CAUMONT (Martial-Denis), 8, rue d'Odessa. M. H. 1908.

CAUSSÉ (Julien), O. I. ◖, 25, rue Humboldt. M. H. 1892, méd. 3e cl. 1893, M. H. 1900.

CAVAILLON (Elisée), 8, rue Bretonvilliers. S. N.

CAZIN (Mme Marie), 83, boul. du Montparnasse. M. H. 1885, 1886, méd. br. 1889, méd. arg. 1900. S. N.

CÉDERCREUTZ (Emile de), 18, rue Saint-Placide. S. N.

CÉDERLUND-OZANNE (Mme Frédérique), 117, rue Notre-Dame-des-Champs.

CELLIER (Charles), 86 bis, rue du Château. M. H. 1909.

CERLES, 183, rue Lecourbe.

CERIBELLI (Mlle Marguerite), O. A. ◖, 26, rue des Tilleuls, à Boulogne-sur-Seine. A. F.

CÉZAR-BRU (Jean), O. A. ◖, 3, cité Falguière. M. H. 1898 méd 3e cl. 1902. A. F.

CHABRE-BINY (Marie-Augustin), 41, boul. Saint-Jacques. M. H. 1898. A. F.

CHALON (Louis), 77, rue d'Amsterdam. M. H. 1898. A. F.

CHAMARD (Emile), 193, boul. Voltaire. A. F.

CHAMPEIL (J.-B.), ✳, 65, rue de Longchamp. M. H. 1893, méd. 3e cl. 1895, Prix de Rome 1896, méd. 2e cl. 1900, méd. arg. 1900, méd. 1re cl. 1902. H. C. A. F.

CHAMPEIL (Mme Odile), 22, rue Scheffer. A. F.

CHAPOT, 103, rue de Sèvres.

CHARBONNEAU (Pierre), 33, rue Bayen. M. H. 1909.

CHARBONNIER (Etienne), 64, rue de la Folie-Méricourt. A .F.

CHARDONNET (Mlle A. de), 22, rue de l'Arcade. A. F.

CHARLEMONT (Louis), 24, rue des Martyrs. A. F.

CHARLES (L.), 280, rue de Belleville. M. H. 1895, méd. 3e cl. 1909. A. F.

CHARLES (Charles), 5, rue Charlot.

CHARMOY (J. de), 45, rue de Lévis.

CHARMOY (Georges), 40, rue de la Prévoyance à Vincennes (Seine). A. F.

CHARON (Alexandre), 33, rue Jacob. A F.

CHARPENTIER (Félix), ✳, 17, rue Campagne-Première. M. H. 1882-1883, méd. 3e cl. 1884, méd. 2e cl. 1887, B. de V. 1887, méd. arg. 1889, méd. 1re cl 1890, Prix du Salon 1890, méd. d'honn. 1893, G. P. 1900. H. C. A. F.

CHARPENTIER (Mlle), 17, rue Campagne-Première.

CHARRON (Alfred), O I. ◖, 13, rue des Mariniers. M. H. 1892 S. N. A F.

CHARTIER (Henri), rue de Buzenval, à Saint-Cloud (Seine-et-Oise). A. F.

CHASSIN (Jules-A.), 3, av. Suzanne, à Nogent-sur-Marne (Seine). A F.

CHASTENET (André de), 3, rue Schoelcher. S. N.

CHATEAUBRUN (René de), 9, rue Elisée-Reclus. M. H. 1900. A F.

CHATEAUGOMBERT (Xavier de), 18, Grande-Rue, à Sèvres (Seine-et-et-Oise). A. F.

CHATEIGNON (Jean), 47, rue Lannois, à Levallois-Perret.

CHATILLON (Alfred), 14, rue Boissonade.

CHAUMONT-QUITRY (Marquis de), 77, rue d'Amsterdam. A. F.

CHAUVET (F.-L.), O. A. ◖, 80, rue Dutot. M. H. 1903, méd. 3e cl. 1905 A. F.

CHERER (Fr.), 170, faub. Saint-Honoré. M. H. 1905. A. F.

CHERRIER (Victor), 6, rue Deguerry.

CHERON, 47, rue de la Tour. A. F.

CHESNEAU (A.), 1, rue Leclerc.

CHEURET (Albert), 11, rue de la Tour-d'Auvergne. Méd. 3e cl. 1908. A. F.

CHEVRÉ (Paul), 96, av. des Ternes. M. H. 1891, méd. 3e cl. 1895, B de V. 1897, méd. br. 1900, méd. 2e cl. 1909. A. F.

CHOPPIN (Paul), O. I. ◖, 68, rue d'Assas. M. H. 1886, méd. 3e cl 1888, méd. br. 1889. A. F.

CHOQUET (René), 26, rue Marbeuf. A. F.

CHOREL (Jean), 11, imp. Ronsin. M. H. 1903, méd. 3e cl. 1907.

CHRISTOPHE (Pierre), 19, rue Daguerre. M. H. 1899, méd. 3e cl. 1900. A. F.

CHRYSTAL (Margaret), 83, boul. du Montparnasse.

CIANCIANAINI (Fernando), 49, boul. du Montparnasse.

CIPRIANI (Giovanni), 73, rue Froidevaux.

CLADEL (Marius), 5, rue de Tournon. M. H. 1908. A. F.

CLARA (Juan), 50, rue Vercingétorix. M. H. 1903.

CLARA (José), 30, av. Malakoff (villa Malakoff). S. N.

CLARET (Joaquin), 115, rue Notre-Dame-des-Champs.

CLASGENS (Frédérick), 67, rue du Montparnasse.

CLAVELIN (Paul), 111, boul. Richard-Lenoir.

CLÉMENT (Mlle Adrienne), 36, rue de la Tour-d'Auvergne.

CLÉMENT-CARPEAUX (Mme), O A ✳ Œuvres originales de B Carpeaux (1827-1875), Galerie Carpeaux, 39, boul. Exelmans.

CLERGET (Alexandre), O. A. ✳, 10, rue Perceval. M. H 1891, méd. 3e cl. 1897, M. H. 1900. A. F.

CLERGET (Mme Blanche), 10, rue Perceval. A. F

CLOSTRE (Fernand), 96, av des Ternes. S. N S. AU.

COCHI (Vincenzo), 9, rue Lecomte. M. H. 1889, 1900.

COGNÉ (F.), O A ✳, 23, rue Germain-Pilon. M. H. 1909 A F

COLIN (Georges), O. A. ✳, 1, boul. Davout. Méd. 3e cl. 1902, méd. 2e cl. 1905. A. F

COLLE (Ch.), 50 *bis*, av de la Grande-Armée. Méd. 3e cl. 1886. A. F.

COLLET (Charles), 35, rue de la Tombe-Issoire. M. H. 1887, M H. 1889. A. F.

COLOMBIER (Mlle Amélie), O. A. ✳, 9, cité Malesherbes. A. F.

COLOT (Camille), *sculpteur décorateur, M. de la Société la Cimaise*, 56, rue Denfert-Rochereau.

COMBESCOT (Albert), 24, rue Véron. Méd. 3e cl. 1906.

CONCHA (Ernest), 14, rue du Moulin-de-Beurre. M. H. 1908.

CONTESSE (Gaston), 39, boul. Saint-Jacques. M. H. 1901. B. de V. 1901. A F.

CONVERS (Louis), ✶, 47, rue Poncelet. Prix de Rome 1888, méd. 3e cl. 1892, méd. 2e cl. 1894, méd. or 1900, méd. 1re cl. 1909, méd. 1re cl. 1910. H. C. A. F.

CORCHIA, 12, av. Allendy.

CORDIER (Henri), ✶, 7, rue Pierre-Nicole prolongée. Méd. 3e cl. 1879, B de V. 1885, méd. 2e cl. 1885, méd br. 1889, méd. arg. 1900. H. C. A F., S N

CORDONNIER (Alph.), O. ✶, 7, villa Spontini Méd. 3e cl. 1875, méd. 2e cl. 1876, Prix de Rome 1877, méd. 1re cl. 1883, méd. arg. 1889, méd. or 1900 H. C. A F

CORIO (Alphonse), 166, boul. du Montparnasse.

CORNACCHIA (Fidèle), 17 *bis*, av. Laplace, à Arcueil (Seine).

CORNU (Auguste), 44, rue du Moulin-Vert. B. de V. 1906, Prix national 1908. S N.

CORNU (Mme Claire), 15, rue Hégésippe-Moreau. A F.

COSTA (Joaquin), 51, boul. Saint-Jacques.

COULLEREZ (Gaston-Auguste), 9, rue Duperré.

COURAUT (Mlle Catherine), 159, rue du Faub.-Poissonnière.

COUTAN (Jules), O. ✶, *M de l'Institut, prof. à l'Ecole des Beaux-Arts, vice-président et M. du Comité A. F.*, 72, rue du Cherche-Midi. P. de Rome 1872, méd 1re cl. 1876, méd. or 1889, G. P. 1900. H. C. A F.

COUTAN-MONTORGUEIL (Mme Laure), O.I. ✳, 31, *bis*, rue Victor-Massé. A. F.

COUTANT (Mme Nelly), 13, Chaussée-de-la-Muette. M. H. 1890 A F.

COUTHEILLAS (Henri), *M. du Comité A. F.*, 105, rue de Vaugirard Méd. 3e cl. 1894, méd. 2e cl. 1897, méd. 1re cl 1900. H C. A. F.

COUTOULY (Pierre de), 88, rue Juliette-Lamber.

CRANNEY-FRANCESCHI (Mme Marie), 93, faub. Saint-Honoré. M. H 1889. A. F.

CREEFT (José), 5, rue Saint-Didier

CRÉPET (Léon), 14, rue de Crussol A. F

CRISTESCO (Constantin), 167, rue de Vaugirard.

CROCQUEFER (Eugène), O. A. ✳, 28, rue Milton A F

CROIZET (Hipp.), 17, rue Paul-Bert, à Saint-Mandé (Seine). M. H. 1893. A F.

CSAKY (Joseph), 5, rue Dalou.

CURILLON (Pierre), O. A. ✳, 19 *bis*, av. du Parc-Montsouris. M. H 1896, méd. 3e cl. 1899, méd. 2e cl. 1900, méd. 1re cl. 1908. H. C. A F.

CUZIN (Hilaire), O A ✳, 13, rue de la Voie-Verte. M. H. 1909. A. F

CZARNOWSKI (Stanislas de), 17, rue Campagne-Première.

D

DAGONET (Ernest), O. A. ✳, 111 *ter*, rue d'Alésia (villa d'Alésia). M. H 1886, méd. br. 1889, méd. 3e cl. 1890, méd. 2e cl. 1895, méd. arg. 1900. A. F.

DAILLION (Horace), ✶, 77, rue Denfert-Rochereau Méd. 2e cl. 1882, B de V 1882, méd. 1re cl. 1885 Prix du Salon 1885, méd. or 1889, 1900. H. C. A. F.

DAILLION (Mme Palma), 77, rue Denfert-Rochereau. A. F.

DALBOY (Mme Blanche),8,Chaussée-de-l'Étang, à Saint-Mandé (Seine). A. F.

DALODIER (Ernest), 165, rue de Charonne.

DAMÉ (Ernest), 13, rue de l'Abbaye. Méd. 2e cl. 1875, méd. 3e cl. 1878, méd. br. 1889, méd. br. 1900. H. C. A. F.

DAMON (Alfred), 74, rue du Faub.-Saint-Antoine. M. H. 1896. A. F.

DAMPT (Jean), O. ✶, 17, rue Campagne-Première. Méd. 2e cl. 1879, méd. 1re cl. 1881, B. de V. 1884, méd. or 1889. H. C. A. F., S. N.

DANSLER (Mlle Marie-Louise), 3, rue du Soleil.

DARBEFEUILLE (Paul), 141, boul. Saint-Michel. M H. 1880, 1882, 1883, 1885, 1886, méd. 3e cl. 1893, méd. br. 1900, méd. 2e cl. 1902. A. F.

DAREL (M.), 231, rue Marcadet. A F.

DARLEY (Maxime), O. A. ✳, 11, rue Servandoni. A. F.

DARRAS (Jules), 61, boul. Richard-Lenoir.

DAUSSIN (Léon), 112, rue du Bac A. F.

DAUTEL (Pierre), O. A ✳, 10, rue Perceval. Prix de Rome 1902, méd. 3e cl. 1907. A F.

DAVID (Fernand), 96, av. des Ternes. M. H. 1899, méd 3e cl. 1901, B. de V. 1904.

DAVID (Emile), 278, rue Saint-Jacques.

DAVID D'ANGERS (R.), 29, rue Davioud. A. F.

DAVIGE (John-William), 44, boul. Pasteur. M. H. 1906. A. F.

DEBERT (Camille), O. A. ✳, 4, rue Franquet. M. H. 1898.

DEBIENNE (Mlle Noémie), villa des Arts. M. H. 1894, méd. 3e cl. 1909. **A F.**

DEBIENNE (Mlle), 24, rue d'Aumale. **A F.**

DÉBON (Frédéric), 12, rue Camille-Desmoulins. M. H. 1895 **A F.**

DEBRIE (Gustave), ✱, 54, rue Lhomond. M. H. 1886, M. H. 1889, méd. 3e cl. 1897, méd. br. 1900. **A. F.**

DEBRY (Mlle Sophie), 272, boul. Saint-Denis, à Courbevoie (Seine).

DEBUT (Marcel), 3, hameau Béranger. M. H. 1895. **A. F.**

DECHANOY, 27, av. du Maine.

DECISY (Eugène), ✱, O. I. ♌, 2, rue de Steinkerque. **A F.** (V. *Peintres* et *Graveurs.*)

DE CHAMOI, 9, imp. du Maine.

DÉCHIN (Jules), O. A ♌, 108, rue de Vaugirard. M. H. 1899, méd. 3e cl. 1900, méd. 2e cl. 1904, méd. 1re cl 1907. H. C. **A F.**

DECORCHEMONT (Emile), O I ♌, 12, rue Ganneron. Méd. 3e cl. 1878, méd. 2e cl. 1905. **A F.**

DECOSTER (B), 6 *bis*, rue des Prairies. Tél. 946.39

DECROIX (Edmond-Louis), 90, boul. Garibaldi.

DÉHÉRAIN (François), 35, rue Véron.

DEJEAN (Louis), 278, boul. Raspail. Méd. br. 1900. **S. N., S. AU.**

DELABRIÈRE (Edouard), 43, av. de la République. M. H. 1859. **A F.**

DELACOUR (Clovis), 103, rue de Turenne M H 1891, 1900 **A F.**

DELAFOULHOUZE (Ernest), 6, boul. Saint-Germain.

DELAHELGA (Alexandre), 12, imp. de l'Astrolabe.

DELAIGUE (Victor), 81, rue de la Tombe-Issoire. M. H. 1907, Prix Palais de Longchamp 1908. **A. F.**

DELANDRE (Bobert), 12, rue du Moulin-de-Beurre. M. H. 1904. **A. F.**

DELANNOY (Maurice), 24 *bis*, rue Boulay, à Alfortville (Seine).

DELAPCHIER (Louis), 117, rue Notre-Dame-des-Champs M H. 1909.

DELAROCHE (Mlle), 6, villa Saint-Jacques.

DELATTRE (Henri), 54, av. de la République, au Grand-Montrouge (Seine).

DALAVALLÉE (Jean), 118, rue d'Alésia.

DELAVIGNE (Louis), 44, rue Daguerre.

DELBROUCK (Louis), 14, rue Fromentin. **A. F.**

DELÉPINE, 119, rue du Chemin-Vert.

DELÉVAQUE (Mlle Clémence), 15, rue Joseph-Bara. **A F.**

DELFOLY (Arthur), 3, rue Vercingétorix.

DELPECH (Jean), 24, av. de Saint-Ouen. M H 1894, méd. 3e cl. 1897, méd. 2e cl. 1899, méd. br. 1900. **A. F.**

DELPECH (Pierre), 41, rue de Villiers, à Neuilly-sur-Seine.

DELORME, 45, rue Blomet.

DEMAGNEZ (Mlle Marie), O A. ♌, 33, rue Bayen. M. H. 1897, méd. br. 1900. **A. F.**

DEMANGE (Charles), 53, rue de la Procession.

DEMIZEL (Augustin), 108, rue de Vaugirard **A F.**

DENÉCHAU (Séraph.), 14, rue des Ormonds, à Bois-Colombes. M. H. 1877. **A F**

DEPREZ (Paul), 17, rue du Départ.

DERRÉ (Emile), 91, rue de l'Amiral-Mouchez. M. H 1895, méd. 3e cl 1898, B de V. 1898, méd. or 1900.

DESA, 2, rue Bertrand.

DESBOIS (Jules), O. ✱, 89, boul. Murat. Méd. 3e cl. 1875, méd. 2e cl. 1877, méd. 1re cl. 1887, méd. or 1889, M. du J 1900. H. C. S. N.

DESCA (Edmond), ✱, 34, rue Mathurin-Regnier. Méd. 3e cl. 1881, méd. 2e cl. 1883, B de V. 1883, méd. 1re cl. 1885, méd. or 1889, 1900. H. C. **A. F.**

DESCAT (Mme), O. A ♌, 5, villa Spontini. M. H. 1883, 1885, 1889 **A F**

DESCATOIRE (Alexandre), 37, rue Fondary. M. H. 1899, méd. 3e cl 1904 B de V. 1905. **A F.**

DESCHAMPS (Léon), ✱, *graveur en méd.*, 83, rue de la Tombe-Issoire. Méd. 3e cl. 1891, méd. 2e cl. 1897, méd. arg. 1900, méd 1re cl. 1903, M. du J. H. C **A. F.**

DESCLERS (Georges), 10, av. Rachel. M H 1909. **A. F.**

DESCOMPS (Jean), 3, villa Brune. M. H. 1901, méd. 3e cl. 1903.

DESCOMPS (Joé), O I ♌. *Œuvres originales, terre cuite et cire perdue*, 26, rue Friant M. H. 1898. **A F.**

DESPIAU (Ch.), 2, rue d'Arcueil (villa Corot).

DESRUELLES (Félix), ✱, 6, rue Marbeau. M. H. 1893, méd. 2e cl. 1897, P. National 1897, méd. or 1900. **A F S. N.**

DESTREEZ (Jules-Constant), 70, av. de la Grande-Armée, M. H. 1886. **A F.**

DESVERGNES (Ch), ✱, 131, rue de Vaugirard Prix de Rome 1889, M. H. 1892, méd. 3e cl 1895, méd. arg. 1900.

DESVIGNES (Louis), 26, rue de Sévigné. M. H. 1907, méd. 3e cl 1909. **A. F.**

DETOY (Mlle Madeleine), 22, rue Tourlaque. **A. F.**

DETÉ (Eugène), O I ♌, *grav. sur bois, trésorier de la Chambre syndicale des artistes graveurs sur bois*, 2, rue Séguier. H. C **A F.**

DEVAULX (Alexandre-Henri), 40, rue Dutot. M H. 1888 **A F**

DEVEGEL, 50, rue Vercingétorix

DEVILLEZ (L.), 39, av de Saxe. Méd. 3e cl. 1879, méd. or 1889. H. C B S N

DJANIG-BÉGUIAN, 107, boul. Soult.

DIEDERICH (Hunt), 14, av. du Maine.

DIETERLE (Mlle Yvonne), 3, rue de Bruxelles. M. H. 1900 **A. F S. AU**

DILIGEON, 18, rue du Mont-Cenis.

DILLY (Mme), 3, rue Dufrénoy.

DIOSI (Ernest), 52 *bis*, boul. Saint-Jacques. M. H. 1908.

DOISY (Charles), 28, rue des Binelles, à Sèvres (Seine-et-Oise) **A. F.**

DOLIVET (Emmanuel), 10, rue Bouhtte. M. H. 1882, méd 3e cl. 1886, B. de V. 1886, méd. 2e cl. 1890, méd. arg 1900.

DOMENECH (L.), 12, villa Brune. M. H. 1904, méd. 3e cl. 1905.

DOMINGUEZ (Arnulfo), 55, rue du Montparnasse.

DONDENNE (Paul). 7, rue Daguerre

DORVAL-D'ÉGLISE (Jacques), 67, av. d'Antin. **A. F.**

DOUMENC (Eugène), 15, quai de Valmy.

DRIVIER (Léon), 61, rue Pascal. Méd. 3e cl. 1902. **S. N.**

DROPSY (Emile), 197, av. Gambetta. M. H 1890, méd. 3e cl. 1898, M. H. 1900, méd. 2e cl. 1903. **A F.**

DROPSY (Henri), 7, rue Béranger. **A. F.**

DROUOT (Edouard), 14, rue Borromée. M. H. 1889, méd. 3e cl 1892, M. H. 1900.

DRY DE SENNEOY (Mme Fanny-M.), 20, rue de Navarin. **A. F.**

DUBOIS (Ernest), ✱, 15, rue Mansart. M. H. 1892, méd. 1re cl. 1894, B. de V. 1894, méd. honneur 1899, méd. or 1900. H. C. **A. F.**

DUBOIS (Henry), ✱, 82, rue N.-D.-des-Champs. M. H. 1883, méd 3e cl 1888, B. de V. 1888, M. H. 1889, méd 2e cl. 1893, méd. 1re cl. 1898, méd. arg. 1900 H. C. **A. F.**

DUBOIS-PONSOT (Mme M.-Eva), 15, rue Mansart. **A. F.**

DUBOURG (Pierre), 97, rue du Bois, à Levallois-Perret. **A. F.**

DUBRET (Henri), 1, rue d'Hauteville. **A. F**

DUBUCQUOY (Mme Marguerite Pallu), 107, boul. Voltaire **A. F.**

DUCCI (Jean), 164, rue du Château.

DUCLUZEAUD (Marcel), 5, rue de Maistre.

DUCOUDRAY (Mlle Marie), 1, rue Henri-Martin. M. H. 1898. M. H. 1900. **A. F.**

DUCROT-ICARD (Mme Francine), 15, place Thiers, à Saint-Germain-en-Laye (Seine-et-Oise). M. H 1894, méd. 3e cl. 1894, M. H. 1900.

DUCUING (Paul), ✱, 41, rue Denfert-Rochereau Méd. 3e cl. 1898, méd 2e cl. 1901, méd. 1re cl. 1908. H. C. **A. F.**

DUDOUIT (Paul), 6, rue de Candie.

DUFOSSEZ (Eugène-Clément), 5, rue de Bagneux.

DUFRASNE (Gabriel), 65, boul. Arago. **A. F.**

DUFRÈNE (Léon), 39, rue de Gravel, à Levallois-Perret. M. H. 1908, méd. 3e cl. 1909. **A. F.**

DUFRESNE (Ch.), 3, rue des Coutures. **S N.**

DULAC (Mlle Odette), 24, rue Buffault.

DUMONTET (Mme G), 118, rue Saint-Dominique. **A. F.**

DUMOULIN (Léon), O. A. ◊, 25, rue Villiers-de-l'Isle-Adam M. H. 1906. **A. F.**

DUPRÉ (Charles), 7, rue Vaugelas.

DUPUY (Mlle Laurence), 43, rue Théophile-Gautier. M. H. 1906. **A. F.**

DURAND (Frédéric), 1, rue Saint-Antoine.

DURAND (Georges-Alexandre), 9, rue du Pot-de-Fer. M. H. 1905.

DURASSIER (Eugène), 19, rue Bonaparte.

DURIGON (Ernest), 72, rue des Plantes (3, villa Brune). *Pensionné par le Gouvernement de la République argentine.*

DUROUSSEAUX FILS (P.), 4, rue Rollin. **S. N., S. AU.**

DURST (Marius), 51, av. de la Défense, à Puteaux. **A. F.**

DURVIS (Mme Marie), 35, rue de l'Université. M. H. 1882. **A. F.**

DUSEAUX (Lucien), 83, boul. du Montparnasse.

DUSSART (Gustave), 61, boul. Pasteur. M. H. 1909. **A. F.**

DUTHEIL (Georges), 62, rue Bargue.

DUVERGER (M.-Alexandre), 124 *bis*, av. de Villiers. M. H. 1888, méd. br. 1900. **A. F.**

E

EBERHARDT (Robert), 25, rue Denfert-Rochereau. M. H. 1909.

EBSTEIN (Jos.), 99, rue de Vaugirard. M. H. 1906. **A. F.**

EDMOND (Mlle Elisabeth), 4, rue de Chevreuse.

EILERTSEN (Mlle Jeanne), 5, rue Antoine-Vollon.

ENDERLIN (L.-J.), ✱, O. A. ◊, 16, rue des Artistes. Méd. 3e cl. 1880, méd. 2e cl. 1888, méd. or 1889 H C. **A. F.**

ENGEL (Hanne), 3, rue Duguay-Trouin.

ESCOULA (Jean), O. ✱, 195, rue de Vaugirard. Méd. 3e cl. 1881, méd. 2e cl. 1882, méd. or 1889, méd. or 1900. H. C. **A. F. S N**

ESCUDERO (F), 6, pass. Gourdon. M. H. 1897, méd. br. 1900.

ESPANET (Albert), 3, rue Joseph-Bars.

ETLING (Edmond), 28, av. Hoche (*Domicile*). Tél. 535-86.

EXBRAYAT (Etienne), 22, rue Tourlaque. M. H. 1904. **A. F.**

F

FABBRICOTTI (Annibal), 95, rue Didot.

FADY-CUJANI, 16, pass. Maurice. **A. F.**

FAGEL (Léon), O. ✱, 11, rue Caulaincourt. P. de Rome 1879, méd. 3e cl. 1882, méd. 2e cl. 1883, méd. or 1889, 1900. H. C. **A. F. S. N**

FAGGIONI, 14, rue Saint-Yves.

FAIVRE (Ferdinand), O. A. ◊, 39, villa d'Alésia. M. H. 1889, méd. 3e cl. 1892, B. de V. 1892, méd. 2e cl. 1899, méd. br. 1900. **A. F.**

FALIZE (Pierre), *dessinateur-sculpteur*, 2, rue Aumont-Thiéville.

FANNY-MARC (Mme), 12, villa d'Alésia.

FANTAUZZO (Carmelo), 2, pass. de Dantzig.

FARUSI (Jean), 1, rue Gudin.

FAVRE (Maurice), 30, boul. Bourdon, à Neuilly-sur-Seine M. H. 1896, méd. 2e cl. 1907, B. de V. 1907. **A F.**

FERRARI (Raphaël), 20, boul. Jourdan (Parc Montsouris).

FEER (Mme Cambon), 5, rue des Saints-Pères. A. F.

FEI (G.), 183, rue Lecourbe.

FERLET (Auguste-A.), 4, place Thorigny. A. F.

FERNAND-DUBOIS (Emile), 66, av. de Châtillon. M. H. 1891 A. F.

FERNANDEZ-PATTO (Lucien), 81, av. Malakoff. M. H. 1906 A. F.

FERRAND (E.-J.), O.I. ☮, 35, rue Capron. M. H. 1897. A. F.

FERRAUDY (Mme Berthe), 14 *bis*, rue Montaigne. A. F.

FERRET (Eugène), 44, rue de l'Abbé-Grouit. A. F.

FERRIÈRES (Armand de), 59, av. de Saxe.

FERVILLE SUAN, 99, rue du Faub.-du-Temple. M. H. A. F.

FEUILLATRE (Eugène), 3, rue Villedo. M. H. 1898, 3ᵉ cl. 1904, 2ᵉ cl. 1905. A. F.

FEVOLA (Félix), 7, rue Belloni. M. H. 1906. A. F.

FEY, 62, rue Bargue.

FIDI (Achille), 22, rue de la Concorde, à Asnières (Seine).

FIEDLER (Edouard), 2, pass. de Dantzig.

FILLEUL (Charles), 48, rue Didot. M. H. 1887. A. F.

FIOT (Maximilien), 60, rue Carnot, à Nogent-sur-Marne (Seine). M. H. 1905.

FIX-MASSEAU, ✧, 30, rue de Bruxelles. S. N, A F.

FIZELIÈRE-RITTI (Mme Marthe de la), 68, boul. Exelmans, Paris. A. F.

FLAMAND, 6, rue Fontaine-au-Roi.

FLANDRIN, O. A. ☮, 15, quai de Bourbon. Tél. 819-63.

FOERSTER (Charles), 38, rue Quincampoix.

FONFREIDE (Victor), 57, rue Custine. M. H. 1908.

FONTAINE (Emmanuel), O.I ☮, 107, rue de Vaugirard. M. H. 1887, méd. 3ᵉ cl 1893, méd. 2ᵉ cl. 1896, méd. arg 1900, méd. 1ʳᵉ cl. 1904. H. C. A F

FONTAINE (Jean-Adolphe), 27, rue du Faubourg-Saint-Denis. A. F.

FONTAINE (Mme Yvonne de la), 40, av Montaigne. M. H. 1910.

FONTQUIERGNE (Marcel), 7, boul. de la Liberté, au Perreux (Seine). A F.

FORESTIER (Antoine), 35, rue de la Tombe-Issoire. Méd. 3ᵉ cl. 1890, méd. 2ᵉ cl. 1897. A. F.

FORESTIER (Etienne), 305, rue de Vaugirard.

FORESTIER (Gabriel), 93, rue de Vaugirard. A. F.

FORSELLES (Mlle Sigrid), 59, av. de Saxe. S. N.

FORTINI (Edouard), 35, rue de la Tombe-Issoire.

FOSSA-CALDERON (Julio), 39, rue de Sèvres, 2ᵉ méd. Santiago de Chili. (V. *Peintres*.)

FOSSE (Athanase), O. I. ☮, 23, rue Chevert. Méd. 3ᵉ cl. 1882, méd. br. 1889, méd. 2ᵉ cl. 1900. A. F.

FOSSE (Désiré). O A. ☮, 18, av. des Tilleuls (Passy). Méd 3ᵉ cl. 1890 B. de V. 1890. A. F.

FOUCAULT (S.-C.), 111, rue de Rennes. A. F.

FOUCHET (Louis), 9, rue d'Anjou, à Asnières (Seine).

FOURAUT (Mme C.), 104, boul. Raspail. A. F.

FOURCADE (Dominique), 46, rue Madame. M. H. 1899, méd. 2ᵉ cl. 1908. A. F.

FOURNIER (Paul), 4, rue Théodule-Ribot. M H. 1896 A. F.

FOURNIER DES CORATS (P.), 7, villa Brune. A. F.

FOURNIER-SARLOVÈZE (Raymond), 11, rue de Marignan. A. F.

FOUSSEDOIRE (Emile-J.), rue Bessancourt, Pierrelaye (Seine-et-Oise). A F.

FOYATIER, 11, rue du Moulin-de-la-Vierge.

FRAISSE (Edouard), O. A. ☮, *statuaire et graveur en médailles*, 7, rue Saint-Anastase. Méd. 3ᵉ cl. 1909. 2ᵉ P. de Rome. A. F.

FRANCIONI (Charles), 60, rue Vallier, à Levallois-Perret.

FRÉDÉRIC-TOURTE (Pierre-Marc), 35, rue de la Tombe-Issoire. Méd. 3ᵉ cl. 1899, méd. br. 1900, méd. 2ᵉ cl. 1905.

FRENÉ, 50, rue Vercingétorix.

FRÉVILLE (Mlle Suzanne-Marie-Charlotte), *M de l'Ass des artistes-peintres, sculpteurs, architectes, graveurs et dessinateurs*, 32, rue des Varebois, à Courbevoie (Seine).

FRISCH (Victor), 146, boul. Pereire.

FRISENDAHL (Carl), 71, boul. Arago.

FRITEL (Pierre), 63, rue Mouton-Duvernet. A. F.

FROGER (Albert), 36, rue Keller. M. H. 1889. A. F.

FROMENT-MEURICE (Jacques), O. A. ☮, 15, imp. Racine (hameau Boileau). M. H. 1892. A. F. S. N.

FROMENTAL (Max), 92, rue d'Alleray. M. H. 1899.

FRUMERIE (Agnès de), 66, rue de Rome. S. N.

FUCHS (Louis), 19, quai Saint-Michel.

FUGÈRE (Henry), 22, rue Clavel. A. F.

G

GABY, 89, rue Denfert-Rochereau.

GAENSSLEN (Otto), 16, imp. du Maine.

GAGNEUR DE PATORNAY (Hemgepé-A.-M.-Maurice), 7, av. des Pages, au Vésinet (Seine-et-Oise). A. F.

GALLAUD (Mlle Marie), 136 *bis*, av de Neuilly, à Neuilly-sur-Seine (Seine). A. F.

GALLE (Jean), 1 *bis*, rue Brown-Séquard.

GALLET (Louis), 39, boul. Saint-Jacques. S. N

GALLIARD-SANSONETTI (Octave), 65, rue Bayen.

GALY (Hippolyte), ✹, 87, rue Denfert-Rochereau. M. H. 1898. **A. F.**

GALY (Mlle Marguerite), 10, rue Maublanc

GANESCO (C), 25, rue Jasmin.

GANGAND (Arthur), 5, rue Pierre-Chausson. **A. F.**

GANIER, 7 *ter*, imp. du Maine.

GANUCHAUD (Paul), 7, rue Belloni.

GARDET (Georges), O. ✹, *M du Comité A. F.*, 21, hameau Boileau. M. H. 1886 méd. 3ᵉ cl 1887, méd. 2ᵉ cl. 1889, méd. or 1889, B. de V. 1889, méd. honneur 1898. G. P. 1900. H. C. **A. F.**

GARDET (Louis), 116, rue Brancion.

GARNIER (C.), O. A ♐, 216, rue de la Convention.

GARRY (Augustin-Marie), villa Marie-Thérèse, à Maisons-Laffitte (Seine-et-Oise). **A. F.**

GASPARY (Eugène de), 4, rue Maurice-Mayer. M. H 1894.

GASQ (Paul), ✹, O. A. ♐, 233, rue du Faub-Saint-Honoré. P. de Rome 1890, méd. 2ᵉ cl. 1893, méd. arg. 1896, méd or 1900 H. C. **A. F.**

GAUDISSART (Emile), 14, rue de la Cure M. H 1896, 1900, méd. 3ᵉ cl. 1904, B. de V. 1904, méd 2ᵉ cl. 1906. **A. F.**

GAUFFRE (Louis), 33, rue Dauphine.

GAULARD (Félix-Emile), 49, rue Dareau. Méd 3ᵉ cl. 1881, méd. br. 1889, méd. 2ᵉ cl. 1891, méd. 1ʳᵃ cl. 1899, méd. or 1900. H. C. **A F.**

GAUQUIE (H.), ✹, 4, rue Férou. Méd. 3ᵉ cl. 1886, B. de V. 1886, méd. br. 1889, méd 2ᵉ cl. 1890, méd. 1ʳᵉ cl. 1895, méd. arg 1900. H.C. **A. F.**

GAUTHIER (Mlle Germaine), 3, av. Lowendal. **A F.**

GAUTIER (Albert), 22, rue Delambre.

GEOFFROY (Adolphe-Louis), 152, rue de Vaugirard. Méd. 3ᵉ cl. 1875, méd. 2ᵉ cl. 1889. **A. F.**

GEOFFROY (Alexandre-François), O. A. ♐, 98, rue Damrémont. **A F.**

GEOFFROY (Edouard), 79, rue Blanche. **A F.**

GEOFFROY (Jean), ✹, 7, rue des Lilas **A.F.**

GERMAIN (Raymond), 14, rue Boissonade. M. H. 1909.

GERMAIN PÈRE (J.-B.), 42, rue de la Véga. Méd. 3ᵉ cl 1883. M. H. 1900. **A F**

GIACOMETTI, 22, rue Vernier.

GIESSENDORFF (Mme Maria de), 216, boul. Raspail.

GILBAULT (Ferdinand), O. I. ♐, 25, rue de la Collégiale. M. H. 1890, 1900, méd. 3ᵉ cl 1901. **A. F.**

GILLES (Paul), 238, rue de Vaugirard. **A F.**

GILLET (Lucien-E.), 20, av. de La Motte-Picquet. **A. F.**

GILLET (Mme Lucienne), 11, rue de Montmorency, à Boulogne-sur-Seine (Seine).

GIOVANNINI (Agostino), 44, rue Daguerre.

GIRARDET (Mme Berthe), O. I ♐, 26, boul. Inkermann, à Neuilly-sur-Seine. M. H. 1901.

GIRAULT (Eugène), 22, rue Delambre.

GLAMTZLIN (Eugène), 82 *bis*, boul. Diderot. **A. F.**

GLAUDINONT (E), 3, rue Campagne-Première. **A. F.**

GODCHAUX (R.), 1, rue Galvani. **A. F.**

GODEBSKI (Cyprien), O. A ♐, 7, rue Gustave-Zédé.

GODET (Henri), 58, rue du Rendez-Vous. Méd. 3ᵉ cl. 1893 **A F.**

GONOT (Henri), 143, rue Croix-Nivert.

GONTAUT-BIRON (Comte Raoul de), 13, rue de Washington. M. H. 1893, méd. 3ᵉ cl. 1895. **A. F.**

GONZALÈS (Paul), 32, rue Mathurin-Regnier. **A. F**).

GORI (Affortuné), 7, rue des Filles-du-Calvaire.

GOSSIN (Louis), 52 et 54, rue de Romainville. Méd. 3ᵉ cl. 1882, méd. 2ᵉ cl. 1836, méd. br. 1889, 1900. H. C. **A. F.**

GOUPY (Mme Apolline), 7, rue Gustave-Nadaud. **A F.**

GOURNAY (Louis), 19, av. Elisée-Reclus. **A F.**

GOUVEIA (F. da Silva), 117, rue N.-D.-des Champs. M. H. 1897, méd arg. 1900.

GRABOWSKA (Mlle Caroline), 14, rue Boissonade.

GRAF (Paul), O.I. ♐, 182, rue de l'Université M H 1908 **A.F.**

GRANDET, 55, rue des Plantes.

GRANDMAISON (Nicolas), O A ♐, 35, rue de Saint-Pétersbourg. M. H. 1889, méd. 3ᵉ cl. 1899, méd. br. 1900, méd. 2ᵉ cl 1908. **A. F.**

GRANDUGNEAUX (Georges), O. A. ♐, 18, rue de Chabrol. **A. F.**

GRANGE (Claude), 52, rue Bonaparte.

GRANGER (Mlle Geneviève), 22, rue Denfert-Rochereau. M. H. 1899, méd. 3ᵉ cl. 1901. **A F. S. AU.**

GRAS (Jean-Pierre), 83, rue de la Tombe-Issoire. Bourse de voyage 1910. **S N**

GREBER (Henri), ✹, 6, rue Vernier. M. H. 1891, méd. 3ᵉ cl 1892, méd. 2ᵉ cl 1896, méd. or 1900, méd. 1ʳᵉ cl. 1903. H C. **A F.**

GREENE (Sara Morris), 16, imp. du Maine.

GRÉGOIRE (René), O A. ♐, 1, rue Leclerc. P. de Rome 1899, M. H. 1905, méd. 3ᵉ cl. 1907, méd. 2ᵉ cl. 1908. **A. F.**

GRÉMION (Ch), 1, boul. Diderot.

GRESLAND (C), 2, hameau Boileau. Tél. 675-35. M. H. 1902. **A. F.**

GRINGOIRE (Mme Pierrette), 18, rue Hamelin. **A. F.**

GRISARD (H.-Désiré), 10, rue Crozatier.

GRISARD (Geo-Maxim). Même adresse.

GROSEIL (Louis), 164, boul. du Montparnasse.

GROUILLET (Marcel), O A. ♐, 18, boul. Edgar-Quinet. M. H. 1898, méd. 3ᵉ cl. 1907. **A. F.**

GRUBERSKI (Ladislas), 17, av. Trudaine.

GRUNSPOUR (Arnold), 21, rue de l'Odéon.

GRUYER-CAILLEAUX (Mme Marie), 40, rue des Abbesses. M. H. 1898. **A. F.**

GUÉNIOT (Arthur), 104, rue Lauriston. M. H. 1902 **A F.**

GUÉNOT (Ferdinand), 6, av. des Platanes, à Joinville-le-Pont. M. H. 1906. **A F.**

GUÉRIN (Albert), O A. Q, 39, rue Dareau. Méd. 3ᵉ cl. 1903. A. F.

GUÉRIN (Emmanuel-Victor), 7, rue Belloni.

GUÉRIN (Lucien), 16, rue Saint-Antoine. M. H. 1904. A. F.

GUETANT (Gustave), 25, rue Louis-Morard. Méd. 3ᵉ cl. 1905, méd. 2ᵉ cl. 1906.

GUETTIER (Charles), 71, rue Mozart.

GUGLIELMO (Lange), 19, av Victor-Hugo, à Neuilly-Plaisance (Seine-et-Oise). Méd. 3ᵉ cl. 1880, méd. 2ᵉ cl. 1885, méd. arg. 1889. H. C. A. F.

GUIBÉ (Paul), 32, boul. Beaumarchais. M. H. 1883-1885. A. F.

GUIBOURGE (Roger), 23, rue Fourcroy.

GUIGUES (Jacques-Louis), 24, pass. Falguière. M. H. 1897. A. F.

GUILBAUD (G.), 140, av. d'Orléans. A. F.

GUILBERT (Ernest), ✳, 46, rue Lecourbe. Méd 3ᵉ cl. 1873, méd. 2ᵉ cl. 1875, méd. or 1889, 1900. H. C. A. F.

GUILLAUME (Emile), O. I Q, 44, rue Perronet, à Neuilly-sur-Seine (Seine). Tél. 93. M. H. 1894, méd. 3ᵉ cl. 1898, méd. br. 1900, méd. 2ᵉ cl. 1907. A. F.

GUILLAUMET (Mme Henri), 16, rue Eugène-Flachat. A. F.

GUILLEMARD (Jules), 92, rue Amelot. A. F.

GUILLON (Auguste-Louis), rue de Cronstadt, à Garches (Seine-et-Oise). Méd. 3ᵉ cl. 1884 M. H. 1889.

GUILLOT (Anatole), 11, imp. Ronsin. Méd. 3ᵉ cl. 1889, méd. br. 1900, méd. 2ᵉ cl. 1901. A. F

GUILLOUX (Albert), O. A. Q, 77, rue Denfert-Rochereau. Méd. 3ᵉ cl. 1899, Pr. National 1903, méd. 2ᵉ cl. 1903, méd. 1ʳᵉ cl. 1906. H. C. A. F

GUIRAUD-RIVIÈRE (Maurice), 93, rue de Vaugirard.

GURDJAN (Axop), 2, villa Saint-Jacques.

GUYOT (Georges) 8, rue Berthe. A. F.

H

HAAN (Emile-H de), 25, av. Estibal, à La Pie, Saint-Maur-des-Fossés (Seine). A. F.

HACHENBURGER (Etienne), 22, rue Tourlaque. A. F.

HAESELER (Mlle Adeline), 27, rue de Fleurus

HAINGLAISE (J), 21, rue de la Sourdière. Méd. 3ᵉ cl. 1883. A. F.

HALLER (Mme Gustave), 20, boul. de Courcelles. M. H. 1883, méd. br. 1889. A F.

HALOU (Alfred-Jean), O. A. Q, 15, rue Jacquemont. B. de V. 1907, M. du J. S. N, S. AU.

HAMAR (Fernand), 226, boul. Raspail. M. H. 1893, méd. 3ᵉ cl. 1895, M. H. 1900. A. F.

HANNAUX (Emmanuel), ✳, M du Comité A. F., 11, rue Saint-Simon. Méd. 3ᵉ cl. 1884, méd. 2ᵉ cl. 1889, méd. 1ʳᵉ cl. 1894, méd. or 1900, méd. d'honneur 1903. H. C. A. F.

HARTMANN (Lucy-H.), 4, pl. Malesherbes

HASELTINE (Herbert), 20, rue Jasmin. M. H. 1906.

HAUTOT (Mlle Rachel), 51, rue Claude-Bernard.

HAYMAN (Mlle Laure), 9, rue Vineuse.

HEIROLTZ, 8, rue Gerbier.

HÉLO (Mme), 43, rue Plat.

HÉMENT (Mlle Blanche), 229, rue du Faub.-Saint-Honoré. (V. Peintres)

HENNEQUIN (Gustave-Nicolas), 95, boul. Gouvion-Saint-Cyr. A. F.

HENVELMANS (Mlle L), 39, boul. Saint-Jacques. M H. 1907.

HÉRANT-BENDER (Méréniée), 117, rue de Vaugirard.

HERBEMONT (Aug), 90, rue Amelot. M. H. 1902.

HERBEMONT (Gaston), 99, boul. Soult.

HERCULE (B.-L), 80, rue de l'Assomption, M. H. 1883-1884-1885, méd. 3ᵉ cl. 1886, méd. br. 1889, méd. 2ᵉ cl. 1891, méd. br. 1900, méd. 1ʳᵉ cl. 1904. H. C. A. F.

HERVE (Théo), 51, rue de Flandre.

HEURTEBISE (Lucien), 9, av. Victor-Hugo, Saint-Mandé. A. F.

HEXAMER (Frédéric), O. A. Q, 11, rue Boissonade. Méd. 3ᵉ cl. 1886, méd. arg. 1889, 1900. A. F.

HEYMANN (Jules), à Viarmes (Seine-et-Oise). A. F.

HINGRE (Louis), 64, rue de la Folie-Méricourt. M. H. 1891, méd. 3ᵉ cl. 1902, méd. br. 1889, méd. arg. 1900. H. C. A. F.

HIOLLE (Maximilien), 31 bis, rue Crozatier. M. H. 1882, 1900. A. F.

HOLT (Mlle Ada-Héléna), 14, rue Boissonade.

HOLWECK (Louis), 3, rue Vercingétorix. Méd. 3ᵉ cl. 1888, méd br. 1889, B de V. 1891, méd. 2ᵉ cl. 1893, méd. br. 1900. A. F.

HOMOLACS (Mme Nina), 87, rue Denfert-Rochereau.

HORTON (Robert), 14, pass. Guibert.

HOUDOIN (Louis), 23, rue Levert.

HOURY (Paul), 1, rue Fénelon.

HOUSSIN (Edouard), O I. Q, 37, rue Denfert-Rochereau. M. H. 1879-1881-1883-1885, méd. 3ᵉ cl. 1887, méd. 2ᵉ cl. 1889, méd. br. 1889, 1900. A. F

HUBERT (Raphaël), 16, passage Beslay.

HUERTA (José), 2 ter, av. de Ségur.

HUGUENIN (Auguste), O. A. Q, 23, rue des Artistes A. F.

HUGUES (Jean), O. ✳, prof. à l'Ecole des Beaux-Arts, 160, rue de Longchamp Prix de Rome 1875, méd 3ᵉ cl 1878, méd. 2ᵉ cl. 1881, méd. 1ʳᵉ cl. 1882, méd. or 1889, 1900. H C A. F.

HUGUES-ROYANNEZ (Mme Jeanne-Clovis), 18, pass de l'Élysée-des-Beaux-Arts. A. F.

HULIN (Ernest), 8, boul. de Vaugirard. M. H. 1908.

HUNTER (Mme Ida), 79, rue N.-D.-des-Champs.

HUPÉ (Martial-E.-L.), villa Chardin, route Blonde, à Saint-Pierre-les-Nemours (Seine-et-Oise). A. F.

HUYOS DE BOTTA (Ladislas), 11, villa Saïd.

HYATT (Mlle Anna), 18, imp. du Maine.

I

ICARD (Honoré), 1, pl. Thiers, à Saint-Germain-en-Laye. Méd. 3e cl. 1876, méd. 2e cl. 1890, méd. 1re cl. 1892, méd. arg. 1900 H. C. A F.

IHLEFELD (Jacob), 14, av. du Maine.

ILLIERS (Gaston d'), 3, rue Lapérouse.

IMBAULT (Lucien), 4 *bis*, rue Asseline.

IMBILLE, 3 *bis*, imp. du Maine.

IMENITOFF (Nathan), 3, rue Bara. 8. AU.

INJALBERT (J.), C ✳, *Membre de l'Institut, prof. à l'Ecole des Beaux-Arts*, 57, boul. Arago. P. de Rome 1874, méd 2e cl. 1877, méd. 1re cl 1878, G. P. 1889, M. du J. 1900 H. C. A F, 8 N.

ISELLA (Mlle Luisa), 246, boul. Raspail. M. H. 1908.

ISELIN (Georges), O, A. ◯, 25, rue Humboldt M H. 1899, méd. 3e cl 1909. A F.

ITASSE (Mlle Jeanne), 12, av. Perrichon. M. H. 1888, 1889, B. de V. 1891, méd. 3e cl. 1898, méd. 2e cl. 1899, méd. arg. 1900.

J

JABŒUF (Robert-A.), 12, rue de l'Asile-Popincourt. A. F.

JACOPIN (Achille), O. A. ◯, 24, rue Barrault. M H. 1906

JACKSON (Georges-Siméon), 46, rue de Laborde. A. F.

JACQUIN DE MARGERIE (Ch.-M.-E.), 12, rue d'Aguesseau. A. F.

JACQUOT (Ch), 77, rue Denfert-Rochereau. M. H. 1887, méd. 3e cl. 1888, méd. arg. 1889, B de V 1893, méd arg. 1900, méd. 1re cl. 1905 H. C. A. F.

JADOUIN (Eugène-P.), 46, rue Amelot. A. F.

JAMAIN (Emile), O. A ◯, *grav sur pierres fines*, 58, rue de Belleville. M. H. 1890, méd. 3e cl. 1907.

JAMPOLSKY (Michel), 24, boul. de Port-Royal. A. F.

JANNIOT (Alfred), 13, av. de Clichy.

JANVIER (Lucien), 22, rue de Montmorency. M. H 1898. A F.

JANVIER (Victor), 44, ✳, rue d'Alésia. M. H. 1892. A. F.

JAQUET (Désiré-A.), 7, rue Huyghens. M. H. 1905. A F.

JARDELLA (Aristide), 2, pass. de Dantzig Méd. 3e cl. 1906.

JARL VIGGO, 3, rue Le Nôtre. M. H. 1905.

JAUZION (Mlle Jeanne), 23, rue Oudinot. M. H. 1907. A F.

JEAN-BOUCHER (Jean-Marie), 77, rue Daguerre. A F.

JEAN-KARL, 37, rue Davioud

JEANNIN (René), 22, rue du Marché, à Levallois (Seine). M. H 1898.

JÉRAMEC (Gabriel), 5, boul. Malesherbes.

JOACHIN DI SUPERI (Joseph), 27, rue Danton, à Levallois-Perret (Seine) A. F.

JOENSSON (Anders), 3, villa Brune. M. H. 1909.

JOLY (Charles-Eugène), 3, rue Vercingétorix.

JONAS (Charles), O. A. ◯, 3 *bis*, cour de Rohan. (V. *Peintres*.)

JONCHERY (Charles), 3, villa Brune. A. F.

JONDET (Henri), 1, rue Leclerc. M H. 1892. A. F.

JOREL (Alfred), O. A. ◯, 36, rue Beaurepaire. Méd 3e cl. 1907 A F.

JOUHASSIN (C.), 3, rue de Sèze M H. 1887, 2e cl Barcelone, méd 1889, méd br 1900.

JOUVE (Paul), 15, rue Boissonade. 8. N.

JOUVRAY (Mme), O. A. ◯, 47, rue Blomet. M H. 1889. 8 N.

JOVINO (Félix), 74, rue des Dames.

JOYEUX (P.-F.), 70, rue Spontini. A F.

JOZON (Mlle J.), 37, rue de Babylone. M. H. 1897. A. F.

JUILLERAT (Eugène), 31, boul. Arago. A. F.

JULIEN (Georges), 2, rue de Sully. A F.

JUNGBLUTH (Alfred), 112, boul. Malesherbes.

K

KAFKA (Bohumil), 3, rue Bara. 8 N.

KALKUS (André), 4, imp Vandamme.

KAUTSCH (Henry), ✳, O. A. ◯, 5, rue d'Armaillé. M. H. 1897, méd. arg. 1900. 8. N.

KINSBURGER (Sylvain), O. A. ◯, 22, rue Saint-Ferdinand. M. H. 1884, 1886, méd. 3e cl. 1888, méd br 1889, méd. 2e cl 1899, méd br. 1900. A. F.

KLEY (L.), 127, rue de Turenne Tél. 1015.02.

KOPTA (Emry), 14, cité Falguière.

KOSSOWSKI (Henry), 43, rue Piat. M. H. 1883, méd. br 1900.

KRAZOWSKI, 6 *bis*, villa Ottoz.

L

LABADIE (Luc), 100, rond-point des Bergères, à Puteaux (Seine) A F.

LABARRE (Georges), 6, pass. des Abbesses. A. F.

LABATUT (J), ✳, 101, av. Victor-Hugo. Méd. 3e cl. 1881, G P. de Rome 1881, méd. 2e cl. 1884, méd arg 1889, méd. 1re cl 1893, méd. arg 1900 H C A F.

LABOURET (Mlle Marthe de), 11, av. de Fontenay, à Fontenay-sous-Bois (Seine). A. F.

LACOMBE (Mme M. de), 151, rue de Grenelle. A F.

LAFAUCHE (Léon), 9, rue Falguière. M. H. 1904, méd. 3 cl. 1906. A F.

LAFAURIE (Mme Marie-Anne), O I. ◯, 169, av. de Wagram 8. N.

LAFLEUR (Abel), 50, rue Saint-Didier. M. H. 1903, méd. 3e cl. 1905, B. de V. 1906, méd. 2e cl. 1909. A F.

LAFON (Jean), 93, rue Dareau.

LAGARE (Eugène), 9, rue Duguay-Trouin. S. N.

LAGNEAU (Raphaël), 282, rue Saint-Jacques. A. F.

LAGOS (Alberto), 3 bis, rue de Bagneux.

LAHEUDRIE (Edmond de), O. A. Q, 139, boul. du Montparnasse, et à Trévières (Calvados) M. H. 1890, 1900, méd. 3e cl. 1901. A. F.

LAIGNEAU-ERNAULT (Mme Zoé), 8, av. du Maine.

LALIQUE (René-J.), O ✹, 40, Cours-la-Reine. Méd. 3e cl 1895, méd 2e cl 1896, méd. 1re cl 1897. A. F.

LAMBERT (Gustave-Alex), 7, rue Saint-Hyacinthe. M. H. 1893, méd. 1900, méd 3e cl. 1900, M. H. 1900, méd 2e cl 1902, méd 1re cl. 1908. H. C. A. F.

LAMBERT (Jules-Gabriel), 1, rue Girardon. A. F.

LAMBERT (Léon-Eugène), 13, rue de Paris, à Boulogne-sur-Seine (Seine). M. H. 1906, méd 3e cl 1908, méd. 2e cl. 1909 A. F.

LAMBERT (Marcel), au Palais de Versailles, Versailles (Seine-et-Oise). M. H. 1902. A. F.

LAMBERT (Mlle Marcelle), 20, rue Saint-Georges.

LAMER (Georges-Léon), *graveur en méd.*, 3, pl. Monge.

LAMI (Stanislas), ✹, 7, villa Scheffer. M. H. 1887, 1889, méd 2e cl. 1891, méd br. 1900. A. F.

LA MONACA (Francos), 7, av. Pauline, à Joinville-le-Pont.

LAMOURDEDIEU (Raoul), 11, imp. Ronsin. B. de V. 1909. S. N , S. AU.

LANDOWSKI (Paul-Maximilien), ✹, 12, rue Moissons-Desroches, Boulogne-sur-Seine Prix de Rome 1900, méd. 1re cl. 1906. H. C A. F.

LANFRANCHI (Sampiero), 6, rue du Banquier.

LANGENEGGER (Mlle Rosa), 14, rue du Moulin-de-Beurre. S N.

LANGLOIS (Th.), 28, *rue Notre-Dame-des-Champs*. A. F.

LANGRAND (J.-A.-Léon), 52, rue Lhomond. M. H. 1899.

LANZ (Alfred), 9, villa Brune. Méd. or 1889. H. C.

LAOUST (André), 15, cité Canrobert. Méd 3e cl. 1873 et 1874, méd arg.1889, méd. 2e cl. 1900, méd. 1re cl. 1910. A. F.

LAPLAGNE (Guillaume), O. A Q, 178, faub. Saint-Honoré. M. H. 1898. A F.

LAPORTE-BLAIRSY (Léo), ✹, 52, rue Boileau. Méd. 3e cl 1894, B de V. 1896, méd 1re cl. 1901, méd 2e cl 1898, méd. arg 1900, méd. 1re cl 1904. H. C A F.

LARAPIDIE, 111, rue Caulaincourt.

LARCHE (F.-R), O ✹, *M. du Comité A F*, 57, rue Chardon-Lagache. Méd. 3e cl 1890, B de V. 1890, méd. 1re cl.1893, méd. or 1900. H. C. A. F.

LARGESSE (Robert), 83, rue Notre-Dame-des-Champs. M. H. 1903.

LARRIEU (Octave), 48, rue Lecourbe.

LARRIVÉ (Jean), 6, rue du Val-de-Grâce. Méd. 3e cl 1901 Prix de Rome 1904.

LARROUX (Antonin), 7, rue Eugène-Carrière. M H 1887, B. de V. 1888, méd. br. 1889, méd. 3e cl. 1890, méd 2e cl. 1893, méd. br. 1900. A. F.

LARSON (Gottfrid), 99, rue de Vaugirard.

LASSERRE (Firmin), O. I Q, 117, rue Vieille-du-Temple. M. H 1900 A. F

LATOUR, ✹, O. I. Q, 22, rue Tourlaque. M. H. 1905.

LATRY (Mlle A.), O. A. Q, 12, rue Pergolèse. A. F.

LAUREL (Eugénio), 17, rue Hamelin.

LAURENT (Mlle Blanche), 40, rue Lauriston. M H 1904, méd. 3e cl. 1908 A F.

LAURENT (Henri), 2, pass. Dantzig.

LAURENT (Pierre), O. I Q, 10, rue de Pondichéry Méd. 3e cl. 1897, méd 2e cl. 1899, B. de V. 1899, méd. 1re cl. 1903 H C

LAUTH-BOSSERT (Mme Aline), 25, rue de Lorraine, Saint-Germain-en-Laye (Seine-et-Oise). A. F.

LEBARQUE (Georges-Eugène), 20, rue des Bruyères, à Sèvres (Seine-et-Oise).

LEBAS (Emile-P.-L), 23, rue Basse, à Pontoise (Seine-et-Oise). M. H. 1893. A F.

LEBAUDY (Mlle Gabrielle), 44, rue de la Clef. A. F.

LEBEAU (Maurice), 56, rue de Gravel, à Levallois (Seine). A. F.

LE BOSSE (Victor-Henri), 26, rue du Moulin-Vert. A. F.

LE BOURGEOIS (Gaston), 4, rue du Banquier.

LEBOURLIER, 49, av. de Ségur.

LECCI (Joseph), 120, rue de Vanves.

LE CHESNE, 18, rue Boissonade.

LE CHEVREL (Alphonse-Eugène), 26, pl du Marché-Saint-Honoré. M H 1884, 1885. 1888, méd. 3e cl 1888, méd. 2e cl. 1889, méd. br. 1889, méd 1re cl. 1899, méd. arg. 1900. H. C A. F.

LECOINTE (Aimé-J.-Léon), 14, rue Monsieur-le-Prince. Méd. 3e cl 1882, méd. br. 1889. A F.

LECOMTE (Mlle Alice), 109, rue de Vaugirard. A F.

LE COMTE DU NOUY (Jean), ✹, ✣, 30, boul. Flandrin. M. H. 1901. A. F. (V. *Peintres*.)

LECOQ (Fernand), 11, rue Léonard-de-Vinci. M H. 1897 A F.

LECORDIER (Mme Paul), 48, rue Berri. A F.

LECOURTIER (Prosper), 28, rue Maurice-Mayer. Méd. 3e cl 1880, méd 2e cl. 1897, méd. br. 1900, méd. 1re cl 1902 H C A F.

LE DOUBLE (Frédéric), ✹, *grav en méd directement sur acier*, 9, rue Soufflot M H. 1898, méd. 3e cl. 1900. M H. 1900 A F.

LEDRU (Mme Vve Léonie), 20, rue Royale. A. F.

LE DUC (Arthur), ✹, 2 rue Laugier. M H. 1878, méd. 3e cl 1879, méd. arg 1889, 1900 A F., S.

LE DUC (Mme Célestine-Marie), 74, rue Laugier. A. F.

LEDUC (Marcel-Michel), 50, rue Vercingétorix. M. H. 1909.

LEDUC (Marcel-Edouard), 2, rue Mizon.

LEFEBVRE (Hippolyte), ✳,112, rue du Cherche-Midi. Prix de Rome 1892, M. H 1893, méd 2e cl. 1896, méd 1re cl. 1898, méd or 1900, méd. d'honn. 1902. H. C A. F.

LEFEBVRE (Jean-Paul), 5, rue La Bruyère.

LEFEBVRE (Paul), 4, av du Parc-Montsouris.

LEFEBVRE DE LA BOULAYE (Ernest), 18, rue de la Salle, à Saint-Germain-en-Laye (Seine-et-Oise).

LEFEBVRE-VELAY (Charles), 8, rue de Condé. A F.

LEFÈVRE (Camille), ✳, 53, rue du Cherche-Midi. M. H., méd. 3e cl 1884, méd. 2e cl. 1888, méd. arg. 1889, méd. or 1900. A F., 8 N.

LE FLÉCHER (Georges), 54, av. du Maine.

LE FLÉCHER (Maurice-Louis), 54, av. du Maine.

LEGASTELOIS (J.-P.), ✳, *grav. en méd*, 23, rue Victor-Chevreuil, Paris-Bel-Air. M. H. 1896, méd. 3e cl. 1899, méd. br. 1900. A. F.

LEGASTELOIS (Marcel), O. A. ◯, 23, rue Victor-Chevreuil, Paris-Bel-Air. A. F

LEGENDRE (Maurice), 27, rue Campagne-Première. M. H 1904.

LÉGER (René-Marcel), 1, rue Secrétan. M. H. 1910.

LEGOUT (Eugène-Auguste), 55, rue Popincourt. A. F.

LEGRAIN (Eugène), ✳, 5, rue de la Pitié. A F.

LEGRAND (Ernest), 55, rue des Plantes. Méd. 3e cl. 1895. B. de V. 1895. A. F.

LEHMBRUCK (Wilhelm), 127, av. du Maine. (V *Peintres*.)

LEJEUNE (Louis-Aimé), 11, rue Constance. M. H. 1906. A F.

LELIÈVRE (Eugène-A.), 12, rue Debelleyme. M. H 1896, Méd 3e cl 1902. A. F.

LELIÈVRE (Octave-G.), 66, rue de la Folie-Méricourt. Méd. 3e cl. 1902 A. F.

LEMAIRE (Ferdinand), 6, rue Saint-Dominique. A F.

LEMAIRE (Georges), ✳, *secrét. et M. du Comité A. F.*, 22, rue Tourlaque. M. H 1882, méd. 3e cl. 1885, méd. 2e cl 1886, méd. arg 1889, méd 1re cl 1894, G. P. 1900, méd. d'honn 1908. H C A. F

LEMAIRE (Hector), ✳, 77, rue Denfert-Rochereau. Méd 3e cl. 1877. Prix du Salon 1878, méd. 2e cl. 1878, méd. 1re cl. 1882, méd, or 1889, 1900. H. C. A F, 8. N

LEMARQUIER, O. I. ◯, 7, villa du Parc-Montsouris. M. H. 1893.

LEMOIGNE (Mlle Mathilde), 12, rue de l'Abbaye.

LENDECKE (Otto), 10, rue Cassette.

LENOIR (Alfred), O ✳, 38, rue Boileau. Méd. 2e cl. 1874, méd. 1re cl. 1875, méd. 2e cl. 1878, méd. or 1889, 1900. H. C. A. F., 8 N.

LENOIR (André), 38, rue Boileau. B de V. 1905.

LENOIR (Auguste), 11, imp. Ronsin.

LENOIR (Pierre-Charles), 14, av. du Maine. M. H. 1904, méd. 3e cl. 1905, méd. 2e cl. 1907. A. F.

LENORMAND (Pierre), 29, rue Fresnel. M. H. 1890

LÉONARD (Agathon), ✳, 54, rue de Paris, à Vanves. Méd. 3e cl 1879, méd. 2e cl. 1885, méd. arg. 1889, méd. or 1900. H. C. A F, 8. N.

LÉONARD (Gustave), 30, rue de Washington.

LÉONARD (Léon), 24, rue Morère. 8. N.

LEPÈRE (Auguste), ✳, 203, rue de Vaugirard. B. de V. 1905. 8 N (V *Peintres*.)

LEROUX (Mme Jeanne), 22, rue de la Banque.

LEROUX (Mlle Juliette), 147, av. de Villiers.

LESSIEUX (Augustin), 14, rue Niepce M. H 1902. A. F.

LETOURNEAU (Edouard), 23, boul. Lannes.

LEVASSEUR (Henri), 37, villa d'Alésia. M H. 1882, méd. 3e cl 1885, méd. 2e cl. 1888, méd. br. 1889, méd. 1re cl. 1898, méd. arg. 1900 H. C. A. F.

LEYRITZ (Léon), 24, av. Rapp. M. H. 1906.

LEYSALLE-HAUTRIVE (E -P.), 189, rue du Pont-de-Sèvres, à Billancourt (Seine). M. H. 1882. A. F.

L'HOMME (Louis), 99, rue de Vaugirard, et à Vaison (Vaucluse).

LIARD (Antonin-L), 5, rue Val-d'Osne, à Saint-Maurice (Seine) A. F.

LIBERO (Andreotti), 96, av. des Ternes.

LINDAUER (Edmond), 15, rue Poissonnière. M H. 1903. A. F.

LIÉNARD (Emile), O. I. ◯, 53, rue Pascal. M. H. 1893, 1900, méd 3e cl. 1906. A F

LOEHR, 110, av. d'Orléans. 8. AU.

LOISEAU (René), 4, rue Lantonnet.

LOISEAU-BAILLY (Georges), 11, imp. Ronsin. M. H. 1884, méd. 2e cl 1886, B. de V. 1890, méd. br 1889, méd. arg 1900 H. C. A. F.

LOISEAU-ROUSSEAU (Paul), ✳. *M du Comité A. F*, 28, rue Notre-Dame-des-Champs. M. H 1891, méd 3e cl 1892. B. de V. 1892, méd. 2e cl 1895, méd 1re cl. 1898, méd or 1900. H. C. A. F.

LOISON (Mme Louise), 58, rue Caumartin. A. F.

LOMBARD (Henri), ✳, 18, rue Vernier, Méd. 2e cl. 1880. Prix de Rome 1883, méd. arg. 1889, méd. or 1900. H. C A. F.

LONDE (Léon), 36, rue de la Santé. A F.

LONGWORTH (Mme B.-W.), 128, boul. du Montparnasse.

LORIEUX (Julien), O A. ◯, 22, rue Tourlaque. M. H 1897, 1900, méd 3e cl. 1901. méd 2e cl. 1902, B. de V. 1902. méd. 1re cl. 1907 H. C. A. F.

LORIN (Georges), 181, rue de Courcelles.

LORMIER (Edouard), O. A. ◯, 185, av. de Neuilly, à Neuilly-sur-Seine (Seine). M. H. 1876, 1880, 1882, méd. 3e cl. 1883, méd. br 1889, méd. 2e cl. 1894 méd arg 1900. A. F.

LOUCHANSKI, 52, rue Lhomond.

LOUCHET (Ch.), 46, boul. du Montparnasse.

LOUIS-NOEL (H.), ✳, *M du Comité A. F.*, 108, rue de Vaugirard. Méd. 2e cl. 1873, méd. arg. 1889, M. du J 1900 H C. A F.

LOYS (Pierre), 147, av. de Neuilly. M. H. 1905.

LOYSEAU (Amédée-Ch), 9, rue de la Planche. M. H. 1892, méd. br. 1900 **A. F**

LOYSEL (Jacques), O. A. ☼, 26, av. Hoche. Méd. 3° cl. 1894, B. de V. 1897, méd. br. 1900. **A. F**

LUC (Jean), 29 *bis*, rue Chardon-Lagache.

LUCIUS (Mlle Florence), 4, rue de Chevreuse.

LUGLI (S.), 9 rue Campagne-Première.

M

MACHELIDON, 35, rue Boulard.

MADRASSI (Lucas), 49, boul. du Montparnasse. M. H. 1881, 1882, 1883, 1885, méd. 3° cl. 1898. **A. F.**

MAES (J.-Albert), 49, boul. Pasteur. **A F.**

MAGNE (Henri), 7, rue du Boccador. M. H. 1908. **A. F.**

MAGNIER (F.-Jules), 13, av. d'Eylau. **A. F.**

MAGROU (Jean), O. I. ☼, 6, rue du Val-de-Grâce. Méd. 3° cl. 1895. **A. F.**

MAIGNAN (M.), 27, rue Orfila.

MAILLARD (Aug.), ☼, 112, boul. Malesherbes. M. H. 1892 méd , 3° cl. 1894, méd. 2° cl. 1898, méd. br. 1900. **A. F.**

MAILLARD (Henri), 46, rue des Lombards M. H. 1901.

MAILLARD (Charles-Pierre), 199, rue de Vaugirard. M. H. 1901.

MAILLOLS-LASPEYRES (Félix), villa Ségur, 39, av. de Ségur.

MAILLOS, 12, rue Descombes.

MALACAN (Jean), O. A. ☼, 2, imp. Prévost. M. H. 1903, méd. 3° cl. 1908 **A. F.**

MALDANT (Mlle Charlotte), 63, boul. Pereire. **A F.**

MALET (Joseph), 167, rue de Vaugirard. M. H. 1900, méd. 3° cl. 1905.

MALINA (Charles), 30, rue Montpensier.

MALIVER (Mlle Emilie), 57, rue Saint-Jacques.

MALLET (Antoine), 7, rue Belloni.

MALRIC (C.) O. I. ☼, 37, villa d'Alésia, M H. 1897, méd. 3° cl. 1902, méd. 2° cl. 1904. **A F.**

MANAUT (Paul), 7, rue Belloni. M. H. 1908.

MANNEVILLE (André), 11, imp. Ronsin. M. H. 1894, méd 3° cl. 1905. **A F.**

MANONVILLER (Mme Amélie), rue de Bagnolet, villa du Gymnase, 4, à Vincennes (Seine). **A F.**

MANSION (Edouard), 10, rue Dareau.

MARCEL (Mme Jane-Léon-Magnin), 10, boul. Emile-Augier. **A. F.**

MARCEL-JACQUES (Alphonse), O A. ☼, *Statuaire-décorateur*, 65, rue Blomet. M. H. 1889. **A. F., S N.**

MARCHAL et AZORI, 3, imp. Gaudelet (114, rue Oberkampf). Tél. 914.86. *Terres cuites et marbres genre ancien.*

MARCHETTI (Gustave-Henri), 28, route Stratégique, à Suresnes (Seine). **A. F.**

MARÉCHAL (Mme d'Arthez-Philippe), 38, boul. Flandrin. **A. F.**

MAREY (Ch.), 107, rue de la Pompe. M. H. 1905. **A F.**

MARIO (Arthur), 22, rue Ernest-Renan.

MARIOTON (Claudius), ☼, 23 et 25, rue Riblette. M. H. 1879, méd. 3° cl. 1883, méd. 2° cl. 1885, méd. arg. 1889, méd. or 1900. **H. C. A. F.**

MARIOTON (Eug), 24, rue de la Véga. Méd. 2° cl. 1884, B. de V. 1888, méd. br. 1889, 1900. **H. C. A F.**

MARQUE (Albert), 116, rue de Vaugirard. **S. AU.**

MARQUESTE (Laurent), C. ☼, *M. de l'Institut, prof. à l'Ecole des B.-A* , 6, rue Lecuirot. Prix de Rome 1871, méd. 3° cl 1874, méd. 1re cl. 1876, méd 2° cl. 1878, méd. or 1889, G. P. 1900. **H. C. A. F.**

MARQUET (A.), 11, cité Falguière. Méd. 3° cl. 1901, méd 2° cl 1903, B. de V. 1903, méd. 1re cl. 1905, Prix national 1907. **H. C. A. F.**

MARQUET (René-Paul), 122, rue de l'Abbé-Groult. M. H. 1909.

MARTIAL (Armand), 27, rue Orfila.

MARTIN (Mlle Clémence), 36, rue de Richelieu.

MARTIN (Félix), ☼, 77, boul. Gouvion-Saint-Cyr. Méd. br 1889. **H. C. A. F.**

MARTIN (Gustave-J.), villa Marie-Magdeleine, 76, rue Perronet, à Neuilly-sur-Seine (Seine), **A. F.**

MARTIN (Jules-Léon), *décorateur-statuaire*, 10, rue Jouvenet. Méd 3° cl 1875, méd 2° cl. 1881, méd. br. 1889, méd. arg. Exp. Arts Décoratifs. **H. C. A. F.**

MARTINEZ (Giuseppe), 6, cité Condorcet.

MASSÉE (Mlle Clara), 3, rue de l'Odéon.

MASSON (Clovis), 33, av. Reille. M. H. 1890. **A. F.**

MASSON (J.-E.), 16 *bis*, rue du Saint-Gothard M, H. 1890.

MASSON (Lucien-Frédéric), 6, rue de l'Abreuvoir.

MASSON ACHER (Alfred), 21, boul. Flandrin. **A. F.**

MASTROIANNI (D.), 17, rue Saint-Fiacre.

MATHET (Louis), 24, rue Edouard-Jacques. M. H. 1887, méd. 3° cl. 1888, méd. br. 1889, méd. 2° cl 1890, méd arg. 1900. **A. F.**

MATHEY (Georges), 31, rue Vavin.

MATIVET (Désiré), 5, pass. Prévost.

MATTEI (Louis-Octave), 2, rue d'Arcueil. **A. F.**

MATTON (Mme Ida), O. A. ☼, 233, faub. Saint-Honoré M. H. 1896 M. H. Paris 1900, Prix de sculpture à l'U. des F. P et S. 1903.

MATUSSIÈRE (Mme Marie), 10, rue Descombes. **A. F.**

MAUBERT (Louis), 39, boul. Saint-Jacques. M H. 1899 **A F**

MAUGENDRE (Mlle Odette), 127, rue de Rennes. **A. F.**

MAUGUET (Alexis), 366, rue de Vaugirard, M H. 1904. **A. F.**

MAULMORT (Marcel de), 108, boul. Pereire.

MAUREL, 39, boul. Saint-Jacques.

MAVROCORDATO (Mme Olga), 28, av. Hoche.

MAYETTE (Henri), 94, rue Gravel, à Levallois-Perret (Seine).

MELIN (Paul), 30, av. Malakoff. Méd. 3e cl 1895, B. de V. 1895, méd 2e cl. 1899. S. N.

MELLANVILLE (Germain de), 22, rue Tourlaque. M. H. 1900 **A F**

MENANT (Julien), 22, rue Saint-Ferdinand. M. H. 1907

MÉNARD, 70, rue Mademoiselle.

MENGIN (Paul), 36 et 38, rue Dutot. M. H. 1877, méd. 3e cl. 1885, B de V. 1885, méd. br. 1900, méd. 2e cl. 1908. **A. F.**

MENGUE (J.-M.), ✻, 54, av du Maine. M. H. 1885, méd. 3e cl. 1886, méd 2e cl 1887, B. de V. 1887, méd. br. 1889, méd. 1re cl. 1896, méd. arg. 1900. H. C. **A F**

MENGUE (Pierre), 54, av. du Maine.

MERCIÉ (Antonin), G. O. ✻, *M de l'Institut, prof. à l'Ecole des Beaux-Arts, M. du Comité A. F.*, 15, av. de l'Observatoire. Prix de Rome 1868, méd 1re cl 1872, méd d'honn. 1874, 1878. G P. 1889. M. du J. 1900. H. C. **A F.** (V. *Peintres*.)

MERCIER, 115, boul. Saint-Michel.

MÉRIADEC (Yann), 4, rue Nouvelle-du-Théâtre.

MÉRIGNAC (Mme Ernesta), 6, rue du Val-de-Grâce. M. H. 1907. **A. F.**

MÉRITE (Edouard), 312, av. de Paris, à Rueil (Seine-et-Oise). M. H. 1897, M. H. 1900, méd 3e cl. 1901. **A. F.**

MÉROT (J.-L.), *grav. en méd.*, 39, rue Dareau. M H. 1901, Prix de Rome 1905.

MERRI, 2 *bis*, rue Perrel

MÉRY (André), 5, quai d'Anjou.

MIAULT (Henry), 24, rue des Belles-Feuilles.

MICHEL (G.), O. ✻, *M du Comité A. F.*, 57, rue de la Fontaine. Méd. 2e cl. 1875, B. de V. 1883, méd. 1re cl. 1889 méd. or 1889, méd. d'honn. 1896. G. P. 1900, H. C. **A. F.**

MICHEL-MALHERBE, 11 *bis*, rue Boissonade. M. H. 1889, méd. br. 1900. **S. N.**

MICHELET (F.-M.), 32, rue de la Santé. M. H. 1898, méd. 2e cl. 1907. **A. F.**, **S. AU.**

MIESTCHANINOFF (Oscar), 35, rue Claude-Bernard.

MILLER (Burr), 59, rue Pierre-Charron. M. H. 1907.

MILLET (Paul), 98, rue d'Alleray.

MILLET DE MARCILLY, O. A. Q, 13, rue de Washington M. H. 1883, 1884, 1886. **A. F.**

MINEUR (Léon-M.-E.), 2, rue du Bouloi. **A F.**

MISEREY (A.), 36 et 38, rue Dutot. Méd. 3e cl. 1894, méd. 2e cl. 1901. **A. F.**

MITCHELL (Guernsey), 85, rue Ampère. M. H. 1890.

MOIGNIEZ (J.), 124, rue Vieille-du-Temple.

MONARD (Louis de), 3, rue Dutot. **S. N.**

MONCASSIN (Henri), 41, boul. Saint-Jacques.

MONCEL (A.-E), ✻, 7, boul. Lannes. M. H. 1889, méd. 2e cl. 1895, B. de V. 1895. **A. F.**

MONCHENY (Hermann), 57, rue d'Orsel.

MONCOURT (Henry-Siffait de), 17, av. de Messine. M. H. **A. F.**

MONGINOT (Mlle Charlotte), O. A. Q, 10, villa d'Alésia. M. H. 1895. **A F**

MONIER (Julien), 49, rue de la Mare. **A. F.**

MONTÉGUT (Mlle Jeanne de), 195, boul. Pereire.

MOREAU (Auguste), O. A. Q, 140, rue Pelleport. **A. F.**

MOREAU (François), O. I Q, 140, rue Pelleport. M. H. 1886, méd. 3e cl. 1889. **A F.**

MOREAU (Hippolyte), O. A Q, 9, rue des Trois-Bornes. Méd. 3e cl. 1877. méd. br. 1900, **A F.**

MOREAU (Louis-A.), O. I. Q, 140, rue Pelleport. Méd. 3e cl. 1880, méd. br. 1889 **A. F.**

MOREAU (Mathurin), O ✻, *M. du Comité A F.*, 15, pass. du Monténégro. Méd 2e cl 1855, méd. 1re cl 1859, Rapp. 1861, 1863, méd. 2e cl. 1867, méd. 1re cl. 1878, méd. or 1889, méd. d'honn. 1897. M. du J 1900 H C. **A F.**

MOREAU-SAUVE (Edmond), 32, av Gambetta. M. H. 1908.

MOREAU-VAUTHIER (Paul), ✻, O I Q, hameau Boileau, 38, rue Boileau. Tél 675 35. M. H. 1898, méd. 3e cl. 1899, méd. arg. 1900, méd. 2e cl. 1907. **A. F.**

MOREL (Louis-Fernand), 2, pass. de Dantzig.

MORET (Alfred), 7, rue Boutin. **A F.**

MORIA (Mlle Blanche), O. I. Q, 4 *bis*, rue des Réservoirs M. H. 1892, méd. br. 1900, méd. 3e cl. 1909. **A F.**

MORICE (Léopold), ✻, 41, rue Erlanger. Méd. 2e cl. 1875, méd. 3e cl. 1878, méd. arg. 1900. H C. **A. F**

MORIN (Mlle Mariette), 23, rue Mouton-Duvernet.

MORIN (Jean-Albert), château de Gravel, par Etrechy (Seine-et-Oise). **A. F.**

MORIN GUILLON (Mme Limah), 13, rue Brochant. **A. F.**

MORLON (Pierre-Alexandre), 35, rue de la Tombe-Issoire Méd. 3e cl 1903, méd. 2e cl. 1906, B. de V. 1910. **A. F.**

MORRIS (Mlle Sara), 16, imp. du Maine.

MORRIS-STERLING (Lindsey), 13, rue du Val-de-Grâce.

MORTIER (Mlle Yvonne), 1, rue Racine, à Saint-Germain-en-Laye (Seine-et-Oise).

MOUCHON (Eugène), ✻, 13, rue des Heulins, à Sceaux-Robinson (Seine). Méd. 3e cl. 1888, méd. 2e cl. 1894, méd. arg. 1900 H. C. **A. F.**

MOULIN (Eugène), 7, rue Belloni. M. H. 1905. méd. 3e cl. 1906.

MOULINES (Etienne), 22, rue Denfert-Rochereau.

MOULINES (Ernest), 6, rue de Berlin.

MOURIER (Mme Cécile), 49, rue d'Anjou.

MOURIER (Pierre), 16, rue Juliette-Lamber.

MOUROUX (Mlle Mélanie), 43, rue de Lyon.

MUHLENBECH (G.-E.), O. A. Q, 38, rue Falguière. M. H 1891, méd. 3e cl. 1898, méd. br 1900 **A. F.**

MULLER (Ch.), 65, rue Blomet. M. H. 1902, méd. 3 cl. 1907. **A. F.**

MULLER (Pierre), 6, rue Gaillard.

MULLER-VANDEVELDE (Mme), 38, rue Bolivar. **A. F.**

MULOT (Albert-F.), ✻, 29, boul. Berthier. M. H. 1888, méd. br 1900. **A. F.**, **S. N.**

MUSETTI FRÈRES, 10, rue Hallé.

N

NALLET-POUSSIN (Mme Emma), 5 *bis*, pass. Violet. **A. F.**

NANNINI (Mlle Marie), 22, rue Tourlaque.

NANNINI (Raphaël), 22, rue Tourlaque.

NAVA (Fidenzio), 7 *ter*, imp. du Maine. Méd. br. 1900. M. H. 1906.

NAVARRE (Henri), 21, rue Henri-Monnier.

NAVELLIER (Edouard), 11, boul. du Montparnasse. M. H. 1896, méd. br. 1900 **A. F., S. AU**

NELSON (Henri), ✳, 20, rue de Chazelles. M. H. 1889. **A. F.**

NICOLADZÉ (Jacques), 51, boul. Saint-Jacques.

NICOLAS (Auguste-F.), 14, rue de Puteaux. **A F**

NIGOT (Louis-Henri), 75, *rue Croix-Nivert.* M. H. 1904, méd 3ᵉ cl. 1910. **A. F.**

NIEDERHAUSEN-RODO (Auguste de), 36 et 38, rue Dutot. **S. N.**

NILSSON (Svante), 1, rue Christine.

NOÉ (Paul), 21, rue de Prony.

NOVELLA (Ramon), 3, rue de Vercingétorix.

NUSSBAUM (Eric), 11, boul. Saint-Michel. **A. F.**

O

OBIOLS (Gustave), 233 *bis*, rue du Faub.-Saint-Honoré. Méd. br. 1900.

OCHSE (Mme Louise), château de la Barre, par Dampierre (Seine-et-Oise). **S. N.**

OCTOBRE (Aimé), ✳, 8, boul. de Vaugirard. Prix de Rome 1893, M. H. 1894, méd. 3ᵉ cl. 1896, méd. 2ᵉ cl. 1897, méd. 1ʳᵉ cl. 1899, méd. arg. 1900 **H C. A F**

O'CONNOR (Andrew), 10. rue du Montoir, à Clamart (Seine).

O'DONEL (Mlle Nuala), 70, rue Notre-Dame-des-Champs.

OBÉ (Pierre), 166, boul. du Montparnasse. M. H. 1880, 1883, 1885, méd. br. 1889, 1900. **A. F.**

OLIVIER (Mme Th.), 8, *rue de la Glacière*

OLIVEIRA-FERREIRA (José d'), 37, rue Denfert-Rochereau.

OPITZ (Ferdinand), 57, rue de Seine.

ORLÉANS (Paul), 2, rue Paturle. **S. N.**

ORSINI (frères), 28, pass. Falguière.

OSMOND (M.), 52, rue Vercingétorix.

OSTROWSKI (Stanislas), 65, boul. Arago.

OTTAVY (Elie-Antoine), 108, rue de Bercy.

OULMONT (Mlle Thérèse), 5, pl. Malesherbes.

OURY (Louis), O. I. ✪, *statuaire-orfèvre, prof. des écoles de la V. de Paris*, 12, rue Leriche. M. H. 1898.

P

PAGÈS (Emile), 44, *rue du Mont-Thabor.* **A. F.**

PAILLET (Ch), 9, rue du Pot-de-Fer. M. H. 1898, méd. 3ᵉ cl. 1902, méd. 2ᵉ cl. 1904.

PALLEZ (Lucien), ✳, 3, rue Joseph-Bara. Méd. 3ᵉ cl. 1875. B. de V. 1883, méd. 2ᵉ cl. 1885, méd. arg. 1889, méd. arg 1900. H. C A F.

PARIS (Gabriel), 8 *bis*, rue Saint-Denis, à Asnières. **A F.**

PARIS (René), 96, av. des Ternes. M. H. 1907. **A F.**

PARR (Daniel), 73, rue du Rocher. **A. F.**

PASCHE (Albert), 39, rue Joubert. M. H. 1903, méd. 2ᵉ cl. 1909. **A. F.**

PASTEUR, 16, boul. Saint-Jacques.

PATEY (Henri), ✳, 11, quai de Conti. Prix de Rome 1881, méd. 3ᵉ cl. 1886, méd. 2ᵉ cl. 1887, méd. br. 1889, méd 1ʳᵉ cl. 1894, méd. or 1900. H. C. A. F.

PAUL (Léon), 19, rue Damrémont. M. H. **A F.**

PATRIARCHE (Louis), 103, rue de Vaugirard M. H. 1903, méd. 3ᵉ cl. 1906. **A. F.**

PAULIN (Paul), 159, rue de Sèvres. **S. N**

PAUPION (Marcel), 30, rue Dutot.

PAYNOT, 8, boul. Chauvelot.

PAVOT (Vendémiaire), 117, rue Notre-Dame-des-Champs.

PECH (G.), ✳, 49, rue Claude-Bernard. M. H. 1883, méd. 3ᵉ cl. 1885, B. de V. 1885, méd. arg. 1889, méd. 2ᵉ cl. 1890, méd. or 1900, méd. 1ʳᵉ cl. 1908. H. C. A. F.

PÊCHE (Alexandre-Mathurin), O. A. ✪, 203, rue de Vaugirard. M. H. 1903, méd. 3ᵉ cl. 1906. **A. F.**

PECHIN (Mlle Jeanne), villa des Abeilles, à Clamart (Seine).

PÉCHINÉ (A.-M.), O. I. ✪, 14, rue Boissonade M. H. 1887, 1889. **A. F.**

PÉCOU (Jean), 62, rue du Cardinal-Lemoine. M. H 1885, méd. br. 1889.

PEEMANS (Ivan), 12, rue de l'Orient.

PÉENE (Augustin), 39, av. de Ségur. M. H. 1885, méd. 3ᵉ cl. 1891, méd. 2ᵉ cl 1893.

PEGHOUX (Albert), 8, rue Victor-Chevreuil. **A. F.**

PÉJAC (Gilbert), 108, rue de Bercy.

PELCOT, 71, boul. Arago.

PELGRIN (Georges), 40, rue de la Tombe-Issoire. M H. 1893.

PELLEGRINI, 3, rue Vercingétorix.

PELLETIER, 12, imp de l'Astrolabe.

PELTIER (Mme Th.), 42, rue Fontaine. M. H. 1902. **A F.**

PENDARIÈS (Jules-Jean), O. I ✪, 2, rue des Ecoles. M. H 1891, méd. 3ᵉ cl 1895, méd 2ᵉ cl. 1897, méd. arg. 1900 **A F.**

PERELMAGNE (Wladimir), 35, rue de la Tombe-Issoire.

PERINAT (Louis de), 10, rue Hallé.

PERNOT (Henri), 12, rue du Parc-de-Montsouris. M. H. 1897, méd. 3ᵉ cl. 1901, méd. 3ᵉ cl. 1904, méd. 2ᵉ cl. 1909. **A F**

PERRAT (E.-Maurice), 8, rue des Artistes.

PERRAUD (Georges), 3, rue Vercingétorix.

PERRAULT (Emile), 43, boul Lannes. **A. F.**

PERRAULT (Harry), 60, boul. Bourdon, à Neuilly-sur-Seine. M. H. 1903, méd. 3ᵉ cl 1905, B de V. 1905. **A. F.**

PERRIN (Jacques), ✳, 4, rue Say. M. H. 1884,
méd. 3ᵉ cl. 1886, méd. br. 1889, méd. 2ᵉ cl.
1892, méd. arg. 1900, méd. 1ʳᵉ cl. 1903. H. C.
A. F

PERRODIN (Antoine), 66, cité des Fleurs. **A. F.**

PERRON (Charles), O. I. ℚ, 16, boul. Saint-
Jacques M. H. 1896, méd 3ᵉ cl. 1897, méd.
2ᵉ cl. 1899. M. H. 1900. **A. F.**

PERROTTE (Philippe), 71, rue Chaptal, à Leva-
lois-Perret (Seine). M. H. 1895, méd. 3ᵉ cl
1902. **A. F.**

PERSIN (Raymond), O. A. ℚ, 87, boul. Saint-
Michel.

PESOI (Ottilio), 21, rue Cambon.

PESSINA (Paul), 41, boul. Saint-Jacques.

PETER (Victor), ✳, 40, rue Dutot. Méd. 3ᵉ cl.
1879, méd. br. 1889, méd. 2ᵉ cl. 1898, méd. or
1900, méd. 1ʳᵉ cl 1905. H. C. **A. F.**

PETER-REININGHAUS (Mlle Maria), 83, rue de
la Tombe-Issoire.

PETTIT (Mme M.), 32, rue Jouffroy. **A. F.**

PEYNOT (E.), O. ✳, 89, rue Denfert-Rochereau.
Prix de Rome 1880, méd. 3ᵉ cl.1883, méd. 2ᵉ cl.
1884, méd. 1ʳᵉ cl. 1886, méd. or 1889, 1900.
H. C. **A. F.**

PEYRANNE (Pierre), 7, rue Belloni. M. H. 1909.

PEYRE (Mlle Catherine), 15, villa Méquillet,
38 *ter*, rue du Marché, à Neuilly-sur-Seine
(Seine).

PEYRE (R.), O. A. ℚ, 245, av. Daumesnil.
M. H. 1894, méd. 3ᵉ cl. 1902, méd. 2ᵉ cl. 1903,
B. de V. 1903. **A. F.**

PEYROL (F.-A.), ✳, O. I. ℚ, *prof. à l'Ecole
nat des Arts décoratifs*, 76, rue Borghèse, à
Neuilly-sur-Seine. M. H. 1883, 1886, méd
3ᵉ cl. 1888, M. H. 1889, méd. 2ᵉ cl. 1892, méd.
1ʳᵉ cl. 1894. H. C. **A. F.**

PEYRONNET (Emile), 37, villa d'Alésia. M. H.
1898, méd. 3ᵉ cl. 1906, méd. 2ᵉ cl. 1908. **A. F.**

PEZZÉ, 27, rue Deparcieux.

PFEFFER (Joseph), 44, rue Vandamme.

PHILIPPART (Mme Odile), O. A. ℚ, 22, rue
Scheffer. M. H. 1905.

PHILIPPE (Paul), 22, rue Tourlaque. **A. F.**

PICAUD (Charles), O. I ℚ, 9, rue Falguière.
M H. 1894. méd. 3ᵉ cl. 1896, méd. 2ᵉ cl. 1899,
méd. br. 1900. **A. F.**

PICAUD (Georges-Pierre), 19, rue Daguerre.

PICAULT (Emile), O. A ℚ, 83, rue de la Tombe-
Issoire. M H. 1883. **A. F.**

PIÉRART (J), 19, rue Hallé. **A. F.**

PIERSON (Mlle Elisabeth), 44, rue du Volga.

PIFFARD (Mlle Jeanne), 157, av. de Wagram.

PILET (Léon), 6, quai de Jemmapes. M. H. 1882,
1883, méd. 3ᵉ cl. 1888, méd. br. 1889 **A F.**

PILLET (Charles), 83, rue Notre-Dame-des-
Champs. Prix de Rome 1890, méd. 3ᵉ cl.
1895, méd 2ᵉ cl. 1896, méd. arg. 1900, méd.
1ʳᵉ cl 1905. H. C. **A F.**

PILLETTE (Georges), 132, av. d'Argenteuil, à
Asnières (Seine).

PIMIENTA (Gustave), 22, av. Niel. **S. AU.**

PINEDO (Emile), O. ✳, ✠, 137, rue Vieille-du-
Temple. **A. F.**

PIOT (Charles), 13, rue de Laborde.

PIQUEMAL (Alphonse), 21, rue Damrémont.
M. H. 1899. **A. F.**

PIRON (Eugène), 22, rue du Printemps. M. H.
1903. Prix de Rome 1903, méd. 2ᵉ cl. 1907.
A. F.

PIRON (René), 82, rue de Turenne.

PLÉ (Henri), O. I. ℚ, 6, rue Deguerry. M. H.
1879, méd. 3ᵉ cl. 1880, M. H. 1889, méd. 2ᵉ cl.
1898, méd. br. 1900. **A. F.**

PLESSIS (Félix), O. A. ℚ, 10, rue Perceval.
M. H. 1909. **A. F.**

POGGI (Paul), 59, rue de Seine.

POISSON (Pierre), O. I. ℚ, 23, boul. Pasteur.
M. H. 1907. **A. F.**

POMMIER (Albert), 51, boul. Saint-Jacques.
M. H. 1905.

POMPON (François), 3, pass. d'Enfer. M. H.
1886, méd. 3ᵉ cl. 1888, M. H. 1889, méd. br.
1900. **A. F.**

PONCET (Paul), 111 *ter*, rue d'Alésia. M. H.
1904, méd. 3ᵉ cl. 1907. **A. F.**

PONCET-NOLL (Edouard), 3, rue Vercingétorix. M. H. 1907. **A F.**

PONCIN (Albert), 9, rue du Pot-de-Fer.

PONSARD (Paul), 9, rue du Pot-de-Fer. M. H.
1905.

POPINEAU (François), 52, rue Lhomond.

POPOFF (Mlle Olga), 129, boul. Raspail. M. H.
1900. **A F.**

PORCHER (E.), 99, rue Didot. M. H. 1894. **A. F.**

PORTALIS (Conrad), 19, av. Debasseur, à Versailles (Seine-et-Oise). M. H. 1900. **A F.**

POSPISIL (Antonin), 53, rue de Lancry.

POUPELET (Mlle Jane), 30, rue Dutot. Méd.
br. 1900, B. de V. 1904. **S. N., S. AU.**

POURQUET (Henri), 22, rue Tourlaque. M. H.
1906, méd. 3ᵉ cl. 1907, Prix Palais de Longchamp 1907, B. de V. 1908, méd. 2ᵉ cl. 1909.
A. F.

POZZI, 13, rue Ravignan.

PRIEUR-BARDIN (François), O. A. ℚ, 5 *bis*,
rue Bourgeois. M. H. 1902 **A. F.**

PRIEUR-HOPKINS (Isabel), 7, rue Léopold-Robert

PROSZYNSKI (Henri), 7, rue Belloni.

PRUDHOMME (Georges), 109, rue de Sèvres.
M. H. 1901, méd. 3ᵉ cl. 1904. **A F.**

PUECH (Denys), C. ✳, *M. de l'Institut*, 233 *bis*,
faub. Saint-Honoré. Méd. 3ᵉ cl 1884, Prix de
Rome 1884, méd. 2ᵉ cl. 1889, méd. 1ʳᵉ cl. 1890,
G. P. 1900. H. C. **A. F.**

PULL (Jules-Louis), 105, av. Saint-Germain,
à Puteaux (Seine). **A. F.**

Q

QUEF (Maurice), 193, rue Marcadet. **A. F.**

QUÉNARD (Armand), 83, boul Richard-Lenoir.
M. H. 1905. M. H 1900. **A. F.**

QUESTE (L.), O. A. ℚ, 15, rue Sedaine. **A. F.**

QUIDOR (Gabriel), 9, rue Mazarine.

QUILLIVIC (René), 59, av. de Saxe. M. H. 1907, méd. 2e cl. 1908. B. de V. 1908. A. F.

QUINQUAND (Mlle Anna), 6, rue des Écoles, Arcueil (Seine).

R

RAINOT (A.), 59, rue de Saintonge. A. F.

RAISSIGUIER (Emile), O. A ✪, *prof. de dessin modelage à l'Association polytechnique*, 2, rue d'Arcueil (villa Corot). M. H. 1898. A. F. (Voir *Peintres*)

RAMBAUD (Furcy-E.-E.), 34, rue Sedaine. A. F.

RANCOULET, O. A. ✪, 6, rue de Béarn.

RANIERI (Aristide de), O. A. ✪, 3, rue Vercingétorix. M. H. 1899.

RAOUL MARTIN, 79, rue de Dunkerque.

RAPHAEL (Mme), 93, av. du Roule, à Neuilly-sur-Seine.

RAPHANEL (Xavier), O A. ✪, 13, rue de Ravignan.

RASUMNY (Félix), 76, av. de la République. M. H. 1891, méd. arg. 1900. A F.

RAUNER (Louis), 2, boul. Bourdon, à Neuilly-sur-Seine (Seine). M. H. 1904. A. F.

RAUSCH DE TRAULENBERG (Constantin), 9, rue Falguière.

RAYMOND-RIVOIRE (Antoine), 233 *bis*, rue du Faub.-Saint-Honoré. A. F.

RAYNARD (Georges), 98, rue Chardon-Lagache.

RÉAL (Mme Hélène), 3, rue de Richelieu.

RÉAL DEL SARTE (Maxime), 88, boul. de Courcelles.

RÉCIPON (Georges), ✳, 57, boul. du Montparnasse. M. H. 1888, 1889, méd. 3e cl 1890, méd. arg. 1900, méd. 1re cl. 1901. H. C. A F.

REDOLFI (Robert), 108, rue Ordener.

RÉMONDOT (Marius), 47, rue de Passy. Méd. 3e cl 1908. A. F.

RENARD (Mme Claude), 169, boul. Saint-Germain, et à Reims, 9, rue au Marc.

RENARD (Pierre), 18, pl. de la Station, à Fontenay-sous-Bois (Seine).

RENEVIER (Georges), 1, boul. Garibaldi.

REVEL (Théodore), 25, av. de Wagram.

REVILLON (Ernest), à Aulnay-les-Bondy (Seine-et-Oise). M. H. 1887. A F.

REYMOND-GUNTHERT (Charles), 6, rue Dareau.

RIBEMONT-DESSAIGNES (Alban), 9, pl. des Ternes. A F.

RICCA (Alfonso), 17, rue Saint-Fiacre.

RICHARD (C) O I. ✪, ✠, *graveur*, 7, rue Vésale. A F (V. *Peintres*.)

RICHARD (Félix), 25, rue de Humboldt. M H. 1889, 1890.

RICHÉ (Louis), 1, rue Leclerc. M. H. 1897, méd. 3e cl. 1903, méd. 2e cl 1905. A F.

RICHEFEU (Charles), 6, rue de l'Amiral-Courbet. A F.

RICHER (Paul), ✳, *M de l'Institut*, 30, rue du Luxembourg M. H. 1889, méd. 3e cl. 1900, méd. br. 1900. A. F.

RICHOU (Henry-Louis), 16, rue Plâtrerie, à Étampes (Seine-et-Oise). A F.

RIFFARD (Albert), 226, rue de Vaugirard. M. H. 1893. A. F.

RIGUAL (P.), 13, rue des Arquebusiers.

RINGEL D'ILLZACH (J.), 61, boul. Suchet. M. H. 1884, 1885, méd. 3e cl. 1888, méd. arg. 1889, méd. arg 1900. A F.

RISPAL (Jules), 9, cité Falguière. M. H. 1899, 1900, méd. 3e cl. 1901, méd. 2e cl. 1902, B. de V. 1902.

RIVIÈRE-THÉODORE (Louis), O. ✳, 24, rue de l'Yvette. M H. 1885, méd. 3e cl 1894, méd. 2e cl. 1895, méd 1re cl. 1897, méd. or 1900. H. C A F

RIVET (Adolphe), 10, rue Lafouge, à Gentilly (Seine). M. H. 1888, méd. 2e cl 1908. A F.

RIVOIRE (Mlle), 233 *bis*, faub. Saint-Honoré.

RIVOIRE (Raymond), 262, faub. Saint-Honoré. M. H. 1906. A. F.

ROBERT, 233, faub. Saint-Honoré.

ROBERT (Eloi), 7, rue Belloni.

ROBERT (Eugène). ✳, 46, faub. du Temple. M. H. 1880, 1881, 1884, 1885, méd. 3e cl 1888. M. H. 1889, méd. arg. 1900. H. C. A. F.

ROBERT-CHAMPIGNY (Charles), 7, rue du Maine. M H. 1901.

ROBIN (Honoré), 10, rue Rampal. A. F.

ROBY (Jean-Jacques-M), Brenillet (Seine-et-Oise). A. F.

ROCH (Mlle C), 5, rue de Corneille. M. H. 1904.

ROCHE (Pierre), ✳, 25, rue Vaneau Méd. arg. 1900. S. N.

ROCHER (Georges), Epinay-sur-Sénart (Seine-et-Oise). A F.

RODIN (Auguste), G. O. ✳, *Vice-prés. de la Soc. nat. des B-A*, 182, rue de l'Université. Méd. 3e cl. 1880 H. C. 1889, M. du J. 1900. H. C. A. F. S. N

ROGER-BLOCHE (Paul), 15, rue Hégésippe-Moreau. Méd. 3e cl. 1891, B. de V. 1896, méd. 2e cl. 1899, méd. or 1900, méd. 1re cl. 1904 H. C. A. F.

ROLARD (François), O. A. ✪, 89, rue Dareau. Méd. 3e cl. 1882, méd. 1re cl. 1884, méd. br. 1889, méd. arg. 1900. H. C. A. F.

ROQUES (François), 15, boul. Berthier. S. N.

ROSALES (E.-O), 2, rue Pierre-Charron. M. H. 1903, méd. 2e cl. 1904.

ROSE (Albert-A), 39, rue Etienne-Marcel. M. H. 1897. A F

ROSSI (Giuseppe), 51, av. de la République.

ROSSI (Victor), 105, rue des Dames.

ROSSO (Ménardo), 98, boul. des Batignolles.

ROTY (Louis), C ✳, *M de l'Institut*, 30, rue du Luxembourg Méd. 3e cl 1873, Pr de Rome 1875, méd 2e cl 1882, méd. 1re cl. 1885, G. P. 1889, G. P 1900, méd. d'honneur 1905. H. C. A. F.

ROUFOSSE (A.), O. A. ✪, 3, rue du Parc-Montsouris.

ROUILLIÈRE (Marcel), O. I. ✪, 5, rue Clauzel. M. H. 1909. A F

ROUKHOMOWSKY (Salomon), 50, rue de Rivoli.

ROULLIER (Christian), 26, rue Théry. **A. F.**

ROUSAUD (Aristide), 50, rue Vercingétorix. **S. AU.**

ROUSSEAU, 50, rue Vercingétorix.

ROUSSEAU (Clément), 35, rue de Chaillot.

ROUSSEL (Léon), 183, boul. Lefebvre. M. H. 1898. **A. F.**

ROUSSEL (Marius), 77, rue Denfert-Rochereau. M. H. 1898, méd. 3° cl. 1906. **A. F.**

ROUSSEL (Paul), 7, av. des Peupliers. 1er G. P. de Rome 1893, méd. 3° cl. 1896, méd. 2° cl. 1898, méd. arg. 1900, méd. 1re cl. 1909. H. C. **A. F.**

ROUSSELET (Etienne), 3, rue de Sontay.

ROUSTAN (Pierre), 11, imp. Ronsin. **A. F.**

ROUX (Charles), 29, rue Boulard

ROUX (Constant), 157, rue de Rome. M. H. 1892, Prix de Rome 1894, méd 3° cl. 1898, méd. br. 1900, méd. 2° cl. 1902. **A F.**

ROUVEYRE (Marius), 95, rue de Vaugirard.

ROYER (Eugène), 194, av. Victor-Hugo.

ROZET (Mlle Fanny), 6, rue Aumont-Thiéville. M. H. 1904. **A. F.**

ROZET (René), 6, rue Aumont-Thiéville. Tél. 504.76. M H. 1883, méd. br. 1889, méd. 3° cl. 1891, méd. 2° cl. 1894, méd. br. 1900, méd 1re cl. 1902 H C. **A F.**

ROZIER (Marcel), 75, rue de Vaugirard.

RUFFONY, 50, rue Fontaine-au-Roi.

RUILLÉ (Vicomte Geoffroy de), 34, rue François Ier. M. H. 1886 **A. F.**

RULLON (Arsène), 99, rue de Vaugirard.

S

SABATTÉ (J.-G.), 35, rue Gros. **A F.**

SAGET (Guillaume), 45, rue du Ranelagh. M. H. 1908.

SAGLIER (André), 12, rue d'Enghien. **A. F.**

SAIN (Marius), 7, rue Belloni. M. H. 1903, méd. 3° cl. 1906. **A. F.**

SAINT-ANDRÉ DE LIGNEREUX, ✳, 5, rue Théodule-Ribot. *Art décoratif et reliures d'Art.* Tél. 589.79. **A. F.**

SAINTE (Pierre), 16, imp. du Maine.

SAINTE-CROIX (de), 17, rue du Vieux-Colombier.

SAINT-MARCEAUX (René de), O. ✳, *M de l'Institut*, 100, boul. Malesherbes. Méd. 2° cl 1872, méd. 1re cl 1879, méd d'honn 1879, méd. or 1889, M. du J. 1900. H. C. **A F**, **S. N.**

SALADIN (Alphonse), 22, rue Tourlaque. M. H. 1909.

SALÈS (André), 16, av. d'Orléans.

SALLES (Manoel), villa des Arts. M. H. 1908.

SAMEG (Mlle Olga), 5, rue de Bagneux.

SAMSON, 23, boul. du Montparnasse.

SAMSON (Emmanuel), 69, rue Raspail, à Bois-Colombes (Seine).

SANCHEZ (Albert), 41, av. du Maine. M. H. 1904. **A. F.**

SANDOZ (Edouard), 17, rue Campagne-Première. **S. N.**

SANGLAN (Ernest), 14 *bis*, rue Friant.

SANSON (Charles), 17, rue Julie.

SANSON (Justin-C.), ✳, 3, rue Joseph-Bara. Prix de Rome 1861, méd. 1866, méd. 3° cl. 1867, 1869, méd. 2° cl. 1878, méd. br. 1889. H. C. **A. F.**

SARASSIN (Mlle Madeleine), 3, rue Anatole-de-la-Forge.

SAULO (Georges-Ernest), O. I. ◯, 4, rue Maurice-Mayer. Méd. 3° cl. 1889, B. de V. 1891, méd. 2° cl. 1893, méd. arg. 1900 **A F.**

SAURIN (D.), 32, boul. du Montparnasse. **A. F.**

SAVINE (Léopold), O. I. ◯, ✠, 7, av. des Sycomores (villa Montmorency). M. H. 1892, méd. br. 1900. **A. F.**

SAVOISY (André-Pierre-Olive), 136, boul. Diderot. **A. F.**

SAWYER (Edward), 9, rue Falguière.

SCAILLIET (Emile), 114 et 116, rue de Vaugirard. M. H. 1887. **A F.**

SCHARFENBERG (Wilhelm de), 18, imp. du Maine.

SCHLOSS (Mlle Juliette), 66, av. d'Iéna.

SCHLOSSER (Ernest), 93, rue de Vaugirard. M. H. 1909.

SCHMID (Henri), O. I. ◯, 9 *bis*, rue Michel-Ange. M. H. 1896, méd. 3° cl. 1897, méd. 2° cl. 1900. M. H. 1900. **A. F.**

SCHMIT, O. A. ◯, 11, imp. du Maine.

SCHNEGG (Gaston), 40, rue Dutot. **S. N.**

SCHNEIDER (Charles), 34, rue Monsieur-le-Prince. Méd. 3° cl. 1906. **A. F.**

SCHOENE (Mlle Johanne), 16, boul. Edgar-Quinet. **S. N.**

SCHWAB (André), 27, quai de la Tournelle. **A. F.**

SCHWARTZ (Raphaël), 15, rue Hégésippe-Moreau. **S. N**

SCHWEITZER (Gaston), 31 *bis*, rue Orfila. Méd. 2° cl. 1908 **A. F.**

SCOTTE (J.-A.), 25, rue Piat. **A. F.**

SEGOFFIN (Victor), ✳, 17, rue de La Rochefoucauld. M. H. 1894, méd. 3° cl. 1896 Prix de Rome 1897, méd. br. 1900, méd 2° cl. 1903, méd. 1re cl. 1905. H. C. **A. F.**

SEGOND (Mlle Juliette), 4, quai Debilly.

SÉGUIN, 8, rue Campagne-Première.

SELLE (André), 15, rue de l'Estrapade.

SEILLIÈRE (Mme la baronne Christine), 3, rue de Bagneux.

SÉRAPHIN (Albert), 33, rue de Bagnolet.

SERRES (Provin), 9, rue de Bellevue. M. H. 1886. **A. F.**

SERRUYS (Mme Yvonne), 5, rue de Bagneux. **S. N**, **S. AU**,

SEYSSES (Auguste), ✳, 5, rue de Bréa. M. H. 1891, méd. 3° cl. 1892, B. de V. 1892, méd. 2° cl. 1894, méd. arg. 1900, méd. 1re cl. 1907. H. C. **A. F.**

SÉVASTO (Mme Marie), 72, rue Mozart.

SÉVERIN (Alexandre), 79, rue Monge.

SICARD (François), ✹, 18 *bis*, rue d'Armaillé.
M. H. 1887, P. de Rome 1891, méd. 2° cl.
1894, méd 1re cl 1897, méd. or 1900, méd.
d'honneur 1905. H. C A F.

SIGNARD (Mme Claude), 10, cité du Midi. A. F.

SIGRID (Forselles), 59, av. de Saxe.

SILICE, 11, imp. Ronsin.

SILVESTRE (Paul), 7, rue Belloni.

SIMON (Désiré), 108, rue Amelot. A. F.

SIMONNET (René), 10, rue Géricault.

SINAYEFF-BERNSTEIN (Léo), ✹, 20, rue des
Acacias. M H. 1893, méd. arg. 1900, méd.
3° cl. 1903.

SOLLIER (Eugène), O I. ◊, 11, rue Boissonade.
M. H. 1881-1884 A. F.

SOMBREUIL (Ch., comte de Villelune), 16, av.
Debassaux, à Versailles (Seine-et-Oise), A. F.

SOMME (Théophile), 35, rue des Martyrs.
M. H 1902. A F.

SOSSON (Lucien), 50, rue de Turenne.

SOUDEBININE, 65, boul. Arago. S. AU.

SOULET (Paul), 24 et 35, rue Godot-de-Mauroy.

SPANIEL (Otakar), 1, rue Leclerc.

SPICER-SIMSON (Th.), 3, rue Campagne-Première. S. N.

SPORRER (Th.), O. A ◊. 8, rue des Réservoirs. M. H. 1893. A F.

STALIN (Gabriel), 102, av. d'Orléans.

STAPFER (Horace), 14, rue de Marignan.

STEINLEN (Ph.), 73, rue Caulaincourt. S. N.

STELLETSKZY (Dimitri), 15, rue Boissonade.

STENER (A.-B.), 4, rue de Varize.

STUAIR (Mlle Gabrielle), 43, boul. des Batignolles. A. F.

STUER (Bernard), O I. ◊, 43, rue Le Marois.
M. H. 1882-1883-1884-1886-1900 A. F.

STOLL-COURQUIN (Frédéric), 34, rue d'Hauteville.

STRENZ (Mme Jeanne), O. I ◊, 107, av. Parmentier. M. H. A. F.

STRITT (Louis), 4, rue Auguste-Barbier. M H
1909. A. F.

SUCHETET (Auguste), ✹, 9, rue Falguière. P du
Salon 1880. méd. 2° cl. 1880, méd. or 1889,
méd. or 1900. H. C. A. F.

SUDRE (Raymond), O. A. ◊, 66 et 68, rue
d'Assas M. H. 1899, méd. 2° cl. 1902, B. de
V. 1902. A F.

SVENDSEN (Munthe), 18, imp du Maine.

SVIRSKY (Mlle J.), 176, boul. Haussmann.

SWAINSON (Mlle Mary), 19, rue Monsieur.

SYAMOUR (Mme Marguerite), 6, rue du Val-
de-Grâce. M, H. 1887, méd. 3° cl. 1899, M. H.
1900.

SZCZEPKOWSKI (Jean de), 3, rue Campagne-
Première.

T

TABOURIN (P.), 18, rue Marcadet.

TARNOWSKY (Michel de), 33, rue Bayen.
M. H. 1895, 1900.

TARRIT (Jean), O. A. ◊, 23, villa d'Alésia.
M. H. 1898, méd. 3° cl. 1907. A. F. S. N.

TASSET (Ernest-Paulin), ✹, 127, boul. Raspail. M. H. 1876, méd. 3° cl. 1883, M. H.
1889, méd. br. 1900. H. C. A F.

TAUBIN, 39, villa d'Alésia.

TANCHON D'AULNAY (Charles), 75, rue
Claude-Bernard. A. F.

TAUZIN (Louis-Eugène), 14, av. du Maine.
A. F.

TENAILLE (Maurice), 10, rue Vavin. A. F.

TER-MAROUKIAN (Andreas), 54, rue Lhomond.

TERNOIS (J), 3, rue Vercingétorix M. H.
1907. A. F.

TERRIER (Jules), 6, villa des Gobelins. M. H.
1881, 1883, 1884.

TERROIR (A.-Camille), 16, boul Saint-Jacques.
Méd. 2° cl. 1902, P de Rome 1902, méd. 1re cl.
1909. H. C. A. F.

THAUBY (Fernando), 83, rue du Faub.-Saint
Jacques.

THEUNISSEN (Corneille-Henri), ✹, 22, av.
des Sycomores. M. H. 1890, méd. 3° cl. 1891.
méd. 2° cl. 1896, M. H. 1900. A. F.

THEUNISSEN (Paul-Louis), A O ◊, 199, rue de
Vaugirard. Méd. 3° cl. 1901, B. de V. 1901,
méd. 2° cl. 1909. A. F.

THIBAULT (Louis), 88, rue Houdan, à Sceaux
(Seine).

THIOLLIER (Mlle Claude-Emma), 27, rue de
Grenelle.

THIVIER (Eugène), O. A. ◊, 102, rue du Ranelagh. M. H. 1887, méd. 3° cl. 1892, méd. br.
1900. A. F.

THOMAS-GALLOIS (Mme Madeleine), 30, rue
Littré. A. F.

THOMAS-SOYER (Mme Mathilde), 101, rue
du Bac. M. H. 1880, méd. 3° cl. 1881, méd.
br. 1889, 1900.

THOMPSON (Mlle Myra), 10, rue Campagne-
Première.

THOMSEN (Constant-A.), 64, rue Bayen. M. H.
1893.

TIGNÉ (J.-L.) O. A. ◊, 54, rue du Montparnasse. M. H. 1905, méd. 3° cl. 1907, méd.
2° cl. 1909 A. F.

TIZAR (Mlle Kate), 31, rue Vaneau.

TOCQUEVILLE (Mlle Antoinette de), 17, villa
Saïd.

TOISON (P.), 44, rue Poussin. S. N.

TOLLEMAR (Mme), 117, rue N.-D.-des-Champs.

TOMBAY (Emile de), 8, rue Hégésippe-Moreau.

TONNELIER (Georges), ✹, *M. du Comité A F*,
32, rue Matignon. M. H. 1887, méd. 2° cl.
1890, méd. 1re cl. 1893, méd. or 1900. H. C. A F.

TOURGUENEFF (Pierre), ✹, 97, rue de Lille.
M. H. 1882, 1883, 1885, 1886. G. P. 1889.
H. C.

TOURNIER (V.), 31, boul. Saint-Jacques. M. H.
1894, méd. 3° cl. 1900, M. H. 1900, B. de V.
1900, méd. 2° cl. 1903. A. F.

TOURNOUX (J.), 35, rue Godot-de-Mauroy.
Méd. 3° cl. 1876.

TOURTE (F.), 35, rue de la Tombe-Issoire.

TOUSSAINT (Gaston), 7 *ter*, imp. du Maine. **S. N.**

TOUZAIN-SAMEC (Mme Olga), 100, rue d'Assas.

TREMBLEY (Jules), 3, rue des Saints-Pères.

TRICARD (Louis-V.), 31, rue Vivienne. M. H. 1901. **A. F.**

TROILI, 8, place Denfert-Rochereau.

TROUBETZKOY (Prince Paul), ✻, 23, rue Weber. **S N., S. AU.**

U

UBEZIO (Alfred), 4, rue Berzélius prolongée.

ULYSSE-CHARLES (Normil), 32, rue du Dragon.

URLET (Mme d'), 11, boul. de Clichy.

V

VAAST (Paul), 175, rue Lecourbe. **A. F.**

VACOSSIN (G.-L.), O. A. ✪, 61, rue Pascal. M. H. 1904, méd. 3ᵉ cl 1908. **A F**

VALETTE (Henri), 14, rue Boissonade. **S N.**

VALLGREN (Villé), O. ✻, 28, rue Vernier. M H. 1886, méd. or 1889, G. P. 1900 H. C **A F.**

VALMON (Mlle Léonie), O. A ✪, 76, rue Saint-Didier. Méd. 3ᵉ cl. 1883, méd. 2ᵉ cl. 1882, méd. arg. 1900 H, C. (V *Graveurs*.)

VALTON (Charles), ✻, 37, rue Denfert-Rochereau. Méd. 3ᵉ cl. 1875, méd. 2ᵉ cl. 1885, méd or 1889, 1900. H. C. **A. F.**

VAN DER STRAETEN (Georges), ✻, 22, rue de Tocqueville. M. H. 1890, méd. arg 1900.

VARENNE (Henry), ✻, O. I. ✪, 3 *bis*, rue de Bagneux. M. H. 1894, méd. 3ᵉ cl. 1900. **A F.**

VARIGARD (Mme Marguerite), 4, boul. Flandrin.

VARON, 8, rue de l'Abreuvoir.

VAUDREY (Pierre), 16, rue Merlin. **A. F.**

VERGY (Camille de), 39, av. de Saxe. Méd. 1865. **A. F.**

VERDIER (Victor du), 11, rue Daniel-Stern.

VEREZ (G.-A.), 11, imp. Ronsin. Méd. 3ᵉ cl. 1907, méd. 2ᵉ cl. 1908, méd. 1ʳᵉ cl. 1909 H. C. **A. F.**

VÉRIANE (Mlle Renée de), O. A ✪, 4, rue Aumont-Thiéville. M. H. 1896. **A F.**

VERLET (Raoul-Charles), O. ✻, *M. de l'Institut*, *prof à l'Ecole des Beaux-Arts*, 7, rue Galvani M. H. 1885, 1886, méd 2ᵉ cl. 1887, P du Salon 1887, méd. or 1889, G P. 1900, méd. honneur 1900. H. C **A. F.**

VERMARE (A.), 23, av. des Sycomores M. H. 1892, méd. 3ᵉ cl 1898. P. de Rome 1899, méd. br. 1900, méd. 2ᵉ cl. 1905, méd. 1ʳᵉ cl. 1906, H. C. **A. F.**

VERNAUD (Roger), 43, rue Saint-Honoré, à Versailles (Seine-et-Oise).

VERNHES (Henri), 125, boul Exelmans M. H. 1884, méd. br 1900. **A. F. S N**

VERNIER (Emile), ✻, 5, rue Joseph-Bara. M. H. 1886, 1889, méd. br. 1900.

VERNON (Frédéric), ✻, *M. de l'Institut*, 35, rue de l'Université. Méd. 3ᵉ cl. 1884, P. de Rome 1887, méd. br. 1889, méd. 2ᵉ cl. 1892, méd. 1ʳᵉ cl. 1895, méd. or 1900, méd. honneur 1907. H. C. **A. F.**

VÉRON (Eugène), 7, rue Belloni.

VÉRONA (Guillaume), 83, av. du Maine.

VÉRONA (Noël), 64, rue de la Procession.

VERSCHNEIDER (Jean), 155, rue du Faub.-Poissonnière. M. H. 1909. **A. F.**

VESQUES (Mlle Jeanne), 6, rue des Coutures, Saint-Gervais

VIARD (Julien), 247 *bis*, rue des Pyrénées. M. H. 1905, méd. 3ᵉ cl. 1909. B. de V. 1909. **A. F.**

VIARDOT (Mme Paul), 46, boul. Pereire.

VIDAL (Henri), villa des Épinettes, à Saint-Maurice (Seine). M. H. 1884, méd 3ᵉ cl. 1890, méd. 2ᵉ cl. 1899, Prix de Paris 1892, méd. 1ʳᵉ cl 1900, méd. arg. 1900 H. C. **A F.**

VIGIER (Walter de), 43, av. Victor-Hugo.

VIGOUREUX (Pierre-Octave), 8, boul. de Vaugirard. M. H. 1907, méd. 3ᵉ cl. 1909. **A. F.**

VIK (Ingebrigt), 5, rue de Bagneux. M. H. 1904.

VILLANIS (Emmanuel), 13, cité des Bains. M. H. 1892.

VILLENEUVE (Jacques), ✻, 59, av. de Saxe. Méd. 3ᵉ cl 1897, méd. 2ᵉ cl. 1899, méd. arg 1900, méd. 1ʳᵉ cl. 1894. H. C **A. F.**

VILLEROY (de), 5 *bis*, rue Jadin.

VILLIERS (Roger de), 24, rue Barrault.

VINCENT (Ch), O I. ✪, 4, villa de Saxe. M. H. 1905. **A F**

VIRIEUX (François), 60, rue Mouton-Duvernet. M. H. 1904 **A. F.**

VIRLET (Léon), O. I. ✪, 12, rue Oberkampf.

VISMARA (Eugène), 39, rue Dareau.

VISSEAUX, O. A ✪, 45, rue de la Roquette.

VISTABELLA (Mme de), 45, av. du Bois-de-Boulogne.

VITAL-CORNU (Ch), ✻, *M du Comité A. F.*, villa des Arts. M. H 1880, 1881, méd. 3ᵉ cl. 1882, B. de V. 1883, méd. 2ᵉ cl. 1886, méd. br. 1889, méd. arg. 1900. H. C. **A. F.**

VITAL-COULHON, 82, rue de la Tombe-Issoire.

VOGEL (J.-H. de), 50, rue Vercingétorix, et à Oosterstraat-Groningen (Hollande).

VOISIN (Henri-Léon), 10, rue Eugénie, à Saint-Mandé. **A. F.**

VOS (Marius), 14, rue de Chazelles.

VOULOT, 14, rue Boissonade. **A. F. S N.**

VRANYCZANY (René), 45, av. Victor-Hugo.

W

WAGNER (Georges), 9, rue de l'Égalité, à Vincennes.

WALDMANN (Oscar), 54, av. du Maine.

WALLACH (Edouard), 163, rue Legendre.

WALLE (Louis), 17, rue de Constantinople. **A. F.**

WALLER (Edward), 77, rue Denfert-Rochereau.

WALLET (Georges), 42 *bis*, rue de Prony. M. H. 1894. A F.

WALLIS (Katherine), 54, av. du Maine.

WARD (Herbert), 59, boul. Berthier. M. H. 1900, méd. 3e cl. 1908.

WARRAIN (Francis), 108, rue de Vaugirard. A. F.

WASLEY (Léon), 6, boul. de Clichy.

WAYNER (Muche), 8 *bis*, rue Campagne-Première

WEBER (Mlle Ella), 7, rue Daguerre.

WEIGÈLE (Henri), 20, rue de Lesseps, à Neuilly-sur-Seine (Seine). M. H. 1893, méd. 3e cl. 1907, méd. 2e cl. 1909. A. F.

WEYL (Mme Jenny), 51, rue de Prony. A F.

WIELD, 51, boul Saint-Jacques. S. N.

WILK (Joseph), 2, pass. de Dantzig

WIPFF, 104, rue de Vaugirard A. F.

WITIG, 62, rue de Bargue. S. AU.

WLÉRICK (Robert), 36, rue Dutot. S N.

WRIGHT (Mlle Alice), 4, rue de Chevreuse.

Y

YENCESSE (Ovide), ✳, 91, rue de Sèvres. M. H. 1897, méd. 3e cl., 1898, méd. or 1900, méd. 2e cl. 1902. A. F. S. AU.

YRURTIA (Rogelio), 8 et 10, rue Gutenberg, Parc des Princes, à Boulogne-sur-Seine. S. N.

YVANOVITCH (G.), 13, rue Jean-Vaury. A. F.

Z

ZADIG (William), 7, rue Belloni.

ZADORY (Oscar), 71, boul. Exelmans.

ZEITLIN (A.), 13, rue de Washington.

GRAVEURS ET LITHOGRAPHES

A

AGASSIS (Edouard-Louis), 14, av. de la Motte-Picquet. M. H. 1906. A. F.

AGIOR (Auguste), 30, rue Saint-Vincent.

ALASONIÈRE (Henri-Fabien), 27, rue Vital. M. H. 1888, méd. 3e cl. 1897, méd. br. 1900, méd. 2e cl. 1901. H. C. A. F.

ALDEBERT (Mlle Madeleine), 28, pl. Saint-Ferdinand.

ALLONNES (E.-Revault d'), 51, rue de Seine.

ARDAIL (Albert), 12, rue Tournefort. M. H. 1886, méd. 3e cl. 1887, méd. br. 1889, méd. 2e cl. 1892, méd. arg. 1900, méd. 1re cl 1901. H. C. A F.

ARMINGTON (Mme Caroline), 8, rue de la Grande-Chaumière.

ARMINGTON (Frank-Milton), 8, rue de la Grande-Chaumière.

ARTIGUE (André-Paul), 22, rue Ernest-Cresson.

ATCHÉ-LEROUX (Mme Jane), 19, pl des Vosges. M. H. 1902. A. F.

AUGER (Raymond), 19, rue Gutenberg, au Grand-Montrouge (Seine).

B

BARBOTIN (William), ✳, 87, av. d'Orléans. P. de Rome 1884, M H. 1890, méd. 3e cl. 1893, méd. 2e cl. 1894, méd. 1re cl. 1899, méd. arg. 1900. H. C.

BARRÉ (L.-E.-Aristide), à Trappes (Seine-et-Oise). M. H. 1909.

BASTARD (Ernest), à Pontoise, 30, rue du Haut-de-l'Ermitage (Seine-et-Oise).

BASTIEN DE BEAUPRÉ (Jean-Auguste), O A ✳, *M de la Soc. des aquafortistes français et de la Soc* « *La Gravure originale en noir* », 25, rue Vaneau. M H. 1893, méd. 3e cl. 1909. A. F.

BAUDIER (Paul), 13, rue du Parc, à Gentilly (Seine). M H 1903, méd. 3e cl. 1906.

BEAUFILS (Julien), 24, rue Chevert.

BEIGNEUX (Charles), 14, rue Damrémont.

BEJOT (Eugène), 12, boul. Saint-Michel. Méd. arg. 1900. S. N.

BELLAY (René-Henry), 4, rue de la Place, à Chatou (Seine-et-Oise). A. F.

BELLEROCHE (Albert), 30, rue de Bruxelles. H C (V. *Peintres*)

BELNET (Georges-Albert), 179, av. du Maine.

BÉLOFF (Mlle Angèle), 126, rue de Vaugirard

BÉNARD (Agricol), O. I. ✳, 25, rue de la Collégiale. M. H. 1890, méd. 3e cl. 1895, méd. 2e cl. 1898, méd. 1re cl. 1910. H.C A F.

BERTRAND (Albert), 13, rue Girardon. M. H. 1891. A. F.

BERTRAND (Emile-Pierre), 27, rue du Château-d'Eau. M. H 1892, méd. 3e cl. 1901 A F.

BERTIN-LAVIGNE (Charles), 5, rue Boulaye. A F.

BESNIER (Fernand), 14, rue des Fossés-Saint-Jacques.

BESSÈ (Albert-Georges), 168, rue de la Convention M. H. 1896, méd. 3ᵉ cl. 1905. A. F.

BILLY (Charles-Bernard), de O. A. (), 5, rue Etienne-Dolet, à Issy (Seine). M. H. 1883, méd. 3ᵉ cl. 1890 M. H 1900, méd. 2ᵉ cl. 1903. H. C. A. F. *Soc des Artistes Grav originaux, Soc. des Aquafortistes F.* (V. *Peintres*)

BINET (Lucien-Henri), 56 *bis*, av. de Saint-Cloud, à Versailles. M. H 1907.

BLACK (Richard-B.), 17, rue Alphonse-Daudet.

BLANDINIÈRES (Mme Emile-Claude), 30, av. du Parc-Montsouris.

BLUTEAU (Charles-André), 47, boul. de Belleville.

BOILOT (Alfred), O. I. (), 41, rue de Richelieu. M H. 1888, méd. 3ᵉ cl 1895, méd. br. 1900. A. F. (V. *Peintres*.)

BOISGONTIER (Edmond), 240, boul. Raspail.

BONNET (Auguste), 205, boul. Raspail.

BORREL (François-M), 11, boul. Lannes M. H. 1887, méd. arg. 1900 A F. (V. *Peintres*.)

BOUCHER-ROBIDA (Mme Emilie), 12, pl. Dauphine.

BOUCHERY (Omer-Désiré), 245, boul. Raspail. M H 1908 A F.

BOUISSET (Firmin), ✳ *M. du Comité A. F.*, 240, rue de Tolbiac. M H. 1895, méd. 3ᵉ cl. 1898, méd. 2ᵉ cl. 1900, méd. arg. 1900. H. C. A. F.

BOULARD (Auguste), ✳, *M. du Comité A. F* , 15, pl. des Vosges M. H. 1882, méd 3ᵉ cl. 1885, méd. br. 1889, méd. 1ʳᵉ cl. 1892, méd. honneur 1900, méd. or 1900. H. C. A F.

BOURGEAT (Charles), 28, rue Le Regrattier. M. H 1900, Bourse de voy. 1903. A F.

BOUROUX (Paul-Adrien), 68, rue d'Assas. M. H. 1908. A F.

BOUTET (Henri), 77, rue Denfert-Rochereau.

BOUTILLIÉ (Raphaël), 3, av. du Cottage, à Arnouville-lez-Gonesse (Seine-et-Oise). M H. 1897. A. F.

BRACQUEMOND (Félix), O ✳, 13, rue Brancas, à Sèvres (Seine-et-Oise). Méd 1868, méd 2ᵉ cl 1872 méd. 1ʳᵉ cl 1881, méd d'honn 1884 H C 1889, G. Prix 1900. A. F. (V. *Peintres*.)

BRÉMOND (Jean-L), O I. (), 29, rue de l'Yvette. M H 1896. (V *Peintres*)

BRÉVAL (Alfred dit Roger), 148 *bis*, rue du Faubourg-Saint-Martin. M H. 1908. A F.

BROQUELAT (Alfred-Jean-Marie), O. I. (), *expert près le Tribunal civil de la Seine*, 40, rue d'Hauteville. M. H. 1895, méd. 3ᵉ cl. 1896, méd 2ᵉ cl 1899, méd. arg. 1900, méd. Exp de Bruxelles H. C. A. F.

BRUNET (Raoul), 16, rue Saint-Ambroise. M. H. 1907. A. F.

BRY (Fernand), 185, av. du Maine.

BULAND (Emile), 18, rue des Écoles M H. 1880, P de Rome 1880 méd. 3ᵉ cl 1893, méd. 2ᵉ cl 1896 méd arg 1900, méd 1ʳᵉ cl. 1901. H. C A. F.

BUSSIÈRE (Louis), 32 *bis*, rue de la Folie-Regnault. M. H. 1896, P. de Rome 1904.

C

CABAUD (Albert), 14, rue Chanzy, à Viroflay (Seine-et-Oise). M H 1901, B de V. 1907, méd 2ᵉ cl. 1907. H C.

CANIONI (Georges), 60, rue Beaunier M. H. 1908. A. F.

CANIVET (Léon-Louis), O. I. (), 9, rue de Saint-Cloud, à Clamart (Seine) M. H 1897. A. F. (V. *Peintres*.)

CAPELLA (Pierre), 13, rue Condorcet.

CASCELLA (Basilio), 17, rue des Feuillantines.

CASIMIR (Frédéric), 9, rue Dupin.

CAUSERET (Jacques), 4, rue d'Assas.

CHANDLER (Georges), 86, rue Vaneau.

CHARLET (Henri), 155, boul. Haussmann. M H. 1904. A F.

CHEVALIER (Mlle Jeanne), 12, rue Servandoni.

CLAIRET (Félix), O. A (), ✳, 11, rue de Montessuy. M. H 1903, *Prix de la Société des Artistes Lithographes* 1906 Encour. de l'Etat 1906, méd 3ᵉ cl. 1907. H. C Saint-Louis 1904, Londres 1908, Bruxelles 1910, Santiago 1910. A. F.

CLAUDE-LAFONTAINE (Raymond), 7, rue de la Tour-des-Dames.

CLÉMENT (Jean-Jacques), 46, rue La Rochefoucauld.

COEURET (Alfred), 26, rue de la Tombe-Issoire. M. H. 1902.

COLAS (Louis), 74-76, rue J.-J.-Rousseau M H. 1887, méd 3ᵉ cl. 1889. M. H. 1900. A. F.

COLLAS (Mme Paule), 6, rue Jean-du-Bellay. M H 1905 A F.

COLLIGNON (Henri), 42, rue des Écoles, à Colombes (Seine).

COMMANDRÉ (Marcel), 174, av. du Maine.

CONVERT-BILLON (Marcel), 9, rue Pillet-Will.

COOVER (Mlle Nell), 3, rue Campagne-Première.

COPPIER (André-Charles), 21, boul. Saint-Germain. M. H 1890, méd 3ᵉ cl. 1891. B de V 1891, méd 2ᵉ cl. 1898, méd arg 1900, méd 1ʳᵉ cl 1901 H C. A F.

CORDUAN (Mme Augustine), 17, rue Clapeyron M. H. 1889

CORET (Alphonse), 19, rue Campagne-Première. M H 1890. A. F.

CORPET (Etienne), 13, boul. Saint-Michel.

CRAUK (Adolphe), 2, rue de l'Abbé-Grégoire, à Issy-les-Moulineaux (Seine) M. H. 1893, méd 3ᵉ cl 1896, B de V 1897, M H. 1900, méd. 1ʳᵉ cl. 1905 H C. A F.

D

DAHLGREEN (Charles-W.), 139, boul. Saint-Michel.

DALLEMAGNE (Aimé-Edmond), 35, rue d'Assas. M. H. 1907.

DAMART (Mlle Henriette), 48, rue de Dunkerque.

DAMBLANS (Eugène), 5, rue du Sentier, à Bois-Colombes (Seine).

DAMMAN (Benjamin-Auguste), 19, rue Mouton-Duvernet. Méd. 3e cl. 1879, méd. 2e cl. 1883, méd. br. 1889, méd. br. 1900. H. C.

DAMMAN (Gustave), *peintre graveur*, 36, av. de Châtillon. H. C. 1903. M. H. Vienne 1887.

DARET (Mlle Suzanne), 147, rue La Fayette.

DAUTREY (Lucien), *vice-prés. de la Soc. des Aquafortistes français*, 41, boul. Saint-Jacques. M. H 1885, méd. 3e cl. 1896, méd. arg 1900, méd. 1re cl. 1904. H. C. A. F.

DEBERT (Jean-Paul), 55, rue N.-D.-des-Champs.

DECISY (Eugène), ✳, 2, rue de Steinkerque Méd arg. 1900. A. F. (V. *Peintres et Sculpteurs*.)

DEFOSSEUX (Ernest-Ch.), 57, rue Hudri, à Courbevoie (Seine). M. H. 1907.

DELALANDE (Mlle Louise), 139, Grande-Rue, à Bourg-la-Reine (Seine).

DELAMAIN (Eugène), O. A. ◊, 18, boul. Saint-Marcel Tél. 819-33 et à Vert-le-Petit (Seine-et-Oise). M. H 1901, méd. 3e cl. 1906, méd. 2e cl. 1910. A F. (V. *Peintres*.)

DELAROCHE (Paul-Charles), 6, rue des Beaux-Arts.

DELATRE (Eugène), 87, rue Lepic.

DELATRE (Mlle Pauline), 87, rue Lepic.

DELTEIL (Loys), O. I. ◊, *expert*, 2, rue des Beaux-Arts. M. H. 1894, méd. br. 1900.

DELZERS (Antonin), 344, rue Saint-Jacques M. H. 1898, méd. 3e cl. 1900. Bourse de V. 1900, méd 2e cl. 1906 H. C. A. F.

DEMAZY (Gaston-Joseph), à la Manufacture des Gobelins, av. des Gobelins. M. H. 1902 A. F.

DENIS CLAUDIUS, O. A ◊, *prof diplômé d'art décoratif*, 18, imp. du Maine. (V. *Peintres*.)

DESGRANGES (Guillaume), 70, rue d'Alésia M. H. 1908. A. F.

DESMOULINS (Fernand), O. ✳, O. A. ◊, ⚕, 57, rue Ampère, et la Pastourelle, à Nontron (Dordogne). M H. 1885, méd. 3e cl. 1889, méd br. 1889, méd. arg. 1900. H. C. S. N. (V *Peintres*.)

DESTAILLEUR-SEVERIN (Mme Jeanne), 6, rue d'Ulm. Méd 3e cl. 1904, méd 2e cl. 1908, Bourse de V. 1908. H. C. A. F.

DÉTÉ (Eugène), O. I. ◊, *M du Comité A. F*, 2, rue Séguier. M. H. 1884, méd. 3e cl. 1899, méd. 2e cl. 1903. H. C. A F.

DIETERLEN (Philippe), 1, rue Le Regrattier.

DOLA (G.), O. I. ◊, *arbitre de la Chambre syndicale patronale des lithographes (Illustrations et affiches)*, 150, boul. du Montparnasse. M. H. 1909. A F. (V. *Peintres*.)

DONNAY (Mlle Yvonne), 30, r. du Mont-Thabor.

DUBAUT (Pierre), 35, rue Laffitte.

DUBOIS-TRINQUIER (Mme Suzanne), 75, rue de l'Eglise.

DUC (Edmond), 11, rue d'Orléans, à Saint-Cloud (Seine-et-Oise).

DUCHATEL (Edouard), 30, boul. de Clichy.

DUCHEMIN (Alexandre), 157, rue du Faub.-Saint-Honoré.

DUFOUR (Jean-Jules), 64, rue Saint-Louis-en-l'Isle. (V. *Peintres*.)

DULUARD (François-Léon), *graveur*, O. A. ◊, 33, rue François-Ier. M. H. 1909, méd. 3e cl. et Prix Belin-Dollet 1910. A. F. (V. *Peintres*.)

DUPRÉ (Michel), 60, rue d'Assas.

DURANTI (François), 12, rue Jouffroy.

DUVIVIER (Albert), 10, rue Pernety. M. H. 1882, méd. 3e cl. 1884, méd. 2e cl. 1896. H. C. A F.

E

ESCRIVAN (Mme Marie-Thérèse d'), 7, rue Lakanal, à Montrouge (Seine), et Evian-les-Bains (Haute-Savoie). A. F. (V. *Peintres*.)

ESTRÉES (Mme Thérèse d'), 5, rue Bernoulli.

F

FABRE (Auguste), 28, pl. Saint-Ferdinand.

FATTORINI (Eugène), 16, av. du Bel-Air, à Bois-Colombes (Seine). M. H. 1897. M. H. 1900. A. F.

FAULE (Adolphe), Les Tilleuls, Grande-Avenue, à Athis (Seine-et-Oise). M. H. 1894. A. F.

FAVIER (Roger), 114, rue Saint-Dominique. M. H. 1907. A. F.

FELTESSE (Emile-Henri), 12, rue Delambre, M H. 1905. A. F.

FEUILLOUX (Mme Camille), 22, rue d'Angoulême M. H. 1908. A. F.

FIAULT (Henri-Alexandre), O. I. ◊, 21, rue du Dragon. A. F.

FIÉLITZ (Mlle F.-A), 99, rue de Vaugirard.

FLAMENG (Léopold), ✳ *M de l'Institut*, 86, av. de Villiers. Méd. 1864, 1866, 1867, méd 3e cl. 1878, méd. honn. 1886, H. C. 1889, G. P. 1900. A F.

FLEURY (Marcel-Paul), 34, rue Gay-Lussac.

FOCILLON (Victor-Louis), ✳, *M du Comité A. F*, 17, rue de l'Estrapade. M. H. 1886. M. H. 1889, méd. 3e cl. 1891, méd. 2e cl. 1894, méd. or 1900, méd. 1re cl. 1901, méd. honn. 1906. H C. A. F.

FONCE (Camille), ✳, 49, av. de la Grande-Armée M. H. 1889, méd. 3e cl. 1896, méd. 2e cl. 1897, méd. arg 1900. H C. A. F.

FOUQUET-DORVAL (Georges), O. I. ◊, 15, av. de Villiers Méd. 3e cl. 1902, B. de V. 1902, méd. 2e cl. 1907. H. C. A F.

FRÉDET (Mlle Denise-Claudia), 159, rue de l'Université.

G

GABAIN (Mlle Ethel), 17, rue Boissonade.

GAREN (Georges), 24, rue Montessuy. M. H. 1883, méd. 3e cl 1902, méd. 2e cl. 1906, H. C A. F.

GARNOT (Mme Lucie), 25, rue Piat.

GAUDEFROY (Mme Lucienne), 35 *bis*, rue de Reuilly.

GAUQUET (Eugène), O A ¤, 25, rue Victor-Massé. M. H. 1909. **A F.**

GAUTHIER (Mlle Caroline), 60, quai de l'Hôtel-de-Ville.

GAUTIER (Lucien-Marcellin), O. I. ¤, 3, villa Brune. M. H. 1884, méd. 3° cl. 1894, méd. 2° cl. 1898, méd. arg. 1900. H. C. **A. F.**

GÉRARD-BELLAIR (Mme Louise), 38, rue de Coulmiers. M. H. 1904, méd. 3 cl. 1906. **A. F.**

GÉRY-BICHARD (Alphonse), 89, boul. de Port-Royal. Méd. 3° cl. 1885, 2° cl. 1889, 1° cl. 1891. H. C.**A. F.**

GIL BAER, 11 *bis*, rue de Cluny.

GILLET (Henry-Paul), 223, rue Saint-Denis, av. Valls, « La Maisonnette », à Courbevoie (Seine).

GIROUX (Charles), 9, rue de l'Arc-de-Triomphe. M. H. 1886, B. de V. 1886, méd. 3° cl. 1890, méd. 2° cl. 1894, M. H. 1889, méd. arg. 1900, méd. 1° cl. 1909. H. C. **A. F.**

GOLTDAMMER-DUPONT (Mme Zélie), 191, rue La Fayette. M. H. 1896, méd. 3° cl. 1900, méd. br. 1900. **A. F.**

GONZAL (Jean-Arthur), *Vice-président de la Société des Artistes lithographes français*, 110, boul. de Sébastopol. (V. *Peintres*.)

GOTTENKIENY (Armand), 6, rue Saint-Laurent.

GOTTLOB (Fernand-Louis), 77, rue Labat. M. H. 1893, méd. arg. 1900

GREILSAMER (Alphonse), 4, rue Duperré. M. H. 1906. **A. F.**

GRELAT (René), 6, rue Favart.

GRILLON (Roger), 162, b. Voltaire (V *Peintres*.)

GROS (Edmond), 54 *bis*, rue de Clichy.

GROSBOIS (Mme Madeleine), 179, rue de Courcelles.

GROUILLER (Robert-Pierre), 13, rue de Siam.

GUDIN DE VALLERIN (Etienne), 39, rue Vaneau. M. H. 1907.

GUÉRITTE (Armand-Constant), 2, rue de Vanves.

GUILLON (Pierre), O. A. ¤, 37, *route de Versailles*, à Ville-d'Avray (Seine-et-Oise). M. H. 1883, méd. 3° cl. 1886, méd 2° cl. 1891, méd. 1° cl. 1894, méd. arg. 1900. H. C. **A. F.**

H

HANZEN (Alexis de), ✠, 17, av. Trudaine. (V. *Peintres*.)

HARANGER (Ludovic), 25, rue Henri-Regnault. M. H. 1909 **A. F.**

HAST (Jacques), 11, imp. Rousin

HAUBOLDT (Henri), *M. de la Soc des Aquafortistes français*, 86, boul. de Port-Royal.

HELLER DE PARDIEU (Louis-Alexis), O. I. ¤, 41, rue des Martyrs. M. H. 1903, Prix Belin-Dollet 1905, méd. 3° cl. 1907. **A. F.**

HELLEU (Paul), ✳, 45, rue Émile-Menier. **S. N.** (V. *Peintres*)

HEM (Raoul-Edouard), 20, rue de Bruxelles.

HENRI-BOUCHOT (Mlle Jacqueline), 3, rue d'Alençon.

HÉRAN (Marcel), 9, rue Dupin.

HÉRISSON (Robert), 19, rue de Coulmiers.

HILLEKAMP (Maurice), 5 *bis*, cité Malesherbes. M. H. 1909.

HOMÈRE (Stavros), 24, rue Fontaine.

HOUDARD (Ch.), O. I. ¤, 9, rue Margueritte. M. H. 1900.

HUVEY (Louis), *M. du Comité A. F.*, 25, rue de Maistre. M. H. 1900, méd. 3° cl. 1901, méd. 2° cl. 1902. H C **A. F.**

J

JACQUE (Frédéric), 90, rue Lepic. M. H. 1888, méd. 3° cl. 1900, méd. arg. 1900.

JACQUET (Jules), O. ✳, *M. du Comité A. F.*, 5 *bis*, pl. du Panthéon. Prix de Rome 1866, méd. 2° cl. 1875, Rapp. 1876, méd. 1° cl 1882, méd. or 1889, méd. or 1900. H. C. **A. F.**

JACQUEZ (Charles-Auguste), 62, quai Jemmapes.

JACQUIER (Marcel), 100, rue d'Amsterdam. **A. F.**

JEANDÉ (Mlle Yvonne), 85, rue de Rennes.

JEANNET (Henri-Joseph), 1, rue Rossini.

JEANNIN (Frédéric), 17, av. Trudaine. M. H. 1887, méd. 3° cl. 1895, M. H. 1900, méd. 2° cl. 1905. H. C. **A. F.**

JEREMITCH (Nicolas), 3, rue Gît-le-Cœur.

JONAS, O. A. ¤, 3 *bis*, cour de Rohan. (Voir *Peintres*.)

JOUVENSEL (Paul-Armand), 6, av. Rachel.

JUBEAU (Henri), 26, rue de la Tombe-Issoire. M. H. 1908

JUILLERAT (E.), ✳, 25, rue Humboldt. M. H. 1893, méd. 3° cl. 1895, méd. 2° cl. 1899, méd. arg. 1900. H. C.

JULLIEN (Mlle Cécile), O. I. ¤, 61, av. Daumesnil. **A. F.**

K

KAHN-SCHATZMAN (Mme Cécile), 158, rue de Courcelles. (V. *Peintres*.)

KIRCHNER (Raphaël), 43, rue Lamarck. (Voir *Peintres* et *Pastellistes*.)

L

LACHNITT (Alfred), 6, rue du Louvre. M. H. 1894, méd. 3° cl. 1897, méd. br. 1900. **A. F.**

LAIR (Pierre-Paul), 11, rue de Buci.

LANGLOIS (Saint-Edme), 67, rue de Rochechouart.

LAPLACE (Eugène-Clément), 92, boul. de Port-Royal

LAPLACE (Gaston-Ernest), 92, boul. de Port-Royal.

LAPOTRE (Alfred), 24, rue Carnot, à Suresnes (Seine).

LAROCHE (Antonin), 49, av. Gambetta. M. H. 1904.

LARRAMET (Hilaire),35, rue des Abbesses

LASNE (Alphonse), 9, rue Champollion.

LASSENCE (Paul de), 5, rue de Bagneux.

LÉANDRE (Charles-Lucien). *M. du Comité A. F.*, 59, rue Lepic. Méd. arg.1900, méd. 2ᵉ cl. 1907. H.C. **A. F.**

LÉAUTEZ (Mlle Marie), 12, av. Trudaine.

LEBÈGUE (Léon), 117, rue Notre-Dame-des-Champs. M. H. 1905. **A. F.**

LÉCHAUDEL (Albert), 6, rue de Jarente. M. H. 1907. **A. F.**

LÉCHAUDEL (Louis), 6, rue de Jarente.

LECOCQ (Mlle Henriette), 7, rue Michelet. M. H. 1896, M. H. 1900, méd. 3ᵉ cl. 1903. **A F.**

LECOURT (Raymond), 24, rue de l'Entrepôt.

LEFORT (Henri), ✳, 220, boul. Raspail. Méd. 3ᵉ cl. 1881, B. de V. 1881, méd. 2ᵉ cl 1885, méd. br. 1889, méd. d'honn. 1896, M. du Jury 1900. H.C. **A. F.**

LEGRAND (Louis), ✳, 41, rue Le Peltier. Méd. arg. 1900.

LELEU-DELACOUR (Alexandre), 69, rue de la Convention.

LEMOINE (Mme Marie), 7, rue Greffulhe.

LEMOINE (Raoul), 7, rue Greffulhe. M. H. 1906

LÉON (Edouard), 19, rue Edouard-Jacques. M. H. 1902, méd. 3ᵉ cl. 1904, méd. 2ᵉ cl. 1907, prix Belin-Dollet 1908. H.C. **A. F.**

LEPÈRE (L.-A.), ✳, 203, rue de Vaugirard Méd. 3ᵉ cl. 1881, méd. 2ᵉ cl. 1887, méd. or 1889. M. du J. 1900 H C S N (V *Peintres*)

LEQUEUX (Emile), 86, boul. des Batignolles M. H. 1906. **A. F.**

LERENDU (Jules), 115, boul. Voltaire. M. H. 1899, méd. 3ᵉ cl. 1900, méd. br. 1900, méd. 2ᵉ cl. 1902. H.C. **A. F.**

LESAGE (Camille), 77, rue du Cardinal-Lemoine.

LE SOURD (René-Marie), 58, rue de l'Université.

LESUEUR (François), 7, rue du Regard. M. H. 1901, méd 3ᵉ cl. 1905.

LETERRIER (Paul-Emile), 187, rue de Paris, à Clamart (Seine). M. H. 1886, méd. 3ᵉ cl. 1888.

LÉVADÉ (Georges), 27, rue Capron.

L'HOMME (Henri), 18, rue Hermel.

LIGERON (Jacques), 10, pl. d'Italie.

LONGUET (Mme Louise), O. A. ◉, *directrice de l'Académie Ingres*, 33, rue du Champ-de-Mars. M. H. 1906. **A. F.** (V. *Peintres*)   .

LORRAIN (René), 49, rue de Liancourt.

LOUCHET (Paul-François), ✳, ✚, *trésorier du « Pastel »*, 8, rue Boudreau. Méd. or 1900. **A. F.** (V. *Peintres et Ciseleurs.*)

LOUVEAU-ROUVEYRE (Mme Marie), 76, boul. Saint-Michel. M. H. 1887, méd. 3ᵉ cl. 1888, méd. br. 1889, méd. arg. 1900. **A. F.**

LUCIEN-ROBERT (Henri), 97, rue Perronet, à Neuilly-sur-Seine (Seine).

M

MAHÉLIN (Léon-Louis), 8 imp. Girardon. M. H. 1893, méd. 3ᵉ cl. 1906. **A. F.**

MANCHON (Gaston-Albert), 56, rue du Rocher. M. H 1888, méd. 3ᵉ cl. 1894, méd. 1898, méd. br. 1900. H. C. **A. F.**

MANESSE, O. I. ◉, 23, boul. du Montparnasse. Méd. 3ᵉ cl. 1886, méd br. 1889, méd. arg. 1900 H. C. **A F** (V *Peintres.*)

MANIÈRE (Henri), 22, rue Lalande.

MARCHETTI (Gustave-Henri), 28, route Stratégique, à Suresnes (Seine). M H. 1905. (Voir *Peintres*)

MAROTTE (Léon), 35, rue de Jussieu.

MARTIN (Antoine), 135, av. Malakoff.

MASSOT (Georges), 21, av. du Parc-Montsouris. M. H. 1903, méd. 3ᵉ cl. 1905, méd. 2ᵉ cl. 1908. H. C. **A. F.**

MATOSSY (Pierre), 21, rue Gassendi.

MAUROU (Paul), ✳, 13, rue Grange-Batelière. M. H. 1881, méd. 3ᵉ cl. 1882, méd. 2ᵉ cl. 1886, méd d'honn. 1892, M du Jury 1900. H. C. **A F.**

MAYEUR (Arthur-Jules), 95, rue Denfert-Rochereau. Méd. 3ᵉ cl 1896, Prix de Rome 1896, méd. 2ᵉ cl. 1902, méd. 1ʳᵉ cl. 1909. H. C. **A. F.**

MAZELIN (Charles), 1, rue Bourbon-le-Château. M H. 1901, 2ᵉ second G. P. de Rome 1906, méd. 3ᵉ cl. 1907, 1ᵉʳ second G. P. de Rome 1908, méd. 2ᵉ cl. 1909. **A F.**

MENIN (Ernest), 4, rue des Petits-Champs. M. H. 1900, méd. 3ᵉ cl. 1906. **A F**

MEUNIER (Henri), *Sᵉ de la Soc. de la Gravure originale en couleurs*, 79, rue de la République, à Meudon (Seine-et-Oise). (V. *Estampes et gravures.*)

MIGNON (Abel), ✳, *M. du Comité A. F*, 166, boul. du Montparnasse. M. H. 1887, B. de V. 1889, méd. 3ᵉ cl. 1892, méd. 2ᵉ cl. 1895, méd 1ʳᵉ cl. 1900, méd. or 1900, méd. honn. 1907. H. C. **A. F.**

MIGNOT (Victor), 30, av. d'Orléans.

MILSON (Mlle Hélène), 5, av. Victoria.

MIRAUCOURT (Charles), 86, rue Bonaparte.

MISTI-MIFLIEZ (Ferdinand), 3, av. Céline, à Neuilly-sur-Seine (Seine). M. H. 1907. **A. F.**

MONGIN (Augustin), ✳, 31, rue de Fontenay, à Châtillon-sous-Bagneux (Seine). Méd. 3ᵉ cl. 1876, méd. 2ᵉ cl. 1885, méd. arg. 1889, M. du Jury 1900, méd. d'hon. 1901. H. C. **A. F.** (V. *Peintres.*)

MOORHOUSE (Mlle Charlotte), O. A. ◉, 87, av. Henri-Martin.

MORDANT (Daniel), 133, rue du Cherche-Midi. Méd. 3ᵉ cl 1883, M. H. 1889, méd. or 1900.

MOUTON (Ernest-Jules), 89, rue de Passy.

MOUTY (Gustave-Gaston), 21, rue Fontaine.

MULLER (Louis-Jean), ✳, 15, rue de l'Estrapade. M. H. 1887, méd. 3ᵉ cl. 1889, M. H. 1889, méd. 2ᵉ cl. 1899, méd. arg. 1900, méd. 1ʳᵉ cl. 1902, méd. d'honn 1904. H. C. **A. F.**

N

NEUMONT (Maurice), 1, pl. du Calvaire. Méd. 3e cl. 1903, méd. 2e cl. 1909. **A F.**

NOLHAC (Georges-Michel), 44, rue Damrémont.

O

OBERLIN (Jean-Edouard), 26, rue des Fossés-Saint-Jacques. Méd. 3e cl. 1908. **A. F.**

ORDONNEAU (Alfred-Edouard), 4, rue Rigaud, à Neuilly-sur-Seine (Seine).

OSTERLIND (Allan), ✳, O. A. ☉, 3, av. du Château, à Neuilly-sur-Seine (Seine)

OUDART (Félix), 10, rue de Vaugirard. M. H. 1887, méd. br. 1900, méd. 3e cl. 1909. **A F.**

P

PAJOT (Mme Vve), 22, rue des Solitaires.

PALIS (Charles), 51, rue Hippolyte-Maindron.

PANNEMAKER (Stéphane), ✳, *prof à l'École des Beaux-Arts*, 20, pl. des Vosges Méd 3e cl. 1874, méd. 2e cl 1876, méd. 1re cl. 1879, G. P. 1889, M du J. 1900 H C. **A F.** (V. *Peintres*.)

PAQUET (René-Jean), *M. de la Société des Aquafortistes et de la Soc de la Gravure originale*, 5, rue des Deux-Gares.

PARENTEAU (Mlle Germaine), 10, rue Sédillot.

PELICIER (Georges), 4 *bis*, rue d'Estrées. M. H. 1892, méd. 3e cl. 1893, méd. arg. 1900. **A F.**

PENNEQUIN (Edmond-Jules), 65, rue du Moulin-vert. M. H. 1899. M. H. 1900. méd. 3e cl. 1902, méd. 2e cl. 1908. **A F**

PERIN (Bradford), 70, boul. du Montparnasse.

PERRIER (Jean), 13, rue de l'Arsenal.

PERRY (Henry-Jean), 2, rue Berthollet. M. H. 1910.

PÉTUA (Mlle Jeanne), 11, quai Saint-Michel.

PEYNOT (Mlle Gabrielle), 6, rue Mayet.

PICHET (Louis), 65, rue de Grenelle.

PINET (Charles), O. A. ☉, *secrét de la Soc des graveurs originaux*, 126, rue d'Alésia. (Voir *Peintres*.)

PLASSE (Georges), *prof. d'eau-forte*, 15, rue Hégésippe-Moreau. **A. F.** (V. *Peintres*.)

POITEVIN (Alexandre), 9, rue Falguière.

POSELER (Mme Marguerite), 90, rue du Faub - Saint-Germain.

POSELER (Paul-Louis), ✳, O. A. ☉, 90, rue du Faubourg-Saint-Martin. M. H. 1900, méd arg 1900 (V. *Peintres*)

PRAT (M.-H.-B.-Louis), 76, Grande-Rue, à Boulogne-sur-Seine (Seine).

PROST (Alexandre), 16, pl. de Vaugirard.

PROST (Gaston), 41, rue Saint-Merri. M. H. 1908. **A. F.**

PRUDHOMME (Paul-Louis), 212, boul. Saint-Germain.

PUECH (Mlle Yvonne), 21, rue du Vieux-Colombier.

PUIG (Jacques), 32, rue d'Ennery, à Pontoise (Seine-et-Oise).

PUISARD (Pierre), 18, imp. du Maine.

PYLADA (Mlle Rita), 32, rue de Maubeuge.

Q

QUILLIER (Mlle Lucie), 3, villa d'Alésia.

R

RABEUF (Charles), 11, rue des Tilleuls, à Asnières (Seine).

RABIER (Gabriel), 64, rue Lamarck.

RAOUL (Jean-Ernest), 4, rue du Puits-de-l'Ermite. M. H. 1906. **A. F.**

RENSON (Florent-Louis), 81, av. Ledru-Rollin.

RIBOULEAU (Louis), 107, rue d'Alésia.

RICHARD (Charles), O. I. ☉, ✦, 7, rue Vésale. (V. *Peintres*)

RINGIER (Mlle Julie), 8, rue Henri-Monnier.

RIPA DE ROVEREDO (Mlle), 235, rue du Faubourg-Saint-Honoré (V. *Peintres*.)

RIPART (Georges), 88, av. d'Orléans, 12, villa Saint-Jacques. M. H. 1909. **A F.**

ROBIDA (Frédéric), 4, rue de Tournon.

ROCHER (Edmond-André), O. A. ☉, *aquafortiste et lithographe, Chef des travaux à l'École municipale Estienne (Arts et industrie du Livre)*, 7, rue Lebrun, et 18, boul. Auguste-Blanqui. M. H. 1903. **A. F.**

ROLAND-GOSSELIN (Mme Marie), 33, rue Bayen.

ROLLÉ (Alfred), 58, boul. Saint-Germain.

ROQUET (Mlle Marguerite), 19, rue Compans.

ROUSSEAU (Emile), 14, rue de Chabrol.

ROUSSEAU (Marcel), 32, rue de l'Arbalète.

ROUSSEL (Maurice), 63, rue du Bac.

ROUX (Emile), 4 *bis*, villa Brune.

ROZE (Mlle Jeanne), 13, rue Saint-Luc.

RUET (Louis-Valère), 22, rue des Fossés-Saint-Bernard. M. H. 1883, méd 3e cl. 1890, méd. 2e cl. 1898, méd. arg 1900, méd. 1re cl. 1904. H. C. **A. F.**

RUET (Mlle Louise), 22, rue des Fossés-Saint-Bernard.

S

SAILLY (Mlle Jehanne), 127, av. de Clichy. M. H. 1907 **A F.**

SALLES (Léon), 9, rue Ganneron. M. H. 1894, méd. 3e cl. 1896, méd. br. 1900, méd. 2e cl. 1902. H. C. **A. F.**

SAVREUX (Maurice), 2 *bis*, cité Dutot.

SAWYER (Philippe), 9, rue Falguière.

SCHAEFFER (Mme Emma), 35, rue La Rochefoucauld.

SCHNEIDER (Abert), 19, av. d'Orléans.

SÉEVAGEN (Lucien), 8, rue Daumesnil, à Vincennes (Seine).

SERREAU (Fernand), 1, rue Guénégaud.

SIMMONS (William), 15, rue Le Verrier.

SIMON (T.-François), 25, rue Humbold. (Voir *Peintres*)

SIMONNET (Mlle Jeanne), 3, rue des Rouillis, à Sèvres (Seine-et-Oise). M. H. 1908.

SOMOS (Arpad), 18, rue Boissonade.

T

TATTEGRAIN (Henry), 38, rue Sedaine M. H. 1905.

TAVERNE (Pierre-Gustave), O. I. ✪, ✠, *inspecteur de l'Enseignement du dessin de la Ville de Paris*, 8 bis, boul. Pereire. M. H. 1891, méd. 3° cl. 1899, méd. br. 1900, méd. 2° cl. 1906. H. C. A. F.

TEYSSONNIÈRES (Pierre), O. I. ✪, ✠, *pensionné par la S. A. F.*, 154, rue de Lourmel M. H. 1877, méd. 3° cl. 1878, méd. or Amsterdam, Lyon, Barcelone. A. F. (V. *Peintres*)

THÉVENIN (Charles), 13, rue Gazan. M. H. 1889, méd. 3° cl. 1905, méd. 2° cl. 1907. H. C. A. F.

THÉVENIN (Louis), 82, av. de Breteuil.

THOMPSON (Mlle Marguerite), 7, rue Léopold-Robert.

TOUPEY (Alexandre), 25, rue de la Tombe-Issoire. M. H. 1899, méd. 3° cl. 1904. B. de V. 1906. A F.

TOURRETTE (Eugène), villa la Taupinière, rue de Beauchamp, à Taverny (Seine-et-Oise). M. H. 1904.

TOUSSAINT (Mme Carle-Émilie), 8, rue Boucry.

TOUSSAINT (Henri), 7, av. de la Grande-Armée. M. H. 1876, méd. 3° cl. 1884, méd br. 1889, méd. br. 1900. H. C.

TOUSSAINT (Louis-Anatole), 5, rue Guénégaud M. H. 1909. A F.

TOUSSAINT (Mlle Suzanne), 38, rue Compans.

TRINQUIER (Louis), ✻, 73, rue de l'Église M. H. 1896, méd. br. 1900, méd. 8° cl. 1902, méd. 2° cl. 1907. M du J H. C. A. F. (V. *Peintres*.)

TRUPHÈME (Théodore-Auguste), O. I. ✪, *artiste-lithographe, prof. de dessin au lycée Janson de Sailly et dans les écoles supérieures de la Ville de Paris, M. du Comité de la Soc. des Artistes lithographes, administrateur fondateur du Cercle artistique « Le Fronton »*, 19, rue des Belles-Feuilles. M. H. 1899, méd. 3° cl 1902, méd. 2° cl. 1904. H. C. A. F.

TURLIN (Henri-Jean), 57, av. de Balzac, à Ville-d'Avray (Seine-et-Oise).

U

URBAIN (René), 21, rue Oudry.

V

VALMON (Mlle Léonie), O. A. ✪, 76, rue Saint-Didier. Méd. 3° cl. 1883, méd. 2° cl. 1886 méd. arg. 1900. H C. A. F. (V. *Peintres*)

VAN DE MUYDEN (Evert), ✻, 1, r de Lozère, à Orsay (Seine-et-Oise). M. H 1887, méd br. 1889, méd. or 1900. (V. *Peintres*.)

VAN TRIGT HOEVENAA (Mlle), 99, rue Notre-Dame-des-Champs.

VENDRYÈS-EVRARD (Mme Lucie-Augustine), 33, av. d'Orléans.

VIDAL (André), 9, rue des Beaux-Arts

VOISIN (Louis-Léon), 209, av. Gambetta. M. H. 1890. A F

W

WEBER (Albert), 34, av. Quihou, à Saint-Mandé (Seine).

WEBSTER (H), 11, pass. de la Visitation (Voir *Peintres*)

WESSELHOEFT (Mlle Mary), 3, rue Campagne-Première. *Women's International Art Club Copley Society Boston. Union Internationale des Beaux-Arts.* (V. *Aquarellistes.*)

DEPARTEMENTS

ARTISTES PEINTRES
MINIATURISTES
PASTELLISTES ET AQUARELLISTES

A

ABRAM (Paul), O. I. ◊, à Douarnenez (Finistère). **A F.**

ACKER, 268, rue Vendôme, à Lyon (Rhône).

ADAM, 17, rue Pardieu, au Havre (Seine-Inférieure).

ADAM, 93, rue de Reims, à Rouen (Seine-Inférieure).

ADAM (Lucien), Vineuil, par Chantilly (Oise). **A. F.**

ADENOT (Laurent), à Géanges, par Saint-Loup-de-la-Salle (Saône-et-Loire).

ADLER (Mlle Angela), à Concarneau (Finistère).

AGNERREGARAY (Charles), av de la Négresse, à Biarritz (Basses-Pyrénées).

ALATERRE (Louis), 15, rue Tupin, à Lyon (Rhône).

ALAUX (M. et Mme), cours d'Albret, Musée de peinture, à Bordeaux (Gironde). M. H. 1884, méd. br. 1900. **A. F.**

ALBERTIN (André, fils), O. A. ◊, 11 *bis*, cours Berriat, Grenoble (Isère). **A. F.**

ALET (Edmond), 2, pl. Rouaix, à Toulouse (Haute-Garonne).

ALLEMANO, 4, pl. de la Halle, à Chalon-sur-Saône (Saône-et-Loire)

AMIRAULT (Henri), rue du Pont-Neuf, Parthenay (Deux-Sèvres). **A F**

ANDON (François d'), 14, rue Gazan, Grasse (Alpes-Maritimes). **A. F.**

ANDRÉ (Charles-Hippolyte), O. I. ◊, à Villefranche-sur-Mer, villa Joséphine (Alpes-Maritimes). M. H. 1893. **A F**

ANDRÉ, 31, rue Rémusat, à Toulouse (Haute-Garonne).

ANDRY-FARCY, *chef de l'atelier d'affiches d'art de l'Imprimerie générale de Grenoble*, 24, av de la Gare, à Grenoble (Isère). Méd. Lyon Tél. 0.17 Grenoble. **A. F., S AU.**

ANGERVILLE (Sem), Volnay, par Pommard (Côte-d'Or). **A. F.**

ANNALY (Mme), O. A ◊, 14, rue de l'Église-Saint-Seurin, à Bordeaux (Gironde). **A F**

ANTIGNA (Marc), O. A. ◊, villa des Troënes, à Montigny-sur-Loing (Seine-et-Marne).

ANTIN (Paul), 29, rue de Brach, à Bordeaux (Gironde). M H 1897, méd. 3e cl. 1900, méd. br. 1900 **A. F.**

APVRIL (d'), 11, rue Beyle-Stendhal, à Grenoble (Isère). **A. F.**

ARBEY (Mlle Gabrielle), rue du Château, Semur (Côte-d'Or). **A. F.**

ARCO-IRIS (Paul), 41, rue de Metz, à Toulouse (Haute-Garonne).

ARLIN (J), 28, rue Louis, Mont-Chat-lès-Lyon (Rhône). M. H. 1901. **A F.**

ARNAUD (P), 1, boul. Carnot, à Nice (Alpes-Maritimes).

ARNAVIEILLE, 13, chem. de Saint-Martin-de-Prunet, à Montpellier (Hérault).

ARTÉSIANI, 2, rue des Gestes, à Toulouse (Haute-Garonne)

ARTIGUE (J.-B), à Blaye, près Carmaux (Tarn).

ASSIER DE LATOUR (d'), 47, rue Richer, à Toulouse (Haute-Garonne).

ASSIGNIES (Albert d'), 26, rue du Clos, à Besançon (Doubs), et Brans, par Montmirey (Jura).

ATTENDU (F), O. A. ◊, Saint-Amant-de-Graves (Charente). M. H. 1905. **A. F.**

AUBAIN (Emmanuel), 34, rue Taillefer, à Cognac (Charente). (V. *Statuaires*.)

AUBELLE (René), à Vinceuil, près Preuilly-sur-Claise (Indre-et-Loire). **A. F.**

AUBERT-GRIS (Mme Jeanne), 43, quai de Versailles, à Nantes (Loire-Inférieure). **A. F.**

AUDIBERT, 71, rue de la Darse, à Marseille (Bouches-du-Rhône).

AUDFRAY (Jean), 8, rue Dubois, à Angers (Maine-et-Loire) **A F**

AUDRA (P.), 173, rue de France, à Nice (Alpes-Maritimes)

AUDRAS (Philippe), 45, rue de la République, à Lyon (Rhône). M. H. 1906. **A F**

AUFAN, 17, rue Goudard, à Marseille (Bouches-du-Rhône)

AUGER, 33, Montée du Chemin-Neuf, à Lyon (Rhône).

AUMONT (d') (Is.), 102, Montée de Saint-Omer, à Boulogne-sur-Mer (Pas-de-Calais).

AURRENS, 57, rue Saint-Ferréol, à Marseille (Bouches-du-Rhône).

AUTIN (Raoul), 84, boul. de Strasbourg, au Havre (Seine-Inférieure).

AUZAC DE LA MARTINIE (Mme M. d'), 19, boul. Pasteur, à Soissons (Aisne) **A. F.**

B

BADINELLI (Mlle), 24, rue de la Lanterne, à Lyon (Rhône).

BAILLE (Louis-Eugène), 1, rue Saint-Vincent, à Besançon (Doubs). M. H. 1899. **A F.**

BAILLIENCOURT (Mlle Lucie-Marie), Grande-Rue, à Mortain (Manche).

BALAMAN (Marie-Antonin-Fernand), O. I. ◐, 13, rue Leenhardt, à Montpellier (Hérault), et 8, rue du Port, à Créteil (Seine). **A. F.**

BALET (Mlle Isabelle), 31, rue Grande-Saint-Christophe, à Chateauroux (Indre).

BALL (Mme), 4, rue Rivals, à Toulouse (Haute-Garonne).

BALMIER (Albert), à Villeneuve-les-Avignon (Vaucluse) **A. F.**

BARABAN (Mlle Blanche), à Loudun (Vienne). **A. F.**

BARAIZE, 9, rue Macé, à Cannes (Alpes-Maritimes).

BARBAUD-KOCH (Mme), 83, rue Crillon, à Lyon (Rhône).

BARBERTIS (Eugène), 4, imp. des Peupliers, à Marseille (Bouches-du-Rhône).

BARBIER (Georges) (pseudonyme E.-W. Larry), 1, rue Dugommier, à Nantes (Loire-Inférieure), et 31, rue Vaneau, Paris.

BARIL (Mme Louise), *prof. de dessin et de peinture, Diplômée Ecole philomatique, Bordeaux*, rue du Val-Infray, à Lillebonne (Seine-Inférieure).

BARJON (V.), 10, pl. Puvis-de-Chavannes, à Lyon (Rhône). **A. F.**

BARNICHON (Mme), 9, rue Palermo, à Nice (Alpes-Maritimes).

BAROTTE (Léon), 24, rue de Thionville, à Nancy (Meurthe-et-Moselle). **A. F.**

BARRALIS, rue Cros-de-Capeu, à Nice (Alpes-Maritimes).

BARRAU, 13, boul. des Récollets, à Toulouse (Haute-Garonne).

BARRAYA (F.), 6, rue Jacques-Serraire, à Nice (Alpes-Maritimes).

BARRET, 10, rue de Paris, à Cambrai (Nord).

BARRET (M.), 1, quai de Rive-Neuve, à Marseille (Bouches-du-Rhône).

BARROTTI, 91, boul. Gambetta, à Nice (Alpes-Maritimes).

BARTHOMEUF, 18, pl. Morand, à Lyon (Rhône).

BAS, cours Herbouville, à Lyon (Rhône).

BASING (Charles), 70, Grande-Rue, à Moret-sur-Loing Seine-et-Marne).

BASTET (Tancrède), O. I. ◐, 2, rue Dolomieu, à Grenoble (Isère). M H 1890, méd. 3e cl 1891, méd. br. 1900. **A F**

BATON (Z.), 64, rue des Augustines, à Arras (Pas-de-Calais).

BAUDIN (Jean-Bapt.), O I. ◐, 158, cours Lieutaud, à Marseille (Bouches-du-Rhône). M. H. 1900. **A. F.**

BAUGEY (Mlle Marie-Louise), 33, rue Mirabeau (Angers).

BAUER (F), O. I. ◐, 120, rue Saint-Georges, à Lyon (Rhône). **A. F.**

BAUMANN, 49, rue Jules-Delpit, à Bordeaux (Gironde).

BAUSIL, 20, rue Petite-la-Réal, à Perpignan (Pyrénées-Orientales).

BAYLAC (Louis), O I. ◐, *prof d l'Ecole des Beaux-Arts*, 21, rue Bouquières, à Toulouse (Haute-Garonne).

BAYON (Mlle), 11, rue Jarente, à Lyon (Rhône).

BAZIRE (Emile-Victor), 5, *rue de la Mériais*, à Vitré (Ille-et-Vilaine).

BEAUCANTIN (Mlle), 43, rue de Paris, à Angers (Maine-et-Loire).

BEAUSSIER, 33, quai Gailleton, à Lyon (Rhône).

BEAUVERIE (Charles), ✻, à Poncins, par Feurs (Loire). Méd. 3e cl. 1877, méd. 2e cl. 1881, méd. arg. 1889. H. C. **A F.**

BÉCHAMBÈS (Mlle Marcelle), 7, av. des Orangers, à Nice (Alpes-Maritimes).

BEGLIA, rue de la République, à Menton (Alpes-Maritimes).

BELAIR (Fernand de), 9, rue Adélaïde-Perrin, Lyon (Rhône). M H 1891. **A. F.**

BELLANGER (Auguste), O. A ◐, à La Turballe (Loire-Inférieure). **A. F.**

BELLEMAIN, 102, rue Bossuet, à Lyon (Rhône)

BELLI (Romulus), 8, rue de l'Académie, à Marseille (Bouches-du-Rhône).

BELLIN (Alfred), à Fontaine (Isère).

BENAZECH, 121, cours d'Albret, à Bordeaux (Gironde).

BENETT (Hipp-Léon), ✻, O. A. ◐, av. la Mitre, le Mourillon, Toulon (Var). **A F.**

BENOIT-DOUILLET (Mme), 1, imp. des Carmélites, à Lyon (Rhône).

BENON (Aristide), 52, rue Carnot, à Poitiers (Vienne).

BÉRARD (Désiré), 4, Grande-Rue, à Grenoble (Isère).

BERAUD, 94, rue Grignan, à Marseille (Bouches-du-Rhône).

BÉRENGIER (Th.), 13, quai de Rive-Neuve, à Marseille (Bouches-du-Rhône). **A F.**

BERGÉ (H.), 126, rue de Strasbourg, à Nancy (Meurthe-et-Moselle)

BERGER (J.), 6, pl. Michel-Servet, à Lyon (Rhône)

BERGÈS (Charles-Joseph), 41, rue Roquelaure, à Toulouse (Haute-Garonne).

BERGIER (Alfred-Pierre-Marius), *M de la Soc. Vauclusienne des Amis des Arts et de la Soc. des Artistes Indépendants*, Saint-Ruf, villa des Pensées, à Avignon (Vaucluse).

BÉRINGUIER (Gabriel), O. I. �, *Prof. à l'École des Beaux-Arts de Toulouse*, 13, rue Boulbonne, à Toulouse (Haute-Garonne). Dipl. d'H. Société de Géographie, méd. or Carcassonne, méd. 1er cl. Périgueux.

BERMOND D'AURIAC (Mme la comtesse de), à Montauban (Tarn-et-Garonne).

BERNARD (Gaston), 21-23, boul. Gambetta, à Chauny (Aisne).

BERNARD (J.), 27, rue Eugène-Faure, à Grenoble (Isère). **A. F.**

BERNARD (Valère), 94, boul. Vauban, à Marseille (Bouches-du-Rhône).

BERNIER (Mme Marie), 33, av. Notre-Dame, à Nice (Alpes-Maritimes). **A F.**

BERRIAT, villa « les Amaryllis », à Cannes (Alpes-Maritimes).

BERTHELOT (Paul-Louis), 22, route d'Olivet, Orléans (Loiret). **A. F.**

BERTHOMIEU (Louis-Victor), *conservateur des Musées de Narbonne*, 4, rue de l'Ancienne-Porte-des-Catalans, à Narbonne (Aude).

BERTHON-CHINCHOLLE (Marcel), Le Pontell, Antibes (Alpes-Maritimes). **A. F.**

BERTIER, 173, rue de France, à Nice (Alpes-Maritimes).

BERTIER (Charles), O. I. ☞, *M fondateur de la Soc. des Peintres de montagnes*, 9, pl. de Metz, à Grenoble (Isère). M. H. 1894, méd. or 1906. **A. F.**

BERTOLAZZI (Grégoire), 1, pl. Défly, à Nice (Alpes-Maritimes).

BERTOLETTI (Pierre-Eugène-Albert), O. I. ☞, *secrétaire général de la Soc. des Beaux-Arts de la Dordogne*, 73, rue Saint-Laurent-des-Barris, à Périgueux (Dordogne). M. H. 1904. **A. F.**

BERTRAND (L.), 43, cours Gambetta, à Lyon (Rhône).

BEYSSON (Louis), 23, rue de Bonnel, à Lyon (Rhône).

BEYSSON-RIGOULET (Mme), 23, rue de Bonnel, à Lyon (Rhône).

BIDREMANN (Mlle C.), 4, rue des Prêtres, à Lyon (Rhône).

BIENAIMÉ (M.-L.), 11, rue Deloye, à Nice (Alpes-Maritimes).

BIETTE (Jean), 15, rue Racine, au Havre (Seine-Inférieure).

BILL, route de Monclar, à Avignon (Vaucluse). M. H. 1891.

BILLET (Pierre), à Cantin (Nord). M. H. 1872, méd. 3e cl. 1873. méd. 2e cl. 1874, méd. arg. 1889. H. C. **A F.**

BILLON (Mlle), 2, rue du Jardin-des-Plantes, à Lyon (Rhône).

BINET (Georges-J.-E.), 65, rue Thiers, au Havre (Seine-Inférieure). M. H 1899, méd. 3e cl. 1904. **A F.**

BIZETTA, route de France, villa Madeleine, à Nice (Alpes-Maritimes).

BLACHE, 11, quai du Canal, à Marseille (Bouches-du-Rhône).

BLANC (C.), 94, boul. du Nord, à Lyon (Rhône).

BLANC (Mlle Thérèse), 7, rue Joutx-Aigues, à Toulouse (Haute-Garonne).

BLANCHETÉE (Mlle de la), 7, rue Biscarra, à Nice (Alpes-Maritimes) Méd arg. 1900. **A F.**

BLANQUER (Jacques), O. I. ☞, 7, rue Saint-Sauveur, à Perpignan (Pyrénées-Orientales).

BLAYOT, 21, rue Judaïque, à Bordeaux (Gironde).

BLOCUS (Nestor), route de la Cotterelle, à Saint-Amand (Cher).

BLOIS, rue Froide, à Périgueux (Dordogne). **A. F.**

BOCQUENET (Mlle), 14, rue Jeanne-d'Arc, à Clermont-Ferrand (Puy-de-Dôme).

BOCQUET (Paul), 23, rue Périn, à Reims (Marne). **S N.**

BOET, à Valenciennes (Nord).

BOISSON (Alfred), *prof. à l'École des Beaux-Arts*, 3, rue du Courreau, à Montpellier (Hérault).

BOLSIUS (Mme Vve), 19, rue Rivet, à Lyon (Rhône).

BON (Eugène), 3, chem. Choulans, à Lyon (Rhône).

BONIS (Henri), O. A. ☞, 22, rue Peyras, à Toulouse (Haute-Garonne). Méd. 3e cl. 1895, B. de V. 1896.

BONJOUR (J.), 9, rue d'Algérie, à Lyon (Rhône).

BONNARDEL (Alexandre), 4, quai Gailleton, à Lyon (Rhône). M H. 1909. **A. F.**

BONNAUD (Pierre), 312, av. de Saxe, à Lyon (Rhône).

BONNEFON (Raymond), 6, rue de Berry, à Bordeaux (Gironde).

BONNEMAISON, 54, rue des Minimes, à Marseille (Bouches-du-Rhône).

BONNET, 30, av. Pauliani, à Nice (Alpes-Maritimes).

BONNET (Alf.), 29, cours Gambetta, à Lyon (Rhône).

BONNET (H.), 56, rue de Crillon, à Lyon (Rhône).

BONNET (Mlle), 64, rue de la République, à Lyon (Rhône).

BONNETON (Louis-Henri), O. I. ☞, 48, pl de Jaude, à Clermont-Ferrand (Puy-de-Dôme). **A. F.**

BOREL, 8, quai de Tilsitt, à Lyon (Rhône).

BORGHNI, 24, quai Lunel, à Nice (Alpes-Maritimes).

BORRI, 6, rue Diderot, à Nice (Alpes-Maritimes).

BOUBINET (Marcel), rue du Bois-Joli, à Nantes (Loire-Inférieure).

BOUCART, rue Marengo, à Angoulême (Charente).

BOUCHÉ (Louis-Alex.), ✳, à Messy-Luzancy, par Sancy (Seine-et-Marne). M. H. 1885, méd. 3e cl. 1895, méd. 2e cl. 1898, méd. arg. 1900, Prix Rosa Bonheur 1901. H. C. **A F.**

BOUCHER (Mme Laure), 17, rue de l'Escale, à La Rochelle (Charente-Inférieure).

BOUDOT (Léon), *commissaire de la Soc. Franc-Comtoise des Beaux-Arts*, 6, rue Granvelle, à Besançon (Doubs. M H. 1880, méd. 3e cl. 1888, méd. 2e cl 1889, méd. br. 1889, méd. br. 1900. H. C. **A. F.**

BOUDOT (G.), 20 *bis*, rue de Tours, à Lille (Nord).

BOUET (Mlle), 32, rue Gust.-Flaubert, au Havre (Seine-Inférieure).

BOUFFAY (Mlle Caroline), O. A. Ǫ, à Haubourdin (Nord). A. F.

BOUGOURD (Aug.), 2, rue Orvès, à Toulon (Var). A. F.

BOUILLÉ, villa de l'Alouette, à Guingamp (Côtes-du-Nord).

BOUILLIER (Mlle), 18, rue Abbaye-Aulnay, à Lyon (Rhône). M. H. 1897. A. F.

BOUISSET (Félix), O. I. Ǫ, 51, rue Delcassé, à Montauban (Tarn-et-Garonne). A. F.

BOULIN SAINT-AMAND (Mme Vve), 10, rue Barrême, à Lyon (Rhône).

BOURDIN, 2, rue Porte-des-Portanets, à Bordeaux (Gironde).

BOUREL (Le Pélican), à Dinan (Côtes-du-Nord).

BOURGOGNE (G.), 27, rue Saint-Jean, à Douai (Nord). M. H. 1894 et 1900. A. F.

BOUTIGNY, à Grand-Couronne (Seine-Inférieure).

BOUTROUX (Mme Vve), 10, rue Dulong, à Rouen (Seine-Inférieure). A. F.

BOUVAGNE (C.), 23, chem. de la Maladière, à Lyon (Rhône).

BOUVIER (Mlle), 1, quai Saint-Clair, à Lyon (Rhône).

BOUY (Gaston), O. I. Ǫ, ✠, à Rieux, par Cinqueux (Oise). A. F.

BOVIER-LAPIERRE (Mlle Jeanne), 337, av. de Saxe, à Lyon (Rhône). H. C. Lyon.

BOY, 74, av. de Saxe, à Lyon (Rhône).

BOYER, 17, rue Jacquemart, à Romans (Drôme).

BRAQUAVAL (Louis), à Saint-Valéry-sur-Somme (Somme). A. F., S. AU.

BRENOT (Mlle Marie), 23, rue Saint-Georges, à Vesoul (Haute-Saône). A. F., F. P. et S.

BRÈS (Félix), 152, rue de Paradis, à Marseille (Bouches-du-Rhône). A. F.

BRÈS (Mlle Marie-Thérèse), 152, rue de Paradis, à Marseille (Bouches-du-Rhône).

BRET-CHARBONNIER (Mme Claudia), 65, rue de l'Hôtel-de-Ville, à Lyon (Rhône). A. F.

BRILLAUD (François), 12, rue Copernic, à Nantes (Loire-Inférieure). M. H. 1904. A. F.

BRINATI, 5, rue Meyerbeer, à Nice (Alpes-Maritimes).

BRIOUX (Lionel), O. I. Ǫ, 21, rue Chef-de-Ville, à Angers (Maine-et-Loire). A. F.

BROCA (A. de), 20, rue Franklin, à Nantes (Loire-Inférieure).

BRON (Mlles J.-H. et T.), 18, rue Crébillon, à Nantes (Loire-Inférieure).

BRON (Jules), O. A. Ǫ, 18, rue Crébillon, à Nantes (Loire-Inférieure). A. F.

BROQUET (Espérance-Léon), à Marcilly-sur-Seine (Marne).

BROSSE (A.), 50, rue de la République, à Lyon (Rhône).

BROUSSE, rue Neuve, à Perpignan (Pyrénées-Orientales).

BROUTELLE (Théodore de), 19, rue Aguado, à Dieppe (Seine-Inférieure). A. F.

BROUX (Silas), 14, rue de la Barre, à Alençon (Orne). A. F.

BRU (Alb), 32, rue Victor-Hugo, au Havre (Seine-Inférieure). A. F.

BRUDIEUX (Mlle Yvonne), 12, rue de la Mauvendière, à Limoges (Haute-Vienne).

BRUN (Edouard), 33, rue Thiers, à Grenoble (Isère). A. F.

BRUN (Mlle), 20, rue Plat, à Lyon (Rhône).

BRUNARD, 4, rue Alph.-Fochier, à Lyon (Rhône).

BRUNCLAIR (E.), 12, rue du Musée, à Angers (Maine-et-Loire). A. F.

BRUNEEL (Mlle Marguerite), 3, rue de l'Industrie, à Saint-Servan (Ille-et-Vilaine). A. F.

BRUNEL (Jean-Baptiste), 35, pl. Principale, à Avignon (Vaucluse). M. H. 1885. M. H. 1885. A. F.

BRUNET, 16, rue Fénelon, à Lyon (Rhône).

BRUNET (E.), 31, rue Lacour, à Bordeaux (Gironde).

BRUNET-DEBAINES (A.), ✿, Les Pervenches, av. Beauregard, à Hyères (Var). Méd. 2ᵉ cl. 1872, 1873, 1ʳᵉ cl. 1886, méd. or 1900, méd. honn. 1903. H. C. A. F.

BRUNET-HOUARD (Pierre-Auguste), pl. Orloff, à Fontainebleau (Seine-et-Marne). M. H. 1898. A. F.

BRUNETAUT (J.), 56, rue de Marengo, à Marseille (Bouches-du-Rhône).

BRUNETTON (J.), 12, rue Mazenod, à Lyon (Rhône).

BRUNIER, 3, rue Lemot, à Lyon (Rhône).

BUCHAILLET (Mlle), 6, rue Cuvier, à Lyon (Rhône).

BUDIN (Mlle Alice-Jeanne), 33, rue de Strasbourg, à Bourges (Cher).

BUEHR (Karl), à Giverny, par Vernon (Eure).

BUEHR (Mme Mary), à Giverny, par Vernon (Eure).

BUFFIN (Carlos), 42, rue Carnot, à Tourcoing (Nord). A. F.

BULAND (Jean-Eugène), ✿, à Charly (Aisne). M. H. 1879, méd. 3ᵉ cl. 1885, méd. 2ᵉ cl. 1887, méd. arg. 1889, méd. or 1900. H. C. A. F.

BUSSET (Maurice), 11, rue du Pérou, à Clermont-Ferrand (Puy-de-Dôme).

BUTTURA, 50, rue Félix-Faure, à Cannes (Alpes-Maritimes).

C

CABANE (Mlle Adda), à Saint-Didier (Vaucluse). M. H. 1903.

CABANEL (P.), 11 *bis*, rue Marceau, à Montpellier (Hérault). Méd. 3ᵉ cl. 1873. A. F.

CABANIÉ (L.), rue de la Mairie, à Carcassonne (Aude).

CABASSON (Pierre), *prés. de la Soc. de vulgarisation d'Art Provençal*, au château de la Rose, à la Rose (banlieue de Marseille) (Bouches-du-Rhône).

CAFFIÉRI (H.), 2, sentier Poure, à Boulogne-sur-Mer (Pas-de-Calais).

CAIRE (Jean), aux Davis, près Barcelonnette (Basses-Alpes). A. F.

CALVAT (Mlle), 2, rue Lakanal, à Grenoble (Isère).

CALVÉ (Julien), 1, rue d'Aviau, à Bordeaux (Gironde). Méd. 3e cl. 1897, méd. br 1900. **A F.**

CALVÈS (Léon-Georges), à Vignory (Haute-Marne). M. H. 1884, méd. 3e cl. 1905. **A F.**

CALVÈS (Mlle Marie Didière), à Vignory (Haute-Marne). M. H. 1907. **A. F.**

. **CAPDEVIELLE** (Raoul), 3, pl. du Buscat, à Toulouse (Haute-Garonne).

CAPPELLE, 20, rue Em.-Legrelle, à Arras (Pas-de-Calais).

CARELLI (Eugène), 48, rue de la Course, à Bordeaux (Gironde).

CAREY (L), 20, pl. du Palais-de-Justice, à Dunkerque (Nord).

CARIN (Mlle M.), 63, rue Brûle-Maison, à Lille (Nord). **A. F.**

CARON (Henry-Paul), à Hendaye-Plage (Basses-Pyrénées). Méd. arg. Amiens, méd arg. E. U. 1900, méd. arg. Aix (B.-du-R.), M. H. 1904. **A. F.**

CARPENTIER (Mlle), 95, rue Nationale, à Lille (Nord).

CARPENTIER (Modeste), O A. ۞, à Hénin-Liétard (Pas-de-Calais). **A. F.**

CARREZ (Mlle), 26, Remparts d'Ainay, à Lyon (Rhône).

CARRIÈRE (Paul), 59, rue Thiers, à Grenoble (Isère).

CASTAIGNET, 35, rue Mondenard, à Bordeaux (Gironde).

CASTAING (Henri-Joseph), 32, rue Porte-Neuve, à Pau (Basses-Pyrénées). M. H. 1906.

CASTERAS (J.), 42, rue des Récollets, à Toulouse (Haute-Garonne).

CASTEX (Georges-François), 10, rue Sénéchal, à Toulouse (Haute-Garonne).

CASTEX-DÉGRANGE, 24, rue Tronchet, à Lyon (Rhône).

CAUSSAH (P.), 21, boul. d'Arcole, à Toulouse (Haute-Garonne).

CAUVAIN (L.), 181 *bis*, rue de Solférino, à Lille (Nord).

CAUVIN (Edouard-Charles), 26, rue de Normandie, au Havre (Seine-Inférieure)

CAVAYÉ (Calixte), *miniaturiste*, boul de l'Esplanade, à Montpellier (Hérault).

CAYOTTE, 1 rue de l'Hôpital Militaire, à Nancy (Meurthe-et-Moselle)

CAYRON (Louis-Maurice), O. A ۞, *secrétaire de la Soc. des Amis des Arts d'Angers*, 90 rue Fulton, à Angers (Maine-et-Loire) **A. F.**

CAZALS, O. A. ۞, *restaurateur. Spécialiste d'anciennes peintures*, 15, rue de la Chaîne, à Toulouse (Haute-Garonne).

CAZAUBON (Pierre-Louis), 27, rue de Solférino, à Bordeaux (Gironde) Méd. Toulouse. **A. F.**

CAZIN (Mlle), à Valenciennes (Nord).

CELARIE (Gaston), cours Foucault, à Montauban (Tarn-et-Garonne). **A F.**

CELLIER, 2, pl. Saint-Martin, à Douai (Nord).

CERETTI, Val-de-Menton, à Menton (Alpes-Maritimes).

CHABOY, 20, rue Saint-Romain, à Rouen (Seine-Inférieure).

CHALAMBERT (Abel de), à Dammartin-en-Goële (Seine-et-Marne). **A. F.**

CHALAMEL (F.), 6, rue Lafont, à Lyon (Rhône)

CHALINIÈRE (A), 7, quai du Sud, à Cette (Hérault).

CHAMBON (Marius), rue du Phare, à Berck-Plage (Pas-de-Calais).

CHAMBON, pl. Questel, à Nîmes (Gard).

CHAMBOVET (Mlle), 9, rue Foncet, à Nice (Alpes-Maritimes).

CHAMECIN (Mlle), 24, rue Vaubecour, à Lyon (Rhône).

CHANTREAU, 14, quai d'Orléans, à Tours (Indre-et-Loire).

CHANTRON (Alexandre), 30, boul. Delorme, à Nantes (Loire-Inférieure). M. H. 1893, méd. 3e cl. 1899, méd. 2e cl. 1902. H. C. **A F.**

CHANUT (H.), 146, rue Vendôme, à Lyon (Rhône).

CHANUT, rue Charles-Robin, à Bourg (Ain). M. H. 1897. **A. F.**

CHARBONNIER, 21, rue de Metz, à Nancy (Meurthe-et-Moselle).

CHARDERON (Mlle), 23, rue Bât-d'Argent, à Lyon (Rhône). **A. F.**

CHARLEMAGNE (Claude), ✳, 20, quai Xavier-Jouvin, à Grenoble (Isère). **A. F.**

CHARLET-DIF, rue Mirebeau, à Bourges (Cher).

CHARNAY (Armand), ✳, à Marlotte, par Bourron (S.-et-M.). Méd 3e cl. 1876, méd. 2e cl. 1886, méd. arg. 1889. H. C. **A F.**

CHAROM (Pierre), 5, rue de Strasbourg, à Laval (Mayenne). **A. F.**

CHARRIER (Emile), 10, rue de Plaisance, à Nantes (Loire-Inférieure).

CHARRIER-FERRAND, chemin des Fraises, route de Rennes, à Nantes (Loire-Inférieure).

CHASTENAY (Mme Marie de), chemin du Signal, à Sainte-Foy-lez-Lyon (Rhône). **A. F.**

CHATIGNY (J.), 21, Remparts-d'Ainay, à Lyon (Rhône).

CHAUCHEFOIN (Mlle Marie-Louise), *M. du Jury de la Soc. des F P. et S.*, 173, rue Camille-Desmoulins, à Saint-Quentin (Aisne) M. H. 1895, méd. or Rouen, méd arg. Versailles, Rapp. et M. H. Langres.

CHAUFEREY, 55, rue Champion, à Bordeaux (Gironde).

CHAULEUR (Jules), 16, rue d'Antin, à Lille (Nord).

CHAUMEAU, 34, av. de la Gare, à Bourges (Cher).

CHAUSSEMIER, 22, boul. Voltaire, à Chaumont (Haute-Marne).

CHAUVIGNÉ (Fils), 4, rue George-Sand, à Tours (Indre-et-Loire.).

CHAZOT (Louis), 80, cours Saint-André, à Grenoble (Isère).

CHENAUD (Mlles), 15, quai de l'Archevêché, à Lyon (Rhône).

CHEPFER, rue du Pont-d'Essey, à Nancy (Meurthe-et-Moselle).

CHÉRET, chemin des Collinettes, villa Marie-Antoinette, à Nice (Alpes-Maritimes).

CHEVÉ (Léon), 12, av. du Chemin-de-Fer, à Fontainebleau (Seine-et-Marne). **A. F.**

CHIGOT (Alphonse), 10, rue des Petits-Cailloux, à Valenciennes (Nord). M H 1901. **A F.**

CHOISELAT (Jacques), à la Trinité-sur-Mer (Morbihan). **A. F.**

CHRISTOPHE (Anatole), 2, rue Gambetta, à Nemours (Seine-et-Marne). **A. F.**

CLAIR (Charles), à Roussy, par Saint-Parize-le-Châtel (Nièvre). **A. F.**

CLAMENS, 2, rue Joseph-Autran, à Marseille (Bouches-du-Rhône).

CLAVERIE (Justin), 66, traverse Chappe, à Marseille (Bouches-du-Rhône). M. H. 1906. **A. F.**

CLEMANSIN DU MAINE (Georges), château de Montbert, par Aigrefeuille (Loire-Inférieure). **A. F.**

CLÉMENT-BRUN (Gérard), 1, rue de l'Oriflamme, à Avignon (Vaucluse). M. H. 1906, méd. 3e cl. 1909.

COCHETEUX (Léon), 94, rue du Luxembourg, à Roubaix (Nord).

COGGHE (R.), 22, rue de Fleurus, à Roubaix (Nord). M. H. 1887, méd. 3e cl. 1889.

COIGNET, 67, av. de Paris, à Toulouse (Haute-Garonne).

COLAS (Mlle J.), 97, rue Esquermoise, à Lille (Nord).

COLIN (C.), à Ciboure (Basses-Pyrénées)

COLLET, 8, rue du Sergent-Bobillot, à Nancy (Meurthe-et-Moselle).

COLLIER (Mlle Ada), à Étaples (Pas-de-Calais).

COLLIN (Henry), lycée de Pontivy, à Pontivy (Morbihan). **A. F.**

COLLOMB-AGASSIS, 31, av. de Noailles, à Lyon (Rhône).

COMBA (Pierre), O. A. Q, ✠, *peintre militaire. Ex-attaché à l'État-major général de l'Armée française*, 55 bis, boul. Gambetta, villa Comba, à Nice (Alpes-Maritimes).

COMBLE (Paul), à Samois-sur-Seine (Seine-et-Marne). **A. F.**

COMMERGNAT (Gaëtan-Jean), 2, rue du Temple, à Troyes (Aube). **A. F.**

COMMUNAL (Joseph), 8, rue des Écoles, à Chambéry (Savoie). Méd. 2e cl. 1910, méd. 2e cl Lyon 1910.

CONTANCIN, rue des Buttes, à Dinan (Côtes-du-Nord).

CONTANT (Jules), 89, quai Ulysse-Bernard, à Blois (Loir-et-Cher). **A. F.**

CONTESSA (L), 15, rue Scalléro, à Nice (Alpes-Maritimes).

CORCKET (Mlle), 55, rue Daguesseau, à Roubaix (Nord).

CORTES (Édouard), 5, rue des Étuves, à Lagny (Seine-et-Marne). **A F.**

COSTADAU (Mlle), 19, rue Dubois, à Lyon (Rhône)

COSTA PÈRE et FILS, 13, rue Cassini, à Nice (Alpes-Maritimes).

COSTE FILS, rue de l'Esplanade, à Cette (Hérault).

COSTE (Victor), 2, quai du Canal, à Marseille (Bouches-du-Rhône).

COTARD-DUPRÉ (Mme Thérèse), 11, rue des Bouchers, à Saint-Quentin (Aisne). Méd 3e cl. 1907. **A. F.**

COTTIN (Mme Vve), 4, rue de la Juiverie, à Lyon (Rhône).

COULANGE-LAUTREC, 13, quai de Rive-Neuve, à Marseille (Bouches-du-Rhône).

COULET, 4, rue Cope-Cambes, à Montpellier (Hérault).

COUROUX (Mlle), 56, chemin de la Favorite, à Lyon (Rhône).

COURREAU (Paul), 33, rue du Chalet, à Bordeaux-Caudéran (Gironde).

COURTÈS (Mlle Eugénie), 134, cours Victor-Hugo, à Bordeaux (Gironde).

COURTEVILLE (H.), 16, rue de Noyon, à Chauny (Aisne).

COURTINES (A.), *professeur à l'École des Beaux-Arts*, 89, av. de Lodève, à Montpellier (Hérault)

COURTOT (Paul-Laurent), O. I. Q, *professeur au Lycée de Limoges*, 14, av. de Toulouse, à Limoges (Haute-Vienne). **A. F.**

COUSSENS, pl. Questel, à Nîmes (Gard).

COUTIL (L), O. A. Q, *peintre et aquafortiste, Membre correspondant du Ministère de l'Instruction Publique et des Beaux-Arts, conservateur et fondateur du Musée N. Poussin aux Andelys (Eure) (collectionneur)*, rue de Fontanges, aux Andelys, et à Saint-Pierre-du-Vauvray (Eure). **A. F.**

COUTURIER-GOURDIN (Mme Mad), 6 bis, rue des Sœurs-de-Charité, à Cambrai (Nord). **A. F.**

CRASSOUS (E.), 14 bis, rue des Études, à Avignon (Vaucluse).

CRÉMIEUX (Edouard), 1, quai de la Rive-Neuve, à Marseille (Bouches-du-Rhône). Méd. 3e cl. 1895. **A. F.**

CRÉPET (Robert), à Hautot-sur-Mer, par Offranville (Seine-Inférieure). **A. F.**

CRESSON (Georges), 1, rue des Carrières, Le Havre (Seine-Inférieure). **A. F.**

CROCHEPIERRE (André-Antoine), chemin de Galaup, à Villeneuve-sur-Lot (Lot-et-Garonne). M. H. 1882, méd. 3e cl. 1891, méd. br. 1900. **A F.**

CROIZÉ (Emmanuel), O. I. Q, *professeur à l'École de la Tour*, 63, rue d'Isle, à Saint-Quentin (Aisne). **A. F.**

CRUZEL, 2, rue Niepce, à Nice (Alpes-Maritimes).

CUENAT (Mlle), 41, rue Sainte-Catherine, à Nancy (Meurthe-et-Moselle).

CURIE (Mlle Marie), 96, rue Vendôme, à Lyon (Rhône).

D

DAIMÉ, 4, rue du Tapis-Vert, à Nancy (Meurthe-et-Moselle).

DALBANNE (Claudius), 22, chemin des Tournelles, à Lyon (Rhône), et 16, rue Le Verrier, Paris.

DALBON (Charles), 44, rue Sainte, à Marseille (Bouches-du-Rhône).

DALZAT D'ARSAC (Antoine), *portraitiste*, 28, rue Ch.-Boudeville, à Méru (Oise). Méd. arg. 1907.

DAMON, 151, boul. Heurteloup, à Tours (Indre-et-Loire).

DANCÉ-DARBOUR (Mme Anna), 12, quai de la République, Le Tréport (Seine-Inférieure) **A. F.**

DANIEL (Jean), O. A. ◯, 8, rue Alfred-de-Musset, à Périgueux (Dordogne), et à Paris, 17, rue de Tournon. **A. F.**

DANIS (Alfred), av. Masséna, à Nice (Alpes-Maritimes). **A. F.**

DARASSE (Georges), La Bastide, Villars-Colmars, par Beauvèzes-Saint-André (Basses-Alpes). M. H. 1892. **A. F.**

DARBOIS, 6, rue Couturier, à Chalon-sur-Saône (Saône-et-Loire).

DARDY (Albert), pl. Saint-Agnan, à Cosne (Nièvre).

DARESSY-MONON (Mme M). à Argelès-Gazost (Hautes-Pyrénées). **A. F.**

DAREY (Louis), à Royan (Charente-Inférieure). **A. F.**

DARNET (Georges), O. A. ◯, 9, rue de la Boëtie, à Périgueux (Dordogne).

DARNOND (Mlle Marie-Antoinette), 16, Montée de l'Abbé-de-l'Epée, à Saint-Etienne (Loire).

DARVIOT (Edouard), 15, rue Bonnelier, à Dijon (Côte-d'Or). **A. F.**

DAUBEL (Jules), pl. Méhul, à Givet (Ardennes), **A. F.**

DAUMONT (Emile), 20, rue de l'Éperon, Melun (Seine-et-Marne). **A. F.**

DAUX, 143, rue Couriancy, à Reims (Marne). M. H. 1886.

DAVAL-CARIAGE (Mme Henriette), *professeur de peinture, aquarelle*, 12, rue de la Préfecture, à Vesoul (Haute-Saône).

DAVEAUX (Jude), 6, pl. Saint-Bruno, à Grenoble (Isère).

DAVID (Jean-Ferdinand), 8, rue du Manège, à Agen (Lot-et-Garonne). **A. F.**

DAVID (Théodore), O. A. ◯, *président de la Soc. des Amis des Arts du Maine*, 95, rue Prémartine, Le Mans (Sarthe). M. H. 1893. **A. F.**

DAVID-RIQUIER, 70, rue Saint-Jean, à Amiens (Somme). M. H. 1881. (V. *Graveurs*.)

DEBAENE (Alphonse-Jules), 7, rue de la Gare, à Dunkerque (Nord).

DEBUCHE (G.), 61, rue Neuve, à Calais (Pas-de-Calais).

DEGANIS, 10, quai du Canal, à Marseille (Bouches-du-Rhône). M. H. 1884, méd. 3e cl. 1888, méd. 2e cl. 1892. H. C.

DEGALLAIX (Louis), à Dammarie-les-Lys (Seine-et-Marne). M. H. 1908. **A. F.**

DEGRAVE (J.), 3, rue de Labon, à Saint-Quentin (Aisne). M. H. 1883. **A. F.**

DEHEN (H.), 150, rue de Solférino, à Lille (Nord).

DEJUIN (J.-B.), 20, av. de Bayonne, à Toulouse (Haute-Garonne).

DELABARRE (Eug.), 28, rue des Juifs, à Rouen (Seine-Inférieure). M. H. 1898, M. H. 1900. **A. F.**

DELAFOSSE (Louis), à Bazouges-la-Pérouse (Ille-et-Vilaine). **A. F.**

DELAGE (Mlle Germaine), quartier des Aubes, villa Germaine, à Montpellier (Hérault).

DELAISSE, 165, rue Cuvier, à Lyon (Rhône).

DELAME (René), 21, rue Watteau, à Valenciennes (Nord). **A. F.**

DELANNOY (J.), 83, Grande-Place, à Béthune (Pas-de-Calais).

DELASSUS-MERCIER (Mme André), 81, boul. d'Alsace-Lorraine, à Amiens (Somme).

DELEVILLE, 38, rue Hyacinthe-Langlois, à Rouen (Seine-Inférieure).

DELLAMARA, rue Villeneuve-Desforges, à Nice (Alpes-Maritimes).

DELORD (Marius), 7, rue Fénelon, à Marseille (Bouches-du-Rhône).

DELOY (Georges), 34, av. du Chemin-de-Fer, à Fontainebleau (Seine-et-Marne). **A. F.**

DELPECH (Hermann), 95, av. Jeanne-d'Arc, à Bordeaux (Gironde).

DELSUC (Alfred), 58, rue Bétheny, à Reims (Marne).

DELVAL (E.), 34, boul. Faidherbe, à Arras (Pas-de-Calais).

DEMARNE (C.), rue des Alpins, villa des Roses, à Nice (Alpes-Maritimes).

DEMARRES, 9, boul. Berthelot, à Montpellier (Hérault).

DÉMÉ (Emile), 3 *bis*, rue Péré, à Tarbes (Hautes-Pyrénées). **A. F.**

DENISSE (Jean), 16, rue Calixte-Souplet, à Saint-Quentin (Aisne).

DENOYELLE (P.-Léonard), O. I. ◯, rue d'Amiens, à Beauvais (Oise). **A. F.**

DEPONDT (E.), 54, rue Ratisbonne, à Lille (Nord).

DERBÈS, 13, rue Thieulent, au Havre (Seine-Inférieure).

DERVIEUX (G.), 9, rue du Président-Carnot, à Lyon (Rhône).

DE SAINT-AMOUR (Mlle de), 161, rue Nationale, à Lille (Nord).

DESCAMPS-BUTLER (Mme Mary), 10, rue de Lille, à Lambersart, près Lille (Nord).

DESCELLES (Paul), O. I. ◯, 6, rue de l'Orphelinat, à Saint-Dié (Vosges). M. H. 1907. **A. F.**

DESICY (H.), 13, rue de la Manutention, à Cambrai (Nord).

DESJARDINS (J.), 37, rue de Normandie, au Havre (Seine-Inférieure).

DESMIDT (Mlle), 43, rue Basse, à Lille (Nord).

DESPLANQUES (Alf.), 104, rue Haze, à Tourcoing (Nord).

DESPLANQUES (Mlle J.), 5, av. Durante, à Nice (Alpes-Maritimes).

DESPUJOLS, 135, rue de la Trésorerie, à Bordeaux (Gironde).

DESQUEYROUX, 5, rue Judaïque, à Bordeaux (Gironde).

DESSIGNORI, rue du 14-Juillet, à Cannes (Alpes-Maritimes).

DESURMONT (Ernest), 346 *bis*, rue de Gand, à Tourcoing (Nord). M. H 1903. **A. F.**

DEWATINES (Félix), 70 rue Saint-Etienne, à Lille (Nord).

DEYROLLE (Théophile), à Concarneau (Finistère). M. H. 1881, méd 3º cl. 1887, méd. 2º cl. 1889, méd. br. 1889, méd. br 1900. H. C. **A. F.**

DEZAUNAY (Emile), 54, rue de la Bastille, à Nantes (Loire-Inférieure).

DIETRICH, 15, rue du Château, à Lunéville (Meurthe-et-Moselle).

DIEUSET-NOEL, 5 *bis*, rue de Douai, à Malo-les-Bains (Nord).

DIFFRE (Jean), 39, rue de Fleurance, à Toulouse (Haute-Garonne).

DILLY (Hippolyte-Georges), O. I. ◊, ⚜, ✠, 17, rue de Tours, à Lille (Nord), et 41, boul. Saint-Jacques, Paris. M. H. 1903, méd. 3º cl. 1904, méd. 2º cl. 1906, Bourse de voyage 1906 H. C. **A. F.**

DODEL-FAURE (Mme Elisabeth), *M. correspondant de l'Union internationale des Beaux-Arts, M. de la Soc. des A. I , M. de la Soc. Lyonnaise des Beaux-Arts et de l'Union Artistique d'Auvergne*, 15, rue de l'Hôtel-Dieu, à Clermont-Ferrand (Puy-de-Dôme). Méd. or Marseille, 1901, méd 3º cl. Clermont 1910

DODELIER (Henri-Charles), 15, rue de l'Église, à Saint-Mihiel (Meuse).

DOL (Auguste), 8, rue Eugène-Lisbonne, à Montpellier (Hérault).

DORANGE (Jules-Simon), O. I. ◊, villa Langlois, à Villeneuve-sur-Yonne (Yonne). **A. F.**

DOSQUE (P.-T.), 108, rue Laharpe, Le Bouscat (Gironde). **A. F.**

DOUCE DE LA SALLE, 22, quai de Tilsitt, à Lyon (Rhône).

DOYEN (Gustave), 6, rue Guérin, à Fontainebleau (Seine-et-Marne). Méd. 3º cl. 1882. M. H. 1889. **A. F.**

DOZE (Melchior-Jean-Marie), *directeur honoraire de l'Ecole des Beaux-Arts, ancien conservateur du Musée de Nîmes*, 20, boul. Gambetta, à Nîmes (Gard). M. H. 1861-1863.

DRAGEON (Gabriel), O. I. ◊, ✠, *secrétaire général de la Soc. des Amis des Arts de Toulon*, 6, av. Vauban, à Toulouse (Haute-Garonne). H. C. **A. F.**

DREUX, 46, rue d'Entraigues, à Tours (Indre-et-Loire).

DRONSART (Alex.), 172, rue Solférino, à Lille (Nord).

DROUIN (Mlle C), 16, rue de Seille, à Rouen (Seine-Inférieure).

DUBOURG, 17, rue de Paris, au Mans (Sarthe).

DUCARUGE (Léon-Pierre), 3, rue d'Isly, à Saint-Etienne (Loire). **A. F.**

DUCHATEAU (Th.), 1, rue de la Bazoche, à Tours (Indre-et-Loire). M. H. 1898, méd. 3º cl. 1902. **A. F.**

DUCHATEAU (Mlle), 37, rue Bernard-Palissy, à Tours (Indre-et-Loire).

DUCLOS (Adolphe), Saint-Etienne-du-Vauvray, par Saint-Pierre-du-Vauvray (Eure). **A. F.**

DUCLOY (Eugène), 21, rue des Prêtres, à Calais (Pas-de-Calais).

DUFÊTRE (Mlle), 11, rue Fénelon, à Lyon (Rhône).

DUFOUR, 15, pass. Durécu, au Havre (Seine-Inférieure).

DUHAMEL-PESTRE, 60, rue de la Pomme-d'Or, à Calais (Pas-de-Calais).

DUHAU (C.-B.), 11, rue Guirande, à Bordeaux (Gironde).

DUITTOZ (Mlle Lily), 4, boul. Carabancel, à Nice (Alpes-Maritimes).

DUMAREST (Mlle), 11, rue de Jarente, à Lyon (Rhône).

DUPAIGNE-DOMERQUE (Mme Jeanne), 12, boul. Carnot, à Cannes (Alpes-Maritimes). **A. F.**

DUPAN (D.), 21, rue Saint-André, à Nantes (Loire-Inférieure).

DUPONT (Mlle), 1, quai de la Pêcherie, à Lyon (Rhône).

DUPONT-LANDRIEUX (Mme), 26, rue Eugène-Desteuque, à Reims (Marne).

DUPORTAL (Théodore-Maurice), 29, rue Richemond, à Vannes (Morbihan).

DUPOUY (Mlle Louise), 5, rue Duffour-Dubergier, à Bordeaux (Gironde).

DUPUIS, 16 *bis*, rue du Téméraire, à Nancy (Meurthe-et-Moselle).

DUPUIS (Pierre), à l'Ile-de-Bréhat (Côtes-du-Nord).

DURAND (Albert), 56, rue de la Forêt, à Fougères (Ille-et-Vilaine). **A. F.**

DURAND-BONTRAN, 20, rue des Changes, à Toulouse (Haute-Garonne).

DUVAL, 23, av. de la Gare, à Nice (Alpes-Maritimes).

DUVERNON (Raoul), 11, Grande-Rue, à Remiremont (Vosges). **A. F.**

DUVILLIER (Georges), ✳, 11, rue Dervaux, à Tourcoing (Nord). **A. F.**

DUYVER (A.), 181 *bis*, rue de Solférino, à Lille (Nord). M. H. 1894.

E

EAUBONNE (Mlle B.), 16, rue Fondaudège, à Bordeaux (Gironde).

EDELINE (E.), 23, rue La Fontaine, à Angers (Maine-et-Loire).

EHRART, 3, rue Rogier, à Reims (Marne).

EMERY-PONCHAUX, 4, rue Amédée-Evrard, à Chauny (Aisne).

ENTRAYGUES (Ch. d'), rue Dehaut, à Vernon (Eure). M. H. 1889. **A F.**

ESCALLE (F.), 2, rue Fontaine-del-Saulx, à Lille (Nord).

ESCALLE-DUBUISSON (Mme), 2, rue Fontaine-del-Saulx, à Lille (Nord).

ESPACH (E.), 13, cours La Fayette, à Lyon (Rhône).

ESPINOS (Lucien), 4, boul. de la Blancarde, à Marseille (Bouches-du-Rhône).

ESPRON (Mlle Marie), 130, rue de Chanzy, à Rochefort-sur-Mer (Charente-Inférieure).

ESTÈVE (P.), 4, rue Boussairolles, à Montpellier (Hérault).

ESTOURNET, 124, boul Chave, à Marseille (Bouches-du-Rhône).

EULER (Pierre), O.I ✪, 24, rue Confort, à Lyon (Rhône). **A. F**

EUSTACHE (Robert), domaine du Chasnay, par Fourchambault (Nièvre). **A. F.**

EVEILLARD (Georges-Alexandre), 1, rue Saget, à Nantes (Loire-Inférieure).

EYSSÉRIC (Joseph), 14, rue Duplessis, à Carpentras (Vaucluse) M. H. 1902. **A. F.**

EVENISSE (Mlle), 10, rue du Levant, Le Mans (Sarthe).

F

FABRE (Emile), 17, cité Vaudoit, à Clermont-Ferrand (Puy-de-Dôme)

FABRE, 13, rue du Canneau, à Montpellier (Hérault).

FABRE (Mlle), 2, rue Lenoir, Le Mans (Sarthe).

FABRE (Mme J) 70, rue Reynard, à Marseille (Bouches-du-Rhône). **A F.**

FABRE-BONIFAY (Mme Joséphine), 82, rue du Dragon, à Marseille (Bouches-du-Rhône). **A. F.**

FALCINI (Jean), *peintre et restaurateur*, 144, boul. Gambetta, à Nice (Alpes-Maritimes).

FANTINI, 30, quai Saint-Jean-Baptiste, à Nice (Alpes-Maritimes).

FARCY (Louis de), *art rétrospectif*, rue du Canal, à Angers (Maine-et-Loire).

FASSI PÈRE (J.), av. de Californie, villa Vittoria, à Nice (Alpes-Maritimes).

FAURÉ (Alphonse), O. A ✪, 25, allée Saint-Michel, à Toulouse (Haute-Garonne). M. H. 1902. **A. F.**

FAUVEL (Georges), 69, route d'Octeville, à Sainte-Adresse (Seine-Inférieure). Méd. 3e cl. 1889.

FÉLIX (Aug.), 7, rue de la Liberté, à Grenoble (Isère).

FERDI-PARIS, 102, rue du Quinconce, à Angers (Maine-et-Loire)

FERGUSSON-LEBRETON (Mme L), 132, rue Chanzy, à Rochefort (Charente-Inférieure). **A. F.**

FILKIÉWITCH (Léon de), 22, rue Ségurane, à Nice (Alpes-Maritimes).

FIORA, 6, rue de l'Algérie, à Lyon (Rhône)

FIRMIN (Claude), route de Montclar, à Avignon (Vaucluse). M H. 1892. **A. F.**

FITZ (G), 22, boul. Joachim, à Marseille (Bouches-du-Rhône).

FLAUD (Henri-Jean), 11, quai de Châteaubriant, à Rennes (Ille-et-Vilaine).

FLEGIER (Ange), ✳, villa Lecor, Martigues (Bouches-du-Rhône). **A. F.**

FLORENCE PHILIBERT, rue de la République, à Menton (Alpes-Maritimes).

FLOUR, rue de Cocagne, à Avignon (Vaucluse).

FLOYD (Henri), 25, rue du Lycée, à Pau (Basses-Pyrénées).

FOENQUINOS, 24, quai de Rive-Neuve, à Marseille (Bouches-du-Rhône).

FOND (Mme Antoinette), 123, rue de Vendôme, à Lyon (Rhône).

FONDIN (Evariste), à Sourdun, près Provins (Seine-et-Marne). **A F.**

FONS-GODAIL, pl. Saint-Joseph, à Perpignan (Pyrénées-Orientales).

FONTAN (Ed.), 25, rue d'Arcachon, à Bordeaux (Gironde).

FORCELLA, villa Gide, boul. Michelet, à Marseille (Bouches-du-Rhône)

FOUCHER (Mlle Betzy), 1, rue du Palais, à la Rochelle (Charente-Inférieure). **A. F.**

FOUGERAT (Emmanuel), O. I. ✪, *directeur de l'Ecole régionale des Beaux-Arts et conservateur fondateur du Musée des Arts décoratifs de Nantes*, 13, rue de Briord, à Nantes (Loire-Inférieure), et 73, rue N.-D.-des-Champs, Paris. M. H. 1899, M. H. 1900, méd. 3e cl. 1900, méd. 2e cl. 1902. H. C. **A. F.**

FOUQUÉ (Charles), 1, pl. des Arts, à Thonon-les-Bains (Haute-Savoie). **A F.**

FOURNET (P.), 199, rue de Dunkerque, à Tourcoing (Nord).

FOURNIER DEL FLORIDE, 44, av. du Prado, à Marseille (Bouches-du-Rhône).

FOUYÉ (Mme Hélène), au Lycée Mignet, à Aix-en-Provence (Bouches-du-Rhône).

FRACHON-SPAZIN (Mme Julie), 22, quai Jayr, à Lyon (Rhône)

FRANCQUEVILLE (Jean de), 5, rue des Augustins, à Amiens (Somme). **A F.**

FRANKLIN-GROUT (Mme Caroline), villa Tanit, à Antibes (Alpes-Maritimes). **A. F.**

FRASEZ (Mlle Gabrielle), 8, rue de la Bondelle, à Roubaix (Nord).

FRÉBOURG, 38, rue Washington, au Havre (Seine-Inférieure).

FRÈRE (Samuel), 9 *bis*, rue Malatiré, à Rouen (Seine-Inférieure). **A F**

FRÈRE-OUTIN, 28, rue Notre-Dame, à Calais (Pas-de-Calais).

FRISON (Gualbert), Grande-Rue, à Nantua (Ain). **A. F.**

FRONTI (Michel), 2, quai de Rive-Neuve, à Marseille (Bouches-du-Rhône).

FUCHS (Gustave de), route de Lannion, Tréguier (Côtes-du-Nord). **A. F.**

FURSMAN (Frédérick), à Étaples (Pas-de-Calais).

FURT (Henri), 25, rue Notre-Dame, à Bordeaux (Gironde).

G

GACHET (Mlle), 25, rue du Marais, à Bordeaux (Gironde).

GAIDAN (Louis), villa des Agaves, Carqueiranne (Var). **A. F.**

GAITAUD, 17, rue Latapie, à Pau (Basses-Pyrénées).

GALIBERT (Louis), 29 bis, Grande-Rue, à Carcassonne (Aude).

GALLAND (Mlle Joséphine), 13, pl. Maisons-Neuves, à Lyon (Rhône).

GALLÉA DELLA MADALENA, av. Thérésa, villa Thérésa, à Nice (Alpes-Maritimes).

GALULA-NAVELLO, 10, rue de la Paix, à Nice (Alpes-Maritimes).

GAMBA DE PREYDOUR (Alexandre), O. A. ❂, 27, boul. Carabacel, à Nice (Alpes-Maritimes). **A. F.**

GANGNERON (Mme Vve), 200, rue Duguesclin, à Lyon (Rhône).

GARAUD (Gustave-Césaire), 2, av. Notre-Dame, à Nice (Alpes-Maritimes). M. H. 1881, méd. 3e cl 1889, méd. 2e cl. 1893, méd. br. 1900. H. C. **A. F**

GARAY (Mlle Louise), 6, rue de l'Évêché, à Bayonne (Basses-Pyrénées).

GARAY (Mlle Marie), 6, rue de l'Évêché, à Bayonne (Basses-Pyrénées). **A. F.**

GARDY, 61, boul. de Strasbourg, à Toulouse (Haute-Garonne).

GARIBALDI (Joseph), O. I. ❂, 39, quai de Rive-Neuve, à Marseille (Bouches-du-Rhône). M. H. 1887, méd. 3e cl. 1897. **A F.**

GARINO (A.), portraitiste, 6, av Notre-Dame, à Nice (Alpes-Maritimes). Méd. 3e cl. et 1re cl. Toulon.

GARRAUD, 3, pl. Edgar-Quinet, à Lyon (Rhône).

GARY, 116, rue Sainte-Catherine, à Bordeaux (Gironde).

GASTALDI, boul. Sainte-Agathe, villa « les Pivoines », à Nice (Alpes-Maritimes).

GATTEGNO-WEIL (Mme A), 93, boul. Corderie, à Marseille (Bouches-du-Rhône). **A F**

GAUDEFROY (Mme Louise-Martin), 48, rue Lemerchier, à Amiens (Somme). **A F.**

GAUDRON (Mlle), 1, rue d'Ecosse, à Rouen (Seine-Inférieure).

GAUDRY-ALLARD (Mme Julie), 3, rue des Perrières, à Nevers (Nièvre). M. H. 1906

GAURET (Adolphe), 16, rue d'Astorg, à Toulouse (Haute-Garonne). **A. F.**

GAUSSEN (Adolphe-Louis), 50, rue Saint-Ferréol, à Marseille (Bouches-du-Rhône) Méd. 3e cl. 1907. **A. F.**

GAUTIER (Albert-Valéry), 17, rue Patou, à Lille. **A. F.**

GAUTIER (Jean-Hubert), 194, rue Turenne, à Bordeaux (Gironde).

GAUTIER (A.), rue Merlet de Laboulaye, à Angers (Maine-et-Loire).

GAUVAIN (Mme L. de), 107, rue d'Antibes, à Cannes (Alpes-Maritimes). **A. F.**

GAUZI (François), Soc. des Artistes Méridionaux, Toulouse, 37, rue de la Concorde, à Toulouse (Haute-Garonne).

GAY, 103, rue Béchevelin, à Lyon (Rhône).

GAY (Jacques-Louis), 1, rue Paul-Bert, à Grenoble (Isère).

GALIBERT (Jules-Bertrand), ❂, à Cap-Breton (Landes), villa Saint-Hubert. Méd. 1869, méd. 2e cl 1883, méd. br. 1889, méd. br. 1900. H. C. **A. F.**

GENDRAUD (Alfred), O I. ❂, 5, rue d'Assas, à Clermont-Ferrand (Puy-de-Dôme). Premier prix à l'Ecole Nationale des Beaux-Arts de Lyon.

GENOIS (Henri), à Etrechy (Oise) **A. F.**

GENOUILLE (Mlle Noémie), 8 bis, rue Abeilard, à Sens (Yonne) **A. F.**

GEO-REMY (Mlle), O. I. ❂, portraitiste, prof à l'Ecole des Beaux-Arts de Nantes, 9 et 11, rue Briord, à Nantes (Loire-Inférieure).

GEORGE (Mlle Jeanne), 3, rue de la République, à Troyes (Aube).

GEORGET (Mme Elisa), à Dammarie-les-Lys, rue de Farcy (Seine-et-Marne). M. H. 1897. **A. F.**

GERDERÈS-FREYSSENGE (Mme Jeanne), à Saint-Dizier (Haute-Marne). **A. F.**

GERMAIN (Mme), 3, boul. Notre-Dame, à Aix (Bouches-du-Rhône). **A. F.**

GERMAN (L), 42, rue de Châteaudun, à Cannes (Alpes-Maritimes).

GEVAUDAN (fils), 3, quai supérieur de la Place, à Cette (Hérault).

GHÉKIÈRE (A), 80, rue d'Artois, à Lille (Nord).

GHYSEL (A.), 25, rue de Séchelles, à Dunkerque (Nord).

GIACOMOTTI (Félix-Henri), 9, rue Moncey, à Besançon (Doubs).

GIBERT (Mlle), 131, av. de Saxe, à Lyon (Rhône).

GICQUEL (Mlle Louise), 7, rue Victor-Hugo, à Rennes (Ille-et-Villaine). **A. F.**

GILBAUT (Eugène), O. I. ❂, villa le Gui, av. Victoria, Hyères (Var)

GILLET (Numa), à Montigny-sur-Loing (Seine-et-Marne). M. H. 1894, méd. 3e cl 1896, méd. br. 1900. **A. F**

GILLY, pl. Béatrix, villa des Pervenches, à Nice (Alpes-Maritimes).

GILQUIN (Albert), 20, av de Château-Thierry, à La Ferté-sous-Jouarre (Seine-et-Marne). **A F.**

GINTRAC-JOUASSET, 28, rue de la Trésorerie, à Bordeaux (Gironde).

GIONN (A.), rue Castellar, M. Masséna, à Menton (Alpes-Maritimes)

GIRARD-CONDAMIN (Mme), 18, pl. Morand, à Lyon (Rhône).

GIRARD-NAUWELAERS (Mme), 76, cours de la Liberté, à Lyon (Rhône).

GIRARDET (Mlle), 59, av. de Noailles, à Lyon (Rhône).

GIRAUD (Eugène), 12, quai de Rive-Neuve, à Marseille (Bouches-du-Rhône).

GIRAUD (Mlle), 28, cours Morand, à Lyon (Rhône).

GIRAULT (A.), 111, rue Mazarin, à Bordeaux (Gironde).

GIRIN (David), 2, rue Paradis, à Lyon (Rhône).

GIRODON, 11, rue Saint-François-de-Paule, à Nice (Alpes-Maritimes).

GIRON (Mme), 4, rue de la Tourette, à Lyon (Rhône).

GLAÇON (Mme Emilie), à La Ferrière-sur-Risle (Eure). **A. F.**

GLAISE (Georges), O. I. ✪, *conservateur des Peintures décoratives de la ville de Lyon. M. de la Soc. des Beaux-Arts de Lyon*, 30, cours de la Liberté, à Lyon (Rhône).

GOBAUT, 107, rue de Caudry, à Cambrai (Nord).

GODET (Camille), 26, rue d'Echange, à Rennes (Ille-et-Vilaine).

GOEPFERT, 36, pl. de la Carrière, à Nancy (Meurthe-et-Moselle).

GOGOIS (Emile-Anatole), 91, rue Delpech, à Amiens (Somme).

GONDREXON (Paul), 10, rue des Écoles, à Charleville (Aisne). **A. F.**

GONSSEAUME (J.), 1, quai du Rivage, à Arras (Pas-de-Calais).

GOSSELIN (Maurice), rue Gamelin, à Saint-Aignan (Seine-Inférieure)

GOSSELIN-PATRELLE (Maurice-Edouard), à Mont-Saint-Aignan (Les Cottes) (Seine-Inférieure).

GOUDEMARE, 20, rue de la Mare, Le Havre (Seine-Inférieure).

GOURDIN (Lucien), 14-16, rue Paul-Bert, à Bordeaux (Gironde).

GOURMAND (Mlle), 16, rue Pizay, à Lyon (Rhône).

GOUSSEN, 9, rue du Général-Riu, à Montpellier (Hérault).

GRANDIN, 120, rue Voltaire, au Havre (Seine-Inférieure).

GRANGER (Mlle), 2, quai Claude-Bernard, à Lyon (Rhône).

GRANIER, 11, rue Compans, à Toulouse (Haute-Garonne).

GRAS (Gabriel), 70, rue Cherchell, à Marseille (Bouches-du-Rhône).

GRATON, 10, pl. Puy-Pauhn, à Bordeaux (Gironde).

GREACEN (Edmund), à Giverny, par Vernon (Eure).

GRILLAT, 19, rue Neyret, à Lyon ((Rhône.

GROSCLAUDE (Mlle Alexandrine-Aimée), 67, rue d'Antibes, à Cannes (Alpes-Maritimes).

GROSCLAUDE-BODENSTEIN (Mme), 67, rue d'Antibes, à Cannes (Alpes-Maritimes). **F. P. et S.**

GRUBER, 4, rue Lasalle, à Nancy (Meurthe-et-Moselle).

GRUFFART (Aug), 24, rue Meyerbeer, à Nice (Alpes-Maritimes).

GUEIT (Marius), 258, chem. d'Eysines, à Bordeaux (Gironde).

GUÉRIN (Mme Thérèse), 11, rue Lanterne, à Lyon (Rhône). Méd. 2ᵉ cl. et Rappel Lyon.

GUÉRIN-BILLET (Mme Aline), 16, rue Gambetta, à Douai (Nord). M. H. 1887, méd. 3ᵉ cl. 1889. **A. F.**

GUEY (Fernand), à Quimper (Finistère), et 18, rue Pont-l'Abbé. **A. F.**

GUIBAL (Germain), *secrét. général de la Soc. artistique de l'Hérault*, 4, rue Rondelet, à Montpellier (Hérault). H. C.

GUIBAL-PIEGATE (Mme), rue du Port-Juvenal, à Montpellier (Hérault).

GUIGOU (Fernand), 8, cours Julien, à Marseille (Bouches-du-Rhône).

GUILLAUME, 44, av. About, à Malo-les-Bains (Nord).

GUILLEMIN, 64, rue de la République, à Lyon (Rhône).

GUILLOUX (Mme), 1, rue Pouchet, à Rouen (Seine-Inférieure).

GUILMET (Albert), O. I. ✪, 1, quai du Danube, à Calais (Pas-de-Calais). **A. F.**

GUINDON (M.), 24, quai de Rive-Neuve, à Marseille (Bouches-du-Rhône). **A. F.**

GUINGOT, 8, rue d'Auxonne, à Nancy (Meurthe-et-Moselle).

GUIRAUD (Georges), 41, rue Ausone, à Bordeaux (Gironde).

QUITTON (J.), 18, rue Falque, à Marseille (Bouches-du-Rhône).

GUY (Mlles), 44, rue du Quatre-Août, à Lyon (Rhône).

H

HAINAULT (F.), 11, rue Royale, à Nantes (Loire-Inférieure).

HAINAUT (Mme Berthe), 27, rue Le Sérurier, Saint-Quentin (Aisne). Méd. arg. concours des Rosati du Hainaut 1910.

HAINNEVILLE, 10, rue Sainte-Thérèse, Le Havre (Seine-Inférieure).

HALLEZ (P.), 181 *bis*, rue Solférino, à Lille (Nord).

HAMMES (J.-A.), 13, rue des Menuts, à Bordeaux (Gironde).

HANOTIN, 67, rue de la Darse, à Marseille (Bouches-du-Rhône).

HARRISSON (Mme Mattie), 89, rue de la Paroisse à Fontainebleau (Seine-et-Marne).

HAYE (La), boul. Amiral-Courbet, à Nîmes (Gard).

HAZON (Mlle Jane d'), à Palleau, par Levet (Cher), et 18, av. Carnot, à Paris. M. H. 1900. **A. F.**

HEFF, 10, rue Bazemont, à Bordeaux (Gironde).

HEMMERLÉ (Mme), 11, rue Sainte-Catherine, à Lyon (Rhône).

HÉNAULT (Louis-C), à Brimont, par Bourgogne (Marne). M. H. **A. F.**

HENRI, 34, rue de l'Amiral-Courbet, au Havre (Seine-Inférieure).

HENRY (Mlle), 38, boul. Gambetta, à Grenoble (Isère).

HÉRAUD, 94, rue Masséna, à Lyon (Rhône).

HERBERT (Ch.), 29, rue Voiture, à Amiens (Somme).

HERLAND (Mlle Emma), O. A. ✪, villa Kéraël, à Concarneau (Finistère). M. H. 1901. **A. F.**

HERMANS (François), 83, rue de Lannoy, à Roubaix (Nord). Méd. verm. 1910. Douai

HERVE (Abel), 8, pass. du Sanitat, à Nantes (Loire-Inférieure)

HERVÉ-MATHÉ (Jules-Alfred), 14, rue de Vaux, au Mans (Sarthe).

HERVÉ (Mme), 14, rue de Vaux, au Mans (Sarthe).

HERVIEUX (C.), *M. fondateur de la Société Havraise des Beaux-Arts, de la Société des Amis des Arts,* 33, rue Jules-Lecesne. Tél. 727, Le Havre (Seine-Inférieure).

HESTAUX, 130, rue Montet, à Nancy (Meurthe-et-Moselle). **S. N.**

HILAIRE (Mlle), 4, rue Saint-Etienne, à Lyon (Rhône).

HILDEBRAND (Hermann-B.), 14, rue Ducau, à Bordeaux (Gironde).

HODEBERT (L.), O I ✪, 24, boul. des Écoles, à Lille (Nord). **A F.**

HOMO (Mme Vve), 27, rue de la Scellerie, à Tours (Indre-et-Loire).

HOMSY (Edwards), 51, boul. Périer, à Marseille (Bouches-du-Rhône).

HONORÉ (Mlle), 91, rue de la Monnaie, à Lille (Nord).

HOPWOOD (H.), 12-14, rue Chaîne, à Montreuil (Pas-de-Calais).

HOREL (Eugène-Albert), à Laitre-sur-Amance (Meurthe-et-Moselle).

HORLAVILLE, 31, rue Lieu-de-Santé, à Rouen (Seine-Inférieure).

HORNEZ (Em.), 13 *bis*, rue Ban-de-Wedde, à Lille (Nord).

HORTEUILLE (d'), 23, rue du Cygne, à Tours (Indre-et-Loire).

HOUILLE (J.), O. A. ✪, *peintre-verrier, M. fondateur des Amis des Arts de l'Oise,* 37, rue de l'Argentine, à Beauvais (Oise).

HOUILLE (N.), *aquarelliste, prof de dessin au collège d'Ajaccio* (Corse).

HOUILLON (H.), 5, rue de Hourtins, à Bordeaux (Gironde).

HOURDIER (A.), 47, rue du général-Barbou, à Amiens (Somme).

HOWELAND, 6, parvis Saint-Firmin, à Montreuil (Pas-de-Calais).

HUBERT (Mlle), 10, rue de la Croix-de-Bourgogne, à Nancy (Meurthe-et-Moselle).

HUET (Mlle Marie), château de la Verdière, Solesmes, par Sablé-sur-Sarthe (Sarthe). **A. F**

HUGUES (Mme Lucile), O. A ✪, à Dammarie-les-Lys (Seine-et-Marne). **A F.**

HUMBERT-VIGNOT- (Mlle Léonie), 30, cours Vitton, à Lyon (Rhône). M. H. 1908. **A F.**

HUMBLOT (J.-Emile), rue de la Grève, à Joinville (Haute-Marne). **A. F**

HUTIN (A.), 55, rue Thillois, à Reims (Marne)

HUVEY (J.), 113, boul. de la Croix-Rousse, à Lyon (Rhône).

I

IMBERT, rue Vaysetto, à Nîmes (Gard).

INGELRANS (Paul-Léon), 48, rue Thiers, à Rochefort-sur-Mer (Charente-Inférieure). **A. F.**

ISENBART (Emile), ✳, à Besançon-Beauregard (Doubs). M. H. 1885, méd. 3ᵉ cl. 1888, méd. br. 1889, méd. 2ᵉ cl. 1891, méd. br. 1900. H. C. **A. F.**

IZART (Mlle Marie-Antoinette), 19, rue de l'Isly, à Roubaix (Nord). Méd. Lille, Reims, Nantes **A. F.**

J

JACQUEMIN, 1, rue des Filles-Dieu, à Reims (Marne).

JACQUET (F.), 10, rue de la Charité, à Lyon (Rhône).

JACQUET (Henry), O. I. ✪, *prof. diplômé du Gouvernement pour l'Enseignement du dessin,* 48, rue de Gand, à Tourcoing (Nord). M. H 1894, méd. 3ᵉ cl. 1906. **A. F.**

JACQUET (Mlle), rue Arsène-Orillard, à Poitiers (Vienne).

JACQUIER (Marcel), 30, av. de Launay, à Nantes (Loire-Inférieure).

JAFFEUX (Jean-Bapt.), 30, av. Carnot, à Clermont-Ferrand (Puy-de-Dôme).

JALABERT (Adrien), 5, rue Saint-Charles, à Toulouse (Haute-Garonne).

JALLAT, rue Saint-Allyre, à Clermont-Ferrand (Puy-de-Dôme).

JAMMES, 44, av. Camille-Pujol, à Toulouse (Haute-Garonne).

JAMOIS (Edmond), 181 *bis*, rue de Solférino, à Lille (Nord). Méd. 3ᵉ cl. 1907. **A. F.**

JANCE (Mme), 28, rue d'Enghien, à Lyon (Rhône).

JANNOT-PINET (Mme Marie), 39, rue de Condé, à Lyon (Rhône). 3ᵉ méd Lyon, 2ᵉ méd. Toulon.

JAQUOT (Mlle), 44, rue Saint-Romain, à Rouen (Seine-Inférieure).

JARNACH, 2, rue Valperga, à Nice (Alpes-Maritimes).

JAZET (L.-P.), O. A. ✪, 70, rue Georges-Cuvier, à Fécamp (Seine-Inférieure). **A. F.**

JEAN DE MERTENS (Mme Fernande), 78, rue Saint-Jacques, à Marseille (Bouches-du-Rhône). **A. F.**

JEANNOT (Joseph-Clément), à Marlotte (Seine-et-Marne). M. H. 1905. **A. F.**

JETOT (Mlle), 5, rue Octavio-Mey, à Lyon (Rhône).

JEUDY (Henri), 8, rue de Rennes, à Nantes (Loire-Inférieure)

JOETS (Jules), 97, rue de Dunkerque, à Saint-Omer (Pas-de-Calais).

JOGNARELLI, 52, rue Saint-Remésy, à Toulouse (Haute-Garonne).

JONCKHEERE (Robert de), 70, route de Béthune, à Loos (Nord).

JOURDAN, route de Ceyzériat, à Bourg (Ain). M. H. 1907. **A. F.**

JOUVE (Mlle), 4, rue Fantin-Latour, à Grenoble (Isère).

JUBIEN, 11, rue Adélaïde-Perrin, à Lyon (Rhône).

JULIEN ROUSSET, 1, marché des Capucines, à Marseille (Bouches-du-Rhône).

JUNG (Charles-Frédéric), O. A ◊, *M du Comité Soc. Lyonnaise des Beaux-Arts*, 44, rue Sala, à Lyon (Rhône). H. C. Lyon, M. du Jury, méd. 1re cl. A. F.

JUSTE (René), à Marlotte (Seine-et-Marne). A F.

K

KAISER, 33, rue du Champ-de-Foire, Le Havre (Seine-Inférieure).

KASLIN, 1, rue Emile-Augier, à Grenoble (Isère).

KARCHER, 13, rue Vauzelles, à Lyon (Rhône).

KETELS (P.), 241, rue Pierre-de-Roubaix, à Roubaix (Nord).

KLEIN (Abbé Jules-Auguste), *prof. et directeur de la Jeunesse ouvrière de Dijon*, 29, rue J.-B Baudin, Dijon Méd. br. Dijon 1900, méd. arg. Paris 1904 (Exp. du travail), méd. verm. Exp. Paris-Province 1904, M. H. Langres 1909.

KLUMPKE (Mlle Anna), 12, rue Rosa-Bonheur, à By-Thomery (Seine-et-Marne). M. H. 1885, méd br. 1889.

KOROCHANSKY (Michel), à Montigny-sur-Loing (Seine-et-Marne).

L

LABARRIÈRE (Mlle Jane), 29, rue de la Teste, à Bordeaux (Gironde).

LABBE (H), 181 *bis*, rue de Solférino, à Lille (Nord). A F.

LABEILLE (Mlle de), 16 *bis*, rue du Juge-de-Paix, à Lyon (Rhône).

LABITTE (Eugène-Léon), à Concarneau (Finistère) M. H. 1908. A F.

LABORDE (Eugène-Léon), à Concarneau (Finistère).

LA BOULAYE (Paul de), à Moulins. Méd. 3e cl. 1879, méd. br. 1889 H. C. A. F.

LABOUREUR (J.-E.), 9 *bis*, boul. Saint-Aignan, à Nantes (Loire-Inférieure)

LACAILLE, 32, rue Servient, à Lyon (Rhône).

LACOSTE (Mlle Anita), 4, rue d'Aubuisson, à Toulouse (Haute-Garonne).

LACOSTE (Mlle), 87, rue Pargaminières, à Toulouse (Haute-Garonne).

LACOUR, 7, rue Royale, à Lyon (Rhône).

LACOUR (Mlle Madeleine), 21, rue Saint-André, à Reims (Marne).

LADISLAS DE DINKOWSKY, à Craon (Mayenne).

LAFAY (Octave), à Roanne (Loire).

LAGET (Mme), 3, rue Traversière-Saint-Aubin, à Toulouse (Haute-Garonne).

LAGROST (Mlle Marguerite), 7, rue du Paumier, à Epernay (Marne). A. F.

LAIGNEAU (Guy-Henri), 63, rue de la Garenne, à Rambouillet (Seine-et-Oise).

LALOBBE (Alexandre de), ✻, 16, rue du Lycée, à Laval (Sarthe). A. F.

LALOUE (Galien), rue Marguerite, à Fontainebleau (Seine-et-Marne).

LALOUETTE, rue Augustin-Normand, Le Havre (Seine-Inférieure).

LAMERAND (E.), 142, rue Van-Grutten, à Calais (Pas-de-Calais).

LAMETZ (Mme), 11 *bis*, rue des Jardins, à Cannes (Alpes-Maritimes).

LAMPE (J.), 5, rue Vauban, à Lille (Nord).

LAMY (Joseph), 65, Allées des Capucines, à Marseille (Bouches-du-Rhône).

LANCHARD, 6, imp. Bréa, Le Havre (Seine-Inférieure).

LANDELLE (Ch.), route de Sospel, à Menton (Alpes-Maritimes).

LANDERSET (Marie-Alfred), Les Tilleuls-Monclar, à Avignon (Vaucluse).

LANES, 24, rue Gravelotte, à Toulouse (Haute-Garonne).

LANET (Julien), 37, rue Molé, à Troyes (Aube). M. H. 1900. A. F.

LANG, rue Sainte-Barbe, à Dinan (Côtes-du-Nord).

LANGLAIS-CLOEZ (Mme Marie), 29, rue Gauthier-de-Rumilly, à Amiens (Somme). A. F.

LARCHER, 34, rue Stanislas, à Nancy (Meurthe-et-Moselle. Méd. 3e cl. 1880.

LARDENOIS (Mme Mary, baronne), château de Saint-Martin, par Verfeil (Haute-Garonne). A F.

LARÉE (Gustave), 71, rue Lecocq, à Bordeaux (Gironde). M. H. 1908.

LA ROCCA (Alfred de) O A ◊, 50, rue Naujac, à Bordeaux (Gironde). A. F.

LARRIEU (Théo-A), 5, rue d'Anvers, à Marseille (Bouches-du-Rhône)

LARTEAU (A), 9, rue Joli-Cœur, à Nancy (Meurthe-et-Moselle) Méd. 3e cl. 1902, méd. 2e cl. 1905. H. C A F.

LASCARIDÈS-VIALET (Mlle), 7, rue Vernier, à Nice (Alpes-Maritimes).

LASSAVE (Mlle Camille), *prof. de peinture des Cours communaux de la ville*, 31, rue de la Darse, à Marseille (Bouches-du-Rhône).

LATASSE (A.), 19, rue Sigisbert-Adam, à Nancy (Meurthe-et-Moselle)

LATIL (Mlle), 10, rue Franklin, à Lyon (Rhône).

LATUS, vieux chem. de Lasbordes, à Toulouse (Haute-Garonne).

LAUBIÈS-JAMBON (Mme), 11, cours Berriat, à Grenoble (Isère)

LAUNAY (Gustave de), 11 *bis*, rue Cambronne, à Nantes (Loire-Inférieure). A. F.

LAURENT (Elie), O A ◊, *prof. d l'Ecole nationale des Beaux-Arts de Lyon*, 2, av de Noailles, à Lyon (Rhône). A F

LAURIOL (Mlle Marthe), 15, rue des Bons-Enfants, à Marseille (Bouches-du-Rhône).

LAUTAL (Fernand), 103, rue Consolat, à Marseille (Bouches-du-Rhône).

LAVAGNE, rue Aiguillerie, à Montpellier (Hérault).

LAVEZZARI (Jean-Marcel), à Berck-Plage (Pas-de-Calais). **A. F.**

LA VILLETTE (Mme Elodie). O. I. ❍, à Renaron-en-Saint-Pierre-Quiberon (Morbihan). Méd. 3ᵉ cl. 1875, 3ᵉ cl. 1889. H. C. **A F.**, **F. P.** et **S.**

LAVIROTTE, 19, chem. de Montauban, à Lyon (Rhône).

LAYRAUD (Joseph-Fortuné), O ✳, à Valenciennes (Académie des Beaux-Arts) (Nord). Prix de Rome 1863, méd. 2ᵉ cl. 1872, méd. br. 1889, méd. br. 1900. H. C. **A. F.**

LE BEUFFE (Jean-P.), rue de Claye, à Lagny-sur-Marne (Seine-et-Marne). **A. F.**

LE BIENVENU-DUTOURP (Mlle Valentine), rue de l'Eglise-Saint-Julien, à Caen (Calvados). **A. F.**

LE BLANT (Julien), ✳, à Rholan, par Beaulieu (Corrèze). Méd. 3ᵉ cl. 1878, méd. 2ᵉ cl. 1880, méd. or 1889 H. C. **A. F.**

LEBOUCHER (Eugène-Edouard), 42, rue du Bel-Air, à Angers (Maine-et-Loire).

LEBRUN (P.), 10, rue Négrier, à Lille (Nord).

LEBRUN (Mlle), 4, rue des Minimes, Le Mans (Sarthe).

LEBUHOTEL, 20, rue Saint-Quentin, au Havre (Seine-Inférieure).

LECLERCQ (Louis-Antoine), à Equihen, par Boulogne-sur-Mer (Pas-de-Calais). M. H. 1899, méd. br. 1900, méd. 3ᵉ cl. 1904. Prix Marie Bashkirtseff 1904.

LECOUFLEY (Mlle Zélie), 21, rue Gibert, à Cherbourg (Manche).

LECOURT (Raymond), à Fontaine-la-Mallet, par Montivilliers (Seine-Inférieure).

LE CYRE (Mlle Caroline), 10, rue Florac, à Marseille (Bouches-du-Rhône). **A. F.**

LEDOUX (Mme), 23, pl. Bellecour, à Lyon (Rhône).

LEDOUX, 11, rue Lakanal, à Grenoble (Isère).

LEDUC (Ch.), 30, rue de la Fosse, à Nantes (Loire-Inférieure).

LEDUN-JACQMARCQ (Mme P.), 91, rue Boucher-de-Perthes, à Lille (Nord).

LEENHARDT (Max), O. I. ❍, *vice-président de la Soc. artistique de l'Hérault*, 5, pl. de l'Observatoire, à Montpellier (Hérault). M. H. 1882, méd. 3ᵉ cl. 1884, méd. br. 1889 H C. **A. F.**

LE FEBVRE (Georges-Jules), au Bas-Hamel, Athis-de-l'Orne (Orne). M. H. 1902, méd. 3ᵉ cl. 1903. **A. F.**

LEFÈBVRE (Georges-E.), 16, rue Charles-Dubois, à Amiens (Somme). M. H. 1902, méd. 3ᵉ cl. 1903. **A. F.**

LEFEBVRE (P.), 209, boul. de la Liberté, à Lille (Nord). **A. F.**

LE FEUVRE, 1, rue Jacob, au Mans (Sarthe). **A. F.**

LEFEVRE (H), 3, rue Gloriette, à Amiens (Somme).

LEFORT (E.), 47-47 *bis*, rue des Capucins, à Amiens (Somme)

LEFORT-MAGNIEZ (Edouard-Auguste), 47, rue des Capucins, à Amiens (Somme). M. H. 1904, méd. 3ᵉ cl. 1907. **A. F.**

LÉGERON, 25, rue Ernemont, à Rouen (Seine-Inférieure).

LEGRAND (H.), 34, rue du Curé-Saint-Sauveur, à Lille (Nord).

LEGRIZ (C.), 77, rue de la Monnaie, à Lille (Nord).

LE GUISQUET (Louis-Stanislas), 34, rue de Douarnenez, à Quimper (Finistère).

LEHNHERR (Mlles), 11, rue Henri-IV, à Lyon (Rhône).

LEJEUNE, 12, rue Sergent-Blandan, à Nancy (Meurthe-et-Moselle). Méd. 3ᵉ cl. 1903. **A. F.**

LELUC (Mlle Juliette), à Brie-Comte-Robert (Seine-et-Marne).

LE MARCHAND (Gustave), 118, rue d'Etretat, Le Havre (Seine-Inférieure).

LE MASSON, rue du Palais, à Cette (Hérault).

LEMATTE (Fernand), à Toisley (Eure), par Saint-Rémy-sur-Avre (Eure-et-Loir). Prix de Rome 1870, méd. 3ᵉ cl. 1873, méd. 1ʳᵉ cl. 1876, méd. br. 1889. H. C. **A. F.**

LEPARMENTIER (Mlle), 19, pl. des Arts, à Tours (Indre-et-Loire).

LEPRAT (Pierre), av. Jules-Ferry, à Montluçon (Allier). **A. F.**

LEQUIEN (U.), 26, boul. du Cange, à Amiens (Somme).

LERICHE, 16, rue Saint-Etienne, à Nice (Alpes-Maritimes).

LEROUX (André-Paul), 45, rue Alexandre-Legros, à Fécamp (Seine-Inférieure). **A. F.**

LE ROYER (Léon), 14, rue Saint-Faron, à Meaux (Seine-et-Marne). **A F.**

LESAGE (Pierre-Alexis), 1, rue Lamoricière, à Nantes (Loire-Inférieure).

LESPINASSE, 1, rue du Jardin-des-Plantes, à Lyon (Rhône).

LESSIEUX (Louis-Ernest), 88, rue des Partouneaux, à Menton (Alpes-Maritimes). **A. F.**

LÉTRILLARD (Gustave), 1 *bis*, rue Saint-Dizier, à Nancy (Meurthe-et-Moselle).

LEVASSEUR, 11, rue Etienne-Marcel, à Grenoble (Isère).

LEVAVASSEUR (Cyprien-Louis), 8, place Carnot, à Avranches (Manche). **A. F.**

LÉVÊQUE, av. Californie, M. Gerbin, à Nice (Alpes-Maritimes).

LEVIGNE (Théodore), 31, quai Saint-Vincent, à Lyon (Rhône).

LEVREAU (Georges), 21, rue Félibien, à Nantes (Loire-Inférieure). **A. F.**

LÉVY (Mme), 2, rue des Goncourt, à Nancy (Meurthe-et-Moselle).

LÉVY-LAMBERT (Mme T.), 47, Chaussée Marcadet, à Abbeville (Somme). **A. F.**

LHOMME (V.), 13, rue Fabricy, à Lille (Nord). M. H. 1897

LIAUTARD (Mme), 8, rue Thiers, à Grenoble (Isère).

LINEAU, 64, quai de Tounis, à Toulouse (Haute-Garonne).

LINGUET (Henri), à La Ferté-sous-Jouarre (Seine-et-Marne). M. H. 1901. **A. F.**

LIOZU, *conservateur du Musée d'Albi*, à Albi (Tarn)

LIPPÉ (Casimir, dit Paul), 3 *bis*, pl. Dupuis, à Dijon (Côte-d'Or).

LIVACHE (Victor), 45, q. de Ligny, à Angers (Maine-et-Loire).

LOBRICHON (Timoléon), ✳, 1, rue Solférino, à Elbeuf (Seine-Inférieure). Méd. 1868, méd. 2ᵉ cl. 1882. H. C. A F.

LOMBARD (Louis), à Barbizon (Seine-et-Marne). A. F.

LOMBARD (Max.), 2, rue Mont-Sainte-Marie, à Besançon (Doubs). A. F.

LOMBARD (N.-J.-Edmond), O. I. ✿, boul. Godefroy-de-Bouillon prolongé, à Nancy (Meurthe-et-Moselle).

LOPPÉ (G.), à Chamonix (Haute-Savoie).

LORGEOUX (Georges), 2, rue Villeroy, à Lyon (Rhône). A. F.

LOROIS (M), *président de la Société des Artistes Bretons*, 7, av. Camus, à Nantes (Loire-Inférieure).

LOTTHÉ (R.), 33, rue Motte, à Tourcoing (Nord).

LOUBAT (Henri-Jean), 34, rue des Paradoux, à Toulouse (Haute-Garonne). M. H 1896. A. F.

LOUIS-GAUTIER (François-Léon), O. I. ✿, *fondateur et Président de la Société des Amis des Arts de Provence*, villa Acantha, 9, cours de l'Hôpital, Aix-en-Provence (Bouches-du-Rhône). G. méd. d'honn.

LOUVET (H.-V -Camille), villa le Vauxrêtre, à la Poissonnière (Maine-et-Loire). A. F.

LOUYOT, 13, rue de Metz, à Nancy (Meurthe-et-Moselle)

LUBIN (Désiré), Le Cas-Rouge, à Neuville-aux-Bois (Loiret). M. H. 1882. A. F.

LUMIÈRE (Antoine), O. ✳, rue Saint-Victor, à Lyon (Rhône). A. F.

LUNEAU, chem. de la Violette, à Avignon (Vaucluse).

LUNGHI, 13, rue Masséna, à Nice (Alpes-Maritimes)

LUPIAC (André-Pierre), 34, rue Pargamminières, à Toulouse (Haute-Garonne).

LUTSCHNER (F.), 19, rue de la Blancheraie, à Angers (Maine-et-Loire).

M

MABE DEVENDER, 13, rue du Château, à Dunkerque (Nord).

MACARIO, 18, rue de Russie, à Nice (Alpes-Maritimes).

MADER (L.), 31, rue Saint-Acheul, à Amiens (Somme).

MADINIER (André), av. de Noailles, à Lyon (Rhône). A. F.

MAGLIONE (André), 4, rue Glandevès, à Marseille (Bouches-du-Rhône).

MAHUDEZ (Jeanne) (Mme **JACOUTOT**), O I. ✿, *ancien professeur de dessin dans les Lycées de jeunes filles*, 7, pl. Danton, à Arcis-sur-Aube (Aube); 32, rue Balzac, à Villeneuve-Saint-Georges (Seine-et-Oise); 138, rue Oberkampf, à Paris (chez MM. Valtin et Bernard) A. F.

MAILLARD (Émile), 25, rue Voiture, à Amiens (Somme). M. H. 1888-1889, méd. 3ᵉ cl. 1893. A. F.

MAILLET-VALSER (Constant-Auguste), ✳, à Reims (Marne). A. F.

MAINA (A), 35, rue Reinard, à Marseille (Bouches-du-Rhône).

MAIRE, 9, rue Fénelon, à Lyon (Rhône).

MAISTRE (Louis-Marius), 21, rue Sylvabelle, à Marseille (Bouches-du-Rhône). M H. 1886.

MAISTRE (Mme Hélène), 21, rue Sylvabelle, à Marseille (Bouches-du-Rhône).

MAJORELLE, 2, rue du Vieil-Aître, à Nancy (Meurthe-et-Moselle). S. AU.

MALARDOT (Jules), 10, rue Manuel, à Marseille (Bouches-du-Rhône).

MALFILATRE (Mme Lucie), à Kéréliza, près Morlaix (Finistère). M. H. 1909. A. F.

MALPEL (B.), 19, rue de Rémusat, à Toulouse (Haute-Garonne).

MALZAC (François), 32, rue Jean-Burguet, à Bordeaux (Gironde).

MANCEAUX (Antoine-Louis), O. A. ✿, 2, rue Achille-Sirouy, à Beauvais (Oise). M. H. 1905. A. F.

MANES (Louis), château d'Availles-Limousines (Vienne). A F.

MANGIER, 12, chem. des Tournelles, à Lyon (Rhône).

MANRY, 31, rue Sainte-Hélène, à Lyon (Rhône).

MARAIS (Adolphe), ✳, La Jehannerie, par Honfleur (Calvados). Méd. 3ᵉ cl. 1880, méd. 2ᵉ cl. 1883, méd. br 1889, méd. arg. 1900. H. C. A F.

MARANGE (Mlle de), 284, rue des Bègles, à Bordeaux (Gironde).

MARC (Mme), 97, boul. Beauvoisine, à Rouen (Seine-Inférieure).

MARCHAL (Henri), 29, rue Pichon, à Nancy (Meurthe-et-Moselle). Méd. 3ᵉ cl. 1906. A. F.

MARCOTORCHINO, chem. du Mont-Alban, villa Esperanza, à Nice (Alpes-Maritimes).

MARÈS (Henri), 37, chem de Tourny, à Bordeaux (Gironde).

MARINIER (Alfred), 10, rue du Calvaire, à Nantes (Loire-Inférieure).

MARION (Mlle Marie), 26, rue de Payens, à Saumur (Maine-et-Loire). A. F.

MARIONNEL (J.-B.-Aramis), à Acquigny (Eure). A F

MARIS (Emm.), 15, rue Duguay-Trouin, à Nantes (Loire-Inférieure).

MARIS (Henri-Pierre), 63, rue du Lycée, à Évreux (Eure).

MARONIEZ (Georges-Philibert-Charles), 36, boul. Faidherbe, à Cambrai (Nord). M H. 1891, méd. 3ᵉ cl. 1905, méd. 2ᵉ cl 1906. H. C. A. F.

MARQUARD, 55, rue de Paradis, à Marseille (Bouches-du-Rhône)

MARQUÉRY, 19, pass. Luce, Le Havre (Seine-Inférieure).

MARQUETTE (Mlle), 8, cours Tourny, à Bordeaux (Gironde).

MARSAL (Édouard-Antoine), O. A ❋, *ancien professeur à l'Ecole des Beaux-Arts et au Lycée de Montpellier*, 18, rue Terral, à Montpellier (Hérault). H. C. en province.

MARTIN, 31, rue du Mont-Joli, Le Havre (Seine-Inférieure).

MARTIN (Auguste), 3, boul de la Fédération, à Marseille (Bouches-du-Rhône).

MARTIN (B.), 8, rue du Mouton, à Toulouse (Haute-Garonne).

MARTIN (Étienne), *président de la Commission du Musée de Digne Membre de l'Académie de Marseille*, 14, rue Montaux, à Marseille (Bouches-du-Rhône). M. H. 1885. Méd. arg. 1889. H. C A. F.

MARTIN (J.), 52, chem. Baraban, à Lyon (Rhône). S. AU.

MARTIN (Mlle Rose), 192, boul. Chave, à Marseille (Bouches-du-Rhône).

MARTIN DES AMOIGNES (Paul-Louis), 11, rue Creuse, à Nevers (Nièvre)

MARTIN-CHAMBON, 8, cours de la Liberté, à Lyon (Rhône).

MARTY, 9 *ter*, rue des Lois, à Toulouse (Haute-Garonne).

MARTY (L.-E), O A ❋, ✠, *professeur à l'Ecole des Beaux-Arts, à Nîmes*, 30, rue Pasteur, à Nîmes (Gard).

MARX, à Neuilly-sur-l'Eure (Eure).

MARX-ELLUIN (Mme M), rue de la Briolerie, à Abbeville (Somme). A. F.

MASCARELLY (C.), 7, rue Papacino, à Nice (Alpes-Maritimes).

MASSA (J.-B.), 7, rue Saint-Philippe, à Nice (Alpes-Maritimes).

MASSARD (Charles), 16, pl. Ney, à Angers (Maine-et-Loire).

MASSET, 21, Montée Saint-Sébastien, à Lyon (Rhône).

MASSIP, 67, rue Chevalier, à Bordeaux (Gironde).

MATHIEU, 30 *bis*, pl. Bellecour, à Lyon (Rhône).

MATHIS-VISSUZAINE (Mme Maria), av. de la Gare, à Vailly-sur-Aisne (Aisne). A. F.

MAUBREY (Mlle), 9, boul Rombaldi, à Nice (Alpes-Maritimes).

MAURE (B.), 2, quai du Canal, à Marseille (Bouches-du-Rhône).

MAURETTE, 6, rue Biscarra, à Nice (Alpes-Maritimes).

MAURY (F.), 15, rue de la République, à Marseille (Bouches-du-Rhône).

MAYAN (Théo-Henri), O. I ❋, villa Marcel, route du Pontet, à Avignon (Vaucluse). M. H. 1894. Méd. 3e cl. 1899. A. F.

MAYER (Joseph), 85, rue Saint-Gabriel, à Lille (Nord).

MAYET (Léon), à Châtillon-Coligny (Loiret). M. H. 1884. A. F.

MAZUYET, 12, cours Morand, à Lyon (Rhône).

MÉDARD (J), 70, rue de la Charité, à Lyon (Rhône).

MEIN, 26, quai de la Rive-Neuve, à Marseille (Bouches-du-Rhône). A. F.

MEISSONIER (Joseph), à Montfavet (Vaucluse).

MEIXMORON DE DOMBASLE (Ch. de), ❋, 19 rue de Strasbourg, à Nancy (Meurthe-et-Moselle). Tél. 343. M. H. 1900 S. N.

MELDRUM (Max), château du Pacé, à Rennes (Ille-et-Vilaine).

MELON (Mlle), 2, av. Doyenné, à Lyon (Rhône).

MEMBRÉ, à Valenciennes (Nord).

MÉNARD (Victor) 77, rue Saint-Clément, à Nantes (Loire-Inférieure).

MENDES (E), 2, pl. des Augustins, à Bordeaux (Gironde).

MÉNICANTI, 10, imp. Bellœuf, à Lyon (Rhône).

MÉRARD (Mlle), 7, pl. de la Charité, à Lyon (Rhône).

MÉRAY (Hugues), 30, quai Michelet, à Chalon-sur-Saône, et Gergy (Saône-et-Loire)

MERCIER, 26, rue des Flesselles, à Lyon (Rhône).

MÉRODACK-JEANNEAU, 26, rue de la Chalouère, à Angers (Maine-et-Loire).

MÉSANGE (Mlle Charlotte), av. du Lys, à Dammarie-les-Lys (Seine-et-Marne). A. F.

MESLÉ (Joseph-Paul), à Chamigny, par la Ferté-sous-Jouarre (Seine-et-Marne) M H. 1884, méd. 3e cl 1886, méd br. 1889, méd. arg. 1900. H. C. A. F, S N.

MESNY (Mme Irma), château de Saint-Malo, à Ploërmel (Morbihan). A. F.

MESSAGER (Adolphe), 8, rue de Nantes, à Laval (Sarthe). A. F.

MEYNIER (Jules), à Tannay (Nièvre). Méd. 1867, méd. 2e cl. 1877 H. C A F.

MEYSONNIER, à Montfavet (Vaucluse).

MICHEL (H.), 41, rue de Paradis, à Marseille (Bouches-du-Rhône).

MICHON, à Anet (Eure-et-Loir).

MIDARD-HÉNOS (Mme), 1, rue des Postes, à Lille (Nord).

MILLET (François), à Barbizon (Seine-et-Marne). A. F.

MILLION, 26, cours Hertouville, à Lyon (Rhône).

MILLIOUD (Mlle), 3-5, rue Louis-Vitet, à Lyon (Rhône).

MILLOT, 3, av. Isabey, à Nancy (Meurthe-et-Moselle).

MILLOT (Mlle Lucy), rue Sadi-Carnot, à Cambrai (Nord). A. F.

MINET (Émile-Louis), 1, rue de la Bibliothèque, à Rouen (Seine-Inférieure). M. H. 1882.

MISCHKIN (Al.), 25, rue Inkermann, à Roubaix (Nord).

MITIFFIOT DE BÉLAIR, 9, rue Adélaïde-Perrin, à Lyon (Rhône).

MITTON (Mlle), 12, rue de la République, à Lyon (Rhône).

MOIROD (François), à Cousance (Jura).

MOISELET, 6, rue Fournet, à Lyon (Rhône).

MOLIÈRE (G.), 27, rue Valmy, à Lille (Nord).

MONGET, rue du Château-du-Mont, à Langres (Haute-Marne).

MONNERAYE (Mlle de la), à Saint-Clément-de-la-Place (Maine-et-Loire).

MONTAGNÉ (Louis), O A. ❋, 7, pl. Saint-Pierre, à Avignon (Vaucluse), et 3, rue d'Abbeville, Paris. M. H. 1905. Méd. 3e cl. 1906. H. C. A. F.

MONTAGNON (Paul), 14, rue Laurencin, à Lyon (Rhône).

MONTEIL (R. de), 44, rue Esperandieu, à Marseille (Bouches-du-Rhône).

MONZIÈS, 18, rue Sainte-Croix, Le Mans (Sarthe).

MORACHE-BREUILH (Mme), 17, rue de Chabannes, à Toulon (Var). **A. F.**

MOREAU (Frédéric), 8, pl. du Vieux-Marché, à Bordeaux (Gironde). *Société de l'Atelier Bordeaux.* **A. F.**

MOREAU-DESCHANVRES (Auguste), rue Hamoir, St-Saulves-les-Valenciennes (Nord). **A. F.**

MOREL (Mlle Charlotte), 77, rue Saint-Clément, à Nantes (Loire-Inférieure).

MOREL (Charles), 9, rue Vauban, à Lyon (Rhône).

MOREL (G.), 55, rue Jeanne-d'Arc, à Rouen (Seine-Inférieure).

MOREL (Mlle H.), 12, Montée-de-la-Boucle, à Lyon (Rhône)

MORICEAU, 28 *bis*, rue Traversière-Magenta, à Laval (Mayenne).

MORIN (Mme Gabrielle), O. I. ☿, 68, boul. Victor-Hugo, à Eu (Seine-Inférieure). H. C. Rouen et Amiens. **A. F.**

MORIN (Mlle Thérèse), 77, rue Desjardins, Angers (Maine-et-Loire)

MORISOT, 59, av. Félix-Faure, à Lyon (Rhône).

MORLET (Étienne), 95, rue Garibaldi, à Lyon (Rhône). Méd vermeil, Lyon 1904.

MOSSA (A), 18, rue Lépante, à Nice (Alpes-Maritimes)

MOTTEZ (Henri), 41, av. de la Gare, à Nice (Alpes-Maritimes) Méd 3e cl. 1892. M. H. 1900. **A. F**

MOUCHEL (Mlle M.-Berthe), 4, rue Thiers, à Elbeuf (Seine-Inférieure). M. H. 1899. **A. F.**

MOULIN, 93, rue Duguesclin, à Lyon (Rhône).

MOULIN, rue du Nord-du-Château-d'Eau, à Cette (Hérault).

MOUTON DE GUÉRIN (Mme Jeanne), O. I. ☿, 6, rue des Tonneliers, à Marseille (Bouches-du-Rhône). **A F.**

MOUTTE (Alphonse), ✳, École des Beaux-Arts, à Marseille (Bouches-du-Rhône). Méd 3e cl. 1881, méd 2e cl 1882, méd. arg 1889, méd br. 1900 H. C. **A F S N**

MULLER, rue Clos-Margot, Le Mans (Sarthe)

MUNCH (Mlle), 4, pl. Saint-Sernin, à Toulouse (Haute-Garonne).

MUSSOU, 5, rue du Champ-de-Foire, à Angoulême (Charente) M H, Méd. br, arg, verm, or Exp. internationales et nationales. **A. F** Spécialité de restauration de tableaux anciens.

MUTZNER (Samys), à Giverny, par Vernon (Eure).

N

NANTARD (Mlle), 4, rue de la Charité, à Lyon (Rhône).

NAMUR, 33, rue des Capucins, à Reims (Marne).

NARDI (François), 1 bis, quai du Parti, à Toulon (Var). Méd. 3e cl. 1890.

NECKEBAERT, 2, place du Théâtre, à Dunkerque (Nord).

NESME-NALLET (Mme), 32, rue Deschazelles, à Lyon (Rhône).

NEUVILLE (Mme Berthe de), à Combas, par Vicq (Haute-Vienne).

NICOLAS (Mlle), 54, av. de Noailles, à Lyon (Rhône).

NICOLAS (Mme V), 59, rue de la Comédie, à Lorient (Morbihan). **A F.**

NIER (Mlle Thérèse), 13, rue Turgot, à Nîmes (Gard)

NINGRES (Jean), 34, rue des Paradoux, à Toulouse (Haute-Garonne), et à Paris, 29, rue Delambre.

NOBILLET (Auguste-Michel), O I. ☿, 13, rue du Parc, à Rennes (Ille-et-Vilaine). M. H. 1888. Méd. 3e cl 1905. **A. F.**

NODE, 1, Plan-du-Palais, à Montpellier (Hérault).

NOEL (Georges), O. A. ☿, *ancien syndic de l'Association professionnelle des peintres et sculpteurs, ancien secrétaire des Artistes indépendants*, Les Tilleuls, av. des Tilleuls, à Commercy (Meuse). **A F.**

NOEL (Paul), à Bel-Air, près Charleville (Ardennes). **A F.**

NOIROT (Benoît-Émile), ✳, clos de l'Aubépin, à Roanne (Loire). M. H. 1889, méd. 3e cl. 1891, méd 2e cl. 1893, méd. br. 1900. H. C. **A. F.**

NOUQUÉ (Jean), 4, rue Reverseaux, à Rochefort-sur-Mer (Charente-Inférieure)

NOZAIS, rue Damrémont, à Nantes (Loire-Inférieure).

O

OFFAND (Dominique), 28, rue Thiers, à Marseille (Bouches-du-Rhône).

OGER (A), 29, rue Parmentier, à Roubaix (Nord).

OGER (Pierre), 13, rue du Château, à Nantes (Loire-Inférieure).

OGIER (J.), 1, rue des Quatre-Vents, à Lyon (Rhône).

OLIVE (Jules), 5, boul. de Longchamp, à Marseille (Bouches-du-Rhône).

OMNÈS, 37, rue de l'Hôpital, à Rouen (Seine-Inférieure)

ORLIAC (Maurice), 5. quai de l'Ile-Gloriette, à Nantes (Loire-Inférieure).

OSIC (L), 60, av. de Noailles, à Lyon (Rhône).

OURTAL (J.), rue des Arts, à Carcassonne (Aude).

OURY, 34, rue des Bas-Bourgs, Chartres (Eure-et-Loir).

P

PAING (Mlle Marguerite), château des Cognées, à Huçay-le-Mâle (Indre).

PALÉZIEUX (Edmond), à Equihen (Pas-de-Calais).

PALUN (Auguste), 13, rue Banasterie, à Avignon (Vaucluse). **A F.**

PAPILLON (Victor), 123, chem. Saint-Just, à Marseille (Bouches-du-Rhône).

PAPPAS (C.), rue Saint-Firmin, Montpellier (Hérault).

PAQUIER-SARRAZIN, 38, rue Victor-Hugo, à Lyon (Rhône).

PARISOT, boul. Thiers, à Chaumont (Haute-Marne).

PASSAU (Eugène), Moulin d'Arnaga, à Cambo (Basses-Pyrénées). M H. 1898 Méd. 3e cl. 1904. **A. F.**

PASQUET (Jean-Georges), O. I. ✪, *directeur de l'École municipale de dessin*, 30, boul. de Vésone, à Périgueux (Dordogne).

PASQUIER (N), 5, rue Valdec, à Bordeaux (Gironde).

PASSERARD (Mlle Marguerite), 12, rue Dupin, à Nevers (Nièvre).

PASTOUR (Louis), 9, rue Bossu, à Cannes (Alpes-Maritimes).

PATAY (Alex.), 7, rue Lorette-de-la-Refoulais, à Nantes (Loire-Inférieure).

PATISSIER (A.), 1, cours Gambetta, à Lyon (Rhône).

PATTE (Mlle Lucie), av. de la Marck, à Sedan (Ardennes). **A. F.**

PAUPION (Édouard), O. A. ✪, 80, rue Devosge, à Dijon (Côte-d'Or). Méd. 3e cl 1896. **A. F.**

PÉCHEUX (G.), 16, rue de l'Atlas, au Havre (Seine-Inférieure).

PÉGOT, 16, rue Saint-Antoine-du-T., à Toulouse (Haute-Garonne). **A F.**

PÉGOT-OGIER (Jean-B.), à Hennebont-Bellevue (Morbihan). **A. F.**

PÉGURIER (Auguste), 14, rue d'Amérique, à Nice (Alpes-Maritimes). **A. F.**

PELLEGRIN (Charles), 3, quai de la Rive-Neuve, à Marseille (Bouches-du-Rhône).

PELLET (Roch-Alphonse), *professeur de l'École des Beaux-Arts, des Cours communaux de l'École de commerce*, 10, rue de l'Académie, à Marseille (Bouches-du-Rhône).

PELLISSIER (Mlle Berthe-Clémence), 14, Grande-Rue, à Besançon (Doubs).

PENCHAUD (G.-Ch), O. I. ✪, 8, Cloître de la Cathédrale, à Orléans (Loiret). **A F.**

PENGUERN (Auguste de), à Kérizel-Quimperlé (Finistère). **A. F.**

PÊPE (Mlle Valentine), O A. ✪, à Wissant, par Marquise (Pas-de-Calais). M. H. 1900, méd. 3e cl. 1901. B. de V., méd. or Amiens, Fourmies. **A. F.**

PÉPIN (Albert), Conservateur du Palais de Pau (Basses-Pyrénées). **A. F.**

PÉRACCINI, rue Saint-Front, à Périgueux (Dordogne).

PÉROT (Alexandre), 34, av. du Bel-Air, à Malo-les-Bains (Nord).

PERRACHON (J.-H), 62, chem de Francheville, à Lyon (Rhône).

PERRET (Ch.), 5, rue Castries, à Lyon (Rhône).

PERRIER, 21, cours Gambetta, à Lyon (Rhône). **A. F.**

PERRIN (Émile), *artiste-peintre décorateur*, 14, rue Saint-Ouen, Le Mans (Sarthe).

PERRUCHOT (Georges), 4, rue Fénelon, à Nantes (Loire-Inférieure). *Atelier*, 10, rue d'Isaac.

PETIT DE MEURVILLE (Henri), Ciboure (Basses-Pyrénées).

PETREQUIN-DARD, 25, rue d'Enghien, à Lyon (Rhône).

PEYS (Aimé), 8, quai de la Rive-Neuve, à Marseille (Bouches-du-Rhône)

PFEIFFER, 58, rue Centrale, à Lyon (Rhône).

PHILIP, 14, rue Gadagne, à Lyon (Rhône).

PHILIPPE, 96, rue Malpalu, à Rouen (Seine-Inférieure).

PHILIPSEN, 14, rue Garibaldi, à Lyon (Rhône).

PHROD (Léo), à Pont-d'Avignon (Vaucluse).

PIBRAC (Raoul de), 8, rue Bouguières, à Toulouse (Haute-Garonne). M. H. 1884, méd. 3e cl 1894, méd. br. 1900, méd. 2e cl. 1901. H. C. **A. F.**

PICAT (R.-P.), 32, rue Méry, à Bordeaux (Gironde).

PICHAUD (Mlle Rose-Marie), 15, pl. Bernard, à Bourg (Ain).

PICOU (Eugène), 40, av. Camus, à Nantes (Loire-Inférieure).

PIGANEAU (E), 17, c. d'Albret, à Bordeaux (Gironde).

PIGUET, 6, rue du Périgord, à Toulouse (Haute-Garonne).

PILATE (René), 16, rue Nationale, à Lille (Nord).

PILATE (Mlle), 26, rue Négrier, à Lille (Nord).

PILLARD (Eugène), à Mâcon (Saône-et-Loire).

PILLOT (Lucien-Marie), *lauréat de l'Institut. Secrétaire de la Société franc-comtoise des Beaux-Arts*, 16, pl. de la Révolution, à Besançon (Doubs). Prix Brizard 1910.

PINEAU-CHAILLOU (Fernand-Louis), O. A ✪, *secrétaire-adjoint de la Société des Artistes Bretons*, 12, quai Ernest-Renaud, à Nantes (Loire-Inférieure).

PINEL, 13, rue du Bel-Air, à Chaumont (Haute-Marne).

PIOT (Louis), 25, quai de Cuire, à Caluire (Rhône).

PLACÉ, 22, rue du Lieutenant, à Laval (Mayenne).

POGGIOLI, 8, rue de Breteuil, à Marseille (Bouches-du-Rhône).

POIGNANT, 160, rue Voltaire, au Mans (Sarthe).

POITEVIN (Edm.), 15, rue d'Alsace-Lorraine, à Rouen (Seine-Inférieure).

POL, 4, rue de la Gerbe, à Lyon (Rhône).

POMMEY, 216, rue Moncey, à Lyon (Rhône).

PONCEAU (Jules-François), 4, rue Condillac, à Bordeaux (Gironde). **A. F.**

PONSON (Aimé), 11, boul. Maurel, à Marseille (Bouches-du-Rhône). M. H. 1903.

PONSON DU TERRAIL (Mme Marguerite), villa du Terrail, rue Bonnatoux, à Clermont-Ferrand (Puy-de-Dôme). **A. F.**

PORTES (P.), 22, Montée-des-Carmélites, à Lyon (Rhône).

PORTAL (Aîné), Grande-Rue, à Cette (Hérault)

POTIER (Ch.), 64, rue Thiers, Le Havre (Seine-Inférieure).

POULET-DENOYELLE, 109, rue Gambetta, à Calais (Pas-de-Calais).

POURCHET (Fils), 8, rue du Chariot-d'Or, à Lyon (Rhône).

PRADEAUX (Jacques-Henri), 1, pl. de l'Hôtel-de-Ville, à Limoges (Haute-Vienne).

PRADELLES (H.), 5, rue de Saget, à Bordeaux (Gironde).

PRÉVEL D'ARLAY, 15, rue Vauban, à Lyon (Rhône).

PRIVAT (A.), *professeur à l'Ecole des Beaux-Arts*, 6, rue Salles-l'Évêque, à Montpellier (Hérault). **A. F.**

PROUVÉ (Victor-Émile), ✳, 6, av. Garenne, à Nancy (Meurthe-et-Moselle). M. H 1885, méd 3ᵉ cl. 1886, Bourse de V. 1889, méd. br. 1889, méd. arg. 1900. H. C. **S. N.. S AU.**

PROUVOST (Mlle Camille), 10, rue d'Aniche, à Douai (Nord).

PROUVOST (E.), 89, rue Soubise, à Roubaix (Nord).

PRUGENT, rue Saint-Front, à Périgueux (Dordogne).

PUJOL (Paul), 24, allée Alphonse-Peyrat, à Toulouse (Haute-Garonne).

Q

QUILLIARD (J.-A.-Georges), Villars-en-Azois, par La Ferté-sur-Aube (Haute-Marne). **A. F.**

QUINSAC (Paul), ✳, 3, pl. de la Comédie, à Bordeaux (Gironde). M. H. 1884, méd. 3ᵉ cl. 1889, Bourse de V. 1889, méd br. 1889, M. H. 1900. H. C. **A. F**

R

RABIER (Narcisse), O I. ◗ *professeur de dessin et de peinture, Sᵗᵉ des Amis des Arts d'Orléans*, 10, quai des Augustins, à Orléans (Loiret). Méd Bourges 1879, Tours 1881, Orléans 1890, 1897, 1904, 1905, 1908. **A. F.**

RABOTTEAU (Valère), 80, rue Colbert, à Tours (Indre-et-Loire).

RACHOU, ✳, 3, chem. de Busca, à Toulouse (Haute-Garonne). **S. N**

RAILLON (A.), 72, boul. Jacquard, à Calais (Pas-de-Calais).

RAMEAUX (Jules), 3, pl. du Marché, à Aups (Var). **A. F.**

RANDIÈRE-LA-ROCHE (Camille) rue Desjardins, Angers (Maine-et-Loire).

RANDIN (P.), 5, pl. des Célestins, à Lyon (Rhône).

RAPHÉLIS-SOISSAN (Marquis de), rue du Jardin-des-Plantes, à Poitiers (Vienne).

RASPAIL, 11, rue Pierre-Corneille, à Lyon (Rhône).

RASTOUX (Jules-Gaspard), *peintre-décorateur d'église et de théâtre*, 12, rue de l'Écluse, à Nîmes (Gard). M. H. 1910, méd. or Province, Nîmes, H. C. **A F.**

RAYMOND (Casimir), O. I. ◗, 70, boul. Notre-Dame, à Marseille (Bouches-du-Rhône).

RÈME (J.), 6, rue de la Colombette, à Toulouse (Haute-Garonne).

RENARD (Mary), 74, rue de Bretagne, à Alençon (Orne). **A. F.**

RENARD, av. Mirabeau, villa les Pâquerettes, à Nice (Alpes-Maritimes).

RENAUD-MANEAU (Mme Vve), place Delille, à Cette (Hérault).

RENAULT, 13, rue d'Auxonne, à Nancy (Meurthe-et-Moselle).

REPELIN, 12, pl. de La Martinière, à Lyon (Rhône).

RETAILLEAU (Mlle Yvonne), boul. Blossac, à Châtellerault (Vienne). M. H. 1905.

REYNAUD, 100, rue Duguesclin, à Lyon (Rhône).

REYNAUD (J.), O I. ◗, 157, rue Chave, à Marseille (Bouches-du-Rhône). **A. F.**

REYRE (Mme Valentine), *peintre et lithographe*, 9, rue Sainte-Geneviève, Senlis (Oise). (V. *Graveurs*).

REUZ (Maurice), à la Croix-Rouge, à Grenoble (Isère).

RICHARD (Mme), 16, rue Porte-Neuve, à Nantes (Loire-Inférieure).

RICHARD (Mlle Hélène), 84, rue Saint-Thibault, à Dreux (Eure-et-Loir).

RICHARD (Mlle Marguerite), 29, quai des Fourneaux, au Mée, près Melun (Seine-et-Marne).

RICHARD (Victor), 10, rue Héronnière, à Nantes (Loire-Inférieure).

RICHARD-GALLOIS (Mme Marie), 12, rue Jean-Jacques, à Nantes (Loire-Inférieure). **A. F.**

RICHEBÉ (Horace), 26, quai de Rive-Neuve, à Marseille (Bouches-du-Rhône). M. H. 1907. **A F**

RIDET, 3, place Saint-Nizier, à Lyon (Rhône). **A. F.**

RIGHETTI (Léon), 2, rue Beyle-Stendhal, à Grenoble (Isère).

RION (Arthur), quart. Brancolar, à Nice (Alpes-Maritimes).

RIPAULT (Alex.), 3, rue de La Barre, à Tours (Indre-et-Loire).

RIPOCHE (Louis), 2, rue de l'Aiguillerie, à Angers (Maine-et-Loire).

RIQUET (Gustave), 57, rue des Cordeliers, à Amiens (Somme). **A. F.**

RIVES, O A. ◗, 7, rue de Lorraine, à Carcassonne (Aude). **A. F.**

ROBERT, 3, rue du Larcin, à Arras (Pas-de-Calais). M. H. 1909.

ROBILLARD (Marcel), à Ormes, par Ingré (Loiret). **A. F.**

ROBINET (Mlle Cécile), 30, rue des Ursulines, à Meaux (Seine-et-Marne).

ROBINET (Paul), rue des Commards, à Dôle (Jura). Méd. 1869. M. H. 1889. **A. F.**

ROBIQUET (A. fils), 32, rue de l'Alma, à Lille (Nord).

ROBLOT-LHOTE (Mme Henriette), 10, cours de Reffye, à Tarbes (Hautes-Pyrénées). **A F.**

ROCCA (Alfred de la), 50, rue Naujac, à Bordeaux (Gironde).

ROCHAT (Mme), 20, rue Montméjan-la-Bastide, à Bordeaux (Gironde).

ROCHAT (Stéphane), 34, rue de la Tête-d'Or, à Lyon (Rhône) M. H. Lyon 1910.

ROGER (Léon-Félix), 18, rue Ducouëdic, à Brest (Finistère).

ROGIER-ROBERT (Mme Marie-Céline), 6, rue Yvelin, à Vernon (Eure).

ROLLAND (François-Marie), 85, boul de Longchamp, à Marseille (Bouches-du-Rhône).

ROLLAND (Paul), 165, rue Consolat, à Marseille (Bouches-du-Rhône).

ROLLEZ (G -C.), 181 *bis*, rue de Solférino, à Lille (Nord).

ROMAN, 1, quai Saint-Clair, à Lyon (Rhône).

RONGIER (Mlle Jeanne), à Barbizon (Seine-et-Marne). M. H. 1884, méd. 3ᵉ cl. 1887. M. H. 1900. **A. F.**

RONINN (Albert), 48, rue Vacon, à Marseille (Bouches-du-Rhône).

RONSIN (Jules-Marie), 12, rue Redon, à Rennes (Ille-et-Vilaine). **A F.**

ROSE (Guy), à Giverny, par Vernon (Eure). M. H. 1894.

ROSENFELD (L.), 9, rue Jean-de-La-Fontaine, à Château-Thierry (Aisne).

ROSSI, 7, pl. Cassini, à Nice (Alpes-Maritimes).

ROSSI, 45, rue Saint-Rome, à Toulouse (Haute-Garonne).

ROTRU, boul. Gergovia, à Clermont-Ferrand (Puy-de-Dôme)

ROUBAUD (Félix-Louis), 6 *bis*, rue des Cadourques, à Cahors (Lot). **A. F.**

ROUCHON (Mlle Louise), 21, rue Fontgiève, à Clermont-Ferrand (Puy-de-Dôme).

ROUCOLE, 1, rue Saint-Rome, à Toulouse (Haute-Garonne).

ROUFFET (Jules), à Saint-Sulpice-les-Champs (Creuse). Méd. 3ᵉ cl. 1890, méd. 2ᵉ cl. 1894, méd. arg. 1900. H. C. **A. F.**

ROUFLAY (Mme Marthe), 4, av. Mirabeau, à Nice (Alpes-Maritimes). **A. F.**

ROUGET, 35, chem. Saint-Isidore, à Lyon (Rhône).

ROUGIER, 25, quai Jean-Jacques-Rousseau, à Lyon (Rhône).

ROUQUET (Auguste), 3, rue Victor-Hugo, à Carcassonne (Aude).

ROUQUET (Jane), 3, rue Victor-Hugo, à Carcassonne (Aude).

ROUSSAT (Alb.), 13, quai d'Orléans, Le Havre (Seine-Inférieure).

ROUSSEL (Charles), O A. ☷, à Berck-sur-Mer (Pas-de-Calais). **A. F.**

ROUSSELIN, 2, rue Dolomieu, à Grenoble (Isère).

ROUSTEAUX-DARBOUR (Mme Ernestine), O. A. ☷, 5, rue du Congrès, à Nice (Alpes-Maritimes) M.H. 1894. M H. 1900. Méd 3ᵉ cl. 1906. **A. F.**

ROUVEYRE-CARTHENNE (Mme L), Les Basses-Loges, à Avon (Seine-et-Marne). **A. F.**

ROUVIÈRE (Ch.), 25, rue Bât-d'Argent, à Lyon (Rhône).

ROUX (Aimé), 4, rue Dunoir, à Lyon (Rhône). Méd. 3ᵉ cl 1909 Lyon.

ROUX (de), 31, rue Dieudé, à Marseille (Bouches-du-Rhône).

ROVEL (Henri), à Saint-Dié (Vosges). M. H. 1893. **A. F.**

ROY (Donatien), 4, rue Fénelon, à Nantes (Loire-Inférieure).

ROYANNES (Mme), 66, av. de la Gare, à Nice (Alpes-Maritimes)

ROYER (Charles), O. I. ☷, rue Walferdin, à Langres (Haute-Marne). **A. F.**

ROZIER (Mlle M.), 7, quai Fulchiron, à Lyon (Rhône).

RUELLAN (Joseph), à Portrieux-Saint-Quay (Côtes-du-Nord). M. H. 1897. **A. F.**

RUFF-DURIVAULT (Mme Henriette), 15, rue du Tivoli, à Mont-Saint-Aignan (Seine-Inférieure). **A. F.**

RUFFINI, 22, rue des Consuls, à Reims (Marne). Méd. or Venise (Italie).

S

SABATIER (Charles), 129, rue Sainte, à Marseille (Bouches-du-Rhône).

SADLER (Mlle Fernande), O. A. ☷, à Grez-sur-Loing (Seine-et-Marne) **A F.**

SAINT-CYR GIRIER, 50, Grande-Rue-Saint-Clair, à Lyon (Rhône).

SAINT-GÉRAN (Adolphe de), villa Jouvencelle, boul Mont-Boron, à Nice (Alpes-Maritimes). **A. F.**

SAINT-JEAN, 42, rue de la Pomme, à Toulouse (Haute-Garonne).

SAINT-LANNE (Georges), *Membre fondateur de la Société des Artistes Girondins*, 390, boul. de Caudéran, à Bordeaux (Gironde).

SALIÈRES (Mme Marie), 8, rue Vainsot, à Bayonne (Basses-Pyrénées).

SALINELLES (Barthélémy de), villa Dante, 23, boul. Gambetta, à Nice (Alpes-Maritimes).

SALLE (V.), 181 *bis*, rue de Solférino, à Lille (Nord).

SALOMÉ (Mlle Jeanne), 10, rue Tour-Gambetta, à Louviers (Eure). **A. F.**

SALVAIN (Mlle), 3, square des Postes, à Grenoble (Isère).

SALVANIAC, 39, av. Alsace-Lorraine, à Grenoble (Isère).

SARABEN (J), 15, rue du Docteur-Gilbert, Le Havre (Seine-Inférieure).

SARPY, 3, rue du Puits-du-Temple, à Montpellier (Hérault).

SAUBIEZ-EULER (Mme Marie), 15, rue des Dalhias, à Lyon-Montplaisir (Rhône). **A F.**

SAULNIER, 23, rue Estelle, à Tours (Indre-et-Loire).

SAUVAIGE (Marcel-Louis), 51, boul. de la Liberté, à Lille (Nord). M. H. 1903. Méd. 3ᵉ cl. 1906. **A. F.**

SAUVAIRE, 38, rue Sébastopol, à Marseille (Bouches-du-Rhône).

SAUZAY (Adrien), ✳, ⽕, à Andé, par Saint-Pierre-du-Vauvray (Eure). Méd. 3ᵉ cl. 1881, méd. 2ᵉ cl. 1883, méd. br. 1889, méd. br. 1900. H. C. **A. F**

SAVALLE, 26, rue Collard, Le Havre (Seine-Inférieure).

SAVICKA (Mlle Lucy), 12, rue Leyde, à Toulouse (Haute-Garonne).

SAVIGNY FILS, 20, rue Royale, à Lyon (Rhône).

SCARGERIEAU, 14, rue Jussieu, à Rouen (Seine-Inférieure).

SCHAAN (Paul-Albert), 77, Grande-Rue, à Avon (Seine-et-Marne). M. H. 1892. **A. F.**

SCHIFF (Jean-Mathias), 26, rue de Thionville, à Nancy (Meurthe-et-Moselle). M. H. 1909 **A F.**

SCHLOMKA (Alfred), 66, route de la Hève, à Sainte-Adresse (Seine-Inférieure). M. H. 1886. Méd. arg. 1889. H. C.

SCHLUMPF (Émile-J.-C.), O. A. ⵔ, à Vouziers (Ardennes). **A. F.**

SCHMIDT (F.), 6, rue Charles-Quint, à Roubaix (Nord).

SCHULTZ, 4, rue de la Loge, à Lyon (Rhône).

SEIGNOL, 5, rue Servient, à Lyon (Rhône).

SEILHAN (Mme Andrée-Valentine), 1, rue du Couvent, à Bordeaux (Gironde).

SENTENAC (L.), 28, rue Benjamin-Constant, à Toulouse (Haute-Garonne).

SEREYS (Guy de), 17, cours Sablon, à Clermont-Ferrand (Puy-de-Dôme).

SERPANTIÉ (M.-Casimir), à Saint-Geniez (Aveyron). **A. F.**

SHELLEY, 16, rue Royale, à Dunkerque (Nord).

SICARD (Nicolas), ✳, 32, cours Morand, à Lyon (Rhône). M. H 1881, méd. br. 1889. **A F.**

SIGNOL (A.), 27, rue des Poissonniers, à Reims (Marne).

SILBERMANN, 7, rue Scaliéro, à Nice (Alpes-Maritimes).

SILBERT (José), O. A. ⵔ, 139, boul. de Longchamp, à Marseille (Bouches-du-Rhône). **A. F.**

SILL (Mlle Émilie), 7, rue Jargeau, à Orléans (Loiret). **A. F.**

SILVANT-OLLIVIER (Mlle), 29, rue Cuvier, à Lyon (Rhône).

SILVY-LELIGOIS (Albert), 2, pl. de l'Étoile, à Grenoble (Isère). **A. F.**

SIMÉON (Mme Francine), 13, cours Jean-Pénicaud, à Limoges (Haute-Vienne). **A. F.**

SIMON, rue Amy, à Tarascon (Bouches-du-Rhône).

SIMON (Alf.), 152, rue de Solférino, à Lille (Nord).

SIMONIN, 47, rue Villeroy, à Lyon (Rhône).

SIMPSON (Mlle Annie), à Trépied, par Étaples (Pas-de-Calais).

SINET, 7, rue de Châteaudun, à Cannes (Alpes-Maritimes).

SIRE (Mlle B.), 42, rue des Trois-Conils, à Bordeaux (Gironde).

SMYTHE (Lionel-Percy), château d'Honvault, par Wimereux (Pas-de-Calais). Méd. br. 1889, M. H. 1889, méd. arg. 1900.

SMYTHE (Mlle Ninie), à Wimereux (Pas-de-Calais).

SON, boul. de Brou, à Bourg (Ain).

SOUNAC, rue Chamayou, à Montpellier (Hérault).

SPERO (Claude), 9, rue Bavastro, à Nice (Alpes-Maritimes).

SPIRIDON (I.), ✳, ⽕, 9 *bis*, rue Bardon, à Nice (Alpes-Maritimes).

STARMUS, 12, rue Vernier, à Nice (Alpes-Maritimes).

STÉPHENSON (G. Torrance), villa Julia, à Pont-Aven (Finistère).

STEVENS (A.), quart. des Vignasses, à Menton (Alpes-Maritimes).

STIÉVENART (Fernand), à Wissant (Pas-de-Calais). M H. 1893, méd. br 1900, méd. 3ᵉ cl. 1902. **A. F.**

STIVAL (Alph.-Jean), « Les Orangers », à Saint-Tropez (Var). **A F**

STORELLI (André-M), La Gourre-aux-Crouest, à Blois (Loir-et-Cher). **A F.**

STRUXIANO, 55, rue de la Providence, à Toulouse (Haute-Garonne).

SUC, 61, rue de la République, à Lyon (Rhône).

SUPPLIGEAU (Mlle Henriette), 73, rue Adolphe-Thiers, à Marseille (Bouches-du-Rhône).

SYLVA (Em. de), 30, rue Abbé-des-Prés, à Douai (Nord).

SYLVA (F. de), 21, rue Saint-Samson, à Douai (Nord).

T

TABART (Mme Madeleine), Saint-Hilaire-sur-Mesmin (Loiret). **A F**

TAGNARD (Mlle), 5, place Grenette, à Grenoble (Isère).

TAILLANDIER, place du Marché-Saint-Joseph, à Clermont-Ferrand (Puy-de-Dôme).

TAILLEUR (Mlle Germaine), 11, pl. d'Armes, à Fontainebleau (Seine-et-Marne).

TALLON (J.), 34, rue de Bellevue, à Amiens (Somme).

TAUREL (Henri), à Maignelay (Oise). **A. F.**

TAVERNIER (Paul), 38, rue Royale, à Fontainebleau (Seine-et-Marne). M H., méd. 3ᵉ cl. 1883, méd. br. 1900, méd 2ᵉ cl. 1905 H. C. **A F.**

TERRAIRE (Clovis-Frédéric), O. A. ⵔ, 45, rue de la République, à Lyon (Rhône). M. H. 1905. Méd. 3ᵉ cl. 1908. **A F.**

TERRAL, 22, rue Sauteyron, à Bordeaux (Gironde).

TEISSEIRE CHEVANDIER DE VALDROME (Ch.-Léonce), 4, pl. du Grand-Paradis, à Avignon (Vaucluse).

TESSIER (Louis), O. A. ⵔ, 11, pass de la Rochetière, à Angers (Maine-et-Loire) M. H. 1886, méd. 3ᵉ cl. 1909. **A. F.**

TEYSSIER DE SAVY, 13, pl. Carnot, à Lyon (Rhône).

THEISS (Mlle), 2, rue Villier, à Lunéville (Meurthe-et-Moselle).

THÉVENET (Antonius), 68, Cours de la Liberté, à Lyon (Rhône).

THÉVENIN (Mme), 4, rue des Marmouzets, à Reims (Marne).

THÉVENIN (V.), 4, rue des Marmouzets, à Reims (Marne).

THIERRY, 14, rue Griffon, à Lyon (Rhône).

THIRIOT pont de Malzéville, à Nancy (Meurthe-et-Moselle).

THOMPSON (Harry), à Allery (Somme). M. H. 1882, méd. 3e cl. 1884, méd. arg. 1879. H. C.

TIRARD (Mlle A.), O. I. ✪, à Mont-Saint-Père, par Château-Thierry (Aisne). M H 1897. A.F.

TOLLET (Mlle Marthe), 17, route d'Épinac, au Creusot (Saône-et-Loire). A. F.

TOLLET (Tony), O.I.✪, 19, rue Bourgelet, à Lyon (Rhône). M. H. 1903. Méd 3e cl. 1909. A.F.

TOUCAS (Eugène), rue Château-des-Princes, à Gondreville (Meurthe-et-Moselle). A. F.

TOUCHE (Mme Suzanne), 57, boul. Alexandre-Martin, à Orléans (Loiret). A. F.

TOURASSE (Mme Vve), 1, rue d'Ivry, à Lyon (Rhône).

TOURDES (J.-Félix), 17, boul. du Pont-Rouge, à Aurillac (Cantal). A. F.

TOURNÈS, av. de la Gare, à Menton (Alpes-Maritimes).

TOURNIOL (Mlle Renée), 51, av. Pontaillac, à Royan (Puy-de-Dôme). A. F.

TRACHEL-FANNY, 172, rue de France, à Nice (Alpes-Maritimes).

TRÉDICINI, 9, pl. des Terreaux, à Lyon (Rhône).

TREMBLAY (Émile), à Flamanville (Manche). A. F.

TRÉMOLIÈRES (Raoul), 4, rue Victor-Hugo, à Besançon (Doubs). A. F.

TRIBOUL (Raoul), à Saint-Denis-sur-Sarthon (Orne). A. F.

TRINQUIER (A.), 23, rue de l'Argenterie, à Montpellier (Hérault). A. F.

TRONCY (G.), 13, rue Nationale, à Cette (Hérault).

TROTABAS-CHAUMAS (Mme), 9, rue Louis-Blanc, à Cannes (Alpes-Maritimes).

TROUPEAU (Ferdinand), 104, av. du Chemin-de-fer, à Avon (Seine-et-Marne). M. H. 1905. A. F.

TROUVILLE (Henri), 26, route de Gouen, à Saumur (Maine-et-Loire). A F.

TRUCCHI (L.), 36, chem. de Mont-Alban, à Nice (Alpes-Maritimes).

TRUCHI DE VARENNE (Pierre-G. de), 1, rue Buffon, à Dijon (Côte-d'Or). A. F.

TURBA, 96, rue de Rome, à Marseille (Bouches-du-Rhône).

V

VANDER-WEYDEN (H.), 1, Parvis-Saint-Firmin, à Montreuil (Pas-de-Calais). Méd. 3e cl. 1891, méd. br. 1900.

VANDREMIN, 2, pl. Risso, à Nice (Alpes-Maritimes).

VAN HOLLEBEKE (l'Abbé Alphonse), O. A ✪, curé de Saint-Paul, presbytère de Saint-Paul (Oise). M. H. 1902. A. F.

VARET (Pierre), 14, rue Chapeau-Rouge, à Avignon (Vaucluse). A F.

VENO (Mlle Lor.), 52, r. Mollère, à Lyon (Rhône), Méd. Lyon 1897, Dijon 1904, Marseille 1903, Saint-Étienne 1895

VERDIER, 1, pass. Beaulieu, à Nice (Alpes-Maritimes).

VERDIER (François), 4, rue Thiers, à Nantes (Loire-Inférieure).

VERDIER (Paul), 10, rue Erpell, Le Mans (Sarthe). A. F.

VERGEZ (Eug), 78, cours d'Aquitaine, à Bordeaux (Gironde). A. F.

VERHOEVEN, 39, rue du Sud, à Dunkerque (Nord).

VERMONET (A.), 47 *bis*, rue Chativesle, à Reims (Marne).

VERNACHET (Jules), à La Richardière, près Dinard (Ille-et-Vilaine). A. F.

VERNAY (E.), 85, rue Montgolfier, à Bordeaux (Gironde).

VERNISY (Edmond de), 26, rue des Chanoines, à Vannes (Morbihan), et Seyssins (Isère). A F.

VIAL (Mme), 2, rue Lakanal, à Grenoble (Isère).

VICARI, Val du Borrigo, à Menton (Alpes-Maritimes).

VIENNET (Jules), 17, av. Charras, à Clermont-Ferrand (Puy-de-Dôme).

VIERLING, 10, rue de la Visitation, à Nancy (Meurthe-et-Moselle).

VIGUIER (F.), 129, rue de Rome, à Marseille (Bouches-du-Rhône).

VILLARD, 21, imp. des Poulettes, à Lyon (Rhône).

VILLARD (Mlle Marie-Madeleine), 13, rue Roche-d'Argent, à Poitiers (Vienne).

VILLARES, 9, rue Dufour-Dubergier, à Bordeaux (Gironde).

VILLARS-KRAFFT (Mme Laurence), 71, cours Pierre-Puget, à Marseille (Bouches-du-Rhône). A. F.

VILLEVIEILLE (Joseph), O I ✪, 26, rue Espariat, à Aix (Bouches-du-Rhône).

VILLON (Eugène), 50, rue de la République, à Lyon (Rhône).

VIMAR (Auguste), 5, rue Madon, à Marseille (Bouches-du-Rhône).

VINCENT, 2, rue Tramassac, à Lyon (Rhône).

VITEL (Mlles), rue des Forges, à Saint-Brieuc (Côtes-du-Nord).

VIVÈS-APY, 3, imp. Montévidéo, à Marseille (Bouches-du-Rhône).

VORUZ (Mlle Élise), à Barbizon (Seine-et-Marne). A. F.

VUILLAUME (Mlle Germaine), O. A ✪, 64, Grande-Rue, à Besançon (Doubs). M H. 1895. A. F.

VUILLIER (Gaston-Ch.), à Gimel (Corrèze). M. H. 1882. A. F.

W

WAHANIN (Ed.), fils, 23, rue du Nouveau-Siècle, à Lille (Nord).

WALDSCHMITT, 57, Faub.-Sainte-Catherine, à Nancy (Meurthe-et-Moselle).

WEISS (Marius-Joseph), rue du Carrousel, cours du Parc, à Dijon (Côte-d'Or). **A. F.**

WILLAME (Paul-Adolphe), à Marconne, par Hesdin (Pas-de-Calais). **A. F.**

WILLMS (A.), 28, route de la Colonne, à Boulogne-sur-Mer (Pas-de-Calais).

WINTER (Pharaon de), 10, rue de l'Entrepôt, à Lille (Nord). M. H. 1880, méd. 3ᵉ cl. 1886, méd. br. 1889, méd. arg. 1900. H. C. **A. F.**

WITTMANN (Charles), à Rupt-sur-Moselle (Vosges).

WOLF (Andéol), 27, quai du Canal, à Marseille (Bouches-du-Rhône).

WORMSER, 72, cours Vitton, à Lyon (Rhône).

Z

ZACHARIE, 35, rue Lafosse, et 10, rue de la Rampe, à Rouen (Seine-Inférieure) **A. F.**

ZÉVORT (Georges), Valloux-les-Avallon (Yonne). **A. F.**

ZIEN, 154, av. de la Californie, à Nice (Alpes-Maritimes).

SCULPTEURS

ET GRAVEURS EN MÉDAILLES

A

ABRAM (Charles), 1, rue Gustave-Courbet, à Besançon (Doubs). **A. F.**

ALLOY (Léonce), O. A. ✪, à Presles, par Tournan (Seine-et-Marne). 1ᵉʳ second G. P. de Rome, méd. 3ᵉ cl. 1902. **A. F.**

ARMAND-AUGUSTE, à Saint-Cyr-sur-Morin (Seine-et-Marne). **A. F.**

ARNAULT (Gaston-L.), à Bellozanne, par Gournay-en-Bray (Seine-Inférieure) M. H. 1896. **A. F.**

ASSY (M.-L. d'), à La Ravinière, par Bracieux (Loir-et-Cher). **A. F.**

AUBAIN (Emmanuel), 34, rue Taillefert, à Cognac (Charente). **A. F.** (V. *Peintres*)

AUBERT (Paul), 32, rue Létenduère, à Angers (Maine-et-Loire). M. H. 1886, méd. 3ᵉ cl. 1894

AUBERT (Pierre), 58, rue de la Charité, à Lyon (Rhône). M. H. 1883, 1885, 1886. Méd. 3ᵉ cl. 1899. **A. F.**

B

BARNARD (Georges), à Moret-sur-Loing (Seine-et-Marne).

BASSET (Urbain), 1, rue des Dauphins, à Grenoble (Isère). M. H. 1876, 1880, méd. 3ᵉ cl. 1884. M. H 1889, méd. br. 1900. **A. F.**

BELLET-BOURSIER (Mme Thér.), 101, Grande-Rue, à Boulogne-sur-Mer (Pas-de-Calais). **A. F.**

BÉRARD (Louis), 9, rue de la Tour-Neuve, à Orléans (Loiret). **A. F.**

BERTAUX (Léon), au château de Lassay, par Saint-Michel-de-Chavaignes (Sarthe). **A. F.**

BERTOZZI (Louis), O. A. ✪, 45, rue Charivesle, à Reims (Marne). Méd arg. Reims 1876, 1879, 1887. M. du J. H. C. Reims.

BESQUEUT (André), rue Ste-Marie-des-Champs, à Toulouse (Haute-Garonne). M. H. 1895, méd. 3ᵉ cl. 1908. **A. F.**

BESSON (René-Jean), 26, rue Sainte-Marthe, à Toulouse (Haute-Garonne). Méd or Toulouse 1895, méd. or Castres 1895, méd. arg. Narbonne 1898. H. C. Le Puy.

BIRON (Henri), 2, rue Gambetta, à Cholet (Maine-et-Loire). **A. F.**

BIRON (Stanislas), 47, av. Gambetta, à Cholet (Maine-et-Loire). **A F.**

BLANCHON-BERTHOIN (Mme Marguerite), O. A. ✪, 6, rue Fantin-Latour, à Grenoble. **A. F.**

BOISHÉRAUD (Sébastien de), 12, rue Dobrée, à Nantes (Loire-Inférieure). **A. F.**

BORDE (C. Paul de), Saint-Bonnet-de-Joux (Saône-et-Loire). **A. F.**

BOUET (Henri), 126, rue de Bayeux, à Caen (Calvados).

BOURLANGE (Antoine), à Villeneuve-sur-Lot (Lot-et-Garonne). M H. 1897, Bourse de voyage 1903, Méd. 2ᵉ cl. 1903. **A F**

BOUVY (Léon), 48, rue Neuve, à Roubaix (Nord).

BRIDEN (Désiré), O. A. ✪, 53, rue de la Cité, à Troyes (Aube). Méd. 3ᵉ cl 1883. **A F.**

BULIO (Jean), 27, rue du Palais, à Montpellier (Hérault). M. H. 1882-1886. **A. F.**

BURBAN (Henri), 7, rue de Vaudrey, à Lyon (Rhône).

BURTIN (Jean-Louis), 54, rue Oberlin, à Nancy (Meurthe-et-Moselle).

BUSSIÈRE (Ernest), 4, rue de la Source, à Nancy (Meurthe-et-Moselle). M. H. 1889.

C

CANA (Félix), 11, rue Guittard, à Champigny (Marne).

CARDIN (Pierre), 17, rue du Bel-Air, à Nantes (Loire-Inférieure).

CARLIER (Clément), 11, rue du Refuge-Mareuil, à Arras (Pas-de-Calais). **A. F.**

CARVIN (Auguste-Jules), 37, rue Robert-de-Luzarches, à Amiens (Somme). M. H. 1907, méd. 3° cl. 1909. **A. F.**

CASINI (Ernest), 16, rue Malfilâtre, à Caen (Calvados). M. H. 1883. M. H. 1900. **A F.**

CAYRON (Louis-Maurice), O. A. Ӆ, *secrétaire des Amis des Arts d'Angers*, 90, rue Fulton, à Angers (Maine-et-Loire). **A. F.**

CHARON (Pierre), 5, rue de Strasbourg, à Laval (Mayenne)

CHAVALLIAUD (Léon-Joseph), 29, rue du Temple, à Reims (Marne). M. H. 1885, 1886, méd. 3° cl. 1891. **A. F.**

CHOREL (Jean), 22, rue Malesherbes, à Lyon (Rhône). M. H. 1903. Méd. 3° cl. 1907.

COULON (Jean), à Ebreuil (Allier). Méd. 3° cl. 1880, méd. 2° cl. 1886, méd. br. 1889. H. C. **A. F.**

CURTIS-HUXLEY (Mlle Claire), Château de Castell'nor, à Perpignan (Pyrénées-Orientales).

D

DABAT (Léon), 10, rue Saint-Luc, à Toulouse (Haute-Garonne).

DAVID (Mlle Marie), 8, boul. Gambetta, à Limoges (Haute-Vienne).

DAVID-RIQUIER, 70, rue Saint-Jean, à Amiens (Somme). M H. 1881. (*V. Peintres.*)

DAVIN (Louis-Auguste-Ernest), O. A. Ӆ, 1, rue Villars, à Grenoble (Isère). M. H. 1894. **A. F.**

DEBAYSER-GRATRY (Mme Marguerite), 4, rue des Stations, à Lille (Nord). M. H. 1909. **A. F.**

DELANGLADE (Charles-Henri), 74, rue de Paradis, à Marseille (Bouches-du-Rhône).

DELBAUVE (Louis-Émile), 36, av. Saint-Surin, à Limoges (Haute-Vienne). **A. F.**

DELERUE (Mlle Hélène), 20, rue de Metz, à Lille (Nord).

DELTEIL (Félix), 48, Grande-Rue, à Cherbourg (Manche).

DEPLÉCHIN (V.-Eugène). O. I. Ӆ, 96, rue de Douai, à Lille (Nord). M. H. 1892, méd. 3° cl. 1893, méd. br. 1900. **A. F.**

DEPREZ (Paul-Gaston), au Pontet (Vaucluse).

DERKENNE-DELERUE (Mme Maria), 8, rue du Jeu-de-Balle, à Avesnes-sur-Helpe (Nord)

DESAYE (François), 7, boul. de la Pyramide, à Clermont-Ferrand (Puy-de-Dôme)

DEVAUX (Pierre), O. I, Ӆ, 64, rue Bugeaud, à Lyon (Rhône). M. H. 1890. **A. F.**

DIDIER (Albert), O. A Ӆ, *conservateur du Musée de peinture, directeur de l'École municipale de dessin, président de la Société des Amis des Arts*, 15, rue du Bœuf-Saint-Paterne, à Orléans (Loiret). **A. F.**

DIDIER (Maxime), 111, rue Bannier, à Orléans (Loiret). **A. F.**

DIFFRE (Jean), 39, rue de Fleurance, à Toulouse (Haute-Garonne).

DRAPPIER (Émile), 2, rue Victor-Hugo, à Belfort (Terr. de Belfort).

DUBIEF (Joanny), O. I. Ӆ, 122, cours Lieutaud, à Marseille (Bouches-du-Rhône). M. H. 1901. **A. F.**

DUCHAUSSOY (Albert), 23, r. Socrate, à Rouen (Seine-Inférieure).

DURAN (Mme Jane), 8, rue Saint-Jérome, à Toulouse (Haute-Garonne).

DUSSOL (Raoul), 67, av. de Lodève, Montpellier (Hérault).

E

ENGRAND (Georges), O. I. Ӆ, 12, rue de l'Est, à Tourcoing (Nord). Méd. 3° cl. 1878, méd. br. 1889. **A. F.**

ESPELOSIN (Édouard), O. A. Ӆ, 24, rue Jules-Favre, à Tours (Indre-et-Loire). **A. F.**

F

FILHASTRE (Louis), à Velours-Villeneuve-sur-Lot (Lot-et-Garonne). **A. F.**

FILLOL (Henri-Olivier de), château de Colivault, à Chailles (Loir-et-Cher).

FINOT (Alfred), 9, av. Isabey, à Nancy (Meurthe-et-Moselle). M. H. 1908. **A. F.**

FOLLIN DE LA FONTAINE (Cte O. de), 1, pl. Bannier, à Orléans (Loiret). **A. F.**

FORSON (Mlle Henriette), 134, rue de Paris, à Nantes (Loire-Inférieure).

FOURNIER (André-Désiré), 37, rue des Charretiers, à Orléans (Loiret). M. H. 1907 **A. F.**

FOURNIER (Édouard), 20, boul. Carnot, à Dijon (Côte-d'Or). Méd. 3° cl. 1889.

FRISSON (Mlle Madeleine), à Breton-Bazoches (Seine-et-Marne).

G

GAIRAL DE SÉRÉZIN (Eugène), *statuaire et graveur en médailles, membre du Syndicat de la Propriété artistique (docteur en droit), et de la Société Lyonnaise des Beaux-Arts*, 4, pl. d'Ainay, à Lyon (Rhône). Méd. 3° cl. **A. F.**

GARDY (Gauderic), à Bagnères-de-Bigorre (Hautes-Pyrénées). **A. F.**

GAULARD (Lucien), O. A. Ӆ, 18, rue de Noailles à Marseille (Bouches-du-Rhône). **A. F.**

GAULARD (Émile-Félix), ✿, O I. Ӆ, *sculpteur-graveur sur pierres fines, M. du Grand Jury de sculpture, Société A. F., Président de la Société des Amis des Arts de Seine-et-Marne*, 15, rue Grévoulin, à Melun (Seine-et-Marne). Méd. 3° cl. 1881, méd. 2° cl. 1891, méd. 1re cl. 1899, méd. br. 1889, méd. or. 1900. **A. F.**

GAUTIER (Mme Valérie), 7, rue Patou, à Lille (Nord). **A. F.**

GUGLIELMI-RUYER (Victor), 46, rue Victor-Clappier, à Toulon (Var).

GUILLEMIN (Gustave), O. I. ✺, 22, rue Achille-Durieux, à Cambrai (Nord).

GUILLOUX (Alphonse), 1, rue Pouchet, à Rouen (Seine-Inférieure). Méd. 3ᵉ cl. 1881, méd. or 1889. H. C. A. F.

GUYON (Mlle Andrée), à Bourges (Cher).

H

HAESE (Oscar-François d'), 15, pl. de la Mare, à Caen (Calvados).

HERTIG (Louis), 32-34, Grande-Rue, à Besançon (Doubs).

HUAULT-DUPUY (Robert), 2, rue Tarin, à Angers (Maine-et-Loire).

HUET (Félix), rue de la Haline, à Saint-Pierre-les-Elbeuf (Seine-Inférieure). M. H. 1885, 1886, méd. br. 1889. A. F.

HUGO-KLINGSEIGEN (Gustave), villa Capri, à Combs-la-Ville (Seine-et-Marne).

J

JACQUIER (Charles), O. I. ✺, *professeur de sculpture à l'Ecole des Beaux-Arts de Caen et de dessin à l'Ecole primaire supérieure et aux écoles municipales de la Ville*, 53, rue de Géole, à Caen (Calvados). A. F.

JAYEZ (Léon-Marie), 12, rue Jean-Petit, à Besançon (Doubs).

JOIRE (Jean), 135, boul. de la Liberté, à Lille (Nord). M. H. 1907. Méd. 3ᵉ cl. 1909. A. F.

JOORIS (Valère), 9, rue du Gard, à Lille (Nord).

JOSSANT (Henri), rue Jean-Boucher, à Bourges (Cher). M. H. 1901.

JOUNEAU (P.), *directeur de l'Ecole des Beaux-Arts de Montpellier*, à Montpellier (Hérault). M. H. 1876.

L

LAETHIER (Georges), O. A. ✺, *Professeur à l'Ecole des Beaux-Arts de Besançon*, 7, Grande-Rue, à Besançon (Doubs). M. H. 1901, méd. 3ᵉ cl. 1903.

LAMBERTON (Joseph), 9, cours Jovin-Bouchard, à Saint-Étienne (Loire).

LAOUST (André), 109, rue Soubise, à Roubaix (Nord). Méd. 3ᵉ cl. 1873 et 1874, méd. arg. 1889. A. F.

LAZON (Lucien), 30, rue des Limiers, à Cambrai (Nord). A. F.

LECLABART (Louis), 39, rue de Mareuil, à Amiens (Somme).

LECLERC (Constant), 25, rue Saint-Lazare, à Saumur (Maine-et-Loire). A. F.

LEMAITRE (Mme Églantine), 6, pl. Victor-Hugo, à Blois (Loir-et-Cher). M. H. 1886 M. H. 1889. A. F.

LEROUX-VEUNEVOT (Gaston), ✺,✺, *professeur à l'Ecole des Beaux-Arts de Bordeaux*, 9, rue de la Concorde, à Bordeaux (Gironde). M. H. 1882-1883, méd. 3ᵉ cl. 1885, Bourse de voyage, 1885, méd. de br. 1889, méd. 2ᵉ cl. 1900, méd. br. 1900. A. F.

LOUBENS-PICHON (Mme Jeanne de), 20, rue de Nantes, à Laval (Mayenne).

M

MALISSARD (Georges), à Anzin (Nord).

MAREAU (Henri-Jean), 27, rue de Patay, à Orléans (Loiret). A. F.

MARTIN (Louis-Alex.), 33, rue de la République à Nice (Alpes-Maritimes). Méd. 3ᵉ cl. 1875, méd. 2ᵉ cl. 1881, méd. br. 1889. H. C. A. F.

MASSE (Alfred), Le Saussoy-de-Saint-Augustin (Seine-et-Marne). A. F.

MATHIEU (Charles), 39, rue Rémusat, à Toulouse (Haute-Garonne). M. H. 1898, méd. 3ᵉ cl. 1900. A. F.

MATHIVET (Désiré), École des Beaux-Arts, à Bourges (Cher).

MAUGENDRE-VILLERS (Charles-Édouard), 20 rue Parrayon, à Lille (Nord). M. H. 1882 1884, 1885, méd. 3ᵉ cl. 1906. A. F.

MAYER (Nicolas), villa Marthe, av. des Baumettes, à Nice (Alpes-Maritimes). M. H. 1887. A. F.

MEGRET (Adolphe), Le Cannet (Alpes-Maritimes). A. F.

MERCULIANO (Jacques), ✺, 67, rue de Lens, à Lille (Nord). M. H. 1900.

METGÉ (Auguste), à Sorèze (Tarn).

MOHLER (Gustave), 20, rue Saint-Martin, à Nevers (Nièvre).

MOREAU (Auguste), O. I. ✺, av. de la Gare à Malesherbes (Loiret). Méd. 3ᵉ cl. Exp. industrielle 1877, méd. arg. 1878, méd. or 1889, méd. or 1900.

MORICE (Léon), 64, rue Franklin, à Angers (Maine-et-Loire).

MORIN (Ismaël), O. I. ✺, 11, chem. de Thorre, à Mont-de-Marsan (Landes). A. F.

MORTIER (Paul), 36, rue Voltaire, à Saint-Étienne (Loire). A. F.

MUSCAT (Alphonse), à Lagnieu (Ain). M. H. 1901, méd. 3ᵉ cl. 1902. A. F.

N

NANTARD (Mme Maria), 4, rue de la Charité, à Lyon (Rhône). M. H. 1907. A. F.

NICLAUSSE (François-Paul), au Bisset-de-Saint Augustin, par Faremoutiers (Seine-et-Marne). M. H. 1898, méd. br. 1900, méd. 3ᵉ cl. 1908. A. F.

NIVET (Émile-Ernest), Faub.-Saint-Denis, à Châteauroux (Indre). M. H. 1905, méd. 3ᵉ cl. 1906.

P

PLOQUIN (Jean), 63, rue Charles-Lyonnet, à Lyon (Rhône). M. H. 1887. A. F.

PORSON (Mlle Henriette), 134, rue de Paris, à Nantes (Loire-Inférieure).

PRÉVILLE (DE ROUSSEL, Roger-Louis), 31, pl. de Hercé, à Laval (Mayenne), et à Paris, 199, rue de Vaugirard. A. F.

PROST (Louis), 45, rue Croix-de-Jourdan, à Lyon (Rhône). Méd. 3ᵉ cl. 1906.

R

RASET (Élie), à l'Académie de Valenciennes (Nord). M H. 1907.

RIVIÈRE (Jean), O. I. ✧, 10, boul. Matabiau, à Toulouse (Haute-Garonne). M. H. 1882, 1887. **A. F.**

ROUGÉ (Charles), *directeur de l'École municipale de dessin de Cahors*, 62, rue Émile-Zola, à Cahors (Lot). **A. F.**

ROUSSEAU (Mlle Paule), 6, boul. Carnot, à Provins (Seine-et-Marne).

S

SAINT-RENÉ-TAILLANDIER (Mme Dagmar), à Saint-Rémy-de-Provence (Bouches-du-Rhône).

T

TATTEGRAIN (Georges), 38, rue Saint-Fuxien, à Amiens (Somme). **A. F.**

TESNIÈRES (Mme Thérèse), 4, pl. Lemercier, à Elbeuf (Seine-Inférieure).

THIOLLIER (Mlle Claude), 28, rue de la Bourse, à Saint-Étienne (Loire).

THUBERT (Paul), 50, boul. de Sévigné, à Rennes (Ille-et-Vilaine).

TOURNAYRE (Émile), 34, rue de l'Éternité, à Saint-Étienne (Loire).

V

VAVASSEUR-DESPERRIERS (René-V.), à Villers, par Congis (Seine-et-Marne). **A. F.**

VERDIER (Auguste), à Millau (Aveyron). M. H. 1897, méd. 3ᵉ cl. 1900.

VIENNET (Jules), 7, av. de Charras, à Clermont-Ferrand (Puy-de-Dôme).

VIRION (Charles), O. A. ✧, à Montigny-sur-Loing (Seine-et-Marne). M. H. 1893, méd. 3ᵉ cl. 1895, méd. br. 1900. **A. F.**

Z

ZIMMERMANN (Gabriel-E.), O. A. ✧, à Saint-Projet (Cantal). Méd. 3ᵉ cl. 1901, méd. 2ᵉ cl. 1902. **A. F.**

GRAVEURS ET LITHOGRAPHES

A

AUBERT (Mlle Marie-Gabrielle), 32, rue de l'Etenduère, à Angers (Maine-et-Loire).

AVIAT (Albert), à Vendôme (Loir-et-Cher).

B

BLARIAUX-LEBACQ (Mme Ernestine), av. de Ferrière, à Maubeuge (Nord).

BLONDEL (Albert-Charles), 6, rue Gresset, à Nantes (Loire-Inférieure).

BOISSIER (Georges), av de la Moisdonnière, route de Paris, à Nantes (Loire-Inférieure).

BOUISSET (Félix-François), 51, rue Delcassé, à Montauban (Tarn-et-Garonne). M. H. 1905 **A. F.**

BOUXIN (Armand), 24, rue Martin-Pelier, à Reims (Marne).

BRASSEUR (Fernand), 54, rue Neuve, à Dunkerque (Nord).

BRUNET-DEBAINES (Louis-Alfred), ✳, ✠, *peintre-aquafortiste, membre correspondant de l'Académie de Rouen*, « Les Pervenches », av. Beauregard, à Hyères (Var). Méd. 2ᵉ cl 1872-1873 méd. 1ʳᵉ cl. 1886, méd. or 1889, méd or 1900, méd. d'honn. 1903 H C. **A F** *M. de la Soc. Int. de la Grav en noir*

BUEVH (Karl), à Giverny, par Vernon (Eure).

C

CAUDRELIER (Gérard), 54 *bis*, rue Rabelais, à Fives-Lille (Nord).

D

DAUMONT (Émile), *membre fondateur de la Soc. des Aquafortistes*, 20, rue de l'Eperon, à Melun (Seine-et-Marne). M. H. 1881, méd. 3ᵉ cl. 1886. M. H. 1889, méd. br. 1900. **A. F.** *Membre de l'Assoc. des Peintres et Graveurs.*

DELAME (René), 21, boul. Watteau, à Valenciennes (Nord).

DEVARENNE (Anatole), à Andeville (Oise).

DAVID (Riquier), 70, rue Saint-Jean à Amiens (Somme), M. H. 1881. (V. *Peintres*).

G

GOUYON (Marie-Joseph), à Juillac (Corrèze).

H

HODEBERT (Léon-Auguste), 24, boul. des Écoles, à Lille (Nord). M. H. 1897, méd. 3ᵉ cl. 1900, méd. br. 1900, méd. 1ʳᵉ cl. 1908. H. C. **A. F.**

HUAULT-DUPUY (René-Valentin), 14 *bis*, rue Denis-Papin, à Angers (Maine-et-Loire). M. H. 1903, méd. 3ᵉ cl. 1908.

J

JOUANNY (Mlle Léontine), *prof. au lycée*, 4, rue Léon-de-Malville, à Montauban (Tarn-et-Garonne).

JOUANNY (Mlle Marthe), *prof. dipl. du lycée de J. filles*, 26, rue de Fontenelle, à Rouen (Seine-Inférieure).

JOUVENOT (Stanislas), 70, rue de Chartres, à Châteaudun (Eure-et-Loir).

JOUVET-MAGRON (Mme Dominique), à Thiers (Puy-de-Dôme).

L

LEROUX (Jean-Baptiste), 8, rue de Constantine, à Rouen (Seine-Inférieure).

LIEURE (Jules-Pierre), 72, rue de Pannette, à Evreux (Eure).

LIQUOIS (Auguste), 4, rue Corne-de-Cerf, à Angers (Maine-et-Loire).

LOPIS (Charles), 2, rue de Rennes, à Nantes (Loire-Inférieure).

LORIOT (Pierre), 9, rue de Valenton, à Villeneuve-Saint-Georges (Seine-et-Oise).

M

MARESTÉ (Georges), pl. de la Corderie, à Cognac (Charente).

MONZIÈS (Louis), 18, rue Sainte-Croix, au Mans (Sarthe). Méd. 3e cl. 1876, méd. 2e cl. 1880, méd. arg 1889. H. C. A. F.

P

PÉRU (Jean-Marie), 36, rue de la République, à Amiens (Somme)

PESSEAUD (Jean-Joseph), 44, rue Jeanne-d'Arc, à Cherbourg (Manche). M. H 1906. A. F.

POCHET (Antoine), collège Claude-Renard, à Villefranche (Rhône).

PONCEAU (Jules-François), 4, rue de Condillac, à Bordeaux (Gironde)

R

REYRE (Mme Valentine), 9, rue Sainte-Geneviève, à Senlis (Oise). (V. *Peintres*)

REYNAUD (Henri-François), à Cuisery (Saône-et Loire).

ROUQUET (Achille), 3, rue Victor-Hugo, à Carcassonne (Aude).

S

SAUVIGNIER (Frédéric), à Chambéry (Savoie).

SENBENEY (Georges), 12, rue du Pavé-Neuf, à Moret-sur-Loing (Seine-et-Marne).

V

VARDON (Théogène), à Lyons-la-Forêt (Eure.)

MERCVRE

DE FRANCE

26, rue de Condé, PARIS

❦ ❦ ❦

Littérature, Poésie, Théâtre, Musique, Peinture, Sculpture, Philosophie
Histoire, Sociologie, Sciences, Voyages
Bibliophilie, Sciences occultes, Critique
Littérature étrangère, Revue de la Quinzaine

❦ ❦ ❦

Le **Mercure de France** est dans sa vingt-deuxième année. Il paraît le 1ᵉʳ et le 16 de chaque mois et forme tous les ans 6 volumes.

Le **Mercure de France** occupe dans la presse française une place unique. Presque exclusivement littéraire au début, il a considérablement élargi son domaine. Pour juger de sa diversité, il suffit de parcourir quelques-uns de ses sommaires et la liste des 50 chroniques que, sous le titre de *Revue de la Quinzaine*, il publie selon un roulement méthodique. Cette *Revue de la Quinzaine* s'alimente à l'étranger autant qu'en France ; elle offre un très grand nombre de documents et constitue une sorte d'encyclopédie au jour le jour du mouvement universel des idées.

Il n'est peut-être pas indifférent de signaler qu'il est celui des grands périodiques français qui coûte le moins cher, puisque le prix de son abonnement excède à peine celui des journaux à un sou.

❦ ❦ ❦

VENTE AU NUMÉRO ET ABONNEMENT

*Les abonnements partent du premier des
mois de janvier, avril, juillet et octobre*

France		Étranger	
Le numéro : 1 fr. 25		Le numéro : 1 fr. 50	
Un an	25 fr.	Un an	30 fr.
Six mois	14 »	Six mois	17 »
Trois mois	8 »	Trois mois	10 »

ABONNEMENT DE TROIS ANS

France		Étranger	
France	65 fr.	Étranger	80 fr.

❦ ❦ ❦

Envoi franco, sur demande, d'un Spécimen de la Revue et du
Catalogue complet des Éditions du MERCURE DE FRANCE

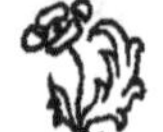

TABLE DES MATIÈRES

PREMIÈRE PARTIE

Renseignements pratiques.
Événements artistiques de l'année 1910

	Pages.
Académie des Beaux-Arts	8
Acquisition des Musées	11
Artistes décédés en 1910. France.	21
— Etranger	23
Associations d'artistes	18
Bibliographie artistique	28
Douanes	35
Ecoles spéciales d'art du Gouvernement	8
Expositions artistiques (1911). France, Etranger	14
Manufactures nationales	9
Ministère des Beaux-Arts	7
Monuments inaugurés	19
Musées	9
Prix de Rome	18
Prix divers	18
Protection littéraire et artistique, Lois	24
Ventes artistiques	30

DEUXIÈME PARTIE

Adresses commerciales par ordre alphabétique de profession

PARIS ET DÉPARTEMENT DE LA SEINE

	Pages
Antiquaires	41
Arbitres	47
Armes anciennes	47
Articles d'Orient	47
Autographes	47
Bibliothèques (marchands de)	48
Bijoux d'art	48
Broderies artistiques	48
Bronzes et objets d'art	49
Céramique d'art	53
Cheminées en bois sculpté	53
Chevalets (pour peintres)	54
Chinoiseries et japoneries	54
Cire à modeler	55
Commissaires-priseurs vendeurs	55
Couleurs	56
Couleurs fines (boîtes de) et Études	57
Couleurs pour l'aquarelle	57
Cuirs d'art	58
Cuivrerie pour ameublements	58
Cuivrerie artistique	58
Curiosité, objets d'art, médailles	58
Décorations	63
Décoration artistique	63
Dentelles (vente et réparation)	63
Dessin (albums à)	64
Dessin (fourniture pour le)	64
Dessins (papiers à)	64
Ecoles et professeurs de dessin et de sculpture	65
Émaux d'art	66
Encadrements, dorure	66
Enluminures	71
Estampes et gravures	71
Etains d'art	73
Experts près les Tribunaux	73
Experts divers	75
Expositions (salles d')	75
Expositions (installations pour)	75
Faïences, cristaux et porcelaines d'art	76
Ferronnerie d'art	76
Fontes d'art	78
Gainerie d'art	79
Généalogistes	79
Graveurs	79
Grès artistiques et décoratifs	81
Héraldistes	81
Horloges et pendules anciennes et restauration	81
Instruments pour le dessin et l'architecture	81
Ivoires	82

	Pages.		Pages.
Journaux et publications artistiques	88	Peintres décorateurs	116
Livres anciens et modernes, livres d'art, livres curieux (voir *Livres d'art*)	92	Peintres en décors	117
Livres d'art, livres anciens et modernes (voir *Livres anciens et modernes*)	95	Photographie d'art	118
		Pinceaux pour peintres	118
Marbres artistiques	97	Peintres héraldistes	119
Marbres en gros	97	Relieurs	119
Maroufiage	97	Restaurateurs d'estampes et de tableaux	121
Matériel des arts	98	Sculpture sur bois, meubles et objets d'art	122
Médailles (éditeurs de)	98	Serrurerie d'art	123
Médailliers	99	Statues, statuettes, marbre, métal	124
Meubles de style. Tapissiers, décorateurs	99	Tableaux (experts en)	124
Meubles anciens (réparation, reproduction, décoration)	103	Tableaux (marchands de)	125
		Tapis et tapisseries anciens	127
Monnaies et médailles anciennes	104	Tapisseries (imitation de)	128
Modeleurs d'art	104	Terre cuite	128
Mouleurs figuristes	104	Timbres-poste	128
Numismatique	105	Toiles à peindre	129
Objets d'art (voir *Bronzes, objets d'art*)	105	Transports (agences en douane)	130
Objets d'art (réparations)	106	Vernis	131
Orfèvrerie d'art et ancienne	115	Vitraux	131
Pastels	116	Vitrines (pour expositions et collections)	132

DÉPARTEMENTS
Index alphabétique des Villes.

Abbeville (Somme)	165	Belfort (Territoire de Belfort)	137
Agen (Lot-et-Garonne)	151	Bellac (Haute-Vienne)	167
Aix-en-Provence (Bouches-du-Rhône)	137	Bellerive-sur-Allier (Allier)	134
Aix-les-Bains (Savoie)	162	Bergues (Nord)	155
Ajaccio (Corse)	140	Bernay (Eure)	142
Alais (Gard)	143	Besançon (Doubs)	141
Albi (Tarn)	165	Béziers (Hérault)	146
Alençon (Orne)	156	Biarritz (Basses-Pyrénées)	158
Amiens (Somme)	165	Blois (Loir-et-Cher)	149
Andelys (les) (Eure)	142	Boën-St-Lignon (Loire)	149
Angers (Maine-et-Loire)	151	Bordeaux (Gironde)	145
Angoulême (Charente)	139	Boulogne-sur-Mer (Pas-de-Calais)	157
Annecy (Haute-Savoie)	162	Bourg (Ain)	133
Arcachon (Gironde)	145	Bourges (Cher)	140
Argentan (Orne)	156	Brest (Finistère)	143
Arles (Bouches-du-Rhône)	137	Brienon (Yonne)	168
Arras (Pas-de-Calais)	157	Brive (Corrèze)	140
Auch (Gers)	143	Cabourg (Calvados)	138
Aurillac (Cantal)	139	Caen (Calvados)	138
Autun (Saône-et-Loire)	161	Cahors (Lot)	150
Auxerre (Yonne)	168	Cambrai (Nord)	155
Avallon (Yonne)	168	Campagnolles (Calvados)	138
Avesnes (Nord)	155	Cannes (Alpes-Maritimes)	135
Avignon (Vaucluse)	166	Carcassonne (Aude)	136
Bagnères-de-Bigorre (Hautes-Pyrénées)	158	Castres (Tarn)	166
Bagnoles-Tessé-la-Madeleine (Orne)	156	Caudebec-en-Caux (Seine-Inférieure)	163
Bar-le-Duc (Meuse)	153	Cette (Hérault)	146
Bar-sur-Aube (Aube)	136	Châlons-sur-Marne (Marne)	152
Batz (Loire-Inférieure)	150	Chalon-sur-Saône (Saône-et-Loire)	161
Baugé (Maine-et-Loire)	151	Chambéry (Savoie)	161
Bayeux (Calvados)	138	Chamonix (Haute-Savoie)	162
Bayonne (Basses-Pyrénées)	158	Charleville (Ardennes)	135
Beaufort-en-Vallée (Maine-et-Loire)	151	Charmes (Vosges)	168
Beaulieu (Alpes-Maritimes)	135	Chartres (Eure-et-Loir)	142
Beauvais (Oise)	156	Châteaudun (Eure-et-Loir)	142

	Pages.
Château Gontier (Mayenne)	153
Châteauroux (Indre)	147
Châtellerault (Vienne)	167
Chauffailles (Saône-et-Loire)	161
Chaumont (Haute-Marne)	152
Chazelles-sur-Lyon (Rhône)	160
Cholet (Maine-et-Loire)	151
Clayette (la) (Saône-et-Loire)	161
Clermont-Ferrand (Puy-de-Dôme)	157
Cognac (Charente)	139
Compiègne (Oise)	156
Condom (Gers)	143
Condrieu (Rhône)	160
Corbeil (Seine-et-Oise)	165
Coulommiers (Seine-et-Marne)	164
Crépy-en-Valois (Oise)	156
Dax (Landes)	149
Deauville (Calvados)	138
Dieppe (Seine-Inférieure)	163
Digne (Basses-Alpes)	134
Dijon (Côte-d'Or)	140
Dinan (Côtes-du-Nord)	141
Domfront (Orne)	156
Douai (Nord)	155
Douvres-la-Délivrande (Calvados)	138
Draguignan (Var)	166
Dreux (Eure-et-Loir)	143
Dunkerque (Nord)	155
Eaux-Bonnes (Basses-Pyrénées)	158
Elbeuf (Seine-Inférieure)	163
Epinal (Vosges)	167
Evian-les-Bains (Haute-Savoie)	162
Evreux (Eure)	142
Falaise (Calvados)	138
Favernay (Haute-Saône)	160
Fécamp (Seine-Inférieure)	163
Flers (Orne)	157
Foix (Ariège)	135
Fontainebleau (Seine-et-Marne)	164
Fougères (Ille-et-Vilaine)	147
Fréjus (Var)	166
Gannat (Allier)	134
Gap (Hautes-Alpes)	134
Givors (Rhône)	160
Gournay-en-Bray (Seine-Inférieure)	163
Grenoble (Isère)	148
Guéret (Creuse)	141
Hazebrouck (Nord)	155
Hondschoote (Nord)	155
Honfleur (Calvados)	138
Hyères (Var)	166
Irigny (Rhône)	160
Isle-sur-Sorgue (Vaucluse)	167
Issoudun (Indre)	147
Joigny (Yonne)	168
Joinville (Haute-Marne)	152
Jussey (Haute-Saône)	160
La Crau (Var)	166
La Ferté-Bernard (Sarthe)	161
La Ferté-Macé (Orne)	157
La Ferté-sous-Jouarre (Seine-et-Marne)	164
La Guerche (Ille-et-Vilaine)	174

	Pages.
Laigle (Orne)	157
Lamballe (Côtes-du-Nord)	141
Landivisiau (Finistère)	143
Langon (Gironde)	146
Langres (Haute-Marne)	152
Laon (Aisne)	133
La Rochelle (Charente-Inférieure)	139
La Roche-sur-Yon (Vendée)	167
Laval (Mayenne)	153
Le Breil (Sarthe)	161
Lectoure (Gers)	144
Le Havre (Seine-Inférieure)	163
Le Mans (Sarthe)	161
Le Péage-de-Roussillon (Isère)	148
Le Puy (Haute-Loire)	149
Le Thoronnet (Var)	166
Lezoux (Puy-de-Dôme)	158
Libourne (Gironde)	146
Lille (Nord)	154
Limoges (Haute-Vienne)	167
Lisieux (Calvados)	138
Lisle-sur-Tarn (Tarn)	166
Littry (Calvados)	138
Loches (Indre-et-Loire)	148
Lons-le-Saulnier (Jura)	148
Louviers (Eure)	142
Lunéville (Meurthe-et-Moselle)	153
Lure (Haute-Saône)	160
Luxeuil (Haute-Saône)	160
Lyon (Rhône)	159
Mâcon (Saône-et-Loire)	160
Malo-les-Bains (Nord)	155
Mamers (Sarthe)	161
Mareuil-sur-Lay (Vendée)	167
Marmande (Lot-et-Garonne)	151
Marseille (Bouches-du-Rhône)	137
Mayenne (Mayenne)	153
Meaux (Seine-et-Marne)	164
Melun (Seine-et-Marne)	164
Mende (Lozère)	151
Menton (Alpes-Maritimes)	135
Mézières (Ardennes)	135
Mirecourt (Vosges)	135
Mirepoix (Ariège)	135
Montargis (Loiret)	150
Montauban (Tarn-et-Garonne)	166
Montbrison (Loire)	149
Montélimar (Drôme)	142
Montpellier (Hérault)	146
Morlaix (Finistère)	143
Moulins (Allier)	133
Nancy (Meurthe-et-Moselle)	153
Nantes (Loire-Inférieure)	150
Narbonne (Aude)	136
Nérac (Lot-et-Garonne)	151
Neufchâteau (Vosges)	168
Nevers (Nièvre)	154
Nice (Alpes-Maritimes)	134
Nîmes (Gard)	143
Niort (Deux-Sèvres)	165
Nonancourt (Eure)	142
Noyon (Oise)	156

	Pages.		Pages.
Orange (Vaucluse)	167	Sedan (Ardennes)	135
Orléans (Loiret)	150	Semur (Côte-d'Or)	140
Pamiers (Ariège)	135	Senlis (Oise)	156
Paramé (Ille-et-Vilaine)	147	Sens (Yonne)	168
Paray-le-Monial (Saône-et-Loire)	161	Sisteron (Basses-Alpes)	134
Pau (Basses-Pyrénées)	158	Soissons (Aisne)	133
Périgueux (Dordogne)	141	Stenay (Meuse)	154
Perpignan (Pyrénées-Orientales)	158	Tain (Drôme)	142
Pithiviers (Loiret)	150	Tarascon (Bouches-du-Rhône)	137
Poitiers (Vienne)	167	Tarbes (Hautes-Pyrénées)	158
Poligny (Jura)	148	Thiers (Puy-de-Dôme)	158
Pont-Audemer (Eure)	142	Thizy (Rhône)	160
Pont-de-Beauvoisin (Isère)	148	Thonon-les-Bains (Haute-Savoie)	162
Pont-l'Évêque (Calvados)	139	Tonnerre (Yonne)	168
Prades (Pyrénées-Orientales)	159	Toulon (Var)	166
Provins (Seine-et-Marne)	164	Toulouse (Haute-Garonne)	144
Quimper (Finistère)	143	Tourcoing (Nord)	155
Quintin (Côtes-du-Nord)	141	Tours (Indre-et-Loire)	147
Rabastens (Tarn)	166	Trouville (Calvados)	139
Reims (Marne)	152	Troyes (Aube)	136
Rennes (Ille-et-Vilaine)	146	Ussel (Corrèze)	140
Roanne (Loire)	149	Uzès (Gard)	143
Rochefort-sur-Mer (Charente-Inférieure)	139	Valence (Drôme)	141
Rodez (Aveyron)	136	Valenciennes (Nord)	156
Rosiers (les) (Maine-et-Loire)	151	Valognes (Manche)	152
Roubaix (Nord)	155	Vannes (Morbihan)	154
Rouen (Seine-Inférieure)	162	Vendôme (Loir-et-Cher)	149
Rumilly (Haute-Savoie)	162	Verdun (Meuse)	154
Sables-d'Olonne (les) (Vendée)	167	Verneuil (Eure)	142
Saint-Brieuc (Côtes-du-Nord)	141	Vernon (Eure)	142
Saint-Calais (Sarthe)	161	Versailles (Seine-et-Oise)	164
Saint-Cyr (Indre-et-Loire)	148	Ver-sur-Mer (Calvados)	139
Saint-Etienne (Loire)	149	Vesoul (Haute-Saône)	160
Saint-Germain-en-Laye (Seine-et-Oise)	165	Vichy (Allier)	134
Saint-Girons (Ariège)	135	Vienne (Isère)	148
Saint-Jean-d'Angély (Charente-Inférieure)	139	Villefranche (Aveyron)	136
Saint-Lô (Manche)	152	Villefranche (Rhône)	160
Saint-Loup-sur-Semouse (Haute-Saône)	160	Villeneuve-sur-Yonne (Yonne)	168
Saint-Nazaire (Loire-Inférieure)	150	Villers-sur-mer (Calvados)	139
Saint-Ouen de Mainbré (Sarthe)	161	Villerville (Calvados)	139
Saint-Omer (Pas-de-Calais)	157	Vincelottes (Yonne)	168
Saint-Quentin (Aisne)	133	Vire (Calvados)	139
Saint-Raphaël (Var)	166	Viroflay (Seine-et-Oise)	165
Saint-Servan (Ille-et-Vilaine)	147	Vitry-le-François (Marne)	152
Saint-Valery-sur-Somme (Somme)	165	Vizille (Isère)	148
Saumur (Maine-et-Loire)	151	Vouziers (Ardennes)	135
Savigny (Rhône)	160	Yvetot (Seine-Inférieure)	163

ÉTRANGER

Index alphabétique des Villes.

	Pages		Pages
Aarhus (Danemark)	200	Amsterdam (Hollande)	202
Abenberg (Allemagne)	171	Ansbach (Allemagne)	171
Aix-la-Chapelle (Allemagne)	171	Anvers (Belgique)	197
Alexandrie (Égypte)	213	Athènes (Grèce)	202
Alger (Algérie)	213	Auckland (Nouvelle-Zélande)	220
Alicante (Espagne)	201	Augsburg (Allemagne)	171
Altenburg (Allemagne)	171	Aurich (Allemagne)	171
Altona (Allemagne)	171	Bacharach (Allemagne)	171

	Pages.		Pages.
Baden-Baden (Allemagne)	171	Dantzig (Allemagne)	173
Bad Kissingen (Allemagne)	171	Darmstadt (Allemagne)	173
Bâle (Suisse)	210	Dessau (Allemagne)	173
Ballarat (Australie)	220	Detmold (Allemagne)	174
Bamberg (Allemagne)	172	Dordrecht (Hollande)	203
Barcelone (Espagne)	201	Dresde (Allemagne)	174
Bayreuth (Allemagne)	172	Dublin (Irlande)	191
Berchtesgaden (Allemagne)	172	Düsseldorf (Allemagne)	174
Belfast (Irlande)	191	Edimbourg (Ecosse)	191
Bergamo (Italie)	205	Eisenach (Allemagne)	175
Bergen (Norvège)	209	Eisleben (Allemagne)	175
Berlin (Allemagne)	169	Elbing (Allemagne)	175
Bernburg (Allemagne)	172	Emden (Allemagne)	175
Berne (Suisse)	210	Erfurt (Allemagne)	175
Bienne (Suisse)	211	Eschweiler (Allemagne)	175
Birmingham (Angleterre)	190	Eupen (Allemagne)	175
Blackheath (Angleterre)	189	Fayoum (Égypte)	214
Bologne (Italie)	205	Fitzroy (Australie)	220
Bombay (Indes)	219	Flensburg (Allemagne)	175
Bonn (Allemagne)	172	Florence (Italie)	205
Bradford (Angleterre)	191	Francfort-sur-Main (Allemagne)	175
Braïla (Roumanie)	210	Freising (Allemagne)	176
Braunschweg (Allemagne)	172	Fribourg (Suisse)	211
Bremen (Allemagne)	172	Friburg-en-Brisgau (Allemagne)	176
Brescia (Italie)	205	Friedrichswerth (Allemagne)	176
Breslau (Allemagne)	172	Fulda (Allemagne)	176
Bressoux (Belgique)	198	Fulham (Angleterre)	190
Bristol (Angleterre)	191	Furstenberg (Allemagne)	176
Brixton (Angleterre)	189	Gailingen (Allemagne)	176
Bruges (Belgique)	198	Galati (Roumanie)	210
Bruxelles (Belgique)	194	Gand (Belgique)	198
Bucarest (Roumanie)	209	Geldern (Allemagne)	176
Budapest (Autriche)	193	Gelsenkirchen (Allemagne)	176
Burgos (Espagne)	201	Gênes (Italie)	206
Buschweiler (Allemagne)	172	Genève (Suisse)	211
Calcutta (Indes)	219	Gera (Allemagne)	176
Caire (Le) (Égypte)	213	Glasgow (Angleterre)	191
Carlsruhe (Allemagne)	172	Giessen (Allemagne)	176
Cassel (Allemagne)	172	Gnadenfrei (Allemagne)	176
Charleroi (Belgique)	198	Gorlitz (Allemagne)	176
Charlottenburg (Allemagne)	172	Goslar (Allemagne)	177
Chemnitz (Allemagne)	172	Gottingen (Allemagne)	177
Christiania (Norvège)	209	Grenade (Espagne)	201
Clapham (Angleterre)	189	Groningen (Hollande)	203
Clèves (Allemagne)	172	Guatelama (Guatemala)	218
Coblenz (Allemagne)	172	Gustrow (Allemagne)	177
Cobourg (Allemagne)	173	Habelschwerdt (Allemagne)	177
Coire (Suisse)	211	Hagenau (Allemagne)	177
Colmar (Allemagne)	173	Haïphong (Tonkin)	219
Cologne (Allemagne)	173	Halberstadt (Allemagne)	177
Côme (Italie)	205	Halle (Allemagne)	177
Constance (Allemagne)	173	Hambourg (Allemagne)	177
Constantine (Algérie)	213	Hammersmith (Angleterre)	190
Constantinople (Turquie)	212	Hampstead (Angleterre)	190
Copenhague (Danemark)	200	Hanoï (Tonkin)	219
Courtrai (Belgique)	198	Hanovre (Allemagne)	177
Craiova (Roumanie)	210	Havane (La)	218
Crefeld (Allemagne)	173	Haw (Australie)	220
Cremone (Italie)	205	Heggenheim (Allemagne)	178
Cristchurch (Nouvelle-Zélande)	220	Heidelberg (Allemagne)	178
Croydon Surrey (Angleterre)	189	Hemmoor (Allemagne)	178
Damas (Turquie)	212	Herborn (Allemagne)	178

	Pages.		Pages.
Herford (Allemagne)	178	Munster I. W. (Allemagne)	181
Herne Hill S. E. (Angleterre)	190	Namur (Belgique)	199
Hildesheim (Allemagne)	178	Naples (Italie)	207
Hochheim (Allemagne)	178	Neuchâtel (Suisse)	211
Homburg (Allemagne)	178	Neuenbeken (Allemagne)	181
Hull (Angleterre)	191	Newcastle on Tyne (Angleterre)	192
Iasi (Roumanie)	210	New-York (Etats-Unis)	215
Isny (Allemagne)	178	Norden (Allemagne)	181
Jestetten (Allemagne)	178	Norderney (Allemagne)	181
Kilburn N. W. (Angleterre)	190	Nordhausen (Allemagne)	181
Konigsberg (Allemagne)	178	Nurenberg (Allemagne)	181
Kreuznach (Allemagne)	178	Nyon (Suisse)	212
Kunzelsau (Allemagne)	178	Oberehnheim (Allemagne)	181
La Haye (Hollande)	202	Ochsenhausen (Allemagne)	182
Lahr (Allemagne)	178	Odense (Danemark)	200
Landau (Allemagne)	178	Oldenburg (Allemagne)	182
Landshut (Allemagne)	178	Osnabruck (Allemagne)	182
Lauenstein (Allemagne)	178	Ostende (Belgique)	199
Lausanne (Suisse)	211	Ostritz (Allemagne)	182
Leer (Allemagne)	178	Padoue (Italie)	207
Leipzig (Allemagne)	178	Palerme (Sicile)	208
Lemberg (Autriche)	194	Palma (Iles Baléares)	201
Lerida (Espagne)	201	Parme (Italie)	207
Lewisham S E (Angleterre)	190	Partenkirchen (Allemagne)	182
Liège (Belgique)	199	Pavie (Italie)	207
Liegnitz (Allemagne)	179	Piacenza (Italie)	207
Lima (Pérou)	218	Pise (Italie)	207
Lindau (Allemagne)	179	Poppenlauer (Allemagne)	182
Lisbonne (Portugal)	209	Port-Saïd (Égypte)	214
Liverpool (Angleterre)	191	Potsdam (Allemagne)	182
Londres (Angleterre)	184	Prague (Autriche)	194
Loschwitz (Allemagne)	179	Prichsenstadt (Allemagne)	182
Louxor (Égypte)	214	Prien (Allemagne)	182
Lubeck (Allemagne)	179	Putney. S. W (Angleterre)	190
Lucca (Italie)	206	Rangoon (Indes)	219
Lucerne (Suisse)	211	Ravenne (Italie)	207
Ludwigshafen a Rhein (Allemagne)	179	Ravensburg (Allemagne)	182
Lugano (Suisse)	211	Richmond (Angleterre)	190
Luneburg (Allemagne)	179	Rio de Janeiro (Brésil)	218
Madrid (Espagne)	200	Rome (Italie)	204
Maestricht (Hollande)	203	Rostock (Allemagne)	182
Magdeburg (Allemagne)	179	Rothenburg (Allemagne)	182
Malaga (Espagne))	201	Rotorua (Nouvelle-Zélande)	220
Malines (Belgique)	199	Rottenburg (Allemagne)	182
Manchester (Angleterre)	192	Rotterdam (Hollande)	203
Mannheim (Allemagne)	179	Roulers (Belgique)	199
Marburg (Allemagne)	179	Saigon)Cochinchine)	219
Mayence (Allemagne)	179	Saint-Gall (Suisse)	212
Meiningen (Allemagne)	179	Saint-Pétersbourg (Russie)	210
Melbourne (Australie)	220	Salsbourg (Autriche)	194
Metz (Allemagne)	179	San-José (Costa- Rica)	218
Mexico (Mexique)	218	San-Sebastien (Espagne)	201
Milan (Italie)	206	Santander (Espagne)	201
Monaco (Principauté de)	208	Saragosse (Espagne)	201
Mons (Belgique)	199	Scarborough (Angleterre)	192
Montreux (Suisse)	211	Schaffhouse (Suisse)	212
Moscou (Russie)	210	Shanghaï (Chine)	219
Moselkern (Allemagne)	179	Schwabisch Gmund (Allemagne)	182
Muhringen (Allemagne)	180	Schwabisch Hall (Allemagne)	182
Mulhausen I Thür (Allemagne)	180	Séville (Espagne)	202
Mulhouse (Allemagne)	180	Sheffield (Angleterre)	192
Munich (Allemagne)	180	Sienne (Italie)	207

	Pages.		Pages.
Smyrne (Turquie)	212	Venise (Italie)	208
Soleure (Suisse)	212	Vérone (Italie)	208
South Tottenham N. (Angleterre)	190	Verviers (Belgique)	200
Stavanger (Norvège)	209	Vevey (Suisse)	212
Strasbourg (Allemagne)	182	Vienne (Autriche)	193
Stuttgart (Allemagne)	183	Volendam (Hollande)	204
Suez (Égypte)	214	Wandsworth S. W. (Angleterre)	190
Tanger (Maroc)	214	Wanfried (Allemagne)	183
Tantah (Égypte)	214	Warburg (Allemagne)	183
Tauberbischofsheim (Allemagne)	183	Weimar (Allemagne)	183
Termonde (Belgique)	200	Wellington (Nouvelle-Zélande)	220
Tooting (Angleterre)	190	Weinheim (Allemagne)	183
Toronto (Canada)	217	Wesel (Allemagne)	183
Tournai (Belgique)	200	Wiesbaden (Allemagne)	183
Trèves (Allemagne)	183	Willesden N. W. (Angleterre)	190
Trieste (Autriche)	194	Wissingen (Allemagne)	184
Trondhjem (Norvège)	209	Worms (Allemagne)	184
Tunis (Tunisie)	214	Wurzburg (Allemagne)	184
Twickenham (Angleterre)	190	Yokohama (Japon)	219
Ueberlingen (Allemagne)	183	York (Angleterre)	192
Ulm (Allemagne)	183	Yverdon (Suisse)	212
Utrecht (Hollande)	203	Zittau (Allemagne)	184
Valence (Espagne)	202	Zurich (Suisse)	212
Valladolid (Espagne)	202	Zwolle (Hollande)	204

TROISIÈME PARTIE

PARIS — SEINE — SEINE-ET-OISE

Artistes peintres	227
Aquarellistes, pastellistes, miniaturistes	284
Dessinateurs artistes	293
Sculpteurs, graveurs en médailles	295
Graveurs et lithographes	317

DÉPARTEMENTS

Artistes peintres, aquarellistes, pastellistes	324
Sculpteurs, graveurs en médailles	346
Graveurs et lithographes	349

Photographie Artistique et Industrielle

F. HARAND

9, rue Duphot, 9 (1er arrt.) *Près de la Madeleine.*

SPÉCIALITÉ DE TRAVAUX POUR MM.

Les Architectes, Peintres, Sculpteurs, Décorateurs, Antiquaires. :: :: ::
Vues d'intérieurs, Tapisseries, Dentelles, Orfèvrerie, Bijoux, Bronzes,
Tableaux, Meubles. :: . :: ≡ **AGRANDISSEMENTS** ≡

La Maison du Pastel

FONDÉE EN 1720

à PARIS

4, Rue Grenier Saint-Lazare, 4

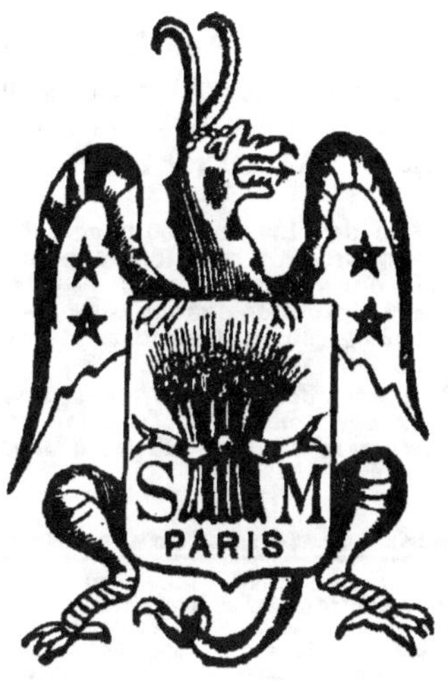

Pastels Henri ROCHÉ

à la Gerbe

Inaltérables à l'Air et à la Lumière
à Grains adhérents

Envoi franco du Catalogue sur demande